LUST AN DER GESCHICHTE:
Leben in Byzanz

SERIE PIPER
Band 1457

Zu diesem Buch

Byzanz – wie sah das Leben wirklich aus in dieser uns Späteren so fremden Welt? Der Herausgeber des vorliegenden Bandes der Reihe »Lust
an der Geschichte« läßt die Quellen selbst sprechen, und so wird der
»einfache Mann von der Straße« ebenso berücksichtigt wie die Krone,
die gehobene Literatur wie die unterhaltsame Lektüre, die Theologen
wie das schlichte Glaubensleben der Mönche und Wunderberichte. Wir
erhalten einen Einblick in die hohe Politik, in den Alltag der Menschen
in dieser *tour d'horizon* über »das ganze Byzanz«, und auch die Liebe
kommt nicht zu kurz…

Bei aller Treue zum Original wurde bei der Übersetzung der Versuch
gemacht, die an Metaphern und vergleichbaren Stilfiguren so reiche
byzantinische Sprache für uns Heutige verständlich zu machen. Knappe
Einleitungstexte führen zu den einzelnen Themenbereichen hin, und
ein erläuterndes Register erfaßt Namen und wiederkehrende Begriffe.

Hans-Georg Beck, geboren 1910, war nach seinem Studium in Rom und
München bis 1975 Ordinarius für Byzantinistik an der Universität
München. Er ist Mitglied verschiedener wissenschaftlicher Akademien
und Autor mehrerer Bücher zur byzantinischen Geschichte und
Kultur.

LUST AN DER GESCHICHTE:

Leben in Byzanz

Ein Lesebuch

Herausgegeben von
Hans-Georg Beck

Piper
München Zürich

In der Reihe »Lust an der Geschichte«
liegen in der Serie Piper bereits vor:
Die Französische Revolution 1789–1799 (933)
Leben im Alten Rom (1005)
Leben im antiken Griechenland (1006)
Leben im Mittelalter (1166)
Weitere Bände sind in Vorbereitung.

Die Originalausgabe erschien 1982 unter
dem Titel »Byzantinisches Lesebuch«.
ISBN 3-492-11457-1
Oktober 1991
R. Piper GmbH & Co. KG, München
Lizenzausgabe mit Genehmigung
des C. H. Beck Verlags, München
© C. H. Beck'sche Verlagsbuchhandlung (Oscar Beck),
München 1982
Umschlag: Federico Luci
Foto: Hirmer-Bildarchiv, München
Satz: C. H. Beck'sche Buchdruckerei, Nördlingen
Druck und Bindung: Clausen & Bosse, Leck
Printed in Germany

Ulla und Rainer
zugedacht

Inhalt

Vorwort

Dieses Lesebuch entstand auf Wunsch meines Verlegers. Trotz vielfacher Bedenken nahm ich es schließlich in Angriff. Zum einen konnte ich auf eine Reihe von Übersetzungen zurückgreifen, die ich in den ersten Monaten nach dem Krieg im Englischen Garten in München angefertigt, dann aber liegen gelassen hatte. Besonders aber reizte mich die Möglichkeit, Byzanz einmal unvoreingenommen und ohne es vorher durch den ebenso selbstsicheren wie willkürlichen Fleischwolf der „Gelehrtheit" gedreht zu haben, zu Worte kommen zu lassen; es ihm zu erlauben, frisch von der Leber weg über sich selbst zu sprechen, zu plaudern und zu bramarbasieren, ja wohl auch zu lamentieren.

Im Grunde will dieses Lesebuch nichts anderes als was sein Vorgänger von 1978 – „Das byzantinische Jahrtausend" – gewollt hat: Den Dialog mit einer Kultur, die, so befremdlich sie sich zunächst auch darstellen mag, in ihren menschlichen Höhen und Tiefen all das erkannt und erfahren hat und damit vorwegnimmt, was das Wesentliche unserer eigenen Erfahrungen ausmacht; eine gewisse Kontinuität also bei allem zeitlichen Abstand und über diese zeitbedingte Verfremdung hinweg eine hilfreiche Verständigung, ja etwas von einer Verständnisinnigkeit, die sich einstellt, wenn erst einmal die beklemmende Eintönigkeit menschlicher Geschichte durchschaut ist und der Eros jenes augustinischen „Nosse amantis est" – für die Byzantiner ist Eros keine Putte sondern der „große Dynast" – zum Tisch der Nüchternen Zutritt bekommt.

Im Grunde sind es nicht Fragen verschiedenartigen Verhaltens und Reagierens, die uns von Byzanz trennen, sondern Fragen des Stils, in dem dieses Verhalten sich vollzieht. Und da Stil eine durchgehende Erscheinung ist, d.h. Sprache und Verhalten gleichermaßen unter Formzwang nimmt, liegt die Schwierigkeit, ein byzantinisches Lesebuch in deutscher Sprache zu schaffen, in erster Linie eben im Stil dieser Texte. Diesen Stil erschöpfend zu charakterisieren, würde eine langwierige Abhandlung erfordern. Ein Charakteristikum allerdings sei herausgegriffen, das den Übersetzer besonders fordert: es ist das ausgeprägte Mißvergnügen der Byzantiner, ein Ding ohne weiteres bei seinem gewohnten, fast möchte man sagen, vulgären Namen zu nennen,– ein Mißvergnügen, das noch weit über die Unlust am Terminus technicus hinausgeht, wo doch dieser Terminus technicus, am besten auf zwei bis drei Buchstaben verkürzt, die besondere Lust des modernen Menschen zu sein scheint. Die byzantinische Unlust daran sucht ihren Ausweg in der Umschreibung, die gerade dem deutschen Leser mit seiner Vorliebe für das nackte Subjekt Beschwerden macht, weil dieses „Ding an sich" hinter Verben, Adverbien und einschränkenden Nebensätzen vermutet werden muß. Besonders häufig tummelt sich die Umschreibung auf den Gefilden der Metapher und all der Redefiguren, die der Metapher verwandt sind. Das aber bedeutet, daß der Autor an Stelle eines bestimmten Wortes ein anderes seiner Wahl setzt, das durchaus nicht „synonym", d. h. bedeutungsgleich zu sein braucht, das aber im Zusammenhang mit dem vermiedenen Wort doch ebenso seine Rolle spielt, die man bei entsprechender Bildung aus dem Zusammenhang verstehen kann. Damit wird aus manchen Textpartien eben ein Ratespiel. Dieses Ratespiel ist natürlich lächerlich, wenn sich der Verfasser seine Metaphern aus Feldern holt, mit denen der Leser kaum vertraut sein kann. Und ist denn der moderne Leser mit diesen Feldern noch vertraut? Es handelt sich dabei ja nicht selten um die antike griechische Mythologie und die antike griechische Literatur und Geschichte. Der Mythos stirbt nicht, nur die Namen seiner Träger wechseln. Byzanz aber hat einen Wechsel etwa zwischen Antike und Mittelalter nicht mitgemacht. Es sah keine Veranlassung, neben die Tyche eine Fortuna zu setzen oder die elysischen Gefilde mit Walküren zu schwängern. Und das Homerzitat, das unsere Zeit nicht mehr kennt, war ihm so vertraut wie uns heute der Jargon der Tagespresse oder des Rundfunks.

Wie soll sich der Übersetzer verhalten? Es gibt gewiß kein Universalrezept, und ich bezweifle aufrichtig, ob es mir häufig gelungen ist, mich einigermaßen aus der Affäre zu ziehen und eine rechte Mitte zu finden, d. h. zwischen Korrektheit und Genießbarkeit zu balancieren. Verzeihlich wird es der Kenner jedenfalls finden, daß ich eine Reihe von Texten gerafft habe; denn die Byzantiner, geborene Redner die sie waren, waren wie alle Redner schwer zum Schweigen zu bringen, wenn sie einmal begonnen hatten.

Was den Inhalt anlangt, so sollte es „das ganze Byzanz" sein. Dies aber ist allzu kühn, so gelassen es sich ausspricht. Eine wirklich einigermaßen befriedigende Zahl von Texten, die jeder Literaturgattung und jeder Lebensäußerung gerecht werden könnte, würde mehrere Bände erfordern. Aber jeder Byzantinist weiß, daß sein Wissen nur in sehr engen Grenzen begehrt ist. So bleibt die unfreiwillige Willkür leitendes Prinzip, was den Vorteil hat, daß jeder Rezensent genüßlich auf jenen einmaligen Text hinweisen kann, den ich unterschlagen oder vielleicht gar nicht gekannt habe. Jedenfalls habe ich Wert darauf gelegt, möglichst „gerecht" zu verteilen und dem Unbekannten den Vorzug zu geben vor Texten, denen man schon auf Schritt und Tritt begegnen kann. Und dabei war mir der Pantoffelheld ebenso lieb und teuer wie der große Philosoph, und die Modetorheiten nicht weniger wichtig als das Pathos einer mächtigen

Kaiserrede. „Nehmt alles nur in allem": Menschen von zeitloser Gültig-
keit bei aller zeitgebundenen Ausgangslage.

Für die wissenschaftliche Neugier stellten die Texte manche Fragen, die
in diesem Zusammenhang, würde man nicht einen halben Kommentar-
band verfassen, unbeantwortet bleiben müssen. Was die eigentliche Ziel-
setzung des Buches betrifft, so sind die meisten Texte ohne weiteres aus
sich heraus verständlich. Was bleibt, sind gewisse Namen, Funktionen
und Termini, die immer wieder auftauchen. Der Einfachheit halber sind
sie alle in einem Register zusammengefaßt worden, wo sie auch kurz
erläutert werden.

I.

Skizzen und Anekdoten aus den Historikern

Mit ihren Geschichtswerken und Chroniken decken die Byzantiner die Geschichte ihres Reiches von Konstantin dem Großen bis zum Fall Konstantinopels im Jahre 1453 fast lückenlos ab, und das selbst noch mit den erhalten gebliebenen Werken, d.h. trotz der Verluste, die vor allem die frühbyzantinische Historiographie erlitt.

In diesen Geschichtswerken finden sich ausführlich jene großen Haupt- und Staatsaktionen verzeichnet, die dann natürlich auch in die modernen Werke über byzantinische Geschichte mehr oder weniger kommentiert übergegangen sind. Sie hier nachzuerzählen, wäre also überflüssig. Aber um diese Haupt- und Staatsaktionen rankt sich so manches Anekdotische und Skizzenhafte, das gewiß den großen Gang der Geschichte nicht bestimmt, aber trotzdem von der Mentalität der Byzantiner vielleicht mehr verrät als ihre große Politik. Und dabei stellt sich immer wieder heraus, daß diese Mentalität durch alle Schichten geht, daß der Gebildete für das Mirakel ebenso anfällig ist wie der einfache Handwerker, daß der Aberglaube Gemeinbesitz ist, daß Spott und Hohn vor niemand halt machen und weder Kaiser noch Kirche gegen Kritik gefeit sind. Der berühmte Patriarch Photios z.B., heute allgemein anerkannter Bannerträger fechtfreudiger Orthodoxie, kann in einem Teil der zeitgenössischen Chronographie verteufelt werden als Mißgeburt diabolischer Herkunft, während andererseits der Bilderstürmer Kaiser Theophilos, von den Orthodoxen verdammt, auf Seitenpfaden der Chronistik rehabilitiert wird als der große Harun al Rashid der byzantinischen Geschichte. Da steht in den Seiten der Kriegsgeschichte des Prokop der große General Belisar und in seinen „Anekdota" derselbe Feldherr als Pantoffelheld. Fast wie der Entwurf zu einem spätantiken Roman klingt der Bericht der Chroniken über Athenais, die Philosophentochter auf dem Thron, noch viel romanhafter aber, was die Gegner der bilderstürmenden Kaiser des 8. Jahrhunderts über deren Bildungspolitik zu berichten wissen.

Natürlich kann eine Auswahl solcher Geschichten nicht „Geschichte" ersetzen, aber sie zeigt wohl die Spannweite byzantinischer Reaktionsfähigkeit, den starken Hintergrund, den Allzumenschliches für die offizielle Prachtausgabe des Byzantiners ergab, ein facettenreiches Menschentum innerhalb einer von strengen Regeln beherrschten Gesellschaft. Eines allerdings vermag auch diese anekdotische Geschichtsdarstellung nicht zu bieten, nämlich ein Gesamtbild dieser Gesellschaft. Die Geschichtsschreiber und Chronisten stammen mit verschwindenden Ausnahmen aus der herrschenden Klasse, und ihr gilt ihr wirkliches Interesse. Der Arme, der sozial „Impotente" erscheint nur als Rand- und Kontrastfigur. Doch damit hat man sich abzufinden. Man kann es umso leichter, als die Mobilität der byzantinischen Gesellschaft außerordentlich groß war, also die Unterschiede zwischen den Schichten zwar in der Lebensführung immer sehr deutlich blieben, die „stilistischen" Eigenheiten dieser Lebensführung aber, wie ich glaube, noch viel davon verraten, was vor dem sozialen Aufstieg die Regel war. Was der Chronist über Kaiser Michael III. erzählt (s. S. 34), den Enkel eines armen Phrygiers, der in den Pferdeställen aufgewachsen ist, gibt darüber einige Andeutungen. Eine Art von „demokratischem" Grundkonsens kann man in der byzantinischen Gesellschaft nicht übersehen, trotz Majestät und Autokrator auf dem Thron.

Eine Kurzpredigt rettet das Leben

Kaiser Theodosios II. bestellte den Patrikios Kyros von Panopolis zum Praefectus praetorio und zugleich zum Stadtpräfekten. Kyros war ein Philosoph und hoch gebildet. Er versah beide Ämter vier Jahre lang. Er fuhr auf dem Wagen des Stadtpräfekten einher, sorgte für die Gebäude und restaurierte ganz Konstantinopel; er hatte nämlich einen ausgesprochenen Sinn für Ordnung und Sauberkeit. Deshalb akklamierten ihn die Byzantiner einmal einen ganzen Tag lang in Gegenwart des Kaisers mit dem Ruf:

> Konstantin hat die Stadt gegründet, Kyros hat sie erneuert.
> Auf denselben Platz mit ihm, Augustus!

Kyros erschrak und sagte: „Es gefällt mir nicht, wenn die Göttin des Glücks zu laut lacht." Der Kaiser aber war erbost, daß man Kyros als den Erneuerer der Stadt akklamierte und dies unmittelbar nach Konstantin. Es wurde Anklage gegen ihn erhoben und ihm sein Heidentum zum Vorwurf gemacht; er verlor seine Ämter und seinen Besitz. Da bat er in der Kirche um Asyl und wurde Kleriker. Jetzt verschickte man ihn nach Phrygien als Bischof der Stadt Kotyaion in der Phrygia Salutaris. Die Kotyaeer hatten schon vier ihrer Bischöfe umgebracht. Kyros kam gerade vor Weihnachten in der Stadt an. Die Kleriker und Bürger der Stadt wußten sehr wohl, daß der Kaiser ihn geschickt habe, weil er Heide sei, damit man auch ihn beiseite räume. So rief man ihm an Weihnachten in der Kirche plötzlich zu, er solle doch eine Predigt halten. Es blieb ihm nichts anderes übrig, als auf die Kanzel zu steigen. Er sprach seinen Segen über das Volk aus und sagte dann: „Meine Brüder, die Geburt unseres Gottes und Erlösers Jesus Christus soll man mit Schweigen ehren, weil die heilige Jungfrau nur durch das Ohr den Logos empfing. Ihm sei Ehre in Ewigkeit, Amen." Man klatschte ihm Beifall und er stieg wieder von der Kanzel. Und er blieb in der Stadt, bis er eines natürlichen Todes starb.

Das Ereignis gehört etwa ins Jahr 440. Theodosios II. war Kaiser von 408–450. Kyros gehörte zu den gebildetsten Männern der Zeit. Einige Epigramme von ihm haben sich erhalten. Die Akklamationen waren rhythmisierte Sprechchöre, in denen das Volk im Hippodrom den Herrschenden nicht nur applaudierte, sondern gelegentlich auch seinen Tadel aussprach. Die zweite Zeile besagt wohl, Kyros gebühre kein geringerer Rang als Konstantin dem Großen selbst; dies aber klang nach Hochverrat.

Joannis Malalae Chronographia, rec. L. Dindorf, Bonn 1831. S. 361–362.

Die Philosophentochter auf dem Thron

Als Kaiser Theodosios der Jüngere allmählich größer wurde – sein Vater lebte noch –, da gab er sich dem Studium im Kaiserpalast hin. Nach dem Tode seines Vaters teilte er diese Studien mit einem jungen Mann namens Paulinos, dem Sohn eines hohen Offiziers. Theodosios liebte ihn sehr. Als Theodosios Kaiser und mannbar geworden war, da wollte er eine Frau und Kaiserin. Er bedrängte darob seine ältere Schwester, die Kaiserin Pulcheria, die nicht verheiratet war. Sie liebte ihren Bruder und ging deshalb keine Ehe ein. Sie schaute sich also bei vielen Mädchen um, Töchtern von Patriziern und kaiserlichen Geblüts. Sie selbst wollte jedenfalls bei ihrem Bruder im Palast bleiben. Theodosios sagte ihr: „Ich will ein junges Mädchen, das sehr schön ist, so schön wie keine Frau in Konstantinopel, und aus kaiserlicher Familie. Ist eine solche aber nicht über die Maßen schön, dann nützt mir weder ihr Adel, noch das kaiserliche Geblüt, noch ihr Reichtum. Dann ist mir jede recht, wer immer ihr Vater ist, vorausgesetzt, daß sie besonders schön ist."

Als Pulcheria dies vernahm, entsandte sie Boten in alle Gegenden, um Ausschau zu halten. Und Paulinos, des Kaisers Kamerad und Freund, reiste ebenfalls umher, um dem Kaiser seinen Willen zu tun.

In der Zwischenzeit war ein sehr schönes und gebildetes Mädchen, eine Griechin namens Athenais, die Tochter des Philosophen Herakleitos, mit ihren Verwandten nach Konstantinopel gekommen. Diese Athenais war gezwungenermaßen in die „Glückselige Stadt" zu ihrer Tante gereist, und zwar aus folgendem Grund: Der Philosoph Herakleitos, ihr Vater, hatte noch zwei Söhne. Vor seinem Tod verfaßte er ein Testament und bestimmte zu Erben seines gesamten Vermögens diese beiden Söhne, Valerianos und Gesios. Weiter hieß es im Testament: „Athenais, meiner geliebten Tochter, will ich nur hundert Goldstücke hinterlassen und nicht mehr. Ihr genügt ihr Glück, das größer ist als das Glück aller anderen Frauen." So starb Herakleitos, der weise Athener, ihr Vater. Nach seinem Tod, als sein Testament geöffnet wurde, grollte Athenais ihren Brüdern, die als die älteren alles geerbt hatten. Sie flehte sie an, sie möchten sich doch über das Testament hinwegsetzen und ihr ein Drittel des väterlichen Vermögens zukommen lassen; sie habe sich doch nichts zuschulden kommen lassen. „Ihr wißt genau", sagte sie, „wie gut ich mit unserem gemeinsamen Vater stand. Ich weiß wirklich nicht, warum er mich bei seinem Tod mittellos zurückgelassen und mich mit einem Versprechen auf Glück nach seinem Tod abgespeist hat." Aber die Brüder ließen nicht mit sich reden; sie wurden zornig und jagten sie sogar aus dem Vaterhaus. Da nahm die Schwester ihrer Mutter sie auf und sorgte für sie, nicht nur wie für ein Waisenkind, sondern wie für eine Jungfrau und eine Nichte obendrein. Sie nahm sie mit sich nach Konstantinopel zu einer anderen Tante, der Schwester ihres Vaters Herakleitos. Zusammen strengten sie einen Prozeß gegen die beiden Brüder an und wandten sich in dieser Sache an die Kaiserin Pulcheria. Sie unterrichteten die Kaiserin über die Notlage, in die ihre Brüder sie versetzt hatten; und Athenais äußerte sich dazu beredt und gebildet.

Als die Kaiserin Pulcheria das Mädchen sah, schön und gebildet, fragte sie die Tanten, ob sie noch Jungfrau sei. Nachdem sie erfahren hatte, daß ihr Vater sehr wohl dafür gesorgt hatte – er hatte sie außerdem mit der Philosophie wohl vertraut gemacht –, da ordnete sie an, das Mädchen sollte samt ihren Tanten unter der Obhut von Kammerherren warten. Sie nahm ihre Bittschrift an sich und ging zu ihrem Bruder und sagte ihm: „Ich habe ein junges Mädchen entdeckt, rein, schmuck und zart, mit schöner Nase, schneeiger Haut, mit großen Augen von ganz besonderem Liebreiz, mit blonden Locken, elegant einherschreitend, gebildet, Griechin und Jungfrau überdies." Als der Kaiser dies hörte, entbrannte er, wie eben ein junger Mann entbrennt, ließ seinen Studiengefährten und Freund Paulinos kommen und bat die Schwester, sie möchte Athenais unter irgendeinem Vorwand in ihr eignes Gemach bringen, damit er und Paulinos sie durch einen Vorhang sehen könnten. So wurde sie also hereingebracht, und als der Kaiser sie sah, verliebte er sich sofort in sie, und Paulinos äußerte hohe Bewunderung. Der Kaiser nahm sie auf und ließ sie taufen – sie war nämlich noch Heidin – und gab ihr einen neuen Namen: Eudokia. Noch im gleichen Jahr nahm er sie zur Frau. Er bekam von ihr eine Tochter mit Namen Eudoxia.

Als die Brüder der Athenais erfuhren, daß ihre Schwester jetzt Kaiserin sei, da flohen sie voll Furcht nach Griechenland. Sie aber ließ sie herbeibringen und versprach ihnen Sicherheit. Sie machte sie zu hohen Würdenträgern. Kaiser Theodosios beförderte sie, Gesios zum Praefectus praetorio des Illyricums und Valerianos zum Magistros. Ihre Schwester aber sagte zu ihnen: „Hättet ihr euch mir gegenüber nicht schlecht benommen, wäre ich nicht gezwungen gewesen, nach Konstantinopel zu reisen und ich wäre auch nicht Kaiserin geworden. Ihr seid es also, denen ich das Kaisertum, das mir in den Sternen stand, verdanke. Mein gutes Geschick hat euch die Ohren gegenüber meinen Bitten verstopft und nicht euer freier Entschluß."

Paulinos aber, seinen Freund, der zu dieser Ehe mitgeholfen hatte, beförderte der Kaiser von Würde zu Würde und machte ihn schließlich zum Magistros. So geehrt, hatte er freien Zutritt zu Kaiser und Kaiserin als ihr Brautführer.

Jahre später, anläßlich des Epiphaniefestes, schickte sich der Kaiser zum Kirchgang an. Paulinos war gerade fußkrank und entschuldigte sich, daß er nicht mitkommen könne. Bei dieser Gelegenheit verehrte ein armer Mann dem Kaiser einen phrygischen Apfel von unglaublicher Größe. Der Kaiser und der ganze Senat staunten darüber. Der Kaiser gab dem armen Mann dafür 150 Goldstücke, den Apfel aber übersandte er der Kaiserin als Präsent. Die Kaiserin wiederum schenkte ihn Paulinos, dem Freund des Kaisers. Der Magistros seinerseits ließ den Apfel dem Kaiser überreichen, als dieser von der Kirche zurückkam. Der Kaiser nahm ihn in Abwesenheit der Kaiserin entgegen, versteckte ihn und ließ die Kaiserin kommen. Er fragte sie: „Wo ist der Apfel, den ich dir überreichen ließ?" Sie antwortete: „Ich habe ihn gegessen." Da ließ er sie beim Heil ihrer Seele schwören, ob sie ihn nun gegessen oder weiter verschenkt habe. Sie schwor, daß sie ihn niemand geschenkt, sondern selber aufgegessen habe. Da ließ der Kaiser den Apfel bringen und zeigte ihn ihr. So kam es zum Zerwürfnis, und sie trennten ihre Ehe. Theodosios verdächtigte jetzt auch Paulinos und ließ ihn schließlich hinrichten. Die Kaiserin war tief betrübt über die Schmach, die ihr damit angetan wurde, denn alle Welt wußte, daß der schöne junge Paulinos ihretwegen sterben mußte. Sie verlangte vom Kaiser, zu einer Wallfahrt ins Heilige Land entlassen zu werden, und Theodosios gewährte ihr dies.

Sie verließ Konstantinopel, und auf dem Weg zum Gebet in Jerusalem kam sie nach Antiocheia, der großen Stadt. Sie hielt in der Ratsversammlung eine Lobrede auf die Stadt, auf einem goldenen, mit Perlen geschmückten kaiserlichen Thron sitzend. Die ganze Stadt aber zollte ihr Beifall. Im Ratssaal stellte man ein goldenes Standbild von ihr auf und im sogenannten Museum ein ehernes. Beide stehen heute noch dort. Sie selbst spendete dieser syrischen Stadt große Summen für die Lebensmittelversorgung. Dann reiste sie weiter ins Heilige Land. In Jerusalem errichtete sie viele Bauten. Sie erneuerte die ganze Stadtmauer und sagte: „Meinetwegen hat der Prophet David gesagt: In deiner Huld (griech. Eudokia) baue die Mauern Jerusalems wieder auf." Sie blieb in Jerusalem, errichtete sich ihr eigenes kaiserliches Grabmal und starb dort. Noch im Sterben schwor sie, sie habe nichts mit der Anklage zu tun, die gegen Paulinos erhoben worden war.

Die Kaiserin Eudokia (gest. 460), Gattin des Kaisers Theodosios II., erregte die Phantasie schon bald nach ihrem Tod. Wahrscheinlich entstand ihre Legende in Jerusalem, wo sie starb und wo ihre monophysitischen, d.h. Konstantinopel-feindlichen Bewunderer aus ihr eine Romanfigur machten. Die Legende ist in verschiedenen Fassungen greifbar und wurde von F. Gregorovius, Athenais, Geschichte einer byzantinischen Kaiserin, 1882 klassisch verarbeitet.
Chronicon Paschale, rec. L. Dindorf, Bonn 1832, Bd. I, S. 575–568.

Der General und die Frauenzimmer

Belisar war mit einer Frau verheiratet – Antonina –, von der ich schon in meinen früheren Schriften berichtete. Ihr Großvater und Vater waren Wagenlenker und hatten in Byzanz und Thessalonike ihren Beruf ausgeübt; ihre Mutter gehörte zu den Prostituierten am Theater. Antonina hatte früher ein Lustleben geführt, gab sich jeder Zügellosigkeit hin und verkehrte viel mit Giftmischern, wie sie zum Kreise ihres Vaters gehörten. Da sie die nötigen Künste lernte, wurde sie, obwohl Mutter von vielen Kindern, später Belisars Ehefrau. Von allem Anfang an ging sie auf Ehebruch aus, verstand aber geschickt, diesen zu verbergen. Einmal ertappte sie Belisar in Karthago auf frischer Tat, aber er ließ sich von ihr in seiner Dummheit hinters Licht führen. Er überraschte sie mit einem jungen Mann, den Belisar aus der Taufe gehoben hatte, in einem unterirdischen Raum. Obwohl nun Belisar tobte, verlor sie keineswegs die Fassung und schämte sich auch nicht ihrer Tat, sondern sagte: „Ich bin hier, um mit dem jungen Manne zusammen die kostbaren Beutestücke zu verstecken, damit der Kaiser nichts davon erfährt." Dies war ihre Ausrede und Belisar ließ sich offenbar davon überzeugen. Dabei mußte er doch gesehen haben, wie beim jungen Mann der Riemen gelöst war, der die Hose um die Hüften zusammenhält. Aber vernarrt in sein Weib, wollte Belisar nicht einmal das, was er mit eigenen Augen sah, wahrhaben.

Einmal erkrankte Kaiser Justinian so schwer, daß man von seinem Tode sprach. Das Gerücht verbreitete diese Kunde und brachte sie selbst ins römische Heerlager. Da erklärten einige Befehlshaber, sie würden es nicht ruhig mitansehen, wenn ihnen die Römer in Byzanz einen anderen zum Kaiser bestellen wollten. Bald darauf wurde der Kaiser wieder gesund, die Generale aber denunzierten sich gegenseitig. So erklärten die Feldherren Petros und Joannes, sie hätten selber die erwähnten Äußerungen aus Belisars und Buzes' Mund vernommen.

Was Belisar betraf, so nahm ihm Justinian auf Drängen der Kaiserin, obwohl er in keinem Anklagepunkt überführt war, sein Kommando ab. Seine Leibgardisten verteilte er unter andere Feldherren und unter Palasteunuchen. Auch verbot der Kaiser vielen seiner Freunde und früheren Untergebenen jeden weiteren Umgang mit Belisar. Dieser wanderte nun in Byzanz, ein trauriges Bild und ein kaum glaublicher Anblick, fast ohne alle Begleitung als Privatmann umher, immer in Gedanken versunken, mit finsterem Gesicht und voll Angst vor einem Mordanschlag. Die Kaiserin aber, die von seinen großen Besitztümern im Orient gehört hatte, sandte einen Palasteunuchen ab und ließ alles konfiszieren. Antonina aber war mit ihrem Manne zerfallen, erfreute sich jedoch bei der Kaiserin allerhöchster Gunst und war mit ihr aufs engste verbunden. Nun wollte Theodora ihrer Freundin einen Gefallen erweisen und richtete es so ein, daß man glauben mußte, Belisars Gattin habe ihren Mann freigebeten und aus größter Gefahr errettet. Dies geschah auf folgende Weise:

Eines Morgens kam Belisar wie gewöhnlich in den Palast, in Begleitung von einigen kümmerlichen Gestalten. Dort traf er weder Kaiser noch Kaiserin in gnädiger Stimmung, er mußte sich sogar noch von Schurken und üblem Gesindel Frechheiten gefallen lassen. So ging er am späten Nachmittag nachhause, wobei er sich immer wieder umwandte und überall ängstlich Umschau nach etwaigen Mördern hielt. Schließlich stieg er in seiner Verzweiflung in sein Schlafgemach empor und setzte sich allein auf sein Bett. Alle Tapferkeit war dahin, alle Männlichkeit hatte er vergessen. Unaufhörlich rann ihm der Schweiß herab, er schwankte und zitterte und wußte nicht ein noch aus. Ängste, wie sie nur Sklaven empfinden, und feige Sorge ums eigene Leben quälten ihn. Antonina, die von den Vorgängen nichts wußte und auch nichts Bestimmtes erwartete, ging im Hause viel hin und her, angeblich von Unwohlsein befallen; die Ehegatten standen sich ja immer noch sehr mißtrauisch gegenüber. Inzwischen kam – die Sonne war bereits untergegangen – ein Palastbeamter namens Quadratos; er trat durch die Haustüre, stand plötzlich vor dem Eingang zum Männertrakt und stellte sich als Abgesandter der Kaiserin vor. Wie Belisar dies hörte, zog er Arme und Beine an sich und lag ausgestreckt und zum Sterben bereit auf seinem Bett; so hatte ihn jeder Funke von Männlichkeit verlassen. Gleich nach seinem Eintritt ins Zimmer übergab ihm Quadratos einen Brief der Kaiserin. Darin stand: „Dein Vergehen, mein Bester, kennst du nur zu gut. Da ich aber deiner Frau zu großem Dank verpflichtet bin, will ich all deine Sünden nachsehen und *ihr* dein Leben schenken. Von ihr hängt die

Sicherheit deines Lebens und deines Besitzes ab. Wie du dich künftig zu deiner Gemahlin stellst, das sollen uns deine Taten lehren."

Als Belisar dies gelesen hatte, war seine Freude grenzenlos; sofort wollte er dem noch anwesenden Quadratos seine Gesinnung beweisen, und so erhob er sich unverzüglich und warf sich seiner Frau zu Füßen. Mit beiden Armen umschlang er ihre Füße, leckte unablässig ihre Sohlen, nannte sie Urheberin seines Lebens und Glücks und erklärte, künftighin ihr getreuer Sklave und nicht mehr ihr Mann sein zu wollen. So erging es dem großen Feldherrn Belisar, dem gleichen Mann, in dessen Hand das Schicksal den Gelimer und Wittigis kurz vorher als Sklaven gegeben hatte.

Prokopios ist nicht nur der große Historiker des 6. Jahrhunderts, sondern auch in seinen sogenannten Anekdota der Skandalchronist seiner Zeit. An den Damen der konstantinopolitanischen Hofgesellschaft, vorab an der Kaiserin Theodora, läßt er kein gutes Haar; aber auch der Held seines Geschichtswerkes, Belisarios, verkümmert zum Pantoffelhelden, der in nichts mehr an den Besieger des Vandalen Gelimer und des Goten Wittigis gemahnt.

Prokop, Anekdota, griechisch-deutsch, ed. O. Veh, 2. Aufl. München 1970, S. 11–13 und 33–39.

Banden verunsichern die Hauptstadt

Das Volk ist seit alters in zwei Parteien gespalten. Die einen, die Blauen, die ihm auch früher schon ergeben waren, zog Justinian ganz auf seine Seite und vermochte so alles in heillose Verwirrung zu stürzen. Kein Wunder, wenn dadurch der römische Staat in die Knie sank. Nicht alle Blauen waren freilich bereit, sich dem Vorgehen dieses Mannes anzuschließen, sondern nur die unruhigsten Köpfe, und man gewann von ihnen, indessen das Übel weiter um sich griff, den Eindruck von ganz ordentlichen Leuten. Denn sie ließen sich weniger zuschulden kommen, als ihnen gestattet gewesen wäre. Aber auch die Rädelsführer unter den Grünen hielten nicht Ruhe, sondern gaben stets Anlaß zu ärgsten Beschwerden, mochten sie auch im einzelnen jeweils bestraft werden. Das trieb sie aber noch viel mehr zu verwegenem Vorgehen. Denn in ihrer Bedrängnis verfallen die Menschen gewöhnlich verzweifelter Wut. Justinianos nun reizte und stachelte die Blauen ganz offen immer wieder auf, und so geriet das ganze Römerreich ins heftigste Schwanken, gleich als ob ein Erdbeben, eine Überschwemmung hereingebrochen oder die ganze Stadt von den Feinden eingenommen wäre. Die Ordnung ging nämlich allenthalben aus den Fugen und kein Ding blieb an seiner Stelle, vielmehr verkehrten sich die Gesetze und das Staatsgefüge infolge des Durcheinanders ins Gegenteil.

Zuerst wechselten die Unruhestifter ihre Haartracht. Sie ließen ihr Haupthaar nicht wie die anderen Römer schneiden. Weder Schnurrbart noch Kinn wurde rasiert; sie trugen sie vielmehr nach persischer Sitte. Vom Haupthaar schoren sie den Vorderteil bis zu den Schläfen, den Rest ließen sie ohne rechten Grund ganz lang herunterhängen, so wie es die Massageten tun. Diese Tracht hieß daher auch die hunnische. Sie alle legten fernerhin großen Wert auf kostbare Gewänder und zogen sich prunkvoller an, als es ihrem Stand entsprach. Sie konnten sich dies aus unrechtmäßig erworbenem Besitz leisten. Die Ärmel ihrer Tunica liefen an der Handwurzel eng zusammen, von dort aus weiteten sie sich beträchtlich bis zu den Schultern. Jedesmal wenn sie nun bei ihrem Geschrei im Theater oder Hippodrom die Hand bewegten oder diese bei Zurufen wie gewöhnlich ganz in die Höhe hoben, erweckten sie bei einfältigen Menschen den Eindruck, als sei ihr Körper so schön und zart, daß sie sich in derartige Gewänder hüllen müßten; dabei bedachten sie freilich nicht, daß durch das Bauschige und Leere ihrer Kleidung die Unscheinbarkeit ihres Körpers noch viel mehr hervortrat. Die Schultermäntel, Hosen und meisten Fußbekleidungen zeichneten sich bei ihnen durch hunnische Namen und hunnischen Zuschnitt aus.

Anfangs trugen sie alle ihre Waffen offen nur bei Nacht, tagsüber verbargen sie die Dolche unter den Kleidern an den Schenkeln. Sobald es dunkel wurde, rotteten sie sich zu Banden zusammen, überfielen die Vornehmen auf dem Markte und in den engen Gassen und raubten den Opfern Mäntel, Gürtel, goldene Spangen und was sie sonst an Wertgegenständen bei sich trugen. Einige plünderten sie nicht nur aus, sondern töteten sie sogar, damit die Unglücklichen niemand verraten konnten, was ihnen widerfahren war. Über solches Verhalten waren alle ordnungsliebenden Anhänger der Blauen sehr empört, da sie selber darunter zu leiden hatten. Deshalb trug die Mehrzahl nur noch eherne Gürtel und Spangen, dazu Mäntel weit unter ihrem Stand; man wollte ja nicht ein Opfer der eigenen Prunksucht werden. Außerdem kehrten die Leute schon vor Sonnenuntergang in die Häuser zurück und verbargen sich dort. Da sich dieser schlimme Zustand lange hinzog, ohne daß die über den Demos gesetzte Obrigkeit gegen die Übeltäter einschritt, wuchs die Frechheit dieser Banden im Laufe der Zeit bedenklich.

So stand es um die Blauen. Die Gegner sympathisierten teilweise mit ihnen – sie wollten ja ohne Strafe an den Verbrechen teilnehmen –, zum Teil flohen sie in fremde Länder; viele wurden aber auch dort an Ort und Stelle ergriffen und fanden den Tod unter der strafenden Hand ihrer Feinde oder der Behörde. Auch zahlreiche andere junge Leute sammelten sich in dieser Verbrecherbande, Leute, die bisher nie damit zu tun hatten, sondern erst durch deren schrankenlose Macht und Willkür verführt wurden. Viele hatten die Niedertracht, sie zu bestechen und ihnen die

Namen ihrer Feinde zu nennen. Und die Schurken ermordeten ihre Opfer, ihnen völlig unbekannte Menschen, die sie kurzerhand für Grüne
erklärten. Das alles spielte sich nicht mehr im Dunkeln oder Verborgenen
ab, sondern zu jeder Tagesstunde und in jedem Stadtteil, wobei die Täter,
wenn es der Zufall so wollte, den Blick hoher Persönlichkeiten nicht
scheuten. Es war kein Verlaß mehr auf Freunde und Verwandte, und
viele erlagen der Tücke gerade ihrer Nächsten.

Viele Gläubiger mußten, ohne Rückzahlungen empfangen zu haben,
unter hartem Druck ihren Schuldnern die Quittungen ausliefern, viele
gegen ihren Willen die Sklaven freilassen. Ebenso sollen Frauen von ihren
Sklaven zu vielem genötigt worden sein. Söhne aus vornehmen Kreisen
suchten die Gesellschaft dieser jungen Leute auf und zwangen ihre Väter
neben vielem anderen zur Herausgabe des Erbteiles. Verheirateten Frau-
en ging es nicht besser. So fuhr, wie man erzählt, eine reich geschmückte
Dame mit ihrem Gatten nach einem Vorort am jenseitigen Ufer; dabei
überfielen die Banditen das Schiff, trennten unter Drohung die Ehefrau
von ihrem Gatten und brachten sie in ihr eigenes Boot. Sie folgte zwar
den Burschen, sprach aber ihrem Manne heimlich Mut zu; er solle ihretwegen nichts Schlimmes befürchten, denn sie werde nicht entehrt werden. Und während noch der Gatte voll tiefer Trauer auf sie schaute,
stürzte sie sich ins Meer, wo sie sogleich ertrank.

Bei den „Parteien" der „Grünen" und „Blauen" handelt es sich um „Fans" der
Rennställe, die sich mit deren Farben schmückten und ihre sportliche Erregung
nicht selten aus dem Hippodrom auf die Straßen übertrugen, – manipulierbar für
politisierende Geldgeber und mitunter auch für die Kaiser. Wie weit sich Justinian
der „Blauen" für seine Innenpolitik bediente, bleibt trotz Prokop unsicher.
Prokop, Anekdota, griechisch-deutsch, ed. O. Veh, 2. Aufl. München 1970,
S. 59–67.

Eine Armee meutert

Auf dem Marsch wurde Philippikos gemeldet, der Kaiser habe statt seiner Priskos zum Oberbefehlshaber bestellt. Da bog er nach Tarsos ab. Er
war auf Priskos eifersüchtig und ließ deshalb den Soldaten einen kaiserlichen Geheimbefehl vorlesen, den er eben empfangen hatte: Der Befehl
besagte, daß den Soldaten der Sold um ein Viertel gekürzt werden müsse.
Als der Frühling kam, trat Priskos sein Amt an und Philippikos wurde
abgelöst. Priskos reiste nach Antiocheia und befahl die Armee nach Monokartos. An Ostern begab er sich dann ins Lager der Soldaten. Er hielt
es nicht für richtig, diesen Festtag in der Stadt zu feiern, die Soldaten aber
im Lager einem bescheidenen Festtag fern vom Frohsinn der Stadt allein
zu überlassen. So nahm er also einen Bischof mit und begab sich nach

Monokartos. Der Bischof reiste voraus, um den Soldaten die Ankunft ihres Befehlshabers zu melden. Nach zwei Tagen traf auch der General mit einer großen Anzahl von Soldaten etwa drei Meilen vom Lager entfernt ein.

Es gibt aber beim Militär eine alte Gewohnheit: Der neu antretende Oberbefehlshaber steigt in dem Augenblick vom Pferd, in dem er zu den Soldaten kommt, tritt mitten unter sie, geht zu Fuß und begrüßt die ganze Armee. Priskos aber tat dies nicht; er verwarf diesen Brauch nachdrücklich und beleidigte damit die Soldaten tief. Die ersten Festtage verliefen noch friedlich. Als aber der dritte Tag des Festes zur Neige ging und inzwischen jedermann in der Armee von der Verminderung des Soldes erfahren hatte, das kaiserliche Dekret also keine Geheimorder mehr war, da kam es zum Aufruhr. Die Massen marschierten zum Zelt des Feldherrn, die einen brachten Steine mit, die anderen zogen das Schwert, wie es sich eben ergab. Priskos hörte den Lärm und erkundigte sich nach der Ursache. Die Soldaten aber gaben ihm keine andere Antwort, als daß sie ihm zuriefen: „Die alte Ordnung ist dahin, wenn das Heer ohne Führung ist."

Dem großen Priskos kam das Schwitzen, und er geriet in große Angst. Er wußte nicht, was er tun sollte, und da befahl er in seiner Not dem General Eilephredas, das Bild des Gottmenschen, das die Römer Acheiropoieton nennen, aus seiner Hülle zu nehmen und damit die Runde bei den Soldaten zu machen. Er hoffte, die Ehrfurcht vor diesem Heiligtum würde die Aufregung dämpfen und Vernunft würde wieder einkehren. Aber damit hatte er bei der Mehrzahl keinen Erfolg. Im Gegenteil: sie bewarfen das ehrwürdige Bild mit Steinen. Da faßte Priskos nach dem Pferd eines Gardesoldaten, schwang sich darauf und hielt es für richtig, sich in Sicherheit zu bringen. So entkam er wider Erwarten der Lebensgefahr. Als er auf dem Weg mit den Wärtern der Armeepferde draußen in Streit geriet, entkam er auch hier nur mit knapper Not. So verließ er Monokartos und setzte sich nach der Stadt Konstantina ab. Die Kunde vom Aufruhr begleitete ihn und die Bewohner von Konstantina gerieten in Schrecken. Priskos aber befahl den Kommandanten der Städte und festen Plätze, den Sold der Soldaten nicht zu kürzen und sich durch diese Massenbewegung nicht aus der Ruhe bringen zu lassen. Er ließ auch einen Arzt kommen und sich die Schwellungen am Bein verbinden. Er hatte nämlich große Schmerzen von den Blutergüssen, die er durch die Steinwürfe erlitten hatte.

Im Lager aber tobte der offene Aufruhr. Das Zelt des Oberkommandierenden wurde in Fetzen gerissen und der Inhalt samt der ganzen persönlichen Habe des Priskos von der Menge geplündert. Die höheren Offiziere flohen, und das Übel wurde immer schlimmer. Nach einiger Zeit entsandte Priskos den Bischof der Stadt Konstantina als seinen Parlamentär ins Lager. Er sollte den Unwillen der Soldaten besänftigen: der Kaiser habe seine Meinung geändert und brieflich zugesichert, der Sold dürfe nicht gekürzt werden. Priskos machte für alles den Philippikos verantwortlich: dieser sei am Aufruhr schuld, da er Kaiser Maurikios beredet habe, den Sold zu kürzen. Aber was immer er da rhapsodierte, es half nichts. Der Bischof machte sich also auf den Weg, wie befohlen. Das Heer aber hielt unterdes eine Versammlung ab, und es wurde beschlossen, einen neuen Oberbefehlshaber zu wählen. Sie ließen den General Germanos kommen, führten ihn in die Versammlung und forderten ihn auf, den Oberbefehl zu übernehmen. Aber dieser wies das Ansinnen zurück. Da drangen sie weiter in ihn, er solle doch nachgeben, und sie drohten, ihn zu ermorden, wenn er bei seiner Weigerung bleibe. Damit hatten sie Erfolg, und Germanos wurde zum Oberbefehlshaber ausgerufen. Inzwischen traf der Bischof, der Abgesandte des Priskos, im Lager ein und ermahnte die Soldaten, doch Vernunft anzunehmen. Sie aber wollten ihn gar nicht anhören und zeigten ihm ihre Verachtung; ja sie wollten ihn sogar verpflichten, Priskos aus seiner Stadt zu verweisen. Sie stürzten die kaiserlichen Standbilder um und vernichteten auch die bemalten Tafeln, die zu Ehren des Kaisers aufgestellt waren. Sie erklärten, sie wollten nicht unter einem Kaiser dienen, der eine kleine Krämerseele sei.

Die Ereignisse gehören in den Perserkrieg des Kaisers Maurikios (582–602) und an die Euphratgrenze. General Philippikos war ein Schwager des Kaisers. Priskos wurde später Oberkommandierender im Krieg gegen die Awaren. Beachtlich die Verunglimpfung einer heiligen Ikone längst vor dem Bilderstreit.

Theophylacti Simocattae Historiae, ed. C. de Boor, emend. P. Wirth, Leipzig 1972, S. 109–113.

Radikale Hochschulreform

Es sind sehr zuverlässige Leute, die Folgendes zu erzählen wissen: Bei der sogenannten Kaiserlichen Zisterne in der Nähe des Chalkoprateia-Palastes stand ein großes Gebäude, in dem von altersher der „ökumenische Lehrer" seinen Sitz hatte. Darin wohnten auch seine Studenten und zwölf Gehilfen, hervorragende Männer, erfahren in aller Wissenschaft und treu dem kirchlichen Dogma. Sie wurden vom Kaiser besoldet, hatten auch eine Bibliothek, und ohne ihren Rat und ihre Zustimmung ordnete der Kaiser nichts an. Diese Männer rief Kaiser Leon III., diese wilde Bestie, dieser verhaßte Banause, zu sich und versuchte, sie für seine Gottlosigkeit, d. h. für den Ikonoklasmus zu gewinnen. Aber sie ließen sich nicht dazu herbei, widerlegten vielmehr seine gottlosen Ansichten. Da befahl er, sie in Schanden wegzuzerren und in ihre Hochschule einzusperren. In der Nacht entsandte er dann einige Männer der Nachtpolizei, hartgesottene Leute, mit dem Befehl, einen großen Haufen Holz aufzuschichten, dieses in Brand zu stecken und damit die Professoren samt ihrem Gebäude und ihrer Bibliothek und ihrer sonstigen Habe zu verbrennen. So geschah es, und alle gingen in den Flammen zugrunde. Damit war es mit der Wissenschaft im Reich zu Ende, dank der Unvernunft dieses Feindes der Wissenschaft. Sie wurde immer unbedeutender bis auf die Tage der frommen und rechtgläubigen Kaiser Michael und Theodora.

Die Geschichte der Verbrennung der „ökumenischen Schule" samt Professoren und Inventar durch den ikonoklastischen Kaiser Leon III. (717–741) ist eine der typischen Legenden, mit denen das Andenken der sogenannten syrischen Kaiser verunglimpft wurde. Keine zeitgenössische Quelle bestätigt die Erzählung und alles spricht gegen ihre Geschichtlichkeit. Aber sie wird immer wiederholt. Im 12. Jahrhundert weiß man sogar die Zahl der verbrannten Bücher – 36 000!

Georgii Monachi Chronicon, ed. C. de Boor, emend. P. Wirth, Bd. II, Leipzig 1978, S. 742.

Die Puppen der Kaiserin

Die Mutter des Kaisers Theophilos, Euphrosyne, lebte als Nonne im Kloster Gastria. Sie lud die Töchter der Kaiserin Theodora zu sich ein. Deren gab es fünf: Thekla, Anna, Anastasia, Maria und Pulcheria. Ununterbrochen ermahnte sie die Kinder zur Frömmigkeit, zur Zucht im Herrn und zur Verehrung der heiligen Ikonen. Das konnte Theophilos nicht verborgen bleiben. Er ließ also die Töchter kommen und fragte sie gründlich aus. Sie aber, fromm wie sie waren, umgingen die Fallen, die ihnen da gestellt wurden, mit Geschick. Nur Pulcheria, noch klein und unverständig, wußte von den Freundlichkeiten der Großmutter zu erzählen, von dem vielen Obst, das sie bekommen hatte, und berichtete auch von der Verehrung der Ikonen: Ganz naiv erzählte sie, die Großmutter habe viele Puppen in der Truhe; diese habe sie ihnen auf den Kopf gelegt und vor das Gesicht gehalten und sie geküßt.

Der Kaiser geriet darüber in Wut. Doch was konnte er machen? Jedenfalls ließ er seine Töchter nicht mehr zu ihrer Großmutter.

Doch mit seiner Frau Theodora ging es nicht viel anders. Der Kaiser hielt sich einen verrückten kleinen Burschen namens Denderis. Dieser redete viel dummes Zeug, brachte die Leute zum Lachen, und der Kaiser behielt ihn zu seiner eigenen Belustigung. Dieser Denderis kam einmal in das Schlafzimmer der Kaiserin und überraschte sie, wie sie heilige Ikonen in den Armen hielt und sie inbrünstig an ihre Augen führte. Der Narr sah die Bilder und fragte, was denn das sei, und schaute noch näher hin. Die

Kaiserin sagte: „Das sind meine schönen Puppen. Ich habe sie sehr gern."
Zur selben Zeit saß der Kaiser beim Essen. Denderis strich an ihm vorbei,
und Theophilos fragte ihn, wo er denn gesteckt habe. Er antwortete: „Bei
Mammi" – so nannte er Theodora; und er habe gesehen, wie sie unter
dem Kopfkissen schöne Puppen hervorgezogen habe.

Der Kaiser verstand und wurde mächtig zornig. Er stand vom Tisch
auf, ging zur Kaiserin, beschimpfte sie auf alle mögliche Art und scheute
sich nicht, sie eine Götzendienerin zu nennen. Er berief sich dabei auf den
Narren. Die Kaiserin beherrschte ihren Unmut zunächst und sagte sogleich: „Es ist nicht so, mein Kaiser, wie du vermutest. Ich schaute zusammen mit meinen Zofen in den Spiegel; Denderis hat die Bilder im
Spiegel gesehen und dann dem Kaiser dummes Zeug erzählt." Damit
konnte sie den Kaiser zunächst beruhigen. Einige Tage später aber ver-
prügelte sie Denderis und brachte ihm bei, sich in Zukunft in acht zu
nehmen. Sie sagte etwa, er solle es sich nie mehr einfallen lassen, irgend
jemand von den schönen Puppen zu erzählen!

Einmal war Theophilos beim Trunk ausfällig geworden und wollte
sich mit der Kaiserin anlegen; er fragte Denderis, wie es ihr gehe und ob
„Mammi" wieder einmal ihre Puppen geherzt habe. Da legte sich dieser
die Rechte auf den Mund und die Linke auf sein Hinterteil: „Pst, pst –
nix Puppen, Herr Kaiser!"

Theophilos ist der letzte bilderstürmende Kaiser (829–842); Theodora überlebte
ihn und führte die Regentschaft für ihren unmündigen Sohn Michael III. bis zum
Jahre 856. Vgl. den nächsten Abschnitt!

Ps.-Symeon Magistros, ed. I. Bekker, im Anschluß an Theophanes Continuatus, Bonn 1838, S. 628–673.

Sieg der Ikonen

Als es mit Kaiser Theophilos zum Sterben kam und die Kaiserin, die
selige Theodora ehrwürdigen Andenkens, sah, wie er in den letzten Zü-
gen lag, da öffnete sie ihre Truhe, das Geheimfach ihres orthodoxen
Glaubens und ihrer Frömmigkeit, und holte die heilige Ikone unseres
Herrn und Erlösers Jesus Christus und seiner unbefleckten Mutter heraus, trug sie zum Kaiser und brachte ihn wider seinen Willen dazu, sie zu
verehren und zu küssen.

Kurz darauf starb er, und Kaiser wurde sein Sohn Michael, der fünf-
einhalb Jahre alt war, zusammen mit Theodora, seiner Mutter. Sofort
erging ein kaiserlicher Befehl, und alle wurden zurückgerufen, wer immer verbannt oder in bitterer Haft war. Der gottlose Theophilos hatte sie
in seiner gewalttätigen Art ihrer Habe beraubt, sie verstümmelt und

verbannt; alle, die sich durch seine spöttischen und lügnerischen Worte nicht hatten überzeugen lassen, hatte er mit Kerker bestraft. Diese alle erhielten die Freiheit, konnten in der Folge ungestört leben und priesen Gott dafür. Dann wurde der Meister und das Haupt der schlimmen, verderbenbringenden Häresie, der unselige und frevlerische Patriarch, mit Schimpf von seinem Thron gestoßen, Rechtens und nach göttlichem Urteil, und mit ihm seine Gesinnungsgenossen, diese Verfolger und Frevler, die wie wilde Bestien ihre Herde ins Verderben geführt hatten. An seine Stelle trat durch Gottes Gnade und die Fügung Christi auf gemeinsamen Beschluß hin Methodios, der ehrwürdige Bekenner und Vorkämpfer des orthodoxen Glaubens. [Die Orthodoxen beschlossen nun, sich an Theodora zu wenden, um die Restitution des Bilderkultes in aller Form zu erreichen.]

Sie gingen in den Palast zur Kaiserin, und Gott richtete es so ein, daß beide Parteien dabei zu einem guten Ergebnis kamen. Die Kaiserin ihrerseits wollte den toten Kaiser rehabilitiert wissen, und alle sollten den von Gott eingegebenen und orthodoxen Eifer der Kaiserin, der bis dahin ein Geheimnis geblieben war, kennenlernen.

Methodios sprach demütig und flehentlich unter Tränen zur Kaiserin: „Gib, von Gott gekrönte Herrin, den Befehl, in der Kirche Gottes den alten ehrwürdigen und heilbringenden Schmuck der heiligen und verehrungswürdigen Ikonen wieder herzustellen, damit die Macht des Christentums auch dem Kaisertum zugute komme und Dein Name und Dein Andenken gefeiert werden, samt dem Deiner lieben Kinder, von Geschlecht zu Geschlecht."

Da sagte die Kaiserin zum Patriarchen: „Ehrwürdiger Herr, wenn Dir daran liegt, daß ich Euren Wunsch erfülle, dann sollt auch Ihr mir einen Wunsch nicht versagen." Als die Versammelten fragten: „Was ist Wunsch und Begehr Deiner Majestät an uns arme Diener Gottes?", erwiderte die Kaiserin: „Mein Wunsch und mein Verlangen an Euer Ehrwürden ist es, daß Ihr betet und den menschenfreundlichen Gott anfleht für Theophilos, meinen Gatten, damit ihm der Herrgott seine Sünden verzeihe, vor allem, was er gegen die heiligen und ehrwürdigen Ikonen verbrochen hat. Ich weiß aus der Heiligen Schrift genau, daß Ihr die Gewalt von Gott habt, zu binden und zu lösen, was die Menschen sündigen." Da antwortete der Bischof Methodios: „Es geht über unsere Gewalt hinaus, Herrin, was Du da verlangst. Aber da Du voll Glauben verlangst – es steht ja geschrieben: Alles ist dem möglich, der gläubig vertraut – wollen wir zusammen fasten und zum gütigen Gott beten. Aber auch Du, zusammen mit dem Kaiser und allen Leuten im Palast, vom Kleinsten bis zum Größten, sollst unter Tränen beten und Almosen geben; und sicher wird dann uns Armseligen sich Gottes Erbarmen und Menschenfreundlichkeit erweisen, wie immer und überall." So sprach Methodios zur

Kaiserin und traf mit ihr dieses Übereinkommen. Dann verließ er den Palast und begab sich in die große Kirche Gottes und rief das gesamte, ehrwürdige, orthodoxe Volk zusammen, groß und klein, Frauen und Kinder, vor allem aber die Metropoliten, Bischöfe, Priester, Diakone, Mönche, Eremiten, Styliten und Reklusen, darunter den ehrwürdigen Vater und Wundertäter Joannikios vom Berge Olympos mit dem heiligen Arsakios, mit Theodoros, dem Bekenner und Abt des Studiu-Klosters, mit Theodoros, auch er Bekenner und Synkellos der Kirche von Jerusalem, dem Bekenner und „Gezeichneten" Theodoros und einer ganzen Reihe anderer tugendhafter und bis zum Tod dem orthodoxen Glauben treuer Männer, dazu auch Theophanes, den Metropoliten von Nikaia, den Dichter und „Gezeichneten". Alle diese zusammen beteten und wachten; sie fasteten und vergossen viele Tränen in der ersten Fastenwoche in ununterbrochenen Nachtgottesdiensten und unter Psalmengesang; sie baten Gott, dem Kaiser Theophilos zu verzeihen und ihm seine Sünden zu vergeben. So die Leute der Kirche. Die ehrwürdige Theodora aber, die Augusta, samt dem Senat, ließ ebenso nicht nach, zu fasten und Almosen zu geben, zu weinen und sich zu Boden zu werfen in Sack und Asche, Tag und Nacht. Sie flehte zu Gott, er möge ihrem Gatten verzeihen.

Gegen Ende der ersten Woche, am Freitag, als der Morgen anbrach, fiel die Kaiserin vor Trauer und Mutlosigkeit in Schlaf. Da sah sie sich im Traum auf dem Forum an der Säule Konstantins, und sie erblickte einige Leute, die lärmend die Straße herunterkamen, in den Händen verschiedene Folterwerkzeuge, Peitschen, Instrumente zum Ausrenken der Glieder, Ochsenziemer, Prügel usw. Sie kamen bis zum Platz. In ihrer Mitte zogen sie einen nackten Mann hinter sich her, dem die Hände auf dem Rücken gebunden waren und den sie schlugen. Es war Theophilos, der Kaiser. Als Theodora sah, wie er so schmählich mitgezogen und ohne Erbarmen geschlagen wurde, lief sie weinend und klagend hinterher. Als sie zum Chalke-Tor kamen, sah sie einen großen, schreckenerregenden Mann auf einem Throne sitzen vor dem furchterregenden heiligen Bild unseres Herrn Jesus Christus. Ihm führten die Büttel den Kaiser Theophilos zu und stellten ihn vor sein Tribunal, gebunden wie er war. Jetzt umfaßte seine fromme Frau die Füße des Richters und bat ihn unter vielen Tränen um Gnade für ihren Mann. Nachdem sie lange so gefleht hatte, öffnete der schreckliche Richter seinen Mund und sagte: „Weib, groß ist Dein Glaube. Wisse: wegen Deiner Tränen, Deines Glaubens und der Fürbitte meiner Priesterschaft verzeihe ich Deinem Manne Theophilos." Zugleich befahl er den Dabeistehenden, die Theophilos festhielten: „Macht seine Hände frei, zieht ihn an und übergebt ihn seiner Frau!" So geschah es. Sie nahm ihn in Empfang und ging frohgemut mit ihm vom Tribunal weg. Und zugleich erwachte sie.

Unser heiliger Vater Methodios aber, der Patriarch, versammelte nicht nur alle orthodoxen Metropoliten, Mönche und Laien zum Gebet für Theophilos, er dachte sich noch ein anderes Experiment aus: Er nahm ein ungebrauchtes Heft und schrieb darein alle Namen kaiserlicher Häretiker vor Theophilos und fügte dann auch den Namen Theophilos hinzu. Er versiegelte das Heft und hinterlegte es sicher auf dem Altar der Großen Kirche Gottes. Nachdem dies geschehen und er mit seiner ganzen Begleitung sich inständig dem Gebete hingegeben hatte, sah auch er einen Traum: ein lichtumfluteter Engel trat zu ihm und sagte: „Deine Bitte, Bischof, hat Erhörung gefunden, und Theophilos ist verziehen worden. Schiebe den Gottesdienst nicht länger hinaus!" Den Patriarchen erfaßte großes Staunen. Nachdem er sich vom Schlaf erhoben hatte, wollte er wissen, ob es mit dem Traum seine Richtigkeit habe. Er begab sich sofort in die Kirche, nahm das Heft, öffnete es und fand, daß zwar die Namen aller übrigen Häretiker noch drinstanden wie vorher; der Name des Theophilos aber war verschwunden, der Platz, wo er gestanden hatte, war leer. Das Wunder verbreitete sich, und alle, die es sahen und hörten, freuten sich, jubelten und priesen den gütigen Gott. Jetzt gab die heiligste Kaiserin dem Patriarchen sofort die Anweisung, all diese von Gott so wohl gefügten Ereignisse allgemein bekanntzumachen und das ganze orthodoxe Volk zu versammeln, die Metropoliten, Bischöfe, Äbte, Kleriker und Weltleute. Sie sollten in die Große Kirche kommen mit Kreuz und Ikonen am ersten Sonntag der Fastenzeit. So geschah es; und es versammelte sich eine unzählige Menge in der Kirche. Auch Kaiser Michael nahm teil und Kaiserin Theodora samt dem ganzen Senat, wobei sie alle kaiserliche Kerzen trugen. Sie schlossen sich dem Patriarchen an, und man zog gemeinsam unter Gebet in Prozession bis an das Tor des Palastes, das Ktenaria benannt ist. Das Gebet dauerte lang und war bußfertig und tränenreich und alle riefen „Kyrie eleison". Dann kehrten sie in die heilige Kirche zurück, die Liturgie wurde gefeiert und beendet und alle nahmen das Abendmahl.

So wurden die heiligen Ikonen in der Kirche Gottes wieder eingeführt zur Ehre und zur Verehrung seitens aller Gläubigen. Und die Herrscher samt dem Patriarchen Methodios, den Metropoliten und den heiligen Asketen erließen ein Dekret, wonach dieses heilige und ehrwürdige Fest jeden ersten Fastensonntag feierlich zu begehen sei. Und dank der Gnade Gottes wird das Fest jährlich zum ewigen Ruhme Gottes und unseres Herrn Jesus Christus gefeiert, dem Lob und Preis sei in Ewigkeit.

Die Restauration des Bilderkultes erfolgte 843 durch einen feierlichen Akt, zu dessen Gedächtnis hinfort das „Fest der Orthodoxie" gefeiert wurde. Die Kaiserin knüpfte ihre Bereitschaft zu diesem Akt an den Willen der Kirche, Theophilos nicht zu verdammen. Methodios war Patriarch von 843–847. Die hier erzählte

Legende gehört zum Komplex hagiographischer Texte zu Ehren der als Heilige
verehrten Kaiserin Theodora.
W. Regel, Analecta byzantino-russica, Petersburg 1891, S. 19–39.

Kaiserliche Rechtspflege

Niemand sollte den Kaiser Theophilos allzu streng tadeln. Gewiß war er
der gefährlichen Häresie ergeben, ebenso wie sein Vater. Aber er war in
sie hineingewachsen, wie in ein altes Erbe, das allgemein gültig war.
Doch er besaß gute Charaktereigenschaften und bemerkenswerte Vorzüge. Zu allererst: er hat die Mauer um die ganze Stadt von einem Ende
zum anderen erbaut und wieder hergestellt zur Schutzwehr und Siche-
rung ihrer Bewohner. Er hat viele Klöster in diesen Schutz mit einbezo-
gen, aber auch die herrliche und ehrwürdige Kirche der heiligsten Gottesmutter in den Blachernen, die außerhalb der Stadtmauern lag und den
Geschossen der Feinde ausgesetzt war, die ihren Silber- und Gold-
schmuck raubten und dort ihr Unwesen trieben.

Theophilos war auch ein gerechter und ausgezeichneter Richter. Er
nahm sich des Rechts und der Wahrheitsfindung in besonderem Maße
an. Er verhalf zum Recht denjenigen, die das Recht auf ihrer Seite hatten,
und verurteilte diejenigen, die nach Kräften die Armen unterdrückten,
und er verfuhr so bis zu seinem Tod. Beweis dafür ist sein Freund, der
Praipositos, den er im Hippodrom verbrennen ließ. Grund dafür war sein
Betrug am Schiff und der Schiffsladung einer Witwe. Der Praipositos
bekam den Befehl, das Schiff der Witwe, der es gehörte, wieder auszuliefern; doch er mißachtete diesen Befehl. Desgleichen der Quaestor des
Kaisers. Diesen ließ er mit einem Ochsenziemer auspeitschen, weil er die
Prozesse hinauszögerte. Er ließ ihm Kopf- und Barthaare scheren und
abbrennen und verbannte ihn in die Fremde, weil er das Recht mißachtete und Gottes Gesetz mit Füßen trat. Doch da ist nicht nur der Quaestor.
Im Senat gab es zwei Magistroi, vornehme und reiche Männer. Jeder von
ihnen besaß einen Gutshof an einem Ort im Thema Opsikion. Zwischen
beiden Gutshöfen lag ein dritter, der Eigentum eines Frauenklosters war.
Die Leute der zwei Magistroi verachteten das Personal des Klosters auf
diesem Hof als armes und minderes Pack und setzten sie allen Arten von
Druck aus. Der Ökonom des Klosters und die Nonnen beklagten sich oft
bitterlich und wandten sich an die Magistroi, sie möchten doch die Ränke und Nötigungen ihrer Leute abstellen. Die beiden sagten dies jeweils
zu, aber sie logen und warteten nur darauf, bis sie den Hof an sich reißen
könnten. Der Ökonom des Klosters, ein verständiger und frommer
Mann, hörte von vielen Seiten von der Gerechtigkeitsliebe des Kaisers.
Da beriet er sich mit den Nonnen, nahm sie mit sich und ging an einem

Freitag zu den sogenannten Säulengängen des Amurianos und stellte sich dort zusammen mit den Nonnen hin und wartete auf die Ankunft des Kaisers. Kaiser Theophilos nämlich ritt an jedem Freitag das ganze Jahr hindurch aus dem Daphne-Palast durch den Hippodrom und über die Säulengänge des Forums bis zu den Blachernen. Als ihnen nun der Kaiser nahekam, da nannten sie ihm ihr Anliegen und flehten ihn um Hilfe an. Da sagte er zu ihnen: „Morgen, so Gott will, werde ich zu Gericht sitzen und euer Recht wahren. Und bei meinem ewigen Leben: wenn sie schuldig befunden werden, dann lasse ich sie köpfen und überlasse euch ihre beiden Gutshöfe!"

Als dies die zwei Magistroi hörten – sie ritten nämlich im Gefolge des Kaisers –, da erfaßte sie Furcht und Zittern. Sie stiegen von ihren Pferden und unter Tränen und bangen Herzens warfen sie sich dem Ökonom und den Nonnen zu Füßen, baten um ihre Verzeihung und sicherten ihnen zu, sie könnten für ihr Gut jeden Preis bekommen, den sie verlangten. Jetzt kamen auch viele ihrer Freunde, ihre Frauen und Kinder herbei; auch sie weinten und baten, man möchte doch Erbarmen mit den beiden haben. Der Ökonom, vernünftig und klug wie er war, überredete die Nonnen, auf sie einzugehen und ein Übereinkommen abzuschließen. Also gingen sie zu Fuß zur Kirche der vierzig Märtyrer, setzten sich vor den Altar der Heiligen und schrieben einen Verkaufsvertrag samt Empfangsquittung nieder. Darauf bekamen der Ökonom und die Nonnen von den zwei Magistroi vierzig Pfund, und damit war der Friede hergestellt und das Abkommen perfekt.

Kaiser Theophilos aber erhob sich am nächsten Morgen von seinem Bett, verließ den Palast und begab sich in das große Triklinion der Magnaura und setzte sich zu Gericht. Zunächst ließ er die zwei Magistroi vorführen, ohne sie eines Wortes zu würdigen. Die aber standen vor ihm, als seien sie schon halb tot. Dann rief er nach dem Ökonom und den Nonnen. Die aber waren nicht da! Da wurde er wütend auf den Drungarios der Vigla und ließ ihn mit zwiefachen Riemen sechsunddreißig Schläge verabreichen. Da beeilte sich der Drungarios, eine Anzahl von Boten seiner Behörde auszuschicken in Richtung Forum, um den Ökonom und die Nonnen herbeizuschaffen. Die Boten machten sie ausfindig, wie sie eben silberne Kelche und Patenen, Bücher und anderes, woran es dem Kloster fehlte, einkauften. Sie nahmen sie also mit und brachten sie vor den Kaiser. Als sie kamen und vor ihm standen, sagte der Kaiser: „Habt ihr nicht gestern Klage gegen die zwei Magistroi vorgebracht?" Sie antworteten: „Gewiß, guter Herr!" Darauf der Kaiser: „Und warum habt ihr euch heute nicht gestellt, damit eure Klage entschieden werde?" Da erwiderte der Ökonom: „Weil wir, guter Herr, gestern eine Klage hatten, sind wir zu Deiner Majestät gekommen. Heute haben wir keine mehr und haben uns deshalb auch nicht weiter bemüht." Da sagte der

Kaiser: „Und wie ist es dazu gekommen?" Darauf der Ökonom: „Gestern, guter Herr, als wir Deine Majestät anriefen, da wurde uns ganz
plötzlich unser Recht zuteil. Und wir danken dem gütigen Gott und beten
für Dich. Aber welches Gesetz, mein Herr, gebietet, daß ohne einen
Kläger der Richter Recht suchen solle?" Und als der Kaiser sagte: „Ihr
habt also gegen niemand mehr eine Klage?", da antworteten sie „Nein."
Da sagte der Kaiser zu ihnen: „Wenn ihr gegen niemand eine Klage habt,
dann geht im Frieden; ich will nicht über euch richten." Zu den Magistroi aber sagte er: „Geht auch ihr im Frieden nachhause." Diese, die
schon ihren Tod vor Augen gesehen hatten, gingen weg.

Der Mann richtete ja in jeder Weise nach Recht und Gerechtigkeit.
Und so geht von ihm die Kunde, daß in ganzen siebzehn Jahren sich in
der ganzen Stadt niemand fand, der sein Recht erst hätte suchen müssen,
so daß der Kaiser zu entscheiden gehabt hätte. In den Zeiten dieses
Kaisers gab es keine Leute, die Unrecht taten, und keinen, dem Unrecht
geschah, weil er nicht wenige, die das Unrecht liebten und ihr eigenes
Seelenheil haßten, dem Verderben und Tod überantwortet hatte. Damit
aber erschöpften sich seine Taten und guten Eigenschaften nicht. Es gibt
darüber hinaus noch eine ganze Anzahl! Und der gute und menschen-
freundliche Gott, der durch den Propheten Jesaiah gesagt hat: „Schafft
Recht den Waisen und Gerechtigkeit den Witwen, dann wollen wir
miteinander rechten", ist der Gott ohne Falsch, der wahre Gott. Deshalb
wollte er auch diesem Kaiser aus vielen Gründen vergeben und sich
seiner erbarmen, er, der Langmütige, der Gütige, der erbarmende Men-
schenfreund, durch die Fürbitte der heiligen Gottesmutter und seiner
Heiligen.

Auch dieser Text ist der Rehabilitation des Kaisers Theophilos gewidmet. Er
knüpft an den Gerechtigkeitssinn des Kaisers an, den auch die späteren Historiker
nicht leugnen.

W. Regel, a. a. O. S. 40–43.

Unprotokollarisches und Unappetitliches

Kaiser Michael III. tat sich allzu viel zugute auf simples Gebahren und
hat damit die hohe Achtung, die dem Kaisertum gebührt, sträflich zu
kurz kommen lassen. Einmal begegnete er auf der Straße einer Frau, für
deren Kind er Pate gestanden hatte. Sie kam aus dem Bad und trug in der
Hand eine Kanne. Da sprang er vom Pferd, schickte die Senatoren seiner
Begleitung in den Palast zurück, nahm nur einige seiner lockeren, vertrauten Kumpane mit sich und begleitete die Frau. Er nahm ihr die Kanne
ab und sagte zu ihr: „Frau, sei guten Mutes! Laß mich bei dir einkehren;

mir steht der Appetit auf grobes Brot und ein Stück Backsteinkäse." Die
Frau war ganz überrascht von dieser unerhörten Anbiederung; sie war
arm, sie hatte weder einen Tisch noch ein Tuch, um ihn zu decken. Doch
Michael ließ sie gar nicht ausreden. Er nahm der Frau das noch feuchte
Badetuch ab und breitete es statt eines Tischtuches aus. Dann nahm er
der Frau den Schlüssel ab und spielte nun Kaiser, Gastgeber, Koch und
Gast in einer Person. Er holte aus dem Schrank dieser Frau alles, was sich
fand, und tafelte und aß mit ihr. Dabei behauptete er, dem Beispiel
Christi, des Herrn, zu folgen.

Dann kehrte er gemächlich in den Palast zurück und schmähte dabei
seine kaiserlichen Vorgänger wegen ihrer großen Beschränktheit, ihrer
Arroganz und ihrer Geziertheit.

Am schlimmsten aber war die Kumpanei, die er um sich geschart hatte.
Es waren Satyrgestalten, zügellos bei jeder Schandtat, wie dionysische,
enthusiastische Schwärmer. Um sie herauszustreichen und unter Mißachtung religiöser Gefühle ließ er ihnen priesterliche Paramente in Goldbro-
kat schneidern und kleidete sie wie Bischöfe. Er veranlaßte sie zu schändlichen Persiflagen sakraler Riten. Ihrem Anführer, einem gewissen Grylos, gab er den Titel Patriarch; die elf anderen nannte er Metropoliten der
wichtigsten und bekanntesten Bischofssitze. Sich selbst reihte er zwar in
diese Gruppe nicht ein, er wollte aber auch nicht den Kaiser spielen.
Dafür ließ er sich Bischof von Koloneia nennen.

Wenn es zur Persiflage der Liturgie kam, dann führten sie statt der
Texte Lautenmusik auf. Sie wechselten in der Tonstärke von schrillen
Einzeltönen, wenn die Rubrik vom Priester ein Stillgebet verlangte, und
griffen laut und voll in die Saiten, wenn der Priester laut zu beten hatte.
Sie verwandten auch goldene, mit Perlen geschmückte Gefäße, füllten sie
mit Essig und Senf, und wer wollte, konnte davon kosten. So trieben sie
ihr Spiel mit dem heiligen Abendmahl. Dieser Grylos veranstaltete, auf
einem Esel reitend, öffentliche Prozessionen und hatte seinen Spaß daran,
wenn ihm seine Bande dabei folgte. So geschah es eines Tages, daß sie auf
den Patriarchen Ignatios seligen Angedenkens trafen, der eine kirchliche
Prozession mit seinem Klerus abhielt. Als ihn Grylos erblickte, da sah er
seine Stunde gekommen: Er ließ mächtig Lärm schlagen, er und seine
Genossen schürzten ihre Priesterkleider, schlugen mächtig mit ihren Mu-
sikinstrumenten und überschütteten die ehrwürdigen Priester und Kleriker mit Hohn und Spott.

Als Theodora, des Kaisers Michael Mutter, noch im Palaste lebte, ließ
er sie eines Tages herbeirufen: er wolle ihr seinen Segen erteilen. Er hatte
sich nämlich verkleidet und tat, als sei er der selige Patriarch Ignatios.
Die Kaiserin kam herbei, sittsam und voll Ehrfurcht; sie warf sich zu
Boden und bat um sein Gebet. Noch konnte sie ihn nicht erkennen, da er
die Hand vor das Gesicht hielt. Dann aber ließ er laut und mit schreckli-

chem Gestank einen fahren und redete lästerlich auf Theodora ein. Damit aber forderte er ihren und aller Frommen Fluch heraus. Sie prophezeite ihm für die Zukunft, Gott werde seine Hilfe und seine Vorsehung von ihm abziehen.

Kaiser Michael III. (842–867) Gerechtigkeit widerfahren zu lassen, ist deshalb so schwer, weil die Historiographie der makedonischen Kaiser, seiner Nachfolger, deren erster, Basileios, ihn ermordet hatte, allen Anlaß sah, sein Andenken zu schmähen. Hier ein Beispiel dieser Polemik, die offensichtlich auch liebenswerte Züge des Kaisers nicht anerkennen wollte.

Symeon Magistros (Ps.-Symeon), ed. I. Bekker, Bonn 1838, S. 660–662.

Abwerbung von Professoren

Der Caesar Bardas bemühte sich damals um die weltlichen Wissenschaften, die im Laufe langer Jahre durch die Unbildung und Unwissenheit der Herrscher heruntergekommen und fast auf ein Nichts zusammengeschmolzen waren. Er richtete für die Gelehrten eine Bleibe bei der Magnaura ein. Sein Ehrgeiz ging dahin, zu erreichen, daß die Wissenschaften wieder blühten und gediehen. Dies war seine schönste und bemerkenswerteste Leistung. Vorsteher der Schule als Lehrer der Philosophie wurde Leon, der bekannte große Philosoph, ein leiblicher Vetter des Patriarchen Jannes. Vorher war er Erzbischof von Thessalonike gewesen; zu dieser Zeit aber lebte er nach der Säuberung im Ruhestand. Er wurde auf diese Stelle befördert und brachte es fertig, daß dem Unwissen ein Ende gemacht wurde.

Es ist von Interesse zu hören, wie dieser Mann dem damaligen Kaiser bekannt wurde. Dieser Kaiser war Theophilos, der Vater Michaels III. Leon war in allen Wissenschaften aufs äußerste beschlagen, in der Philosophie so gut wie in deren Schwestern, der Arithmetik, der Geometrie und Astronomie, aber auch der vielgerühmten Musikwissenschaft. Er hatte es in jeder dieser Disziplinen so weit gebracht wie kaum ein anderer in einer einzigen. Er lebte aber in einer armseligen Behausung und lehrte da die Studenten, die zu ihm fanden, was eben jeder lernen wollte. Die Jahre gingen dahin, und nicht wenige seiner Schüler machten große Fortschritte. Es begab sich aber, daß einer seiner jungen Schüler, der es in der Geometrie sehr weit gebracht hatte, Sekretär eines Generals wurde und sich diesem Manne, um vorwärtszukommen, eng anschloß. Er zog mit ihm auch in den Krieg und kam durch einen Zufall in die Gefangenschaft der Agarener. Wegen seiner Jugend wurde er Haussklave eines der Vornehmen. Kalif der Ismaeliten war damals Mamun. Dieser war dem Studium der griechischen Wissenschaften zugetan, besonders der Geometrie. Einmal ging beim Herrn des jungen Sklaven die Rede vom Eifer des

Kalifen und von seinem Bemühen um die Wissenschaften. Als dann auch von der Geometrie gesprochen wurde, da sagte der junge Mann, er würde den Kalifen und dessen Lehrer gern davon sprechen hören, da auch er sich einigermaßen auf Geometrie verstehe. Der Kalif hörte davon, freute sich und ließ sich den jungen Mann vorführen. Er fragte ihn, ob er tatsächlich etwas von Geometrie verstehe. Der Junge bejahte. Aber der Kalif traute ihm nicht recht und meinte, es gebe keine Kenner dieser Materie, ausgenommen seine eigenen Lehrer in diesem Fach. Als der Sklave erwiderte, er würde diese Männer und ihre Doktrin gern kennenlernen, da holte man sie herbei, und sofort breiteten sie ihre Dreiecke und Vierecke aus, beriefen sich auf die Regeln Euklids und brachten mit Nachdruck vor, dies heiße so und jenes führe diese Bezeichnung usw., ohne die Ursachen zu nennen, warum es so heißen müsse; darauf hatten sie keine Antwort. Und so verrieten sie weniger einen Mangel an Ausdrucksfähigkeit als vielmehr pure Unwissenheit. Da der junge Mann merkte, wie stolz sie auf ihre Figuren und Zeichnungen waren, sagte er: „In jeder Rede und bei jedem Sachverhalt geht es doch in erster Linie um das Warum. Ihr sprecht nur von Tatsachen und tut, als seien die Gründe dafür belanglos. Damit aber gebt ihr zu, daß euch der wirklich Gebildete nicht mehr bedeutet als der Ungebildete." Jetzt waren sie verlegen und verlangten von ihm, daß er sie über die Gründe aufkläre. Sie hörten aufmerksam zu, wie er darlegte, warum dieses und jenes so und nicht anders heiße und warum man es so zeichnen müsse. Allmählich fingen sie an, zu begreifen, und voll Staunen fragten sie, wieviele Gelehrte seiner Art es denn in Byzanz gebe. Der junge Mann sagte: „Viele! Und ich selbst gehöre zu den Schülern und nicht zu den Meistern." Jetzt fragten sie ihn nach seinem Lehrer, ob er noch lebe oder schon gestorben sei. „Und ob er noch lebt!" erwiderte er und pries die Vorzüge seines Lehrers, erzählte, daß er ganz ärmlich lebe, daß ihn kaum jemand kenne, daß er aber ein Ausbund an Weisheit sei.

Da schrieb Mamun an Leon sofort einen Brief folgenden Inhalts: „Aus der Frucht haben wir auf den Baum geschlossen und vom Schüler auf den Lehrer. Du bist ein großer Mann in deiner Wissenschaft dank deiner Tüchtigkeit und der Tiefe deiner Einsichten. Trotzdem bist du bei deinen Mitbürgern unbekannt und hast keine Früchte deiner Weisheit und deiner Kenntnisse geerntet, denn noch haben sie dich keiner Ehrenstelle gewürdigt. Verschmähe es also nicht, zu uns zu kommen und uns von deinem Wissen mitzuteilen. Kommst du, dann wird das ganze Volk der Sarazenen sich vor dir beugen, du wirst Reichtum und Gaben bekommen, wie kein Mensch vor dir." Er übergab diesen Brief dem jungen Mann, gab ihm Geschenke und beauftragte ihn, zu seinem Lehrer zurückzukehren. Er versprach ihm Ehren und Geschenke und daß er wieder nachhause zurückkehren könne, wenn er nur Leon dazu vermöchte, dem römischen Reich den Rücken zu kehren. Wie er nun nach Konstantinopel kam und seinen Lehrer wiedersah, da geriet er bei diesem Anblick derart in Bewegung, daß er gleichsam entbrannte und ihm die Tränen nicht nur über die Wangen, sondern sogar über Hals und Brust flossen.

Der Meister wußte nicht, wie ihm war; er erkannte den Besucher nicht und verstand nicht, was ihn bewegte. Die lange Zeit und das Ungemach der Sklaverei hatten den jungen Mann verändert; er sah nicht mehr aus wie früher. Aber langsam kam die Erinnerung, als er seinen Namen nannte und von seinem Studium erzählte. Er sprach auch von seiner Gefangenschaft, nannte den Grund seiner Freilassung und seiner Rückkehr in die Stadt und übergab ihm den Brief. Da fanden sich beide in der Klage und im Wehlaut.

Leon aber hielt es nicht für ungefährlich, einen Brief aus Feindeshand in Empfang zu nehmen; er könnte ja angezeigt werden. Also begab er sich zum Logotheten – es war Theoktistos, den Bardas auf dem Gewissen hat –, erzählte alles über seinen gefangenen Schüler und übergab ihm den Brief des Kalifen. So kam es, daß Leon dem Kaiser bekannt wurde und in dessen engerem Kreis Aufnahme fand. Sein Schüler war es und dieser Brief, die Leons Gelehrsamkeit, die bisher in der Ecke gelegen hatte, aller Welt bekannt machten und ihn aus seiner Armut herausholten. Der Logothet gab nämlich den Brief dem Kaiser zu lesen, und dieser ließ Leon rufen, stattete ihn reichlich aus und beauftragte ihn, publice bei der Kirche der Vierzig Märtyrer zu dozieren.

Als Mamun nach einiger Zeit merkte, daß der Philosoph nicht ins Ausland zu gehen gewillt war, übermittelte er ihm schriftlich einige offene Probleme geometrischer und astrologischer Natur sowie andere schwer zu erklärende Fragen und bat darum, ihm die Lösung zukommen zu lassen. Leon erläuterte jede Frage und legte ihre Lösung dar, fügte auch, um Mamun etwas zu verblüffen, einiges über die Kunst der Zukunftsvorausschau hinzu. Als der Kalif die Antwort bekam, da wuchs sein Verlangen nach diesem Mann nur um so mehr und er verkündete laut, wie sehr er ihn schätze. Er schrieb also wiederum einen Brief, dieses Mal nicht an Leon, sondern an den Kaiser Theophilos folgenden Inhalts: „Es wäre mein Wunsch gewesen, selbst zu Dir zu kommen als Freund und Schüler; aber die mir von Gott anvertraute Herrschaft und die Vielzahl meiner Untertanen erlaubt dies nicht. Mein Wunsch ist, Du mögest den in Philosophie und allen übrigen Wissenschaften berühmten Mann, den Du bei Dir hast, für eine kurze Zeitspanne zu mir schicken und ihm zureden, daß er mit mir sich treffen will. Er soll mich sein Wissen lehren und mir etwas von seiner Tüchtigkeit zukommen lassen, die mir so brennend am Herzen liegen. Daß wir nicht derselben Sprache und desselben Glaubens sind, sollte kein Hinderungsgrund sein. Bei meiner Stellung müßte die Erfüllung meiner Bitte unter nachgiebigen und guten Freunden nicht schwerfallen. Als Gegenleistung für den Mann biete ich zwanzig Zentner Gold und einen Friedens- und Vertragsabschluß auf ewige Zeiten."

Doch Theophilos erwiderte, es sei unvernünftig, etwas Gutes, das man besitze, anderen zu überlassen und die Erkenntnis des Seienden, deretwegen das römische Volk von allen bewundert und geehrt würde, Heiden preiszugeben. Er lehnte also ab. Dafür wollte er selbst Leon noch höher stellen und veranlaßte den damaligen Patriarchen Joannes, Leon wegen seiner Weisheit und weil er ein Verwandter des Patriarchen war, zum Metropoliten von Thessalonike zu weihen. Als er nach der Weihe nach Thessalonike kam, da achteten und verehrten ihn alle wegen seiner Tugend. Diese Hochachtung wuchs noch bedeutend aus folgendem Grund: Der landwirtschaftliche Boden war damals derart ausgelaugt und dürr, daß er kaum Früchte trug und der Tod drohte. Das sah Leon und es erregte sein großes Mitleid. Er redete ihnen zu, sie sollten den Mut nicht sinken lassen und sich vom Unglück nicht verderben lassen, wenn sie Gottes und seine Hilfe haben wollten. Er stellte mit Hilfe astrologischer Berechnungen einen bestimmten Zeitpunkt für günstigere Einflüsse des Himmels auf die Erde fest und ordnete an, daß zu diesem Zeitpunkt gesät werden sollte. Dies geschah, und als der Frühling kam und dann die Zeit der Ernte, kam es zu Erträgnissen, die für Jahre reichten. Natürlich war es der Güte Gottes zu verdanken, der sich den Bitten und dem Flehen der Armen nicht verschloß, und nicht den zwecklosen Praktiken des Mannes! Jedenfalls mehrte dies noch die Liebe der Bewohner von Thessalonike zu diesem ihrem Mann.

Viele stellten die Frage, wie Leon zu solcher Vollendung in allen Wissenschaften gekommen sei. Zu einem seiner Vertrauten soll er einmal darüber folgendes gesagt haben: „Grammatik und Poetik habe ich während meines Aufenthaltes in Konstantinopel studiert, Rhetorik aber, Philosophie und Arithmetik, als ich auf der Insel Andros weilte. Dort traf ich auf einen weisen Mann, der mich in die Anfangsgründe und die Prinzipien einführte. Da mir dies nicht genügte, ging ich aufs Festland und streifte hier herum. Ich suchte die Klöster auf und ging die Bücher durch, die ich dort fand. Ich beschaffte sie mir und zog mich auf Bergeshöhen zurück, wo ich sie durchstudierte. So habe ich meine Kenntnisse vervollkommnet. Und gesättigt kehrte ich in die Hauptstadt zurück, um mein Wissen an diejenigen weiterzugeben, die danach verlangten."

Dies war vorher. Und jetzt, nach drei Jahren – so lange war er Metropolit von Thessalonike – hatte er als abgesetzter Bischof wieder Muße, und so bekam er die Leitung der Schule an der Magnaura.

Caesar Bardas, ein Onkel Michaels III., führte die Reichsgeschäfte bis zu seiner Ermordung im Jahre 865. Der Kalif al-Mamun regierte von 813–833. Patriarch

Jannes und Johannes sind ein und dieselbe Person (Joannes Morocharzanios, 837–843). Theoktistos war Logothet – hier etwa mit leitender Minister wiederzugeben – bis zu seiner Ermordung im Jahre 856. Eine Schule an der Magnaura, einem Teil des Palastkomplexes, richtete Bardas ein, wohl schon zu Beginn seiner Karriere.

Theophanes Continuatus, ed. I. Bekker, Bonn 1938, S. 185–192.

Der Antichrist

Es ist der Mühe wert, einiges über Photios auszuführen. Dieser Photios war der Sohn des Spatharios Sergios, sein Großvater hieß Zacharias. Sergios stammte aus einer heidnischen Familie; er brach in ein Frauenkloster ein, raubte eine Nonne, ließ sie die Kutte ablegen und nahm sie zur Frau. Nach einiger Zeit kam der heilige Michael von Synada, ein Freund des Sergios, in dessen Haus. Da sah er, daß die Frau des Sergios schwanger war. Er drohte ihr mit seinem Stock, so als wollte er sie schlagen, und sagte: „Gäbe es doch jemand, der diese Frau umbrächte samt der Frucht ihres Leibes! Eine neue Eva steht vor mir, die eine Schlange unter dem Herzen trägt, einen männlichen Embryo, und ich sehe, daß aus diesem Männlichen durch die Zulassung Gottes ein Patriarch wird, der das Ziel hat, das ehrwürdige und heilige Kreuz Christi abzuschaffen. Er wird der Gottlosigkeit zugetan sein, viele dazu bringen, das Kreuz mit Füßen zu treten, und eine große Anzahl mit allen möglichen Schlichen um das himmlische Reich bringen." Da sagte Sergios zu ihm: „Wenn es so wird, dann bringe ich ihn samt seiner Mutter um." Der Heilige darauf: „Es wird dir nicht gelingen, das zu verhindern, was Gott zuläßt. Nimm dich in acht!" Als das Kind geboren war, ließ die Mutter den Abt Iakobos vom Maximine-Kloster kommen, legte ihm das Kind unter Tränen zu Füßen und bat ihn, er möge es taufen. Sie sagte: „Ich habe während der Schwangerschaft im Traum gesehen, wie mein Schoß zerriß und ein Drache hervorkam. Aber auch der heilige Bekenner Hilarion vom Dalmatos-Kloster hat mir gesagt, ich trage den Satan in Menschengestalt in mir." Iakobos aber nahm ihn auf und taufte ihn auf den Namen Photios; er sagte: „Vielleicht geht der Zorn Gottes an ihm vorüber!" Als Sergios merkte, wie viele Vorzeichen sich an das Kind knüpften, da meinte er: „Vielleicht ist meine Frau jene Nonne, von der die Juden erwarten, daß sie den Antichrist gebären wird."

Da sie gut mit den Mönchen standen und die Frau Mönche gern in ihrem Haus bewirtete, bat sie, sie möchten für sie und für Photios beten. Als Photios zum Knaben herangewachsen war, brachte ihn sein Vater vorsichtshalber zum heiligen Joannikios auf den Olympos und bat ihn, für das Kind zu beten. Joannikios sagte unvermittelt: „Photios will von deinen Wegen, o Herr, in seinem Herzen nichts wissen!" Sergios seufzte tief und fragte: „Wie kommst du auf diesen Gedanken?" Der Alte erwiderte: „Ich kann dir aufzählen, was er in Zukunft sich alles zuschulden kommen lassen wird." Da streute sich Sergios Asche aufs Haupt und stieg den Berg hinunter.

Schließlich gab er Photios in die Schule. Dem Jungen aber lag sehr viel mehr an den heidnischen Wissenschaften als an den kirchlichen. Einmal traf er auf einen Juden, der ein Zauberer war. Der sagte zu ihm: „Junger Mann, was gibst du mir, wenn ich dich dazu bringe, daß alles, was die Heiden geschrieben haben, dein geistiger Besitz wird und dir sozusagen auf der Zunge liegt und du an Weisheit alle übertriffst?" Photios antwortete: „Mein Vater gibt dir dafür sicherlich gern die Hälfte seines Vermögens." Der Jude aber sagte: „Ich brauche kein Geld, und dein Vater weiß von der Sache besser nichts. Komm mit mir an einen bestimmten Ort und verleugne das Kreuz, an das wir Jesus geschlagen haben; dann bekommst du von mir ein Wunderamulett und du wirst ein Leben in Glück und Reichtum, in großer Weisheit und Freude leben." Photios hörte dies gern und tat alles dem Juden zu Gefallen. Und in der Folgezeit beschäftigte er sich dauernd mit den verbotenen Schriften der Mantik und Astrologie, da er von seinem Vater wußte, dieser habe aus dem Mund prophetischer Männer vernommen, Photios werde es mit List und Tücke zum Patriarchen bringen.

Diesen Photios erhob der Caesar Bardas, der Onkel des Kaisers Michael, auf den Patriarchenthron.

Im zweiten Jahre seines Patriarchats, als Photios das Fest Kreuzerhöhung feierte, da erblickte ein Mönch, der nahe am Altar stand, etwas Merkwürdiges: Eine riesige Schlange hielt des Patriarchen Hand fest, während sich das Kreuz von selbst erhob. Er erschrak und rief laut und kurz auf: „Kyrie eleison." Alle Frommen um ihn herum fragten nach der Ursache, und er erzählte seine Vision. Es handelte sich um Priester der Kirche. Da sagten sie zu diesem frommen und hellsichtigen Mönch: „Wir, wenn wir mit ihm zelebrieren, hören nie, daß er Gebetsworte spricht; vielmehr murmelt er Sprüche heidnischer Dichter."

Johannes der Einsiedler, ein frommer Mann mit echter Prophetengabe, erzählte uns Folgendes: „Ich saß einmal völlig gesammelt in meiner Höhle; da kamen zwei Äbte, Euthymios und Joseph, die von Photios besonders hart verfolgt wurden, zu mir zu Besuch. Wie Gott es mir eingab, bestärkte ich sie in ihrem Widerstand und sagte am Schluß: Wer ausharrt bis ans Ende, wird gerettet werden. Dann ließ ich sie wieder gehen. In der folgenden Nacht, bevor ich aus dem Schlaf erwachte, stand vor mir ein riesiger Schwarzer, schauerlich und schrecklich anzusehen. Er hatte schon die Hände ausgestreckt, um mich am Hals zu packen und zu würgen. Ich machte sofort das Kreuzzeichen, faßte Mut und packte ihn bei der Hand. ‚Wer bist du‘, sagte ich, ‚wie heißt du, wer hat dich geschickt und aus welchem Grund?‘ Da antwortete er: ‚Ich bin der Mächtige Beliars und stehe Photios zu Diensten. Ich heiße Lebuphar. Ich bin der Helfer der Zauberer und Giftmischer, der Anführer der Ehebrecher und Räuber, ein Freund der Heiden und des Photios, der mir insgeheim zugetan ist. Mein Herr hat mich ausgeschickt, um ihn zu rächen für die Schmähungen, die hier gestern gegen ihn erhoben wurden. Und ich habe darauf zu achten, ob du bereust, ihn anerkennst und dich von Gott löst. So hat er es schon mit vielen anderen gemacht. Jetzt aber hast du mit der Waffe des Kreuzzeichens alles verdorben.‘ Darauf habe ich ihn nochmals mit dem Zeichen des Kreuzes zunichte gemacht, und er verschwand.“

Eines Nachts gab es ein großes Erdbeben. Als dann Photios auf die Kanzel stieg, um eine Predigt vor dem Volke zu halten, da sagte er, Ursache von Erdbeben sei nicht die Menge der begangenen Sünden, vielmehr der Druck gewaltiger Wassermassen. Außerdem verkündigte er, jeder Mensch habe zwei Seelen, eine, die sündige, und eine, die nicht sündige. Der kaiserliche Kanzleichef hörte davon und ging zum Kaiser und sagte: „Unser Personal liegt uns in den Ohren! Sie sagen: ‚Es war unsere Hoffnung, eine Seele zu haben. Und für die bekamen wir pro Monat je zwei Scheffel. Jetzt aber, wo der Patriarch es ganz offen ausspricht, daß jeder zwei Seelen hat, ist es in der Ordnung, daß wir auch noch zwei weitere Scheffel bekommen.‘“ Der Kaiser lachte und sagte: „So also lehrt dieser Chazarenschädel!“ Er ließ den Patriarchen unverzüglich rufen, tat, als sei er zornig, und sagte: „Du Marzukas lehrst also, daß jeder Mensch zwei Seelen hat!“ Photios aber redete sich heraus und überzeugte den Kaiser, es sei um etwas anderes gegangen und so hätten die Worte nicht gelautet. Dann fragte ihn Gregorios von Syrakus: „Was bedeutet denn ‚Marzukas‘?“ Er antwortete: „‚Mar‘ ist so viel wie Hund, ‚Zu‘ bedeutet ziehen und ‚Kas‘ sei eine Abkürzung für Kassyma (Leder). Also ein Hund, der eine Haut hinter sich herzieht.“

Der berühmte Patriarch Photios (858–867 und 877–886), dessen kirchenpolitische Gestalt für die Geschichte von großem Einfluß wurde – auch wenn ihn die „Westler“ wohl öfter zitieren als die Orthodoxen –, konnte als Heiliger nur schwer einen bescheidenen Platz im byzantinischen Kalender finden. Die Anhänger des Patriarchen Ignatios (847–858 und 867–877) schmähten ihn von allem Anfang an, und ihre Verdächtigungen fanden sogar Eingang in die ernsthafte Chronistik.

Symeon Magistros (Ps.-Symeon), ed. I. Bekker, Bonn 1838, S. 668–673.

Der Aufsteiger

Kaiser Basileios stammte aus Makedonien, seine Familie war armenischen Ursprungs aus dem Geschlecht der Arsakiden. Unter der Herrschaft des Kaisers Konstantinos VI. und seiner Mutter Eirene kam ein
gewisser Maikes, eben aus dem Geschlecht der Arsakiden, als Gesandter
nach Konstantinopel. Hier traf er auf einen Landsmann namens Leon
und schloß aus dem äußeren Gehabe dieses Mannes und seiner Kleidung,
daß er nicht etwa niederen Standes, sondern von Adel sein müßte. Sie
kamen ins Gespräch, Maikes erfuhr von seiner Herkunft, und sie wurden
Freunde. Maikes war von Leon so angetan, daß er seine bisherige Unter-
kunft verließ und zu Leon in dessen Haus zog. Sie wurden sogar Verwandte: Maikes heiratete eine Tochter Leons. Aus dieser Verbindung
stammte der Vater unseres Basileios. Nun hatte eine vornehme und edle
Frau in Adrianupolis ihren Mann verloren und lebte in ehrbarer Witwen-
schaft. Es geht das Gerücht, und manches spricht dafür, daß sie der
Familie Konstantins des Großen entstammte. Der Vater des Basileios zog
sie allen anderen Frauen von Adrianupolis vor und heiratete ihre Tochter, die an Adel, Zucht und Schönheit alle übertraf. Dieser Ehe entstammte Basileios, ein Arsakide also von Vaters Seite und ein Nachkomme Konstantins des Großen mütterlicherseits. Dessen konnte er sich rühmen und noch dazu die Glorie Alexanders des Großen in Anspruch
nehmen von beiden Elternseiten her.

Als der Bulgare Krum Adrianupolis belagerte und schließlich zur Übergabe zwang, da geschah es, daß auch die Eltern des Basileios mit dem
kleinen Sohn, der noch in den Windeln lag, nach Bulgarien verschleppt
wurden. Durch Gottes Güte konnten sie aber später wieder in ihre Heimat zurückkehren.

Als der junge Basileios dem Kindesalter entwachsen und zum jungen
Mann herangereift war, starb sein Vater. Die Trauer im Hause war groß:
die Mutter Witwe, der Sohn eine Waise; Not und Bedrängnis machten
sich breit, Sorgen über Sorgen um den Lebensunterhalt. All dies kam auf
Basileios zu: die Verantwortung für Mutter und Geschwister; der Ertrag
ihrer Landwirtschaft war gering und minderwertig. So entschloß sich
Basileios, nach Konstantinopel zu gehen, sich dort durchzusetzen und für
seinen und seiner Familie Lebensunterhalt zu sorgen und der Familie
Protektion zu verschaffen. Er wußte ja, daß man in großen Städten und
insbesondere in Konstantinopel Tüchtigkeit zu würdigen weiß und daß
man es da, wenn man sich hervortut, zu etwas bringen kann, während in
kleinen Städten und auf dem Dorf solche Vorzüge nur verkümmern
können.

Er machte sich also auf den Weg aus dem thrakischen Makedonien in

die Kaiserstadt. Es war seine Absicht, sich einem der mächtigen, hervorragenden Männer anzuschließen und in dessen Dienste zu treten. Nachdem er die Reise hinter sich gebracht hatte und an das Goldene Tor der
Stadt gekommen war, war es Abend geworden. Er durchschritt das Tor
und kam zum Kloster des heiligen Diomedes. Ermüdet von der Reise,
warf er sich im Vorhof auf die Stufen, um auszuruhen. Um die erste
Nachtwache erschien der heilige Diomedes dem Abt des Klosters und
befahl ihm, an das Tor des Konvents zu gehen, den Namen Basileios zu
rufen und denjenigen, der darauf antworte, ins Kloster zu führen und mit
Speise, Kleidern und allem Nötigen zu versorgen. Es handle sich um
einen Mann, den Gott zum Kaiser gesalbt habe und der sich für die
Hebung und Mehrung des Klosters einsetzen würde. Der Abt hielt dies
alles für einen leeren Traum, kümmerte sich nicht darum und wollte
weiterschlafen. Aber die Vision erschien ein zweites Mal. Schläfrig, wie
er war, konnte er sich aber auch jetzt nicht aufraffen. Da erblickte er den
heiligen Martyrer ein drittes Mal, nun nicht mehr mild und freundlich
mahnend, sondern sehr nachdrücklich mit Schlägen drohend, wenn er
nicht umgehend den Auftrag ausführe. Da erhob sich der Abt mühsam,
rieb sich den Schlaf aus den Augen, ging zur Klosterpforte und rief den
Namen Basileios, wie es der Martyrer befohlen hatte. Basileios antwortete sogleich: „Hier bin ich! Was befiehlst du deinem Diener?" Da führte
ihn der Abt ins Kloster, und als er sah, wie verschmutzt und sonnenver-
brannt Basileios war, ließ er ihm alle Pflege angedeihen und behandelte
ihn höchst freundlich. Dann verpflichtete er ihn zum Stillschweigen, niemand dürfe davon wissen, da es gefährlich sei, und erzählte ihm die
Prophezeihung des Martyrers. Er ließ ihn versichern, daß er, nach Eintreffen der Voraussage, sich des Klosters erinnern würde. Für Basileios
aber war dies zu hoch, und er schien ihm keine Bedeutung beizumessen;
vielmehr bat er den Abt, er möge ihn bei einem Adeligen einführen, in
dessen Dienst er treten könnte. Der Abt tat es gern.

Ein Verwandter des Kaisers Michael und des Caesar Bardas stand in
guten Beziehungen zum Kloster. Er führte den Spottnamen Theophilitzes; sein Nachname war Paideuomenos. Dieser kam öfters zu einem
freundschaftlichen Besuch, und einmal stellte ihm der Abt den Basileios
vor. Dieser kleine Theophilos dachte sehr hoch von sich und liebte es,
Gepränge zur Schau zu stellen. Sein Bestreben war, tüchtige und schöne
junge Männer, die sich durch Mut und Kraft auszeichneten, in seinen
Haushalt aufzunehmen und damit an Ansehen und Bedeutung zu gewinnen. Er kleidete diese Leute sofort in Seide und stattete sie prächtig aus.
Jetzt nahm er den jungen Basileios in diese Schar auf, und da es offen
zutage lag, daß er den übrigen an Körperkraft und Beherztheit weit
überlegen war, machte er ihn zu seinem Protostrator, d.h. zum Chef
seiner „Garde". Von Tag zu Tag gewann er ihn lieber und bewunderte er

seine überlegenen Gaben: er war schnell bei der Hand und doch besonnen; jeden Befehl führte er bereitwilligst und auf geschickte Weise aus.

Eines schönen Tages wurde der Herr des Basileios, Theophilitzes, vom
Kaiser Michael und dem Caesar Bardas in Geschäften nach der Peloponnes entsandt. Basileios begleitete ihn in seiner dienstlichen Stellung. So
kamen sie nach Patras in Achaia, und Theophilitzes besuchte die Kirche
des Erstberufenen, des Apostels Andreas, um dort zu beten. Basileios war
nicht dabei, da er seine Dienstgeschäfte erledigen mußte. Später besuchte
auch er, allein, diese Kirche, um dem Apostel seine andächtige Verehrung
zu erweisen. In dieser Kirche fand sich ein Mönch, der fast den ganzen
Tag dort verbrachte. Als Theophilos die Kirche besuchte, stand er weder
auf noch grüßte er ihn oder würdigte er ihn eines Wortes. Nicht einmal
der üblichen glänzenden Begleitung des Besuchers schenkte er Aufmerksamkeit. Als aber dann Basileios in die Kirche trat, stand er wie vor
einem vornehmen Mann auf und begrüßte ihn, wie man einen Kaiser
begrüßt. Ortsansässige, die zufällig dabei waren und dies hörten, berichteten davon einer vornehmen und sehr reichen Frau, die nach dem Namen ihres verstorbenen Mannes Danelis hieß. Diese Frau kannte den
Mönch sehr gut; sie wußte, daß er die Gabe besaß, in die Zukunft zu
sehen, und nahm deshalb die Neuigkeit ernst. Sie ließ den Mönch kommen und beklagte sich bei ihm: „Jetzt kenne ich dich schon seit langen
Jahren, mein geistlicher Vater; du weißt sehr wohl, daß ich höhergestellt
bin als alle übrigen und daß ich die erste Dame hierorts bin. Wenn du
mich gesehen hast, bist du noch nie aufgestanden und hast mich nie
begrüßt; auch meinem Sohn und meinem Neffen hast du nie diese Ehre
erwiesen. Und jetzt kommt dieser unbedeutende Fremde, den kein
Mensch kennt, und du stehst auf und begrüßt ihn wie einen Kaiser?" Da
antwortete der fromme Mönch: „Es ist nicht so, wie du sagst; ich habe
nicht irgendwen gesehen, sondern den von Christus gesalbten Kaiser der
Römer; da bin ich aufgestanden und habe ihn begrüßt. Wen Gott ehrt,
den muß auch der Mensch ehren!"

Theophilitzes verbrachte geraume Zeit in der Gegend; schließlich hatte
er die ihm aufgetragenen Geschäfte erledigt und machte sich auf, in die
Hauptstadt zurückzukehren. Basileios aber erkrankte und mußte zurückbleiben. Er wurde gut gepflegt und erholte sich nach kurzer Zeit wieder.
Jetzt bereitete auch er sich zur Rückreise vor. Da ließ ihn die genannte
Danelis zu sich kommen. Sie beschenkte ihn reichlich und senkte damit
klug und geschickt einen Samen in gutes Erdreich, um zur gegebenen Zeit
ein Vielfaches ernten zu können. Sie gab ihm große Summen von Gold,
dreißig Sklaven zu seiner persönlichen Bedienung und Mengen an Kleidern und Ausstattungsstücken. Sie verlangte dafür zunächst nur, daß er
sich mit ihrem Sohn Johannes in geistlicher Verbrüderung verbinde. Basileios lehnte das Ansinnen der Dame zunächst ab; es schien ihm seiner

eigenen gesellschaftlichen Stellung unangemessen, verglichen mit dem
Adel der Dame. Sein niedriger Stand ließ etwas Derartiges nicht zu. Die
Dame aber drängte, und so gab er schließlich nach. Jetzt, beherzt geworden, sagte sie zu ihm: „Vor Gott bist du schon jetzt ein großer Mann,
und er wird dich darüber hinaus noch gewaltig erhöhen. Ich wünsche
und erbitte mir nichts anderes von dir, als daß du mich liebst und Mitleid
mit mir hast." Basileios aber versprach ihr, wenn es möglich sei und
wenn die Dinge so kommen sollten, sie zur Herrin über das ganze Land
dort zu machen. Damit nahm er Abschied und reiste in die Kaiserstadt
und zu seinem Herrn zurück. Von dem Geld aber, das er dort bekommen
hatte, kaufte er nach seiner Rückkehr große Güter in Makedonien, verschaffte allen seinen Verwandten Wohlstand, wurde selbst reich, jetzt
auch an Geld und Besitz, so wie bisher an Tüchtigkeit. Trotzdem blieb er
bei seinem Herrn und diente ihm weiter.

Eines schönen Tages veranstaltete der Patrikios und Domestikos der
Scholen, Antigonos, eine große Gasterei in dem kaiserlichen Palast neben
dem Kaiserhof und rüstete sie prächtig aus. Seinen Vater Bardas bat er,
den Gastgeber zu spielen. Der Caesar Bardas kam mit den wichtigsten
Leuten aus dem Senat samt seinen eigenen Verwandten und Gefolgsleu-
ten. Er hatte aber auch seine bulgarischen Freunde bei sich, die damals in
der Hauptstadt weilten. Am Gelage nahm auch Theophilos, der Herr des
Basileios teil, da er ein Verwandter des Caesar war, aber auch der Patrikios Konstantinos, Vater des berühmten Patrikios Thomas, erfahren in
den Tiefen der Philosophie und in unserer Zeit Logothetes des Dromos.
Die Bulgaren, großsprecherisch wie sie sind, hatten einen Landsmann bei
sich, einen bärenstarken Menschen und ausgezeichneten Ringer, den bisher noch so gut wie niemand besiegt hatte. Sie waren offenbar der Meinung, zum Preis dieses Mannes genügten nur die allerhöchsten Lobsprü-
che. Das Gelage nahm seinen Fortgang, und die Gäste wurden immer
ausgelassener. Da sagte der kleine Theophilos zum Caesar: „Mein Herr,
ich habe einen Mann; wenn du es anordnest, dann soll er mit diesem
hochgepriesenen Bulgaren kämpfen. Es wäre eine Schande für die Römer
und die bulgarische Großsprecherei würde unerträglich, wenn dieser ihr
Landsmann unbesiegt nach Bulgarien zurückkehren könnte." Der Caesar war einverstanden. Der erwähnte Patrikios Konstantinos aber, der
dem Basileios wohlgesonnen war – er war ebenfalls armenischer Herkunft – sah, daß der Boden, auf dem gekämpft werden sollte, glitschrig
war, und befürchtete, Basileios könnte darauf ausgleiten. Also bat er den
Caesar zu veranlassen, daß der Boden mit Sägespänen bestreut würde.
Das geschah, und dann rangen Basileios und der Bulgare miteinander. In
Kürze hatte ihn Basileios im Griff, drückte ihn zusammen wie ein dünnes
Grasbündel, in dem kein Leben steckt, und wie ein trockenes federleich-
tes Lammfell, hob ihn über den Tisch und warf ihn dann zu Boden.

Keiner der Anwesenden, der da nicht den Ruhm des Basileios verkündet und nicht voll Bewunderung für ihn gesprochen hätte. Die Bulgaren aber staunten über dieses Übermaß an Kraft und Geschick, und die Sprache blieb ihnen weg. Von diesem Tage an begann sich der gute Ruf des Basileios noch weiter in der ganzen Stadt zu verbreiten, und alle Welt sprach von ihm.

Kaiser Michael hatte ein Pferd, das sich gegen das Zaumzeug sträubte und schwer zu bändigen und sehr widerspenstig war. Im übrigen jedoch handelte es sich um ein junges, schönes, äußerst schnelles und ganz einfach wunderbares Tier. Nahm man ihm den Zaum ab oder ließ man es sonst frei, dann konnte man es nur sehr schwer wieder in die Hand bekommen, und die Pferdeburschen hatten die größte Schwierigkeit mit ihm. Einmal ritt der Kaiser auf diesem Pferd zur Jagd aus. Dabei traf er mit seiner Keule einen Hasen. Er freute sich sehr darüber und sprang vom Pferd, um dem Hasen den Garaus zu machen. Das Pferd, jetzt frei, tollte herum. Da liefen alle herbei, die Stallmeister, die Gardisten und die übrigen; aber es gelang ihnen nicht, es wieder einzufangen. Der Kaiser wurde darüber so erbost, daß er befahl, dem Pferd die Hinterbeine abzuschlagen. Der Caesar Bardas, der mit von der Partie war, bat den Kaiser, doch nicht wegen eines einzigen Fehlers alle übrigen Vorzüge des Pferdes daranzugeben. Basileios, der seinen Herrn begleitete, sagte zu diesem: „Wenn ich jetzt das Pferd des Kaisers einhole und dann von meinem Pferd auf jenes springe, wird dann der Kaiser nicht zornig werden, da doch sein Pferd mit den kaiserlichen Abzeichen geschmückt ist?" Der Kaiser hörte den Vorschlag und befahl, ihn auszuführen. Und Basileios brachte das Kunststück beherzt und elegant fertig! Als der Kaiser dies sah, schloß er den ebenso tapferen wie schönen und klugen Basileios in sein Herz; er warb ihn dem Theophilitzes ab und reihte ihn in seine eigene Garde ein. Er schenkte ihm viel Beachtung und Zuneigung und merkte bald, daß er die anderen in den Schatten stellte. Und da er sich jederzeit bewährte, machte er ihn zum Protostrator, d.h. zum Anführer seiner Gefolgsleute.

Eines Tages saß der Kaiser mit seiner Mutter Theodora, der Kaiserin, mit seinen Verwandten und seinen Vertrauten aus dem Senat zu Tisch. Da wurde auf Befehl des Kaisers auch Basileios herbeigerufen. Nachdem er sich gesetzt hatte, begann Theodora ihn sehr aufmerksam zu mustern. Sie stellte an ihm ein gewisses Etwas fest und erlitt einen Schwächeanfall. Man begoß sie mit Wasser und mit Rosenextrakt, und so kam sie wieder zu sich.

Als die Gäste gegangen waren und die Kaiserin wieder bei Besinnung war, fragte sie ihr Sohn, der Kaiser, wie ihr denn dies widerfahren sei und warum sie plötzlich in Ohnmacht gefallen sei. Die Kaiserin hatte Mühe, sich zu fassen, und sagte dann: „Der Mann, mein Herr und Sohn, von dem dein Vater gesagt hat, er werde unsere Familie vernichten, das ist dieser Basileios! Die Anzeichen, von denen dein Vater sagte, daß sie unser Nachfolger an sich haben werde, die besitzt dieser Mann. Dies kam mir in den Sinn, und ich habe das Verderben mit eigenen Augen gesehen. Deshalb diese Ohnmacht!" Der Kaiser aber wollte seiner Mutter diese Furcht nehmen und sie wieder Mut fassen lassen. Er tröstete sie: „Mutter, da vermutest du etwas Falsches. Dieser Mann ist ein Niemand und völlig harmlos. Er hat nur eben Kraft wie einst Samson, und sonst nichts. Ihn brauchst du wirklich nicht zu fürchten."

So entging Basileios damals mit Gottes Hilfe einer großen Gefahr!

Der erste Kaiser der sogenannten makedonischen Dynastie, Basileios I. (867–886), war ein Parvenu. Der Weg zum Thron führte über die Ermordung seines Vorgängers aus der amorischen Dynastie, Michael III. So bedurfte die neue Dynastie ausgiebiger Legitimierung mit allen gängigen Mitteln – Stammbaum, prophetischen Voraussagen usw. Dieser Aufgabe unterzog sich sein Enkel, Konstantinos VII. Porphyrogennetos, der eine Biographie seines Großvaters schrieb, die Buch V des sogenannten Theophanes Continuatus bildet. Trotz aller Legendenbildung ist dies eine wichtige Quelle für die byzantinische Gesellschaftsgeschichte.

Theophanes Continuatus, ed. I. Bekker, Bonn 1838, S. 212–234.

Erlauchtes Dreieck

Als die zweite Frau des Kaisers Konstantinos IX. aus dem hochadeligen Hause der Skleroi starb – Konstantinos war noch nicht Kaiser –, da scheute er sich doch, eine dritte Ehe zu schließen, denn dies wäre gegen das römische Gesetz gewesen. Er ließ sich vielmehr auf etwas viel Schlimmeres ein, was angehen mag, wenn jemand mit dem öffentlichen Leben nichts zu tun haben will: Er nahm sich die Nichte seiner verstorbenen Frau, eine schöne und kluge Person, zur äußerst illegitimen Mätresse. Ich weiß nicht, ob er sie durch Geschenke gewonnen hat oder ob sie seinen verliebten Reden erlag oder ob er sich sonst irgend welcher Mittel bediente.

Sie waren so verliebt ineinander, daß keiner ohne den anderen leben wollte, auch nicht im Unglück. Konstantinos mußte damals ja, wie berichtet, in die Verbannung gehen. Aber diese Frau folgte ihm. Sie ging ganz auf in seiner Pflege, stellte ihm ihr gesamtes Vermögen zur Verfügung, tröstete ihn, wo sie nur konnte, und erleichterte ihm sein Unglück. Sie hoffte auf die Kaiserkrone und dachte an nichts anderes, als mit ihm zu herrschen. Sie war überzeugt, sie würden eines Tages heiraten und ihr Wunsch würde in Erfüllung gehen, denn der Wille des Kaisers könne auch das Gesetz beugen. Die eine der Hoffnungen erfüllte sich: Konstantinos wurde Kaiser. Für das andere aber fehlten die Voraussetzungen, vielmehr behielt Zoe die Zügel der Regierung in der Hand, und die Geliebte mußte ihre geheimen Hoffnungen völlig aufgeben, ja sogar für ihr Leben fürchten, denn sie hatte Angst vor der Kaiserin und glaubte, diese hege schweren Groll gegen sie.

Doch auch nach seiner Thronbesteigung vergaß der Kaiser seine Geliebte nicht; im Gegenteil. Die Kaiserin sah er mit körperlichem Auge, vor seinem geistigen Auge aber standen die Züge der Geliebten. Die eine nahm er in seine Arme, die andere trug er im Herzen. Er fürchtete weder seine Umgebung noch die Eifersucht der Kaiserin, ließ sich von niemand einen guten Rat geben und folgte nur seinem eigenen Begehren, obwohl ihm auch seine Schwester Euprepeia, die klügste Frau unserer Zeit, abriet und ihm gute Ratschläge für sein künftiges Verhalten gab. Schon beim ersten Zusammentreffen erzählte er der Kaiserin von dieser Frau. Allerdings sprach er nicht etwa von ihr wie von einer Ehefrau noch wie von seiner Konkubine, sondern eben von einer Dame, die sehr unter den Schicksalen ihrer Familie zu leiden gehabt habe, aber auch von ihm, Konstantinos, selbst. Und er schlug der Kaiserin vor, sie zurückzurufen und sie, wenn auch bescheiden, in der Stadt zu etablieren. Die Kaiserin war sofort damit einverstanden; sie hegte noch keine Eifersucht. Sie hatte schon genug Unglück erfahren, und außerdem stand sie bereits in einem Alter, dem eine solche Leidenschaft ohnedies nicht mehr ansteht. Die Geliebte allerdings erwartete sich das Schlimmste. Aber plötzlich standen die Abgesandten vor ihr, die sie zurückbringen sollten, samt einer kaiserlichen Begleitmannschaft, und überreichten ihr Briefe, einen vom Kaiser und einen von der Kaiserin, die sie der kaiserlichen Gunst versicherten und sie aufforderten, zurückzukehren. So kam sie also in die Kaiserstadt.

Zunächst wies man ihr eine bescheidene Wohnung an und nur eine unbedeutende Dienerschaft. Der Kaiser aber suchte nach einem Vorwand, mit ihr zusammenzutreffen, und baute deshalb dieses Provisorium zu einem Palast aus, prächtig genug, auch einen Kaiser aufzunehmen; er erweiterte also den Grundriß und bereitete einen glänzenden Anbau vor. Jetzt bildeten die Bauarbeiten für ihn den Vorwand, um einige Male im Monat dorthin gehen zu können, angeblich um den Fortgang der Arbeiten zu überwachen, in Wirklichkeit, um sich mit seiner Geliebten zu treffen. Seine Begleiter aber bei diesen Gelegenheiten waren Leute der Kaiserin. Um sie nicht allzu neugierig zu machen, ließ er sie jeweils im Gelände reichlich mit Speise und Trank bewirten und wer immer sich früher von ihm etwas erbeten hatte, bekam es jetzt. Die Leute wußten natürlich genau, was gespielt wurde, aber die Freude über das, was dabei für sie heraussprang, war größer als der Kummer um die Kaiserin. Merkten sie, daß es den Kaiser hin und her trieb, daß er zu seiner Geliebten wollte und doch wieder zögerte und sich schämte, dann fand ein jeder von ihnen irgendeinen Vorwand, der ihm den Weg zur Geliebten leichter machte. Und so gewannen sie den Kaiser für sich.

Am Anfang also verstellte sich der Kaiser noch, und noch konnte er über seine Leidenschaft rot werden. Bald aber schämte er sich nicht mehr, verbarg auch nichts mehr, ließ es mit dem Heimlichtun sein Bewenden haben und traf sich mit seiner Geliebten ganz offen, so oft ihm danach war. Er besuchte sie nicht mehr, wie man eine Konkubine besucht, sondern wie eine legitime Ehefrau.

Schließlich brachte er es fertig, die Kaiserin dazu zu überreden, in ein gemeinsames Leben mit der Geliebten einzuwilligen. Er ließ es aber dabei nicht bewenden, sondern sie schlossen einen schriftlichen Freundschaftspakt ab. Man errichtete ein kaiserliches Zelt, in dem Kaiser, Kaiserin und Mätresse thronten; die Senatoren traten herzu. Zwar erröteten sie und hatten verschiedenes zu murmeln, aber sie lobten den Vertrag doch wie ein Geschenk des Himmels, faselten von einem Mischkrug der Freundschaft und was es sonst für solche Gelegenheiten an Schmeicheleien gibt.

Nachdem der Vertrag abgeschlossen und durch Eide bekräftigt war, wurde die Frau in die Privatgemächer des Palastes eingeführt, nicht mehr als Geliebte – so wurde sie nicht mehr genannt, sondern als kaiserliche Hoheit. Und was das Merkwürdigste ist: Während die Menge darüber betroffen war, wie verächtlich man mit der Kaiserin umsprang, änderte diese selbst ihr Verhalten überhaupt nicht und zeigte sich allen lächelnd und beglückt über die neugeschaffene Lage. Nicht selten umarmte und küßte sie ihre „Mitregentin", zusammen verweilten sie beim Kaiser und besprachen mit ihm die Geschäfte. Der Kaiser aber verteilte seine Worte abgewogen auf beide, wenn er auch der „zweiten Kaiserin" gelegentlich mehr zukommen ließ.

Die Schönheit der Dame war nicht gerade außerordentlich, aber durchaus nicht so, daß sie Spöttern und übelwollenden Zungen Nahrung geboten hätte. Was ihren Charakter und ihre geistige Haltung betrifft, so vermochte sie selbst Steine zu verzaubern. Auf Geschäfte verstand sie sich sehr gut. Ihre Sprechweise aber hatte nicht ihresgleichen: das Wort kam leicht wie eine Blüte von ihren Lippen und der Fluß ihrer Rede hatte etwas von der rhythmischen Kunst der Sophisten. Der angenehme Ausdruck floß wie von selbst in ihre Rede. Und wenn sie erzählte, war es das reine Vergnügen. Mich gewann sie mit ihren häufigen Fragen nach den hellenischen Mythen, und sie flocht in die Unterhaltung ein, was sie von anderen Kennern darüber gehört hatte. Sie konnte gut zuhören, wie selten eine Frau. Wahrscheinlich nicht deshalb, weil sie diese Gabe von Natur aus gehabt hat, sondern weil sie wußte, daß alles Reden sich auf sie bezog.

Eines Tages standen wir Sekretäre Spalier, als ein feierlicher Aufzug der Kaiserin stattfand. Begleitet war sie von ihrer Schwester Theodora und von der Sebaste – mit diesem neuen Titel hatten sie die Kaiserinnen auf Wunsch des Kaisers geehrt. Wie sie nun einherschritten, war es das erste Mal, daß die Menge sie in Begleitung der Kaiserinnen sah. Und einer der Zuschauer, der sich besonders aufs Schmeicheln verstand, murmelte leise das Dichterwort „Οὐ νέμεσις", ohne den ganzen Vers zu zitieren. Sie tat, als hätte sie nichts gehört. Nach der Feierlichkeit aber holte sie sich den Mann und sagte ihm den ganzen Vers fehlerlos her. Der Betreffende erzählte ihr dann eingehend die ganze Geschichte. Und sie entließ ihn reich beschenkt.

Bei der Aufteilung der Gemächer im Palast erhielt der Kaiser den Mitteltrakt, die beiden Kaiserinnen die Flügel. Das Privatissimum war der Sebaste vorbehalten. Die Kaiserin besuchte den Kaiser nie, ohne sich vorher vergewissert zu haben, daß er allein und ohne seine Geliebte war. War dies nicht der Fall, so verblieb sie bei ihrem eigenen Zeitvertreib. Und worin bestand dieser? Sie beschäftigte sich nie mit den gewohnten weiblichen Arbeiten; sie nahm nie eine Spindel in die Hand und ging nie an einen Webstuhl oder an eine ähnliche Arbeit. Sie vernachlässigte aber auch ihr standesgemäßes Auftreten und die entsprechenden Vorbereitungen. Ob sie schon in ihrer Jugend so eingestellt war, weiß ich nicht. Im Alter allerdings hatte sie jedes Verlangen zu gefallen abgelegt. Ihr ganzer Fleiß und ihre ganze Hingabe galt der Verarbeitung aromatischer Stoffe zu Parfums, bald nach diesem Rezept, bald nach jenem. Ihr Schlafzimmer sah kaum anders aus als ein Laden auf dem Markt, wo Handwerker am Feuer arbeiten. Überall in ihrem Zimmer standen brennende Feuer herum, und von ihren Frauen zerkleinerte die eine die Duftstoffe, eine andere preßte sie aus und eine dritte hatte eine ähnliche Beschäftigung. Wenn es Winter war, kam die Inszenierung allen besonders zugute: sie hatten es recht warm. War es aber Sommer, dann hatten ihre Frauen unter der Hitze zu leiden. Sie selbst aber fand es gar nicht unangenehm, auch in dieser Jahreszeit mitten zwischen Feuern zu sitzen.

Ich möchte noch etwas ausführlicher über diese Kaiserin sprechen und den Kaiser inzwischen bei seiner Sebaste ruhen lassen! Ich darf nicht vergessen zu erwähnen, daß sie an Frömmigkeit alle Menschen übertraf. Sie machte sich sozusagen ihren eigenen Jesus, und zwar möglichst portraitgleich aus glänzendem Material, so daß das Bild zu leben schien. Durch das Farbenspiel gab das Bild zu erkennen, worum man es bat, und mit dem Wechsel der Gesichtsfarbe zeigte es die Zukunft an. Was immer der Kaiserin widerfuhr, sofort näherte sie sich der Ikone, entweder dankend oder um Hilfe flehend. Ich habe sie in schlimmen Tagen oft gesehen, wie sie die heilige Ikone in die Arme nahm und betrachtete, wie sie mit ihr sprach wie mit einem lebendigen Wesen und sie serienweise mit den schönsten Namen belegte; oder aber auch wie sie sich auf den Boden warf und die Erde mit ihren Tränen benetzte und sich immer wieder auf die Brust schlug. Merkte sie, daß die Ikone blaß wurde, dann ging sie stöhnend weg; wurde sie aber rot wie Feuer und glänzend, dann erzählte sie es sofort dem Kaiser und sagte ihm die Zukunft voraus.

Wahrscheinlich trug sich der Kaiser immer noch mit dem Gedanken, die Sebaste zur Kaiserin zu krönen – so ging jedenfalls das Sagen. Wie er das hätte bewerkstelligen können, weiß ich allerdings nicht. Jedenfalls scheint es ihm Vergnügen gemacht zu haben, mit diesem Gedanken zu spielen. Aber eine plötzliche Krankheit der Sebaste nahm ihm und ihr jede Hoffnung. Es war eine Krankheit, die sich jeder Kur und jeder ärztlichen Kunst widersetzte. Sie hatte es in der Brust und litt schrecklich an Atemnot. Als sie starb, betrug sich der Kaiser in seiner Trauer und seinem Schmerz wie ein unmündiges Kind. Doch ginge es zu weit, würde ich in meinem Geschichtswerk darüber ausführlich berichten.

Konstantinos IX. Monomachos (1042–1055) wurde Kaiser durch Heirat mit der Witwe Zoe des Kaisers Michael IV. (1034–1041). Die Mätresse Konstantins stammt aus der hochadeligen Familie der Skleroi. Ihr Titel Sebaste bedeutet wörtlich Augusta, bezeichnet aber nicht die Kaiserin, sondern einen sehr hohen Hofrang. Berichterstatter ist der Höfling und Historiker Michael Psellos, dem man es auch zutrauen möchte, daß er der Skleraina die Homerverse zuflüsterte: Οὐ νέμεσις..., die sich auf den Anblick der schönen Helena auf den Mauern Troias beziehen: „Tadelt nicht die Troer und hellumschienten Achaeer, / Die um ein solches Weib so lang ausharren im Elend." (Ilias III, 156/7)

Michel Psellos, Chronographie, ed. E. Renauld, I. Paris 1928, S. 141–150.

Militante Ketzer

Der Kaiser konnte sich nicht entschließen, nach Konstantinopel zurückzukehren, ohne vorher die paulikianische Rebellion gezüchtigt zu haben. Er wollte es aber nicht auf Kampf und Krieg ankommen lassen, denn er wußte, wie tapfer und wie gefährlich diese Leute für ihre Feinde waren. Es kam ihm darauf an, die Führer der Rebellion zu bestrafen, die übrigen aber in seine Armee einzureihen. Er fürchtete die Tollkühnheit dieser Leute: sie könnten in Verzweiflung geraten und dann besonders gefährliche Pläne aushecken. Bisher hatten sie sich ruhig auf ihren Ländereien verhalten und sich keine Plünderungen zuschulden kommen lassen.

So lud er sie denn auf seinem Weg zurück nach Konstantinopel zu sich ein und verband damit große Versprechungen. Die Paulikianer aber hatten von seinem Sieg über die Normannen gehört und befürchteten jetzt Schlimmes für sich. Auch die kaiserlichen Schreiben sollten sie wohl nur umgarnen. Trotzdem fügten sie sich, wenn auch widerwillig, und machten sich auf den Weg.

Als sie eingetroffen waren, gab der Kaiser vor, es gehe nur darum, sie militärisch zu mustern und in die Stammrollen einzutragen. Er nahm feierlich Platz und ließ sie, nicht etwa alle zusammen, sondern nur in Zehnerreihen antreten. Aber er hatte schon Leute bereitgestellt, die ihnen die Pferde und Waffen abnehmen und sie gefangensetzen sollten. So kam Reihe nach Reihe daran, und die folgende wußte gar nicht, was der vorausgehenden passiert war. Damit brachte er sie alle in seine Gewalt. Er konfiszierte ihre Güter und Habe und verteilte sie an die tapferen Soldaten, welche die vorausgegangenen Feldzüge mitgemacht hatten. Dann schickte er einen Sonderbeauftragten aus, der die Frauen der Paulikianer aus ihren Häusern jagte und in die Zitadelle sperrte. Dann aber besann er sich wieder auf Milde gegenüber den gefangenen Männern. Wer sich zur Taufe herbeiließ, bekam sie gespendet. Zugleich aber stellte er eine genaue Untersuchung bei ihnen an und brachte dabei die Rädelsführer heraus. Diese ließ er auf die Inseln deportieren und dort gefangenhalten. Den Rest ließ er frei. Sie konnten gehen, wohin sie wollten. Da kehrten sie sofort an ihre bisherigen Wohnsitze zurück, wo es ihnen möglich war, ihrer Eigenart treu zu bleiben.

Schon früher, als Alexios seinerzeit von Kaiser Nikephoros Botaneiates zum Domestikos befördert wurde, hatte er einen gewissen Traulos, einen Paulikianer, in seinen Haushalt aufgenommen. Er ließ ihn taufen und verheiratete ihn mit einer Dame der Kaiserin. Traulos hatte vier Schwestern. Als er erfuhr, daß auch diese mit den anderen paulikianischen Frauen eingesperrt und ihrer Habe beraubt worden waren, da geriet er in Zorn und war nicht bereit, sich damit abzufinden. Er plante also die Flucht aus dem kaiserlichen Machtbereich. Seine Frau erfuhr von diesen Plänen und verriet sie an den Sonderbeauftragten des Kaisers für die Paulikianer. Dies wieder kam Traulos zu Ohren. So versammelte er am darauffolgenden Abend alle Männer um sich, die er schon vorher in seine Pläne eingeweiht hatte. Alle, die irgendwie ihm verwandtschaftlich verbunden waren, schlossen sich ihm an und sie setzten sich nach Beliatoba ab, einer kleinen Stadt auf einer Höhe, die das Tal der Maritza beherrschte. Da sie die Stadt verlassen vorfanden, ließen sie sich dort nieder und betrachteten sie als ihr Eigentum. Dann machten sie tagtäglich Ausfälle und drangen dabei bis nach Philippupolis vor. Mit großer Beute kehrten sie jeweils zurück.

Aber Traulos gab sich damit nicht zufrieden. Er schloß vielmehr einen Vertrag mit dem Stamm der Petschenegen ab, die in der Gegend von Paristrion hausen, und verband sich mit den Häuptlingen von Glavinitza und Dristra und mit der ganzen Umgegend. Er heiratete sogar die Tochter eines der Häuptlinge. Sein ganzes Bemühen ging dahin, dem Kaiser durch die Einfälle der Petschenegen Schaden zuzufügen. Jeden Tag berichtete man darüber an den Kaiser. Er wollte Vorsorge treffen und versuchte Traulos durch Briefe und Versprechungen zurückzugewinnen.

Er wußte ja, welche Mißlichkeiten dies alles nach sich ziehen könnte. Er schickte ihm sogar eine feierliche Garantieurkunde – ein Chrysobull –, in welcher er ihm volle Freiheit garantierte. Aber so wie der Krebs nicht gelernt hat, nach vorwärts zu gehen, so blieb auch Traulos beim Gestern und Vorgestern und fuhr fort, die Petschenegen zu mobilisieren, ließ ihrer eine ganze Menge aus ihren Bezirken herbeiholen und plünderte mit ihnen die ganze Region. Erst geraume Zeit später gelang es dem Kaiser, mit dieser Gefahr fertig zu werden.

Im 9. und 10. Jahrhundert verpflanzte man die Reste der militanten Sekte der Paulikianer (über sie siehe S. 236) nach dem südlichen Balkan, nördlich der Hauptstadt. Sie blieben zwar ihrem Glauben treu, leisteten aber, solange man sie religiös in Frieden ließ, den Kaisern hochgeschätzte militärische Hilfe. Unter Kaiser Alexios I. (1081–1118) verweigerten sie allerdings die Heerfolge gegen die Normannen.

Anna Komnene, Alexias VI, 4, ed. B. Leib, II, Paris 1942, S. 43–45 und 48–50.

Don Juan in Byzanz

Der Dux von Braničevo und Beograd, der Komnene Andronikos, ein Vetter Kaiser Manuels I., verbündete sich heimlich mit dem Ungarnkönig gegen Manuel, um ihm die Kaiserwürde zu nehmen und mit ungarischer Hilfe selber Kaiser zu werden. Die Verschwörung kam auf und Andronikos wurde seines Amtes enthoben und in das Hoflager des Kaisers befohlen. Die Treulosigkeit gegen seinen Vetter wurde nachgewiesen, und so wurde er nach Konstantinopel gebracht und in ein Verließ des Großen Palastes geworfen.

Aber während der Kaiser sich noch in Tarsos befand, erhielt er die Meldung, daß Andronikos entkommen sei. Warum er inhaftiert wurde, das wurde eben erwähnt. Aber nicht weniger als jener mißglückte Anschlag hatte die immer lose Zunge des Andronikos Manuel beunruhigt und seine außerordentliche Körperkraft, seine stattliche, eines Kaisers würdige Gestalt, sein unbeugsamer Sinn, lauter Eigenschaften, die von Natur aus den Herrschern verdächtig und ein Stachel im Herzen sind, weil sie für ihre Herrschaft zittern. Dazu kam, daß Andronikos ein geschickter Feldherr war und aus der vornehmsten Familie stammte. Deshalb beobachtete ihn Manuel mit größtem Argwohn. Es gab noch einen weiteren Grund, weshalb Manuel ihn in Haft gehalten hat; Manuel hatte drei Brüder: Alexios, Andronikos und Isaak. Von ihnen waren zwei noch zu Lebzeiten ihres Vaters Joannes II. Komnenos gestorben. Von diesen Brüdern hatte Andronikos, der ältere, drei Töchter: Maria, Theodora und Eudokia, und zwei Söhne: Joannes und Alexios. Eudokia, die ihren ersten Gatten durch den Tod verloren hatte, gab sich schändlich dem Andronikos preis, nicht heimlich, sondern ohne alle Hemmungen. Wenn dann einer Andronikos Blutschande vorwarf, berief sich dieser auf das Vorbild seines Vetters als Rechtfertigung. Lachend erwiderte er dann, es sei nun einmal so, daß der Untertan sich dem Herrscher angleiche und daß in ein und derselben Töpferei alles aus dem gleichen Ton sei. Das war ein Seitenhieb auf Kaiser Manuel, der ähnlichen oder noch ärgeren Leidenschaften frönte, da er mit der Tochter seines Bruders schlief, während Andronikos nur mit der Tochter eines Vetters Umgang hatte. Solche Reden des Andronikos waren dem Kaiser höchst unangenehm und brachten die Familie Eudokias gegen Andronikos in höchste Wut, am meisten ihren Bruder Joannes. Es war ganz natürlich, daß sie hinter Andronikos her waren, heimlich viele Ränke spannen, aber auch offene Anschläge verübten. Aber Andronikos vertraute auf seine Kraft und war seinen Widersachern auch geistig weit überlegen, so daß er sich ihrer, wenn sie ihm auch noch so oft auflauerten, erwehren konnte und dafür mit der Liebe Eudokias belohnt wurde.

So hatte sich zum Beispiel in Pelagonia folgendes zugetragen: Andronikos lag in einem Zelt bei Eudokia. Ihre Verwandten merkten es, umstellten das Zelt und bewachten mit vielen Bewaffneten den Ausgang, um sogleich an Andronikos Hand anzulegen. Aber Eudokia entging dies nicht, obgleich sie mit ihren Gedanken woanders war. Vielleicht hatte ihr ein Verwandter einen Wink gegeben, oder sie hatte auf anderem Wege vom Anschlag gegen ihren Liebhaber Kenntnis erhalten. Auch sie hatte einen hellen Geist und war klüger als sonst Frauen zu sein pflegen. Sie entdeckte also Andronikos den Anschlag. Erschrocken sprang er vom Bett auf, gürtete sein langes Schwert und überlegte, was er machen sollte. Eudokia riet ihrem Geliebten, Frauenkleider anzulegen; sie werde dann eine Zofe oder Kammerfrau beim Namen rufen und ihr befehlen, Licht ins Zelt zu bringen, und dies so laut, daß diejenigen, die im Hinterhalt lagen, es hören müßten. Er könne dann an Stelle der Dienerin offen das Zelt verlassen, ohne erkannt zu werden. Dieser Rat gefiel jedoch dem Andronikos nicht; er wies ihn entschieden zurück. Denn würde er doch ergriffen und schimpflich an den Haaren vor den Kaiser geschleppt, so wäre der Tod für ihn besser, sagte er, als in schmählicher Weiberkleidung gesehen zu werden.

Er zog also sein Schwert, schlitzte das Zelt seitlich auf, und sprang, das Schwert in der Faust, mit einem gewaltigen Satz über den Zaun, der am Zelt war und über alle Pflöcke und Taue. Die Männer, die ihm aufgelauert hatten, rissen vor Staunen Mund und Augen auf und konnten es nicht fassen, daß er ihnen entwischt war.

Dieser Streich beunruhigte Kaiser Manuel. Und wie steter Tropfen den Stein höhlt, so neigte er immer mehr dazu, den Verleumdern des Andronikos Glauben zu schenken, und der letzte Rest von Zuneigung, die er früher gehabt hatte, erlosch. Das Gerücht verbreitete sich, Andronikos wolle in seiner Dreistigkeit selber Kaiser werden. So wurde auch Manuel von seinen Verwandten und ihren dauernden Einflüsterungen umgarnt und halb willig, halb gedrängt, ließ er ihn gefangensetzen und mit Fußfesseln verwahren.

So blieb Andronikos geraume Zeit eingekerkert. Aber er hatte heißes Blut und war der schlaueste von allen; selbst in hoffnungslosen Lagen fand er immer noch einen Ausweg. So entdeckte er unter seiner Kerkerzelle, die in einem aus Backstein gebautem Turm lag, einen uralten geheimen Gang. Mit bloßen Händen räumte er die Ziegel vom Eingang weg, schlüpfte in den Gang und zog einiges Gerät über das Loch, damit niemand vorzeitig Verdacht schöpfe. Als es Zeit zum Essen war, öffneten die Wärter die Tür und brachten das Essen. Aber der Gefangene war nicht zu sehen. Die Wächter untersuchten das Gefängnis, ob Andronikos irgendwo die Mauer durchbrochen oder ob er sie durchbohrt habe und durch die Lücke entwischt sei. Doch die Mauer war gänzlich in Ordnung, ebenso die Türpfosten, die Angeln und die Schwelle, desgleichen die Decke und die Nebenkammer und das vergitterte Fenster. Auch sonst gab es keine Spuren. Da jammerten sie laut auf und zerkratzten sich das Gesicht mit den Nägeln, weil ihnen ihr Gefangener entkommen war und sie nicht herausfanden, wie und auf welchem Weg. Sie meldeten den Vorfall der Kaiserin, ihren Vorgesetzten und den Höflingen. Der eine Beamte unternahm nun die Bewachung der Tore zum Meer, der andere derer, die ins Hinterland führten, andere durchsuchten den Hafen oder riegelten ganze Stadtteile ab, um den Entsprungenen zu finden. Alle Straßen und Kreuzungen wurden überwacht, viele schriftliche Befehle schwirrten über das ganze Reich, die von der Flucht kündeten und erhöhte Wachsamkeit anordneten, damit er ergriffen und nach Konstantinopel zurückgebracht werden könne. Überdies ergriffen die Höflinge die Gattin des Andronikos, da sie meinten, sie habe von der Flucht gewußt, und steckten sie in dasselbe Gefängnis, in dem Andronikos gesessen hatte, auf daß sie für ihre Liebe zu ihm am gleichen Ort wie ihr Gemahl büße. Dabei wußten sie gar nicht, daß Andronikos immer noch ihr Gefangener war; sie ließen ihren Zorn an der Frau umsonst aus und taten, ohne es zu wollen, Andronikos sogar einen Gefallen. Denn dieser verließ den unterirdischen Gang, stieg aus dem Gewölbe empor und fand – seine Frau! Im ersten Augenblick glaubte sie ein Blendwerk der Hölle zu sehen oder einen Schatten aus dem Totenreich, so sehr erschreckte sie der aufgetauchte Andronikos. Er fiel ihr um den Hals und brach in Tränen aus, freilich nicht so heftig, wie ihre Lage und das Unglück es erfordert hätten, sondern er hielt sich zurück, damit nicht etwa die Wächter seine Klagen hörten.

Längere Zeit kam er mit seiner Gattin im Gefängnis zusammen und sie empfing damals von ihm einen Sohn, Joannes, den Andronikos später zu seinem Mitregenten machte. Als dann die Wachen auf ihn und seine Frau nicht mehr so streng achteten, entwich er aus dem Gefängnis. Er kam bis Melangeia. Dort aber nahm ihn ein Soldat fest; er wurde wieder in Gewahrsam gebracht und mit doppelten eisernen Fußfesseln verwahrt, strenger und härter als das erstemal.

Nach einiger Zeit stellte sich Andronikos krank und bekam einen ausländischen jungen Mann als Kammerdiener, der zwar unsere Sprache nicht richtig beherrschte, aber als einziger von allen die Kerkerzelle des Andronikos betreten durfte. Dem befahl Andronikos, er solle, wenn die Wächter einmal reichlich getrunken hätten und ihren Mittagsschlaf machten, heimlich die Schlüssel des Gefängnisses an sich nehmen, sie sorgfältig in Wachs abdrucken, und zwar so, daß der Abdruck in jeder Beziehung dem Original entspreche. Der Diener tat, wie ihm befohlen, und brachte Andronikos den Abdruck. Da trug er ihm auf, diesen seinem Sohn Manuel zu zeigen und ihm auszurichten, er solle danach so schnell wie möglich einen Schlüssel anfertigen lassen und solle in die Krüge, in denen der Tischwein gebracht wurde, Leinenbahnen, Fadenknäuel und feine Schnüre stopfen. Das wurde alles ausgeführt, und eines Nachts fielen die Riegel und das Gefängnis öffnete sich ihm ohne Mühe. Andronikos gab das Zeichen, der Bursche sperrte auf und beide waren weg! Die Stricke nahm Andronikos mit. Es gelang ihm in dieser Nacht, bis zu einem dichten, mit hohem Gras bewachsenen Platz in einem selten betretenen Teil der kaiserlichen Gärten zu kommen. Im Gras verborgen, entging er auch am zweiten und am dritten Tag seinen Verfolgern. Als diese im kaiserlichen Garten ihrer Meinung nach genug herumgesucht hatten, machte sich Andronikos eine Strickleiter, ließ sich an einem niederen Abschnitt der Stadtmauer zwischen zwei Türmen hinab und bestieg einen Kahn, der, wie verabredet, zwischen den Klippen und den der Seemauer vorgebauten Wellenbrechern schaukelte. Der Fährmann, der Andronikos in seinen Kahn aufnahm, hieß Chrysopulos. Sie hatten die Fahrt noch nicht richtig begonnen, als sie auch schon von den Wachen am Hafen Bukoleon aufgehalten wurden, die während der ganzen Nacht nach Schiffen Ausschau hielten und kein einziges unkontrolliert am Palast vorbeifahren ließen. Diese Wache bestand seit der Zeit, als Joannes Tzimiskes sich in der Nacht in einem Korb auf die Mauer ziehen ließ und sein Attentat auf Kaiser Nikephoros verübte. Beinahe wäre Andronikos nun wieder in Gefangenschaft geraten und in noch schwerere Ketten gelegt worden, oder das Schwert hätte seinem Leben ein Ende gemacht und ihm die vielen späteren Irrwege erspart. Aber seine Geistesgegenwart rettete ihn wiederum. Er tat, als sei er ein Hausklave, der langer Gefangenschaft entfliehen wollte, aber nun von seinem Herrn wieder eingefangen worden war. Er flehte die Wachen an, doch seinem Schicksal gegenüber nicht die Augen zu verschließen, er habe lange Zeit furchtbare Qualen bei seinem Herrn – dabei zeigte er auf Chrysopulos – ausstehen müssen und jetzt erwarte ihn noch dazu die Strafe für den Fluchtversuch. Er sprach dabei mit starkem barbarischen Tonfall und tat so, als verstünde er kaum Griechisch. Chrysopulos dagegen bestand darauf, daß ihm sein entlaufener Sklave gelassen werde. Er bestach die Wächter, und Andronikos wurde ihm überlassen. So konnte er sich erneut der Gefangenschaft entziehen.

Ganz unvermutet tauchte er dann in seinem eigenen Haus im Stadtviertel Blanga auf, begrüßte seine Lieben und sagte ihnen gleichzeitig Lebewohl, kaum daß sie ihn gesehen hatten. Hier entledigte er sich auch seiner Fußfesseln. Er begab sich nach Meliboton, bestieg dort das Pferd, das für seine Flucht vorbereitet war, und ritt geradenwegs nach Anchialos am Schwarzen Meer. Dort gab er sich einem seiner Anhänger, Pupakes, zu erkennen, erhielt von ihm Reisegeld und wegekundige Führer, die ihn nach Galitza geleiteten. Andronikos legte jetzt alle Furcht ab, da er glaubte, seinen Häschern entronnen zu sein. Doch gerade da ging er ihnen ins Netz. Die Vlachen, zu denen die Kunde von seiner Flucht schon gekommen war, ergriffen ihn, und er mußte als Gefangener den Weg zurück zum Kaiser antreten.

Niemand rettete ihn, niemand kaufte ihn los; da war kein Freund, der ein gutes Wort eingelegt hätte, kein Schildträger und kein Diener. Aber dem Listenreichen kam wieder seine Schlauheit zu Hilfe. Um die Begleitmannschaft zu täuschen, tat er, als hätte er Durchfall. Er stieg oft vom Pferde und ging zur Seite, scheinbar um sich zu entleeren. Das tat er sehr oft bei Tag und bei Nacht; die Wachmannschaft durchschaute die List nicht. Einmal in der Dunkelheit steckte er den Stock, auf den er sich als angeblich Schwerkranker stützte, in den Boden, hängte seinen Mantel darüber und setzte seinen Hut darauf, daß es aussah, als hocke da jemand und verrichte seine Notdurft. Er ließ die Wächter dieses Phantom ruhig bewachen und schlug sich in die Büsche. Gerettet wie ein Reh aus der Schlinge und wie ein Vogel aus der Falle, enteilte er. Die Wächter merkten den Betrug erst nach geraumer Zeit und rannten jetzt angestrengt den Weg zurück, weil sie glaubten, dies sei der Fluchtweg des Andronikos. Der aber schlug eine andere Richtung ein und kam auf Umwegen wieder nach Galitza.

Den Pupakes aber ließ der Kaiser ergreifen und öffentlich auspeitschen. Dann führte ihn ein Herold mit einem Strick um den Hals durch die Straßen und rief aus: „Jeder, der den Feind des Kaisers bei sich aufnimmt und mit Reisegeld versieht, wird so ausgepeitscht und durch die Straßen geführt." Pupakes aber senkte vor dem mitlaufenden Volk nicht den Blick, sondern sagte heiteren Gesichts: „Wer will, soll es mir als Schande anrechnen, daß ich meinen Wohltäter nicht barsch abgewiesen habe, als er zu mir kam, daß ich ihn nicht verraten, sondern unterstützt habe und ihm zur Flucht verhalf." Andronikos wurde vom Herrn von Galitza mit offenen Armen aufgenommen und blieb geraume Zeit bei ihm. Er gewann diesen ganz nach Wunsch so für sich, daß er mit ihm auf die Jagd ging und bei ihm wohnte, neben ihm saß und mit ihm tafelte.

Der Kaiser betrachtete es als seine persönliche Schande, daß sein Vetter ihm entkommen und seiner Macht entzogen war. Auch sonst machte ihm der Aufenthalt des Andronikos im Ausland Sorgen, denn es wurde bekannt, daß er Tausende von kumanischen Reitern anwarb, um die römischen Grenzen anzugreifen. So strebte er ohne Ruhe und Rast, ihn zurückzuholen. Er lud ihn schließlich zur Rückkehr ein, und sie schworen einander Treueide, und Manuel schloß ihn in seine Arme. In der Folge übertrug Manuel seinem Vetter ein militärisches Kommando.

Doch es währte nicht lange, und „Männermorden, Krieg und Kampf" schienen Andronikos nicht mehr wichtig. Er schob die Werke des Krieges beiseite und wandte sich dem Dienst der Aphrodite zu. Zwar eine Helena gab ihm die Göttin nicht, wohl aber eine Philippa, mit der sie ihn verkuppelte. Sie stammte aus dem Nachbarvolk. Schon als er von ihr hörte, verliebte er sich in sie. Er warf Schild und Helm von sich, schüttelte den Soldaten ab und lief zu der Geliebten nach Antiocheia. Dort gab er dem Glanz des Eros den Vorzug vor der Rüstung; gerade daß er nicht Wolle krempelte, sich an den Webstuhl stellte und Fäden knüpfte; wie einst Herakles der Omphale getan hatte: so war er seiner Philippa hörig. Sie war die Tochter des Petebinos, eine Schwester jener Frau, die Kaiser Manuel kurz vorher geheiratet hatte. Andronikos ergab sich in Antiocheia gierig dem Wohlleben und war versessen auf Prunk und Pracht. Auf den Straßen stolzierte er mit seinen Trabanten einher und setzte so der nach, in deren Netzen er schon zappelte. Sie hatte ihn bezaubert, aber einen noch glänzenderen Eindruck machte er auf sie. Andronikos besaß aber auch in verschwenderischer Fülle, was einen Mann bewundernswert macht: er war hoch und schlank und wie eine Tanne und außerdem noch ängstlich darauf bedacht, sich ausgesucht zu kleiden; vor allem trug er gern enganliegende Hosen und gab überhaupt in Kleiderfragen den Ton an. Philippa geriet ganz in seinen Bann und ergab sich ihm. Sie vergaß Vaterhaus und Vaterland und war ihrem Geliebten in allem zu Willen.

Die Kunde davon traf Kaiser Manuel wie ein Blitz. Er zürnte Andronikos, weil er mit einer Ausländerin ein Verhältnis angeknüpft hatte, das zu keiner rechtmäßigen Ehe führen konnte, und trachtete, ihn festzunehmen und zu bestrafen. Er entsandte also den Sebastos Konstantinos Kalamanos mit dem Auftrag, die Statthalterei zu übernehmen und zu versuchen, selbst Philippa als Ehefrau für sich zu gewinnen. Konstantinos putzte sich also als Bräutigam erst einmal gehörig heraus, machte sich recht stattlich und – wie er glaubte – unwiderstehlich. Dann ging er nach Antiocheia. Aber er hatte keinen Erfolg, Philippa würdigte ihn keines Blickes und keines Wortes. Ja sie spottete noch über seinen zu kurz geratenen Körper und verhöhnte selbst Kaiser Manuel, daß er sie für so dumm und einfältig halte, sie würde von Andronikos lassen und sich mit einem Mann aus armseliger Familie einlassen. Da Konstantinos sah, daß Philippa ihn verachtete, verließ er Antiocheia und begab sich nach Tarsos.

Andronikos aber fürchtete die Drohungen Manuels. Er erschrak beim Gedanken, wiederum festgenommen zu werden und die Liebe Philippas mit dem Gefängnis vertauschen zu müssen. Also verließ auch er Antiocheia und begab sich nach Jerusalem. Er machte sich auf gewohnte Weise aus dem Staub, verlegte sich wieder auf ein unstetes Leben und unberechenbar wie ein brünstiger Hengst stürzte er sich auf jeden Sinnengenuß. Zügellos verging er sich an Theodora, der Tochter seines Vetters Isaak, eines Bruders des Kaisers. Manuel mußte auch diesen Schlag noch zu den anderen hinnehmen, aber er ließ nichts unversucht. Er schickte ein mit dem kaiserlichen Rot unterzeichnetes Handschreiben an die Machthaber in Coelesyrien, sie sollten Andronikos festhalten und blenden, weil er des Kaisers Widersacher sei und gegen seine Familie frevle. Aber Theodora bekam den Brief des Kaisers in die Hand; sie las ihn und erfuhr, was gegen Andronikos im Gange war, und übergab ihm sogleich das Blatt. Andronikos erschrak. Er wußte, daß er jetzt sofort fliehen müsse. Und da er schlau und verschlagen war, nahm er Theodora mit in die Fremde. Er bat sie, ihn nur ein Stück zu begleiten, damit sie ungestört Abschied nehmen könnten. Dann aber zog er sie, sei es mit, sei es gegen ihren Willen, mit sich fort, und sie wurde die Gefährtin seiner Irrfahrten.

Er zog von Land zu Land, von einem Herren zum anderen und kam weit herum. Wo er auch Rast machte, überall wurde er ehrenvoll und mit Hochachtung behandelt und reich beschenkt.

Der spätere Kaiser Andronikos I. (1183–1185) war ein Vetter Kaiser Manuels I. Komnenos. Seine Karriere begann als Dux, d.h. als kaiserlicher Militärgouverneur im Norden der Balkanhalbinsel, wo sich Machenschaften mit den Ungarn und den türkischen Petschenegen anboten. Bei den Vlachen handelt es sich um Halbnomaden, von denen die Walachei ihren Namen bekam. Die Geliebte des Andronikos namens Philippa, die Tochter des Petebinos genannt, entpuppt sich als die Tochter des Herren von Antiocheia, Raimund von Poitiers, und ist damit die Schwester Marias, der zweiten Frau Manuels I.

Nicetae Choniatae Historia, ed. I. A. van Dieten, Berlin 1975, S. 101–108. 129–132. 138–142; deutsch: F. Grabler, Die Krone der Komnenen, Graz 1958, S. 140–146. 170–173. 181–185.

Zickzack in der Politik

Kaiser Isaak ließ die Gesandten, die Barbarossa zu ihm geschickt hatte, nicht wieder zurückkehren. Dafür versperrte er ihm die Engpässe, wie es ihm gerade einfiel. Man schlug große Bäume um, häufte sie auf und stellte damit ein unbezwingliches Hindernis her für jeden, der durchwollte. Er befahl auch seinem Neffen, dem Protostrator Manuel Kamytzes, und dem Domestikos des Westens, Gidos Alexios, Barbarossa mit der Armee auf den Fersen zu bleiben und die Deutschen unversehens beim Fouragieren anzugreifen. Die Sperren also, die man mit den gefällten Bäumen errichtet hatte, sollten es Barbarossa unmöglich machen, durchzukommen. Aber es war zum Lachen: Barbarossa zog gar nicht diese Straße, sondern kam auf einer anderen nach Philippupolis. Die Byzantiner merkten gar nicht, daß er an ihnen vorbeigezogen war und hinter ihrem Rücken die Stadt besetzte.

Doch selbst nach Besetzung der Stadt schickte Barbarossa immer noch eine Botschaft nach der anderen an den Protostrator, um ihm klarzumachen, daß die Byzantiner nicht den geringsten Anlaß hätten, sich ihm entgegenzustellen. Er sei in Eile und es sei zwecklos, ihn aufhalten zu wollen. Jetzt so wenig wie vorher plane er irgendeine unfreundliche Aktion gegen die Byzantiner und er werde sich an die Verträge halten, so wie sie abgeschlossen worden seien.

Der Protostrator unterrichtete den Kaiser von diesen Botschaften. Aber Isaak gab ihm nie eine Antwort, die auf Friedenswillen hätte schließen lassen. Vielmehr reizte er den Protostrator zum Kampf gegen Barbarossa, schalt ihn einen Feigling, weil er, der Kaiser, bisher keine Meldung über die Vernichtung und die Niederlage der Deutschen bekommen habe.

Isaak fühlte sich zu solchen Schreiben bewogen durch das Geschwätz von Wahrsagern, die ihre Weisheit aus ihrem Buch bezogen: Barbarossa, so wußten sie es, habe nie die Absicht gehabt, nach Palästina zu ziehen, sein ganzes Streben ziele vielmehr auf Konstantinopel. Ohne Zweifel werde er durch das Xylokerkos-Tor in die Stadt einziehen. Er werde dort jede nur denkbare Freveltat verüben, dafür aber schließlich von Gottes Gericht die gerechte Strafe empfangen. Beeindruckt von diesem Geschwätz, ließ Isaak das Xylokerkos-Tor mit Lehm und gebrannten Ziegeln vermauern. Oft trug er selbst ein Bündel frisch geschmiedeter Pfeile im Arm herum, angeblich um sie schärfen zu lassen. Damit wolle er die Deutschen ins Herz treffen. Dabei zeigte er auf ein Fenster im Blachernenpalast, von dem aus man auf die Pferdekoppeln der Philopatia-Ebene jenseits der Befestigungen sehen konnte. Durch dieses Fenster, sagte er, würde er auf die Deutschen zielen und sie niederschießen. Damit machte er sich natürlich nur lächerlich!

Einer dieser „Propheten" war Dositheos, ein Mönch des Studiu-Klosters. Angeblich stammte er aus Venedig, sein Vater soll Vitiklinos geheißen haben. Er war schon vor Isaaks Thronbesteigung seit langem dessen Freund gewesen und hatte ihm das Kaisertum prophezeit. Die Weissagung traf ein, und so genoß er jetzt beim Kaiser höchstes Ansehen und wurde sehr einflußreich. Als der Patriarch von Jerusalem, Leontios, ein äußerst freundlicher und wegen seiner Tugend weitbekannter Mann, starb, wurde Dositheos zu seinem Nachfolger bestimmt.

Laune und Macht der Kaiser bringen es mit sich, daß sie es nicht ertragen können, wenn sie nicht alle göttlichen und menschlichen Angelegenheiten auf den Kopf stellen. So setzte Isaak, kaum daß er Kaiser geworden war, den Patriarchen Basileios Kamateros ab, obwohl er es zum großen Teil diesem verdankte, daß er überhaupt Kaiser geworden war. Als Vorwand diente die Tatsache, daß Basileios den adeligen Damen, die Kaiser Andronikos I. gegen ihren Willen ins Kloster gesteckt und zu Nonnen hatte scheren lassen, erlaubte, die Kutte wieder abzulegen und in das frühere Leben und zur früheren Kleidung zurückzukehren. An seiner Stelle erhob der Kaiser den Sakkelarios der Großen Kirche Niketas Muntanes. Der Mann war uralt, aber trotzdem ließ ihn Isaak nicht im Amte sterben. Er machte sich über seine Schlichtheit lustig und warf ihm sein Alter vor, gegen das er zunächst nichts einzuwenden gehabt hatte. Er zog ihn gegen seinen Willen, sozusagen mit der Schlinge, von seinem Stuhl. Jetzt überlegte er es sich genauer, wen er auf den Patriarchenthron setzen sollte. Dann ernannte er einen Mönch namens Leontios. Vor versammeltem Hof erklärte er eidlich, er habe diesen Mann vorher nicht gekannt. Vielmehr habe ihn eines Nachts die Gottesmutter auf ihn hingewiesen, habe sein Aussehen und seine Tugend beschrieben und außerdem angegeben, wo er zu finden sei. Aber es verfloß kein Jahr, und auch Leontios wurde gestürzt.

Jetzt entschloß sich Isaak, eine Translation zu inszenieren und den Patriarchen von Jerusalem, besagten Dositheos, auf den ökumenischen Patriarchenstuhl zu hieven. Er wußte allerdings, daß dies wider das Kirchenrecht sei. Also umgarnte er den Inhaber des Patriarchenstuhls von Antiocheia, Theodoros Balsamon, einen der besten Kenner der Gesetze. Er traf sich insgeheim mit ihm und tat, als sei er unglücklich darüber, daß es so wenige gottliebende und gelehrte Männer in der Kirche gäbe, daß die Tugend aus den Klöstern verschwunden sei und dergleichen. Jetzt sei ein solcher Mann am Steuerruder der Kirche, der die gläubige Gemeinde bestens führen könne, wichtiger als das Tageslicht, die ewig wandelnde Sonne. Nachdem er so mit verärgerten Klagen begonnen hatte, ließ er einfließen, er habe schon lange den Wunsch gehabt, Balsamon von sei-

nem antiochenischen Stuhl auf den Thron von Konstantinopel zu befördern, da er doch eine Leuchte des Rechts sei. Er habe aber davon absehen
müssen, weil dies seit alters von den Kanones verboten sei und nicht den
Regeln der Kirche entspreche. Sollte aber Balsamon als genauer Kenner
des kirchlichen sowohl wie des weltlichen Rechts in der Lage sein, nachzuweisen, daß eine solche Translation wie schon früher so auch jetzt
rechtskräftig vorgenommen werden könne, und sollte er außerdem für
diese Ansicht eine Mehrheit gewinnen, dann sähe er darin einen außerordentlichen Glücksfall und er würde nicht zögern, die Folgerungen daraus
zu ziehen und eine solche Translation, gegen die nichts eingewendet
werden könnte, vorzunehmen.

Balsamon fiel darauf herein und erbot sich, das Ganze zu einem Erfolg
zu bringen. Schon am nächsten Tag versammelten sich die Bischöfe zur
Synode im Heiligen Palast und verhandelten darüber. Der Widerstand
schwand rasch und vor dem kaiserlichen Thron wurde ein entsprechendes Dekret ausgefertigt. Der Patriarch von Antiocheia allerdings blieb
Patriarch von Antiocheia, Dositheos aber wurde von Jerusalem auf den
Thron von Konstantinopel transferiert. Sein Einzug war so glänzend und
von so vielen Menschen begleitet, wie nie zuvor; er kam einem kaiserlichen Triumphzug gleich. Den Bischöfen aber verschlug es zunächst die
Sprache, als sie sich so offen getäuscht sahen. Sie hatten also völlig
umsonst die kirchlichen Kanones auf den Kopf gestellt!

Doch lange ließen sie sich nicht auslachen. Die vornehmsten Kleriker
der Sophienkirche und die redegewandtesten Bischöfe veranstalteten au-
ßerkirchliche Treffen und Volksversammlungen. Dositheos wurde vorge-
worfen, er sei ein Eindringling in eine fremde Kirche; man sprach ihm
seine neue Stellung ab und setzte ihn ab. Der Kaiser wollte diese Niederlage nicht hinnehmen. Er focht dagegen an und verwandte alle nur möglichen Kniffe, um die bestätigte Translation bestehen zu lassen. Bald
erklärte er die nachträglichen Maßnahmen des Klerus für ungültig und
bestätigte Dositheos neuerdings in seinem Amt. Er ließ ihn durch die
Garde seiner „Beilträger" und durch ausgesuchte Leute des Palastes in
die Hagia Sophia geleiten, da er einen Volksaufstand befürchtete. Wegen
seiner eigenen Ehrsucht und wegen des ärgerlichen obstinaten Eintretens
des Kaisers für ihn, das tadelnswerter Selbstsucht entsprang, war Dositheos allgemein verhaßt. So kam es schließlich so weit, daß er ein zweites
Mal mit Schmach verjagt wurde. Da ging es ihm wie dem Hund bei
Aesop. Er verlor jetzt auch seinen früheren Posten, da inzwischen auch
für Jerusalem ein neuer Patriarch geweiht worden war.

Isaak II. Angelos (1185–1195 und 1203–1204) war einer der schwächsten Kaiser; dies charakterisieren hier ein paar Streiflichter. Barbarossa war im Jahre
1189 auf seinem Kreuzzug im Vorfeld von Konstantinopel angekommen. Theo-

doros Balsamon, ursprünglich Justitiar (Groß-Chartophylax des Patriarchen) von
Konstantinopel und dann Titular-Patriarch von Antiocheia; er war der größte
Kanonist seiner Zeit. Die Translation eines Bischofs von einem Sitz auf den anderen war von den Kanones verboten; doch fand man immer wieder Gründe,
dieses Verbot zu umgehen. Dositheos war Patriarch von 1189–1191.

Nicetae Choniatae Historia, ed. I. A. van Dieten, Berlin 1975, S. 402–407.

Die Alemannensteuer

Kaiser Alexios III. setzte es sich in den Kopf, Prunk zur Schau zu stellen
und zu tun, als sei das römische Kaisertum reich. Er ließ sich deshalb zu
einer Schau hinreißen, die in diesem Augenblick völlig fehl am Platz war,
ja geradezu seine Würde und den Anstand verletzte und die Römer dem
Gelächter preisgab. Am Tage der Geburt Christi legte er seinen edelstein-
geschmückten Ornat an und befahl auch den anderen, ihre golddurch-
wirkten, breitgesäumten Gewänder anzuziehen. Die Alemannen waren
jedoch weit davon entfernt, vor Staunen über den Anblick außer sich zu
geraten; im Gegenteil, ihre Begehrlichkeit entbrannte nur noch mehr, als
sie die prunkvollen Gewänder sahen, und sie wünschten sich, die Griechen noch rascher zu besiegen, da sie doch so kraftlos im Kampf und so
kräftig in sklavischem Wohlstand lebten. Einige Römer standen neben
ihnen und riefen ihnen zu, sie sollten doch auf die Pracht der Edelsteine
blicken, die am Kaiser wie Blumen auf einer Wiese blühten und glühten;
sie sollten doch mitten im Winter ihre Augen am Liebreiz dieses Früh-
lings weiden und erfreuen. Die Gesandten aber sagten zu ihnen: „Was
sollen wir Alemannen mit einem solchen Schauspiel anfangen? Es ist
nicht unsere Art, uns hinzustellen und uns am Anblick all dieser Spangen
und Kleider und Überwürfe zu berauschen, die doch nur für Weiber
passen, die sich eingepudert haben, Kopfbinden tragen und glänzende
Ohrgehänge, für aufgeputzte und gefallsüchtige Wesen." Ja sie er-
schreckten sogar die Römer und sagten: „Jetzt kommt die Zeit, wo man
Weibergewänder ablegen und sich in Eisen panzern muß und nicht in
Gold. Wenn unsere Gesandtschaft erfolglos bleibt und die Römer dem
Willen ihres wahren Herrn und Kaisers nicht nachgeben, so müssen sie
mit Sicherheit zum Kampf gegen Männer antreten, die nicht mit Edelstei-
nen übersät sind wie eine Wiese mit Blumen, denen das Herz nicht höher
schlägt beim Anblick von Perlenkugeln, die wie der Mondschein glänzen,
die nicht in einen Taumel der Begeisterung verfallen, wenn sie Steine
sehen, die purpurn und golden schillern wie Pfauenfedern; vielmehr gegen Männer, die der Kriegsgott erzogen hat, in deren Augen das Feuer
des Zornes lodert wie funkelnde Edelsteine und deren Schmuck die
Schweißtropfen sind, Folge eines harten Tagwerks und schöner als das
Geglitzer der Perlen."

Die Gesandten des Königs verlangten für den Frieden jährlich fünfzig Zentner Gold. Da verzagte der Kaiser und entsandte den Eparchen der Stadt, Philokales Eumathios, zum König. Philokales, der reichste Mann seiner Zeit, nahm die Gesandtschaft aus freien Stücken auf sich und bat nur, mit den Insignien eines Eparchen reisen zu dürfen. Obgleich ihn der Kaiser nach Wunsch mit Reisegeld ausgestattet hätte, unternahm er die Reise auf eigene Kosten. In seinem ungewohnten, fremdartigen Aufzug wurde er, als er vor dem König erschien, nicht etwa höher geehrt als frühere Gesandte, sondern erregte eher Gelächter. Die Geldsumme aber, die der Kaiser leisten sollte, um Frieden zu bekommen, wurde auf sechzehn Zentner Gold herabgesetzt. Philokales blieb in Sizilien, wo er mit dem König verhandelt hatte, und wartete auf die Übersendung des Geldes.

Der Kaiser aber erklärte, er habe das Geld nicht, und legte seinen Ländern eine neue Steuer auf, das sogenannte Alamanikon. Er berief die Einwohnerschaft der Stadt, die Senatoren und den gesamten Klerus sowie die Vertreter der verschiedenen Berufe und verlangte, jeder solle freiwillig einen Beitrag leisten und einen Teil seines Vermögens opfern. Er erreichte aber auf diesem Wege gar nichts und redete ganz umsonst. Die Versammelten schlugen vielmehr Lärm und machten Miene zum Aufruhr, weil sie eine so lästige und unerhörte Forderung für empörend hielten. Einige rechneten dem Kaiser sogar vor, daß er das öffentliche Gut verprasse und die Provinzen seinen samt und sonders unfähigen Verwandten zuschanze.

Da ließ er diesen Plan entschlossen fallen, ja er stritt es beinahe ab, daß er es gewesen sei, von dem dieser Vorschlag stamme, und schlug einen anderen Weg ein. Er verlangte alles Gold und Silber aus den Kirchenschätzen, außer den Geräten, die für den Altar und die Eucharistiefeier bestimmt waren. Aber auch dagegen sträubten sich viele und sagten, der Kaiser wolle das Heiligtum entweihen. Da beschloß er, sich an die Kaisergräber heranzumachen, die nicht protestieren konnten und keinen Fürsprecher hatten. Er ließ die Gräber aufbrechen und den früheren Kaisern und sonstigen berühmten Männern beließ er nur ihren steinernen Sarg, die kalte letzte Hülle. Allen wertvollen Schmuck aber zog er ihnen aus. Selbst das Grab des großen Konstantin hat er nicht verschont und selbst dieses hätte er geplündert, wären nicht Diebe seinem Edikt schon zuvorgekommen gewesen: sie hatten das goldene Prunkgewand bereits gestohlen. Auf diese Weise brachte der Kaiser mehr als siebzig Zentner Silber und einiges Gold zusammen und ließ es, ohne sich darüber ein Gewissen zu machen, einschmelzen. Der Absendung des Geldes aber kam der Tod des Königs von Alamanien zuvor.

Der deutsche Kaiser Heinrich VI., hier wie alle Deutschen Alemanne genannt, trat 1189 das sizilische Erbe der Normannen an und verlangte von Byzanz die Herausgabe der normannischen Eroberungen auf dem griechischen Festland des Jahres 1185. Die Gesandten Heinrichs standen wohl unter der Führung Heinrichs von Kalden.

Nicetae Choniatae Historia, ed. I. A. van Dieten, Berlin 1975, S. 477–479; deutsch: F. Grabler, Die Kreuzfahrer erobern Konstantinopel, Graz 1958, S. 44–46.

Das letzte Aufgebot

Im Peribleptos-Kloster in Konstantinopel lebte ein junger Mönch namens Hilarion. Dieser wurde nach Elegmon in Kleinasien geschickt in Angelegenheiten des dortigen Klosters, das eine Dependance des Peribleptos-Klosters war. Da mußte er nun täglich die Überfälle der Türken mitansehen, die alles Land dort brandschatzten und auch Elegmon angriffen. Da er Mut besaß und nicht ohne Lust war, kriegerische Erfahrung zu sammeln, scharte er die Leute dort zusammen, griff mit ihnen die Türken an, schlug sie und ließ fortan nicht nach, den Ort zu bewachen. Sehr rasch kam dieses mönchischen Idealen nicht entsprechende Verhalten dem Abt seines Klosters in Konstantinopel und dem Patriarchen zu Ohren. Sie erteilten dem Mönch einen scharfen Verweis und versuchten, ihn durch weitere schwere Strafandrohungen von seinen Unternehmungen abzubringen. Da er also von der Obrigkeit weitere Strafen zu gewärtigen hatte, wandte sich der Mönch, der davon in Kenntnis gesetzt worden war, an den Kaiser. Der Kaiser nahm sich seiner Angelegenheit an und versuchte, den Patriarchen nachsichtig zu stimmen, was ihm aber nicht gelang. Darüber verstrich die Zeit, und niemand kümmerte sich um die Provinz. Die Türken machten also neue Angriffe, sie fielen plötzlich ein und ermordeten sehr viele. Nur diejenigen entkamen, die sich hinter die Verschanzung retten konnten. Der Kaiser erfuhr davon und war sehr betroffen. Er hätte allen Anlaß gehabt, diejenigen dafür verantwortlich zu machen, die auch tatsächlich verantwortlich waren. Aber übertrieben fromm wie er war, und um die Idee des Mönchtums nicht zu gefährden, tat er schließlich nichts, überlegte nur alles Mögliche, um Abhilfe zu schaffen, aber es kam nichts dabei heraus.

Jetzt flehten die Überlebenden des türkischen Massakers den Kaiser an, ihnen doch Hilarion wieder zu schicken; die Notwendigkeit einer Entscheidung drängte sich auf, der Patriarch wurde nochmals angegangen und schließlich, wenn auch widerwillig, bekam Hilarion die Erlaubnis, zurückzukehren. Wieder an Ort und Stelle, tat er alles Menschenmögliche, um den Ort zu schützen. Alles Land im Umkreis war bereits

türkisch und selbst Prusa mußte hohe Summen an sie zahlen, eine Art
Tribut, für den es sich einen Schein von Freiheit einhandelte.

Die Episode gehört in die Zeit Andronikos' II. (1282–1328) und in die zweite
Amtsperiode des Patriarchen Athanasios (1303–1309). Suspension und Abset-
zung waren die Strafen für Kleriker, die zu den Waffen griffen.
    Georgios Pachymeres, De Michaele et Andronico Palaeologis, II. ed. I. Bekker,
Bonn 1835, S. 596–597.

Kirchenunion als politisches Pfand

Am 27. November des gleichen Jahres 1437 reiste der Kaiser, Herr Joannes, mit dem Patriarchen und dem Despoten, Herrn Demetrios, und
vielen Herren des Senats und der Kirche samt fast allen Metropoliten und
Bischöfen zu der leider in Aussicht genommenen Synode. Ich sage „leider" nicht wegen der kirchlichen Dogmen, über die andere zu urteilen
befaßt sind. Mir genügt der Glaube meiner Kindheit. Ich will es mit
einem Vergleich klarmachen. Seit Jahren gehe ich mit anderen auf der
breiten Hauptstraße der Stadt zur Hagia Sophia. Auf einmal finden einige einen anderen Weg, der, wie sie sagen, auch dorthin führt. Und nun
drängen sie mich: Nimm doch auch diesen Weg, den wir gefunden haben, und wenn auch die Straße, die du gewöhnlich gehst, gut und alt ist
und wir sie genausogut kennen und so oft gegangen sind wie du, so ist
doch der Weg, den wir jetzt ausfindig gemacht haben, auch gut. Aber
wenn ich dann höre, daß die einen sagen, er sei gut, die anderen aber, er
sei nicht gut, wie sollte ich dann nicht erwidern: Geht in Frieden und
Eintracht zur Hagia Sophia auf dem Weg, der euch gefällt. Ich halte mich
nach wie vor an den Weg, den ich lange Zeit mit euch gegangen bin, von
dem ihr selbst sagt, er sei gut und bewährt, und den schon unsere Vorfahren gegangen sind.
    Wenn ich also sagte „leider", dann nicht deshalb, sondern weil alles,
was mit dieser Synode zusammenhängt, eine der wichtigsten Ursachen
für den Angriff der Feinde auf unsere Stadt war. Ihretwegen kam es zur
Belagerung, zur Eroberung und zur Sklaverei.
    Hört euch eine wahre Geschichte an, deren zuverlässiger Zeuge ich
bin. Der verstorbene Kaiser Manuel II. sagte einmal, als die Rede auf die
Synode kam, zu seinem Sohn, dem Kaiser Joannes, in einem Privatge-
spräch, dessen einziger Zeuge ich war: Mein Sohn, ich weiß es zuverläs-
sig und aus bester türkischer Quelle, daß die Ungläubigen eine schreckliche Angst davor haben, wir könnten zu einer Einigung mit den Franken
kommen. Würde dies geschehen, so befürchten sie, daß seitens der westlichen Christenheit sie durch uns in schwere Bedrängnis kommen wür-

den. Überlege dir also das mit der Synode nach allen Richtungen, vor allem wenn du von den Ungläubigen etwas zu befürchten hast. Unternimm nichts, um sie stattfinden zu lassen. Ich sehe nicht, wie unsere Leute zu einer Union und zu Frieden und Eintracht kommen könnten. Sie werden zurückkommen, und alles wird beim alten bleiben. Aber dies ist fast unmöglich, und so fürchte ich, daß es nur noch ein schlimmeres Schisma geben wird. Dann aber sind wir schutzlos den Ungläubigen ausgeliefert.

Es sah so aus, als wolle Joannes seinen Vater nicht verstehen. Jedenfalls stand er auf und ging, ohne ein Wort zu sagen. Der verstorbene Kaiser wurde bedenklich. Er sah mich an und sagte: Der Kaiser, mein Sohn, hat das Zeug zu einem Kaiser, aber nicht für unsere Zeit. Er hat hohe Dinge im Auge und im Sinn, wie sie richtig waren in den Zeiten unserer Vorfahren, als es uns gutging. Heute, in diesen Zeitläuften, hat unser Reich keinen solchen Kaiser nötig, sondern einen klugen Verwalter. Und ich fürchte, daß mit all seinen Unternehmungen und Plänen unser Haus einstürzt.

Georgios Sphrantzes, Vertrauter und Minister der letzten Kaiser von Byzanz, führte eine Art Tagebuch, „Chronicon minus" genannt. Seine Stellung gegenüber dem Konzil von Ferrara-Florenz (1438/39) gibt sehr gut die politischen wie die „patriotischen" Bedenken dagegen wieder.

Georgios Sphrantzes, Memorii 1401–1477, ed. V. Grecu, Bukarest 1966, S. 56–60.

II.

Die Krone und ihre Schatten

Das byzantinische Kaisertum ist beileibe nicht nur die selbstbewußte, autokratische Herrschaft über ein Reichsvolk, dessen Zusammenhalt weder völkisch noch eigentlich national ist, und das selbst sprachlich und kulturell keine Einheit darstellt. Es ist vielmehr zugleich Pol und Angelpunkt für das besondere Selbstbewußtsein dieses heterogenen Reichsvolkes, – ein Selbstbewußtsein, das wohl am treffendsten als Bewußtsein der Auserwähltheit vor allen übrigen Völkern, als Volk Gottes schlechthin, charakterisiert werden kann. Hier liegt die Bipolarität dieses Kaisertums und damit auch die Schranke der Autokratie. Das Kaisertum ist ein Kaisertum des Volkes, anders ausgedrückt ein Wahlkaisertum, und bleibt es trotz vieler Schwankungen und dynastischer Verfestigung bis zur Kür des letzten Kaisers. Die Kaiser selbst bekennen sich zu dieser Abhängigkeit nicht selten in wohlgesetzten Worten, um auf der anderen Seite alles zu tun und zu veranlassen, was dazu dienen kann, sie als unmittelbar von Gott erwählt und von Gott gekrönt erscheinen zu lassen. Der Konflikt mit dem Volk ist vorprogrammiert, und dies führt dazu, daß das Volk immer wieder selbstherrlich über die Krone verfügt, d.h. sie anbietet, aber auch wieder wegnimmt. Die verfassungskonforme Revolution gehört zum politischen Leben in Byzanz ebenso wie die feierliche Zelebration kaiserlicher Würde und Größe.

So ist es denn ganz natürlich, daß es keine „statische" Beschreibung des byzantinischen Verfassungslebens geben kann, und daß kaum der Versuch gemacht wurde, die Verfassung des Reiches schriftlich darzustellen. Fast alles hängt von mehr oder weniger augenblicklichen Konstellationen ab, von Parteiungen und Gruppierungen, von der äußeren Bedrohung oder vom Geschick eines Einzelnen. Sprechend dafür die Protokolle der Wahlvorgänge, wie sie im Zeremonienbuch des Kaisers Konstantin VII., aber auch bei Historikern, erhalten geblieben sind. Sprechend auch die Rede des Kaisers Joannes II. Komnenos, der mit äußerstem Geschick den dynastischen Gedanken mit der Idee der Wahlmonarchie kombiniert.

Der Ambivalenz der Vorstellungen vom Kaisertum entspricht die Ambivalenz seiner literarischen Verarbeitung. Da sind auf der einen Seite die feierlichen Akklamationen bei höfischen Fest- und Gedenktagen und auf der anderen Seite die vernichtenden Spottverse, wie sie in den Kabaretts und auf den Straßen gesungen wurden. Und es gab Kaiser, wie Julian, die sich davon tief betroffen zeigten. Unberührt von allem aber schmarotzten die Höflinge.

Eine Frau kreiert einen Kaiser

Kaiser Anastasios seligen Angedenkens wurde auf folgende Weise im Hippodrom ausgerufen. Nachdem Kaiser Zenon gestorben war, versammelten sich in der nächsten Nacht die hohen Würdenträger, die Senatsmitglieder und der Bischof in der Vorhalle des großen Triklinions, das Volk aber im Hippodrom auf seinen Plätzen und das Militär ebendort auf dem „Stama". Bald gab es ein großes Geschrei, obwohl der tote Kaiser noch im Palast lag. Da redeten die Würdenträger der Kaiserin-Witwe Ariadne zu, sie solle sich in den Hippodrom begeben und eine Ansprache an das Volk halten. Also begab sie sich dorthin, mit dem Kaisermantel bekleidet. Sie war begleitet von den zwei Oberstkämmerern, dem Chef der Verwaltung, dem Hofmarschall und dem Justizminister sowie all denen, die auch sonst mit dem Kaiser den Rennen beiwohnen. Auch einige Kammerherren ihrer Suite waren dabei, sowie der Erzbischof Euphemios von Konstantinopel.

Als sich Ariadne dem Volk zeigte, riefen sie alle: „Ariadne Augusta, du bist Siegerin! Gnädiger Gott, schenke ihr ein langes Leben!" und immer wieder „Kyrie eleison; viele Jahre der Augusta! Einen orthodoxen Kaiser für den Erdkreis!"

Dann wandte sich die Kaiserin durch ihren Sprecher an das Volk: „Der Adel eurer Gesinnung hat sich bewiesen, wie es der Majestas gebührt; ihr habt Ordnung gehalten und was des Kaisers ist, beachtet."

Alle riefen: „Wir sind die Diener der Kaiserin. Gnädiger Gott, erhalte sie am Leben; viele Jahre der Augusta. Ariadne Augusta, du bist Siegerin. Einen römischen Kaiser für den Erdkreis!"

Darauf der Sprecher: „Schon bevor uns eure Bitten erreicht haben, haben wir den hohen Würdenträgern und dem heiligen Senat die Anweisung gegeben, unter Berücksichtigung des Votums der tapferen Armee einen Mann zu küren, der Christ und Römer ist und alle Vorzüge, die einem Kaiser gebühren, aufweist; einen Mann, dem es nicht um Geld oder sonstige allzu menschliche Leidenschaften geht."

Und wieder riefen alle: „Viele Jahre der Augusta! Ariadne Augusta, du bist Siegerin. Der Christus liebenden Kaiserin viele Jahre. Kyrie eleison. Himmlischer Kaiser, schenke uns für den Erdkreis einen Kaiser, dem es nicht ums Geld geht!"

Der Sprecher: „Damit die Wahl unanfechtbar und nach Gottes Willen vollzogen werden kann, haben wir den Würdenträgern und dem heiligen

Senat aufgetragen, im Einvernehmen mit dem Votum des tapferen Heeres vor den heiligen Evangelien und in Gegenwart des heiligen Patriarchen dieser Kaiserstadt, angesichts des Gotteswortes also, die Wahl vorzunehmen. Weder Freundschaft noch Feindschaft, kein Eigennutz, keine Verwandtschaft noch private Gründe dürfen dabei eine Rolle spielen. Jeder soll reinen Gewissens seinen Sinn auf Gott gerichtet haben. Da nun, wie eure Majestas weiß, die Angelegenheit wichtig ist und es sich um das Wohlergehen der ganzen Welt handelt, muß eure Majestas sich etwas gedulden. Zuerst muß die Totenfeier für Kaiser Zenon in gebührender Weise vollzogen werden. Die Wahl darf nicht überstürzt werden, damit man sie nachher nicht bedauern muß."

Alle akklamierten. „Ein schönes Auferstehungsfest für das Reich! Ordnung und Glück für die Stadt! Viele Jahre der Kaiserin! Verjage den diebischen Stadtpräfekten! Viele Jahre der Kaiserin! Herr, schenke ihr Leben. Alles Gute für dich, Römerin, laß die Fremden im Volk der Römer nicht noch weiter ansteigen! Die Herrschaft gehört dir, Ariadne Augusta, du bist Siegerin."

Der Sprecher: „Wir danken dem Herrgott, daß alles, was euch betrifft und nützt und am Herzen liegt, uns schon vor euren Bitten in den Sinn gekommen ist. Alles Nötige wird vorgenommen werden. Schon vor dieser Versammlung war uns bewußt, daß eure Majestas nach einem Mann verlangt, der besonnen ist und sich um euer Wohl kümmert. Wir kommen also euren Bitten zuvor und erheben den erlauchten Julianos mit Gottes Zustimmung zum Stadtpräfekten."

Da riefen sie alle: „Ein guter Anfang! Viele Jahre der Augusta! Viele Jahre für die großen Herren!"

Der Sprecher: „Es liegt also an eurer Majestas, wie früher, so auch jetzt Ordnung zu halten. Für euer Wohlbefinden und euren Nutzen hat in erster Linie der Herrgott gesorgt, aber auch wir haben uns die nötigen Sorgen gemacht. Jetzt wollen wir bald zusammen mit den hohen Würdenträgern, dem heiligen Senat und der Zustimmung der tapferen Armee einen rechtgläubigen und untadeligen Mann zum Kaiser küren. Jegliche Mißgunst soll dieser so bedeutsamen Beratung und politischen Betätigung fern bleiben."

Nach dieser Rede verließ die Kaiserin die Loge und die hohen Herren begleiteten sie. Die Augusta zog sich in den Palast zurück. Die Würdenträger aber nahmen auf den Bänken vor dem Delphax Platz und begannen mit den Beratungen darüber, was nun geschehen solle. Da kam es zu großen Auseinandersetzungen. Schließlich machte der oberste Kammerherr Urbikios den guten Vorschlag: „Ihr würdet gut daran tun, der Augusta das Recht auf die Vorwahl einzuräumen. Sie soll wählen, wen sie will." Da bat der Senat den Bischof, sich zur Kaiserin zu begeben, damit sie die Wahl nach ihrem Belieben vornehme. Sie aber wählte den Silentiarios Anastasios. Als die Herren dies vernahmen, erklärten sie sich einverstanden und man schickte – von seiten des Chefs der Verwaltung – die Kommandeure der Garden, der Protektoren und der Domestikoi in das Haus des Anastasios. Sie brachten ihn im Palast im Konsistorium in Sicherheit. Dann wurden die Exequien für den toten Zenon gefeiert. Am gleichen Tag schon machten sich die kaiserlichen Garderobiere, die Maler und die Münzmeister ans gewohnte Werk, und am Abend erging die Aufforderung zu einer Ratssitzung. Am nächsten Tag kamen dann alle in weißen Gewändern und wurden im Konsistorium (von Anastasios) empfangen, und hier, nicht im Hippodrom, hielt er seine Ansprache. Es kam auch der Erzbischof, und nachdem alle, wie es ihnen zukam, begrüßt worden waren, begab sich Anastasios in die Vorhalle vor dem großen Triklinion und nahm in der Mitte Aufstellung. Jetzt traten alle Würdenträger und Senatoren hinzu und verlangten, daß er allen eidlich versichere, er würde niemand etwas nachtragen und nach Recht und Gerechtigkeit regieren. Nach dieser Eidesleistung begab man sich in den Hippodrom, und der Kaiser bestieg die Loge.

Die Truppen hatten wieder unten im Stama Aufstellung genommen; die Speere und Feldzeichen lagen am Boden. Das Volk aber saß in den Rängen und akklamierte. Da erhob man Anastasios stehend auf den Schild und der Campiductor, der Lanzenträger, legte ihm seine Halskette aufs Haupt. Im gleichen Augenblick erhob man die Feldzeichen und alle Soldaten und das ganze Volk akklamierten. Dann stieg der Kaiser vom Schild herab, begab sich wieder in das Triklinion, zog kaiserliche Gewänder an, und der Bischof sprach ein Gebet über ihn, und man rezitierte das Kyrie eleison. Dann setzte ihm der Bischof die perlengeschmückte Krone aufs Haupt. Darauf kehrte der Kaiser in die Loge im Hippodrom zurück und begrüßte das Volk. Und alle riefen: „Augustus." Dann hielt er eine Rede an das Volk und die Soldaten. Hier der Wortlaut:

Imperator Caesar Augustus: „Jedermann weiß, daß die menschliche Macht abhängt von der Zustimmung des allmächtigen Gottes."

Da riefen alle: „Glück für die Oikumene! Wie du bisher gelebt hast, so herrsche! Unbestechliche Beamte für die Oikumene!" und anderes mehr.

Imperator Caesar Augustus: „Da nun die erlauchteste Kaiserin Ariadne mit Zustimmung der höchsten Würdenträger, sodann die Wahl des illustren Senats und der Applaus der mächtigen Truppe und des heiligen Volkes mich, wenn auch gegen meinen Willen und trotz meines Sträubens, dazu gebracht haben, mit Gottes gütiger Zulassung die Sorge um das römische Reich zu übernehmen . . ."

Da schrie die Menge: „Kyrie eleison. Sohn Gottes, erbarme dich seiner! Anastasius Augustus, du bist Sieger. Gott wird den frommen Kaiser bewahren. Gott hat dich uns gegeben, Gott wird dich erhalten!" und so weiter.

Imperator Caesar Augustus:" ... bin ich mir durchaus bewußt, welche Last ich um des Gemeindewohles willen auf mich genommen habe."

Alle riefen: „Du bist würdig des Reiches, würdig der Trinität und würdig der Stadt. Verjage die Angeber und Denunzianten!" und ähnliches.

Imperator Caesar Augustus: „Ich bitte Gott, den Allmächtigen, er möge es fügen, daß das, was ihr euch von dieser gemeinsamen Wahl erhofft habt, ihr auch in der Folgezeit verwirklicht sehen könnt."

Und alle gemeinsam: „An den du glaubst, der wird dich erretten. Wie du gelebt hast, so herrsche. Du hast fromm gelebt, herrsche jetzt fromm! Ariadne, du bist Siegerin. Viele Jahre der Augusta! Fördere die Armee, fördere die Truppen, erbarme dich deiner Diener, herrsche, wie Markianos geherrscht hat!"

Imperator Caesar Augustus: „Anläßlich dieses festlichen Kaisertages will ich euch pro Kopf je fünf Goldstücke und ein Pfund Silber spenden."

Alle riefen: „Gott wird den christlichen Kaiser schützen. Dies ist das gemeinsame Gebet, dies der Wunsch des Erdkreises. Bewahre, Herr, den frommen Mann. Heiliger Herr, hilf deiner Welt auf. Es siegt das Glück der Römer. Anastasius Augustus, du bist Sieger. Ariadne Augusta, du bist Siegerin. Gott hat euch uns geschenkt. Gott wird euch bewahren."

Imperator Caesar Augustus: „Gott sei mit euch!"

Nach dieser Rede stieg er herunter und ließ sich in die Kirche geleiten, die er durch die Vorhalle betrat, nachdem er vorher im Umkleideraum die Krone abgelegt hatte. In der Kirche opferte er seine Gaben, kehrte dann in den Palast zurück, investierte den neuen Stadtpräfekten, entließ die übrigen und setzte sich mit den hohen Würdenträgern zum Bankett.

Kaiser Zenon regierte von 474–491. Ariadne ist seine Witwe. Euphemios war Patriarch von 489–495. „Majestas" ist die Bezeichnung sowohl für die Armee wie auch für das Volk in Fällen, wo deren Entscheidung für eine Kaiserkür wichtig wurde, d.h. also in Zeiten der Thronvakanz. Anastasios regierte von 491–518.

Constantini Porphyrogenneti De cerimoniis aulae byzantinae, ed. J. J. Reiske, Bonn I. 1929, S. 417–425.

Trotz Ohrfeigen auf den Thron

Bei der Ausrufung des Kaisers Justinos seligen Angedenkens gab es Tumult. Es war weder eine Kaiserin vorhanden, noch ein Kaiser, der einen Nachfolger hätte einsetzen können. Alles kam ziemlich unversehens. Als Anastasios in der Nacht starb, ließen die Silentiarioi dem Chef der Verwaltung und dem Kommandeur der Garde der Exkubitoren sagen, sie möchten sich im Palast einfinden. Es kamen also der Magister Keler und

Justinos, der Kommandeur der Exkubitoren von damals, und sofort ließ der Magister den Scholai-Garden melden, sie sollten die Kandidaten und die übrigen Scholai-Garden antreten lassen. Aber auch Justin traf seine Vorkehrungen bei den Truppen, den Tribunen und Vikaren und den Offizieren der Exkubitoren und ließ sie wissen: „Unserem Herrn ist das Schicksal aller Menschen widerfahren; er ist gestorben. Wir müssen alle zusammen in Beratungen eintreten und den, der Gott gefällt und dem Staate von Nutzen ist, als Nachfolger wählen." Dasselbe sagte der Magister den Kandidaten und den Offizieren der Scholai.

Als es Tag wurde, trafen die hohen Würdenträger ein, teils grau gekleidet, teils anders. Auch das Volk versammelte sich im Hippodrom und akklamierte dem Senat mit dem Ruf: „Viele Jahre dem Senat! Römischer Senat, du bist Sieger. Von Gott einen Kaiser für das Heer! Von Gott einen Kaiser für den Erdkreis!" und ähnliches mehr. Inzwischen wurden die Bänke in der Vorhalle des großen Triklinions hergerichtet, und die Würdenträger und der Erzbischof nahmen Platz. Da kam es zu einem großen Streit über die Kür, weil jeder einen anderen Kandidaten wußte. Da die Zeit verstrich, sagte der Magistros Keler zu ihnen: „Laßt uns zu einem Entschluß kommen und ihn ausführen, so lange es noch Zeit ist. Präsentieren wir in Kürze unseren Kandidaten, so werden uns alle Folge leisten und es wird Ruhe herrschen. Wenn wir aber nicht bald handeln, dann müssen wir uns nach den anderen richten."

Da der Streit trotzdem weiterging, riefen die Exkubitoren oben im Hippodrom einen gewissen Tribun Joannes, einen Vertrauten Justins, der später Bischof von Herakleia wurde, zum Kaiser aus und erhoben ihn auf den Schild. Die Blauen aber waren nicht einverstanden und warfen mit Steinen. Darauf schossen die Exkubitoren einige mit Pfeilen nieder. Nun griffen die Scholai ein; sie bemächtigten sich eines Patrikios und Generals. Sie führten ihn in einen Saal des Palastes und schickten sich an, ihn zu krönen. Das paßte nun wieder den Exkubitoren nicht. Sie stürmten herbei, bemächtigten sich des Mannes und wollten ihn töten. Da griff Justinianos ein, damals einer der Kandidaten, entriß ihnen den Mann, ließ ihn ins Quartier der Exkubitoren bringen und dort bewachen. Da wollten alle Exkubitoren, daß Justinianos die Kaiserwürde annehme. Aber er weigerte sich. Bei jedem der Kandidaten, die nun genannt wurden, klopften dessen Parteigänger an die Elfenbeintore und verlangten von den Kammerherren die kaiserlichen Insignien. Aber wenn diese die Namen der Kandidaten hörten, weigerten sie sich. Schließlich einigten sich alle Senatoren auf Justinos, ja sie zwangen ihn sozusagen in den kaiserlichen Ornat. Einige Leute der Scholai aber wollten davon nichts wissen, und einer versetzte ihm sogar eine Ohrfeige und zerriß seine Lippe.

Schließlich obsiegte doch die Stimme der Senatoren, der Soldaten und des Volkes. Justinos wurde in den Hippodrom gebracht, und dort akklamierten ihm sowohl die Grünen wie die Blauen, und die Kammerherren rückten sofort die Insignien heraus. So bestieg er das Kathisma zusammen mit dem Erzbischof und den übrigen Würdenträgern; man erhob ihn auf den Schild und der Campiductor, der Lanzenträger Godilas, legte ihm die Halskette auf den Kopf. Sofort wurden die Feldzeichen hochgehoben, die auf dem Boden lagen, wie es bei Kaiserausrufungen üblich ist.

Justinos ging aber nicht ins Triklinion, um sich umzuziehen, vielmehr bildeten die Soldaten eine „Schildkröte" und darunter kleidete er sich um. Der Bischof aber setzte ihm die Krone aufs Haupt, und dann nahm Justinos Lanze und Schild in die Hand und trat hervor. Und alle riefen: „Justinus Augustus, du bist Sieger!" Und er hielt durch seinen Sprecher eine Anrede ans Volk, wobei er jedem Schildträger fünf Goldstücke und ein Pfund Silber versprach. Wie gesagt: die Anrede verlas der Sprecher, da der Quaestor nicht zur Stelle war und man auch den Magister Keler nicht finden konnte. Letzteren hatte es an den Füßen gepackt und er war zur Stunde nicht greifbar.

Die Kür Justinos' (518–527), des Onkels des Kaisers Justinianos, zeigt ebenso deutlich wie die des Anastasios die Zurückdrängung der Armee als des allein entscheidenden Wahlfaktors. Die Exkubitoren und die Scholai sind verschiedene Garderegimenter.
Constantini Porphyrogenneti De cerimoniis aulae byzantinae I, S. 426–430.

Revolution

Der Kaiser frönte dem Genuß, und lebte eingebildet und stolz dahin. Die Stadt aber – und ich verstehe darunter jedes Geschlecht, jede soziale Stellung und jedes Alter – begann, als gäbe es kein natürliches Einverständnis mehr, sich in einzelne Gruppen abzukapseln und zu agitieren. Da war niemand mehr, der nicht begonnen hätte zu murren angesichts der Absetzung der Kaiserin, Pläne zu schmieden und schließlich in aller Öffentlichkeit darüber zu beratschlagen. Kaum hatte sich die Nachricht von der Veränderung der Lage überall verbreitet, da konnte man die ganze Stadt in Bestürzung sehen. Und schon einen Tag später redeten alle frei heraus, nicht nur die Beamten und Würdenträger, nicht nur der Klerus, sondern sogar Familienmitglieder des Kaisers und Höflinge. Und die Leute im Handel und Gewerbe rüsteten zum großen Schlag. Selbst die Fremden in der Stadt und die vom Kaiser, wie es seit je Brauch war, angeworbenen Söldner, die taurischen Skythen und wer sonst noch dazu zählt, ließen ihrem Zorn freien Lauf, und jeder wollte sein Leben für die Kaiserin aufs Spiel setzen.

Die Leute von der Straße waren bereits außer Rand und Band und bereiteten sich darauf vor, ihre eigene Tyrannis der Tyrannis des Kaisers entgegenzusetzen. Und was soll ich denen, die nicht Bescheid wissen, von den Frauen sagen? Ich habe nicht wenige gesehen, die man bisher niemals außerhalb der Frauengemachs geschaut hatte. Jetzt zeigten sie sich in der Öffentlichkeit; sie schrien, schlugen sich auf die Brüste und beklagten lauthals, was der Kaiserin widerfahren war. Andere führten sich wie Mänaden auf und formierten sich zu einer starken Truppe wider den Verbrecher. „Wo ist sie geblieben," so riefen sie aus, „die einzige von adeliger Art und Schönheit? Wo ist sie, die einzig Freigeborene, die Herrin der ganzen Nation, die legitime Kaiserin, deren Vater, Großvater und Urgroßvater Kaiser waren? Wie konnte es dieser Emporkömmling wagen, sich an die Edle heranzumachen und gegen sie Ränke zu schmieden, die niemand sonst in den Sinn gekommen wären?" So taten sie sich zusammen und beschlossen, den Palast in Brand zu stecken. Niemand stellte sich der Bewegung entgegen, alle wüteten gegen den Tyrannen. So nahmen sie in Gruppen und militärischen Formationen Aufstellung, und am Ende schlossen sich ihnen alle Truppen der Hauptstadt an.

Jeder war bewaffnet: der eine trug eine Axt unter dem Arm, der andere schwang ein schweres Schwert, der dritte hatte einen Bogen in der Hand, der nächste einen Spieß. Von der Masse aber trugen die einen Steine vor sich her, und so liefen sie ohne Ordnung los.

Ich machte damals Dienst im Vorzimmer des Kaisers. Ich war seit geraumer Zeit einfacher Sekretär und war erst jüngst in den Vorzimmerdienst befördert worden. Ich war gerade damit beschäftigt, einige wichtige Geheimschreiben zu diktieren, als ich plötzlich einen Lärm hörte wie das Stampfen von Pferdehufen. Die meisten im Saale erschraken. Dann kam eine Ordonnanz mit der Meldung, eine ganze Masse Volkes sei auf dem Marsch gegen den Kaiser, und alle verfolgten in geschlossener Formation dasselbe Ziel. Die meisten glaubten, es handle sich um eine unsinnige Revolte. Aber ich begriff nach allem, was ich schon vorher gesehen und gehört hatte, daß hier ein zündender Funke gegeben war, um ein großes Feuer zu entfachen, und daß es einer Menge Wasser bedürfte, um dieses Feuer zu löschen. Ich bestieg sofort ein Pferd und ritt mitten durch die Stadt und konnte so mit eigenen Augen Dinge sehen, an deren Wirklichkeit ich im nachhinein kaum noch glauben kann.

Man hatte beschlossen, zunächst gegen die Mitglieder der Familie des Kaisers anzutreten und ihre prächtigen Paläste zu zerstören. Man machte sich daran und stieß gemeinsam vor. Alles wurde dem Erdboden gleichgemacht... Am Zerstörungswerk waren nicht nur erwachsene junge Männer und Leute gereiften Alters beteiligt, sondern auch Kinder beiderlei Geschlechts. Der erste Ansturm schon war ein voller Erfolg, und die Plünderer schleppten weg, was ihnen in die Hände fiel und verkauften es auf dem Markt, ohne lang um den Preis zu feilschen. So sah es in der Stadt aus. Sie hatte sich unversehens gewandelt. Der Kaiser aber in seinem Palast ließ sich zunächst durch die Ereignisse nicht aus der Ruhe bringen und wollte ohne Blutvergießen mit dem Bürgerkrieg ein Ende machen. Als aber der Ernst der Erhebung nicht mehr in Abrede gestellt werden konnte, das Volk in wohl geordneten Abteilungen aufmarschierte und der militärische Charakter immer klarer wurde, da geriet er in große Unruhe und, belagert wie er war, wußte er nicht, was er anfangen sollte. Er fürchtete sich, an die Öffentlichkeit zu treten, fürchtete aber ebenso sehr einen Angriff. Im Palast gab es keine militärischen Möglichkeiten, und Hilfe war nicht zu erreichen. Was die Garden am Hof betraf, so waren die einen unentschlossen und nicht mehr bereit, jeden Befehl entgegenzunehmen, die anderen waren ganz offen feindlich eingestellt; sie desertierten und schlossen sich der Volksmenge an.

In dieser verzweifelten Lage kam der Nobilissimus dem Kaiser zuhilfe. Er war damals gerade nicht im Palast. Als er von der Gefahr hörte, bekam er es mit der Furcht zu tun und verschanzte sich zunächst in seinem Haus aus Angst vor der Volksmenge vor den Türen, die ihn, käme er heraus, sofort töten würde. Dann aber bewaffnete er seine gesamte Dienerschaft – er selbst blieb unbewaffnet –, und sie verließen unbemerkt das Haus. Wie ein Blitz fegten sie durch die Stadt, Waffen in der Hand und bereit, jeden der sich ihnen entgegenstellen würde, niederzumachen. Am Palast angekommen, forderten sie Einlaß und kamen, um dem Kaiser in seiner Gefahr beizustehen. Der Kaiser nahm sie freudig auf, und wenig hätte gefehlt und er hätte seinen Onkel abgeküßt, weil er sich bereitfand, mit ihm zugrunde zu gehen.

Sie beschlossen, die Kaiserin sofort aus dem Exil zurückzurufen – dieses Exil war ja die Ursache für die Volkserhebung –, ferner gegen die Gefahr seitens des Volkes vor dem Palast Leute mit Speeren und Steinschleudern zu bewaffnen. Diese verschanzten sich auf den Dächern des Palastes, schleuderten Steine und schossen; sie töteten nicht wenige und brachten die Schlachtreihe der Angreifer durcheinander. Aber bald nachdem sie erkannten, woher die Geschosse kamen, formierten sie sich neu und hielten nur noch fester zusammen.

Inzwischen war die Kaiserin wieder in den Palast zurückgebracht worden. Sie freute sich gar nicht so sehr über das, was ihr kraft Fügung Gottes jetzt widerfuhr, fürchtete vielmehr, der schlechte Kaiser würde sie noch übler behandeln. Sie nahm die Gelegenheit, die vorhanden gewesen wäre, nicht wahr, sie warf dem Kaiser nicht vor, was er ihr angetan hatte und sie zog auch die Kutte nicht aus; ja sie zeigte sogar Mitleid mit seiner Lage und weinte. Der Kaiser aber, statt sie wieder in Purpur zu kleiden, verlangte von ihr die Zusage, wenn der Sturm vorüber wäre, wieder wie eine Nonne zu leben und sich mit allem zufrieden zu geben, was er über sie beschließe. Sie versprach alles nur Mögliche und sie beschlossen, gemeinsam der Gefahr zu begegnen. So führte man sie in die Kaiserloge des Hippodrom und zeigte sie dem Volk in Aufruhr in der Erwartung, es würde die Gemüter beruhigen, nachdem sie jetzt ihre Kaiserin wieder hätten. Das Volk aber erkannte sie zunächst gar nicht, und wer sie dann erkannte, haßte dafür den Kaiser nur umso mehr, da er nicht einmal in dieser gefährlichen Situation von seiner ungebändigten Bosheit abließ.

Der Kampf wurde nur noch lebhafter. Aber jetzt verständigten sie sich auf einen anderen Plan, da sie fürchten mußten, der Kaiser könnte sie jetzt, da die Kaiserin wieder da war, in die Flucht schlagen und die Mehrheit könnte sich durch die Rede der Kaiserin in die Irre führen lassen. Der neue Plan ließ die Machinationen des Tyrannen scheitern.

Nachdem der Kaiser die Kaiserin Zoe in seiner Gewalt hatte und sie wie ein rettendes Schiff im Hafen verwahrte, wandte sich das Volk ihrer jüngeren Schwester Theodora zu, jetzt nicht mehr tumultartig und ohne Ordnung sondern mit einem General an der Spitze (Konstantin Kabasilas), der einmal im Dienste Theodoras gestanden hatte, kein Grieche zwar, aber ein hervorragender Charakter, ein Held seiner Gestalt nach und von altem, reichen Adel. Wohlgeordnet unter diesem Kommando, begaben sie sich zu Theodora. Theodora erschrak bei diesem unerwarteten Anblick und gab zunächst nicht nach. Sie verbarg sich in der Kirche und wollte von nichts hören. Jetzt verzichtete das Bürgerheer auf Überredung und tat ihr Gewalt an. Einige zogen die Waffen, taten, als wollten sie sie umbringen und zogen sie wagemutig mit Gewalt aus der Kirche ans Tageslicht. Sie kleideten sie prächtig, setzten sie auf ein Pferd und führten sie in die Hagia Sophia. Hier war es nicht nur ein Teil des Volkes, sondern alles, was Rang und Namen hatte, die Theodora huldigten. Alle drückten ihre Verachtung für den Tyrannen aus und akklamierten Theodora als der Kaiserin.

Als der Kaiser davon hörte, fürchtete er, das Volk möchte unversehens in den Palast eindringen und ihn einfach niedermachen. Er bestieg also mit seinem Onkel ein kaiserliches Schiff und fuhr zum Studiu-Kloster, wo er das Mönchskleid nahm und als Asylsuchender und Bittsteller auftrat. Als sich die Kunde davon in der Stadt verbreitete, da faßten auch alle jene Mut, die bisher Befürchtungen gehegt hatten: die einen brachten Gott Opfer dar, die anderen akklamierten der Kaiserin Theodora; das niedrige Volk begann zu tanzen und Verse auf das Geschehen zu machen und zu singen. Die Mehrzahl aber ließ sich nicht abhalten, dem Tyrannen nachzurennen, um ihn zu verstümmeln und umzubringen.

Was die Umgebung Theodoras betrifft, so schickte sie zum Schutz des Tyrannen eine Truppe unter dem Kommando eines Gardeoffiziers aus, eines vornehmen Mannes, dem ich mich anschloß, da ich sein Freund war. Er nahm mich mit, um mit mir zu planen und den Plan auszuführen.

Als wir aber zum Tor des Heiligtums kamen, sahen wir, daß bereits eine andere, selbstherrliche Truppe angekommen war, eine Rotte aus dem Volk, die das Heiligtum eingekreist hatte. Nur wenig fehlte, daß sie es zerstörten. Nur mit Mühe verschafften wir uns Eingang in die Kirche; aber zugleich mit uns stürzte sich eine ganze Menge in die Kirche, schreiend und den Tyrannen mit den gröbsten Schimpfwörtern belegend.

Bis zu diesem Augenblick war ich nicht gerade mild gestimmt mitgekommen. Ich war nicht gefühllos gegenüber dem Schicksal der Kaiserin Zoe und hegte immerhin einigen Groll gegen den Kaiser. Als ich aber jetzt am Altarraum anlangte und die zwei Asylsuchenden sah, den Kaiser, wie er sich an den Altartisch klammerte, und den Nobilissimus an der rechten Seite stehend, beide im Mönchsgewand und anders denkend als früher, beide schambedeckt, da schwand aller Groll aus meinem Herzen, als ich, wie von einem Wirbel erfaßt, ganz verändert und offenen Mundes, dies unerhörte Schauspiel erblickte. Ich faßte mich wieder, Tränen stiegen mir in die Augen und ich konnte nur noch aufseufzen. Das Volk aber stand vor den Altargittern wie wilde Tiere, nur darauf bedacht, die beiden zu verschlingen.

Als es Abend wurde, kam ein von Theodora neu ernannter Beamter mit dem Auftrag, die beiden an einen anderen Ort zu bringen. Er hatte in seinem Gefolge eine ganze Anzahl von Beamten und Militärs. Er näherte sich dem Altarraum, wo beide Zuflucht gesucht hatten und befahl ihnen kurz angebunden, herauszukommen. Die beiden jedoch merkten, daß die Volksmenge bereits vom Henker sprach und daß der Führer bereits Andeutungen vom richtigen Augenblick machte und seine Haltung änderte und unverfroren wurde. Da erklärten sie, sie würden nicht herauskommen. Sie klammerten sich nur noch fester an die Säulen, welche den Altartisch trugen. Jetzt schlug der Mann mildere Töne an und sprach ruhiger mit ihnen. Er schwur bei allem, was heilig, und erklärte ihnen mit vielen Worten, es würde ihnen nichts passieren und er, der Abgesandte, würde ihnen nicht mehr antun, als was eben der Moment erfordere. Die beiden aber, nun schon einmal in Schrecken versetzt und auf jedes Unglück gefaßt, stellten sich taub und zogen es vor, in der Kirche hingeschlachtet statt ins Freie gezerrt zu werden, und allen möglichen Injurien ausgesetzt zu sein.

Da gab es dieser Mann auf, sie zu überreden und schritt zur Gewalt. Auf seinen Befehl legte die Menge Hand an sie und wie wilde Tiere zerrten sie sie aus dem Heiligtum.

In der Umgebung Theodoras aber kannte man die Eifersucht ihrer Schwester Zoe und wußte, daß sie lieber einen Pferdeknecht auf dem Thron sähe, als daß sie mit Theodora sich in die Herrschaft teilen wollte. Man befürchtete, sie könnte ihre Schwester beiseite schieben und den gestürzten Kaiser wieder auf den Thron erheben. So beschloß man einmütig, den Gestürzten aus dem Wege zu räumen. Die Gemäßigteren waren freilich nicht der Ansicht, man solle ihn umbringen; sie waren auf ein anderes Mittel bedacht, um ihm jede Hoffnung zu nehmen und faßten den entsprechenden Beschluß. Sie entsandten in aller Eile resolute Draufgänger mit dem Befehl, dem Gestürzten, sobald sie ihn außerhalb des Heiligtums sähen, mit einem Eisen die Augen auszustechen.

Kaum kamen sie aus der Kirche, da nahm sie eine schamlose Gruppe in Empfang. Der Pöbel machte sie zu seinem Spielzeug, ganz den Umständen entsprechend, mit Gelächter tanzten sie um sie herum. Andere voller Zorn, wollten sie durch die ganze Stadt schleifen. Sie waren noch nicht weit gekommen, da begegneten sie denen, die den Auftrag hatten, ihnen die Augen auszustechen. Sie verkündeten ihren Befehl und ihre Leute bereiteten sich für die Exekution vor und schärften ihre Eisen. Als die beiden diese üble Kunde vernahmen und auf keine Ausflucht mehr hoffen konnten – die einen zollten ja dem Befehl Beifall und die anderen taten nichts dawider –, da verschlug es ihnen die Stimme und sie wären wohl tot umgefallen, wäre nicht ein Senator zu ihnen hinzugetreten und hätte ihnen in ihrer Misere beigestanden und ihre Seele, die schon versagen wollte, wieder zu sich gebracht.

Der Kaiser zeigte sich der Lage und dem Unglück nicht gewachsen, blieb schwach wie immer, klagte und schluchzte, flehte jeden an, der ihm nahe kam, flehte inständig zu Gott und erhob die Hände zum Himmel, zur Kirche und überall hin. Sein Onkel verhielt sich zunächst genau so; da er aber merkte, daß nicht die geringste Hoffnung mehr bestand, ermannte er sich – er war ja der stärkere Charakter, der sich selbst zu widerstehen verstand –, rüstete sich sozusagen für das Unglück und sah beherzt dem Leiden entgegen. Als er bemerkte, daß die Henker bereit waren, da stellte er sich als erster der Exekution und lieferte sich ruhig den Mörderhänden aus. Da aber nicht genug freier Platz zwischen der Masse des Volkes und ihm vorhanden war, weil sich jeder hinzudrängte, um in der ersten Reihe dem Strafvollzug zuzuschauen, sah sich der Nobilissimus ohne zu zucken nach dem Leiter des Trauerspiels um und rief ihm zu: „Laß doch die Leute zurücktreten, sonst sehen sie gar nicht, wie mutig ich mit meinem Geschick fertig werde." Als ihn der Henker binden wollte, damit er sich bei der Blendung nicht rühren könnte, sagte er zu ihm: „Wenn du merkst, daß ich mich rühre, dann kannst du mich annageln!" Dann legte er sich auf den Rücken, ohne die Farbe zu wechseln, ohne einen Schrei oder Seufzer auszustoßen, als ob er nicht mehr lebte. Und so wurden ihm beide Augen ausgestochen. Der Kaiser aber, der seine Qual angesichts seines Onkels schon vorwegnahm, schlug mit den Händen herum und sich selbst ins Gesicht und heulte jämmerlich auf.

Sein Onkel, jetzt geblendet, erhob sich vom Boden und stützte sich auf einen seiner Leute, sprach mutig mit denen, die sich ihm näherten, und da ihn höchstens noch der Tod treffen konnte, erhob er sich souverän über die momentane Situation. Der Kaiser aber schlotterte vor Angst und verlegte sich aufs Betteln. Deswegen band ihn der Henker fester und drückte ihn stärker nieder, damit er während der Blendung keine falschen Bewegungen mache. Als aber nun auch er sein Augenlicht verloren hatte, da war es mit der Wut der Menge gegen die beiden zuende. Die Leute ließen die beiden an Ort und Stelle in Ruhe und machten sich auf den Weg zur Kaiserin Theodora.

Michael V. (1041–42), gegen den sich der Aufstand richtet, war durch die Gunst der ältlichen Kaiserin Zoe, der Witwe seines Onkels Michael IV. Kaiser geworden. Er steckte Zoe in ein Kloster, so wie diese vorher ihre Schwester Theodora in ein Kloster verwiesen hatte. Diese beiden Kaiserinnen waren die letzten Sprossen des Kaiserhauses der „Makedonier", an denen das Volk mit sentimentaler Zuneigung hing. Der Nobelissimus (Hofrang) ist der Eunuch Joannes, ein Onkel Michaels V. Der Berichterstatter, Michael Psellos, war Augenzeuge der Ereignisse.

Michel Psellos, Chronographie I, ed. E. Renauld, Paris 1926, S. 101–115.

Verschwörung in der Hauptstadt

Als die Bevölkerung der Hauptstadt erfuhr, daß der Insurgent Nikephoros Botaneiates triumphal in Nikaia aufgenommen worden war, da machten sich alle ihre Gedanken und Pläne, alle Mitglieder des Senats und viele aus dem Klerus, und sie überlegten sich, wie sie Kaiser Michael VII. stürzen und Botaneiates zum Kaiser machen könnten. Die meisten waren schon insgeheim mit ihm in Verbindung getreten und hatten von ihm goldgesiegelte Briefe bekommen. Sie beschlossen also, in der Hagia Sophia eine Versammlung abzuhalten, ihre Leute zu bewaffnen, die Gefangenen aus den Kerkern zu befreien und sich so gerüstet an die hohe Beamtenschaft zu wenden, die noch nicht eingeweiht war, und sie zu gemeinsamem Handeln zu veranlassen. Chef der Konspiration war Aimilianos, ein schlauer und sehr energischer Herr, willens und fähig, im Volke Unruhe zu erregen, wie nur irgend einer. Ihm schlossen sich zahlreiche Senatoren an. Der Kaiser wurde benachrichtigt, und Alexios Komnenos riet ihm, sofort Soldaten auszuschicken und die Häupter der Verschwörung zu verhaften. Der Kaiser aber verschob die Verhaftung bis zum nächsten Morgen. Da versammelten sich die Verschwörer alle am frühen Morgen in der Hagia Sophia, öffneten die Gefängnisse der Stadt und bewaffneten die Häftlinge, sowie ihre eigene Dienerschaft und alle Sklaven, die sie besaßen; sie schickten zu den hohen Beamten, die sich der Verschwörung nicht anschließen wollten, und drohten, ihnen ihre Häuser niederzubrennen, wenn sie sich nicht anschlössen. Ihre

Abgesandten führten Schreiben mit sich folgenden Inhalts: „Die heiligsten Patriarchen, die Synode und der Senat rufen euch in die große Kirche der göttlichen Weisheit." Da kamen die einen eifrig herbei, andere nur widerwillig.

Der Kaiser erfuhr davon und ließ wiederum Alexios Komnenos kommen und erbat seinen Rat. Alexios meinte, die Mehrzahl dieser aufgerührten Masse seien friedliche Leute, Handwerker, denen der Anblick von Bewaffneten unangenehm sei. Man solle also die Varägergarde unter dem Kommando eines Generals ausmarschieren lassen. Der Kaiser hörte sich dies an, ließ sich aber nicht überzeugen. Er sagte: „Seit langem schon trage ich mich mit dem Gedanken abzudanken. Was ich freiwillig überlegt habe, dazu zwingt mich jetzt die Vorsehung, und ich nehme es hin. Du aber sieh zu, daß du statt meiner meinen Bruder Konstantinos zum Kaiser machst." Der Kaiser begab sich daraufhin in die Marienkirche der Blachernen, Komnenos aber eilte zu Konstantinos und bat ihn, ihm in den Palast zu folgen und die Herrschaft zu übernehmen. Aber Konstantinos weigerte sich.

Botaneiates erfuhr von der Revolte in der Hauptstadt, verließ Nikaia und eilte nach Konstantinopel. In Prainetos angekommen, schickte er Leute voraus, die für ihn den Kaiserpalast besetzen sollten. Er selbst bezog zunächst den Ruphinianai-Palast, wartete auf ein kaiserliches Schiff und die kaiserlichen Paramente. Als das Schiff kam, setzte er über und zog unter Glückwünschen und Applaus in den Palast. Kaiser Michael aber ließ sich sofort die Haare scheren und zog einen Mönchshabit an.

Nikephoros III. Botaneiates (1078–81) erhob sich gegen den Kaiser Michael VII. Dukas (1071–1078). Bedeutsam ist, daß jetzt der hohe Klerus (Aimilianos ist Patriarch von Antiocheia) und die Synode sich offiziell in die Kaiserkür einschalten. Der erwähnte Alexios Komnenos ist der spätere Kaiser Alexios I.

Nicéphore Bryennios, Histoire, ed. P. Gautier, Bruxelles 1975, S. 242–252.

Werben für die Dynastie

Der Kaiser versammelte seine Verwandten, seine Vertrauten und alle hohen Amts- und Würdenträger und rief auch seinen jüngsten Sohn Manuel hinzu. Dann hielt er folgende Rede:

„Ihr wißt, Römer, daß ich mir, als ich in Syrien einfiel, ganz anderes erhofft habe, als was jetzt dabei herausgekommen ist. Ich hoffte, die Großtaten meiner Vorfahren zu übertreffen; ich wollte im Euphrat baden, den Tigris sehen und alle Feinde mit Waffengewalt niederwerfen. Wie ein Adler – wenn der Vergleich erlaubt ist – wollte ich nach Palästina fliegen, wo Christus unser Heil gewirkt hat, und nach dem Wort des Psalmisten den Berg des Herrn besteigen. Aber meine Erwartung trog. Gott allein weiß, warum. Trotzdem möchte ich Gottes Wohlwollen gegen mich dankbar preisen. Ich bin der Sohn eines Kaisers und Erbe seiner Herrschaft. Ich habe nichts von dem verschleudert, was er in meine Hände übergeben hat. Ob ich wie ein guter und getreuer Knecht das kaiserliche Talent, das mir Gott anvertraut hat, auch vermehrt habe – dies zu beurteilen, überlasse ich anderen. Der Osten und der Westen haben mich auf dem Schlachtfeld gesehen, selten konnte ich im Palast weilen, verbrachte vielmehr fast mein ganzes Leben im Zelt, und am liebsten war ich unter freiem Himmel. Möge Gott mir den ewigen Lohn schenken. Euch aber möge er Kraft geben gegen die Völker, die den Krieg wollen und die den Namen unseres heiligen Gottes nicht anrufen. Dies wird dann der Fall sein, wenn ihr einen Führer bekommt, der kein Verschwender ist und seine Berufung verleugnet, der ehrenwert ist und nicht den Freuden der Tafel ergeben und nicht ständig den Weinschöpfer in Händen hält und der nicht so wenig aus dem Palast herauszubringen ist wie die Bilder dort von den Wänden.

Da ich nun über meinen Nachfolger nach meinem Tod, der nicht mehr aufzuhalten ist, sprechen will, müßt ihr genau zuhören. Ich brauche nicht zu erwähnen, daß die Kaiserwürde auf mich als väterliches Erbe übergegangen ist. Ich weiß, daß ihr euch an diese väterliche Anordnung gehalten habt und daß ihr bereit seid, diese Treue auch meinen Söhnen gegenüber zu wahren und einem meiner Söhne – es leben ja nur noch zwei – zu gehorchen, und daß ihr die Wahl nicht selbst beanspruchen, sondern meiner Entscheidung überlassen wollt. In der Regel gilt in der Natur das Erstgeburtsrecht. Wenn es sich um die Wahl eines sehr Hochstehenden handelt, verfährt aber Gott nicht selten anders. Denkt an Isaak, der jünger war als Ismael, an Jakob, der nach Esau aus dem Mutterschoße kam, an Moses, der jünger war als Aaron, und dann an David, den kleinsten unter den Brüdern und den jüngsten im Hause seines Vaters, und an eine ganze Reihe anderer Beispiele.

Gott schaut nicht auf die Person, wie die Menschen es tun, und verteilt die Ehren nicht entsprechend dem Alter, dem grauen Haar und den vorgerückten Jahren, sondern freut sich am Adel der Seele, sieht auf Sanftmut und Mäßigkeit und auf die Beobachtung seiner Gebote. Deshalb gebe auch ich nicht allzu viel auf die Entscheidung der Natur, lasse vielmehr ihre Regeln außer acht, wie die Ratschläge eines kleinmütigen Weibes, wenn es sich um bedeutende Entscheidungen handelt, und bemühe mich, Gott nachzueifern, bei dem es kein Ansehen der Person gibt.

Ginge also meine Nachfolge auf meinen Sohn Isaak über, dem sie ohne Zweifel gebührt, wenn es nach dem Alter geht, dann bedürfte es hier keines meiner Worte, um die Charaktere der beiden Söhne zu vergleichen. Da aber die Herrschaft eher meinem später geborenen Sohn Manuel zuzufallen scheint, muß hier einiges zurechtgerückt werden, damit der böse Verdacht der Masse und die Vermutung einiger, ich würde rein aus Zuneigung und nicht nach dem Maßstab der Tauglichkeit den Jüngeren dem Älteren vorziehen, wegfällt.

Die Menschheit kennt nicht nur eine einzige Art des Begehrens, ihre Wege verzweigen sich vielmehr nach allen Richtungen, genau wie das äußere Aussehen – und dies, obwohl wir alle die gleiche menschliche Natur besitzen. Der eine wünscht sich dies, der andere jenes, und nicht alle finden am selben Gefallen. Wäre es anders, gäbe es weder von seiten Gottes selbst noch von unserer Seite etwas, was wir zu tadeln hätten, da wir naturnotwendig alle das gleiche begehrten würden und gleichen Sinnes wären. Was nun meine zwei Söhne anlangt, so haben sie zwar beide ein und denselben Vater, aber ihre Art ist doch verschieden. Beide sind in Ordnung, beide stark, gut aussehend und hoch begabt. Für das Kaisertum aber scheint mit ganz besonders der später geborene Manuel geeignet zu sein. Isaak kam mir oft allzu jähzornig vor, und wenn ihn irgend etwas in Erregung bringt, gerät er in maßlose Wut. Das bringt selbst den Weisesten zu Fall, und die meisten handeln in einem solchen Zustand, ohne weiter zu überlegen. Der andere aber, Manuel, besitzt alle Vorzüge, mit denen auch Isaak ausgestattet ist. Darüber hinaus aber fehlt ihm auch nicht die schöne Tugend der Sanftmut. Wenn es angebracht ist, · lenkt er ein und ist vernünftigen Überlegungen zugänglich. Die Lauterkeit des Herzens, dem König und Propheten David eigen, und die leichte Hand, die mit den Unzulänglichkeiten der Untertanen fertig zu werden versteht, verdient den Vorzug vor der Hand, die allzu schnell nach dem Schwert greift. Gerade deshalb gebe ich Manuel für das Kaisertum den Vorzug.

Nehmt also den jungen Mann an als den von Gott gesalbten Herrscher und als den Kaiser meiner Wahl. Daß sich Gott ihn zum Kaiser auserwählt und vorherbestimmt hat, dafür zeugen auch die zahlreichen prophetischen Vorhersagen und die Weissagungen gottgeliebter Männer, die alle Manuel als Kaiser vorausverkündigt haben. Und ist es nicht bedeutsam, daß die Söhne, die ich ursprünglich für meine Nachfolger ausersehen hatte, gestorben sind und daß derjenige, der nach der Geburt als nächster in Frage gekommen wäre, Isaak nämlich, jetzt gar nicht anwesend ist? Ist nicht auch dies ein klares Zeichen dafür, daß auch Gott keinem anderen als Manuel das Szepter über das römische Reich übergeben möchte?

Wer genau darauf achtet, wird feststellen, daß ich nicht einfach als der Vater meinem Sohn das Kaisertum zum Geschenk mache und alles auf die Nachfolge innerhalb derselben Familie setze, sondern daß diese Beförderung zugleich einen Lohn für seine Tüchtigkeit bedeutet. Ihr wißt es ja, ihr wißt es sogar sehr gut, wie tapfer er sich trotz seiner Jugend bei Neokaisareia ausgezeichnet hat und wie mutig er die Perser angegriffen hat. Ich stand damals als sein Vater Todesängste um mein liebstes Kind aus; aber die Sache der Römer erfuhr damit großen Auftrieb."

So sprach Kaiser Joannes. Die Versammlung klagte über das, was sie hören mußte, nahm aber Manuel willig als Erben und als gekürten Kaiser an. Dann richtete der Kaiser das Wort an seinen Sohn, gab ihm gute Ratschläge, schmückte ihn mit dem Diadem und legte ihm den Purpurmantel um. Inzwischen wurden die Soldaten aufgerufen, versammelten sich und akklamierten Manuel als Kaiser. Jeder hohe Offizier trat einzeln mit seiner Abteilung vor und huldigte dem neuen Herrscher. Dann wurde die Bibel gebracht, und sie schworen auf die Bibel Manuel Ergebenheit und Treue für immer. Es war der Großdomestikos, der die Zeremonie geplant hatte und jetzt durchführte. Er wollte damit von vornherein abwegige, hochfliegende Pläne und revolutionäre Absichten von Herrschsüchtigen abblocken und verhindern, daß sich irgendwelche Volksmassen um Mitglieder des Kaiserhauses scharten, die der Meinung sein könnten, Erstgeburt sei etwas Besonderes, oder um Leute, die auf Verwandtschaft mit dem Kaiserhaus pochten und sich für das Kaisertum prädestiniert hielten.

Kaiser Joannes II. Komnenos (1118–1143) starb während eines Feldzugs in Kleinasien an einer Vergiftung. In seiner Ansprache an das Feldlager empfiehlt er seinen jüngeren Sohn Manuel I. (1143–1180) gegenüber seinem älteren, Isaak, als Kaiser. Innerhalb des dynastischen Gedankens argumentiert er mit der charismatischen Vorherbestimmung des Jüngeren. Aber die Erinnerung an das Wahlrecht von Volk und Heer ist auch hier noch lebendig und schlägt sich in einer Empfehlung an die Versammlung nieder.

Nicetae Choniatae Historia, ed. J. A. van Dieten, Berlin 1975, S. 42–46.

Chaotische Kür

Stephanos Hagiochristophorites war ein gewalttätiger Mensch und sorgte auf jede Weise für seinen Herrn und Kaiser Andronikos I. Deshalb beschloß er, Isaak Angelos vorerst festzunehmen, um ihn später hinrichten zu lassen ... Isaak warf alle Furchtsamkeit von sich und nahm den Kampf um sein Leben auf. So wie er war, nur mit einem zweifarbigen Obergewand bekleidet, das bis zu den Weichen reichte und von da an seitlich geschlitzt war, warf er sich aufs Pferd, zückte sein Schwert und schwang es gegen das Haupt des Hagiochristophorites. Der erschrak über den Angriff, riß das Maultier, auf dem er saß, herum und strebte mit aller Kraft nach dem Ausgang. Aber er hatte noch nicht ganz das Tor durchritten, da traf ihn Isaak wuchtig mitten auf den Schädel und spaltete ihn entzwei. Er ließ den Elenden, der wie ein geschlachtetes Vieh zuckte, „den Hunden zur Beute" und jagte, was er nur konnte, zum Großen Gotteshaus mitten durch die volkreichen Straßen und über das Forum und schrie allen gellend zu, er habe mit diesem Schwert – er hielt es noch entblößt in der Hand – den Hagiochristophorites erschlagen. So wie er war, lief er in das Gotteshaus und stieg auf den Sockel, von dem aus die Mörder ihre Missetat öffentlich bekennen und die Ein- und Ausgehenden um Verzeihung bitten. Das Volk strömte sogleich zu Tausenden zusammen, um Isaak selbst zu sehen und Augenzeuge seines weiteren Schicksals zu werden; denn alle waren der Meinung, Isaak werde noch vor Sonnenuntergang vom Kaiser gefangengenommen werden und die schrecklichsten Strafen erleiden.

Die ganze Nacht verbrachte Isaak in der Kirche. Er dachte nicht im geringsten an das Kaisertum, sondern betete nur, daß er nicht abgeschlachtet werde. Einige vom zusammengelaufenen Volk schlossen die Tore des Gotteshauses, brachten Lichter herein und bewogen viele, nicht nachhause zu gehen. Als der Morgen anbrach, gab es keinen Bewohner der Stadt, der sich nicht bei der Kirche eingefunden hätte, der nicht zu Gott gefleht hätte, Isaak möge Kaiser und Andronikos gestürzt werden. Auch daß Andronikos vom anderen Ufer in den Großen Palast zurückkehrte, blieb ohne Wirkung. Wie auf ein verabredetes Zeichen lief alles, was laufen konnte, in heiliger Begeisterung von geradezu korybantischem Taumel zur Hagia Sophia. Einer feuerte den anderen an, und wenn einer nicht den gleichen Eifer zeigte und mit seiner Hand nicht irgend eine Waffe ergriff, mußte er Spott und Hohn hinnehmen, und man nannte ihn ein abgefaltes Glied, weil er nicht mit dem übrigen Körper und dem Ganzen des Staates mitfühle.

Von dieser ungeheuren, so leidenschaftlich hingerissenen Volksmasse wurde Isaak zum Alleinherrscher und Kaiser der Römer ausgerufen. Ein Kirchendiener holte mit einer Leiter die Krone des Großen Konstantin, die über dem Altar aufgehängt war, herunter und machte sie für das Haupt des Isaak zurecht. Isaak aber wies mißmutig und ärgerlich die Krone zurück, nicht weil er nicht Kaiser hätte werden wollen, sondern weil ihn die Schwierigkeit und Aussichtslosigkeit des Unternehmens schreckte. Er glaubte, nur ein Traum, nicht die Wirklichkeit biete ihm die Krone an. Er fürchtete auch die Wut des Andronikos und wollte ihn durch seine Krönung nicht noch mehr in Raserei versetzen. Da nahm der neben ihm stehende Dukas seine Kopfbedeckung ab, wobei sein ganz kahler, wie der Vollmond leuchtende Schädel zum Vorschein kam, und bat, man möge doch ihm das Diadem aufsetzen. Das Volk weigerte sich und schrie, es wolle nicht, daß wieder ein Greis herrsche und Kaiser sei; sie hätten schon genug Schlechtes von dem Graukopf Andronikos zu ertragen gehabt. Seinetwegen haßten und verabscheuten sie jedes hochbetagte Grabgespenst, besonders wenn es einen langen Bart habe, der zweigeteilt und dünn wie ein Mäuseschwanz ende.

Isaak wurde also zum Kaiser gesalbt. Er brach vom Großen Gotteshaus auf, begleitet vom Patriarchen Basileios Kamateros, den das Volk gegen seinen Willen gezwungen hatte, mitzuwirken und seine Zustimmung zu geben.

Andronikos aber wandte sich zur Flucht, zog sich die purpurgefärbten Schuhe von den Füßen, stülpte sich eine barbarische Filzmütze auf den Kopf und rannte auf das kaiserliche Schiff, zusammen mit Anna, die er geheiratet hatte, und der Dirne Maraptike, in die er unsinnig und leidenschaftlich verliebt war. Isaak zog in den Palast ein und wurde vom Volk noch einmal zum Alleinherrscher und Kaiser ausgerufen. Er sandte Andronikos Häscher nach. Da das Volk aber einmal in den Palast eingedrungen war und niemand es hinderte zu tun, was ihm beliebte, plünderte es das in der Münze aufbewahrte Geld, soweit man es fand – es waren abgesehen vom ungemünzten Edelmetall 12 Kentenare Gold, 30 Kentenare Silber und 200 Kentenare Scheidemünzen – aber auch alles andere, was einer oder auch mehrere gemeinschaftlich wegschleppen konnten. Sie drangen auch in die Waffenkammer ein und trugen Tausende von Waffen fort, ja die Plünderung griff sogar auf die innerhalb des Palastes gelegenen Kirchen über.

Andronikos I. Komnenos regierte von 1183–1185, eine Mischung aus Reformer und Tyrann; sein Minister Hagiochristophorites („Der heilige Träger Christi") wurde vom Volk bezeichnenderweise „Antichristophorites" genannt. Isaak Angelos wurde von diesem Minister auf Grund eines dunklen Orakelspruches über den Sturz des Andronikos verdächtigt.

Nicetae Choniatae Historia, ed. J. A. van Dieten, Berlin 1975, S. 341–347; deutsch: F. Grabler, Abenteurer auf dem Kaiserthron, Graz 1958, S. 140–148.

Herrscher für Stunden

Kaiser Alexios Dukas Murtzuphlos fürchtete, in Gefangenschaft zu geraten. Also ging er in den Großen Palast, holte Euphrosyne, die Frau des Kaisers Alexios III., und ihre Tochter Eudokia, in die er sich verliebt hatte – seitdem ihm ein Bart wuchs, brauchte er unersättlich neuen Liebesgenuß; schon zwei legitime Gattinnen hatte er entgegen dem Recht verstoßen –, bestieg mit ihnen ein Schiff und kehrte der Hauptstadt den Rücken. Zwei Monate und sechzehn Tage war er Kaiser gewesen.

Jetzt gab es keinen Kaiser mehr, und nun bewarb sich ein Zweigespann von reifen und verständigen und besonders im Kampf erfahrenen jungen Männern um die Herrschaft, gleichsam um das Steuer eines vom

Sturm gepeitschten Schiffes: ein Dukas und ein Laskaris. Beide trugen denselben Vornamen wie der kaiserliche Ahnherr der Orthodoxie, Konstantin der Große. Sie sahen, wie das Höchste, was das Reich besaß, das Kaisertum, wie ein Spielball vom Schicksal herumgeworfen wurde und wie sie nur zuzugreifen hatten. So begaben sie sich in die große Kirche und jeder hatte die gleichen Chancen. Man verglich sie miteinander, keiner fiel gegen den anderen ab, keiner war dem anderen überlegen; Vertrauen verdienten beide. Da wurde das Los geworfen, und es fiel auf Laskaris. Aber dieser verzichtete darauf, die kaiserlichen Insignien anzulegen; er begab sich vielmehr mit dem Patriarchen zum Meilenstein und ließ nicht nach, das Volk, das sich eingefunden hatte, zum Widerstand zu bewegen. Auch die kaiserliche Leibwache trieb er in den Kampf. Aber niemand aus dem Volk hörte auf ihn, und auch die Gardesoldaten wollten nur helfen, wenn sie eine außerordentliche Soldzahlung bekämen. Da wandte sich der Kaiser ab und suchte sich durch die Flucht vor den herannahenden gepanzerten Lateinern zu retten.

Alexios IV. Murtzuphlos war Kaiser im Jahre 1204, als die Truppen des IV. Kreuzzuges unter dem Dogen Dandolo schon einen Fuß in der Hauptstadt hatten. Der jetzt gekürte Konstantinos Laskaris wird von manchen Historikern als Konstantinos XI. gezählt, und man vermutet, daß er (gest. 1205) die Nachfolge seines Bruders Theodoros I. Laskaris (1208–1222) als Kaiser in Nikaia „legitimierte".
Nicetae Choniatae Historia, ed. J. A. van Dieten, Berlin 1975, S. 571–572.

Der letzte Kaiser

Am 31. Oktober 1447 starb Kaiser Joannes VIII. und wurde am 1. November im Pantokratorkloster begraben. Am 13. November kam der Despotes, Herr Thomas, zu Schiff nach Konstantinopel. Er wußte nichts vom Tod des Kaisers, sondern erfuhr es erst, als er nach Kallipolis kam. Als er kam, da nahmen die Machenschaften des Despotes, des Herrn Demetrios, oder besser seiner Anhängerschaft, ein jähes Ende, die darauf ausgingen, er solle Kaiser werden. Die Konstantinopolitaner waren nicht der Meinung, er sei der Despotenwürde und der Porphyrogennesie würdig, noch dazu, da sein älterer Bruder Konstantinos, ein so würdiger Mann, am Leben sei, der sich in allem Guten hervortue und noch dazu das Glück auf seiner Seite habe. So bekräftigten sie also geziemend und gerecht, was die heilige Kaiserin und ihre Söhne, die Despoten, sowie die vornehmen Senatoren beschlossen. Und Anfang Dezember wurden von Konstantinopel Alexios Philanthropenos Laskaris und Manuel Palaiologos Lagros nach Morea gesandt, und sie erhoben den Despoten, Herrn Konstantinos, in Mistras am 6. Januar zum Kaiser. Und am 12. März

1449 kam er auf einem katalanischen Schiff in die Hauptstadt und wurde von allen freundlich begrüßt.

Konstantinos Palaiologos Dragases war zunächst Gouverneur der Provinz Peloponnesos mit der Hauptstadt Mistras (oberhalb von Sparta). Sein Bruder Demetrios hatte schon verschiedentlich versucht, mit Hilfe der Osmanen Kaiser zu werden. Ob die Abgesandten Konstantinos in Mistras krönten, bleibt unsicher. Jedenfalls ließ er sich in Konstantinopel nicht mehr krönen. Die Kür erfolgte im Jahre 1448 in Konstantinopel, die Bestellung in Mistras im Jahre 1449. Konstaninos starb auf den Mauern Konstantinopels während der Eroberung durch die Türken im Jahre 1453. Joannes VIII. war der älteste der hier genannten vier Brüder, Thomas der jüngste.

Georgios Sphrantzes, Memorii, ed. V. Grecu, Bukarest 1966. S. 72–74.

Die große Prunkrede

Göttlichster Kaiser! Nach meiner Meinung gilt der Spruch: Jedes Ding hat seine eigene Zeit; für Dein Lob aber ist jeder Augenblick der richtige. Doch keiner zählt Jahre genug und hat rednerische Fähigkeiten genug, um einen Kaiser würdig zu preisen, einen Kaiser obendrein, der alle zusammen, die seit eh und je gepriesen worden sind, in jeder Hinsicht an Tüchtigkeit übertrifft.

Es kommt bei Lobrednern, die sich einen anderen Gegenstand gewählt haben, vor, daß sie unter dem Druck ihrer eigenen Redekunst den Gegenstand ihres Lobes besser machen, als er in Wirklichkeit ist; wer sich aber an Deinen Lobpreis macht, zieht aus dieser Tatsache allein schon für sich alles Lob. Und wenn er auch auf der einen Seite nicht nach Gebühr zu preisen vermag, so siegt er im rednerischen Wettstreit schon deshalb, weil ihm die Größe des Themas zur Ehre gereicht. Unter einander verglichen, mögen die Redner, die Dich loben, bald besser, bald schlechter sein, je nachdem; verglichen aber mit der Fülle Deiner Vollkommenheit, fehlt ihnen allen vieles, ja alles, und in diesem Versagen finden sie sich zu einer neuen Gemeinsamkeit zusammen. Wenn also die Reden nur beweisen, daß Du für Reden unerreichbar und somit über menschliches Lob erhaben bist, weil Du gleichsam von göttlicher Natur bist und deshalb in doppelter Hinsicht uns überragst, so ist dies doch Ergebnis des Zufalls und nicht im Wesen der Dinge gelegen. Man kann deshalb ohne Furcht eingestehen, daß Zeit und Wort gleichermaßen hinter Deinen unnachahmlichen Taten zurückbleiben. Bei Deiner Herablassung und Güte aber muß dieser Lobpreis doch in Angriff genommen werden, umso mehr, als Du weniger den aufgeschwemmten Prunk der Rede liebst, als vielmehr wenn sie frisch von der Leber weg gehalten wird, wenn sie nur gute Gesinnung ohne Hehl verrät.

So beginne ich denn, und zwar notwendigerweise, sofort mit dem Lob Deiner Taten und rede nicht erst von Deiner Heimat, Deiner Geburt und Erziehung, weil es schwer ist, bei der Fülle des Stoffes damit fertig zu werden, und weil sich außerdem schon so viele damit befaßt haben, so daß diese Themen schon allen rühmlichst bekannt sind.

Tiefe, wahrhaft mondlose Nacht, unmenschliche Finsternis und was es sonst an fluchwürdigem Schrecken gibt, hielt das Römerreich umfangen, seit die Königin der Städte, das Auge der Welt, das Grundelement jedes Begriffes von Stadt, das irdische Paradies, diese erhabene, bis jetzt nach Konstantin benannte Stadt von den maledeiten Italienern fast gänzlich verwüstet und zerstört worden war: Das Haupt elendiglich abgerissen von den dazu gehörigen Gliedern, die Kaiserin getrennt von ihren Hofdamen, die Hauptstadt abgeschnitten von den untergebenen Städten. Ein Bild des Jammers für jedes Auge. Halb tot schien sie zu sein und war sie auch wirklich. Schmerz und Gram darüber ergossen sich wie Wasser, das überall hin dringt, in die entlegendsten Gegenden und über jeden Ort; über ganz Griechenland und – es ist nicht zu viel gesagt – über die ganze Erde breiteten sich Chaos und Dunkel. „Der Nacht gleicht", wie es beim Propheten Osee heißt, „die Mutter der Städte." Und „ein Tag voll Düster und Finsternis" hielt sie nach einem anderen Prophetenwort umfangen. Und den „rebenreichen Weinberg", von dem die Heilige Schrift spricht, hatte nach Davids Wort „ein wilder Eber aus dem Walde, ein ungezähmter Schädling, verwüstet und zerstampft."

Aber was ergehe ich mich in tragischen Tönen, wo ich mir doch nicht zu klagen, sondern zu jubeln vorgenommen habe? Doch nur um unser jetziges Glück herauszustellen, den Frieden und die Ruhe, die uns von allen Seiten zulächeln, indem ich erkläre, aus welcher Misere Du uns herausgeführt hast, und daß es Gottes Fügung war, welche Dir die Herrschaft übertrug. Wie denn? Gott zerstreut die Finsternisse, er läßt den Nebel der Trübsal schwinden; aus den dunklen Wolken der Unruhe läßt er Frieden entstehen, auf die Nacht des Irrtums folgt der Tag der Besinnung. So groß sein Zorn war, so groß ist jetzt sein Erbarmen; so sehr er uns strafte, so sehr tröstet er jetzt; er verstieß uns und nahm uns wieder an; er hat uns verabscheut und wieder in seine Arme geschlossen.

Am vierten Schöpfungstag hat er die lebenspendende Sonne als Quelle allen Lichts geschaffen und damit alles bis dahin Tote und Dunkle erleuchtet und belebt. Dich aber, der Du durch Tugend und Teilnahme an Gott und dank deiner Amtsgnade voll des Lichtes bist, Dich hat er als vierten nach drei Kaisern auserwählt und auf den kaiserlichen Thron wie auf eine Sonnenscheibe gesetzt und so die mondlose dunkle Nacht der Trübsal, welche über der ganzen Erde lag, verjagt. In Dir fand er seinen Diener, einen neuen David, einen Mann nach seinem Herzen, einen Mann, geheiligt vom Mutterleibe an, einen eifrigen Erfüller seines Gesetzes, wie ihn sich schon unsere Väter ersehnt hatten, ohne daß sich ihre Sehnsucht erfüllt hätte, einen Mann, der sich in allen Tugenden geübt und so die Gottebenbildlichkeit ohne alle Makel bewahrt und damit die menschliche Natur hinter sich gelassen hat.

Dies ist der Grund, warum Du zurecht und nicht etwa nur durch einen glücklichen Zufall des Kaisertums gewürdigt wurdest. Um ein erhabenes Apostelwort abzuwandeln: „Ein solcher Kaiser tat uns not": ein heiliger, makelloser, untadeliger, eine Schatzkammer aller Tugend, eine Wohnstätte der Gnaden, erhabenen Geistes, trefflichen Verstandes, entschlußkräftig, gottgleich im Handeln, wohl erreichbar für die Untertanen, ein versengender Blitz für die Rebellen. Um es mit einem Wort zu sagen: allen Guten ein Beispiel zur Nachahmung und zum Erwerb jeglichen Gutes und jeglicher Tugend. Ein solcher Kaiser tat uns not, uns, die wir von einer solchen Fülle des Unglücks getroffen waren.

Als Dir Gott die Macht anvertraute und du so mit der Führung des Gottesvolkes beauftragt warst, da hast Du Deine Art nicht geändert, wie man es bei vielen beobachten kann; Deine natürliche Milde hat sich nicht in Überheblichkeit verkehrt, Du hast nicht auf sinnliches Vergnügen Dein Auge gerichtet. Darum hat Dich Gott für uns wie einen zweiten Zorobabel berufen, Dich gesalbt und zum Kaiser eingesetzt über das neue Sion. Alles ging nun wohl vonstatten, Gott war bei Deinen Plänen und Du machtest Dich ans Werk. Du gürtetest Dich mit göttlicher Kraft aus der Höhe, das Werk wurde wie geplant vollendet durch Dich, der Du für diese Vollendung vorherbestimmt warst und der Du den Kampf zur rechten Stunde führtest. Um es kurz zu machen – schon die kleinen Kinder wissen ja von der wundersamen Führung, die Gott durch Dich über uns walten ließ –: Eine einzige Nacht war es, ein einziger Plan, ein einziger Ansturm und nur wenig Volk. Wie wunderbar sind Deine Werke, Du König des Alls! Ohne Blut, ohne Waffengang und ohne Gefecht oder Schlacht kämpften sie diesen großen, von allen Christen mit Ausnahme jener, die uns hassen, heiß ersehnten Kampf; und jetzt steht das Licht wieder auf dem Leuchter, die Sonne auf ihrer Scheibe, im neuen Sion regiert der neue David, in der Kaiserstadt der Kaiser, in der Stadt Konstantins der gewaltige Nacheiferer des großen Konstantin. Nacht, die Du uns das Licht gebracht, Nacht, die über der Erde die Sonne der Freude erstrahlen ließ, Nacht, die die Kaiserstadt wieder glücklich gemacht hat!

So hast Du einen goldenen Grund gelegt und einen wunderbaren Anfang gemacht. Und dann gingst Du sofort daran, das Gebäude unter Dach zu bringen, und dies mit so viel Gottvertrauen und so viel Eifer, daß das Werk selbst in sich die Gewähr trägt, mit Gottes Hilfe den schönsten und raschesten Abschluß zu finden. Jetzt kann man die Kaiserstadt statt verfallen wieder in Blüte sehen, statt morsch und verschmutzt voller Kraft und Glanz. Sie, die zuvor entehrt und entstellt war, ist wieder ansehnlich und leuchtend; die zuvor den Nachbarn zum Gespötte diente, treibt jetzt wie ein strotzender Weinstock neue Schößlinge; sie hat ihr Witwengewand abgelegt und trägt wieder Festkleider. Sie weiß, daß sie Deine, des mächtigen und wunderbaren Kaisers, Braut ist.

Doch ich brauche dies nicht im einzelnen auszuführen. Es gibt ja noch genug andere Gründe, um Deinen Namen überreich zu verherrlichen. Wie Richtscheit und Winkelmaß der Mensch bei seinem Arbeiten schätzt, so scheint mir auch Deine Tugend für die Menschen zur schönen Richtschnur geworden zu sein. Es ging ja nicht an, die Kaiserstadt mit Mauern und allen anderen Sicherungen, die Land und Wasser zulassen, zu befestigen, die Menschen aber ihrem Elend zu überlassen und sie gerade da zu vernachlässigen, wo von ihnen selbst und von außen mehr als irgendwo alle Mühe aufgewandt werden muß. So stehst Du nun allen voran wie eine Art Richtschnur und wie ein vollkommener Archetypus alles Guten. Und damit ist Byzanz bei allen und in jeder Art von Tugend zu Ansehen gekommen. Denn was könnte unheilig werden in der Nachahmung des Heiligen, ungerecht in der Nachahmung des Gerechten oder übermütig in der Nachahmung des Besonnenen?

Und noch etwas: Das glänzende und glückliche Byzanz hat unter der bedachten Hilfe und Mühewaltung Deiner göttlichen Majestät soviel Ruhm und Ehre eingeheimst, daß die bekannten anderen glücklichen Städte des Erdkreises nicht mehr besungen werden: Der Ruhm der Mauern Babylons ist entschwunden, der Staatskunst der Römer wird nicht mehr gedacht, der Glanz von Athen – was brauche ich ihn noch zu erwähnen? Darüber wird völlig geschwiegen. Der spartanische Ares hat zu schnauben aufgehört. Der Byzantiner aber übt sich in männlicher Tugend. Man schweige von der staunenswerten Weisheit der Brahmanen; Ägypten erzieht keine Philosophen mehr, und die ganze Gewalt der Rede ist nun in der Kaiserstadt beheimatet. Von da aus ergießt sich jetzt nach allen Seiten der Erde das Gute wie aus einem nimmermüden Quell in alle Städte und Länder. Der Ionier philosophiert, der Thessaler ist Redner, der Makedone spricht attisch und der Myser, dem dies lange unbekannt war, ist zivilisiert und spricht annähernd richtig Griechisch und steht so auch seinerseits am Rande des Bildungskreises. Dafür gebührt Dir hohes Lob und alle wissen Dir überschwänglichen Dank. Was früher nur einem engen Kreis zugänglich war und darum von allen beneidet, steht jetzt in reichem Maße allen zur Verfügung; alt und jung bezieht daraus sein Glück. Alle danken es nebst Gott ausschließlich Dir!

Hier im Auszug das Spezimen einer der zahlreichen Prunkreden byzantinischer Literaten auf ihre Kaiser. Verfasser ist der Philosophieprofessor und Prediger Manuel Holobolos, Adressat Kaiser Michael VIII., der die Stadt Konstantinopel im Jahre 1261 den Lateinern wieder abnahm und damit zum Restaurator des alten Reiches wurde. Er ist der vierte Kaiser des sog. Reiches von Nikaia (1204–1261).

L. Previale, Un panegirico inedito per Michele VIII Paleologo, Byzant. Zeitschrift 42 (1943–1949) S. 15–45.

Kaiserliche Gnade

Die Sonne erhielt eine Kreisbahn, die sich zu überragender Höhe hinaufzieht, sie kommt aber auch mit den irdischen Regionen zusammen; sie zieht, am Himmel aufgerichtet, ihre Bahn, sendet ihre Strahlen auf die Erde selbst herab, schickt sie wie lange Arme aus und erfaßt damit weit Entferntes und Niedriges. Einen Teil der Körper erweckt sie mit ihrer Wärme zu Leben, einen anderen Teil reizt sie zum Wachstum und zum Tragen von Früchten. Sie kommt aber nicht nur mit emporragenden Körpern und mit Berggipfeln über den Wolken unter dem Staub der Atmosphäre zusammen, sondern steigt in die tiefsten Niederungen und verborgenen unterirdischen Räume hinab, indem sie ihren Strahl auch auf sie richtet.

Also muß auch der Kaiser auf dem Firmament seiner Herrschermacht Geschenke wie goldglänzende Strahlen aussenden an die Angeseheneren seiner Untertanen, die auf Grund ihres hohen Ranges der erhabenen Majestät nahestehen, aber natürlich auch an die durch Schicksalsfügung Schwachen und Niedrigen. Kurz, er muß allen die lebensspendende Wärme zusenden und die Nässe der Tränen trocknen, die vielleicht vom Leid der verderblichen, tödlichen Armut stammen. Er soll sie nicht nur mit Seide und Purpur und mit dem Schimmer der Majestät umstrahlen, sondern auch mit Hilfe von Geschenken wärmen und beleben, und zwar, wenn möglich, jeden Tag, wie auch die Sonne auf ihrem Umlauf ihr Licht dem Universum täglich mitteilt.

Beispiel einer Arenga (Einleitung) einer Kaiserurkunde, hier vor allem sprechend für die kosmischen Bezüge, die in der Kaiserideologie eine große Rolle spielen. Die Arenga findet sich in einer Mustersammlung von Arengen für alle möglichen Arten von Kaiserurkunden.

H. Hunger, Prooimion, Wien 1964, S. 234–35 (griechisch und deutsch).

Das „gotische" Weihnachtsspiel

Am neunten Tag der zwölf Nächte, wenn sich die Majestäten zum Abendessen setzen, nehmen an den beiden Eingängen des großen Speisesaales die Darsteller des sogenannten gotischen Spieles Aufstellung. Auf

der linken Seite neben dem Flottenadmiral steht der Führer der „Blauen"
mit einigen seiner Gruppe und den Sackpfeifern mit ihren Instrumenten
und hinter ihm zwei Goten, welche Pelzmäntel mit nach außen gekehrter
Fütterung und verschieden gestaltete Masken tragen und in der linken
Hand Schilde und in der Rechten Lanzen halten. Auf der rechten Seite
steht neben dem Wachkommandanten der Anführer der „Grünen",
ebenfalls mit einigen Leuten seiner Gruppe und den Sackpfeifern und
hinter ihm wiederum zwei Goten in gleicher Kleidung und mit gleicher
Bewaffnung.

Auf einen Befehl des Kaisers an den Truchsess, sie hineinzuführen, gibt
er an den Leiter der Spiele die Weisung weiter, worauf dieser hinausgeht,
um sie zu holen. Diese kommen nun im Laufschritt herein, schlagen mit
den Lanzen, die sie tragen, auf die Schilde, daß es klirrt, und rufen dabei
„Tull, tull!" Den Ruf fortwährend wiederholend, kommen sie bis in die
Nähe der kaiserlichen Tafel. Dort vereinigen sich beide Reihen, nehmen
kreisförmig Aufstellung, und zwar so, daß die eine Gruppe den inneren,
die andere den äußeren Kreis bildet. Dies wiederholen sie dreimal, lösen
sich dann auf und treten wieder an ihren Platz, die Reihe der „Blauen"
links, die der „Grünen" rechts. Nun singen beide Gruppen gotische Lieder, wozu die Panduren ihre Weise begleiten: „Heil dir, liebe Nachbarschaft, heil euch, liebe Genossen! Heilig, die ihr kämpfet am guten Tage;
Posaunen, blaset zur guten Stunde, ringsum erblicket gütige Liebe! Seht:
erlöst hat uns Gott am festlichen Tage von der Dämonen Macht! Lasset
uns frohlocken im Jubelgesang! Nana. Im Jubelgesang! Hiskias rüstete
sich zum Kriege mit den Assyrern – anana, die einzige Hoffnung auf
Gott, den menschenliebenden, gerichtet – nana; alle Völker hat er unterjocht und die Tyrannei der Gottlosen. Heilig, der Heiland, der gütige
Herrscher – nana, wird jeden eurer Feinde zu euren Füßen nieder-
zwingen."

Hierauf singen die Führer mit ihren Genossen das akrostichisch geordnete Lied: „Anana, durch Gottes unbezwingliche Hand seid ihr gekrönt
worden, Herrscher, vom Himmel her. Ihr habt euch erwiesen als Siegespreis, ihr Wohltäter, Sehnsucht der Welt. Mutig habt ihr euch gezeigt
gegen den Feind, den Römern lebenspendende Wohltaten schenkend."

Darauf erwidern die Führer der anderen Partei singend: „Heilige sie –
anato, anetane –, eure Gebote sind stärker als die Waffen gegen alle
Feinde, ihr, die ihr Leben und Reichtum der Römer seid und, fürwahr,
das Verderben der anderen Völker. Ihr habt euch erwiesen als Mauer des
Reiches. Deine Mitregenten hat dir Gott gegeben, oh Wohltäter." Nun
rufen die Führer den Goten zu: „Ampaato!" Auf einen Wink ihrer Führer bilden die Goten einen Kreis und mit ihren Lanzen an die Schilde
schlagend und „tull, tull" rufend, umkreisen sie die Führer beider Partei-
en, lösen sich dann wieder auf und treten zurück an ihren Platz.

Abermals beginnen die Führer ihren Gesang und singen die Verse, die mit I, K, L und M anfangen, und wiederum wird dieselbe Figur beschrieben; dann trennen sich die Goten und kehren an ihren Platz zurück, worauf die Führer fortfahren mit den Versen N bis P. Nachdem die Goten wieder zurückgetreten sind, singen die Führer den Schlußgesang: „Ein Licht ist aufgegangen im Bereich der Sonne gleich euren Tugenden. Christus stehe einem jeden von euch bei, eure Häupter behütend, die ihr durch eigenen Beschluß und Willen bis zu den Grenzen des Reiches herrschet." Nach der Beendigung dieses akrostichischen Liedes fügen sie hinzu: „Gott verleihe eurer Regierung lange Dauer!" Dann schlagen die Goten mit ihren Lanzen an die Schilde, rufen mehrmals hintereinander „tull, tull" und entfernen sich im Laufschritt, die Reihen der „Blauen" nach links, die der „Grünen" nach rechts.

Der Aufzug gehört zum höfischen Zeremoniell des Weihnachtsfestes; die „germanischen" Spieler sind offensichtlich Mitglieder der Garde der Varäger (Normannen). Für die Interpretation immer noch wichtig C. Kraus, Das gotische Weihnachtsspiel, Beiträge zur Geschichte der deutschen Sprache und Literatur 20 (1895), S. 224–257. Die Grünen und die Blauen sind die Überreste der sogenannten Zirkusparteien des 6. Jahrhunderts. Constantini Porphyrogeniti De cerimoniis aulae byzantinae, ed. J. J. Reiske I, Bonn 1829, S. 381–384; deutsch: K. Dieterich, Hofleben in Byzanz, Leipzig, o. J., S. 63–65.

Triumphchöre

Ehre sei Gott, dem Herrn über alles; Ehre dem Schöpfer des Alls; Ehre sei Gott, der über Agar triumphiert; Ehre sei Gott, dem Allkaiser in Ewigkeit.

Ehre sei Gott, der den orthodoxen Kaisern Kraft verleiht; Ehre sei Gott, der uns heimsucht in Güte; Ehre sei Gott, der die christusfeindlichen Ismaeliten geschlagen hat.

Ehre sei Gott, der die Kriegsgefangenen befreit hat; Ehre sei Gott, der die Städte der Araber vernichtet hat; Ehre sei Gott, der die Leugner der Trinität geschlagen hat; Ehre sei Gott, der ins Verderben gestürzt hat die Leugner der Gottesmutter.

Herr, wer würde nicht des Werkes deiner Hände gedenken? Herr, wir danken dir, daß du dich deines Volkes so mächtig erbarmst und uns unter so mächtige Herrscher gestellt hast.

Wenn die gefangenen Feinde dann auf den Boden niederfallen, gibt der Zeremonienmeister ein Zeichen, und die Sänger singen:

Gefallen sind unsere Feinde unter Gottes Urteil.

Und das Volk wiederholt es dreimal.

Diese wohlvorbereiteten und rhythmisierten Akklamationen entstammen der Zeit der großen Kriege gegen die Araber an der Euphrat- und der syrischen Front, näherhin dem 9. Jahrhundert.

Constantini Porphyrogeniti De cerimoniis aulae byzantinae, ed. J. J. Reiske, Bonn 1829, S. 332.

Um des Kaisers Bart

Das Gesetz verbietet es mir, jene zu schmähen, denen ich nichts angetan habe, die mir aber trotzdem feindselig gesinnt sind. Und die Mode heute in der Erziehung freier Menschen nimmt mir die Möglichkeit, mich musikalisch im Gesang zu äußern. Heutzutage scheint es ja verderblicher, sich mit Musik zu beschäftigen, als früher, sich mit unrecht Gut zu bereichern. Trotzdem will ich auf den Beistand der Musen nicht verzichten. Ich habe die Beobachtung gemacht, daß selbst die Barbaren über dem Rhein wilde Lieder singen, nicht unähnlich dem Gekrächze der Raben, und daß sie ihren Spaß an diesem Gesang haben. Es ist ja wohl so, daß schlechte Musiker zwar die Zuhörer verdrießen, sich selbst aber das größte Vergnügen machen. So sage ich mir: „Ich singe für die Musen und für mich selbst."

Freilich, mein Lied ist in Prosa und voll von Schmähungen. Allerdings nicht gegen andere, beim Zeus. Dies verbietet ja, wie gesagt, das Gesetz. Es richtet sich gegen den Dichter selbst. An die eigene Adresse Lob oder Tadel zu richten, das verbietet ja kein Gesetz. Aber leider, so gern ich es wollte, zu loben gibt es an mir nichts; dafür zu tadeln tausenderlei. Ich will bei meinem Gesicht anfangen: Es ist schon von Natur aus gar nicht besonders schön oder reizvoll. Aber pervers und mißgelaunt wie ich bin, habe ich mir noch diesen langen Bart zugelegt, ohne gewichtigen Grund, offenbar nur, weil ich an sich schon keine Schönheit bin. Und ich lasse die Läuse darin herumkrabbeln, als wäre der Bart ein Urwald. Richtig essen oder trinken mit geöffnetem Mund kann ich nicht. Ich muß ja wohl darauf achten, daß ich nicht unversehens mit dem Brot auch die Barthaare in den Biß bekomme. Um Küssen oder Geküßtwerden mache ich mir die geringsten Sorgen. Immerhin wäre ein Bart hier wie auch sonst einigermaßen hinderlich, denn er erlaubt es nicht, „glatte Lippen nur umso süßer auf glatte Lippen" zu drücken. Ihr aber seid der Meinung, man könnte und sollte aus meinem Bart Stricke drehen. Gut. Aber dann müßt ihr schon die Kraft aufbringen, mir die Haare auszureißen, was wohl, rauh wie sie sind, euren zarten Händchen nicht bekommt. Ihr sollt nicht glauben, euer Spott beleidige mich. Ich biete euch ja selbst die Gelegenheit dazu, da ich ein Kinn habe wie ein Ziegenbock, obwohl ich doch die Möglichkeit hätte, es glatt und blank zu rasieren, daß es aussieht wie das Kinn kleiner Knaben oder das aller liebreizenden Damen. Ihr aber eifert selbst noch im hohen Alter euren kleinen Söhnen und euren Töchtern nach, was weich und zart betrifft, und seid nur darauf bedacht, daß alles an euch glatt sei. Den Mann merkt man dann nur noch an der Stirn und nicht, wie bei mir, an Backe und Kinn.

Aber der lange Bart reicht mir noch nicht. Ich habe auch auf dem Kopf einen Wust struppigen Haars. Ich lasse es mir selten schneiden, so wie ich mich selten maniküren lasse und die Finger voller Tintenflecken habe. Ich will euch sogar verraten, was ihr nicht wissen könnt: Auch meine Brust ist rauh behaart wie die Brust eines Löwen, des Herrschers über die Tiere, wie auch ich Herrscher bin. Ich habe sie nicht abschneiden lassen, schäbig wie ich bin, noch habe ich andere Körperteile weich einmassieren lassen. Hätte ich, wie Cicero, eine Warze, würde ich euch auch dies verraten. Leider habe ich keine. Wenn ihr es gestattet, will ich noch mehr von mir erzählen. Nicht nur was meinen Körper anlangt, halte ich es so, auch meine ganze Lebensweise ist schwerfällig. Ich Tolpatsch vermeide das Theater, wo ich nur kann, und wenn ich hineingehen muß, sehe ich aus, als würde ich zur Hinrichtung geführt. Wahrscheinlich legt man es mir auch zur Last, daß ich Pferderennen hasse. Ich gehe nur selten dazu, etwa aus Anlaß eines Götterfestes, und bleibe nicht den ganzen Tag, wie meine eigene Sippe. Sechs Rennen – mehr mache ich nicht mit, und nicht einmal dies mit der Miene eines Sportsfreundes oder auch nur eines Mannes, der nicht viel dagegen hat. Ich bin immer froh, wenn ich weggehen kann.

Nun zu meinem Privatleben: Wenig Schlaf auf einer Pritsche und Essensgewohnheiten, bei denen es keine Übersättigung gibt. Das macht mich natürlich bitter und zum Feind einer Stadt, die dem Genusse frönt. Doch dies alles ist nicht einmal euretwegen. Es passiert mir so gut wie nie, daß ich mich übergeben muß. Ich erinnere mich an einen einzigen Fall, als ich Caesar geworden war, und da kam es nicht davon, daß ich mich übergessen hätte. Die Geschichte verdient erzählt zu werden. Sie ist nicht besonders lustig; dafür paßt sie umso besser zu mir.

Ich lag in meinem Winterquartier in meinem geliebten Städtchen Paris. Paris liegt auf einer kleinen Insel, ist von Mauern umgeben, und hölzerne Brücken führen auf zwei Seiten zum Festland. Der Fluß selbst führt so gut wie nie Hochwasser oder einen zu tiefen Wasserstand, sondern bleibt sich in der Regel gleich im Winter wie im Sommer. Auch die Winter sind dort verhältnismäßig mild, vielleicht wegen der Nähe des Ozeans, der ja nicht weiter als 900 Stadien entfernt ist. So zieht man in der Umgebung einen guten Wein und man hat auch schon den Anbau von Feigenbäumen versucht, die man im Winter in Weizenstroh und dergleichen gegen die schädliche Kälte einhüllt. Damals nun war der Winter strenger als gewöhnlich. Der Fluß trug Eisschollen, mächtig wie Marmorblöcke, heran, die sich übereinander stülpten, so daß es fast aussah, als führe eine

Brücke von der Insel zum Festland. Trotz der ungewöhnlichen Kälte hatte das Zimmer, in dem ich schlief, keine Bodenheizung, wie in den meisten anderen Häusern. Ich war eben schon damals unkultiviert und unmenschlich, in erster Linie gegen mich selbst: ich wollte mich daran gewöhnen, Kälte zu ertragen ohne Hilfe von außen. Da der Winter aber immer strenger wurde, erlaubte ich es der Dienerschaft trotzdem nicht, das Haus zu heizen. Ich befürchtete, die Feuchtigkeit könnte aus den Wänden dringen. Ich befahl also, ein Feuer ins Zimmer zu bringen und es mit einigen Kohlen zu unterhalten. Obwohl es nur wenige Kohlen waren, erzeugten sie doch Gase an den Wänden. Ich schlief darüber ein. Da füllte sich mein Kopf mit diesen Abgasen, und ich fürchtete zu ersticken. Man brachte mich an die frische Luft und die Ärzte rieten mir, mich zu übergeben. So spie ich denn aus, was ich gegessen hatte – es war ohnedies nicht viel –, und sofort wurde mir leichter. Ich hatte eine angenehme Nacht und konnte mich am nächsten Tag schon wieder meiner Arbeit widmen.

Mit anderen Worten: Sogar bei den Galliern machte ich es mir schon schwer. Aber während die Gallier, selber Barbaren, mit mir leicht zurechtkamen, muß diese Lebensweise in einer reichen und glücklichen Großstadt Abscheu erregen, wo es Tänzer und Flötenspieler in Mengen gibt und mehr Mimen als Bürger, und wo keine Achtung vor der Obrigkeit festzustellen ist. Die Schamröte geziemt offenbar nur den Unmännlichen. Für euch Männer aber paßt es, sich am Morgen schon lärmend zu vergnügen und sich in der Nacht den süßen Leidenschaften zu ergeben und nicht nur im Wort, sondern auch durch die Tat zu beweisen, daß euch an Sitte und Gesetz nichts liegt. Daß euch dies Spaß macht, zeigt ihr allüberall und nicht zuletzt auf dem Marktplatz und im Theater: die einfacheren Leute mit Lärm und Geplärr, die Männer in Amt und Würden dadurch, daß alle sie kennen und beim Namen nennen, weil sie ja doch für die Feste solche Summen ausgegeben haben. Und alle zusammen, groß und klein, seid ihr schön weichlich und ohne Bart und kennt nur ein Ziel: ein fröhliches Leben zu führen.

Meine Beschränktheit ist selbst daran schuld, daß ich das Temperament dieser Stadt nicht von Anfang an verstanden habe, obwohl ich sicherlich mehr Bücher gelesen habe, als alle meine Zeitgenossen. Ihr kennt natürlich die Gründungsgeschichte eurer Stadt: von Seleukos gegründet, bekam sie ihren Namen von dessen Sohn Antiochos. Von diesem Antiochos erzählt man sich, daß er aus purer Verweichlichung ständig verliebt war und immer geliebt wurde, bis er sich schließlich in seine Stiefmutter verliebte. Zwar wollte er diese Leidenschaft verbergen, es gelang ihm aber nicht, und so siechte er allmählich dahin, und sein Atem wurde immer schwächer. Der Arzt aus Samos, der berühmte Erasistratos, stand vor der Aufgabe, die Natur der Krankheit zu ergründen. Da er vermutete, daß in vielen Fällen es sich nicht um körperliche Leiden handelt, vielmehr Gemütsleiden den Körper aufreiben können, und da er sah, daß der Mann in seiner Jugend und Lebensführung ein Günstling Aphrodites war, schlug er folgenden Weg ein, um zu einer Diagnose zu kommen. Er setzte sich ans Bett des Kranken und beobachtete ihn genau. Er ließ Schönheiten beiderlei Geschlechts hereinkommen. Als erste erschien die Königin, seine Stiefmutter, um nach ihm zu sehen. Kaum war sie eingetreten, zeigte der junge Mann sofort alle Symptome seines Leidens: sein Atem ging schwer; er wollte ihn zwar kontrollieren, aber brachte es nicht fertig. Der Atem ging immer unregelmäßiger, und tiefe Röte färbte das Gesicht. Als der Arzt dies merkte, legte er ihm die Hand auf die Brust und stellte fest, daß das Herz Sprünge machte und sozusagen ausbrechen wollte. So ging es, solange die Königin im Zimmer war. Als aber die nächsten kamen, war es mit dem Zittern vorbei, und von der Krankheit war nichts mehr zu bemerken. Jetzt verstand Erasistratos, um welches Leiden es sich handle, und er berichtete darüber dem König. Dieser liebte seinen Sohn so sehr, daß er erklärte, er sei bereit, ihm seine Frau zu überlassen. Aber Antiochos lehnte sofort ab. Als jedoch sein Vater kurz darauf starb, da war er auf die Gunst, auf die er vorher großzügig verzichtet hatte, mit ganzer Macht aus. So handelte Antiochos. Da kann man es seinen Abkömmlingen doch nicht zum Vorwurf machen, wenn sie ihrem Gründer nacheifern. So bitte ich denn um Vergebung für mich, und euch im besonderen soll ebenfalls verziehen sein, daß ihr eifrig dabei seid, die Sitten eurer Vorväter einzuhalten.

Ob aber mein Verhalten oder das eure leichter hingenommen werden kann, das wissen vielleicht die Götter. Unter den Menschen ist niemand, der diese unsere Streitfrage entscheiden könnte. Jeder liebt sich selbst ja so sehr, daß er kein Urteil gegen sich annehmen wird. Wir bewundern immer, was wir selbst tun, und verachten das, was andere tun. Wer nachsichtig dem gegenüber ist, der das Gegenteil dessen anstrebt, was er selber will, der scheint mir der gütigste zu sein.

Denke ich darüber nach, so entdecke ich bei mir noch weitere Mißlichkeiten. Ich kam in eine freie Stadt, die kein struppiges Haar vertragen kann, wie einer, der sich keinen Barbier leisten kann: unrasiert und mit einem langen Bart. Man hätte meinen können, ein grämlicher Alter komme daher oder ein verwilderter Krieger, wo ich doch die Möglichkeit gehabt hätte, mich schön machen zu lassen wie ein hübscher Junge, wenn nicht den Jahren, so doch der Glätte des Gesichts nach. Ihr aber laßt mich wissen: „Du hast keine Umgangsformen. Du benimmst dich ungehobelt und bemühst dich, jedem möglichst töricht und tölpelhaft zu begegnen. Merkst du denn nicht, daß du hier nicht bei den Galliern, den Thrakern oder den Illyrern bist? Ist es dir zum Beispiel noch nicht aufgegangen, wie reich bestückt mit Geschäften unsere Stadt ist? Aber die

Ladenbesitzer hassen dich, denn du erlaubst es ihnen nicht, daß sie den Preis für die Lebensmittel, welche sie an die Einheimischen und die Besucher verkaufen, selbst bestimmen. Die Ladenbesitzer geben die Schuld (an den hohen Lebensmittelpreisen) den Landwirten. Du aber machst dir auch die Landeigner zu Feinden, indem du sie zwingst, gerechte Preise zu verlangen. Die Leute in den städtischen Ämtern aber leiden doppelt. Bevor du kamst, machten sie Geschäfte nach beiden Seiten, d. h. als Landbesitzer sowohl wie als Ladenbesitzer. Jetzt natürlich lassen sie den Kopf hängen, da es auf keiner Seite mehr Gewinne zu machen gibt. Ganz Syrien ist unglücklich darüber, daß es sich nicht mehr betrinken kann und daß es den Kordax nicht mehr tanzen darf. Du glaubst, es genüge ihnen, wenn sie von dir reichlich mit Brot versorgt werden. Es macht dir gar nichts aus – liebenswürdig wie du bist –, daß es in der Stadt keine Austern mehr gibt. Und als sich neulich jemand beklagte, daß auf dem Markt weder Fisch noch Geflügel zu kaufen sei, da hattest du nur höhnisches Gelächter und sagtest, Brot, Wein und Öl genügen für eine Stadt, die Maß zu halten weiß; Fleisch sei Luxus. Von Fisch und Geflügel zu sprechen verrate den Schlemmer. Wer sich mit Schweine- und Schaffleisch nicht abfinden könne, solle sich doch an Erbsen und Bohnen halten. Du dachtest wohl, du hättest es bei deinen Anordnungen mit Thrakern zu tun, deinen Landsleuten, oder mit den barbarischen Galliern, die dich, zu unserem Pech, erzogen haben. Es wäre doch etwas ganz anderes, würde der Marktplatz nach Myrrhe duften, wenn du vorübergehst, und schöne junge Leute dir folgen, eine Augenweide für die Bürger, und Chöre von Frauen, wie sie bei uns jeden Tag auftreten.«

Leider kann ich mir all dies nicht erlauben. Ich lasse meine Augen nicht nach allen Seiten schweifen. Mein Erzieher hat mich gelehrt, den Blick gesenkt zu halten, wenn ich zur Schule ging. Ich habe kein Theater von innen gesehen, bevor meine Haare am Kinn schon mehr waren als am Kopf. Und selbst dann war es nie mein eigener Wunsch. Drei oder vier Mal war ich dort, weil der Kaiser, mein Vetter, es verlangte. Ich war damals noch ohne Amt und Würden. Verzeiht mir also, wenn ich statt meiner jenen griesgrämigen Pädagogen eurem Haß ausliefere, der zu meinem Leidwesen mir damals nur einen Weg wies und der schuld daran ist, daß es jetzt zwischen euch und mir zu Feindschaft gekommen ist. Er war es, der meinen Geist nachdrücklich bearbeitet hat und mir einpaukte, was damals nicht nach meinem Geschmack war. In rustikalem Benehmen sah er Würde, in der Verachtung des Schönen Besonnenheit und im Verzicht auf Streben nach Wohlergehen Männlichkeit. Ihr sollt es wissen, beim Zeus und den Musen, dieser Pädagoge sagte zu mir, als ich noch ein Kind war: »Laß dich nicht verführen durch die Mehrzahl deiner Altersgenossen, die in die Theater strömen, nun ebenfalls nach diesen Schaustellungen zu gieren. Willst du Pferderennen sehen? Die gibt es bei

Homer aufs beste dargestellt. Hol dir das Buch und lies nach! Erzählt man dir von Tänzereien und Pantomimen? Laß ihnen ihren Spaß! Bei den Phäaken der Odyssee tanzen die jungen Leute männlicher. Und als Lyraspieler und Sänger hast du bei Homer Phemios und Demodokos. Bei Homer gibt es auch Kunde von Bäumen, die herrlicher sind als alle Bäume, die man mit den Augen sehen kann: die bewaldete Insel der Kalypso, die Höhle der Kirke und die Gärten des Alkinoos. Es gibt fürs Auge nichts schöneres als sie."

Soll ich euch nun Namen und Herkunft meines Pädagogen verraten, der mir dies alles beibrachte? Er war natürlich ein Barbar, ein Skythe, und er hieß noch dazu Mardonios, wie jener Mann, der Xerxes empfahl, in Griechenland einzufallen. Obendrein war er auch noch ein Eunuch! Er wurde im Hause meines Großvaters erzogen, um später meine Mutter in die Dichtungen Homers und Hesiods einzuführen. Da aber meine Mutter nach meiner, ihres ersten und einzigen Sohnes Geburt innerhalb weniger Monate starb – ein Mädchen noch, dem damit alles Schreckliche, was uns später widerfuhr, erspart blieb, wurde ich selbst, siebenjährig, diesem Manne anvertraut. Er gewann mich für seine Ansichten und wies mich auf diesen einen Weg. Er kannte keinen anderen und ließ mich auch keinen anderen gehen. Er ist daran schuld, daß ihr alle mich haßt. Aber, so ihr einverstanden seid, laßt ihn in Ruhe und laßt uns Frieden schließen. Er wußte ja nicht, daß ich zu euch kommen würde, und erst recht nicht, daß ich als Kaiser kommen würde, als Herrscher über ein großes Reich, das mir die Götter verliehen haben. Sie mußten dabei, wie ich meine, Gewalt anwenden, sowohl dem gegenüber, der mir dieses Reich übertrug, Kaiser Konstantios, wie auch mir selbst gegenüber. Keiner von uns beiden war guten Willens. Aber so war es eben der Wille der Götter. Hätte mein Pädagoge dies voraussehen können, dann hätte er sicherlich alle Mühe darauf verwandt, nach Möglichkeit aus mir einen Mann zu machen, der euren Augen gefallen könnte.

Kaiser Julianos (361–363), der sogenannte Apostat, aus der Dynastie Konstantins des Großen, war zunächst vom politischen Leben völlig ausgeschlossen. Widerwillig machte ihn sein Onkel Kaiser Konstantios schließlich zum Caesar (präsumptiven Thronfolger), und er verdiente sich seine Sporen in Gallien. Kaiser geworden, mußte er während seines Aufenthaltes in der Großstadt Antiocheia, wo er den Perserkrieg vorbereitete, feststellen, daß seine philosophischen Allüren und die Schlichtheit seiner Lebensführung die Antiochener zu Spott und Kritik hinrissen, vor allem sein Philosophenbart. Er schrieb gegen sie den „Misopogon", den „Bartverächter", eine bittere Satire gegen seine Kritiker.

The works of the emperor Julian II, ed. W. C. Wright, London 1959, S. 420–511 (Auszüge).

Kritik am Herrscher

Die meisten Kaiser sind sehr ängstlich und mißtrauisch. Mit teuflischem Vergnügen lassen sie die Adeligen köpfen und räumen jeden hochstehenden und hervorragenden Mann aus dem Wege. Sie gleichen hochgewachsenen Fichten, die beim leisesten Windhauch mit allen Nadeln zittern und mit allen Zweigen ängstlich flüstern. So sehen die Herrscher argwöhnisch auf jeden Reichen und erschrecken vor jedem Tapferen. Und ist einer schön wie eine Statue und hat einer eine wohltönende Stimme wie ein Singvogel der Musen, hat einer ein gewinnendes Wesen, schon läßt dies die gekrönten Herrscher nicht schlafen und zur Ruhe kommen, reißt sie aus dem Schlummer, verdirbt ihnen jedes Vergnügen, stiehlt ihnen jede Freude und stört sie beim Nachdenken.

Sie klagen die Natur an, daß sie auch andere mit Vorzügen ausstattet, die zur Herrschaft befähigen, und die Schönheit nicht ihnen, den Herrschern, vorbehält. So hadern sie vermessen mit Gott und der Vorsehung, raffen alle Vortrefflichen hinweg und schleppen sie wie Opfertiere zur Schlachtbank, damit nur ja sie ganz allein in Ruhe das öffentliche Gut wie ein väterliches Erbteil vergeuden und verprassen können und damit sie ihre freien Untertanen wie Knechte und die manchmal der Herrschaft Würdigen wie Sklaven behandeln können.

Die Macht raubt ihnen den Verstand und in ihrer törichten Verblendung vergessen sie alle früheren Verdienste.

Auch Manuel I. konnte dem Protostrator Alexios nicht das geringste vorwerfen. Alexios hatte ihm weder Leid noch Ungelegenheiten zugefügt und hatte nie die schuldige Ergebenheit und Treue vermissen lassen, etwa indem er Wohltaten des Kaisers irgendwie mit Undank vergolten hätte. Aber Manuel betrachtete ihn mit mißtrauischem Auge. Er war eben auch nur ein Mensch und ließ sich durch die Ohrenbläserei gewisser Leute, die nichts Besseres zu tun wußten, gegen ihn einnehmen. Er sah, wie beliebt Alexios bei den Truppenführern und Soldaten wegen seiner Hochherzigkeit und Freigebigkeit gegen alle war; vielleicht aber verlangte es ihn auch insgeheim nach den Reichtümern des Alexios. Jedenfalls ließ er ihn, als er sich in Sofia aufhielt, im Morgengrauen von der Seite seiner Gattin weg verhaften, konfiszierte alle seine Güter, ließ ihn zum Mönch scheren und verbannte ihn in eines der Klöster auf dem Berg Papykion.

Der Sturz des Alexios mußte freilich begründet werden, damit die Ungerechtigkeit der Schandtat des Kaisers allen bekannt würde. Zu diesem Zweck traten Ankläger auf, gefügige Werkzeuge ihrer Auftraggeber, und bezichtigten Alexios der Zauberei gegen den Kaiser. Dabei ist es durchaus nicht erwiesen, ob Zauberei es tatsächlich bewirken kann, daß einer, der sie anwendet, durch die Luft fliegen, sich unsichtbar machen und jeden, den er will, mit dem Schwert überfallen kann, und was sonst noch an dummem Zeug geschwätzt wird. Ein altes griechisches Märchen sagt solche Fähigkeiten dem Perseus nach, aber ein gesunder Sinn sträubt sich dagegen, dies zu glauben.

Ein repräsentatives Stück Kaiserkritik, das klar macht, wie variabel und ambivalent jenes Kriterium für die Wahl eines Kaisers war, das mit der sozialen Prominenz und mit den körperlichen Vorzügen des Kandidaten arbeitete.
Nicetae Choniatae Historia, ed. J. A. van Dieten, Berlin 1975, S. 143–144; deutsch: F. Grabler, Die Krone der Komnenen, Graz 1958, S. 185–187.

Spottverse der Straße

Auf Kaiser Maurikios (um 600):
> Er hat sich eine Kuh geholt, schön fett und zart geschwungen,
> Wie nur ein Gockel stolz und kühn ist er auf sie gesprungen.
> Jetzt macht er Kinder ohne Zahl, wie Tischler Hobelspäne.
> Doch untersteht euch nicht! Seid still! Er zeigt uns scharf die Zähne.
> Ach lieber Gott im Himmel dort, erzeige dich uns gütig;
> Gib ihm jetzt eines auf den Kopf, sonst wird er übermütig!
> Wir weih'n dir diesen großen Stier
> dann herzlich gern als Opfertier.

Auf Kaiser Phokas (608):
> Schon wieder stiegst du in den Krug;
> Schon wieder bist du nicht mehr klug!

Auf Konstantin V. (741–775), der eine ältliche Patriziertochter verführt hatte:
> Agathchen war alt und ungeschlacht,
> Du hast sie wieder jung gemacht.

Auf Michael II. (820–829), der den Kommandeur einer belagerten Festung bestechen wollte:
> Oikonomos, mein lieber Herr,
> laß dir ein Wörtchen sagen:
> Gibst Saniana du heraus,
> sei dir ein Bistum übertragen.
> Und zwar soll es kein schlechtes sein:
> Neo-Kaisareia ist dann dein!

Als Kaiser Alexios I. 1090/1 bei Dristra seine Truppen
weit zurücknehmen mußte:

> Von Dristra bis nach Goloe zurück. –
> Für einen Tag ein ganz beträchtlich Stück!

Die Spottverse nehmen das Liebesleben der Kaiser ebenso aufs Korn, wie ihre
Trunksucht und ihre militärischen Mißerfolge. Es ist bezeichnend, daß diese Ver-
se, die auf den Straßen und in den Kneipen gesungen werden, von ernsthaften
Historikern überliefert werden. Auf Maurikios: Theophanis chronographia, ed.
C. de Boor, Leipzig 1883, I. S. 283; auf Phokas; a.a.O., 296; auf Konstantin V.:
Patria Constantinopoleos, ed. Th. Preger, Leipzig 1907, S. 240; auf Michael II:
Theophanes Continuatus, ed. I. Bekker, Bonn 1838, S. 72; auf Alexios I: Anna
Komnene, Alexias VII, 3, ed. B. Leib, Paris 1943, II, S. 101.

Höflinge

Da ich zur Nacht und Unzeit hinweggerafft wurde, während meine
Hausleute, ohne etwas zu merken, in ihren Betten schnarchten, kam ich
in ein weites und tiefes Tal, das von unzähligen Menschen wimmelte. Sie
schienen weder jung noch gar alt, sondern alle von gleichem Alter. Alle
waren nackt, viele mit blutigen Striemen, was wahrscheinlich die Menge
ihrer Sünden andeutete, andere mit glatter Haut. Wie ich nun so vorwärts ging, stieß ich auf einen Menschen mit blutigen Striemen und
einem stattlichen schwarzen Gesäß, mit mächtiger Habichtsnase, gescho-
renem Haar, aber vollem Bart. Es war ihm eifrig darum zu tun, alles zu
erfahren, wie es am kaiserlichen Hof zugehe. Er kam auf mich zu, voll
Verlangen zu erfahren, welche von seinen Bekannten Hofämter bekleide-
ten, welche noch in Ehren und Ansehen standen. Er brannte vor Ehrgeiz
und Eifersucht. Ich sagte: „Du bist also der vortreffliche Holobolos, des
großen Kaisers erster Sekretär, dazu mein Freund, wie kein anderer? Der
hochangesehene Redner der Hauptstadt, der beste der Ärzte obendrein?"
Hastig nickte er. Ich aber forschte weiter: „Sag mir doch, Mensch, wie
bist du so heruntergekommen? Wo blieben die glänzenden weißen, seide-
nen Gewänder, die des Kaisers Majestät dir jüngst verehrte und in welchen du einherstolziertest, als wärest du der Sohn des Finanzministers?"
    Auf diese Worte schüttelte er den Kopf, seufzte tief, biß sich auf die
Lippen bei der Erinnerung an verlorene Genüsse und vergoß einen Strom
von Tränen. Endlich erzählte er mir: „Wisse denn, du fragesüchtiger
Mensch, als des Kaisers heilige Majestät aus Welschland und Britannien
nach Konstantinopel zurückgekehrt war, ließ der Trieb der Zügellosigkeit mir nicht die nötige Ruhe und Besonnenheit, um beständig an der
kaiserlichen Pforte zu verweilen, im Verkehr mit den Hofleuten dort

auszuhalten und der Befehle des Herrschers gewärtig zu sein wie früher. So geschah es denn bald, daß ich mit unerlaubten Blicken eine Klosterschwester ansah, in deren Gunst sich, nebenbei bemerkt, Tausende teilten, schon eine alte Freundin, von der ich jetzt aufs neue behext war, so daß ich mich Tag und Nacht sozusagen in einer Pfütze wälzte. Da nun der allergnädigste Herr wer weiß wie lange nach mir suchen ließ, um seine Erlasse niederzuschreiben, ich aber nirgends zu finden war, wandte mir seine Majestät ihre Ungnade zu, und es erstand mir ein Nebenbuhler und Widersacher in der Person jenes Philommataios vom Stamme der bösen Engel. Es genügt, mit einem Worte zu berichten, daß der Kummer wegen des Nebenbuhlers und der Unmut, der mich Tag und Nacht nicht mehr losließ, mich vor der Zeit, wie du siehst, in den Hades beförderten. Als ich mich nämlich um jene gepriesenen Heiligen bemühte, um die „blonden Schelme", damit sie mich beim Herrscher, welchem ihre Fürsprache mehr als die anderer galt, wieder zu Ansehen brächten, da wurde ich von ihnen schmählich betrogen. Der mich hinter's Licht führte, war ein Mann von unverträglicher Art, außerdem überzeugt, es sei ein Werk besonderer Frömmigkeit, wenn er die Habe vieler anderer an sich risse. Indem er mich mit Lattich, Endivien und dergleichen Gemüse, wohl auch mit gequetschten Oliven täglich bewirtete und bald wie ein Krokodil weinte, bald wie ein Chamäleon seufzte und nach Art der Fischer mich mit einem Köder verlockte, brachte er es dahin, mich weicher als Blei, ja noch weicher als Wachs zu machen, so daß ich ihn schriftlich zum wachsamen Hüter aller meiner verborgenen und offenkundigen Habe einsetzte. Da war dann noch mein schuftiger, diebischer Neffe. Da er mich krank wußte, kam er und schaffte, während alle um mich beschäftigt waren, alles auf die Seite: Pferdegeschirre, Pelzröcke, Bücher, Waffen, Geschirr, Sessel, Gewänder, Teppiche und wer weiß, was sonst noch. Bekomme ich den zu fassen, mit den Zähnen beiße ich ihm die Nase ab, um ihn als Dieb auch für die Bewohner des Hades zu brandmarken.

Da der Kaiser vernahm, daß gegen meine Krankheit kein Kraut gewachsen sei und wohl fürchtete, daß mein Neffe die Chrysobullen und höchsten Dekrete, die ich teils schon rot unterschrieben, teils noch ohne Unterschrift in Verwahrung hatte, ja wohl auch das Heft mit den schriftlichen Notizen könnte mitgehen lassen, so wie er auch meine sonstige Habe hatte mitgehen lassen, so sandte er den – ich weiß nicht, wie ich ihn nennen soll – genug, bei Herakles! der Mann nahm, ohne zu erröten, nach heftigem Wortwechsel auch diese Dinge alle mit."

Noch war das Gespräch nicht zu Ende, da kam von der Seite her, wo er unter Myrten versteckt gewesen, der einst so liebenswürdige und dann ebenso nichtsnutzige Padiates auf uns zu. Ganz wild und grimmig blikkend, mit Augen verdreht wie die eines Gehängten, einen Knüppel in der Hand und hinkend begrüßte er Holobolos mit den Worten: „Du Tropf, du Waschmaul, du jämmerlicher Rettichsteiß, schöne Dinge sind es, die du mit dem krummbeinigen Mazaris durchhechelst!"

Erbleichend entgegnete Holobolos: „Freilich dachte ich nicht, daß jemand dort versteckt sei, du Bandit, und deshalb sprach ich, wie du hörtest, sorglos und frei von der Leber weg mit unserem guten, vortrefflichen Freund hier und vertraute ihm allerlei, was du am wenigsten hören solltest. Da du aber einmal als Horcher in den Myrten stecktest und gehört hast, was ich erzählte, so bitte ich dich, und zwar sehr dringend, behalt es für dich, verrate niemand in der Welt ein Wort davon, am wenigsten aber dem großen Pluton und der Persephone. Denn wenn die es aus deinem gottlosen Mund vernehmen, werden sie mich Unseligen sofort dem Kerberos in den Rachen werfen." „Sei getrost und ohne Furcht", sagte Padiates, „bitte aber auch den Mazaris hier, daß er es denen, die noch am kaiserlichen Hofe weilen, nicht verrät." „Darauf baue ich", sagte Holobolos, „dich nur fürchte ich und zittere vor deiner gottlosen Zunge, daß du es im Hades machst, wie schon in der Oberwelt, stets mehr zum Spott als zum Ernst aufgelegt, da du in beständigem Schimpfen, Lästern und Spotten über alle Welt weder Maß noch Ziel kennst."

„Du hast wohl vergessen", erwiderte Padiates mit dem Blick eines grimmigen Löwen, „daß dein Vater eine Weinschenke betrieb und daß dessen Alter, mit einer ledernen Jacke angetan, Filzhüte herstellte! Du Tropf und eitler Prahlhans, hätte der großmächtige, scharfblickende Kaiser dir den Nebenbuhler an die Seite gesetzt, während du an Ort und Stelle bei Tag und bei Nacht im Palast zu finden gewesen warst, so könntest du dich allenfalls mit Recht beklagen. Doch da du häufig, ja ungezählte Male vom Herrscher gesucht wurdest und nirgends zu finden warst und so eine Menge Regierungsdekrete, ohne in Kraft treten zu können, halb fertig liegen blieben, wodurch das Wohl der Römer Schaden litt, du aber indessen mit jenem üppigen, buhlerischen und übermütigen Weib – eine Nonne war's ja wohl obendrein, an Leichtfertigkeit ohnegleichen – zur Zeit und Unzeit, mochte es nun Nacht oder auch Mittag sein, dich herumwälztest: wie sollte da nicht mit Fug und Recht der Herrscher einen Nebenbuhler bestellen? Darüber kannst du jetzt vor Ingrimm ruhig aus der Haut fahren und mich das ärgste Scheusal auf der Welt nennen."

Vor Zorn bebend sagte Holobolos: „Ich hatte kein Weib, du Bandit; ich hatte aber auch nicht die Gicht an Händen und Füßen wie du! Wenn ich mittags oder nachts zu jenem Ausbund von Leichtfertigkeit zum Liebesschmaus, wie Theokrits Ziegenhirt zu seiner Amaryllis, ging, so hatte ich doch als Untersekretär den stutzschwänzigen, kopflosen Kasianos – daß doch der Blitz den Kerl treffe! – dem ich befahl, an meiner Statt im Palast zu bleiben. Und hatte ich nicht auch noch den unseligen Manikaitaos und den Weinschlauch Tzamamyreus? Deshalb war es nicht recht, mir die Konkurrenz an die Seite zu stellen."

Wütend nahm der verruchte Padiates den Knotenstock, worauf er sich stützte, und schlug damit dem wackeren Holobolos auf den Schädel. Es erhob sich ein großes Geschrei und Getümmel, und aus der Schar der Ärzte kam der edle Pepagomenos herbei, derselbe, der für sich selbst und den Weinzapf Phokidios statt Heilmittel Gift als Arznei gemischt. Er legte Holobolos Heilkräuter auf und stillte damit sofort die Blutung. Als er mich sah, umarmte er mich und fragte teilnehmend: „Was ist denn aus dir geworden, mein Sohn? Wie kommst du daher, ruppig, krummbeinig und blaß, in kläglicher Gestalt, mit ausgerenkten Fingern und Zehen? Sag es mir, bei unserer Freundschaft!" Seufzend erwiderte ich: „Daß es so mit mir bestellt ist, sehe ich selbst. Doch wie es dazu gekommen ist, weiß ich nicht!" Er darauf: „Ich aber weiß es. Schuld ist deine unerschütterliche Treue zum Kaiser, dem du nicht einmal im Traum untreu werden wolltest. Wärest du auch treulos geworden, wie so viele andere, dann hättest du Geld zur Genüge, erfreutest dich in Ansehen und Ehre deines Wohlseins, hättest eine große Bedienung wie der allbekannte Hornträger mit dem Mulattengesicht Karantzes oder wie der rußfarbige Tarchaniotes und manche andere."

Jetzt kam eilfertig aus einer Kloake wie aus seinem Schlafzimmer jener wohlbekannte Antiochos, der alte Weibernarr, und ehe er mich noch umhalst und geküßt hatte, fragte er mich hastig: „Sag doch, was macht meine inbrünstig Geliebte, sie, die ich Tag und Nacht im Herzen trug, in Britannien, in Gallien und überall, ja noch hier im Hades, wo ich jede Stunde auf ihre Ankunft hoffe?" „Von wem sprichst du denn, du weibertoller Pechvogel?" fragte ich ihn. „Nun, von ihr, die am Tore des Martyrers Romanos wohnt, von der Winzerin und Weberin, der sybaritisch Üppigen, die leuchtend, gleich der Morgensonne, mit Recht von ihr ihren Namen hat, von Anatolike!" „Du Narr", sagte ich, „ihre Schönheit ist gleich der Frühlingslilie dahingeschwunden und ihr Reichtum ging verloren durch ihren Sohn Anatolios." Da rief er aus: „Wehe mir, daß der Kaiser mir die Hochzeit mit ihr verwehrt hat."

Jetzt kam unter Vogelgesang zuletzt noch der Oberkapellmeister Lampadarios und fragte mich: „Wie geht es meinen unglücklichen, törichten Söhnen, die des Vaters Kunst und Beruf verleugnen und dem ihrer Mutter nachhängen? Viele von denen, die aus der Oberwelt herunterkommen, erschüttern mir die Seele und verwirren meine Gedanken mit der Kunde, daß mein Erstgeborener, der von seiner Mutter den Namen Leskaris bekam, das Mönchsleben liebgewann und, den Beruf wechselnd, sich zum Nasiräer machte, wobei er aber jene allprobierte Freundin skythischen Bluts, die er sich von Kindsbeinen an zugelegt, nicht verleugnet, sondern an der unsauberen Vettel wie eine Schnecke an ihrem Hause haftet und auf dem Markt, bei Prozessionen, auf Kreuzwegen und bei Festlichkeiten weniger einem festlichen Wegbereiter als einem grunzenden Schweine vergleichbar, ihr nachläuft. Der Elende schämt sich nicht – weder des Kleides, das er angelegt, noch des Geschlechts seiner Mutter wegen, sondern gleich einem Verrückten trägt er die Kutte, wie der Esel die Löwenhaut. Der Jüngere aber tut die Werke der Jungen, das heißt der Zügellosen, der Hoffärtigen, der Lüstlinge und Tollhäusler. Obwohl er von mir emsig Musikunterricht empfing, um dereinst in Ehren und Überfluß zu leben, folgte er doch nicht dieser Lebens- und Berufsweise, sondern ergab sich einer rohen und schmachbesudelten. Umsonst wurde er von der heiligen kaiserlichen Priesterschaft zum Vorsänger gewählt, um gottgeweihte Siegeslieder anzustimmen, vielmehr gibt er sich dazu her, mit Buben und Knechten, mit Trunkenbolden und Narren Narrenlieder zu singen. Er hütet sich, oft an Festen und bei Feierlichkeiten in der Kirche zu singen. Mit verrufenen Burschen singt und tanzt er und führt sich wie toll auf. Er schämt sich nicht, wenn er vom Kaiser aufgefordert wird, zur Zither zu singen und ein wohllautendes Lied aus alter oder neuer Zeit vorzutragen, dies auszuschlagen. Aber an Straßenecken und Kreuzungen, in den Kneipen und Herbergen liederlicher Weibsbilder klimpert er, macht Bockssprünge und begeht wer weiß welche Unanständigkeiten. Oft wird er von hohen Staatsbeamten und Angehörigen des kaiserlichen Hauses gebeten und genötigt, zur Erheiterung des Kaisers oder des Despoten ein Lied, das ich komponiert habe, vorzutragen; dann versteckt er sich im Winkel hinter den Leuten, ziert sich wie ein kleiner Bube und quiekt wie ein Kastrat. Wird er aber von Lumpenkerlen und nichtsnutzigen Wichten aufgefordert, dann singt er wie betrunken, ohne zu erröten, gefällt sich in gellenden Mißtönen und begleitet sein Gebrüll und seinen Tanz mit Unflätigkeiten, die sich nicht wiedergeben lassen, mit Augen vom Saufen dunkelrot und verdreht."

Ungehalten über diese lange Rede, sagte Holobolos zu mir: „Tu jetzt, als müßtest du abseits gehen und rasch, nachdem du dich versteckt hast, wirst du freudig wieder zum Leben in der Oberwelt zurückkehren. Geh mit Sack und Pack auf die Peloponnes und schließe dich einen von jenen an, die am Hof des purpurgeborenen Despoten weilen!"

Die sogenannte „Hadesfahrt des Mazaris" behandelt satirisch die korrupten Höflinge des Kaisers Manuel II. (1391–1425). Die Namen sind verballhornt, aber in vielen Fällen lassen sich die gemeinten Personen noch feststellen.

Mazaris' Journey to Hades, by Seminar Classics State University of New York at Buffalo, Buffalo 1975 (englisch-griechisch); deutsch: A. Ellissen, Analekten der mittel- und neugriechischen Literatur IV, Leipzig 1860, S. 251–292.

III.

Politik und Verwaltung

Als Erbe des römischen Reiches verfügte das byzantinische Reich über ein ausgedehntes System rechtlicher Bestimmungen privater und staatlicher Natur, die oft bis in den Alltag reichten. Es ist schwer zu ermessen, wie weit dieses juristische System bekannt war und wie stark es vor allem in der Provinz beachtet wurde. Insgesamt bot es jedenfalls ein imponierendes Netz von Sicherheiten. Die Codifizierung dieses Rechts im 6. Jahrhundert durch Justinian bot noch Dante Anlaß genug, diesen Kaiser in sein Paradies zu versetzen.

Neben diesem Corpus, das sich manche Revision im Laufe der Jahrhunderte gefallen lassen mußte, gab es auch Rechtsbücher und Sammlungen für weniger umfassende Gebiete, z.B. die Bauerngesetze des 7. Jahrhunderts, die wohl viel von altem dörflichen Gewohnheitsrecht enthalten; oder auch das „Eparchenbuch", d.h. das Buch des Stadtpräfekten von Konstantinopel, in dem das Zunftwesen geregelt wurde, so wie es im 9. Jahrhundert in Konstantinopel nachweisbar ist, ohne daß hier alle Zünfte Aufnahme gefunden hätten, weil offenbar nicht alle des Schutzes des Eparchen bedurften oder für den Eparchen von Interesse waren.

Gesetzliche Vorschriften sind das eine, die Praxis der Verwaltung das andere. Man preist gelegentlich Byzanz als einen der ersten Staaten Europas mit einer funktionierenden Bürokratie. Gewiß funktionierte sie, aber die Frage nach dem *wie* läßt sich je nach Standpunkt wohl sehr verschieden beantworten. Kekaumenos jedenfalls, der General außer Diensten des 11. Jahrhunderts, warnt seine Söhne mit aller Skepsis vor dem glatten Boden, auf dem sich jeder höhere byzantinische Beamte bewegt.

Die klassischen Formen der Politik und Verwaltung, mit denen das Reich Jahrhunderte lang zurecht gekommen war, mußten allmählich scheitern angesichts der steigenden wirtschaftlichen Auszehrung, der wachsenden „Feudalisierung" und dynastischen Zersplitterung. Die andrängenden Feinde von West und vor allem Ost bewiesen mit ihren Erfolgen, daß es offensichtlich bessere politische Systeme gab als das byzantinische. Und so machte sich ein weltoffener Philosoph, Georgios Gemistos Plethon, inspiriert von platonischen und neuplatonischen Gedanken und nicht ohne Blick auf das islamische System, daran, seinem Kaiser, Manuel II., eine große Staatsreform vorzuschlagen, in der sich idealistische Züge mit sehr kritischen Überlegungen zur Struktur der

damaligen byzantinischen Gesellschaft verbanden. Vor allem dem Einfluß der Klöster sollte ein Riegel vorgeschoben werden. Als Ausgangspunkt schwebte Plethon die Provinz Peloponnes vor, das einzig intakte
Territorium, das dem Reich noch verblieben war. Aber wie eine gleich-
zeitige Klageschrift erweist, war der Wille, sich Reformen zu unterziehen,
selbst hier äußerst schwach, wenn nicht gleich null. Und kein Kaiser
verfügte mehr über die Machtmittel, um die Reform aufzuzwingen.

Bauerngesetze

Der Bauer, der seinen eigenen Acker bearbeitet, muß das Recht einhalten
und darf nicht in den Acker seines Nachbarn eindringen. Wer sich sol-
cherart über die Grenzen hinwegsetzt und vom Nachbarland abzwackt,
der soll, wenn es beim Ackern geschehen, umsonst geackert haben, wenn
er mit seiner Saat die Grenzen verletzt hat, dann verliert er die Saat, seine
Mühen und den Ertrag.

Wenn ein Bauer ohne Wissen des Landeigners eindringt und ackert
oder sät, so hat er keinen Anspruch auf Entgelt für seine Arbeit beim
Ackern noch auf den Ertrag der Saat, nicht einmal auf Ersatz für das
Saatgut.

Wenn ein Bauer von einem anderen, armen Bauern den Weinberg zur
hälftigen Bearbeitung übernimmt, ihn aber nicht, wie es sich gehört,
ausputzt, umgräbt und aufbindet, dann soll er nichts vom Ertrag bekommen.

Wenn ein Bauer auf fremdem Gelände ein Haus baut oder einen Weinberg anlegt und nach einiger Zeit kommen die Besitzer, dann haben sie
nicht das Recht, das Haus einzureißen und den Weinberg niederzulegen,
sondern sie können ein Ersatzland beanspruchen. Weigert sich aber derjenige, der auf fremden Boden gebaut oder gepflanzt hat, Ersatzland zu
geben, dann hat der Landeigner das Recht, Haus und Weinberg nieder-
zureißen.

Wenn ein Bauer, wo gegraben wird, Schaufel oder Gabel stiehlt und es
kommt nach einiger Zeit auf, dann soll er pro Tag 12 Folleis zahlen.
Ebenso wer zur Zeit des Rebenschnitts das Schnittmesser stiehlt oder zur
Zeit der Ernte eine Sichel oder zur Zeit des Holzfällens eine Axt.

Wenn ein Rinderhirte am Morgen von einem Bauern ein Rind mit-
nimmt und mit seiner eigenen Herde hinaustreibt und dieses Rind wird
von einem Wolf gerissen, dann soll er dem Herrn den Kadaver vorweisen
und so straflos ausgehen.

Wenn ein Hirt ein Rind verliert und er zeigt es nicht am selben Tag dem Herrn an, daß das Rind verlorengegangen ist, daß er es bis zu der und der Stunde gesehen hat, aber nicht weiß, wo es hingeraten ist, dann wird er bestraft. Macht er aber die Anzeige, so bleibt er straffrei.

Wenn ein Hirt am Morgen von einem Bauern ein Rind mit auf die Weide nimmt und dieses bricht sich etwas oder verliert das Auge, dann soll der Hirt beschwören, daß er unschuldig ist; dann bleibt er straffrei.

Wenn ein gedungener Hirt ertappt wird, daß er das Vieh heimlich gemolken und die Milch verkauft hat, dann soll er geschlagen werden und seinen Lohn verlieren.

Wenn einer auf ein Rind stößt, das in einen Weinberg oder auf ein Feld oder sonstwo eingedrungen ist und Schaden anrichtet und er meldet dies nicht dem Eigentümer mit der Forderung auf Schadenersatz, sondern er tötet oder verkrüppelt das Rind, dann gilt: ein Rind für das Rind, ein Esel für den Esel, ein Schaf für das Schaf.

Stößt einer im Wald auf ein Rind und tötet es und nimmt das Fleisch an sich, so soll ihm die Hand abgehauen werden.

Vergiftet einer einen Hirtenhund, so soll er hundert Schläge bekommen und dem Eigentümer des Hundes den doppelten Preis erstatten.

Wenn Land aufgeteilt wird und einer findet auf seinem Anteil einen geeigneten Platz für den Betrieb einer Mühle und er macht sich ans Werk, dann haben die Bauern der übrigen Anteile kein Recht auf Einrede.

Der sogenannte Nomos georgikos (Bauerngesetz) gehört wohl in das Ende des 7. Jahrhunderts. Er war kaum als zu promulgierendes Gesetz gedacht, sondern als Rechtsbuch. Im einzelnen gehen die Meinungen über den Charakter des Werkes immer noch weit auseinander. – Der kupferne Follis war die kleinste Münzeinheit. Ca. 10 Folleis scheint man für den täglichen Nahrungsbedarf in einfachsten Verhältnissen ausgegeben zu haben. Gelegentlich erscheint dafür die alte Bezeichnung Obolos.

Jus graecoromanum, ed. I. et P. Zepos, II, Athen 1931, S. 65–71.

Gewerbeordnung

Die Bankiers

Soll ein Bankier gewählt werden, dann muß er ehrenhafte und verläßliche Zeugen beibringen, die sich dafür verbürgen, daß er nicht gegen die Vorschriften verstoßen wird: er darf an keinem Goldstück oder Miliarision schaben oder es beschneiden oder sonstwie fälschen. Wenn er zeitweise anderweitig beschäftigt ist, darf er nicht seinen Sklaven an seine Stelle setzen, um die Geschäfte abzuwickeln, damit nichts falsch gemacht wird. Handelt einer dagegen, soll ihm zur Strafe die Hand abgehauen werden.

Die Geldwechsler haben die Pflicht, die Schwarzwechsler auf den Plätzen und Straßen dem Präfekten anzuzeigen, damit alles in Ordnung geht. Unterlassen sie diese Anzeige bewußt, erleiden sie die oben erwähnte Strafe.

Die Geldwechsler dürfen kein Miliarision unterbewerten, wenn es echt ist und das authentische Kaiserbild trägt und nicht beschnitten ist. Sie müssen es für den Gegenwert von 24 Obolen entgegennehmen. Ist es aber nicht echt und unversehrt, so sollen sie es je nach Qualität bezahlen. Wer dagegen verstößt, wird ausgepeitscht und geschoren, und sein Besitz wird konfisziert.

Jeder Bankier muß zwei Leute in seinem Dienst haben zur Registrierung der Münzen. Er muß jemand für sie haften lassen. Und wenn einer von ihnen sich gegen die Vorschriften verfehlt, so erleidet derjenige, der ihn empfohlen hat, dieselben, oben erwähnten Strafen wie der Übeltäter selbst.

Der Wechsler, der ein verfälschtes Goldstück oder Miliarision bekommen hat, muß dies zusammen mit dem Besitzer dieser Münzen dem Präfekten anzeigen. Tut er es nicht, wird er ausgepeitscht, geschoren und verbannt.

Die Bankiers dürfen nicht ihre Rechnungsbücher und Bargeld ihren Leuten geben, sie auf öffentlichen Plätzen und in den Straßen plazieren und den dabei gemachten Gewinn einstreichen. Auch anläßlich öffentlicher kaiserlicher Veranstaltungen dürfen sie ihre Banken nicht verlassen. Zuwiderhandelnde werden ausgepeitscht, geschoren, und ihr Besitz wird konfisziert.

Die Seifensieder

Wer ohne Wissen des Stadtpräfekten und des jeweiligen Innungsmeisters jemand, der nicht zur Innung gehört, sein Handwerk lehrt, hat 24 Stück Gold als Strafe zu bezahlen.

Wer in die Innung der Seifensieder aufgenommen werden will, hat dies dem Stadtpräfekten zu melden; erst dann kann ihn die Innung aufnehmen und kann er einen Laden eröffnen. Er muß vor Zeugen und gegen Kaution versichern, daß er in nichts gegen das Statut handeln will. An den Fiskus hat er sechs Goldstücke abzuführen; ebenso viele an das kaiserliche Vestiarium. Wer es wagt, dawider zu handeln, soll aus der Innung ausgestoßen werden.

Wer einen neuen Seifenladen eröffnen will, muß es mindestens 7 Ellen und 12 Fuß entfernt von jenem tun, der die alte Werkstätte betreibt. Wer es versucht, innerhalb dieses Abstandes neu zu eröffnen, hat 24 Goldstücke Strafe zu zahlen und wird aus der Innung ausgestoßen.

Kein Seifensieder darf französische Seife verkaufen, noch Zwischenhändlern, die nicht zur Innung gehören, Seife zum Weiterverkauf überlassen. Wer dem zuwider handelt, wird mit der eben erwähnten Strafe belegt.

Wird einer ertappt, daß er einen anderen beim Kauf von Pottasche betrügt, hat er zwölf Goldstücke zu bezahlen.

Wer Seife von auswärts einführt, um sie weiter zu verkaufen, aber nicht der Innung der Seifensieder angehört, dem wird die ganze Ware beschlagnahmt.

Wer dabei überführt wird, wie er zu irgend jemand Seifenlauge bringt, sei es, um ihm zu gefallen, oder besonderer Rücksichtnahme oder des Gewinnes wegen oder aus irgend einem anderen Grund, um einem dritten damit Schaden zuzufügen, wird wie ein Mörder bestraft.

Wer dabei getroffen wird, wie er in der heiligen Fastenzeit oder an anderen solchen Tagen Seife aus Tierfett herstellt und damit seine Leute unrein macht, wird geprügelt und geschoren und kann sein Handwerk nicht weiter ausüben.

Wer Seife verkauft mit einer Waage, die nicht die Eichmarke des Stadtpräfekten trägt, wird, wenn er Sklave ist, unter die kaiserlichen Sklaven eingereiht, wenn frei, wird seine Habe konfisziert.

Die Fischhändler

Die Fischhändler sollen ihren Platz in den sogenannten Großen Hallen der Stadt einnehmen und dort die gefangenen Fische feilbieten. Jede Halle hat einen Aufseher, der darauf zu achten hat, wie der Einkaufspreis am Meer war und für wieviel verkauft wurde. Von je einem Goldstück des Verkaufspreises erhebt er ein Miliarision.

Die Fischhändler dürfen die Fische nicht einsalzen und an Fremde verkaufen, die sie exportieren wollen, mit Ausnahme der Fische, die übrig geblieben sind, damit sie nicht verderben.

Die Fischhändler tätigen den Einkauf an der Küste und den Landestegen bei den angelegten Schiffen; sie sollen nicht selbst zu den Fanggründen hinausfahren, sondern warten, bis die Fischerboote landen. Der Kauf

soll nicht allzu sehr zersplittert werden. Die Gewinnspanne der Fischhändler soll pro Goldstück zwei Folleis betragen. Der Vorstand der Innung erhält ebenfalls je zwei Folleis.

Die Vorsteher der Innung begeben sich jeden Morgen in die Stadtprä-
fektur und melden, wie viele Thunfische in der Nacht gefangen worden
sind. Der Präfekt bestimmt den Preis, zu dem sie den Stadtbewohnern
verkauft werden. Wer dagegen handelt, wird ausgepeitscht, geschoren
und aus der Innung gestoßen.

Die Gemischtwarenhändler

Die Gemischtwarenhändler sollen über die ganze Stadt hin auf den Plätzen und Straßen ihre Läden offenhalten, damit man leicht alles, was zum
Leben nötig ist, finden kann. Sie sollen verkaufen Fleisch, gesalzenen
Fisch, Mehl, Käse, Honig, Öl, Hülsenfrüchte aller Art, Butter, hartes und
flüssiges Pech, Zedernöl, Hanf, Faden, Gips, Töpfe, Flaschen, Nägel und
alles, was man mit der Laufgewicht-Waage, nicht mit der Zweischalen-
Waage verkauft. Sie dürfen sich mit keiner Ware befassen, die den Parfu-
meurs, den Seifensiedern, den Leinenhändlern, den Schankwirten oder
den Fleischern auf irgend eine Weise zusteht. Wird einer dabei ertappt, so
wird er ausgepeitscht, geschoren und verbannt.

Wer von den Gemischtwarenhändlern Gewichte oder Maße besitzt,
die nicht mit der Marke des Präfekten geeicht sind, oder wer an den
Goldmünzen schabt oder ein Tetarteron oder ein Zweiviertelstück mit
dem echten Kaiserbild nicht annimmt, soll ausgepeitscht, geschoren und
verbannt werden.

Wenn ein Gemischtwarenhändler dabei ertappt wird, wie er beim
Kauf betrügt und den Preis erhöht, soll er zehn Goldstücke Strafe zahlen.
Desgleichen, wer an einem Sonn- oder Feiertag außerhalb seines Ladens
seine Ware feilbietet.

Die Gemischtwarenhändler haben genau auf die angelieferte Ware
ihrer Branche achtzugeben, ob nicht jemand, der nicht zur Innung gehört, die Ware für Notzeiten hortet. Dieser ist dem Präfekten anzuzeigen
und von ihm zu bestrafen.

Im Detail verkaufen die Gemischtwarenhändler ihre Ware so, daß ihr
Gewinn nicht mehr als zwei Miliarisia pro Goldstück beträgt. Prüft man
aber ihr Gewicht und stellt sich heraus, daß sie einen größeren Gewinn
gemacht haben, sollen sie ausgepeitscht und geschoren werden und ihr
Geschäft verlieren.

Wenn einer hinterlistig oder offen die Miete eines anderen in die Höhe treibt, soll er ebenso bestraft werden wie oben im vorausgegangenen Absatz.

Die Metzger

Die Metzger haben nicht das Recht, ganz einfach Schweine zu kaufen. Sie müssen sich vielmehr mit Vorwissen des Stadtpräfekten zum Strategion begeben, und dort können sie dann gegen ihr Geld so viele Tiere kaufen, wie vom Präfekten markiert worden sind.

Die Metzger kaufen die Tiere nach ihrer Qualität, und nach dieser Qualität soll auch der Verkauf erfolgen. Sie sollen also eines der Tiere vor dem Präfekten schlachten und zerteilen. Für sich sollen sie Füße, Kopf und Innereien behalten können; den Rest verkaufen sie nach dem Einkaufspreis.

Den Metzgern ist es nicht gestattet, in Nikomedeia oder anderen Städten auf die Händler zu warten, die von auswärts kommen, um ihre Schafherden zu verkaufen; sie sollen ihnen vielmehr bis über den Sangarios hinaus entgegenreisen, damit das Fleisch billiger zu stehen kommt. Der Gewinn soll den Schlächtern, nicht den Kaufleuten zugute kommen.

Die Händler mit Schafen sollen sich an Aufkäufer halten und mit ihnen ihren Handel abschließen. Sie dürfen aber die Bauern nicht daran hindern, selbst in die Stadt zu kommen und hier ihre Ware zu verkaufen.

Die Händler mit Schafen sollen ihre Schafe bis zur Fasnacht auf dem Strategion verkaufen; Lämmer aber vom heiligen Osterfest bis Pfingsten auf dem Tauros-Forum. Die Tiere werden alle auf Befehl des Stadtpräfekten gezeichnet und gezählt. Die Taxe beträgt für jedes Schaf ein Goldstück, für jedes Lamm ein Hundertstel.

Es ist den Metzgern nicht erlaubt, Schweine zu kaufen und ihr Fleisch einzulagern. Wer dawider handelt, soll ausgepeitscht, geschoren und verbannt werden.

Die Schweinehändler

Wer Schweinefleisch verkaufen will, muß zunächst durch Zeugen seine gute Qualifikation nachweisen; erst dann darf er diesen Handel ausüben.

Wer Schweine kauft und schlachtet, um sie weiter zu verkaufen, muß den Handel auf dem Tauros-Forum abwickeln. Wer dabei ertappt wird, daß er sich außerhalb der Stadt oder an irgendeinem verborgenen Ort in der Stadt mit den Schweinehändlern trifft und von ihnen kauft und den Preis hochtreibt, der soll ausgepeitscht, geschoren und verbannt werden.

Die Innungsmeister der Schweinehändler müssen den Auftrieb von Schweineherden von auswärts dem Präfekten melden und sicherstellen, daß sie nicht an Mittelsmänner verkauft werden, sondern öffentlich auf dem Tauros-Forum. Dawiderhandelnde werden ausgepeitscht und geschoren.

Wenn ein Schweinehändler ertappt wird, daß er im Haushalt eines Vornehmen die Schweine versteckt und heimlich verkauft, soll er der eben erwähnten Strafe verfallen.

Wer Schweine schlachtet und verkauft, soll kein Fleisch für Notzeiten einlagern. Wer dabei ertappt wird, unterliegt der oben genannten Strafe.

Ein Schweinehändler, der ertappt wird, daß er eine Waage benützt, die nicht mit der Marke des Präfekten geeicht ist, oder sonstwie das Gewicht verfälscht, soll der oben genannten Strafe unterworfen sein.

Eine Reihe der hauptstädtischen Gewerbe war in Zünften zusammengefaßt, freilich nicht alle. Das Buch, in dem die staatlichen Regeln für diese Zünfte, die unter der Oberaufsicht des Stadtpräfekten (Eparchos) standen, zusammengefaßt sind, heißt Eparchenbuch (Eparchikon Biblion). Wahrscheinlich war es Kaiser Leon VI. (886–912), der es publizierte.

Das Miliarision war eine Silbermünze und entspricht im Wert etwa 24 Folleis, 12 Miliarisia etwa einem Goldstück (Nomisma). Das Tetarteron ist eine Goldmünze von etwas vermindertem Gewicht (ohne Minderung des Feingehalts); erst später ging die Bezeichnung auch auf Kupfermünzen über. Das „Vestiarium" ist eine Art Reichszeughaus. Strategion und Tauros-Forum sind große Plätze in Konstantinopel.

I. Dujčev, The book of the Eparch, London 1970.

Auf glattem Parkett

Besichtige jeden Tag das Mauerwerk, sowohl von innen wie von außen, ebenso die Tore. Die Mauern der Festung sollen frei stehen; es dürfen sich keine Häuser an die Mauern drängen, und kommt es einmal vor, so laß das Haus einreißen und die Mauer frei machen. Dies gilt sowohl für innen wie für außen. Und in besonderer Weise gilt es von den Partien an den Toren. Du mußt die Möglichkeit haben, Rundgänge zu machen und alles zu inspizieren. Auch wenn das Haus, das an die Mauer gebaut ist, alt und wertvoll ist, soll es dir doch nicht leid tun, es einreißen zu lassen. Laß es zerstören!

Ich will dir da etwas erzählen: Otranto ist eine italienische Stadt, am Meer gelegen, sehr bevölkert und reich. Ihr Kommandeur war der Otrantiner Malapetzes, der zum Schutz der Stadt Russen und Varäger hatte, sowohl Speerträger wie Seeleute. Dieser Malapetzes hatte eine Nichte, die ihr Haus unmittelbar an der Mauer liegen hatte. Ihr Onkel schonte es und ließ es nicht einreißen, teils weil es alt und wertvoll, teils aber auch weil es Eigentum seiner Nichte war. Er hegte deswegen auch gar keine Befürchtungen.

Die Franken aber gaben sich viele Mühe, Otranto zu erobern; doch es gelang ihnen nicht. Was dachte sich nun ihr Graf aus? Er ließ die Nichte des Malapetzes wissen: Wenn du mich durch die Mauer in das Kastell läßt, dann heirate ich dich. Er beschwor dies und ließ ihr auch viele Geschenke zukommen. Von ihrer Begierde übermannt, willigte sie ein und ließ des Nachts einige fränkische Schlauköpfe an einem Seil hochklettern. In der folgenden Nacht schlugen sie eine Bresche in die Mauern des Kastells und ließen zahlreiche fränkische Truppen ein. Bevor es hell wurde, griffen sie mit Gebrüll die Garnison an. Als diese Truppen wider Erwarten den Feind in der Stadt erblickten, ergriffen sie die Flucht. Wenn ein Unglück ganz plötzlich eintritt, dann stürzt es auch den Tapfersten und Vernünftigsten ins Verderben. Auf der Stelle floh auch der Kommandeur der Festung, Malapetzes, ganz allein auf ein Schiff und brachte sich in eine unlöbliche Sicherheit, die bedauerliche Folgen hatte: Weib und Kinder mußte er in Feindeshand lassen. Laß es dir durch den Kopf gehen, was diesem Mann widerfahren ist, nur weil er nicht sorgsam genug war!

Laß dich auf keine fiskalischen Geschäfte ein. Du kannst nicht Gott und dem Mammon zugleich dienen. Du kannst nicht Strategos sein und zugleich als Steuereinnehmer mit Feder und Papier fechten.

Hast du freie Zeit und bist du nicht mit Geschäften deines Kommandos befaßt, dann lies strategische Werke und andere Bücher und Geschichten, auch kirchliche Werke. Sage nicht: Was soll ein Themenkommandeur mit Dogmen und theologischen Büchern anfangen? Du wirst deinen Nutzen davon haben. Gibst du genau acht, dann wirst du auch darin nicht nur Glaubenssätze und erbauliche Geschichten finden, sondern auch Regeln der Klugheit, des sittlichen Verhaltens und der Strategie. Fast das ganze Alte Testament ist voll von Kriegsgeschichten, freilich auch von Klugheitsregeln. Und auch aus dem Neuen Testament kann ein beflissener Leser viel herausholen. Ich möchte dich so haben, daß dich alle bewundern ob deiner Tapferkeit und Klugheit, deiner Kenntnisse und Redegabe. Nimmst du dir das zu Herzen und hältst du dich daran, dann wirst du glücklich sein. Ich stelle dir dies hier zusammen, da es sich sonst in keinem Militärhandbuch und auch in keinem anderen Buche findet. Es ist die Frucht meiner eigenen Überlegungen und meiner eigenen Erfahrungen. Du wirst großen Nutzen davon haben. Doch befasse dich auch mit den militärischen Werken der Antike. Das, was ich hier sage, findest du zwar dort nicht, wohl aber wirst du auf andere schöne und kluge Dinge stoßen, die noch besser sind.

Sei sanft, umgänglich und einfach. Aber laß dich nicht etwa wegen deiner Einfachheit verachten. Innerlich mußt du einfach und demütig sein; nach außen aber zeige dich im Glanze deiner hohen Stellung und sieh darauf, daß du alle in Rede und Kleidung, im Auftreten und Handeln übertriffst. Das gilt für Feldzüge und im Feindesland. Herrscht aber Friede und Sicherheit, dann gib dich durchwegs einfach und schlicht.

Gib dich auch nicht zum Komödianten her. Du kannst nicht gleichzeitig Strategos und Komödiant sein! Wenn auch einige ihr Strategenamt so verstehen, so entspricht dies doch nicht gesundem Denken, sondern ist unwürdig. Wer ausgelassene Reden führt und ausgelassen lacht, den wird man eben für einen ausgelassenen Charakter halten und darob tadeln. Der Strategos muß ja Vorbild und Muster für alle sein. Führt sich irgend ein Unbekannter unanständig auf, so nimmt man von einem solchen Fehltritt kaum Kenntnis; – er zählt ja nicht! Läßt aber du, Strategos, dir etwas zuschulden kommen, so bleibt es nicht verborgen, mag es wichtig oder geringfügig sein; es macht vielmehr sofort die Runde. Ich will dir ein Beispiel erzählen: Basileios Pediadites, der Katepano von Sizilien, erholte sich einmal ein paar Tage lang beim Brettspiel. Der Kaiser erfuhr davon und schrieb ihm: „Meine Majestät hat in Erfahrung gebracht, daß aus dir ein tüchtiger Brettspieler geworden ist." Man gedachte also nicht mehr seiner vielen treuen Dienste, sondern nur noch dieser Lappalie.

Stehst du an der Grenze und einige deiner Leute dort lassen es an Disziplin fehlen, dann stelle diesen Mißstand, wenn nötig, mit Klugheit ab. Versuchst du aber in Zorn und Härte damit fertig zu werden, dann wirst du sie nur noch unverschämter machen und damit schließlich diese Gegend verlieren und selbst zugrunde gehen. Geh vielmehr einerseits mit einer gewissen Nachsicht vor und tue andererseits, als wüßtest du nichts davon. Sie dürfen nicht merken, daß dir dieser Grenzstrich Sorgen macht. Erfahren sie es, dann bekommen sie es entweder mit der Furcht zu tun und bereiten sich zum Überlaufen vor, oder aber sie werden hochfahrend und verachten dich. Läßt sich aber mit einem solchen nachgiebigen Verfahren keine Besserung erreichen, dann mußt du, ob du willst oder nicht, mit starker Hand vorgehen.

Fallen Barbaren ein und der Kampf läßt sich nicht vermeiden, dem Gegner aber fehlt es an Proviant, Weideplätzen und was sonst besonders nötig ist, du aber hast alles im Überfluß, dann ziehe den Kampf hinaus. Führe die Barbaren Tag für Tag durch Scheinmanöver in die Irre; schicke ihrem Häuptling auch Geschenke und wiege damit seinen Mut in Sicherheit. Einen Fisch fängt man mit dem Köder, die meisten Menschen aber

mit Geschenken und schimmerndem Gold. Wenn du sie dergestalt um-
herjagst, werden ihre Pferde vor Mangel an Futter und Weideplätzen
bald schlaff werden und die Barbaren selbst werden unter dem Druck der
Not die Kampfkraft einbüßen. Erfährst du, daß ihr Mut nachgelassen
hat, dann greife sie an. Ich bin überzeugt: mit Gottes Hilfe wirst du sie
aufreiben.

Laß es dir nicht einfallen, dich mit ungerechten Steuererhebungen zu
befassen; laß dich überhaupt nicht auf fiskalische Geschäfte ein; du verlierst am Ende dabei dein Brot und hinterläßt deinen Erben nichts als
Sorgen und unaufhörliche Scherereien. Ich will dir da eine Geschichte
erzählen, die ich von meinem Vater habe, der sie selbst erlebt hat. Er
hatte einen Neffen, den Protospatharios und Strategos Maios, einen verständigen, energischen Mann mit viel Geld und großen Besitztümern.
Eines schönen Tages entschloß er sich, den Steuerbezirk Arabissos zu
übernehmen. Er beriet sich mit meinem Vater; dieser riet ihm ab. Der
Neffe aber zeigte auf die Bürgerhäuser und sagte: „All diese Häuser
verdanken ihren Bau dem Dienst im Steuerwesen!" Schließlich gab mein
Vater dem festen Entschluß des Neffen nach; dieser übernahm den Steuerbezirk und reiste ab. Nach ein paar Jahren kam mein Vater in die Stadt
und machte sich auf, auch seinen Neffen zu besuchen. Aber er traf ihn
zuhause nicht an. Da nahm ihn eine Ordonnanz und führte ihn nach St.
Pauli ins Waisenhaus. Hier bekam er seinen Neffen zu sehen: eingesperrt
in ein dunkles Loch und die Hände in Fesseln. Er weinte und war ver-
zweifelt über sein Leben. Es fehlten ihm 60 Pfund, und man hatte sie
eingeklagt. Aber nicht einmal dabei blieb es: auch nach seinem Tod war
die Schuld noch nicht beglichen.

Du siehst jedenfalls, wie es ihm bei diesen Steuergeschäften erging, ihm
und nicht wenigen anderen. Sie verloren nicht nur ihre Ämter, sondern
auch ihr Vermögen.

Deine Freunde und deine Frau, unerfahren wie sie sind, werden dir
vielleicht zureden: Dann nimm doch wenigstens die Stellvertretung an,
wenn schon nicht das Amt selbst oder das kaiserliche Kommissariat in
unserem Gemeinwesen; dann bist du in der Lage, für dich, dein Haus
und deine Leute zu sorgen. Doch höre nicht auf sie. Läßt du dich durch
sie überreden und übernimmst du eines dieser Ämter, dann höre, wie es
dir ergehen wird: Willst du deine Forderungen durchsetzen, dann schmä-
lerst du damit das Einkommen der Leute, so daß sie zahlungsunfähig
werden. Bezahlen mußt am Ende dann du. Aber selbst wenn du die
Verwaltung ganz gerecht führen willst, wirst du doch nur in Schwierigkeiten geraten. Doch was spreche ich von Gerechtigkeit? Ist ein Zöllner
gerecht? Statt daß du der Fürsprecher für alle bist und überall Frieden
stiftest, statt daß alle bei dir Zuflucht finden, werden alle vor dir fliehen.
Wer geht nicht einem Zöllner aus dem Weg?

Die hier angeführten Ratschläge des Kekaumenos (s. S. 357) beziehen sich auf den „Strategos", d. h. den Kommandeur einer „Thema" genannten, militärisch organisierten Provinz, dem auch zivile Kompetenzen eigen waren; deshalb dann die Warnung vor Steuergeschäften.

Der erwähnte Fall Otrantos gehört etwa ins Jahr 1068 oder 70. Die Melipezzi oder Malapezzi sind als vornehme Familie im 11. Jahrhundert in Bari nachweisbar.

G. G. Litavrin, Sovety i rasskazy Kekavmena, Moskau 1972, S. 176 ff.; deutsch: H.-G. Beck, Vademecum des byzantinischen Aristokraten, Graz 1956, S. 63 ff.

Staatsreform

Erlauchte Majestät,

Der Krieg gegen die italienischen Fürsten auf der Peloponnes ist durch Deine trefflichen Söhne in Ehren und mit entschiedenem Gewinn zu Ende geführt worden. Die meisten und besten Gebiete ihrer Herrschaft kamen wieder in unseren Besitz, und sie mußten noch dazu unsere Oberhoheit über alle übrigen anerkennen. Ruhm und Ehre Euch, die Ihr so Eure Herrschaft behauptet und erweitert habt. Der Staat aber zieht daraus Sicherheit und Wohlfahrt und die Möglichkeit, in Zukunft noch größere Erfolge zu erringen, wenn Gott es so fügt. Unter diesen Umständen fühle ich mich veranlaßt, verschiedene wohldurchdachte Vorschläge zu machen, deren Ausführung, so wie die Dinge jetzt liegen, eher ersprießlich wäre; unterläßt man sie aber, so kann dies nur zum Schaden des allgemeinen Besten geschehen.

Zuerst will ich vom Land selbst sprechen und wie hoch Ihr es einschätzen müßt – wenigstens in Kürze. Ich verkenne Eure emsige Fürsorge in dieser Hinsicht durchaus nicht; ich möchte nur darauf sehen, daß nichts unbeachtet bleibt. Wir, über die Ihr Eure kaiserliche Herrschaft ausübt, sind Hellenen, wie unsere Sprache und unsere Bildung erweist. Es gibt aber kein Land, das so durch und durch griechisch ist und so entschieden den Griechen zusteht, wie gerade die Peloponnes, die daran angrenzenden Teile Europas und die benachbarten Inseln. Es ist offenbar, daß seit Menschengedenken nur Hellenen und immer nur sie dieses Land bewohnt haben und daß es keine andersstämmigen Vorläufer gibt; nicht fremde Eindringlinge, die es zu Zeiten in Besitz nahmen und andere vertrieben, bis es ihnen selbst nicht besser erging, sondern auf die Dauer immer die Griechen selbst behielten dieses Land und verließen es nie.

Unbestritten hat unter allen griechischen Landschaften eben diese Peloponnes die vornehmsten und berühmtesten Familien der Griechen hervorgebracht, und die von hier stammenden Hellenen waren es, die auszogen und die größten und herrlichsten Taten vollbracht haben. Selbst die große Stadt am Bosporos, derzeit Eure Kaiserstadt, kann diese Landschaft als Mutter und erste Heimat betrachten. Denn zum einen waren die früheren Bewohner von Byzantion Hellenen und zwar Dorier; die Dorier aber sind ohne Zweifel Peloponnesier; zum anderen war auch die glänzende Kolonie, die später aus Rom nach Byzantion übersiedelte, um es so herrlich und mächtig zu erweitern, der Peloponnes nicht fremd, denn das glückliche Rom wurde zu gleichen Teilen von den Nachfahren des Aeneas und den Sabinern bewohnt. Die Sabiner aber waren Lakedaimonier aus der Peloponnes.

Schon aus diesen Gründen darf dieses Land nicht verächtlich behandelt werden, weder von Euch Herrschern noch von Euren Untergebenen.

Ich möchte nicht näher vom Klima, von der Fruchtbarkeit und von der Fülle von allem Lebensnotwendigen reden, sondern nur einen Punkt hervorheben: Welches Land kann sich mit der Peloponnes vergleichen, was die Sicherheit der geographischen Lage angeht? Sie vereinigt die Vorteile der Insellage mit denen des Festlandes; sie bietet den Bewohnern die Gelegenheit, unter geschickter Ausnutzung dieser Lage jedem Angriff ohne sonderlich große Rüstungsanstrengungen zu begegnen und andererseits, wenn es geplant ist, durch Einfälle ins Nachbargebiet das eigene Land ohne besondere Mühe beträchtlich zu erweitern. Dazu kommen die Gebirgsstöcke, die sich wie natürliche Befestigungsanlagen von einem Ende der Peloponnes zum anderen erstrecken, gleich Zitadellen, die keinen Feind, mag er sich auch in der Ebene festsetzen, Herr über das ganze Land werden lassen.

Ist es nun auch in der Ordnung, daß alle hellenischen Stämme sich um dieses Land kümmern, so insbesondere, daß Ihr es tut, mehr noch als die früheren Kaiser; denn nachdem die Italiener dieses Land erobert und geraume Zeit allein darüber geherrscht hatten, waren es, wie bekannt, die Kaiser Eurer Dynastie, die es schließlich zurückeroberten. Und Du selbst, mein Kaiser, hast neben anderen vielen und dankenswerten Wohltaten erst vor kurzem jenes große und glänzende Werk unternommen, nämlich den Mauerbau quer durch den Isthmus – für die Zukunft und schon für die Gegenwart die bedeutendste Leistung zu unserer Sicherheit. Gerade deshalb kommt es Euch zu, diesen ersten wohltätigen Werken auch die nachfolgenden hinzuzufügen, damit sich einerseits zeige, daß Ihr auf jede Guttat eine weitere folgen laßt, zum andern, daß der Bestand des schon Geschaffenen durch Euer Wirken auch für die Folgezeit gesichert sei. Wohlgeordnete Zustände hier tragen meines Erachtens auch zum Besten und zur Sicherheit der Hauptstadt bei; doch möchte ich darüber hier nicht ausführlicher handeln ...

Ich will nun zeigen, wie Ihr das Gute, das Ihr schon geleistet habt, vervollständigen könnt, welche Reformen besonders not tun, welche neuen Einrichtungen heilsam sein könnten, und zu diesem Zweck zu-

nächst den Blick auf die derzeit bestehenden Verhältnisse lenken, die
nicht so sind, wie sie sein sollten.

Es fällt zunächst in die Augen, daß ein großer Teil der Bevölkerung der
Peloponnes Ackerbau, einige auch Viehzucht betreiben. Daraus beziehen
sie ihren Lebensunterhalt, daraus müssen sie aber auch zu den Staatsaus-
gaben beisteuern; außerdem sind sie noch zum persönlichen Militärdienst verpflichtet. Die Steuern sind nicht eben hoch, aber sie werden
häufig von fragwürdigen Steuereinnehmern eingetrieben und müssen zumeist in bar und nicht in Naturalien abgeliefert werden. Wenn Leute
dieser Art zum Militärdienst aufgeboten werden, dann finden sich immer
nur wenige ein; diese wenigen kommen meist ohne Ausrüstung und haben keine Lust, bei der Armee zu bleiben, sondern gehen wieder nachhause und ihrer Wirtschaft nach, von deren Ertrag sie ihren Unterhalt ja
nicht nur daheim, sondern auch bei der Armee bestreiten müßten, dabei
obendrein noch verpflichtet, Steuern zu zahlen. Eine Armee aber ohne
feste Größenordnung und ohne Bewaffnung taugt recht wenig.

Daß dem so ist, könnte jeder Einsichtige von vornherein unterstellen;
außerdem hat es die Erfahrung der letzten Kriege zur Genüge bewiesen.
Wie kann jemand überhaupt gleichzeitig Soldat sein und für sich und
andere den Lebensunterhalt besorgen? Eine Armee verfügt ja nicht immer über so viel Beutegut, daß für die Soldaten zu ihrem Unterhalt genug
abfällt. Vielmehr muß nicht wenig von zuhause mitgebracht werden, was
an sich für die Familie bestimmt wäre. Bei einer solchen Organisation ist
es nicht einmal möglich, den Isthmus genügend zu schützen, noch besteht
sonst Hoffnung und Zuversicht bei auftauchender Gefahr. Bevor etwas
derartiges eintritt und so lange wir noch in Sicherheit sind, sind solche
Übelstände abzustellen und ist nach Möglichkeit dafür Sorge zu tragen,
daß wir für alle Möglichkeiten genügend gerüstet sind. Inmitten des
Schreckens und der Gefahren kann schwerlich noch Abhilfe geschaffen
werden.

Es gibt Leute, die stolz auf den Plan sind, jedem Haushalt eine Sonder-
steuer aufzuerlegen und damit Söldner für den Schutz des Isthmus anzu-
werben. Sie haben sich bereits ausgerechnet, wie hoch dieses Steueraufkommen sein werde. Ich halte es für lächerlich, wollten wir unsere eigenen Leute damit zugrunde richten und unsere Rettung von Söldnern
fremden Stammes und Blutes erwarten.

Es hieße doch wirklich, die Unseren ruinieren, wenn wir ihnen zwar
den Militärdienst erlassen, sie dafür aber noch höher besteuern. Wenn
schon die jetzigen Steuern ruinös sind – und viele sind daran schon
zugrunde gegangen –, was soll dann werden, wenn sie noch in die Höhe
geschraubt werden? Kommt dann wirklich der Krisenfall, dann werden
diese Söldner ganz sicher nicht in der Lage sein, ihn zu meistern. Wir
müssen dann doch wieder die Zuflucht bei unserem Landsturm nehmen,

der uns aber erst recht nicht nützen wird, heruntergekommen, waffenlos und unfähig standzuhalten, wie er dann sein wird. Auch die Elitegarnison, die am Isthmus unter dem Befehl des durchlauchtigen Herzogs steht, wird nur geringen Schutz bieten, wenn sie ein großes, starkes Heer vor sich hat.

In erster Linie ist also der Übelstand abzustellen, daß die gleichen Leute Kriegsdienst leisten und Steuern zahlen müssen. Alle Peloponnesier sind vielmehr in zwei Gruppen zu teilen, in solche, die den Kriegsdienst leisten, und in solche, welche die Steuern zahlen. Dabei soll nach Eignung verfahren werden. Den Wehrpflichtigen sind alle Steuern zu erlassen, und es ist für ihr Auskommen Sorge zu tragen. Die Steuerzahler aber sind vom Wehrdienst zu befreien und die Steuern sollen nicht mehr so häufig in Kleinstbeträgen eingetrieben werden, nicht von allen möglichen Steuereinnehmern und auch nicht in bar. Für beide Teile wird sonst aus diesem Steuersystem eine Last. Es soll nur mehr eine einzige Steuer, und zwar eine Naturalsteuer geben und für jede Einheit nur einen Steuereinnehmer – das ist dann eine Steuer, welche der Billigkeit sowohl wie dem Bedarf entspricht und welche die Steuerpflichtigen leicht zu leisten imstande sind.

Welche Art von Besteuerung diesen Erfordernissen am nächsten kommt, möchte ich jetzt darlegen. Ich halte es für richtig, daß der Ertrag jeder Arbeit drei Klassen zugute komme, einmal dem Arbeiter selbst, dann denjenigen, welche die Mittel für die Arbeit bereitstellen, und drittens denjenigen, welche für die Sicherheit aller sorgen. Arbeiter sind Bauern, Winzer, Hirten; als Mittel für ihre Arbeit gelten Zugtiere, Weinberge, Viehherden und dergleichen; diejenigen, die für die Sicherheit sorgen, sind die Soldaten, die Obrigkeit und die Staatsbeamten in den verschiedenen großen und kleinen Verwaltungsstellen, an der Spitze der Kaiser. Fehlt eines dieser drei Elemente, dann steht es um die anderen auch nicht mehr gut. Der Ertrag der Arbeit ist also, wie gesagt, durch drei zu teilen, was es nun sein mag, Getreide, Wein, Öl, Baumwolle, außerdem Jungtiere, Milch, Schafwolle und andere Erzeugnisse. Dabei wird bei den Ackersleuten das Saatgut abgezogen, bei den Viehzüchtern die Zuchttiere. Vom Rest geht das erste Drittel an die Arbeiter, das zweite an den, der die Betriebsmittel zur Verfügung stellt, und das dritte an das Gemeinwesen. Wer mit eigenen Betriebsmitteln arbeitet, erhält zwei Drittel und liefert das dritte ans Gemeinwesen ab. Wer mit staatlichen Betriebsmitteln arbeitet, muß sich mit einem Drittel begnügen, es sei denn, man habe ein anderes Übereinkommen, das sich von diesem Tarif nicht zu weit entfernen darf, abgeschlossen. Wird der Betrieb des Geschäftes auf Grund gemeinsamer Investitionen vorgenommen, so hat der Arbeiter die Hälfte des Ertrages zu beanspruchen. Ich schlage vor, diese Arbeiter, welche die Staatslasten tragen, Heloten zu nennen, weil sie vom

Kriegsdienst frei sind und nur für die Steuern einstehen müssen. Sie sind die Ernährer des Gemeinwesens, man darf sie nicht zu irgend welchen Diensten pressen; sie sind vielmehr gut zu behandeln und gegen jede Unbill zu schützen.

Ich schlage vor, auf jeden Fußsoldaten im Heer einen Heloten, auf jeden Reiter aber zwei zu rechnen. Wie viele Heloten auf je einen Beamten oder hohen Offizier treffen sollen, habt Ihr selbst zu bestimmen. Auch dem Haus des Fürsten wird eine entsprechende Zahl von Heloten zuzurechnen sein. Endlich haben noch die Bischöfe in Anbetracht ihres dem Staat gewidmeten heiligen Amtes Anspruch auf einen Betrag von den Leistungen der Heloten, der etwa dem Betrag für die hohen Offiziere entspricht, obwohl sie bei ihrem ehelosen Leben nicht für Weib und Kind zu sorgen haben.

Was aber diejenigen betrifft, die ihr Leben, wie sie sagen, in „Philosophie" verbringen und die unter diesem Vorwand einen großen Anteil am Staatsgut in Anspruch nehmen, so gebührt ihnen meines Erachtens von den Erträgnissen des Gemeinwesens gar nichts. Was sie besitzen, davon sollen sie steuerfrei leben, aber keinen Anteil am Steueraufkommen erhalten. Das entspricht, wie ich meine, auch ihrem Stand. Anders zu verfahren ziemt sich weder für sie als Empfänger noch für diejenigen, die es ihnen geben möchten. Diejenigen, welchen der Steuerertrag zugute kommt, erhalten ihn als Entgelt für ihre Bemühungen. Diese angeblichen Philosophen aber leisten keinen Beitrag zum Gemeinwesen. Für den öffentlichen Gottesdienst gibt es ja eigene Priester; sie aber halten sich nach eigenen Aussagen von allem fern, um für sich selbst Gott zu verehren und für das eigene Seelenheil zu sorgen. Wenn nun die einen diesen Lohn für die Verdienste um das Gemeinwohl mit der unstatthaften Berufung auf ihr Tugendstreben in Anspruch nehmen, die anderen aber ihnen denselben zum Nachteil für diejenigen, denen er von rechtswegen gebührt, zuerkennen, dann kann dies doch nur für richtig halten, wer in einem absurden Aberglauben, einer dritten Art von Gottlosigkeit, befangen ist, weil er sich einbildet, solche wider Gebühr ausgeteilten Gaben könnten gottwohlgefällig sein.

Ein solcher Glaube scheint mir selbst den Lehren derer nicht zu entsprechen, welche diese Art von Lebensführung begründet haben. Nach ihren Grundsätzen sollte vielmehr ein jeder nach Kräften arbeiten und so seinen Lebensunterhalt verdienen und nicht auf andere Druck ausüben, um zu bekommen, was ihm nicht gebührt. Es müßte übel um einen Staat bestellt sein, wenn er sich auf solche ungebührlichen Ausgaben einläßt und Ansprüche auf derartige Forderungen, von Leuten, die keine Leistungen erbringen, erfüllt, von Leuten, die das faule Leben von Drohnen führen, ohne sich darüber auch nur zu schämen. Wie groß das Unrecht ist, das beide Teile begehen, zeigt sich darin, daß sie damit dem sehnlichsten Begehren unserer Feinde zuvorkommen und auf schamlose Weise die Mittel zum Schutze des Gemeinwesens verschleudern.

Aber auch diejenigen, die solche Zahlungen als Entgelt in Anspruch nehmen für weiß Gott welche zahlreichen und wichtigen von ihnen selbst oder von ihren Ahnen geleisteten Dienste, die aber jetzt damit nur den allgemeinen Verfall beschleunigen, verlangen meines Erachtens nicht nur etwas Unbilliges, handeln vielmehr völlig verkehrt, weil sie nicht einmal einsehen, daß dann, wenn der Staat, was nicht eintreten möge, bankrott ist, auch für sie nichts mehr bereitsteht. Ich bin zwar der Meinung, daß einige von ihnen ihren Anteil ungeschmälert behalten und eine angemessene Entschädigung bekommen, aber ich halte es auch nur für recht und billig, daß sie dafür auch etwas leisten, ohne dafür anderes als hohe Ehre zum Lohn zu erhalten, und daß sie es nicht machen wie die Kuh, die nach dem Sprichwort die Milch, die sie gegeben hat, mit dem Fuß wieder umschüttet. Wenn schon die gesamten Einkünfte des Staates kaum hinreichen, um die Kosten für die öffentliche Sicherheit zu bestreiten, was bleibt dann übrig, wenn neben den nötigen Ausgaben noch ein Schwarm von Drohnen gefüttert werden soll, von denen die einen, wie sie sagen, ein „philosophisches Leben" führen, die anderen aber schlichtweg nichts tun oder doch für ihre Dienste viel mehr verlangen, als gebührlich ist?

Es ist Eure Sache, hier nach beiden Seiten die richtigen Verfügungen zu treffen, sodaß die Lage des einzelnen verbessert, vor allem aber daß dem Bedarf des Gemeinwesens Rechnung getragen wird.

Eine Folgerung aus dem oben Gesagten ist, daß das ganze Land Gemeingut aller Bewohner sein muß und keiner etwas davon als sein ausschließliches Eigentum betrachten darf. Es soll aber jedem freistehen, wo es ihm beliebt, zu pflanzen, zu bauen und zu ackern, soviel er will und vermag. Allerdings soll jeder als Herr und nur soweit als Herr des Grundstückes gelten, als er es wirklich bestellt. Er hat dafür niemand etwas zu entrichten und darf von niemand behindert werden, es sei denn, jemand ist ihm bei der Bearbeitung schon zuvorgekommen.

Dies mögen seltsame und ungewohnte Grundsätze sein. Wenn mir aber jemand nachweisen kann, daß meine Vorschläge für den einzelnen und den Staat nicht besser sind als die gegenwärtigen Zustände, dann soll er Recht behalten. Doch diejenigen, die nach meinen Plänen ihren Boden dann abtreten müssen, mag es trösten, daß ihnen ja eigentlich gar kein Grund und Boden weggenommen worden ist, daß vielmehr auch ihnen der gesamte Boden zur Nutzung zur Verfügung steht, allerdings nur dann, wenn sie sich nicht auf die faule Haut legen wollen. Nach meinen Plänen wird alles kultiviert und bringt alles Frucht, nichts bleibt brach liegen.

Wie überall und jederzeit gibt es auch hierzulande schwere Verbrecher, über welche das Gesetz zumeist die Todesstrafe verhängt. Jetzt aber ist die Anwendung dieser Strafe ganz abgekommen. Dafür werden einige an ihren Gliedmaßen verstümmelt, andere kommen ganz ohne Strafe davon. Beides halte ich für falsch. Die Verstümmelung ist eine barbarische, ungriechische Sitte und bietet überdies einen scheußlichen Anblick. Gefährlich aber ist es, wenn die Verbrecher straflos ausgehen. Die anständigste und zugleich nützlichste Art von Strafe scheint mir folgende: Die Verbrecher sollen in Ketten zur Arbeit gezwungen werden, besonders zu öffentlichen Arbeiten, z. B. wenn es gilt, die Befestigungen des Isthmus auszubessern oder ähnliches. Dann brauchen sich im Krisenfall nicht auch noch die Soldaten damit zu befassen, und diejenigen, die schon ihre Steuern bezahlt haben, müßten nicht auch noch zu solchen Arbeiten herangezogen werden.

Auch den Übelständen im Münzwesen muß abgeholfen werden. Es ist doch wohl naiv, sich fremder und zudem schlechter Kupfermünzen zu bedienen und damit anderen Gewinn zu verschaffen und sich selbst lächerlich zu machen. Eine wesentliche Hilfe wäre es schon, wenn die Steuerpflichtigen in Naturalien bezahlten und die Empfänger der Steuer sich damit abfänden. Der Bedarf an Münzen wäre dann schon sehr viel geringer, und für den kleinen Alltagsverkehr genügt ja leicht jede kleine Münze. Ich glaube nicht, daß die Peloponnes ausländisches Geld braucht; das Land hat ja außer Eisen und Waffen keinen Bedarf an Einfuhrartikeln, und diese kann man leicht gegen Baumwolle eintauschen. Wir können deshalb den Gebrauch ausländischen Geldes leicht abschaffen.

Absurd ist es zu glauben, wir hätten auch die Einfuhr von Kleidern aus dem Ausland nötig. Es kann dem Staat nur schaden, wenn wir in einem Lande, das Schafwolle in genügender Menge erzeugt, wo es ebensowenig an Flachs, Leinen und Baumwolle fehlt, diese Stoffe nicht so gut wie möglich zu Kleidern verarbeiten, sondern so tun, als könnten wir die über den Atlantischen Ozean und das Ionische Meer zu Kleidern gewebte Wolle keinesfalls entbehren. Es macht uns wahrhaftig mehr Ehre, wenn wir uns der einheimischen Erzeugnisse bedienen und es uns an den hierzulande hergestellten Stoffen genügen lassen.

Zu Einfuhr und Ausfuhr noch ein Wort: Was die eingeführten Artikel betrifft, so ist ihre Einfuhr manchmal vorteilhaft, manchmal nicht; ebenso verhält es sich mit den Exportartikeln. In beiden Fällen mögen die Unterschiede gelegentlich nur gering sein; trotzdem darf nichts dem Zufall überlassen werden. Auf Einfuhrgegenstände, die für uns von Nutzen sind, darf weder für Einheimische noch für Fremde Zoll gelegt werden; damit soll die Einfuhr erleichtert werden. Anderseits dürfen solche Artikel, die besser im Lande verbleiben, nur gegen hohe Zollgebühren ausgeführt werden, damit auf der einen Seite für den Bedarf der Bewohner genügend vorhanden bleibt, auf der anderen Seite aber der Staat seinen Gewinn hat. Er kann damit z.B. die Kosten für Gesandtschaften oder sonstige außerordentliche Ausgaben decken.

Dies mag immerhin erst später geregelt werden. Doch sofort sollte in Angriff genommen werden, was ich von der Verbesserung des Heerwesens und der Steuern gesagt habe. Keinesfalls dürfen diese Dinge in dem Zustand belassen werden, in dem sie sich jetzt befinden. Denn es steht schlecht und gefährlich damit. Es bedarf, mein Kaiser, nur Deiner Zustimmung. Für Dich als Autokrator kann es nicht schwierig sein, Dich zu entscheiden. Solltest Du mich beauftragen, die Sache in die Hand zu nehmen, so würde ich diesen Auftrag annehmen und, selbst wenn kein anderer den Mut dazu aufbrächte, die Angelegenheiten der Peloponnes in dem Sinne ordnen, wie ich es dargelegt habe. Ich möchte nur davor warnen, dieses Geschäft Leuten zu überlassen, die Euch ständig mit Bitten in den Ohren liegen. Ich habe hier gesagt, was ich für nützlich halte und welche Gründe ich dafür anführen kann. Auch Deinen Söhnen habe ich meine Ansichten bereits in gleicher Form dargelegt. Jetzt kommt es, wie gesagt, vor allem auf Deine allerhöchste Zustimmung an. Kommt diese Zustimmung, so werden die Pläne, sozusagen von höherer Macht abgesegnet, auch zur Verwirklichung gelangen. Gott möge es geben, daß Du einen Entschluß faßt, der heilsam ist und allem zum Besten gereicht!

Die Peloponnes, seit 1205 in „fränkischer" Hand, war seit Ausgang des 13. Jahrhunderts zu einem beträchtlichen Teil wieder byzantinisch geworden. Mit der Hauptstadt Mistras wurde sie zu einem der letzten Zentren des „Hellenismus", nicht zuletzt dank der Tätigkeit des Philosophen und hohen Richters Georgios Gemistos, genannt Plethon (gest. 1452), der in engerem Kreis die Rückkehr zu einem aufgeklärten Heidentum propagierte. Kaiser Manuel II. (1391–1425) bemühte sich energisch um die Verteidigung dieser Provinz, doch Plethon schlug ihm eine grundsätzliche Reform vor, die auch vor den Mönchen, hier „Philosophen" genannt, nicht Halt machte. Plethon bemüht alte Legenden von den gemeinsamen Ursprüngen Roms und Konstantinopels aus peloponnesischer Wurzel. Beim Isthmos handelt es sich um die Landenge bei Korinth, die mit dem „Hexamilion" gegen die Türken befestigt werden sollte. Eine ähnliche Befestigung war schon im 6. Jahrhundert erbaut worden. Die Söhne des Kaisers, die unter dem Titel „Despotes" die Provinz verwalteten, waren Theodoros und der spätere Kaiser Johannes VIII. Zum Münzwesen ist zu bemerken, daß unter Manuel II. nur noch selten Goldmünzen geschlagen wurden und man zur Silberwährung übergegangen war. Den Goldmarkt beherrschten die italienischen Seerepubliken Venedig und Genua.

S. Lampros, Palaiologeia kai Peloponnesiaka III, Athen 1926, S. 246–265; deutsch: A. Ellissen, Analekten der mittel- und neugriechischen Literatur IV, 2, Leipzig 1860, S. 85–104.

Defaitismus

Da Du mich, bester Freund, nun einmal überredet hast, Dinge, die ich sonst kaum im verborgensten Winkel oder auch gegenüber nächsten Angehörigen aussprechen möchte, nicht nur zu erzählen und niederzuschreiben, sondern brieflich sogar in den Hades hinunterzusenden, so mache ich mich am besten sofort ans Werk.

In der Peloponnes wohnen, wie Du selbst weißt, mancherlei Völkerschaften bunt durcheinander, deren Abgrenzungen jetzt noch zu finden nicht leicht, aber auch nicht dringend nötig ist. Der Sprache nach sind sie leicht zu unterscheiden und die wichtigsten sind die Lakedaimonier, die Italiener, die Peloponnesier, die Slaven, die Illyrer, die Ägypter und die Juden – dazu nicht wenige Mischlinge – insgesamt also sieben. Nun gilt die Zahl sieben ja als verläßlich und ehrwürdig, und die Arithmetiker bezeichnen sie als die jungfräuliche. Bei diesem Abschaum aber ist es eine unheilige und verfluchte Zahl! Alle zusammen bilden ein buntes Gemengsel und so kann es nicht anders sein, als daß immer einer des anderen Sitten, Gesetze, Naturell, Zustand, insbesondere aber jede Schlechtigkeit, die ein Volk vor dem anderen voraus hat, nachahmt, so wie kaum jemand mit einem Lahmen zusammenleben wird, ohne auch etwas von dessen Hinken anzunehmen. Da es sich nun so und nicht anders verhält, so wollen wir die Art und Weise eines jeden Volkes vornehmen, ihre Vorzüge im Schlechten und wie eines jeden Schlechtigkeit durch die Schlechtigkeit des anderen angereichert wird. Diese da lassen sich von den einen die Eitelkeit und Falschheit, die Bereitwilligkeit zu Angeberei und Verleumdung, die Aufgeblasenheit, die Völlerei und die vollkommene Bosheit zum Vorbild dienen. Jene dort ahmen andere in Herrschsucht, Geldgier und Krämersinn nach, dazu das engbeschränkte Leben, Verschrobenheit und Hinterlist. Andere haben von anderen den Wankelmut, die Unzuverlässigkeit, Lug und Trug, Ungerechtigkeit, Habsucht und Neigung zur Meuterei angenommen. Und was soll ich noch von jenen sagen, die da die Werke derer von Sodom und Gomorra, Blutschande und andere schnöde Fleischeslust verüben? Wollte ich ihrer aller Tun und Treiben bis ins Kleinste aufzeichnen, dann wäre ein langer Bericht nötig.

Wenn Du mir glaubst, daß es sich so und nicht anders verhält, wie ich Dir in Kürze berichtet habe, so wirst Du mir die weitläufige und unerquickliche Erzählung erlassen. Wenn Du Dich aber nicht überzeugen läßt, so vernimm meine Worte, und hört mich alle, die ihr im Hades weilt; denn die noch am Leben sind, wissen, was ich jetzt sagen will, und die nach ihnen im künftigen Jahrhundert kommen, werden es hören, und es wird ein Denkmal der Schlechtigkeit sein.

Da der heilige und durchlauchtigste Kaiser am 25. Juli der 7. Indiktion mit einem großen Schiff und fünf Galeeren von Konstantinopel ausgelaufen war, fuhr er nach dem aufrührerischen, viel besungenen Thasos, verweilte dort drei Monate und machte es sich mit starker Hand wieder untertänig, wie es vordem gewesen, nachdem früher häufige und schwere Kämpfe dort gewütet hatten. Dann fuhr er nach Thessalonike und ordnete dort alles nach Gebühr. Jetzt wandte er sich mit einer bedeutenden Streitmacht zur weiteren Fahrt, um das Land des Pelops zu begrüßen. Er kam nicht etwa zum Schmausen oder zur Jagd, nicht zur Erholung und Rast von seinen Mühen, von den vielen und edlen Werken, die er auf Thasos und in Thessalonike vollbracht hatte; nein! den seit Jahrhunderten verschütteten und für jeden, dem es beliebte, gangbar gewordenen Isthmus der Peloponnes, an dessen Befestigung mit Mauern und Graben keiner der früheren Kaiser auch nur im Traume gedacht, versah er wider alle Erwartung in 25 Tagen mit einer festen Mauer mit Zinnen und Türmen, und zugleich richtete er an beiden Enden die zwei zerstörten Kastelle wieder auf, zum Schutz für die im Lande Wohnenden und als Zufluchtsort für die von außen her durch die Barbaren Bedrängten. Dies gepriesene Werk war aber noch nicht vollendet, als die Leute, die ihr ganzes Leben damit verbringen, alle peloponnesischen Angelegenheiten zu verwirren und das Unterste zum Obersten zu kehren, jene nur in beständigen Kämpfen und Unruhen sich Gefallenden, jene mordschnaubenden lokalen Herren, die aller Tücke und allen Lugs und Trugs voll sind, ebenso barbarisch wie dünkelhaft, unzuverläßig, meineidig und treulos gegen Kaiser und Despoten, die jämmerlichsten Tröpfe und sich mehr dünkend als Tantalos – als diese Leute, sage ich – der Erde, der Sonne und dem Heer der Sterne sei's geklagt – sich ohne Scham und Scheu wider ihren Wohltäter auflehnten. Jeder von ihnen sann auf die Gründung einer eigenen Tyrannis; sie verschworen und verbanden sich unter einander zu bösen Anschlägen, schmiedeten schlimme Ränke wider den durchlauchtigsten Herrscher und drohten sogar den Werkleuten, die zu ihrem und der Ihrigen Heil wieder aufgerichtete Mauer zu zerstören. Den Wohltäter aber, der die Mauer aufführen ließ, den rastlosen Schützer der Römer, den Herkules unserer Zeit, den durchlauchtigsten Selbstherrscher, wollten sie vermessen beiseite schaffen, insgeheim oder mit offener Gewalt.

Diesen Abfall und diesen Aufstand ertrug der unübertreffliche Herr und Kaiser wie ein Edelmann mit aller denkbaren Hochherzigkeit und Seelengröße. Er rückte mit starker Heeresmacht gegen sie vor, führte huldreich Regen und Sonnenschein mit sich, zugleich der Freude und des Leides voll. Eine Freude war es ihm, wie durch solche ersprießlichen Werke nicht nur die von jenen seit je genährte List und Schadenfreude zuschanden, sondern auch ihre Falschheit und Tücke aller Welt kund wurde. Zum Leidwesen aber gereichte es ihm, daß er das weit gerühmte

und hohen Preises würdige Werk nicht vollenden konnte, wie er es sehnlichst wünschte, sondern genötigt war, auf Krieg und Kriegsmühen, auf
die Einnahme fester Schlösser, auf Verträge mit rohem Gesindel seine
Zeit zu verwenden.

Dies war der Lohn, den ihm diese Leute abstatteten, statt ihre Schuldigkeit zu erfüllen und Tag und Nacht für ihn inbrünstig zu Gott zu
beten, seinen Befehlen bereitwillig zu gehorchen und sein Werk zu preisen. Sie aber zeigten sich, wie du jetzt gehört hast, undankbar gegen ihren
Wohltäter, ohne Erkenntlichkeit für ihren Erretter, abtrünnig von ihrem
rastlosen Beschirmer.

Darum flehe ich nun zum Allmächtigen, der alles aus dem Nichts ins
Dasein gerufen, daß die Festungen der verruchten, falschen und heimtük-
kischen Tyrannen mit leichter Mühe und in kurzer Frist vom Kaiser
eingenommen werden mögen, sie aber zergehen wie Wachs am Feuer
und wie Reif am Strahl der Sonne; daß sie unter seine Herrschaft und
Botmäßigkeit hart gebeugt und gedemütigt werden, so wie unter das
Joch des vortrefflichen und gnädigsten Despoten. Den unterirdischen
Hermes aber und die Persephone und ihn selbst, den großen Pluton, flehe
ich an, daß Du, der Du mir arglistig geraten und mich wirklich verleitet
hast, mit Sack und Pack nach der Peloponnes zu ziehen, dafür im Hades
auf Disteln und Dornen wandeln mögest, daß Dir das Wasser der Styx
versiege und Du von dem Naß der Lethe in Ewigkeit nicht trinkest. Weile
voll Trübsal im Hades, bis die letzte Posaune erschallt und auch wir
dann, wenn es Gottes Wille ist, dort freudig zu Dir einkehren.

Im Anschluß an die „Hadesfahrt" des Mazaris (s. S. 108) steht ein „Traum nach der
Wiederbelebung", worin der Verfasser über seine Erfahrungen auf der Peloponnes berichtet. Besonders interessant die Ausführungen über den Festungsbau des
„Hexamilion", mit dem Manuel II. den Zugang zur Peloponnes den Osmanen
erschweren wollte.

Vielleicht verstand der Autor unter Lakedaimoniern die Bewohner des Kern-
landes der byzantinischen Provinz (um Sparta = Lakedaimon) und unter Pelo-
ponnesiern die übrige griechische Einwohnerschaft. Unter den Illyrern sind die
Albanesen zu verstehen, die inzwischen ihre Einwanderung begonnen hatten,
unter den Italienern die „Franken" seit dem 4. Kreuzzug und unter den Ägyptern
die Zigeuner. Das Datum 25. Juli der 7. Indiktion entspricht dem Jahre 1414.

A. Ellissen, Analekten der mittel- und neugriechischen Litteratur, IV. Leipzig
1860, S. 302–310 (mit deutscher Übersetzung); englisch-griech. Ausgabe: Mazaris' Journey to Hades, Buffalo 1975, S. 76–89.

IV.

Der Literat

Fast könnte man sagen: der Literat ist der Byzantiner schlechthin. Er ist es schon deshalb, weil er auf keinen besonderen Beruf festgelegt werden kann. Er findet sich unter den Schulmeistern und in der Klasse vermögender Nichtstuer; Kaiser gebärden sich literarisch und sind es, aber auch Prinzen und Prinzessinen. Dazu kommen nicht wenige Hofwürdenträger höchster Ränge, aber auch kleine Beamte und Sekretäre. Hohe Kleriker gehören dazu, ja sogar Mönche, die angeblich jedem weltlichen Treiben den Abschied gegeben haben.

Der Literat stellt so etwas dar wie ein Mixtum compositum aus den drei schon in der Antike nicht reinlich zu scheidenden Spielarten des „Intellektuellen", aus dem Philosophen, dem Rhetor und dem Sophisten, letzterem vor allem. Er ist der Philosoph, der sich eklektisch mit ein wenig Platon, schon sehr viel mehr Aristoteles und insbesondere mit einem guten Schuß „chaldäischer" Weisheit, neuplatonisch eingefärbt, beschäftigt; er ist der Rhetor, dem freilich die große politische Rede verwehrt ist, da sie etwas wie Demokratie oder Verlangen nach Demokratie voraussetzt, der dafür einen um so freieren und breiteren Spielraum in der Prunk- und Lobrede hat auf Heilige und Kaiser, auf Prinzen und Gönner; und er ist der Sophist, der sich in allen Breitengraden des Wissens bewegt, eitel nicht selten und unerträglich selbstgefällig, aber nicht selten auch mit jener Überzeugung des Isokrates, daß die plausible Wahrscheinlichkeit besser sei als die unerreichbare Wahrheit.

Dieser byzantinische Literat ist es, dem wir die Rettung eines Gutteils des klassischen griechischen Erbes verdanken, und der auch dafür sorgte, daß dieses Erbe nicht für ein Jahrtausend tot blieb. Es lebendig zu erhalten, war nicht immer leicht; doch diesen Literaten gelang es und damit stellten sie das stärkste Gegengewicht gegen die immer wieder drohende Vermönchung der byzantinischen Gesellschaft und Kultur dar. Sie waren sich ihres Ranges bewußt, und dies bedeutet, daß sie alle Fehler, die den antiken Sophisten auszeichneten, auch ihrerseits pflegten, d.h. neben dem persönlichen Dünkel einen ausgeprägten und manchmal völlig sterilen Formalismus. Aber diese dunklen Seiten machen beileibe nicht das ganze Bild dieses Literaten aus, der bei aller Schulmeisterlichkeit, die hervorsticht, auch Witz und Ironie kennt; dem neben Stücken reiner Nachahmung auch das kleine Kabinettstück gelingt, das trotz formaler

Entlehnungen beim klassischen Vorbild ein persönliches Gesicht bekommt; der als Philosoph nicht sehr oft, aber doch immer und immer
wieder gegen die engen Grenzen rebelliert, die ihm die Orthodoxie ziehen
will, und der über alle musische Beschäftigung und Geschäftigkeit hinaus
ein letztes Ziel selten aus den Augen verliert, die große „Theoria"
schlechthin, die Schau einer endgültigen Einheit.

Der Bildungsgang dieser Männer bleibt die ganze byzantinische Zeit
hindurch relativ einheitlich. Man durchläuft die Enkyklios Paideia, treibt
also etwa Grammatik, Geometrie, Musik, ein wenig Astronomie und
dergleichen. Höhepunkt ist das Verständnis der Klassiker, und mit ihrer
Lektüre erfolgt auch die Einführung in die Philosophie. Ein systemati-
sches Studium der Theologie an öffentlichen Schulen scheint es trotz aller
angeblichen Theologiebeflissenheit der Byzantiner nicht gegeben zu haben. Nur schwer öffnen sich diese Literaten nicht-griechischen Bildungs-
gütern. Selbst Übersetzungen aus dem Lateinischen werden nach Ausgang der Antike bis ins späte 13. Jahrhundert äußerst selten. Erst dann
beginnt ein gewisses Interesse an Augustinus und an der scholastischen
Theologie durch Übersetzungen sehr unterschiedlich interessierter Byzantiner wach zu werden, doch da man die Texte vorweg als theologische Herausforderung ansieht, blieb der Erfolg gering.

Im Handwerker und Kaufmann, nicht selten auch im Politiker, sieht
der byzantinische Literat den Banausen, auch wenn sich sein Blick in der
Not des Alltags nicht selten auf den reich bestellten Tisch dieses Banausen richtet. Zu viele Bettel-Literaten, wie man angenommen hat, darf
man jedoch kaum unterstellen, denn besieht man sich ihre Texte, mit
denen sie betteln, dann merkt man bald, daß es ihnen dabei durchaus
nicht nur um die äußerste Notdurft geht, sondern ebenso um Luxus-
güter.

Wege und Umwege zur Bildung

Es gibt Leute, die sich eine falsche Vorstellung von meinem Leben machen. Da meine Redekunst Beifall findet, behaupten sie, ich sei der glücklichste aller Menschen. Andere, die alle meine Mühsal und meine Krankheiten kennen, meinen, ich sei der unglücklichste. Beide Aussagen sind
weit davon entfernt, wahr zu sein. Ich muß also versuchen, sie richtigzu-
stellen, indem ich von meinem früheren und jetzigen Leben erzähle.
Dann werden alle merken, daß mein Los teils so, teils so war, daß ich
weder der glücklichste noch der unglücklichste bin. Mögen die Götter
der Rache mir darob nicht grollen!

Wenn es ein Glück bedeuten soll, Bürger einer großen und berühmten

Stadt zu sein, dann müssen wir unser Auge auf die Stadt Antiocheia werfen, auf ihre ganze Art, auf die Größe ihres Territoriums, auf die Wasserversorgung und die milden Winde, deren sie sich erfreut. Wer sie nicht gesehen hat, kennt sie sicher vom Hörensagen. Ihr Ruhm ist in alle Winkel des Erdkreises gedrungen.

Meine Familie war eine der bedeutendsten in dieser großen Stadt, was Bildung, Reichtum, öffentliche Leistungen, Veranstaltung von Spielen und jenen Freimut anlangt, wie man ihn der Willkür der Herrscher entgegensetzt. Einige meinen, mein Urgroßvater sei aus Italien eingewandert. Sie täuschen sich, weil er eine lateinische Rede gehalten hat. Tatsächlich stammte er von hier, obwohl er Latein verstand. Er wußte aber nicht nur hierin Bescheid, sondern verstand sich auch auf die Mantik, und so konnte er vorhersehen, daß seine Söhne trotz ihrer guten Eigenschaften, ihres Adels und ihrer Redegabe durch das Schwert umkommen würden. Ihr Schicksal brachte die Familienfinanzen in Bedrängnis, so daß mein Vater seine heiratsfähigen Schwestern aus Mitleid im eigenen Hause ernährte. Darüber hinaus entging auch mein Großvater mütterlicher Seite, ebenfalls ein hervorragender, redebegabter Mann, nur mit knapper Not einem ähnlichen Schicksal. Er starb dann an einer Krankheit und hinterließ sein Amt im Rate der Stadt seinen beiden Söhnen, von denen der eine sehr früh starb, der andere aber jede politische Stellung ablehnte.

Aus dieser Familie holte sich mein Vater seine Frau und er bekam drei Söhne, von denen ich der zweite war. Er starb, noch bevor er die Höhe des Lebens erreicht hatte, nachdem es ihm gelungen war, einen kleinen Teil der finanziellen Verluste wieder wettzumachen. Unmittelbar darauf starb auch der Vater meiner Mutter. Meine Mutter aber fürchtete die Verschlagenheit von Vormündern und die Streitigkeiten, die erwartungsgemäß über zu treffende Maßnahmen entstehen könnten. So wollte sie selbst für uns da sein und sorgen. Sie wandte dabei viele Mühe auf und es gelang ihr gut. Sie gab auch Geld aus für Lehrer, aber sie brachte es nicht über sich, ihrer Schlafmütze von Sohn beim Lernen energisch zuzusetzen, weil sie der Meinung war, eine Mutter dürfe ihrem Kind unter keinen Umständen lästig werden. So verbrachten wir die meiste Zeit des Jahres auf dem Land und nicht in der Schule. Darüber vergingen vier Jahre. In meinem fünfzehnten Jahr aber packte es mich, und ich verliebte mich entschieden ins Studium. Jetzt war es aus mit dem Zauber des Landlebens; die Tauben wurden verkauft – Tierchen, die einen Jungen durchaus für sich einnehmen können –, auch mit Pferderennen und Schaustükken war es vorbei. Gerade dies erstaunte jung und alt ganz besonders. Ich ging nicht mehr zu den Ringkämpfen, wo Männer fielen oder siegten, die an die dreihundert griechischen Helden in den Thermopylen erinnerten. Der Mann, der diese Spiele inszenierte und finanzierte, war mein Onkel mütterlicherseits. Er lud mich immer wieder ein, aber ich blieb über meinen Büchern. Da soll er schon frühzeitig vorausgesagt haben, ich brächte es noch bis zum Professor! Die Prophezeiung trat ja dann auch ein.

Was soll ich dazu sagen, daß ich Halbwaise war? Gewiß hätte ich meinen Vater noch gern als alten Mann erlebt. Aber ich bin mir sicher, daß ich dann jetzt in einem anderen Beruf stünde – ich säße im Rat oder wäre Anwalt oder hätte einen Posten in der Verwaltung. Niemand, auch wer noch so sehr den Vergnügungen ergeben ist, wird leugnen können, daß unsere kluge Mutter zwar immer und immer wieder den Besuchern, die uns holen und ablenken wollten, die Türe wies, daß wir aber trotzdem eine glückliche Kindheit erlebten. Ich war aber auch ein glücklicher Schüler, denn ich hatte einen Lehrer, der die Kunst der Rede beherrschte. Aber leider ging ich nur in unregelmäßigen Abständen zu ihm, eben wenn mir danach war. Als dann mein Eifer schließlich größer wurde, war es zu spät, denn der Mann starb. Obwohl ich mich nach dem toten Lehrer sehnte, begann ich doch einen neuen aufzusuchen. Aber der war nur das Trugbild eines Lehrers. Bei ihm ging es wie bei denen, die immer nur Haferbrot essen, weil sie nichts besseres haben. Als mir klar wurde, daß ich hier keine Fortschritte machen würde, vielmehr bodenlos dumm bliebe, da sagte ich Lebewohl. Ich befaßte mich nicht mehr mit Aufsätzen, Redeübungen und der Kunst der Stilistik, sondern tat nur noch eines: ich las die Klassiker und hatte dabei einen Mentor mit einem außerordentlich guten Gedächtnis, der es trefflich verstand, die jungen Leute in die besten alten Autoren einzuführen. Ich schloß mich so eng an ihn an, daß ich ihm immer auf den Fersen blieb, selbst dann, wenn er die Schule schon verlassen hatte. Ein Buch in der Hand, begleitete ich ihn über den Marktplatz, und er mußte mir, ob er wollte oder nicht, Auskünfte geben.

Fünf Jahre lang war ich ausschließlich mit solchen Studien beschäftigt, das Glück war auf meiner Seite, denn keine Krankheit behinderte mich. Da aber kam der Schlag auf meinen Kopf! Das ging so: Ich war bei meinem Lehrer, und wir waren in die Acharner des Aristophanes vertieft. Plötzlich wurde es dunkel, daß man meinen konnte, es sei schon Nacht. Und dann ein Knall vom Himmel. Meine Augen wurden vom Blitz geblendet, und der Donner schlug auf meinen Kopf ein. Zunächst glaubte ich, es sei gar nicht so schlimm, alles sei bald vorbei, und ich ging nachhause. Doch bei Tisch meinte ich, der gleiche Blitz und der gleiche Donner träfen mich wieder und strichen am Hause vorbei. Vor Angst fing ich zu schwitzen an, ich sprang vom Tisch auf und versteckte mich im Bett. Ich glaubte, ich solle davon nicht sprechen, vor allem sollten die Ärzte nichts erfahren, die mir gewiß hinderliche Medikamente oder eine ihrer Kuren verschrieben hätten. Später hieß es, das hätte alles im ersten Stadium rasch auskuriert werden können. So aber setzte sich das Übel fest, und der Schmerz wurde mein ständiger Begleiter. Es gibt natürlich Schwankungen, aber er hört nie ganz auf.

Nachdem ich die Werke der Klassiker, die ob ihrer Stilkunst bewundert werden, mir einverleibt hatte, kam mich ein großes Verlangen an, mein ganzes Leben dieser Art von Arbeit zu widmen. Ich hatte einen Kameraden, einen Kappadokier namens Iasion, der zwar nicht eben begabt war, aber sehr fleißig. Dieser wußte von älteren Leuten eine ganze Menge von Athen und was sich dort tat. Jeden Tag erzählte er mir ein langes und breites von Kallinikos und Tlepolemos und einer Reihe anderer Sophisten, von Redeschlachten, bei denen der eine siegte und der andere unterlag. Allmählich bekam ich eine richtige Sehnsucht nach dieser Stadt. Aber ich wollte nicht gleich davon sprechen. In der Zwischenzeit traten Väter mit heiratsfähigen Töchtern an meine Onkel heran und wollten eine Verbindung mit mir einleiten; jeder bot eine größere Mitgift als der andere. Aber mich konnte man nicht überzeugen. Um den Rauch Athens zu sehen, um mit Odysseus zu sprechen, hätte ich auch die Heirat mit einer Göttin ausgeschlagen. Von meinen Onkeln stellte sich dann der ältere auf die Seite meiner Mutter: ich sollte mir Athen aus dem Kopf schlagen, er würde auf keinen Fall seine Zustimmung geben. Aber dieser Onkel starb, und der jüngere war von den Tränen meiner Mutter weniger beeindruckt: die Trennung würde ja nicht allzu lange dauern, und es könnte viel Gutes bei dieser Reise herauskommen. Und so hat er mir das Tor geöffnet.

Als ich dann abreiste, da merkte ich erst, wie schrecklich es ist, die Familie zu verlassen. Weinend und klagend machte ich mich auf den Weg und drehte mich immer wieder um, weil ich wenigstens die Mauern der Stadt noch einmal sehen wollte. Bis Tyana ging alles nur unter Tränen, von Tyana aus mit Tränen und Fieber zugleich. Je länger die Reise dauerte, desto weniger besserte sich mein Befinden, und über den Bosporos setzte ich schon fast wie ein Toter; und meinen Maultieren ging es um kein Haar besser. Der Mann aber, der mir Hoffnung gemacht hatte, er könnte mich mit der kaiserlichen Post weiter nach Athen befördern lassen, war inzwischen seiner Würde enthoben worden. Er war zwar zu jeder Hilfeleistung bereit, so versicherte er mir, nur das mit der Post könne er nicht mehr durchsetzen. Jetzt dachte ich, zu Schiff nach Griechenland zu reisen, aber die Seefahrt war wegen der Jahreszeit schon eingestellt. Schließlich traf ich doch auf einen vorzüglichen Kapitän. Ich stellte ihm einen guten Fahrpreis in Aussicht und gewann ihn damit. Wir schifften uns ein, Poseidon war uns günstig, und so machten wir uns frohgemut auf die Fahrt. Wir segelten an Perinth vorüber, sahen am Ufer Troia, die unglückliche Stadt, überquerten die Ägäis und kamen schließlich zu einem der Häfen, von denen aus man nach Athen reist. Hier übernachtete ich. Es gelang mir aber anderntags nicht, den Mann zu

treffen, den ich hatte aufsuchen wollen. Man steckte mich nämlich in ein
Loch, das wie ein Faß aussah. So empfängt man dort die jungen Leute bei
ihrer Ankunft. Mein Kontaktmann und ich schrien uns gegenseitig zu,
aber diejenigen, die mich gefangen hielten, kümmerten sich nicht darum.
Ich mußte mich also eidlich für einen bestimmten Professor verpflichten.
Ich fand mich damit ab und kam schließlich frei.

Ich hörte also als eingeschriebener Student die Vorlesungen dieses Pro-
fessors, für den ich gekeilt worden war, besuchte aber auch die Stunden
von zwei weiteren ordentlichen Professoren. Überall gab es viel Beifalls-
getrampel, um die Neulinge zu täuschen. Ich merkte jedoch bald, daß
nicht sehr viel los war. Die Leitung der Studiengänge hatten Männer in
die Hand bekommen, die kaum besser waren als die Erstsemester selbst.
So bekamen die Leute den Eindruck, ich verachte Athen und verehre die
Herren Professoren nicht nach Gebühr. Es fiel mir schwer, ihren Groll zu
besänftigen: ich erklärte, ich bewundere schweigend, weil ich nicht laut
Beifall rufen könne wegen meiner Kopfschmerzen. Ich zeigte ihnen auch
einige meiner Arbeiten, und so gewann man schließlich den Eindruck,
ich sei doch in Ordnung, auch wenn ich meine Begeisterung nicht laut
äußere.

Von früher Jugend an hatte ich Geschichten gehört von den Auseinandersetzungen der verschiedenen Schulen in Athen, von Knüppeln und
Messern und Steinen, mit denen man da focht, von Wunden, Prozessen,
Plädoyers und Urteilen, alles nur, um das Ansehen der eigenen Professoren möglichst zu erhöhen. Ich hielt dies alles für richtig und für nicht
weniger wichtig, als fürs Vaterland zu kämpfen. Ich lief mit nach Sunion
oder zum Piraeus und zu anderen Häfen, um die Neuen schon beim
Verlassen der Schiffe abzufangen, dann nach Korinth, um mich für die
Entführung zu verantworten, hier ein Essen zu veranstalten und dort
eines und schließlich nach jemand Ausschau zu halten, der ein Darlehen
geben könnte.

Aber mit der Zeit machte ich mich frei. Ich nahm nicht mehr teil an
den Überfällen, den Kämpfen und Schlachten. Ich nahm auch keinen Ball
mehr in die Hand, so lange ich in Athen war, ging auf keinen Vergnü-
gungsplatz und strich nicht mehr in der Nacht mit den anderen in übel
beleumundeten Vierteln umher. Die Sirenen, die Hetären, die mit ihrem
Gesang schon manchen angezogen hatten, sangen für mich vergeblich.
Ich folgte meinen selbstgewählten Führern und studierte jeden Tag mit
Ausnahme der paar Feiertage.

Damals wurde in Athen ein Mann Stadtpräfekt, der sehr vernünftig
war, ein Italiener. Ihm war das wilde Treiben der Studenten zuwider. Er
suspendierte also die Professoren derjenigen Studenten, die besonders
herumwüteten, weil sie ihre Erziehungsaufgaben vernachlässigt hätten,
und suchte nach drei Ersatzleuten. In die Wahl kam ein Ägypter, sodann

ein Landsmann von mir und als dritter ich selbst, obwohl ich erst fünf-
undzwanzig Jahre alt war und die anderen zehn Jahre älter und noch
mehr. Ich mußte die Wahl annehmen. Aber schließlich ließ der Präfekt
mit sich reden: die suspendierten Professoren blieben im Amt. Mir blieb
immerhin die Ehre, auf der Liste gestanden zu haben. Die Atmosphäre
freilich war jetzt von Mißgunst getrübt. Niemand hatte mehr Ruhe. Die
anderen, weil ihre Intrigen ihnen schlaflose Nächte bereiteten; ich, weil
ich fürchten mußte, es könnte mir etwas passieren.

Libanios, gebürtig aus Antiocheia, wo er die meiste Zeit seines Lebens verbrachte,
gest. ca. 393, ist der berühmteste Redner seiner Zeit, ein heftiger Gegner des
Christentums, aber auch jenes römischen Wesens, das mit der Gründung Konstantinopels dem Osten auf den Leib rückte. In der Laufbahn der Juristen in
kaiserlichem Dienst sah er die eigentliche Gefährdung der hellenischen Bildung,
die für ihn das höchste Gut war. Athen war damals noch eine viel besuchte
Universitätsstadt, auch wenn ihr auf dem Gebiet der „Realia" die hohen Bil-
dungsstätten in Alexandreia allmählich den Rang abliefen. Von seiner Autobiographie hier einige Abschnitte des ersten Teils, in dem er seinen Bildungsweg
schildert. Korinth war Provinzhauptstadt und Sitz der Gerichte.
  Libanius' Autobiographie, ed. A. F. Norman, Oxford 1965.

Kontemplation und Entspannung

Es ist gut, wenn jemand, der sich mit wissenschaftlichen Problemen
abgemüht und seinen Geist überlastet hat und dessen Kopf schwer von
philosophischen Lehren ist, wenn er dann Entspannung braucht, – daß er
sich nicht gleich auf eine Komödie oder irgendein leeres rhetorisches
Erzeugnis wirft. Das wäre eine ungeordnete und leicht über das rechte
Maß hinausführende Zerstreuung. Nein, allmählich nur mußt du die
Spannung lösen, bis du, wenn du magst, wie ich hoffe, auch bis zum
anderen Ende kommst und alles durchgehst, was Freunde der Muse
Heiteres und Witziges geschrieben haben, bis du dich dann wieder zu
ernster Arbeit anspannst und solche und verwandte Lektüre als Stufen
zum Aufstieg benutzest.
  Meine Forderung ist: der Philosoph darf auf keinem Gebiet unfähig, er
darf auch nicht ungebildet sein, sondern er muß in die Geheimnisse der
Chariten eingeweiht und ein Hellene im vollen Sinn des Wortes sein, das
heißt: er muß mit den Menschen verkehren können auf Grund seiner
Kenntnis der gesamten wertvollen Literatur.
  Wenn unserer Natur auch etwas Buntschillerndes eigen ist, wird sie
durch das Leben in der Kontemplation bestimmt ermüden und daher von
der Höhe ablassen und herabsteigen. Wir sind ja nicht der reine Geist,
sondern Geist in der Seele eines lebendigen Wesens. Auch in unserem

eigenen Interesse müssen wir also die der Menschennatur näherstehenden Literaturformen pflegen, um eine Art Zuflucht bereit zu haben, wenn die Kräfte nachlassen. Wir müssen zufrieden sein, in der Nähe einen Ort zu haben, wo wir uns hinwenden können als Zugeständnis an die Beschaffenheit der Seele, die der Erquickung bedarf, damit wir nicht weiter fallen. Denn Gott hat die Freude zu einer Klammer der Seele gemacht, durch die sie die ständige Gegenwart des Leibes ertragen kann. Hier liegt die Schönheit der Literatur: sie sinkt nicht herab zur Materie, taucht den Geist nicht in die niedrigsten Mächte, sondern sie gibt Kraft, sich in kürzester Zeit wieder aufzurichten und zum Seienden hinaufzueilen; in einem solchen Leben ist auch das Unten ein Oben.

Nun habe ich auch Kenntnis erhalten von Menschen fremder Herkunft, die sich die Kontemplation zum Ziel gesetzt haben und sich daher vom bürgerlichen Leben und dem Verkehr mit den Menschen fernhalten in dem Streben, sich von der Natur freizumachen. Es gibt bei ihnen feierliche Gesänge, heilige Symbole und bestimmte geordnete Wege der Annäherung zum Göttlichen. All das wehrt der Hinwendung zur Materie. Sie leben fern von einander, um nichts Angenehmes zu sehen oder zu hören.

> Denn sie essen nicht Brot, sie trinken den funkelnden Wein nicht.
>
> (Homer, Ilias)

So könnte man ohne Übertreibung auch von ihnen sagen. Aber obgleich sie so tapfer gegen die Natur ankämpfen und nach unserer Meinung es durchaus verdient haben, das vollkommene Leben zu erreichen, genießen doch auch sie es nicht ohne Erschöpfung. Auch sie holt die vergängliche Natur wieder zurück, sobald sie nur ein wenig Fuß gefaßt haben in der Seligkeit ihres wahren Seins. Durchaus nicht ununterbrochen können sie ihren Geist auf der Höhe halten und die geistige Schönheit genießen, auch wenn sie dieses Ziel einmal erreicht haben. Wie ich höre, kommen nämlich auch sie nicht alle zu diesem Erlebnis, nicht einmal die meisten, sondern auch von der Minderzahl nur ganz wenige, denen Gott den ersten Anstoß gegeben hat und die dann dabei bleiben – soweit es menschenmöglich ist – und sich durch keine Versuchung ihrer Natur erweichen lassen. Denn viele sind Träger des Narthex, doch wenige Bacchen. Und auch diese wenigen können nicht unverwandt die Ekstase ertragen, sondern einmal ruhen sie in Gott, dann wieder sind sie in der Welt und im Leibe und wissen sich als Menschen, als winzige Teilchen des Weltganzen. Sie wissen, daß sie niedrigere Formen des Lebens in sich tragen, die sie mißtrauisch beobachten und vorbeugend unterdrükken, damit sie sich nicht bewegen und empören können. Oder was sollen ihnen die Körbe sonst und die Beschäftigung mit allerlei Flechtwerk? Das zeigt doch erstens, daß sie in diesem Augenblick Menschen waren, also irdischen Dingen zugewandt; denn sie können doch nicht gleichzeitig in der Kontemplation leben und an Flechtarbeiten ihre Geschicklichkeit erproben, und zweitens, daß sie der Untätigkeit mißtrauen, die unsere Natur nicht erträgt, da sie vielerlei Anstöße zu Bewegungen gibt. Um nun nicht etwas anderes zu tun, haben sie die Beschäftigung mit diesen Dingen unter sich zum Gesetz gemacht und lenken sie ihre Natur dorthin. Ja, sie freuen sich sogar, wenn sie etwas fertig bringen, und je zahlreicher und schöner diese Produkte ausfallen, desto mehr. Etwas in uns muß sich ja auch mit Irdischem abgeben, doch darf es nicht stark sein, damit es uns nicht zu weit hinabzieht und zu sehr in Besitz nimmt. Freilich, die Fremden haben mehr Kraft als die Griechen, wenn es gilt, auf einem Vorsatz zu beharren. Worauf sie auch ihr Streben richten, immer ist es ungestüm und unbeugsam. Der griechische Charakter ist feiner und zeugt von einer milderen Mischung; doch gerade deshalb läßt er auch eher nach.

Ich wollte wohl, daß es unserer Natur eigentümlich wäre, ständig zur Kontemplation erhoben zu sein. Da dies aber offensichtlich unmöglich ist, ist es mein Wunsch, zeitweilig das Höchste zu umfassen, zeitweilig, zur Menschennatur herabsteigend, mich heiteren Unterhaltungen zuzuwenden und mein Leben mit Frohsinn zu verschönen. Ich weiß, daß ich Mensch bin; weder ein Gott und damit unzugänglich für jede Freude, noch ein Tier, das sich nur an sinnlichen Genüssen erfreut. Es bleibt also übrig, etwas von den Dingen zu suchen, die in der Mitte liegen. Was käme da vor der Beschäftigung mit der Literatur und mit literarischen Dingen? Gibt es einen reineren Genuß, eine leidenschaftslose Leidenschaft? Auch hierin stelle ich den Griechen über den Fremden und halte ihn für weiser: wenn es herabzusteigen gilt, bleibt er gleich in der Nähe, denn er macht bei der Wissenschaft halt. Danach gelangt er von einem Literaturwerk zum nächsten, auf denselben Stufen, auf denen er aufgestiegen war. All das schärft das innere Auge, beseitigt die Trübungen, richtet es nach oben und gewöhnt es allmählich an den Anblick der Dinge, so daß man sich schließlich an eine höhere Schau wagt und nicht gleich blinzelt, wenn man in die Sonne blickt. So übt der griechische Mensch auch mit seinen Zerstreuungen seine geistige Beweglichkeit, und aus seinen Vergnügungen zieht er Gewinn für sein höchstes Ziel.

Die anderen aber, die den zweiten Weg eingeschlagen haben, der als der eherne gilt – setzen wir die Tatsache voraus, daß einige von ihnen wirklich das Ziel erreichen –, einen Weg, meine ich, sind sie überhaupt nicht gegangen. Wie wäre das ein Weg, wo man kein allmähliches Fortschreiten sieht, keinen ersten und keinen zweiten Schritt, keine Ordnung? Nein, ihr Verhalten gleicht bacchantischer Raserei und einem besessenen und enthusiastischen Springen, d. h. ohne gelaufen zu sein, das Ziel erreichen, ohne rationale Bemühungen in den Bereich des Irrationalen gelangen. Für diese Leute führt dann auch der Abstieg sofort zu irgendeiner minderwertigen Tätigkeit, er ist unvermittelt und gleicht einem Sturz, ebenso wie wir ihren Aufschwung mit einem Sprung vergleichen. Denn wen der Verstand nicht auf den Weg gebracht hat, den empfängt er auch nicht wieder bei der Rückkehr. Wie paßt das zusammen, in einem Augenblick in Verbindung mit dem Höchsten sein, im nächsten sich mit Zweigen und Weidenruten beschäftigen?

Ich weiß genau, was ich alles den wahren Dichtern verdanke und den guten Rednern und allen, die eine geschichtliche Tatsache in bemerkenswerter Weise niedergeschrieben haben. Überhaupt möchte ich keinen von denen, die zum gemeinsamen Schatz der Hellenen beigesteuert haben, was jeder Gutes hatte, ohne Lob ausgehen lassen.

Und selbst wer die Musen nicht als Vorstufe der Weihen betrachtet, sondern mit ihnen die ganze Weisheit zu besitzen glaubt und gar nicht zu erkennen strebt, ob sie manchmal nicht noch etwas Höheres geheimnisvoll andeuten, sondern nur ihre äußere Schönheit bewundert, sie anstaunt und in ihrem Bann steht – wer so ist, hat noch nichts Schlimmes getan. So weit die Verteidigung der Musen gegen die Ungebildeten, die in ihrer üblen Gesinnung, um sich nicht der Unwissenheit überführen zu lassen, zur Verleumdung von Dingen ihre Zuflucht nehmen, die sie nicht kennen.

Ich singe für mich allein, singe nur vor den Zypressen hier. Das Wasser hier läuft eilends seinen Lauf, nicht abgemessen und nicht nach der Wasseruhr eingeteilt, wie es ein Amtsdiener zuwägen mag. Nein, wenn ich jetzt noch nicht aufhöre, so werde ich doch alsbald fertig sein, oder auch erst viel später. Bis in die Nacht werde ich jedenfalls nicht singen. Der Bach aber fließt, auch wenn ich aufgehört habe, er wird weiterfließen, Tag und Nacht, übers Jahr, immer. Warum soll ich mich zum Sklaven von Terminen machen, wenn ich meine Selbständigkeit voll genieße und meine Rede überall hinlenken kann, wie es mir gefällt, nicht dem Urteil geringschätziger Zuhörer unterworfen, sondern als mein eigenes Maß? Denn dies ist die Bestimmung, die mir Gott gegeben hat, keinem Herrn zu dienen und Freizügigkeit zu genießen.

Der Verfasser, Synesios von Kyrene, ist ein jüngerer Zeitgenosse des Libanios (gest. ca. 412). Er ist zunächst der libysche Landedelmann „spartanischen" Geblüts, dem Pferde genau so viel bedeuten wie Bücher. Unter dem Einfluß der Philosophin Hypatia an der hohen Schule von Alexandreia, die 415 von einer Meute fanatischer Christen zu Tode gemartert wurde, wandte er sich ernsthaften Studien zu und suchte in großen Hymnen den plotinischen Weg zum Ur-Einen. Politisch vertrat er mit Geschick die Interessen seiner Stadt Ptolemais am Kaiserhof und wurde schließlich, ohne heidnische Grundüberzeugungen aufzugeben, Bischof dieser Stadt. In seiner Schrift „Dion Chrysostomos oder vom Leben nach seinem Vorbild" versucht er seine Lebensweise im Wechsel von Kontemplation und musischer Beschäftigung mit den Klassikern zu rechtfertigen, teilweise schon allem Anschein nach mit Blick auf die Anachoreten der ägyptischen Wüste. Der Narthex ist der Thyrsos-Stab, den die Bacchanten schwangen.

Synesios von Kyrene, Dion Chrysostomos, griechisch und deutsch von K. Treu, Berlin 1959.

Christlicher Platonismus

Mein Platon? Muß ich denn, bei der Sonne und bei der Erde, mein Heiligster und Weisester, zur großen Verteidigungsrede ansetzen? Wenn Du glaubst, mir vorwerfen zu sollen, daß ich mich oft mit diesem Philosophen in seinen Dialogen treffe, daß ich die Art seiner Interpretation bewundere und die Kraft seiner Beweise sozusagen vergöttere, warum machst Du diesen Vorwurf nicht auch den großen Kirchenvätern, die von dieser Grundlage aus Eunomianer und Apollinaristen widerlegten? Solltest Du mich jedoch dafür tadeln, daß ich seine Grundansichten teile oder mich an seine Gesetze klammere, dann, mein Bruder, hast Du eine verkehrte Meinung von mir.

Ich habe mich in meinem Leben sehr gründlich mit einer ganzen Anzahl philosophischer Werke auseinandergesetzt und auch viele Rhetoren gelesen. Dabei habe ich natürlich, wie sollte ich es leugnen, auch auf Platon nicht vergessen, so wenig wie auf Aristoteles. Ich kenne auch die Chaldäer und die Ägypter und ihre Ansichten. Und muß ich auch die hermetischen Schriften noch erwähnen, mein Teurer? Aber ich habe all dies mit der heiligen, von Gott inspirierten Schrift, der reinen, erleuchtenden und wirklich verläßlichen, verglichen und nicht selten statt Gold nur Erz oder gar Talmi entdeckt.

Mein Platon also? Ich weiß nicht, wie ich die Schwere der Anschuldigung ertragen soll. Habe ich nicht seit je das Kreuz Christi gewählt und jüngst auch noch dem Mönchsstand den Vorzug gegeben? Ich fürchte, Platon ist eher der Deine, – um Dich mit Deinen eigenen Waffen zu schlagen. Du hast Dich jedenfalls bisher nicht bemüßigt gefühlt, auch nur eine einzige seiner Ansichten zu widerlegen. Ich dagegen fast alle. Fast, sage ich, – alle insgesamt sind ja nicht verwerflich: etwa was er über die Gerechtigkeit zu sagen hat, oder seine Prinzipien im Hinblick auf die Unsterblichkeit der Seele, die sich ja schließlich mit unseren christlichen Ansichten fast decken. Ich habe mich also durchaus nicht verblenden lassen. Ich mag mich in den strahlenden Glanz seines Redeflusses verliebt haben, aber das bittere Salz habe ich herausgewaschen.

Dein Vorwurf quält mich. Gib Dir Mühe und höre zu, was Dir ein „platonischer Philosoph" zu sagen hat. Ich, mein liebster Bruder, rühme mich, Christ zu sein, Sproß einer Familie, die seit je christlich ist. Ich bin – hoffentlich nimmst Du mir den Ausdruck nicht übel – ein Schüler des

Gekreuzigten, ein Zögling der heiligen Apostel und, ich wage die Behauptung, ein sehr gewissenhafter Anhänger der christlichen Lehren über das Wesen Gottes. Wenn Du Platon erwähnst und Chrysipp: Ja, ich habe sie geliebt, und warum auch nicht, und zwar bis an die Grenzen, wo sie noch evident und klar sind. Was ihre besonderen „Dogmen" anlangt, so habe ich die einen von vornherein außer acht gelassen, andere, die mir für Hilfeleistungen tauglich erschienen, in unsere christliche Lehre eingebaut und mit der Heiligen Schrift in Verbindung gebracht, so wie es hier und dort auch Gregor von Nazianz und Basileios, die großen Leuchten der Kirche, getan haben.

Was die verschiedenen Arten von Syllogismen anlangt, so bin ich noch nicht so weit, daß ich sie verachten würde. (Möge es mir einst vergönnt sein, ohne sie auszukommen, damit ich den Herrn von Angesicht zu Angesicht und nicht mehr nur in rätselhaften Bildern schauen kann!) Der Gebrauch der Syllogismen, mein Bruder, ist nichts, was den Dogmen unserer Kirche widerspräche, noch eine sogenannte paradoxe philosophische Ausgangslage, sondern ein bloßes Werkzeug zur Auffindung der Wahrheit und zur Lösung eines Problems.

Will aber jemand nicht mit strenger Logik an die wahre Lehre herangehen und keine feste Nahrung zu sich nehmen, sondern nur Milch trinken, wie der Apostel Paulus von den Korinthern sagt, sollen dann wir nur deshalb, weil wir es genauer nehmen, die „Unglücksleute" sein, von denen die Bibel spricht?

Du hältst Tugend und Laster auseinander mit dem Vergleich von Berg und Tal. Ich kann da nicht mitmachen. Uns steht die Entscheidung frei, und ich wage mich in beiden Richtungen ins Weite. Weder Berg noch Stadt sind in der Lage, eine Entscheidung zwischen zwei entgegengesetzten Haltungen herbeizuführen. Laß es Dir sagen: Ich bin ein Stadtmensch. Ich lasse Dir in der Tugend den Vortritt und auch was Verstand anlangt. Letzteren, und nur ihn, nehme ich aber auch für mich in Anspruch und mache mir dafür den Vorwurf, daß mein Herz in der Tugend nicht so bewährt ist. Dir bezeuge ich jegliches Verdienst im Guten, und ich füge hinzu: auch einen gewissen Charme in der Argumentation, soweit das Gesetz der Freundschaft dies erlaubt. Aber, Bergsteiger, der Du bist, verrätst Du Dein Ideal; Du stürzt Dich gleich wieder auf mich und machst mir mein bescheidenes Mittelmaß zum Vorwurf. Daß ich mir auch ein Stück Verstand zuschreibe, hältst Du für Überheblichkeit, und während Du mich ahnen läßt, daß Du schon jegliche Höhe erreicht hast, donnerst Du in Deinem Brief mit großen Worten los. Und weil Du den Syllogismus nicht gelten läßt, endest Du bei einer Beweisführung mit Autoritäten und führst Stephanos und Gregorios an, als ob in beiden allein alle Beweiskraft beschlossen wäre. Alles übrige scheint Dir überflüssig zu sein angesichts der Laufbahn, vor der Du stehst. Wenn aber einer auf derselben Bahn steht wie Du, aber auch noch Bescheid weiß in den Dingen, von denen ich gesprochen habe, sollte der nicht doch besser daran sein als der Einspurige? Ich meine damit nicht einfach mich selbst; es gilt von jedem in einer solchen Lage.

Was den Berg Sinai angeht, von dem Du gesprochen, so möchte ich Dir auch darüber meine Gedanken verraten: Es geht nicht um den geographischen Berg, den Moses bestiegen hat und auf den Gott herabgestiegen ist, sondern das Entscheidende ist das Symbol, das Sich-erheben der Seele über die Materie. Der Mensch, wie er ist, erfährt dieses Hochgerissenwerden nicht etwa, wenn er sich in Schluchten und Bergeshöhen zurückzieht, sondern wenn wir in Gelassenheit und asketischer Reinigung – darin besteht ja das zweite und neue Leben – uns dem Ziel der Kontemplation genähert haben, besser gesagt, wenn wir unseren eigenen Verstand transzendiert haben und zur höchsten Sphäre der Erleuchtung gelangt sind. Dies ist der wahre Berg, das wahre Dunkel und das echte Schweigen nach allzuviel Bewegung und das Aufhören der Verstandeserkenntnis. Dort angelangt, schauen wir und erkennen nicht mehr. Oder besser: unser Verstand hält still, weil er nicht mehr aufnimmt, was wir erkennen. Anders wäre es eine Herabwürdigung dieser Gnosis und die Wahrnehmung bloßer Einzelheiten. Wer nämlich weiß, daß er weiß, ist hin- und hergerissen zwischen zwei Erkenntnissen; eine solche Spaltung ist aber eine Art Abkehr vom Besten und ein Rückschritt.

Auch dies habe ich von den Chaldäern gelernt und in den Dienst unserer eigenen geistlichen Systeme gestellt. Ich habe verschiedentlich darüber gehandelt in Schriften, Kindern meiner Seele, die viele in den Händen haben und worüber sie sprechen. Ich gebe die Hoffnung nicht auf, daß auch ich, in diesem Tale, in dieser Stadt der Tränen, noch Gott schauen kann. Der Berg, von dem ich zuletzt sprach – den gibt es überall auf Erden. Sollte ich aber einmal zu dem Entschluß kommen, auch auf Deinen Berg zu steigen, dann ginge mein ganzes Streben dahin, daß auch ich Elender zur Ruhe komme. Was muß es doch für ein unbeschwertes Leben sein, das die Bewohner dieses Götterberges führen, besonders wenn jemand ihn einmal bestiegen, strengste Askese geübt hat und nicht mehr an Rückkehr denkt.

So also, mein Lieber, wohne ich auf dem Berg und in der Stadt. Ich folge dabei meinem Herrn und Gott, dessen Joch ich schätze und aus Liebe zu dem ich diese Mönchskutte angezogen habe, ich, der ich oft die Marktplätze und selten die Berge aufsuche. Du weißt es ja selbst: auch die Jünger des großen Gregor haben aus der Menge auf den Marktplätzen heraus den Weg zum „engelgleichen Leben" gefunden. Wenn das „Himmelreich in uns" ist, welchen Berg in uns sollte es dann nicht geben? Dies ist ja die letztgültige Sphäre aller Berge und eines jeden Aufstieges.

Platon also, mein Bruder, soll mein sein und Chrysippos? Wem aber soll Christus gehören, „mit dem ich gekreuzigt wurde"? Symbolisch habe ich mir ihm zuliebe die überflüssige Materie abscheren lassen, seinetwegen meinen Lebensweg gewechselt. Doch gewiß ist: auch wenn ich aufrichtig Christus angehöre, brauche ich nicht jede gesunde Lehre und die Erkenntnis des Seienden, des geistigen sowohl wie sinnlich wahrnehmbaren, verwerfen. Gottes werde ich inne, so weit dies möglich ist, durch das Gebet und ich werde nach oben gerissen, wenn es mir so gegeben ist. Wenn ich aber wieder niedersteige – die Natur ist ja beweglich nach allen Richtungen – dann will ich auf die Wiesen des geistig-literarischen Lebens herabsteigen, wie einer der Alten gesagt hat, mir da eine schöne Blume pflückend und dort eine andere aus Deinem Garten für meine Seele. Dann wieder verlasse ich dieses Gefilde, beschäftige mich mit logischen Fragen und mit naturwissenschaftlichen Lehren und mache mich auf die Suche nach den Seinsgründen dessen, was geschaffen ist. Ich will mich mit Geistigem beschäftigen und allem, was den Verstand transzendiert. Vielleicht werde ich mich auch rhetorischen Untersuchungen widmen. Du wirst natürlich der Ansicht sein, ich kehre damit nur zu dem zurück, was ich vorher auch trieb. Doch alles Frühere war nur Schatten der Wahrheit. Jetzt erörtere ich diese Formenwelt nicht mehr wie einst: sie soll mir vielmehr ein Tor öffnen zum Besseren und den Aufstieg ermöglichen.

So befreie ich den Geist auf verschiedene Weise von der Materie, indem ich ihn erhebe, so weit ich es vermag – wer ist schon in der Lage, philosophisch das Ganze zu umfassen? Ich glätte auch alle sprachlichen Unebenheiten durch wohlüberlegte, auf den leichten Fluß bedachte Wortwahl, durch harmonisierende Komposition und den Bau von Perioden. Ich bin überzeugt, daß dies die Tugend nicht im geringsten behindert, und ich bleibe dabei, bis ich wieder aufsteigen kann in die Sphäre der höheren Erkenntnis.

Glaube nicht, mein liebster Bruder – dies bist Du ja, auch wenn Du aus mir einen Platoniker machen und mich von Christus trennen willst – glaube nicht, daß ich dies alles feindselig gestimmt geschrieben habe; wirklich nicht, bei Deinem und meinem Jesus! Aber Deine Anklage wegen Platon hat mich zutiefst verletzt und ich wußte nicht, wie ich diesen Schlag ertragen sollte. Deshalb habe ich mich sofort an diesen Brief gemacht, um mich gegen diesen Affront zu verteidigen und um, wenn möglich, zu beweisen, daß ich alle hellenische Weisheit, die wir aus der Antike bezogen haben – und zähle dazu ruhig auch die Chaldäer und Ägypter und was es sonst an hermetischem Wissen gibt – daß ich all dies gering schätze gegenüber der Tatsache, Mönch zu sein.

So beuge ich mich bußfertig vor Dir, wie es den erzieherischen Gewohnheiten Deines Standes entspricht, und bitte um Vergebung dafür, daß ich meine Gedanken und meine Zunge nicht im Zaum gehalten habe, nachdem ich feststellen mußte, daß die Tatsache, zu den Platonikern gezählt zu werden, mich von euch gotterfüllten Menschen trennt.

Je stärker formalisiert die Beschäftigung mit der heidnischen Klassik war, desto leichter konnte sie sich im Rahmen der strengen Orthodoxie bewegen. Anders, wenn der Versuch unternommen wurde, die alte Lehre, etwa Platons, zu aktivieren. Dies versuchte bis zu einem gewissen Grad der Höfling, Philosoph und Geschichtsschreiber Michael Psellos im 11. Jahrhundert. Der Patriarch Joannes Xiphilinos (1064–1075), sein früherer Freund, machte ihm seinen „Platonismus" – es war eher Neuplatonismus – zum Vorwurf, und Psellos fühlte sich gedrängt, eine Apologie zu schreiben, die zu einer Programmschrift für seine philosophische Haltung wurde, auch wenn die taktischen Konzessionen, die er machte, nicht zu übersehen sind. Die Eunomianer und die Anhänger des Apollinaris waren Häretiker des 4. Jahrhunderts. Unter Chaldäern und Ägyptern verstand man in diesem Zusammenhang ganz allgemein „orientalische" Weisheit: Magie, Wahrsagekunst, Astrologie usw. Unter hermetischen Schriften ist jener dreimalgroße Hermes (Hermes Trismegistos) zu verstehen, der in der spätantiken Mysterienphilosophie zum Abgott geheimer Zirkel geworden war. Chrysippos ist ein stoischer Philosoph des 3. vorchristlichen Jahrhunderts.

U. Criscuolo, Michele Psello, Epistola a Giovanni Xifilino, Neapel 1973.

Hellenistische Ketzerei

Anathem gegen jene, die vorgeben orthodox zu sein, aber schamlos, oder besser gottlos, die frivolen Dogmen der Hellenen in die orthodoxe und katholische Kirche einführen, die menschliche Seele, den Himmel, die Erde und die übrige Schöpfung betreffend.

Anathem gegen jene, welche der törichten Weisheit der heidnischen sogenannten Philosophen den Vorzug geben und diesen Meistern Folge leisten und die Seelenwanderung annehmen oder das Verschwinden der Seele der Menschen wie bei den Tieren, und die damit die Auferstehung, das Gericht und die endgültige Vergeltung leugnen.

Anathem gegen jene, welche die Lehre aufstellen, Materie und Ideen seien ohne Anfang oder desselben Anfangs wie Gott, der Schöpfer des Alls, und daß Himmel und Erde und die übrige Kreatur ohne Anfang sind und unverändert bleiben, und so dem Wort widersprechen: „Himmel und Erde werden vergehen, aber meine Worte werden nicht vergehen", die somit erdhaftes Geschwätz verbreiten und den Fluch Gottes auf ihre Häupter herabziehen.

Anathem gegen jene, welche behaupten, daß die Weisen der Griechen und die ersten der Häresiarchen, die von den sieben ökumenischen Kon-

zilien und allen Vätern leuchtenden orthodoxen Glaubens mit dem Anathem belegt worden sind, weil sie außerhalb der katholischen Kirche
stehen, – daß diese mit ihren falschen und widerlichen Lehren weitaus
besser daran sind, sowohl hier wie beim jüngsten Gericht, als die frommen Orthodoxen, die irgendwie aus Verirrung oder Unwissenheit gesündigt haben.

Anathem gegen jene, die nicht reinen und einfältigen Glaubens und
von ganzem Herzen die außerordentlichen Wundertaten unseres Gottes
und Erlösers und seiner reinsten Mutter und der übrigen Heiligen anerkennen, sondern versuchen, sie mit sophistischen Spitzfindigkeiten als
unmöglich hinzustellen oder nach eigenem Gutdünken zu interpretieren
und für ihre eigenen Zwecke zurechtzurücken.

Anathem gegen jene, die sich hellenistischen Studien hingeben und
dabei nicht nur sich bilden wollen, sondern ihren wertlosen Lehren folgen und sie als wahr annehmen, als seien sie begründet, ja sogar andere
insgeheim oder öffentlich in sie einführen und sie, ohne zu zögern, darin
unterrichten.

Anathem gegen jene, die unter anderen mythischen Fiktionen, die
sie erfinden, auch unsere Schöpfungslehre ummodeln, die platonischen
Ideen als wahr annehmen, behauptend, die Materie sei in sich subsistent
und erhalte ihre Form durch die Ideen, und damit ganz offen den freien
Entschluß des Schöpfers verleumden, der aus dem Nichtsein das ganze
Sein geschaffen hat und als Schöpfer aus eigener souveräner Kraft allem
ein Ende und einen Anfang gesetzt hat.

Anathem gegen jene, die behaupten, daß bei der Auferstehung die
Menschen mit anderen Leibern auferstehen werden und vors Gericht
treten, und nicht mit denen, die sie in diesem Leben hatten, weil diese
verwest seien, und derart leeres Zeug daherreden, wo doch Christus,
unser Gott, und seine Apostel, unsere Lehrmeister, lehren, daß die Menschen mit den Leibern, die sie hier gehabt, dort gerichtet würden, und wo
doch der große Apostel Paulus klar und deutlich und mit Beispielen,
wenn er auf die Auferstehung zu sprechen kommt, die Wahrheit lehrt
und diejenigen, die anders denken, für Toren erklärt.

Anathem gegen jene, welche die leeren griechischen Sätze aufnehmen
und weitergeben, daß es nämlich eine Präexistenz der Seele gebe und daß
das Universum nicht aus dem Nichts geschaffen sei und daß es ein Ende
der Höllenstrafe gebe und eine Wiederherstellung der Schöpfung und
aller menschlichen Einrichtungen, womit sie ein Himmelreich postulie-
ren, das vergänglich ist, während Christus, unser Gott, gelehrt und ge-
predigt hat und wir aus dem ganzen Alten und Neuen Testament wissen,

daß die Höllenstrafe ewig ist und das Gottesreich ebenfalls ewig. Mit solchen Reden verderben sie sich selbst und verursachen die ewige Verdammnis der anderen.

Anathem den hellenischen und ungläubigen Lehren des Joannes Italos und derjenigen seiner Schüler, die an seiner Pest Anteil haben, weil sie dem christlichen und orthodoxen Glauben widersprechen.

Was Psellos erspart blieb, blieb seinem Schüler Joannes Italos (gest. nach 1082), einem gebürtigen Süditaliener, wohl einem Normannen, nicht erspart: die Verurteilung durch die Kirche. Als Philosoph griff Italos energischer zu als Psellos und wagte sich an Fragen, um die letzterer nur herumstrich. Zweimal machte man ihm den Prozeß, 1076/77 und 1082. Im ersten Prozeß wurde er nicht verurteilt; man verfuhr „anonym". Vom zweiten Prozeß sind nur die Anathematismen, aber kein Protokoll erhalten. Wie weit sich die Anathematismen mit seiner Lehre wirklich decken, bleibt fraglich. Es besteht kein Zweifel, daß Italos über die öffentlichen Vorlesungen hinaus auch Privatissima gab.

J. Gouillard, Le synodikon de l'orthodoxie. Edition et commentaire, Travaux et Mémoires 2 (1967) 57–61.

Auf der Suche nach Meistern

Der Verfasser dieser hier gesammelten Schriften stammt aus Kypros. Sein Vater und seine Vorväter bis weit zurück in der Familiengeschichte waren reich und nahmen eine führende Stellung im Vaterland ein, bis die Insel in die Hände der Barbaren aus Italien fiel und die Griechen unterworfen wurden. In diesem Zustand der Knechtschaft traf das Unglück aller auch seine Familie. Sie gehörte fortan nach Besitz und Ansehen nur noch zur Mittelklasse. Zwar war sie nicht ganz verarmt und zählte nicht zur anonymen Masse, aber sie gehörte auch nicht zu den wirklich Wohlhabenden und Reichen.

Der Verfasser wurde auf der Insel geboren und von seinen Eltern erzogen, bis es galt, ihn in die Grundschule zu schicken. Als er diese Pflicht hinter sich gebracht hatte – und dies in sehr jungen Jahren –, brachte man ihn zur weiteren Ausbildung nach Kalliniskia. Es sah aus, als sei er für die Wissenschaft talentiert, und man hätte Unrecht getan, ihn ihr nicht zu weihen. Man glaubte, in dieser Stadt fänden sich Männer, die sehr viel mehr wüßten, als die Lehrer, die er bisher gehabt hatte. Aber dem war nicht so. Man konnte von alten Leuten dort hören, daß in den sechzig Jahren, seit die Fremden die Herren der Insel geworden waren, niemand aufgetaucht sei, der sich auf mehr als das gewöhnliche und ärmliche Grammatikerhandwerk verstanden hätte. Ob es früher dort einen gelehrten Mann gegeben habe, das war ihnen nicht bekannt und sie konnten darüber nichts sagen.

Auch hier gab es also nichts zu lernen, was seinem Talent angemessen gewesen wäre. So begab er sich also wieder auf Fahrt, und zwar zu den Schulen der Italiener, wo die Grammatik in lateinischer Sprache gelehrt wurde. Auch hier blieb er nicht lange. In Umrissen mag er wohl Grammatik gelernt haben, aber in die Tiefen drang er nicht ein. Schuld daran waren die Kürze der Zeit und die Sprache der Lehrer, ein fremdes, verqueres Idiom, das der junge Mann nur mit gewaltigen Anstrengungen verstehen konnte. Ohne die Sprache aber kam man an den Stoff nicht heran. Es galt ja, zwei Anstrengungen zu unternehmen: zuerst mußte man die Bedeutung der Wörter verstehen und dann erst konnte man in den Sinn des Gesagten eindringen. So kam es, daß er von der aristotelischen Logik, die hier gelehrt wurde, nichts mitbekam, was der Erwähnung wert wäre, mit Ausnahme der elementarsten Begriffe, und auch diese nur undeutlich. Es ist ja schwer, in den Sinn des Gesagten einzudringen, wenn man kaum die Wörter versteht.

Als er merkte, daß er nicht die gewünschten Fortschritte machte, kehrte er an den heimatlichen Herd zurück. Er war eigensinnig und verspürte keine Lust zu solchen Anstrengungen. Er wollte entweder sofort das Ganze begreifen oder aber er gab auf, weil er sich nicht weiter so plagen wollte. Er war damals fünfzehn Jahre alt. Jetzt verbrachte er seine Zeit auf der Jagd und mit ähnlichen Vergnügungen. Auf die Wissenschaft vergaß er nicht, aber er beschäftigte sich nicht weiter damit, da er niemand fand, der ihn in griechischer Sprache hätte unterrichten können, was ihm die Sache wesentlich erleichtert hätte. Er hätte es sich gewünscht, und gerade dieser Wunsch war es, der ihn nicht ruhen ließ und womit er seinen Eltern zur Last fiel, weil er wollte, sie sollten es ihm ermöglichen, die Heimat zu verlassen und nach Nikaia zu gehen. Es hieß ja, dort gebe es so viele gelehrte Männer, daß man sich vorkomme, als sei man in Athen.

Ihre natürliche Liebe zu ihrem Sohn sowohl wie ihre beengte materielle Lage bewog aber die Eltern, ihm zu erklären, sie willigten nicht ein und sie wollten ihn bei seiner Jugend nicht aus freien Stücken in die Fremde ziehen lassen. Lieber stürben sie. So gab es also Zwist, und der Zwist dauerte zwei Jahre an. Schließlich sah der junge Mann ein, daß die Eltern auf jeden Fall das letzte Wort hätten, so lange offen über die Sache gestritten würde. Jetzt tat er, als habe er seine Meinung geändert und sich beruhigt; er würde sich seinen Eltern fügen und ihren Weisungen folgen. Dies täuschte er vor und hielt es für einige Zeit aufrecht, damit es klar würde, daß er nicht mehr an die Reise denke.

Und dann, ohne daß es jemand im Haus oder von der Verwandtschaft merkte, verließ er die Heimat, bestieg ein Schiff und landete nach drei Tagen bei günstigem Wind in Ptolemais in Palästina. Das nächste Schiff brachte ihn von da nach Anaia in der Provinz Asia – allerdings war es ein abenteuerliches und gefährliches Unternehmen. Von Anaia reiste er nach Ephesos. Hier erfuhr er, daß in der Nähe Blemmydes wohne, ein Mann, von dem es hieß, er sei der weiseste nicht nur unter den zeitgenössischen Griechen, sondern aller Menschen überhaupt. So wünschte er sich, diesen Mann zu besuchen. Aber die Ephesier brachten ihn davon ab. Sie sagten, und dies war auch wahr, der Philosoph würde sich weigern, ihn zu empfangen, da er zu jung sei, ein Fremdling und mittellos obendrein. Schon seine Mönche würden ihm den Zutritt nicht gestatten. Dieser Mann sei sogar für seine eigene Umgebung unzugänglich, er lasse sich zu nichts bewegen, schwebe irgendwo in den Höhen und wehre alles Gewöhnliche von sich ab. An den Ort selbst sei schwer heranzukommen. Was aber seine Schüler von ihm gelernt hätten, sei, daß sie ebenso unzugänglich seien wie ihr Meister. Eine Begegnung mit diesem weisen Mann zerschlug sich also von allem Anfang an – und dies schien ein schlechtes Vorzeichen abzugeben.

Nach diesem Mißerfolg verließ er Ephesos und begab sich auf den Weg nach Nikaia, der Hauptstadt Bithyniens. Das dauerte ganze sechs Monate, fast alles Wintermonate. Es gab alle möglichen Schwierigkeiten, und manchmal fehlte es ihm am Notwendigsten. Die Reise dauerte so lange, nicht weil der Weg so weit gewesen wäre, sondern weil er sich zunächst dem kaiserlichen Heerlager anschloß. Er glaubte, hier könne er sich an irgendwelchen hochmögenden Mann heranmachen, der ihm vielleicht das Studium ermöglichen könnte. Aber damit war es nichts. Und so verging die Zeit. Er zog mit der Armee über die Dardanellen, kam langsam durch ganz Thrakien und schließlich bis zu den Mauern Konstantinopels, das der Kaiser damals einschließen und belagern wollte, um es womöglich wieder in seinen Besitz zu bekommen. Schließlich entschloß sich der Verfasser doch nach Nikaia zu gehen und sich dort niederzulassen, um an die wunderbaren und heißersehnten Quellen der Weisheit zu gelangen, zu denen es ihn in Kypros nach hierher gezogen hatte.

Aber es kam ganz anders! Die Gelehrten dort wußten nichts anderes zu unterrichten als ein wenig oberflächliche Grammatik und Poetik. Von Rhetorik und Philosophie und den übrigen Wissenschaften, die der Mensch mit besonderem Nachdruck betreiben und können sollte, wußten sie nur vom Hörensagen. Was sie bedeuteten und ob es sie überhaupt gebe, darüber wußten sie nicht Bescheid. Da verlor er den Mut, und es kam die Reue, was nur allzu verständlich war. Er hatte die Heimat verlassen, die Liebe zu seinen Eltern verdrängt und nicht auf ihre Tränen geachtet; er hatte das Meer durchfahren auf weiten, schwierigen und gefährlichen Reisen, ein gut Stück des Festlands durchwandert und sein Leben aufs Spiel gesetzt. Und was war die prächtige Belohnung dafür? Die Deklination der Hauptwörter studieren, die Verba und ihre Konjugationen, und wie der Sohn des Tyndareus geraubt wurde, wie die Stadt des Priamos fiel nach einem langjährigen Krieg um eines Weibes willen, wie die Söhne des Ödipus gegeneinander wüteten und sich gegenseitig umbrachten, und was sonst der Chor der Dichter nach eigenen Gesetzen fabuliert – sicher vergnüglich, aber ohne Sorge um die Wahrheit.

Dies alles bedrückte ihn und ließ ihn an die Heimkehr denken. Er wäre auch sicher sofort umgekehrt, wenn es nicht so viele Schwierigkeiten gegeben hätte. Jetzt war es unmöglich geworden. Er hätte zu Fuß den Weg nach Anaia zurücklegen müssen und er hätte Geld gebraucht, aber für eine solche Land- und Seereise hatte er nicht genug, ja er besaß nicht einmal so viel, um drei Tage kümmerlich sein Leben zu fristen; keiner gab ihm etwas und sorgte sich um seine Bedürfnisse. Diese Not band ihn an Nikaia wie Ketten einen Gefangenen.

Da ereignete es sich, daß kurz darauf Gott das große Byzanz den Lateinern entriß und den Rhomaeern übergab. Um diese Zeit war Akropolites, ein Mann, gelehrter als die meisten anderen, unglücklich über den Stand der Wissenschaften, da sie unter den Menschen so verkümmert waren. Er litt darunter und wollte nach Kräften Abhilfe schaffen. So entließ ihn der Kaiser aus dem Dienst und erlaubte ihm, etwas dagegen zu tun. Er ließ sich also für alle, die ihn hören wollten, als Lehrer nieder. Er erklärte die Labyrinthe des Aristoteles – so möchte ich dessen verwikkelte Gedankengänge nennen, mit denen er es so schwer macht, ihn zu verstehen. Er kommentierte auch die Bücher des Geometers Euklid und des Arithmetikers Nikomachos. Bald hatte er zahlreiche Schüler, die aus Liebe zur Bildung ihn aufsuchten. Auch der Verfasser drängte sich in diese Schar, begierig, in der Wissenschaft voranzukommen, obwohl er der jüngste war. Er wollte keinem der Älteren nachstehen.

Nachdem der Professor die Syllogistik und Analytik vorzüglich klargemacht hatte, ging er dazu über, die Schüler in die Rhetorik einzuführen, ehe er sie in der aristotelischen Philosophie in die nächsthöhere Stufe einführen würde. Jetzt ging es dem Verfasser gerade umgekehrt, nachdem er sich bisher vorzüglich gehalten hatte. In den Übungen, in denen die Schüler ihr Geschick in diesem neuen Fach unter Beweis stellen sollten, übertrafen ihn alle: er war das Schlußlicht. Ursache davon war vielleicht, daß er sich allzu sehr auf die aristotelische Philosophie eingelassen hatte, Aristoteles als den größten Philosophen vergötterte und ihm sein ganzes Bemühen widmete, während ihm an den Rhetorik-Kursen wenig gelegen war, auch wenn er durchaus die Fähigkeit besaß, eine Rede zu schreiben. An einem wohl ausstaffierten Vortrag war ihm allerdings wenig gelegen. Er zeigte kein besonderes Interesse, solange die Mitstudenten sich ruhig verhielten und ihn nicht offen verspotteten und zum besten hielten, als wäre er auf diesem Gebiet ohne jedes Talent. Sobald sich das änderte und man ihn offen auslachte und immer wieder darüber witzelte, da konnte er diese Verachtung nicht mehr ertragen. Er war ja überaus ehrgeizig. Jetzt warf er sich auf dieses Studium und er nahm sich zum Vorbild, nicht wie die anderen, jene Leute, die alles Gute an der Rhetorik zuschanden geritten hatten, den Wohllaut der Worte, das Attische, das Erhabene, das wirklich Griechische. Er richtete sich vielmehr nach den hervorragendsten Rednern der Antike, nach den Erfindern sozusagen und den Vätern dieser Kunst. Die Wende kam sehr rasch, und zwar so gründlich, daß man ihn nicht mehr verlachte und verachtete wie zuvor, wenn er eine Rede machte. Es kam so weit, daß viele jetzt ihn und keinen anderen als Muster nachahmten.

Ob es nun dem Verfasser gelungen ist, mit all diesem Eifer etwas zu schaffen, was den Namen Literatur verdient, davon möge vorliegender Band all denen, die es wissen wollen, Zeugnis ablegen. Daß es sich dabei nur um wenige Arbeiten handelt, das mag der eine so, der andere anders erklären, so wie es ihm beliebt. Wer ihn gut kennt, wird sagen, er habe zu wenig freie Zeit zur Verfügung gehabt. Er hat ja dieses Studium erst mit sechsundzwanzig Jahren begonnen und mit dreiunddreißig abgeschlossen. Am weiteren Arbeiten hinderten ihn die Ängste um sein Leben, das wie das vieler anderer die Neuerungen im Dogma und der Aufruhr in der Kirche bedrohten. Schließlich kam dazu die Sorge um das Seelenheil, mit der er sich, kaum daß diese Gefahren vorüber waren, befaßt sah. Es wäre ein Wunder gewesen, hätte er da noch ein musisches Leben führen können, wie es einem Philosophen oder sonst einem freien Mann ansteht. Er bestieg nämlich den hohen Stuhl des Patriarchen von Konstantinopel, besser gesagt, er wurde gezwungen, dieses Amt anzutreten; denn es geschah gegen seinen Willen und noch dazu in äußerst unruhigen Zeiten. Grund dafür war das wütende Treiben der Schismatiker. Er geriet damit in unerhört große Schwierigkeiten. Alle Schranken waren gefallen, jeder suchte sein eigenes Vergnügen, seine eigene Ehre und seinen eigenen Vorteil, statt des öffentlichen Nutzens und des göttlichen Wohlgefallens. Die Kirche selbst war völlig durcheinandergerüttelt, jeder wollte das Sagen haben und keiner sich etwas sagen lassen oder sich den göttlichen Gesetzen unterwerfen. Hier bewahrheitete sich das Wort Platons, Freiheit nütze durchaus nicht jedem, und für manchen sei es besser, bis ins Alter und bis zum Tod unter Befehl und in Furcht zu leben.

In dieses Wirrsal mitten hineinversetzt und jetzt in ein Amt wie in ein neues Unglück installiert, aus einem ruhigen und zufriedenen Leben herausgerissen und Notwendigkeiten unterworfen, die nicht zu umgehen waren – wie hätte er da in der Lage sein sollen, sich literarisch auf anerkennenswerte Weise zu betätigen? Auch der beste Läufer kommt nicht weit, wenn man seine Füße bindet. So gab er, wenn auch ungern, die Schriftstellerei auf.

Wenn also die Zahl seiner Arbeiten nicht groß ist, so ist hier der Grund dafür zu suchen. Dazu kamen verschiedene körperliche Leiden, vor allem Kopfschmerzen, die ihm schwer, ja sehr schwer zu schaffen machten, sowie das ewige Wassertrinken, da er seit frühester Jugend einen Widerwillen gegen Wein verspürte. Und schließlich die Mühsal mit dem Abschreiben alter Autoren. Der Mann war ja arm, hatte aber eine unersättliche Liebe zu den Büchern und war außerdem bemerkenswert schreibgewandt. Weil er sich also seine Lieblinge nicht kaufen konnte, erwarb er sie sich mit seinem eigenen Schweiß und wurde zu einem Kopisten wie vielleicht kein anderer Gelehrter sonst.

Daß nicht alle Arbeiten von gleicher Güte sind, muß, glaube ich, klar sein. Das ist wie beim Handwerk: erst die Übung macht es, daß spätere Arbeiten besser ausfallen als frühere. Auch bei den Historikern und Rhetoren sind die Alterswerke wohl ausgereifter als die Werke der Jugendzeit. Was also am Inhalt dieses Buches gut ist, das ist dem reifen Alter zuzuschreiben, das weniger Gute der Jugend und der noch fehlenden Übung.

Was die Stilarten der Rede angeht, so liegt dem Autor, ob es sich nun um wohl ausgefeilte Werke handelt oder um die anderen, auf jeden Fall am agonistischen Prinzip und dem Wechsel in den Redefiguren. Es liegt ihm aber auch an Klarheit, Hoheit und Würde, sowie an kurzgefaßter Diktion, ferner am ethischen Inhalt, aber auch am Wohlklang und geordneter Komposition.

Doch damit nicht genug. Ich möchte nicht weitschweifig werden und nicht in den Verdacht kommen, diesem Mann, d. h. mir selbst, zu Gefallen zu reden. Der Mann bin ja ich selbst, und diese Identität gestattet es mir, so über ihn zu reden und zu denken. Ob man nun dem Manne Gutes zuschreibt oder nicht, – Lob sowohl wie Tadel fallen auf mich. Und da es so um uns beide bestellt ist, schweige ich. Die vorliegende Sammlung, wird, wie schon gesagt, dem Leser ihren Autor zur Genüge bekannt machen. An sie soll man sich halten und nach ihr soll sich das Urteil richten.

Der Patriarch Gregorios von Konstantinopel (1283–1289), ein geborener Zyprer, schickte seinen gesammelten rhetorischen und sonstigen Schriften einen Lebensabriß voraus. Er zeigt, daß der Bildungsweg noch immer mehr oder weniger der gleiche ist wie zu Libanios' Zeiten. Zypern (Kypros) stand damals unter der Herrschaft der Lusignans. Das Treffen mit dem berühmten Gelehrten Blemmydes – besser gesagt das Nicht-Treffen – ist bezeichnend für die stachelige Art dieses Mannes, die wir auch aus anderen Quellen kennen. Akropolites ist bekannt als Staatsmann und Historiker (gest. 1282).

Migne, Patrologia graeca 142, 19–30; deutsch: Des Patriarchen Gregorius aus Cypern Selbstbiographie aus einer Handschrift herausgegeben von F. C. Matthiae, Frankfurt am Mayn 1817 (griechisch und deutsch).

Literaten unter sich

Durch das zwanzigtägige Fieber war es mit mir zum Äußersten gekommen, und ich verfiel offenbar dem letzten Schlaf. Nun gibt es im All gewisse Strafdämonen, die nach göttlicher Anordnung zur Züchtigung der Frevler, dann aber auch gute, die zu Wohltätern der Guten bestimmt sind, und wieder andere, die Seelenführer, denen es obliegt, die vom Leibe abgeschiedenen Seelen auf irgendeine Weise zu Pluton, Aiakos und Minos hinunterzugeleiten, damit sie dort nach der Weise und den Gesetzen der Toten geprüft werden. Es war gegen Mitternacht, da kamen schattenhafte, finster aussehende Wesen durch die Luft an mein Lager geflogen. Ihr Anblick versetzte mich in Erstarrung, und ich verlor die Stimme. Sie flüsterten mit summender Stimme: „Dieser ist es, der ein Viertel der Bestandteile seines Wesens verloren hat, da sich seine Galle entleert hat. Mit den noch übrigen drei Vierteln darf er nicht mehr leben." Es ist nämlich in der Unterwelt ein Ausspruch des Asklepios und des Hippokrates angeschlagen, daß ein Mensch, dem auf solche Weise der vierte Teil seines Körpers abhandengekommen ist, nicht länger leben kann, mag sich sein Körper auch sonst noch wohl befinden. „Folge uns jetzt, elender Tropf", sagten sie mit barscher Stimme, „als Toter laß dich den Toten beigesellen!"

Gern oder ungern — was sollte ich, aller Hilfe bar, denn anderes tun — folgte ich ihnen. Nachdem wir trocken über ein Gewässer gekommen waren, das unter dem Namen acherusischer Sumpf bekannt ist, näherten wir uns einer Öffnung, die etwas größer als die eines gewöhnlichen Brunnens war. Aus diesem Loche gähnte mir eine so greuliche, unheimliche Finsternis entgegen, daß ich mich gegen die Einfahrt sträubte. Da nahmen sie mich in die Mitte: der eine stürzte sich kopfüber in die Öffnung und zog mich mit drohenden Blicken nach sich. Doch ich stemmte mich mit Händen und Füßen gegen die Öffnung, bis mein Hintermann, der mir mit Faustschlägen auf die Wangen und den Rücken zusetzte, mich mit beiden Händen in den finsteren Schlund hinabstieß. Hier nun gelangten wir nach langer Fahrt durch einen öden und finsteren Raum endlich an das eiserne Tor, das das Reich des Hades verschließt. Nachdem ich das Tor passiert hatte, ging die Reise nicht mehr wie bisher durch die Luft sondern zu Fuß und langsamer; vielleicht weil die Unbarmherzigen jetzt doch einiges Mitleid mit mir hatten.

Unser Weg führte uns an vielen unscheinbaren Behausungen gemeiner Leute vorbei, die alle den Totenführern entgegentraten und vor ihnen sich erhoben, wie Kinder vor ihren Hofmeistern. Schließlich kamen wir an eine hell erleuchtete Behausung, vor welcher ein Alter mit Bart hingestreckt lag. Auf den Ellbogen gelehnt, stützte er mit der Hand die Wange.

Neben ihm aber stand ein großer eherner Topf mit gepöckeltem Schweinefleisch und phrygischem Kohl, alles in Fett schwimmend. Behaglich langsam fuhr der Alte mit der Rechten in den Topf, nicht etwa mit zwei oder drei Fingern, sondern mit der ganzen Hand, schöpfte daraus und stopfte es sich in den Mund. Sein Aussehen zeugte von freundlicher Gutmütigkeit, wie er denn auch die Herankommenden heiter und freundlich anblickte. Mit sanfter und munterer Miene sah er auch mich an und sagte: „Nur heran, lieber Fremdling, setz' dich zu mir, greif zu und laß dir dies Totenmahl schmecken!" Ich aber folgte der Einladung nicht, weil der Wechsel des Lebens mich noch nicht richtig zur Besinnung kommen ließ, aber auch weil ich die Fäuste der Totenführer fürchtete. Diese freilich, die wie bei der Heimkehr von einer weiten Reise hier und da einzelne Tote grüßten, wurden selbst mehrfach durch Gespräche aufgehalten und gewährten mir so einige Zeit, um mir das Leben und Treiben in der Unterwelt etwas näher anzusehen. Als ich mich nach dem Namen des Mannes erkundigte, den ich da essen sah, erhielt ich die Antwort: „Frage nicht; es gibt gesetzliche Strafen sowohl für den Frager wie für den, der antwortet. Nur so viel will ich dir sagen: Er stammt, wie es heißt, aus einem erlauchten und angesehenen Geschlecht Groß-Phrygiens. Er führte in der Oberwelt ein rechtschaffenes Leben, entschlummerte sanft im Alter und schwimmt nun hier im Hades, wie du siehst, sozusagen behaglich im Fett."

Nachdem wir eine Menge von Hütten gesehen und etwa vier Stadien zurückgelegt hatten, gelangten wir an eine durch helles Lampenlicht erleuchtete Wohnung, ein glänzendes weißes Zelt, aus welchem lautes Seufzen ertönte. Da ich mich umsah und bemerkte, daß meine Führer wieder einmal durch ein Gespräch aufgehalten waren, schlich ich mich leise und verstohlen ans Zelt und schaute durch eine Öffnung hinein. Da sah ich einen Mann auf dem Boden liegen, dem die Augen ausgestochen waren; er lag auf der linken Seite und stützte sich mit dem Ellbogen auf einen lakonischen Teppich. Er war von hohem Wuchs, dabei ziemlich mager, aber starkknochig und von breiter Brust. Bei ihm saß ein alter Mann, der mit Trostworten und Ermahnungen die maßlose Qual seines Elends zu lindern suchte. Der andere schien aber darauf nicht hören zu wollen, schüttelte öfter den Kopf und winkte den Alten mit der Hand weg. Es träufelte auch Gift aus seinem Munde.

Ein Mann, der sich zu mir gesellt hatte, befriedigte meine Neugier: „Der Bewohner dieses Zeltes, dessen schmerzliches Gestöhn du gehört hast, ist der berühmte Kaiser Romanos Diogenes, der Kappadokier. Seine Schicksale wirst du im Leben schon erfahren haben, wie er zur Kaiserwürde gelangte, dann gegen die morgenländischen Skythen zu Felde zog und in ihre Gefangenschaft geriet. Obwohl er wieder frei kam und nach Byzanz zurückkehrte, konnte er die Kaiserherrrschaft nicht wieder erlangen, sondern, im Kriege und durch Eidbruch und Verrat wieder gefangen, wurde er treuloserweise, wie du siehst, geblendet, und damit nicht zufrieden, räumte man ihn noch tückisch mit tödlichem Gift aus dem Wege."

Da aber traten meine Führer wieder zu mir und trieben mich nachdrücklich weiter: „Schneller! Du sollst vor den hohen Gerichtshof gestellt werden und mußt dich deshalb bald von uns trennen."

Nicht lange danach begegnete uns ein Mann von ansehnlicher Länge, mit weißen Haaren, hagerem Körper, dabei übrigens freundlich und äußerst redselig. Beim Sprechen blies er die Backen auf und lachte zugleich aus vollem Halse. Er begrüßte meine Begleiter und fragte sie: „Nun, was bringt ihr denn da für einen Neuen?" Dann faßte er mich scharf ins Auge und rief: „Ei, ihr gütigen Götter, das ist ja Timarion, der liebe Timarion, mit dem ich so manches Mal sehr gut gespeist und der zu mir in den Hörsaal kam, als ich auf dem ersten Lehrstuhl der Sophistik in Byzanz saß." Mit beiden Armen mich umschlingend, küßte er mich herzlich. Ich aber wußte nicht, wohin vor Verlegenheit, da ich von einem anscheinend vornehmen Mann begrüßt wurde, den ich nicht erkannte. Er schien dies selbst zu merken und sagte: „Kennst du, Mensch, den Theodoros von Smyrna nicht mehr, den unentwegten Sophisten, dessen Ruhm in Byzanz im Vortrage feierlicher und pompöser Reden seinesgleichen nicht hatte?" Da ich dies hörte, staunte ich über sein verändertes Aussehen und sagte: „O weiser Lehrer, der Stimme und glänzenden Rede, der Majestät des Mundes und des hohen Wuchses, was alles im Leben dem Sophisten aus Smyrna zueigen war, erinnere ich mich sehr wohl. Daß aber sein Körper von der Gicht gelähmt war, daß er sich sogar zum Kaiser in einer Sänfte tragen lassen mußte und daß er auch beim Essen zu Bett liegen mußte, das weiß ich nicht mit deiner jetzigen anscheinenden Gesundheit und Rüstigkeit zusammenzureimen." „Auch diese Schwierigkeit, mein teuerster Hörer", entgegnete der Sophist, „will ich dir lösen. Da droben im Leben, wo ich mich der Gnade der Herrscher empfahl, strömten mir die Goldgulden in Masse zu, und ich hatte ein Einkommen, wie es nicht einem jeden beschieden ist. Ich verwendete es ausschließlich auf ein üppiges Leben und auf wahrhaft sybaritische Schmausereien. Du hast je selbst oft bei mir gegessen und weißt, wie fürstlich meine Tafel bestellt war. Daher kam dann die Gicht, daher die Knoten an Fingern und Zehen, die Schleimanhäufungen und Verhärtung an den Gelenken, woraus dann die Schmerzen entsprangen, die mir Leib und Seele aufrieben. Hier aber ist alles anders: ich halte eine philosophische Diät ein, mein Tisch ist mäßig bestellt, mein Leben geräuschlos und, man kann sagen, sorgenfrei. Viel mehr als Kresse, Malven und Asphodelos wird dem unverschämten Magen nicht geboten. Um es kurz zu sagen: Was ich da oben übte, war eine Sophisterei, die in leeren Worten bestand und in zierlichen Redensarten, wie sie die Menge liebt. Hier dagegen ist die wahre Weisheit und die geistige Zucht zu Hause, die nichts zu tun hat mit Worten und dem Haschen nach dem Beifall der Menge. Nun sage aber auch du mir, welchen Tod du gestorben bist und was überhaupt der Grund war, daß du zu uns herunter gekommen bist." „Über die Ursache meines Todes", erwiderte ich, „bin ich mir selbst nicht klar. Es war vermutlich nur die tyrannische Willkür dieser Totenführer hier neben mir, die mich gewaltsam aus meinem Leibe riß, wiewohl er noch voller Lebenskraft war." Da sagte er: „Fasse Mut, mein Bester, ich will dir beistehen, soviel, ja noch mehr als ich vermag; und ich kann dir mit Zuversicht versprechen, daß dir das Leben ein zweites Mal zuteil werden wird. Nicht umsonst sollst du nach der Auferstehung gejammert haben. Du mußt mir dafür versprechen, mir von der Oberwelt das Essen, das ich gewohnt war, herunterzuschicken. Worauf ich baue, das ist dir nicht unbekannt: Ich besitze jene Lebendigkeit des Geistes, die allen Widersprüchen schlagend beizukommen weiß und auf keinen Satz des Widersachers die treffende Gegenrede schuldig bleibt; nicht minder aber auch einen sicheren Takt für das Schickliche, eine zugleich flüssige und deutliche Rede und endlich eine ausreichende Kenntnis der medizinischen Lehrsätze. So werde ich es fertig bringen, die großartigen Heilgötter der Hellenen unterzukriegen. Da ist zunächst Asklepios mit seiner leeren Glorie und erlogenen Göttlichkeit. Er tut schon seit vielen Jahren den Mund nicht mehr auf. Kann er einem Ausspruch nicht ausweichen, weil die anderen ihn um seine Meinung fragen, dann muß man die Rede so einrichten, daß nur noch mit ja oder nein zu antworten ist, worauf er dann nach Gutdünken den Kopf schüttelt oder nicht. Das wäre die Antwort des Asklepios. Hippokrates, der nächste, öffnet zwar den Mund, läßt aber nur kurze Aussprüche von einer oder höchstens zwei Zeilen vernehmen, und noch dazu in einer dunklen, für einen Gerichtshof wenig geeigneten, ja lächerlichen Sprache. Zum Beispiel: Das bereits Verdaute ist zu purgieren und zu removieren, nicht etwa die Cruda. Oder: Bei den Perturbationen des Bauches und den Brechdurchfällen usw. .. Die Richter, die eine andere Sprache gewohnt sind, machen sich darüber lustig. Der Minos ist ohnehin ein Kreter, Aiakos aber ist ein Hellene von echtem Schlag. Wenn denen ein Toter mit Ionismen und Dorismen kommt, dann lachen sie ihm ins Gesicht. Erasistratos endlich, in der Schulweisheit ein völliger Laie, versteht von Literatur überhaupt nichts und von Medizin blutwenig. Der göttliche Galenos aber, vor dem ich noch am meisten Respekt habe, fehlt zur Zeit, vielleicht durch göttliche Schickung, im hohen Concilium der Ärzte. Fern von allen Störungen sitzt er in irgendeinem Winkel, um Lücken in seinem Buche auszufüllen. Da er also nicht da ist, werden wir mit jenen der Rede nicht mächtigen Popanzen von Ärzten ein leichtes Spiel haben. Wegen des Heidentums der Richter aber sei ohne Sorgen: die strengste Gerechtigkeit liegt in ihrer Natur; deshalb wurden sie ja zu Richtern bestellt. Auf die verschiedenen Religionen derer, über die sie zu richten haben, geben sie überhaupt nichts; jeder mag sich vielmehr ganz nach Belieben an seine Sekte halten. Da aber der Glaube der Galiläer jetzt über die ganze Erde verbreitet ist, hielt es die Vorsehung für angemessen, auch aus ihrer Mitte den alten hellenischen Richtern einen Beisitzer zu geben. So wurde denn Theophilos, der vormals in Byzanz Kaiser war, ihnen beigeordnet, und kein Spruch ist rechtsgültig, wenn er nicht zustimmt. Wenn du dich je um seine Geschichte gekümmert hast, wirst du wissen, daß er ein äußerst gerechter Herrscher war. Du brauchst also nicht zu fürchten, daß wir über die Achsel angesehen oder in unseren Rechten gekränkt werden, wenn wir nur rechtzeitig zur Verhandlung kommen. Dir rate ich, überhaupt nichts zu sagen, da du vom Recht und Prozeß nichts verstehst. Am besten gibst du mir unbeschränkte Vollmacht, für dich das Wort zu führen."

So wurden wir vor den Gerichtshof geführt, wo wir alle des Weiteren harrten. Aiakos, Minos und der Christ Theophilos führten den Vorsitz. Die Hellenen trugen weite faltige Gewänder, auf den Köpfen Turbane wie die arabischen Emire und an den Füßen steife Halbstiefel von violetter Farbe. Theophilos dagegen erschien in einem nichts weniger als glänzendem Aufzug, in einem recht unscheinbaren, nicht allzu sauberen Gewand, wie er ja auch als Kaiser allen Prunk und Überfluß verschmähte, dabei aber durch strenge Gerechtigkeitspflege sowie durch andere Tugenden leuchtete und darin seine Ehre gesucht haben soll. Doch trotz des vernachlässigten Äußeren strahlten Huld und Anmut aus seinen Augen, und sein Antlitz leuchtete von heiterer Zuversicht.

Jetzt wurde von den Gerichtsvögten Stille geboten, worauf der Sophist nach seiner Gewohnheit die Backen aufblies, ein feierliches Gesicht machte, die Hände ineinander legte und mit Stentorstimme sein Plädoyer für mich begann: „Timarion, des Timonikos Sohn, belangt die Totenführer wegen Übertretung der Gesetze ..." [Nach langen Verhandlungen sprach der Sophist das Schlußwort.]

Die Richter schwiegen ein Weilchen, und es trat eine Pause ein. Nachdem sie sich dann mit den großen Ärzten besprochen hatten und die Stimmen sodann, wie es Brauch war, in die Urne abgegeben hatten, wurde die Sache für uns siegreich entschieden und sollte dann gehörig protokolliert werden. Hierbei war der Sophist von Byzanz tätig, der wegen seiner Raschheit und Gewandtheit in solchen Arbeiten schon seit geraumer Zeit im Büro mit solchen Dingen beschäftigt war. Er wurde zu den Richtern beschieden, die ihm die einzelnen Punkte des Urteils angaben. Der Byzantiner machte sich sofort an die Redaktion, nicht ohne einiges Stammeln beim Diktieren, was von seiner krummen Lippe, die er noch nicht verloren hatte, herkommen mag. Nachdem die Resolution aufgesetzt und dem Gerichtsschreiber übergeben war, wurde sie von diesem laut verlesen und allen kundgemacht. Sie lautete folgendermaßen: „Der hohe Rat der großen Ärzte mit Zustimmung des zu den Göttern erhobenen Asklepios hat für gut befunden, daß die Totenführer ihres Amtes enthoben werden, da sie wider die Totengesetze gefehlt haben. Ferner daß Timarion dem Leben in der Oberwelt zurückgegeben und mit seinem Körper wieder vereinigt, demnächst aber, wenn die ihm verhängte Lebenszeit abgelaufen und man seine Leichenfeier der Ordnung gemäß begangen hat, von den Totenführern, denen alsdann dieser Dienst obliegt, hierher zurückgebracht werde."

Da hiermit das Protokoll geschlossen war, erhoben sich die Richter, und die Sitzung wurde aufgehoben. Uns führten jetzt die Gerichtsvögte durch den Hades, denn ihnen war meine Zurückbeförderung in die Oberwelt aufgetragen worden. So gelangten wir zu den Wohnungen der Philosophen und Sophisten. Voll Begier, mir eine möglichst vollständige Kenntnis der Unterwelt zu verschaffen, durchwachte ich die ganze Nacht und achtete genau auf alles.

Ich sah Parmenides, Pythagoras, Melissos, Anaxagoras, Thales und die übrigen Häupter der philosophischen Schulen, wie sie gemütlich beisammen saßen, sich heiter und friedfertig unterhielten und verschiedene Lehrsätze miteinander durchnahmen. Den Diogenes aber verabscheuten sie und schlossen ihn von ihren Ehrenplätzen aus. Auch den Joannes Italos sah ich; dieser wollte sich freundschaftlich bei Pythagoras niederlassen, der aber ließ ihn häßlich abblitzen: „Was, du unsauberer Bursche", sagte er, „in deinem Galiläermantel, den ihr für eine göttliche und himmlische Hülle ausgeben wollt, du wolltest dich vermessen, bei uns Platz zu nehmen, deren Leben der Wissenschaft und rationaler Weisheit gewidmet war? Entweder wirf die abgeschmackte Vermummung von dir oder scher dich fort aus unserem Kreis!" Zu einem Kleiderwechsel aber wollte sich Italos nicht verstehen.

Als sich Italos nun an den Kyniker Diogenes machte und diesem seine groben Prahlereien in den Bart werfen wollte, wurde er alsbald an Frechheit noch übertrumpft und merkte zu spät, in welche Schlinge er geraten war. Diogenes nämlich, der sich seinen Übermut nicht gefallen lassen wollte, knurrte und bellte ihn an wie ein bissiger Köter, und da auch er als ein Bruder Kyniker ihm nichts schuldig blieb, wurden sie, eh man sich's versah, handgemein. Der Italer biß sich in Diogenes' Schultern fest, dieser dagegen packte ihn an der Kehle und hätte ihn fast erwürgt, wenn nicht der Römer Cato, der auch unter die Philosophen geraten war, seinem Landsmann beigesprungen und ihn vor den Fangzähnen des wütenden alten Kynikers gerettet hätte. „Elender Schuft", rief Diogenes aus, „Philipps Sohn, Alexander, der sich ganz Asien zulegte, als wäre es nur ein weiteres Bauerngütchen, hat mich in Korinth besucht, als ich mich eben sonnte, und er sprach höflich und respektvoll mit mir. Und du, du Auswurf von Byzanz, selbst deinen Galiläern ein Greuel, wie keiner sonst, du willst das Maul wider mich aufreißen? Ja, so wahr ich die hündische Philosophie gestiftet habe, erfrechst du dich je wieder, mit mir anzubinden, so sollst du zum zweiten Mal krepieren, und zwar eines üblen Todes."

Da nahm Cato den Joannes Italos bei der Hand und brachte ihn außer Schußweite. So kamen sie in die Nähe der sophistischen Rhetoren. Diese aber erhoben sich und wehrten ihn mit Steinwürfen ab, indem sie seinem Beschützer zuriefen: „Fort mit dem Kerl, Cato! Der hat mit uns nichts zu schaffen. Der hat noch nie etwas von Grammatik verstanden und sich mit seinen elenden Schmierereien nur lächerlich gemacht." So von allen mit Schimpf und Schande abgewiesen, stellte sich Italos beiseite und seufzte: „O Aristoteles! O ihr Syllogismen und Sophismen, warum laßt ihr mich im Stich? Hätte ich euch bei der Hand, wie wollte ich diese Einfaltspinsel von Philosophen und Sophisten niederboxen und allen voran diesen paphlagonischen Lumpenhund und Schweinetreiber Diogenes!"

Jetzt fand sich auch der Sophist von Byzanz ein und wurde von den Philosophen sehr freundschaftlich begrüßt: „Willkommen, lieber Byzantiner", ertönte es von allen Lippen. Gleichwohl blieb er stehen, als er mit ihnen redete. Sie nötigten ihn aber auch nicht, sich zu setzen, und er selbst wagte es nicht, Platz zu nehmen. Aber als er zu den Sophisten kam, wurde er mit ausgezeichneter Ehrerbietung in Empfang genommen. Alle standen vor ihm auf, und er setzte sich, wenn er ausruhen wollte, mitten unter sie, und sie wiesen ihm den höchsten Ehrenplatz an, in bewundernder Anerkennung der Anmut und Lieblichkeit seines Vortrages, der lichtvollen Verständlichkeit seiner Rede, der Leichtigkeit und Gewandtheit des Ausdrucks, der glücklichen Wahl der Worte und der Geschicklichkeit, womit er sich jeder Gelegenheit anzupassen wußte. „O kaiserliche Sonne!" so hörte ich öfter mit Bedeutung ihm zurufen, – die Anfangsworte einer von ihm ausgearbeiteten Rede an den Kaiser, wie ich auf Befragen erfuhr.

Der Sophist aus Smyrna aber machte sich mit jenen angesehenen Schulhäuptern nicht eben viel zu schaffen. Höchstens daß er etwa einer Frage oder der Erörterung irgendeines besonderen philosophischen Satzes wegen sich einmal an sie wandte. Viel verkehrte er dagegen mit den alten Rednersophisten Polemon, Herodes und Aristeides. Diesen als seinen Landsleuten näherte er sich voll Vertrauen und legte sich im Gespräch mit ihnen keinen Zwang auf. Auch nahmen sie ihn gern in ihre Mitte und beriefen sich selbst in Betreff rhetorischer Figuren, Formen und Affekte auf sein sachverständiges Urteil.

Das waren meine Wahrnehmungen während der Sommernacht vom

Abend bis zum Morgen, die ich mit dem unterirdischen Gerichtsvogt und meinen Sophisten dort zubrachte. Jene begaben sich mittlerweile zur Ruhe, während ich noch die Zeit benutzte, alles in Augenschein zu nehmen. Jetzt trieb mich der Sophist zum Aufbruch an. „Erhebe dich, liebster Timarion, und mache dich auf den Heimweg ins Leben, nachdem es seit langen Jahren keinem Toten mehr so gut gegangen ist. Vergiß aber nicht, mir von dort herabzusenden, wonach ich verlange." „An mir soll es nicht fehlen", entgegnete ich, „wünsche ich doch nicht mehr, als alles, was mein ist, dir zur Verfügung zu stellen. Sag mir, was du brauchst; ich werde sofort alles besorgen. Du hast nur zu befehlen." Da sagte er: „Schick mir also, mein Freund, ein Lamm von fünf Monaten, ferner ein paar geschlachtete, dreijährige, gemästete Hühner, wie sie die Lebensmittelhändler auf dem Markte feilbieten und denen das Fett aus dem Bauch künstlich in die Schenkel hinabgetrieben worden ist; sodann ein Ferkel von einem Monat, endlich ein Schweineeuter, so fett es nur zu haben ist." Damit umarmte mich der Sophist und sagte mir ein freundliches Lebewohl.

So trennten wir uns, und rasch setzte ich meine Reise fort, ohne mich unterwegs noch aufhalten zu lassen. Doch sah ich noch im Weitergehen zur Linken des Weges den Philaretos von Armenien, den Alexandros von Pherai und den bösen Nero, der im stinkenden Kote wühlte, so daß der Gestank davon bis zu mir an die Hauptstraße drang. So gelangten wir bis an die Mündung des unterirdischen Schlundes, und durch sie hindurch erhob ich mich ungehindert mit meinem Begleiter in die Luft, wo die Plejaden und der Große Bär uns entgegenglänzten. Ich wußte jetzt nicht, wohin ich mich wenden sollte, um wieder zu meinem armen Leichnam zu kommen; doch wie von einem günstigen Wind wurde ich in der Luft vorwärts getrieben, bis ich die Wohnung am Hebros erblickte, wo er lag. Beim Fluß verabschiedete und trennte ich mich von meinem unterirdischen Begleiter. Durch eine Dachluke über dem Herd, die für den Rauchabzug angebracht war, schlüpfte ich ins Haus, senkte mich auf meinen Leichnam nieder und hielt durch Mund und Nasenlöcher meinen Einzug. Ich fand ihn entsetzlich kalt; die Erstarrung des Winters kam hier mit der des Todes zusammen. Ich meinte in der Nacht, von neuem vor Frost umkommen zu müssen. Tags darauf aber schnürte ich mein Bündel und reiste weiter nach Byzanz.

Hadesfahrten waren schon in der Antike – klassisches Beispiel Lukian von Samosata – beliebt, wenn man lebende Personen und zeitgenössische Einrichtungen persiflieren wollte. Auch Byzanz pflegte diese Gattung weiter (s. S. 108). Eine dieser Hadesfahrten aus dem 12. Jahrhundert gibt sich als Werk eines Timarion aus. Er nimmt die Gelegenheit reichlich wahr, sowohl Größen der Antike wie seiner eigenen Zeit spöttisch zum Teil und doch nicht ohne Wohlwollen Revue passieren zu lassen. Interessant die Stellung, die er dem als Ketzer verschrieenen

Kaiser Theophilos (siehe auch S. 17) einräumt. Die positive Einstellung zur Gerechtigkeit dieses Kaisers verstimmte manche, und sie warnten vor der Lektüre dieser Satire. Unter dem lispelnden Sophisten aus Byzanz ist Michael Psellos zu verstehen.

R. Romano, Pseudo-Luciano Timarione, Neapel 1974; deutsch: A. Ellissen, Analekten der mittel- und neugriechischen Litteratur IV, Leipzig 1860.

Höhen und Tiefen

Ach, ich Armer, ich nahm den „verderblichen Groll"
   mir zum Weibe,
und mein berufliches Tun fängt mit dem „Grollen" schon an.
O, ich bin reichlich umgrollt vom Los eines mehrfachen Zornes:
meiner grammatischen Kunst und meines keifenden Weibs.

Ist nicht der Groll des Achill auch mir, der stets der Grammatik
Wissen verkündet, der Grund elender Armut und Not?
Ach, warum ließ dieser Groll mich nicht mit den Danaern sterben,
eh die grammatische Kunst roh mich durch Hunger vertilgt?
Nein, da mußte zuvor Agamemnon Briseis und Paris
Helena rauben, damit ich an den Bettelstab kam.

Werkzeug der Musen, ihr Bücher, die Qual über Qual
   ihr mir brachtet,
fort zum Verkauf nun, ich such jetzt einen andern Beruf.
Lebt denn wohl, Pieriden! Fahrt wohl, ihr Künste des Wortes!
Denn die Syntax erbringt mir nur einzig den Tod.

Eine Grammatiker-Tochter gebar in Liebe. Ein männlich
oder ein weibliches Kind? Nein, nur ein Neutrum entstand!

Wenn ich dich seh und höre, knie ich nieder
und hebe zu den Sternen meinen Blick;
denn all dein Tun, die Schönheit deiner Rede
verweist nach oben, edle Hypatia,
du reiner Stern der Bildung und des Wissens.

Die Klagen über die mißliche Lage der Literaten, was materielle Güter anlangt, aber auch über die Plackereien im Schuldienst, reißen die ganze byzantinische Zeit hindurch nicht ab. Bezeichnend sind dafür nicht wenige Gedichte des größten Epigrammatikers der frühbyzantinischen Zeit, Palladas von Alexandreia (ca. 355–430). Als Grammatiker hat er sich, die Ilias Homers kommentierend, mit dem „verderblichen Groll des Pelides Achilleus" zu befassen, in dessen Wüten er dann seine eigene Frau wiedererkennt; manchmal möchte er am liebsten seiner „Syntax" den Abschied geben. Sie bringt nichts ein, da die Eltern seiner Schüler höchst zahlungsunwillig sind. Dieser kritische Dichter ist aber zugleich ein unver- dächtiger Zeuge für das Ansehen, das eine Philosophin wie Hypatia in Alexandreia genoß.

Anthologia graeca, griechisch-deutsch, ed. H. Beckby, München 1957–58, Buch IX, 168. 169. 171. 400. 489.

Der Literat und der Banause

Als ich noch klein war, sagte mir mein alter Vater ständig:
„Mein Kind, du mußt zum Studium, wenn du willst
      vorwärtskommen.
Siehst du den dort, mein lieber Sohn? Einst mußt er stets
      zu Fuß gehn.

Und jetzt, schau nur, jetzt trägt er stolz am Stiefel goldne Sporen;
zwei Pferde stehn in seinem Stall und auch ein dickes Maultier.
Dieser da hatte als Student nicht einmal ein paar Schuhe:
jetzt tänzelt er voll Stolz daher in feinen Schnabelschuhen.
Und jener dort lief ungepflegt und unfrisiert zur Schule:
jetzt ist er fesch herausgeputzt, pomadisiert sein Schwarzhaar.
Der da hat als Student noch nie ein Bad sich leisten können:
jetzt pantscht er wöchentlich dreimal in seiner eignen Wanne.
Dem dort spazierten auf dem Bauch die Flöhe, groß wie Mandeln:
jetzt hat er Taschen prall und voll von goldnen Kaisertalern.

Vertrau auf deines Vaters Wort, glaub meiner ernsten Mahnung:
Wenn du was Bessres werden willst, dann mußt du auf die
      Schulbank!"

So lernt ich denn mit vieler Müh die schweren Wissenschaften.
Jetzt, wo ich fertig worden bin, ein Meister der Grammatik,
jetzt fehlt es mir sogar an Brot und jeder Nahrungsquelle.
Da fluch ich auf die Wissenschaft und klage unter Tränen:
Verflucht der ganze Wissenskram und alle seine Jünger!
Verflucht sei Tag und Stunde mir, als ich zur Schule mußte,
als man mich zwang zum Studium, um davon wohl zu leben!
Ach hätte man mich doch dafür Goldsticker werden lassen,
die Kleider für Paraden nähn und davon sich ernähren.
Hätt ich dies Handwerk doch erlernt, das man so sehr verachtet!
Tät ich dann meinen Kasten auf, er wäre voll bis oben
an Brot und reichem Weinvorrat und leckren Thunfischpasten,
an Fischfilets verschiedener Art und allerlei Makrelen.

Mach ich dagegen jetzt bei mir den Kasten auf und schaue,
ist jedes Fach bis oben voll von Mappen und Papieren.
Mach ich die Truhe auf und such zum Nagen was, zum Beißen:
ist wiederum ein Pack Papier, und Zettel und Geschnipsel.
Ich mache meine Tasche auf, ich wende meinen Beutel,
ich taste sie nach Groschen ab: Papier ist's, was ich finde.

Und hab ich so herumgesucht in jedem der vier Winkel,
dann steh ich wie geschlagen da und bin voll trüber Sorge;
der Mut versinkt, die Schneid vergeht, ich spüre nur noch Hunger.
Und dieser Hunger, diese Not, sie machen mich verzweifeln:
Ich fluche der Grammatik laut, ich wollt, ich wär' ein Sticker.

Hätt' ich zum Nachbar einen Mann mit einem kleinen Knaben,
und sagt ich etwa: „Geh, studier', dann hast du was zum Leben!"
statt „Geh, mein Kind, und sei gescheit und bleib bei Vaters Leisten!"
dann riefe man, ich sei verrückt und gänzlich toll geworden.

Doch höre, wie ein Schuster lebt, laß dir's genau erzählen,
sein Essen und sein Wohlergehn, das täglich ihm beschieden.
Mein Nachbar ist ein Schustersmann recht zweifelhafter Güte;
doch liebt er einen guten Tisch und kann sichs schmecken lassen.
Kaum kommt die erste Dämmerung des Morgens angezogen,
schon ruft er: „Los, den Wein gewärmt; vergeßt auch nicht die Würze!
Und da, mein Bursche, hier ist Geld. Lauf, hole mir Kaldaunen;
und bring für dieses Geld auch gleich ein schön Stück fetten Käses.
Dann richte mir das Frühstück an, bevor ich Schuhe sohle."
Flugs zehrt er die Kaldaunen auf samt seinem fetten Käse.
Vier Teller voll sind durchaus nicht zuviel für seinen Magen.
Er schlinget sie hinab und rülpst, und rasch wird nachgetragen.
Erst dann nimmt er den Schuh zur Hand und klopft darauf die Sohle.
Nach ein paar Stunden ist es dann wohl Zeit zum Mittagessen.
Schnell wirft er seinen Leisten hin und seine Unterlage,
samt Drum und Dran und Pfriem und Zwirn sowie der Raspelfeile,
ruft seinem Weibe zu: „Mach' schnell und deck' den Tisch für Mittag:
als ersten Gang gesottnes Fleisch, als zweiten was vom Weine
und einen Eintopf zum Beschluß. Doch laß ihn nicht verkochen!"
Er wäscht sich, macht es sich bequem und läßt es sich wohl munden.

Ach weh, ich armer Jämmerling, ich Tropf, ich muß da zusehen,
wie er, die Ärmel hochgestülpt, sich dem Genusse widmet.
Mich packt die Gier, und Speichel läuft im Munde mir zusammen:
Er schlägt sich voll den dicken Wanst und schlingt sein Mahl hinunter:
Ich gehe hungrig auf und ab und messe Versesfüße!
Er mästet sich mit süßem Fraß aus übervollen Schüsseln:

Ich laufe nur noch Iamben nach und spähe nach Trochaeen,
suche nach den Pyrrhichien und andren Dichtermaßen.
Wo aber bleibt das eine Maß für meinen ungemessnen Hunger?

Der wahre Meisterphilosoph bleibt doch mein Nachbar Schuster!
Er spricht sein Kyrie eleis und fängt dann an zu malmen.
Ich werde gelb vor Neid und Gier; ich bettle, doch vergebens.
Sie alle schmähn und schimpfen mich und halten mich zum Narren:
„Herr Schreiber, iß doch Bücher auf, laß sie dir trefflich munden.
Die Wissenschaft nährt ihren Mann, nähr' auch dich armen Schlucker.
Bringt sie dir aber gar nichts ein, so häng' sie an den Nagel
samt deinem schäbigen Lehrerfrack, und lern' ein biedres Handwerk!"

In meiner Armut, meiner Not, beginn ich oft zu fluchen.
Da heißt es gleich: „Nimm dich in acht, sonst packt dich die
    Verdammnis,
der Herrgott stürzt dich sonst zutiefst den Tartarus hinunter,
zum Wurm, der keine Ruhe kennt, und in ein ewig Dunkel."
Mir aber sind längst nicht mehr neu diese drei Höllenstrafen,
ich leide schon genug daran, noch lang bevor ich sterbe.
Der Wurm, der keine Ruhe kennt, ist meine große Armut;
sie zehrt an mir bei Tag und Nacht und wird mich noch verschlingen.
Der Tartarus: ich klappere schon jetzt ja mit allen Zähnen
vor Frost und Kälte, und weiß nicht, womit ich mich soll schützen.
Ewiges Dunkel: mir ist jetzt schon oft ganz schwarz vor Augen,
denn wenn ich nichts zu essen hab, seh ich nicht mehr und falle.
Ich kenn den Wurm, den Tartarus, und kenne dieses Dunkel.

Wie viele Verse soll ich Tropf denn noch zusammenreimen?
Wie viele sollen gut skandiert aus meiner Kehle steigen,
bis endlich ich genug verdien' – zum Nutzen meiner Kehle?

Im 12. Jahrhundert beginnt die einfache Sprache des byzantinischen Volks in die Literatur einzudringen, von den Schriftstellern nicht selten in ein und demselben Werk mit dem Idiom der „Hochsprache" verbunden. Der wichtigste Repräsentant ist der sogenannte „Ptochoprodromos", d.h. der arme Prodromos (Prodromos ist Familienname, ursprünglich der Beiname des Johannes des Täufers, des „Vorläufers"). Dieser Betteldichter wendet sich nicht selten ans Herrscherhaus, scheint also gewußt zu haben, daß man dort Sinn für diese neue Literatursprache voraussetzen durfte. Seine Satiren beschreiben nicht nur, wie hier, das armselige Los des Schreiberlings, sondern auch Klosterleben und Ehe.

    D. C. Hesseling-H. Pernot, Poèmes prodromiques en grec vulgaire, Amsterdam 1910, S. 73–79.

Der gehemmte Chronist

Noch sprach der Autor keine Lüge aus!
Doch man erwartet diese Lüge für das Folgende;
so wollen jene es, die ihm den Auftrag gaben.
Sie finden allzu wenig Lob bis jetzt,
wovon sie kaum genug bekommen können.
Doch dies hat man dem Preisgesang zu überlassen.
So will ich denn mein Buch nicht weiterführen;
denn für die Lüge hab' ich kein Talent.
Ich warte ab, bis ich die Wahrheit sagen kann.

Joannes Mauropus, später Bischof von Euchaita (11. Jahrhundert), hatte offensichtlich den Auftrag zur Abfassung einer Chronik bekommen. Je mehr er sich bei der Abfassung der eigenen Zeit näherte, desto mehr Lob erwarteten offensichtlich die Auftraggeber, wohl Leute des Hofes. Mauropus läßt solches Lob im Panegyrikus gelten, nicht aber in der Geschichtsschreibung, und will offenbar auf „bessere" Zeiten warten. Seiner Verstimmung macht er in einem Epigramm Luft, das wohl kaum für die Veröffentlichung bestimmt war.
    P. de Lagarde-J. Bollig, Joannis Euchaitarum metropolitae quae supersunt, Göttingen 1882, S. 50

Plagiat

Nachdem ich drei oder vier Tage im Buch gelesen habe, stelle ich es Dir, wie Du siehst, wieder zu, etwas erstaunt darüber, daß Du darauf drängtest. Wahrscheinlich hattest Du Angst, ich könnte es abschreiben lassen und so selbst in seinen Besitz kommen. Aber das wollte ich gar nicht! Hättest Du es mir noch ein paar Tage geliehen, so hätte ich es freilich noch behalten. Immerhin hatte ich so viel Nutzen davon, daß ich nicht nur den Inhalt erfaßte, sondern auch begriff, woher er stammt.
    Jedenfalls habe ich festgestellt, daß der Patriarch in diesem Kommentarwerk durchaus nicht selbst zu Worte kommt, sondern nur in den Einleitungen. Nach diesem kurzen Auftritt verschwindet er wieder! Bei genauerem Zusehen merkt man freilich, daß der Inhalt selbst dieser Vorreden nicht ganz sein geistiges Eigentum ist. Das meiste davon ist zusammengeflickt, so wie man Stoffe mit Gold benäht. Im weiteren Verlauf dann

„zeigt sich der Mann selbst nicht noch ein zweites Mal."

Es ist vielmehr wie bei der Mündung des Nils; er teilt sich in viele Arme. Da sieht man den rauschenden Goldstrom eines Joannes Chrysostomos, dort den bezaubernden Glanz des gottbegnadeten Basileios; zu dieser Musik der Wasser gesellt sich der drohende Donner des Gregorios von Nazianz und das Rauschen des Gregorios von Nyssa. Stellenweise kommt auch der Philosoph Maximos dazu, peitscht die Wasser auf und färbt sie dunkel. Noch könnte ich Origenes, Apollinaris und Theodoret nennen. Auch der große Kyrill fehlt nicht, noch Theodoros von Mopsueste und wer sonst noch irgendwo ein Evangelienwort erläutert oder einen Kommentar dazu geschrieben hat: keiner ist dem Patriarchen entgangen, und jeder liefert seinen Beitrag zu diesem Gastmahl der Freunde.

So ist das Buch zur „zehnseitigen“, ja besser zu einer vielseitigen Harfe geworden, von einem Handwerker aus den verschiedensten Klängen zusammengefügt. Aber er hat die Töne belassen, die Saiten nicht aufeinander abgestimmt und die Stücke nicht transponiert. Mir kommt da die Dohle in den Sinn, die ihren Federschmuck ebenfalls bei allen Vögeln borgt. Hier aber haben alle zum Kommentar beigetragen, und jeder gab sein Bestes, der eine eine Stilblüte, der andere einen erhabenen Gedanken, der dritte eine tiefsinnige Überlegung, der vierte einen allegorischen Schnörkel, so wie einst nach der Sage die griechischen Götter zusammenkamen und die Büchse Pandoras füllten.

Michael Italikos (12. Jahrhundert), zunächst Professor der Philosophie und Redekunst in Konstantinopel, später Metropolit von Philippupolis, macht sich hier über „Exegesen“ eines Patriarchen lustig, der offensichtlich wahllos alles zusammenträgt, was er finden kann, ohne die Quellen zu nennen. Es ist nicht unwahrscheinlich, daß er damit jene Homiliensammlung aus patristischen Quellen meint, die unter dem Namen des Patriarchen Joannes IX. Agapetos (1111–1134) in den Handschriften angetroffen wird.

P. Gautier, Michel Italikos, Lettres et discours, Paris 1972, S. 219–221.

Schleppende Besoldung

Dieser Brief richtet sich an meinen Schüler. Was lachst Du da? Dies ist Dir nachgerade zur Gewohnheit geworden, sooft ich Dich meinen Schüler nenne. Mein Entschluß von einst hat Dich eben zu meinem Schüler gemacht, auch wenn dann nichts daraus geworden ist. Immerhin weiß es die ganze Welt, daß Du es nicht aus eigenem sondern nur dank meiner Sprachkunst zu Deiner musischen Eleganz gebracht hast.

Ich schreibe also an meinen Schüler, wie es dem Professor gebührt, wegen der Regierungsgehälter der Professoren. Also ersuche ich nicht, sondern befehle: Sie sind ehestens auszubezahlen. Von heute an gerechnet, dürfen sie höchstens noch einen oder zwei Tage ausstehen.

Bist Du trotzdem unzufrieden mit meiner Anrede, dann mache ich Dich auf andere Weise zu meinem Schüler: Der weise Epigonaton ist sowohl mein Freund wie mein Schüler. *Sein* Schüler bist Du ganz gewiß. Wenn nun den Freunden alles gemeinsam ist, so gehörst Du wenigstens unter diesem Gesichtspunkt, magst Du mir auch sonst durch die Netze gehen, zu meinem Kreis. Also wende ich mich nochmals an meinen Schüler wegen der Gehälter und ihrer beschleunigten Auszahlung. Hoffentlich argumentiert Dein Lehrer nicht, daß dann auch die Goldstücke nicht nur mir, sondern auch ihm gehören, eben weil Freunden alles gemeinsam ist. Aber wenn es um Geld geht, gilt diese Regel nicht! Das Wort soll gelten, wenn es ums Wort (Logos) geht, nicht aber wenn es um Münzen (logaria) geht.

Willst Du Dich aber mit dem Gedanken, mein Schüler zu sein, überhaupt nicht befreunden, dann schreibe ich an Dich als an den großen Finanzminister, den tatkräftigen Verwalter des Reiches, ohne den kein Teil unseres Universums gedeihen kann, weder Armenien noch Ägypten, noch was in der Nähe, noch was in der Ferne liegt. Ich schreibe und bitte – ich ändere also den Ton, da Du den des Lehrers nicht verträgst –, es möchten die paar Groschen für die Professoren möglichst bald angewiesen werden. Gedemütigt, muß ich zu trivialen Wörtern greifen.

Wiederum ein Brief des Michael Italikos an den zuständigen Beamten für Besoldungsfragen.
P. Gautier, Michel Italikos, Lettres et discours, Paris 1972, S. 225–227.

Eselshäute

Du hast deinen ganzen Zorn über mich ausgegossen. Was tust Du nur, wenn Du einmal Deinen Zorn einem anderen gegenüber brauchst? Ungehemmt und unersättlich hast Du mich geschmäht. Was soll ich da? Ich kann nur lachen, so wahr mir Zeus helfe, der Wahrer der Freundschaft. Ich mußte ja daran denken, wie Du vor mir in einem fort und bis zum Überdruß mit deiner philosophischen Haltung groß getan hast. Und jetzt verträgst Du nicht einmal einen witzigen Brief.

Jetzt aber zum eigentlichen Anlaß meines Briefes. Mann, was haben die Esel in Kleinasien drüben verbrochen, daß man sie ratzebutz umgebracht hat? Es ist doch wirklich nicht Brauch bei uns, Esel zur Hinrichtung zu verurteilen. Das Pergament aber, das Du mir geschickt hast, schreit es ja geradezu hinaus, daß es nicht aus Schafshäuten, sondern aus Eselshäuten hergestellt ist. Dafür zeugen jene Dicke und Grobheit, wie sie Eselshäuten von Natur aus eignet und durch Saumsättel und Schläge nur noch vermehrt wird. Warum hast du dieses „Pergament" nicht dort bei euch den Soldaten überlassen? Je ein einziges Blatt hätte für den Überzug eines Schildes gereicht und – mit einiger Übertreibung sei es gesagt – den Schild ebenso undurchdringlich gemacht, wie es die „mit sieben Rindshäuten" überzogenen bei Homer waren. Auch für persische Kriegspauken würden diese Häute passen, jene aus Erz gefertigten und mit einem Fell, angeblich aus Kamelhaut, bespannten, die sie im Kriege ertönen lassen. Sieht einer dieses Pergament flüchtig an, könnte er meinen, es handle sich um Eichenrinde oder um ungehobelte Bretter, so dickes und hartes Zeug ist es.

Aber hoffentlich regt Dich diese Klage nicht wieder auf. Komm doch und verteidige Dich in dieser und in den anderen Sachen persönlich. Ich schreibe ja nur, damit Du mich besuchst und mir nebst anderem den Umgang mit Dir schenkst, der mir lieber ist als weiß Gott welch anderer Zeitvertreib.

Ein typisches Schreiben für die witzige Art des großen Philologen und Übersetzers aus dem Lateinischen, Maximos Planudes (gest. 1303), eines Mönches und Abtes, der an einen gelehrten „Abbé" des Grand Siècle erinnert. Er hat Augustinus, Cato, Ovid, Cicero usw. in einzelnen Stücken ins Griechische übersetzt.

Maximos Planudes, Briefe, ed. M. Treu, Breslau 1890, S. 122–123.

Schriftsteller-Urlaub

Kannst Du mir glauben, daß ich meine Studien und meine gewohnte Beschäftigung vernachlässige und nur noch auf die Jagd gehe? Daß ich schon vor Sonnenaufgang mit meinen Hunden dem Wild nachstelle, seine Wege und Schlupfwinkel aufstöbere, zu Pferd über Abhänge jage, um nicht zu sagen: wie auf Falkenflügeln dahinfliege und die Luft mit meinem Geschrei erfülle, kurz: daß ich all jene Torheiten treibe, die ich Dir früher zum Vorwurf gemacht habe, als ich den Eindruck hatte, Du lebtest mehr mit den Tieren als mit den Menschen? Würden es Dir andere erzählen, würdest Du es wahrscheinlich nicht glauben, und doch: es ist die reine Wahrheit! Ich fürchte langsam alles andere zu vergessen und den Rest meiner Tage auf der Jagd zu verbringen. Es steckt wirklich ein Vergnügen dahinter, und das Vergnügen ist es ja, das nach Platon wie ein Nagel Leib und Seele zusammenhält. Was andere dabei einigermaßen behindern kann, etwa daß keine Pferde und Hunde zur Verfügung stehen oder keine Gesellschaft, die mit einem gern alle Strapazen teilt, davon ist hier mehr als genug vorhanden. Es kommt dazu, daß wir nicht nur Geflügel auf den Tisch bringen und bei dessen Verzehr die Belohnung für unsere Mühen finden – das war ja auch Dein Vergnügen, und wenn Du oft großspurig davon erzähltest, mußte ich herzlich lachen –, sondern daß wir mit unserer Beute auch unsere Falken und abgesehen von uns selbst auch die ganze Nachbarschaft bewirten können, und zwar zu Mittag sowohl wie schon zum Frühstück. Wir tun damit auf einen Schlag etwas für unsere Erholung wie für unseren Bedarf. Hier gibt es mehr Rebhühner als Eulen in Athen, und es steht, wie gesagt, zu befürchten, daß dieser Zeitvertreib meine Studien verdrängt. Ein solcher Wechsel kann mich in Deinen Augen nur lächerlich machen. Schuld daran aber ist Mitylene. Denn hier gibt es abgesehen von seinem Fürsten und dessen gerechtem Sinn nichts, was einen sonst beschäftigen könnte; es sind keine geistigen Interessen vorhanden, die Stadt versteht es nur, sich den Magen zu füllen und dafür den Geist zu entleeren. Darauf aber versteht sie sich ganz vorzüglich.

Nur mit Rücksicht auf den Fürsten, der um jeden Preis will, daß ich bei ihm bleibe, lasse ich nicht alles liegen und stehen, um zu Dir zu eilen. So aber muß ich die Einladung, mit der er mich beehrt hat, und die Gunsterweise, wie er sie nicht einmal für seine nächste Verwandtschaft kennt, würdigen und mich noch einige Zeit mit diesem Lande abfinden. Dann aber werde ich wieder zu Dir kommen, es sei denn, Du siehst in dieser Auslandsreise nach hierher nur eine Flucht und in meiner Freundschaft mit unserem Verbündeten nur die Folge einer Mißstimmung gegen Euch und findest die Verleumdungen anderer überzeugender als meine Handlungsweise.

Ein Brief des Schriftstellers, Übersetzers und Staatskanzlers Demetrios Kydones (gest. 1397/98) von einem Jagdurlaub bei den Fürsten Gattilusi auf Lesbos.
Démétrius Cydonès, Correspondance, ed. R.-J. Loenertz, II Vatikan 1960 S. 4–5.

V.

Der epische Held

So wie das byzantinische Reich keine sich in mythischem Nebel verlierende Vorgeschichte kennt, so besitzt es auch keine Epik, die das allmähliche Auftauchen aus der Geschichtslosigkeit und die langsame Ausbildung eines nationalen Bewußtseins im Lied zum Ausdruck brächte. Doch die ausnehmend schweren Kämpfe, die das Reich seit der Mitte des 7. Jahrhunderts gegen die Araber auszufechten hatte, um seinen Bestand zu retten, das über lange Generationen während Hin und Her von Erfolg und Mißerfolg, und nicht zuletzt die Sehnsucht nach Frieden mit dem Erbfeind ließen Gesänge entstehen, eine Heldenepik eigener Art, die uns in ihren Ursprüngen allerdings nur schwer greifbar ist, da keines der erhaltenen Lieder bis etwa ins 7. oder 8. Jahrhundert zurückgehen dürfte, jedenfalls nicht in seiner heutigen Gestalt. Das überlieferte Material gruppiert sich nach einiger Zeit immer mehr und immer ausschließlicher um einen einzigen Helden: Digenis Akritas; Digenis, weil er der „Zwiegeborene" ist, Sohn einer christlichen byzantinischen Mutter und eines sarazenischen Emirs, der aus Liebe zum Mädchen, das er geraubt hat, mitsamt seinem Stamm zu den Byzantinern übergeht und sich taufen läßt. Möglich, daß hier Erinnerungen an einwandfrei nachweisbare Ereignisse aus der ersten Hälfte des 10. Jahrhunderts mitspielen. Dieser Digenis selbst ist ein Akrite, d. h. ein Grenzkämpfer; er scheint zunächst ein Romanheld zu sein. Episch allerdings ist die Kunde von seiner Vorgeschichte, vom Brautraub, dessen Opfer seine Mutter war – ein großzügig vorangetriebener Handlungsablauf, der das private Geschehen völlig einbettet in die große Auseinandersetzung zwischen Islam und Byzanz. Die Taten des Sohnes dagegen sind völlig privater Natur: Liebesabenteuer vorab, dazwischen Kämpfe mit Freibeutern, der Bau eines Château d'amour und ähnliches. Die Erinnerung an die Geschichte ist im Verdämmern. Nur der Schauplatz, das Euphratufer, hält sie noch etwas lebendig. Rätselhaft allerdings ist die Begegnung des Helden mit dem Kaiser. Was immer an Geschichte vielleicht doch dahinter stehen mag: als Episode im Ganzen beweist sie jedenfalls die unabhängige Denkart an der Grenze gegenüber dem ideologischen Maschennetz der Hauptstadt, und damit ein kostbares Stück „Provinz".

Die verschiedenen Fassungen des „Epos" von Digenis Akritas, wie sie heute vorliegen, gehen kaum über das 12. Jahrhundert zurück. Das erstaunliche epische Gedächtnis der Griechen aber hat Volkslieder erhalten, die trotz aller greifbaren Verschleifungen, die im Laufe der Jahrhunderte eingetreten sind, die kämpferische Atmosphäre des 8. bis 10. Jahrhunderts noch deutlich spüren lassen, – kämpferisch nicht mit jener Lust zum Untergang, die andere epische Kreise kennzeichnet, sondern jederzeit zum Abbruch entschlossen, wenn sich irgendwo eine Hand zum Frieden ausstreckt, und gerade damit echtes Byzanz verratend. Eines dieser epischen Lieder, das „Armuris-Lied", ist uns immerhin in einer Handschrift erhalten, die dem 16. Jahrhundert, vielleicht sogar dem 15. zuzurechnen ist. Andere Lieder, wie das des „Sohnes des Andronikos", entstammen mündlicher Überlieferung und wurden erst seit dem 19. Jahrhundert veröffentlicht.

Wenn Byzanz um die Wende zum 14. Jahrhundert noch einmal, wie es scheint, zu einem Epos ansetzt, so ist dies formgeschichtlich eine Täuschung: Das Lied von Belisar hat zwar die Schicksale des großen Feldherrn Kaiser Justinians aus dem 6. Jahrhundert zum Gegenstand, und Belisar gibt gewiß einen epischen Helden ab. Das Lied geht aus von der beim Historiker Prokop berichteten Ungnade, in die der Feldherr beim Kaiser fiel (siehe S. 21), es verarbeitet aber auch byzantinische Siege, die in das 12. Jahrhundert gehören und verknüpft dies alles mit einer historischen, auf ähnliche Weise vom Schicksal geschlagenen Persönlichkeit aus der Zeit des Kaisers Andronikos II., dem Feldherrn Alexios Philanthropenos. Doch die Tendenz des Gedichtes ist es, zu zeigen, wie die Mißgunst gegen die Besten, der Neid der Aristokraten aufeinander, das Reich ins Verderben stürzt. Auch der „gesellschaftliche" Hintergrund ist nicht episch, sondern er wird gebildet von einem kritisch durchleuchteten Hofadel der Komnenenzeit. Episches Talent verrät der Autor trotzdem, und Belisar selbst mag neben Akritas seinen Platz behaupten.

Mädchenraub

Es war ein Emir aus vornehmem Haus, sehr reich, klug und äußerst tapfer; nicht schwarz wie ein Äthiopier, sondern blond und schön. Sein Bart war herrlich gelockt, seine Augenbrauen geschwungen und wie geflochten; sein Auge flink, freundlich und voll Liebe, wie eine Rose im Gesicht, sein Wuchs der einer schlanken Zypresse. Wer ihn sah, glaubte ein Gemälde zu erblicken. Dabei verfügte er über Kräfte, denen nichts gewachsen war; jeden Tag übte er sich im Kampf mit wilden Tieren und vollbrachte Wunder der Tapferkeit, Wunder für alle, die ihn dabei sahen. Sein Ruhm begeisterte alle Jungen.

Voll Übermut begann er Türken und Dilebiten, ausgesuchte Araber und Troglodyten zu Fuß auszurüsten und tausend junge Gulabier, alle gut bezahlt. Er schnaubte vor Feindschaft gegen die Romania und fiel in das Land des Herakles ein; er verwüstete viele Städte, nahm Menschen ohne Zahl gefangen, denn die Provinz lag damals schutzlos da. Die Truppen befanden sich zufällig an der Grenze, so daß er wenig Widerstand fand. Er überrannte Charziane und kam nach Kappadokien und fiel mit seiner ganzen Streitmacht über das Haus des Strategen her. Wer könnte erzählen, was er da alles vollführte? Er machte alle nieder, die er dort fand, er raubte große Reichtümer und plünderte das ganze Haus. Und ein junges Mädchen nahm er gefangen, die Tochter des Strategen, die noch Jungfrau war. Der Stratege selbst lebte damals in der Verbannung, und die Brüder des Mädchens waren bei ihrem Kommando an der Grenze. Nur die Mutter entkam den Händen der Heiden. Sie schrieb an ihre Söhne und berichtete alles, was geschehen war, den Einfall der Heiden, den Raub des Mädchens, die Trennung von der, die ihr das Liebste war, das ganze große Unglück. Und weinend fügte sie hinzu: „Meine liebsten Söhne, habt Erbarmen mit eurer Mutter in diesem Unglück: ich werde daran sterben! Gedenkt der Liebe zu eurer Schwester und macht euch eiligst auf, um Mutter und Schwester zu retten, die eine vom Tod, die andere von der Sklaverei. Setzt alles aufs Spiel um eurer Schwester willen, achtet nicht eures Lebens. Habt Mitleid mit ihr, meine Söhne; brecht sofort auf, um ihr Hilfe zu bringen, sonst müßt ihr es erleben, wie eure Mutter um ihrer Tochter willen in den Tod geht; und mein Fluch und der des Vaters kommen dann über euch, wenn ihr nicht tut, wie ich euch gesagt."

Die Söhne lasen es und seufzten tief auf; alle zusammen vergossen sie Tränen im Übermaß. Und sie bedrängten einander, so rasch wie möglich aufzubrechen: „Wir wollen für sie in den Tod gehen!" Sie stiegen zu Pferd und galoppierten davon. Nur wenige Soldaten nahmen sie mit. Sie dachten an alles, schliefen nur kurz und kamen in wenigen Tagen zum feindlichen Lager, zur gefährlichen Talsperre, welche die „Fürchterliche" heißt. In einiger Entfernung davon stiegen sie ab und stießen auf die ausgestellten Wachen. Sie ließen sich schriftlich melden, und der Emir befahl, sie vorzuführen. Er saß auf einem hohen Thron, der mit Gold beschlagen war, Furcht einflößend, vor seinem Zelt. Um ihn standen bewaffnete Männer. Sie traten näher, und er hörte sie an. Sie fielen vor ihm nieder bis zur dritten Stufe und sagten dann unter Tränen: „Emir, Diener Gottes, Fürst von Syrien. Möge es dir gegönnt sein, nach Palermo zu kommen, die Moschee dort zu besuchen und den hängenden Stein zu verehren; mögest du gewürdigt werden, das Grab des Propheten zu küssen und das heilige Gebet zu hören! Du hast ein liebliches Mädchen geraubt, unsere Schwester; verkaufe sie uns, Diener des Allerhöchsten, wir wollen dir dafür jeden Reichtum geben, den du dir wünschen kannst. Ihr Vater klagt um sie, denn sie ist seine einzige, und die Mutter will sterben, wenn sie sie nicht mehr sehen darf, und wir selbst, wir sehnen uns unendlich nach ihr. Wir haben geschworen, wir alle, schreckliche Eide, lieber in den Tod zu gehen, als ohne sie heimzukehren."

Der Emir hörte sie an und wunderte sich über ihren Mut. Und um zu erfahren, ob sie wirklich tapfer wären, antwortete er – er verstand sich auf Griechisch – in aller Ruhe und sagte: „Wenn ihr eure Schwester freihaben wollt, dann soll einer von euch, der tapferste, hervortreten. Wir wollen dann beide, er und ich, hoch zu Roß miteinander kämpfen. Besiege ich ihn, dann seid ihr meine Sklaven; besiegt er mich, dann ist das Mädchen sofort euer, es soll euch nichts geschehen, und dazu die übrigen Gefangenen, die ihr bei mir findet. Anders lasse ich mich nicht herbei, euch die Schwester auszuliefern, selbst wenn ihr mir den Reichtum der ganzen Romania anbieten würdet. Geht also und überlegt es euch wohl!"

Froh und voller Hoffnung traten sie zurück. Und damit es keinen Streit gäbe, welcher von ihnen denn kämpfen dürfe, warfen sie das Los. Es traf den jüngsten, den Zwillingsbruder des Mädchens. Der älteste salbte ihn zum Kampf und ermahnte ihn: „Laß dich durch kein Geschrei erschrekken, sei guten Muts, kein Schlag soll dich aus der Fassung bringen. Und zieht er sein Schwert blank, gib nicht nach! Was auch Schreckliches kommen mag, fliehe nicht; schone deiner Jugend nicht und denke an den Fluch der Mutter. Auf ihr Gebet vertrauend, sollst du den Feind vom Pferde stoßen. Wenn Gott hilft, werden wir keine Sklaven werden. Los also, Junge, Mut und keine Angst!" Und sie wandten sich gen Osten und beteten zu Gott: „Erlaube nicht, Herrgott, daß wir versklavt werden!" Sie küßten ihn und schickten ihn los: „Das Gebet von Vater und Mutter stehe dir bei!"

Der Junge bestieg sein Pferd, seinen edlen Rappen, gürtete das Schwert und faßte die Lanze. Auch seine Keule hatte er im Gehenk. Nach allen Seiten machte er das Zeichen des Kreuzes, spornte das Pferd und ritt ins Feld. Zuerst spielte er mit dem Schwert und dann mit dem Speer. Einige Sarazenen spotteten: „Da schaut, wen sie da in den Kampf mit dem großen Sieger aus Syrien ausgeschickt haben!" Einer aber von den Sarazenen, ein dilebitischer Grenzkämpfer, sagte leise zum Emir: „Siehst du, wie geschickt er die Sporen gibt, wie er mit dem Schwerte paradiert und die Lanze schwingt? Dieser Junge hat Erfahrung und ist tapfer. Gib acht, wenn du ihn angreifst!"

Der Emir aber ritt auf seinem Pferd, stolz und zum Fürchten. Seine Waffen glänzten wie die Sonne, die Lanze, die er schwang, war blau und golden. Und alle kamen herbei, um den Kampf zu sehen. Das Pferd tänzelte einher, und alle bewunderten es. Bald stellte es alle vier Füße zusammen und stand wie in einer Falle; dann wieder schlug es einen leichten Trab ein, so als ginge es nicht, sondern flöge leicht über dem Boden. Der Emir sah es sich an und lächelte vergnügt. Dann gab er ihm

die Sporen und ritt ins Feld. Er kreischte wie ein Adler und zischte wie ein
Drache und wie ein Löwe brüllte er, bereit, den Jungen in Empfang zu
nehmen und zu verschlingen. Er nahm es sofort mit ihm auf. Zuerst
stießen sie mit den Speeren aufeinander, und beide Speere zerbrachen;
keiner vermochte den anderen aus dem Sattel zu heben. Da zogen sie das
Schwert und rückten nah aneinander. Sie schlugen aufeinander ein, stundenlang. Die Berge widerhallten davon, und an den Hügeln brach sich
der Donner; das Blut floß zu Boden, die Pferde gerieten in Wut, und alle
waren voll des Staunens. Beide Kämpfer waren von Blut bedeckt, aber
keiner obsiegte. Als die Sarazenen dieses unerwartete Ringen sahen, da
gerieten sie in Staunen über den Mut des Jungen, seine äußersten Anstrengungen und seine edle Tollkühnheit. Und alle riefen sie dem Emir
zu: „Mach Frieden! Höre auf mit dem Kampf. Der Römer ist ein Held, er
könnte dich tödlich treffen!" Da wandte sich der Emir zur Flucht. Er, der
sich gerühmt hatte, war geschlagen. Er warf das Schwert weg, hob die
Hände und kreuzte nach ihrer Sitte die Finger und rief dem Jungen zu:
„Höre auf, mein tapferer Junge, der Sieg ist dein. Komm! Hol dir deine
Schwester und alle Gefangenen!"

Das Schauspiel war zu Ende, und alle gingen sie ins Zelt. Da konnte
man sehen, wie sehr sich die Brüder freuten. Sie erhoben die Hände zum
Himmel und priesen Gott: „Ehre, dem alleinigen Gott. Wer dir vertraut,
wird nicht zuschanden." Sie küßten ihren Bruder ganz ausgelassen, bald
seine Hände, bald seinen Mund. Dann baten sie alle den Emir: „Gib uns
nun unsere Schwester, Emir, wie du es versprochen hast. Tröste unser
Herz, das die Trauer bedrückt hat." Der Emir aber wollte sie täuschen:
„Nehmt meinen Siegelring und geht umher in den Zelten und sucht
überall nach; schaut im ganzen Lager nach, und wenn ihr eure Schwester
findet, dann nehmt sie und zieht ab." Voll Freude nahmen sie das Siegel
entgegen, seine List aber durchschauten sie nicht. Sie machten sich eifrig
auf die Suche, überall streiften sie umher, konnten sie aber nicht finden.
Traurig machten sie sich auf den Weg zurück zum Emir. Unterwegs
begegneten sie einem sarazenischen Bauern. Er sagte zu ihnen – und es
wurde verdolmetscht –: „Wen sucht ihr denn, ihr jungen Leute, um wen
trauert ihr?" Sie sagten unter Tränen: „Ihr habt unsere Schwester zur
Gefangenen gemacht. Wir finden sie nicht mehr. Da wollen wir auch
nicht mehr am Leben bleiben." Der Sarazene seufzte auf und sagte:
„Geht da hinunter, da geht's zu einer Schlucht. Dort haben sie gestern
vornehme junge Mädchen zusammengeschlagen, weil sie nicht machen
wollten, was man verlangte." Sie spornten ihre Pferde und kamen zur
Schlucht. Da sahen sie viele Mädchen hingeschlachtet in ihrem Blute
liegen. Der einen fehlten die Hände, anderen der Kopf oder die Füße.
Manche hatte überhaupt keine Gliedmaßen mehr und die Gedärme hingen heraus. Niemand konnte sie mehr erkennen.

Bei diesem Anblick gerieten sie außer sich. Sie nahmen Staub vom Boden auf und streuten sich ihn auf den Kopf und aus tiefstem Herzen begannen sie mit der Klage: „Welche Hand sollen wir aufgreifen, welchen Kopf beweinen, welches Gliedmaß erkennen, um es der Mutter zu bringen? O allerschönste Schwester, wie schrecklich bist du hingemordet worden, du unsere süße Seele! Wie konnte dir dies geschehen; wie mußtest du vor der Zeit entschwinden und unser Licht zum Erlöschen bringen. Wie konntest du, Glied für Glied, verstümmelt werden von barbarischer Hand? Warum erstarrte die Hand des unerbittlichen Mörders nicht, der kein Erbarmen kannte mit deiner zarten Jugend, der kein Mitleid spürte mit deiner süßen Stimme? Edles Herz! Statt der Erniedrigung hast du den Tod gewählt und wurdest hingeschlachtet. Schwester, schönste, Seele und Herz, wie können wir unter all diesen Leichen dich herausfinden? Soll uns selbst dieser letzte Trost versagt bleiben? Schreckliche Stunde, elender Tag! Mögen dir Sonne und Licht versagt bleiben, und Gott möge dich ins Dunkel stürzen, wie unsere Schwester. Diese Verbrecher haben dich ohne Mitleid gemordet? Was sollen wir unserer Mutter sagen? O Sonne, warum neidest du uns unsere schöne Schwester? Hast du sie getötet, weil sie leuchtender war als du?"

Da sie nun ihre Schwester nicht finden konnten, machten sie ein Grab und begruben darin alle Erschlagenen und klagend kehrten sie zum Emir zurück; heiße Tränen floßen ihnen mitten aus dem Herzen und sie sagten zu ihm: „Gib uns, Emir, unsere Schwester heraus, oder töte uns alle. Keiner von uns kann ohne sie nach Hause zurückkehren. Lieber wollen wir um unserer Schwester willen sterben." Als der Emir dies vernahm und ihre Tränen sah, da fragte er sie: „Woher kommt ihr denn, aus welchem Geschlecht stammt ihr ab und was ist der Name eures Themas?"

„Wir sind aus dem Anatolikon und wir gehören zu einer vornehmen Familie. Unser Vater ist ein Kinnamos, unsere Mutter eine Dukas aus der Familie des Konstantin. Unter unseren Vettern und Onkeln sind zwölf Strategen. Zur Zeit ist unser Vater verbannt; ein Verleumder hat ihm eine törichte Tat angehängt. Niemand von uns war zur Stelle, als du deinen Einfall machtest, weil wir ein Kommando an der Grenze hatten. Wären wir dagewesen, wäre dies alles nicht geschehen. Du wärest nicht in unseren Palast gekommen: nur weil wir nicht da waren, hast du ein billiges Rühmen. Jetzt aber, großer Emir, Fürst von Syrien – mögest du in Bagdad dein Gebet verrichten können! – sag uns jetzt auch du, wer du bist. Denn wenn unsere Sippe vom Feldzug zurückkommt und unseren Vater aus der Verbannung heimbringt, dann werden wir dich aufspüren, wo immer du sein magst. Was du uns angetan hast, soll nicht ungerächt bleiben."

„Ich, meine Besten, ich bin der Sohn des Chrysoberges; Panthia ist

meine Mutter, Ambron war mein Großvater und mein Onkel Keroes.
Mein Vater starb, als ich noch ganz klein war. Meine Mutter übergab
mich der arabischen Verwandtschaft, die mich sorgfältig erzog. Und da
sie meine Erfolge in allen Kämpfen sah, machte sie mich zum Herrn über
ganz Syrien. Sie gab mir dreitausend ausgewählte Lanzenträger. Ganz
Syrien habe ich mir untertan gemacht; ich habe Kupher eingenommen.
Da ist keine Übertreibung dabei, ich sage die Wahrheit. Später dann habe
ich Herakleia vernichtet, habe ich Amorion erobert bis hinunter nach
Ikonion. Mengen von Freibeutern habe ich unterworfen und alle wilden
Tiere außerdem. Mir widerstanden weder Strategen noch ganze Armeen.
Aber jetzt hat mich eine Frau besiegt, eine wunderschöne. Ihre Schönheit
hat mich entflammt, und ihre Tränen reiben mich auf; ihr Seufzen erregt
mich; ich weiß nicht, was ich tun soll. Ihretwegen habe ich euch auf die
Probe gestellt; ihr sollt es genau wissen. Sie hört ja nicht auf, um euch zu
weinen. Ich bekenne es und sage die Wahrheit: Wenn ihr mich nicht als
Schwager verschmäht, dann will ich ob der bezaubernden Schönheit
eurer Schwester Christ werden und in die Romania ziehen. Laßt es euch
sagen, beim Propheten, sie hat mir keinen einzigen Kuß gegeben und nie
das Wort an mich gerichtet. Kommt in mein Zelt und seht die, welche ihr
sucht.«

Als sie das hörten, öffneten sie voll Freude das Zelt und traten ein. Sie
fanden ein goldenes Bett und darauf das Mädchen. Wie sie da so lag, bei
Christus, da leuchtete sie. Ihre Augen aber waren von Tränen erfüllt. Als
die Brüder sie erblickten, halfen sie ihr eifrigst auf und jeder küßte sie in
seiner Überraschung. Und während sie sie umarmten und herzten, kamen
ihnen die Tränen und sie riefen aus: »Du lebst, liebste Schwester, du
lebst, Seele und Herz! Wir dachten schon, du seiest tot, vom Schwert
dahingerafft. Deine Schönheit, Liebste, hat dir das Leben gerettet.«

Dann versicherten sie dem Emir eidlich, sie wollten ihn als Schwager
mit in die Romania nehmen. Die Trompeten ertönten, und sie machten
sich sofort auf den Weg nach Hause. Und alle staunten und sagten zueinander: »Was für ein Wunder sehen wir da, welche Kraft der Liebe. Sie
macht Gefangene frei und setzt Armeen außer Gefecht; sie führt dazu,
den Glauben abzuschwören und den Tod nicht zu fürchten.«

Man hörte davon in der ganzen Welt, wie ein edles Mädchen mit ihrer
süßen Schönheit mit dem berühmtesten Helden Syriens fertig wurde.

Dieses Stück ist – verkürzt – der erste, echt epische Teil des Digenis-Epos. Das
geraubte Mädchen ist die Tochter eines Strategen, d.h. eines militärischen Pro-
vinzgouverneurs. Was die Brüder des Mädchens zunächst dem Emir wünschen,
ist die Möglichkeit der großen Wallfahrten zum Grab des Propheten und in die
Moschee von Palermo. Der Stammbaum der Strategenfamilie fällt in den verschiedenen Versionen des Epos ganz verschieden aus; er orientiert sich offensicht-

lich an der byzantinischen Prominenz, die eben en vue war. Interessanter der Stammbaum des Emir, der offensichtlich „paulikianisch" ist, d.h. an die Heldentaten der militanten, Paulikianer genannten Sektierer des 9. Jahrhunderts anknüpft (siehe S. 236), weswegen man zur Vermutung kam, das Digenis-Epos sei paulikianischen Ursprungs. Der Text der in 15-Silbern versifizierten Version wird hier der Einfachheit halber in Prosa wiedergegeben.

Digenis Akritas, ed. J. Mavrogordato, Oxford 1956, S. 5–23.

Abenteurer und Freibeuter

Als ich aus freien Stücken einst das Vaterhaus verlassen
und an der Grenzmark ganz allein mich einzurichten dachte,
da unternahm ich eine Fahrt ins Herz des Syrerlandes.
Ich war damals gerade erst ein Fant von fünfzehn Jahren.
So kam ich ins Araberland, in wasserlose Wüsten,
und zog, wie immer ganz allein für mich, fürbaß des Weges
im Sattel meines braven Hengsts, den langen Speer geschultert.
Doch schließlich plagte mich der Durst bei dieser großen Hitze,
und überall späht ich umher, ob sich kein Wasser fände.
Da sah ich eine Niederung, mit Busch und Baum bestanden,
und spornte flugs mein Pferd dorthin: da mußte Wasser fließen!
So war es denn auch in der Tat: der Baum war eine Palme,
und unter ihrer Wurzel floß die wunderbarste Quelle.
Wie ich allmählich näher kam, hörte ich tiefes Seufzen
und Stöhnen aus der tiefsten Brust und tränenreiche Klage.
Und wer beklagte so sein Los? Ein wunderschönes Mädchen!
Ich dachte erst, das sei ja wohl ein Spuk, ein Truggebilde;
ich war voll Furcht, mir sträubten sich die Haare bei dem Anblick.
So schlug ich schnell zur Gegenwehr des Kreuzes heilig Zeichen.
Es war die tiefste Einsamkeit, kein Weg, und nichts als Sträucher.
Doch als das Mädchen mich erblickt, springt es sofort vom Boden
und macht in Züchten sich zurecht und trocknet seine Tränen.
Dann wendet sie sich her zu mir und fragt, vor Freude bebend:
„Woher, du schöner, junger Mann? Wohin des Wegs so einsam?
Irrst gar auch du aus Liebesleid herum in dieser Wüste?
Doch hat der liebe Gott dich wohl geführt auf diesem Wege,
um jetzt aus dieser Einsamkeit mich Unglückskind zu retten.
Ruh dich denn hier ein wenig aus, mein Herr, an dieser Quelle!
So kann ich dann wahrheitsgetreu mein Schicksal dir erzählen.
Das soll ein kleiner Trost mir sein in meinem großen Kummer.
Der Fluß der Rede heilt ja stets die Wunden unsrer Seele."
Als ich das hörte, wandelte sich meine Furcht in Freude.

Es war kein Spuk, was ich da sah, es war leibhaft und wirklich.
Vergnügt entstieg ich also gleich dem Sattel meines Pferdes.
Des Mädchens unsagbarer Reiz ergriff mich tief im Herzen;
ich fühlte mich ihr zugetan wie meiner eigenen Schönen.
Ich band also mein gutes Pferd an einen Ast des Baumes
und steckte meinen Lanzenschaft daneben in den Boden;
dann trank ich aus dem Wasserquell und sprach zum Mädchen also:
„Sag mir, mein Mädchen, jetzt zunächst, wie du an diesen Ort
    kamst,
und warum du hier ganz allein sitzt mitten in der Wüste.
Dann will auch ich ohne Verzug dir meinen Namen nennen."
Wir setzten uns auf einen Sitz zusammen auf den Boden,
und sie begann ihren Bericht mit einem tiefen Seufzer:
„Mepherke, junger Mann, so heißt der Name meiner Heimat.
Vielleicht hast du einmal gehört den Namen Haplorhabdes?
Das ist mein Vater, der Emir, Melanthia die Mutter.
Zu meinem Pech verliebt ich mich in einen jungen Römer;
er saß bei meinem Vater jetzt schon drei Jahre gefangen.
Er gab voll Stolz sich als der Sohn eines berühmten Feldherrn.
Ich löste seine Ketten ab und zog ihn aus dem Kerker
und machte ihn zum großen Herrn, berühmt im Syrerlande,
ich schenkt' ihm meines Vaters Pferd, das beste aus dem Stalle.
Und meine Mutter stimmte zu; der Vater war ja auswärts,
verbrachte fast die ganze Zeit im Krieg und auf dem Schlachtfeld.
Der junge Römer schien gar sehr entbrannt in reiner Liebe.
Doch war dies alles Heuchelei; jetzt hat es sich erwiesen.
Schon längst war seine Flucht geplant weit fort aus meiner Heimat;
sein Wunsch ging heim ins Römerreich. Und eines schönen Tages
sprach er zu mir von seinem Plan, und daß er sehr befürchte,
zuvor mit meinem Vater noch sich in der Stadt zu treffen.
Er zwang auch mich mit ihm zu fliehn zurück in seine Heimat;
er schwor mit fürchterlichem Eid, mich niemals zu verlassen,
vielmehr als seine Ehefrau mich immer zu behandeln.
Ich schenkt' ihm Glauben und beschloß, die Flucht mit ihm zu
    wagen.
Wir suchten die Gelegenheit und planten sie gemeinsam.
Auch meiner Eltern Geld und Gut wollten wir mit uns nehmen.
Ein bitter teuflisches Geschick fügte es eben damals,
daß meine Mutter krank und siech sich nah dem Tode fühlte.
Und während alle im Palast der Klage sich ergaben
und jedermann zur Sterbenden ins Krankenzimmer eilte,
sah ich Unselige für uns den Augenblick gekommen:
Ich raffte, was ich raffen konnt' an Schätzen, und wir flohen.

Die Nacht selbst ließ sich noch herbei, uns bei der Tat zu helfen:
pechschwarz war sie, voll Finsternis, der Mond war nicht zu sehen.
Die Pferde standen schon bereit, wir saßen schnell im Sattel
und machten eilends uns davon und flohen aus der Heimat.
Wir ritten voller Furcht dahin an die drei Meilen Weges;
doch als den dritten Meilenstein wir unerkannt passierten,
ritten wir ohne Furcht fürbaß, wenn auch mit vielen Mühen.
Wir setzten uns zum Essen hin, wenn es die Zeit verlangte,
und schliefen sattsam jede Nacht und ließen uns nichts fehlen.
Errötend nur erzähle ich die Heimlichkeit der Liebe,
die Zärtlichkeit, die jeden Tag er mir so reich erwiesen:
er nannte mich sein Augenlicht, sein Leben, seine Seele,
hieß mich Gemahlin wiederum und wiederum Geliebte
und unersättlich küßt er mich und hielt mich in den Armen.
So hatten wir den ganzen Weg Vergnügen miteinander,
um schließlich hier an diesem Quell ermüdet anzukommen.
Wir ruhten hier, erholten uns drei Tage und drei Nächte
und freuten unersättlich uns am Spiel der süßen Liebe.
Doch jetzt begann den wahren Sinn der Treulose zu zeigen,
den er bisher tief in der Brust hatte verbergen können.
Es war die dritte Nacht, und ich war schon in Schlaf gesunken,
da stand er heimlich auf und ging und sattelte die Pferde.
Er lud dann alles Gold darauf und die kostbaren Schätze.
Ich sah dies Treiben, als ich dann doch aus dem Schlaf erwachte,
und machte mich auch meinerseits zur Weiterreise fertig
und kleidete mich wiederum als jungen Reitersknappen, –
so war ich auch vom Hause weg auf unsre Flucht geritten.
Er aber wartet nicht auf mich und schwingt sich rasch zu Pferde,
zieht hinter sich das zweite Pferd und galoppiert von dannen.
Bestürzt sah ich ihm hinterher; ich wollt' es nicht begreifen:
ich sprang zu Fuß, so wie ich war, ihm nach und rief und klagte:
Wo ziehst du hin, mein liebster Mann, läßt mich allein hier sitzen?
Denkst nicht mehr an die Seligkeit, die ich dir gern gegeben,
und hast vergessen deinen Eid, den du mir jüngst geschworen?
Er drehte sich nicht einmal um. Da rief ich noch viel lauter:
Erbarme dich, erbarme dich, verstoß mich nicht ins Unglück!
Laß nicht von wilden Tieren hier mich aufgefressen werden.
Noch andres viel rief ich ihm zu und klagte unter Tränen.
Doch er entschwand am Horizont und ließ kein Wort mehr hören.
Schon konnte ich vor Müdigkeit kaum einen Schritt noch gehen,
die Füße hatte ich mir schon an Steinen wund gestoßen,
ich fiel wie tot zu Boden hin, blieb tagelang da liegen.
Erst dann fand ich zum Quell zurück, kaum fähig aufzutreten.

Hier sitz' ich nun verlassen da und habe keine Hoffnung;
ich wage nicht nach Haus zu gehn zu meinen lieben Eltern,
ich schäm' mich vor der Nachbarschaft, vor allen den Gespielen.
Und mein Verführer ist weit weg, weiß nicht, wo ich ihn finde.
Ich bitte dich, gib mir dein Schwert, leg es in meine Hände.
Ich will für meine Missetat mir selbst das Leben nehmen,
ich habe nichts vom Leben mehr, und alles ist verloren!
O weh, ich Unglückselige, o Jammer ohne Ende!
Ich habe keinen Liebsten mehr, bin fern von meinen Eltern.
Den Liebsten holt' ich mir dafür, nun ist auch er verloren."
In helle Klagen brach es aus und jammerte, das Mädchen,
raufte sich wild das schöne Haar und schlug sich auf die Wangen.
Ich suchte ihr nach Möglichkeit den Jammer auszureden,
zog ihr die Hände mit Gewalt aus den zerrauften Flechten
und sprach ihr Mut und Hoffnung zu aus allen meinen Kräften.
Dann fragt' ich sie, wie lange schon sie hier verlassen sitze.
„Zehn Tage", sprach sie klagend, „sind darüber hingegangen.
Ich sah nächst dir nur einen Greis, der gestern hier vorbeikam.
Sein Sohn sei, so erzählt er mir, die Beute der Araber;
er eile nach Arabien, um ihn sich loszukaufen.
Er hörte sich mein Unglück an und wußte zu berichten,
es sei wohl just fünf Tage her, daß in Blattolibadi
der wilde Musur mit dem Schwert ein Kind noch angegriffen
mit blondem Haar und hohem Wuchs, noch jung an Lebensjahren
und hoch im Sattel eines Pferds, ein zweites noch am Zügel.
Wenn nicht Akritas eben recht des Weges wär gekommen,
hätte den Jungen wohl der Tod in jener Stund' getroffen.
Die Zeichen, sagte ich zu ihm, die du mir nennen konntest,
beweisen sicher, daß es sich um den Verräter handelt.
O weh, o weh, o Mißgeschick, o schreckliches Verhängnis,
wie unerwartet brach's herein und hat mich ausgestoßen!
Die süße Schönheit geht vorbei, eh ich sie ausgekostet,
und wie ein Baum bin ich verdorrt, bevor er aufgeschossen."
So weinte sie und klagte sie, vergoß der Tränen Ströme.
Da brachen plötzlich Araber hervor aus jenem Dickicht,
wohl mehr als hundert waren es, alle bewehrt mit Lanzen.
Sie stürzten sich hervor auf mich wie Geier auf die Beute.
Erschreckt riß sich mein Pferd vom Ast, an den ich es gebunden;
ich aber hielt es an im Lauf, schwang mich auf seinen Rücken,
berannte sie mit meinem Speer und tötete die Menge.
Ein paar davon erkannten mich und sagten zueinander:
„Die Tapferkeit und diesen Mut, die kann nur einer haben;
Dies ist Akritas sicherlich; wir alle sind verloren!"

Und die dies hörten, flohen schnell zurück in die Gebüsche;
sie warfen Speer und Schild von sich und waren bald verschwunden.
So kehrte ich allein zurück zum Quell, wo ich das Mädchen
auf einen Baum geklettert fand, sich vor dem Feind zu bergen.
Von hier aus sah sie allem zu und folgte meinem Angriff.
Als sie mich sah, wie ich allein zurück zum Quell gekommen,
sprang sie behend vom Baum herab und eilte mir entgegen,
und unter Tränen bat sie mich, ihr jetzt Bescheid zu geben:
„Mein Herr und mein Erretter du, bist wirklich du Akritas,
der meinen Liebsten aus dem Tod von Mörderhand errettet,
vor dessen Namen jetzt auch hier die Araber erschraken?
So sage mir, ich bitte dich, laß mich die Wahrheit wissen,
hat Musurs Schwerthieb meinen Freund nicht doch tödlich
    getroffen?"
Da war ich wirklich baß erstaunt und wunderte mich weidlich,
wie tief des Mädchens Liebe ging zu einem solchen Manne,
der sie doch listig, wohlbedacht in dieses Unglück stürzte,
der sie den Eltern rauh entriß und ihre Schätze raubte
und sie allein hier sitzen ließ, trostlos in dieser Wildnis,
wo ihr nichts andres übrig blieb, als unbeweint zu sterben.
Hier lernte ich zum erstenmal die Frauenliebe kennen,
daß sie viel heißer noch als die der Männer kann entbrennen;
doch auch, was zügellose Lust an Kummer uns kann bringen.
Ich sprach also zu ihr: „Hör auf, mein Mädchen, so zu weinen,
um den zu klagen, den ich doch vom Tod errettet habe.
Mit vollem Recht hab ich Musur den Todesstoß gegeben,
dem Räuber, Wegelagerer, der alles Land bedrückte,
so daß es niemand mehr gewagt, den Fuß dahin zu setzen.
Aus seinen Klauen habe ich vom sichern Tod errettet,
den du noch immer hegst und liebst – ich kann es nicht begreifen! –
den Treulosen, dem du trotzdem die Treue wahrst und Liebe.
Doch komm! Ich will dich hin zu ihm in Sicherheit geleiten,
will sorgen, daß er dich nach Recht zu seiner Gattin mache,
wenn du erst abgeschworen hast der Muslim Aberglauben."
Als sie das hörte, war sie voll von Freude und Vergnügen:
„Mein Herr und Held", so sagte sie, „du mein erlauchter Retter,
ich habe ja das Sakrament der Taufe schon empfangen,
vor ich mich diesem Mann verband; er hat es so befohlen.
Ich kannte keinen Widerstand, geknechtet von der Liebe,
und tat, was immer er befahl, verachtete die Eltern."
Dies hörte ich aus ihrem Mund. Da war's um mich geschehen;
da schoß in meiner Brust empor das sündige Verlangen
gleich einem hellen Feuerstrahl, die Gierde, sie zu haben.

Zunächst noch unterdrückte ich das zügellose Wollen;
ich war entschlossen, wenn es ging, die Sünde zu vermeiden.
Doch niemals noch vertrugen sich gedörrtes Gras und Feuer.
Als ich sie dann auf meinem Pferd fort aus der Wüste führte
und wir uns auf den Weg gemacht nach der Stadt Chalkurgia –
ein Ort, nicht fern dem Syrerland, der Grenze nah gelegen –
da wußt' ich nicht, wohin mit mir, ich war nur noch in Flammen,
und übermächtig stieg empor das Feuer der Begierde,
in mir trieb alles nur dazu, dem Feuer Raum zu geben.
Als ich sie aus dem Sattel hob, weil die Natur uns drängte,
da sah mein Auge nur noch sie, ich faßte ihre Hände,
ich drückte meinen Kuß auf sie und lauschte ihrer Stimme.
Was gegen Sitte ist und Recht hab ich mit ihr getrieben.
Alles geschah, wie ich gewollt, und nichts blieb unverbrochen.
Die Straße, die wir ritten, war befleckt von dieser Untat.
Grund war des Teufels Helferschaft und Lässigkeit der Seele.
Das Mädchen aber widerstand und wehrte sich nach Kräften,
bei Gott beschwor es mich und bei den Seelen ihrer Eltern.
Doch Satan, dieser Widerpart, der Herr der Finsternisse,
Erbfeind seit Anbeginn der Welt des menschlichen Geschlechtes,
brachte es fertig, daß ich ganz vergaß, an Gott zu denken
und an den furchtbar schweren Tag des ewigen Gerichtes,
wenn alles, was verborgen ist, ans helle Licht gebracht wird
im Angesicht der Engelschar und vor der ganzen Menschheit.
Doch schließlich kamen wir ans Ziel in die Stadt Chalkurgia.
Hier fand sich auch der junge Mann, Verführer dieses Mädchens.
Sein Vater war, wie er gesagt, Antiochos der Feldherr,
der einst den Persern unterlag und den sie tot geschlagen.
Wie ich ihn erst vor kurzer Zeit aus Musurs Hand entrissen,
so ließ ich ihn jetzt nicht mehr los, er konnte nicht entkommen.
Ich machte vielmehr allbekannt, wie er das Recht verletzte,
und übergab ihn dann der Hut der Freunde, die dort lebten.
Bis ich von meiner Fahrt zurück, sollt er bei ihnen weilen.
„Wenn du das Mädchen noch einmal im Stiche lassen solltest,
dann schenk ich dir kein zweites Mal das Leben – Gott ist Zeuge!"
Ich schärfte ihm mit Nachdruck ein, das Mädchen gut zu halten,
und gab ihm viele Mahnungen, sie nicht nochmals zu täuschen,
sie vielmehr, wie das Recht befiehlt, als Ehefrau zu halten.
Und allen samt erzählte ich, wie ich das Kind gefunden
und wie ich sie den Arabern in kühnem Streit entrissen.
Das Ungeziemende jedoch ließ ich auf sich beruhen,
damit kein schlimmes Ärgernis das Herz des Jungen kränke.
Dann übergab ich beiden noch den ganzen Schatz und Reichtum,

den ihren Eltern weggeholt das Mädchen, als sie flohen.
Auch ihre beiden Pferde ließ ich ihnen wiederbringen
und gab dem Jüngling noch einmal ganz öffentlich die Mahnung,
der jungen Frau kein Leid zu tun, sie keines Falls zu kränken.

Ein Großteil des zweiten Teiles des Digenis, der romanhafte Teil also, besteht aus Erzählungen des Helden von seinen Taten. Das hier gebotene Stück zeigt deutlich den privateren Charakter des Erzählten, auch wenn die große Einsamkeit des Grenzlandes noch spürbar und der kämpferische Hintergrund noch ersichtlich ist. Mepherke, die Heimat des Mädchens, ist wahrscheinlich das ostanatolische Maipherkat (Martyrupolis), der Vater Haplorhabdes ein Abdu Rahman? Die übrigen Personennamen lassen keine weitere Identifikation zu. Die geographischen Namen verweisen alle ins Innere Kleinasiens.

Digenis Akritas, ed. J. Mavrogordato, Oxford 1956, S. 142–158.

Der Grenzkämpfer und sein Kaiser

Als der Kaiser Basileios, der große Held, der damals über die Romania herrschte – er nahm den Ruhm des Reiches mit ins Grab! –, von den Taten des Digenis hörte, da war er baß erstaunt und wollte den jungen Helden kennenlernen. Er schrieb ihm folgenden Brief: „Meine Majestät hat von Deinen Taten gehört und sich darüber sehr gefreut. Wir danken Gott dafür, Deinem Helfer. Jetzt aber wollen wir Dich selber sehen und Dich für Dein Wirken gebührend belohnen. Komm also so rasch wie möglich und freudig zu uns. Du brauchst nicht Angst zu haben, es könnte Dir ein Leid geschehen."

Als Digenis diesen Brief gelesen hatte, antwortete er: „Ich bin der geringste Diener Deiner Majestät; an mir ist nichts Bemerkenswertes. Welche meiner Taten, Herr, bewunderst Du denn? Ich bin doch gering und wertlos und verfüge über nichts Gutes. Freilich, wer auf Gott vertraut, für den ist nichts unmöglich. Da Du aber Deinen Diener sehen willst, so komm doch zu mir mit einer kleinen Schar an den Euphrat. Hier, Herr, kannst Du mich besuchen, wenn Dir danach ist. Glaube nicht, ich sei ungehorsam. Aber Du hast in Deiner Armee unerfahrene Soldaten. Sollten sie sich zu Äußerungen hinreißen lassen, die mir nicht passen, dann, das versichere ich Dir, wirst Du sie nie wieder sehen. Bei jungen Leuten, mein Herr, darf Dich Derartiges nicht überraschen!"

Der Kaiser las den Brief genau. Er bewunderte die unterwürfigen Worte des jungen Mannes und freute sich zugleich über seinen Stolz und seine Tapferkeit. Nachdem er nun sehnlichst wünschte, ihn kennenzulernen, nahm er hundert Soldaten mit sich und einige Leute seiner Garde und zog an den Euphrat. Allen trug er auf, kein Wort vor Akritas verlauten zu lassen, das dieser als Tadel auffassen könnte. Die aufgestellten Wachen meldeten Digenis die Ankunft des Kaisers. Da ging er ganz allein hinaus, neigte sein Haupt bis zum Boden und sprach: „Gruß Dir, der Du von Gott die Herrschaft erhalten hast, um den gottlosen Heiden zu gebieten. Was widerfährt mir, daß der Herr des Erdkreises zu mir Armen kommt?" Der Kaiser sah ihn und erstaunte bei diesem Anblick. Er vergaß die Macht seiner eigenen Majestät, stand vom Throne auf, trat einige Schritte vor und umarmte ihn herzlich. Er küßte ihn voll Freude, bewunderte seinen Wuchs und seine große Schönheit. Er sagte: „Mein Sohn, Du trägst den Nachweis Deiner Großtaten an Dir. Deine Schönheit ist das Bild Deiner Tapferkeit. Hätte ich doch nur vier Römer deinesgleichen! Aber sage nun, mein Sohn, ganz offen, was Du Dir von meiner Majestät wünschest."

„Behalte alles, o Herr", antwortete er, „mir genügt Deine Liebe. Es ist nicht recht, daß ich etwas bekomme, vielmehr habe ich zu geben. Mit Deiner Armee hast Du unendlich viele Ausgaben. Ich Unwürdiger will dafür Deiner Majestät zum Geschenk machen, was Du seinerzeit als Tribut an Ikonion zahlen solltest. Ich will dafür sorgen, daß Du genau so viel zurückerhältst, auch wenn sie nicht wollen. Das soll Dir keinen Kummer bereiten, solange ich am Leben bin."

Der Kaiser war erfreut über diese Worte und erklärte: „Du wunderbarer, bester Mann, meine Majestät befördert Dich zum Patrikios und schenkt Dir alle Besitztümer Deines Großvaters. Sie übergibt Dir die Herrschaft über die Grenzbezirke. Ich werde das feierlich beurkunden und Dir kostbare kaiserliche Gewänder verleihen."

Dann umarmten sie sich und gingen: der Kaiser zu seinen Soldaten, der junge Mann zu seinem Mädchen. Seit der Zeit galt es als die Regel: Man nannte den jungen Mann Basileios Akritas, wegen der kaiserlichen Urkunde, die ihn zum Herren der Grenzen machte.

Die Identifikation des Kaisers ist müßig. Es kann sich um Basileios I. (867–886) wie auch um Basileios II. (976–1025) handeln, wahrscheinlicher um letzteren, denn der Zusatz „er nahm den Ruhm des Reiches mit ins Grab" wird ihm mehrmals angehängt. Doch dagegen steht wieder, daß andere Versionen einen Kaiser Romanos nennen. Umstritten ist der Tribut an Ikonion. Interpretiert man den Namen nicht heraus, wie geschehen, kämen wir ins 13. Jahrhundert.

Digenis Akritas, ed. J. Mavrogordato, S. 132–140.

Das Armuris-Lied

Heute ist der Himmel besonders, heute ist ein besonderer Tag,
heute rüsten die jungen Herren zum Ausritt;
nur der Sohn des Herrn Armuris darf nicht ausreiten.

Da bedrängt der Junge seine Mutter:
„Mutter, mögest du an meinen Geschwistern deine Freude haben,
mögest du meinen Vater wiedersehen: Laß mich reiten!"
Doch die Mutter sagte zum jungen Armuris:
„Du bist zu klein und zu jung, als daß du mitreiten könntest.
Doch, mein liebes Kind, willst du unbedingt reiten:
oben unter dem Dach da hängt der Speer deines Vaters,
den dein Vater und Herr in Babylon erbeutet hat,
ganz mit Gold überzogen und mit Perlen geschmückt;
biegst du ihn ein erstes Mal und biegst du ihn nochmals
und biegst du ihn dreimal, dann darfst du reiten."
Auf dieses Wort geht der junge Armuropulos
weinend die Treppe hoch, doch lachend kommt er zurück.
Kaum daß er nach dem Speer gegriffen, hatte er ihn in der Hand,
und bevor er ihn bewegte, bewegte er sich selbst.
Er nahm ihn in die Hand und er schwang sich und bog sich.
Da ging der Junge hinab zu seiner Mutter und sagte:
„Willst du, Mutter, – soll ich ihn vor dir zerbrechen?"
Da redete die Mutter mit den Herren und sagte:
„Kommt, seht zu, ihr Herren, sattelt den Rappen,
sattelt ihn, zäumt ihn auf, den Rappen seines Vaters.
Zwölf Jahre ist es her, seit er zuletzt durch Wasser gewatet,
zwölf Jahre, seitdem er zuletzt geritten wurde.
Was er frißt, ist Stroh, und er steht am Pfosten gebunden."
Die Herren gingen und sattelten den Rappen.
Sie übergaben ihm das Pferd, und schon saß er im Sattel.
Bevor er das Abschiedswort gesprochen, war er schon dreißig
   Meilen weit,
und bevor man ihm Glück gewünscht, fünfundsechzig.
So kam er zum Euphrat und ritt ans Ufer;
er ritt hinauf und hinab, aber er fand keine Furt.
Drüben stand ein Sarazene, stand und lachte ihn aus:
„Die Sarazenen haben Pferde, die nehmen es mit dem Wind auf.
Den Fasan und das Rebhuhn fangen sie im Flug;
den Hasen packen sie im Lauf, auch wenn sie bergan reiten,
sie packen ihn, tun ihm schön und lassen ihn laufen,
und wenn es ihnen beliebt, fangen sie ihn wieder ein.
Aber den Euphrat zu überqueren, gelang selbst ihnen nicht."
Der Junge hörte die Worte und geriet in Wut.
Er spornte seinen Rappen an, um überzusetzen.
Aber der Euphrat war zu gewaltig und hoch seine Wasser,
die Wogen türmten sich und stürmten dahin.
Wieder gab er dem Rappen die Sporen und trieb ihn an,

und laut schrie er auf, so laut er vermochte:
„Gepriesener Gott, tausendmal gepriesener!
Du hast mir den Mut gegeben und jetzt nimmst du ihn wieder!"
Da kam die Stimme eines Engels vom Himmel herab:
„Ramme deinen Speer in die Wurzel der Palme,
mach deine Kleider am Sattelknopf fest;
dann gib dem Rappen die Sporen und setze über!"
Er gab ihm die Sporen und kam ans andere Ufer.
Er wartete nicht ab, bis die Kleider trockneten;
sofort trieb er sein Pferd auf den Sarazenen zu;
er schlug ihn mit der Faust und renkte ihm das Kinn aus:
„Sag an, dummer Sarazene, wo finde ich das Heer?"
Da sagte der Sarazene zum Sohn des Armuris:
„Bei Gott, die tapferen Herren haben eine närrische Art zu fragen.
Zuerst schlagen sie mit der Faust los und dann erst fragen sie!
Doch beim Herrn Helios, dem süßen, und bei seiner süßen Mutter!
Erst gestern sind wir gemustert worden, an die hunderttausend;
alles vorzügliche, ausgesuchte Krieger mit grünen Schilden,
gewaltige Recken, die keine tausend fürchten,
und auch keine zehntausend und wie vielen sie noch begegnen
    sollten."
Wieder spornt er den Rappen und reitet die Höhe hinauf.
Da sah er das Heer und er merkte: es waren unzählbare Scharen.
Da überlegte der Junge und sprach zu sich:
„Wenn ich sie angreife, unbewaffnet, wie sie sind,
dann werden sie künden, ich hätte sie ohne Waffen überfallen
und ich hätte ihnen keine Zeit gelassen, ihren Mut zu beweisen."
So rief er denn, so laut er nur konnte:
„Sarazenen, bewaffnet euch, maledeite Hunde,
schlüpft in eure Panzer, so schnell ihr nur könnt.
Glaubt es nur, Armuris kam über den Strom,
der junge Armuris, der Sohn des Armuris, Arestes, der Held."
Beim Herrn Helios, dem süßen, und seiner süßen Mutter!
Zahllos wie die Sterne am Himmel und die Blätter an den Bäumen
setzten sie die Sättel auf ihre schwarzen Pferde.
Man zäumte sie, sie sprangen auf und ritten.
Da rüstete sich auch der Junge zum Kampf;
er zog sein schönes Schwert aus der silbernen Scheide,
schwang es zum Himmel und hielt es fest in der Hand;
und wiederum gab er seinem Rappen die Sporen,
ritt auf sie zu und stellte sich vor ihnen auf.
„Verflucht sei ich, wenn ich meines Vaters vergesse!"
Tapfer schlug er sich mit ihnen von Mann zu Mann.

Beide Flügel schlug er nieder und die Mitte löste sich auf.
Beim Herrn Helios, dem süßen, und seiner süßen Mutter!
Den ganzen Tag schlug er sie am oberen Flußlauf;
die ganze Nacht schlug er sie am unteren Lauf.
Er hob sie hoch und warf sie nieder, keinen schonte er.
Jetzt stieg der Junge vom Pferd, um Luft zu bekommen.
Da war ein sarazenischer Hund, ein verdammter Hund,
der entriß ihm aus dem Hinterhalt seinen Rappen,
der entriß ihm aus dem Hinterhalt seine Keule.
Aber beim Herr Helios, dem süßen, und seiner süßen Mutter!
Vierzig Meilen weit verfolgte er ihn zu Fuß mit den Knien,
und nochmals vierundvierzig zu Fuß trotz des Panzers.
Und dann, an der syrischen Pforte, holte er ihn ein; er zog sein
Schwert und schlug ihm die Hand ab.
„Auf, du Sarazene, los, bring ihnen meine Botschaft!"

* * *

Armuris, der Vater, saß am Tor seines Gefängnisses.
Er erkannte den Rappen und die Keule seines Sohnes,
den Reiter aber sah er nicht und sein Herz drohte zu brechen.
Tief seufzte er auf und der Turm geriet darüber ins Wanken.
Der Emir aber sagte zu seinen Herren:
„Geht und seht nach, ihr Herren, was hat er, warum seufzt er?
Ist sein Essen zu schlecht, dann soll er von meinem bekommen,
taugt sein Wein nichts, dann soll er von meinem kosten.
Stinkt das Gefängnis, so soll man es mit Moschos ausräuchern;
und wenn seine Ketten zu schwer sind, soll man ihm leichtere
    verpassen."
Doch Armuris sagte zu den Herren:
„Mein Essen ist nicht so schlecht, daß ich von seinem essen müßte;
mein Wein nicht so übel, daß ich von seinem kosten sollte;
und so schwer sind meine Eisen nicht, daß man leichtere beschaffen
    müßte.
Ich habe den Rappen meines Sohnes wiedererkannt und seine Keule,
den Reiter aber sehe ich nicht; mir bricht das Herz darüber."
Da sagte der Emir zu Armuris:
„Warte, mein Armuris, gedulde dich etwas,
bis laut die Musik erklingt und die Trompeten blasen
und sich hier ganz Babylonien und ganz Kappadokien versammelt.
Und wo immer dein Sohn sich befinden mag,
sie bringen ihn, die Hände auf dem Rücken gefesselt, vor dich.
Warte, mein Armuris, warte ein kleines Weilchen."

Und die Musik erklang und die Trompeten bliesen,
um Babylon und Kappadokien zu begrüßen.
Aber niemand kam, nur der Mann mit der abgeschlagenen Hand.
Da sagte der Emir zu diesem Einhänder:
„Sag an, armer Sarazene, wo ist das Heer geblieben?"
Da sagte der Sarazene zum Emir:
„Gedulde dich, Herr, gedulde dich ein wenig,
bis ich wieder sehen kann und bis ich wieder Luft bekomme,
bis wieder Blut rinnt in meine unversehrte Hand,
dann will ich dir sagen, wo das Heer geblieben ist.
Gestern versammelten wir uns, an die hunderttausend,
alles vorzügliche, ausgesuchte Krieger mit grünen Schilden,
Leute, die keine tausend fürchten,
keine tausend und keine zehntausend und wie viele immer ihnen
      begegnen.
Da stand ein kleiner Junge auf der kahlen Höhe
und er schrie, so laut er nur konnte:
„Sarazenen, wappnet euch, ihr Hunde, legt die Panzer an.
Glaubt es, Armuris kam über den Fluß,
Armuropulos, der Sohn des Armuris, Arestes, der Held."
Beim Herrn Helios, dem süßen, und seiner süßen Mutter:
Zahllos wie die Sterne am Himmel und die Blätter an den Bäumen
setzten sie die Sättel auf ihre schwarzen Pferde.
Man zäumte sie, sie sprangen auf und ritten.
Da rüstete sich auch der Junge zum Kampf;
er zog sein schönes Schwert aus der silbernen Scheide,
schwang es zum Himmel und hielt es fest in der Hand,
gab seinem Rappen die Sporen und ritt auf uns zu.
„Verflucht sei ich, wenn ich meines Vaters vergesse!"
Beide Flügel vernichtete er, und die Mitte löste sich auf.
Beim Herrn Helios, dem süßen, und seiner süßen Mutter!
den ganzen Tag schlug er uns am oberen Flußlauf,
die ganze Nacht schlug er uns am Unterlauf.
Er riß uns hoch und warf uns nieder, keinen schonte er.
Dann stieg der Junge vom Pferd, um Luft zu bekommen.
Und ich, tapfer und schlau, legte mich in den Hinterhalt
und aus dem Hinterhalt entriß ich ihm seinen Rappen.
Aber, beim Herrn Helios, dem süßen, und seiner süßen Mutter!
Vierzig Meilen verfolgte er mich zu Fuß mit den Knien,
und nochmals vierundvierzig, trotz seines Panzers.
Und hier an der Syrischen Pforte holte er mich ein.
Er zog sein Schwert und schlug mir die Hand ab.
Geh, Sarazene, sagte er, und überbring meine Botschaft!"

Da sagte der Emir zu Armuris:
„Ist das in Ordnung, mein Armuris, was dein Sohn da macht?"
Da schrieb Armuris einen schönen Brief;
mit einem Vogel sandte er ihn ab, mit der schönen Schwalbe:
„Sage dem Sohn der Hündin, dem Kind des Unrechts:
wo er auf einen Sarazenen trifft, soll er ihn schonen,
sonst fällt er ihnen in die Hände und erfährt keine Schonung!"
Da schrieb der Junge einen schönen Brief,
mit einem Vogel sandte er ihn ab, mit der schönen Schwalbe:
„Sagt meinem Herrn, sagt meinem süßen Vater:
solange ich unser Haus zweimal verriegelt sehen muß,
solange ich sehen muß, wie meine Mutter Trauer trägt,
solange ich sehen muß, wie meine Geschwister Trauer tragen,
will ich das Blut des Sarazenen trinken, wo immer ich ihn finde.
Und bringen sie mich in Wut, fall ich in Syrien ein;
ich fülle die Klüfte Syriens mit ihren Köpfen,
und die Wadis Syriens mit ihrem Blut."
Als der Emir dies hörte, überkam ihn große Furcht.
Da sagte er zu seinen Herren:
„Geht, ihr Herren, und holt den Armuris heraus;
bringt ihn ins Bad; er soll baden und sich neu kleiden;
bringt ihn an meinen Tisch, er soll mit mir essen."
Die Herren gingen und holten Armuris heraus,
sie lösten seine Hände und Füße aus den Eisen;
sie brachten ihn ins Bad, er badete und kleidete sich neu.
Sie brachten ihn zum Emir, und er aß mit ihm.
Und der Emir sagte zu Armuris:
„Geh, Armuris, kehre nach Hause zurück.
Sag deinem Kind, ich will ihn zum Schwiegersohn haben;
nicht für meine Base oder für meine Nichte,
nur für meine Tochter, mein Licht und mein Auge.
Sag es deinem Sohn!
Und wenn er einen Sarazenen trifft, so soll er ihn schonen,
und macht er Beute, so soll er sie teilen,
und sie sollen Frieden halten."

Ein klassisches Dokument aus den Grenzkämpfen und einer Zeit, da der Euphrat für die Byzantiner noch fast unüberschreitbar war. Wer Armuris ist, bleibt im Dunkel.

G. Destunis, Ob Armurĕ. Grečeskaja bylina vizantijskoj epochi, Petersburg 1877. Meine Übersetzung berücksichtigt Emendationen späterer Nachdrucke.

Der Sohn des Andronikos

Es reiten die Sarazenen aus, es reiten Arabiens Krieger,
sie reiten gen Andronikos und rauben seine Schöne;
neun Monde ist sie schwanger schon, sie steht vor dem Gebären.
Im Kerker kommt das Kind zur Welt, sie nährt es im Gefängnis.
Sie nährt's zur Not mit ihrer Milch, sie nährt's mit Krumen Brotes;
Die Emirin nährt es auch mit Milch und gibt dazu noch Honig.

Einjährig faßt er nach dem Schwert, der Lanze nach zwei Jahren.
Und kaum drei Jahre, ist er schon ein echter Pallikari.
Er kommt hervor, fordert heraus und keiner lehrt ihn fürchten:
weder ein Petros Phokas noch ein Phokas Nikephoros,
auch nicht ein Petrotrachelos, vor dem die Erde zittert.
Und geht es um den ernsten Kampf, nicht einmal Konstantinos.

Man bringt sein Pferd, er steigt hinauf und richtet sich im Sattel.
Er gibt die Sporen, reitet los, er reitet auf die Berge.
Hier stößt er auf die Araber, die sich im Springen üben.
„Was ihr hier macht und wie ihr springt, das können unsre Frauen!
Nicht nur die jungen, die noch schlank, auch jene, die schon
      schwanger.

Ihr habt neun Pferde hier am Platz; zehn sind es mit dem meinen.
So bindet mich und fesselt mir die Hände dreifach auf dem Rücken;
näht mir die Augen zu und nehmt dazu dreifachen Faden,
und legt auf meine Schultern Blei; es kann drei Zentner wiegen;
spannt auch in Eisenfesseln ein mir meine beiden Füße!
Und dann seht, wie ein Römerheld trotzdem vermag zu springen."

Sie binden ihm die Hände fest dreifach auf seinem Rücken,
sie nähen ihm die Augen zu mit dreigezwirntem Faden,
sie legen Blei, drei Zentner schwer, auf seine Schulterblätter
und spannen in die Fesseln ein auch seine beiden Füße.
Da springt er über ihre neun und landet auf dem seinen.

Da sagen alle Araber nach diesem Meistersprunge:
„Mein liebes Kind, mein kleiner Held, du sollst die Freiheit haben!"
Er öffnet seine Augen rasch und reißt damit die Fäden,
er schüttelt kräftig seine Hand und alle Fesseln fallen.
Er schüttelt seine Schultern durch: das Blei liegt auf dem Boden;
er macht zwei Schritte dann und schon lösen sich seine Ketten.
Dann gibt er seinem Roß den Sporn und reitet in das Lager.
Vom Fenster sieht die Mutter ihn und gibt ihm diesen Ratschlag:

„Mein Sohn, wenn du zum Vater gehst, halt ein und laß dir sagen:
Rot sind die Zelte alle dort, doch schwarz das Zelt des Vaters;
Und wenn man dreimal dir nicht schwört, dann steige nicht vom
  Pferde!"
So wie sie sagte, tat er auch, wie sie ihn angewiesen.
Rot waren alle Zelte dort, doch schwarz das Zelt des Vaters.
Dreimal ritt er darum herum, doch fand er keinen Eingang.
Mit einem Fußtritt brach er ein und stand so mitten drinnen.
Andronikos erblickt ihn jetzt, steht auf, ihn zu begrüßen.
Absteigen soll er jetzt, so fordert er und fordert.
„Ach liebes Kind, du junger Held, wie nennt man dich beim
  Namen?
Wer bist du und wo stammst du her und wer sind deine Eltern?"
„Schwörst du nicht dreimal einen Eid, dann will ich nicht absitzen."
„Mit meinem Schwerte in der Hand will ich dir gerne schwören."
„Nimmst du dein Schwert in deine Hand: ich habe hier das meine."
„Mit meinem Speere in der Hand will ich dir gerne schwören."
„Nimmst du den Speer in deine Hand: ich habe hier den meinen."
„Bei meinem Schwert! Es soll mich selbst, mein Herz durchbohren,
wenn ich, ich schwör es offen dir, Unrecht an dir tun sollte."
Da richtet sich der Junge hoch und steigt von seinem Pferde.
Die Fragen gehen hin und her nach Vater und Familie.
Jetzt setzt der Junge sich zurecht, erzählt von allem Anfang:
„Es reiten die Sarazenen aus ..."
[Er wiederholt wörtlich die ersten 41 Verse.]
Andronikos, der all dies hört, ist überströmt von Tränen;
er hebt die beiden Hände hoch zu Gottes Preis und Ehre:
„Ich preise dich, mein süßer Gott, ich preise noch und noch dich.
Mit meinem Schwert bisher allein, hab ich jetzt noch ein zweites!"

Zwar hat es schon im 11. Jahrhundert Heldenlieder über die Taten des Andronikos Dukas und seines Sohnes Konstantinos Dukas (9./10. Jh.) gegeben, ob aber
der Name Andronikos in unserem Lied damit in Verbindung gebracht werden
kann, bleibt höchst unsicher. Die Helden, die der Sohn des Andronikos nicht
fürchtet, rufen die Erinnerung an jene Magnaten-Familie des 10./11. Jahrhunderts zurück, an die Phokaden, die besonders Kaiser Basileios II. die größten
Schwierigkeiten machten.

E. Legrand, Collection de monuments pour servir à l'étude de la langue néo-
hellénique 12, Paris 1870, S. 18–25, ergänzt durch Varianten anderer Versionen.

Der Sang von Belisar

Ich beginne mit dem Kaiser, dem großen Justinian, dem großen Autokrator. Er gibt einen Befehl. Sofort wird Belisar vor ihn gebracht. Voll Eifer spricht der Kaiser auf ihn ein: Belisar, höre jetzt, was ich dir sage! Führe meinen Befehl aus und sei mir zu Diensten. Nimm Geld, soviel du willst, auch Werkmeister sollen dir genug zur Verfügung stehen. Führe damit das große Unternehmen aus, ummauere die Stadt. Rasch soll es geschehen, so wie ein gutes, wackeres Pferd rennt. In Jahresfrist soll es vollendet sein. Bewährt sich dabei deine Klugheit und gefällt mir das Bauwerk, wenn ich es besichtige, findet es außerdem den Beifall meines Hofes und meiner Würdenträger, dann kannst du sicher sein: dann mache ich dich zu einem Großen in meinem Palast.

Belisar hörte dieses Versprechen und was ihm am Ende für eine Belohnung winkte. Da fiel er sofort dem Kaiser zu Füßen, verehrte ihn und sprach: Ich bin dein Diener, dein Sklave. Befiehl, was du willst, ich werde es ausführen. Der Kaiser war es zufrieden und gab ihm das Geld. Belisar machte sich sofort an den Bau und brachte ihn bald zu Ende. Viele bestaunten den Bau, die zweckmäßige Arbeit, die der große Belisar mit dieser Stadtmauer geleistet. Der Kaiser aber verlieh ihm Würden, Ehren und Reichtümer; er erhob ihn unaussprechlich hoch.

Dafür entbrannte der Neid gegen ihn, er entbrannte über jedes Maß. Die Adeligen beneideten ihn und die Großen des Palastes. Was taten sie ihm nicht alles an, was wußten sie nicht alles an Verleumdungen! Sie lagen dem Kaiser im Ohr: Siehst du diesen Mann, sagten sie, den du derart erhöht hast. In Kürze wird er deine Macht vernichten. Und einer aus dem Adel, ein Palaiologe, redete gar wagemutig mit dem Kaiser und wie ein Vetter sprach er mit ihm: Herr, Allherrscher, Herr und Autokrator, laß es dir gesagt sein, solange noch Zeit: Dein Kaisertum, das erhabene und wunderbare, wird auf einen anderen übergehen, der nicht zu dir gehört und keiner aus deiner Verwandtschaft ist. Belisar wird es sein, den du so groß gemacht hast. Er wird dich umbringen und dir Krone und Reich rauben. Der Kaiser erzitterte, als er dies hörte; er sprang wie ein wildes Tier vom Throne auf, er brüllte wie ein Stier und rief ihm zu: Sag, hast du Zeugen für die Wahrheit deiner Worte? Kannst du diesen listigen Anschlag, diese Untat beweisen? Da führte der Palaiologe falsche Zeugen vor. Es fanden sich bereit ein Kantakuzenos, ein Rhalles, ein Palaiologos, ein Asanes, ein Laskaris, ein Kanos und ein Dukas. Sie gaben falsches Zeugnis wider Belisar.

Ach stöhnst du nicht auf, Gerechtigkeit, über das Verbrechen, das da geschah? Welch bitteres Übel! Wer sollte nicht klagen über das Gericht, das gegen diesen trefflichen Mann erging!

Der Kaiser befiehlt, und man sperrt ihn in den Anemos, den Windturm. Sie versiegeln seine Augen mit einem goldenen Tuch, die Vezire versiegeln es und der Kaiser selbst. Drei Jahre soll er im Turme sitzen müssen, soll des Lichtes beraubt sein und der Freuden der Tafel. Nur grobes Brot und ein wenig Wasser soll er bekommen. Aber trotz allem wollen sich die Verleumder nicht zufrieden geben. Sie fordern seinen Tod. So wie einst die Juden schrieen: Hinweg mit ihm, kreuzige ihn! zur Zeit der Passion des süßesten Lebensspenders Jesus Christus, so riefen auch sie gegen Belisar.

Aber das Auge das nie schläft, gibt acht, sieht zu und merkt auf! Höre, was sich begab: Um Mitternacht kamen Boten und berichteten, Fremde seien in das kaiserliche Land eingefallen, hätten Leute weggeschleppt, geplündert und geraubt, viele Gefangene gemacht und viele gefoltert und gewaltiges Elend über das Römerreich gebracht. Als der Kaiser diese Nachricht vernahm, da zitterte er und stöhnte auf; er geriet in Bestürzung und wurde ganz starr. Volle drei Tage aß er nicht und trank er nicht und schlief er nicht. Siebenzig wohlbestückte und wunderbare und herrlich ausgerüstete Schlachtschiffe ließ er auslaufen, dazu noch weitere dreißig Galeeren aus dem Hafen von Saloniki und andere Schiffe die Menge, alle bemannt mit hervorragenden, edlen und kühnen Helden aller Waffengattungen in schimmernder, blitzeschleudernder Wehr. Wer sollte nicht staunen bei dieser Pracht? Aber niemand, nicht groß und nicht klein, kein Kapitän und kein Offizier konnte sich denken, wer fähig wäre, den Oberbefehl zu übernehmen. Da sollten sich alt und jung, Einheimische und Fremde versammeln, so befahl es der Kaiser. Als alle versammelt waren, da begann der Kaiser mit folgender Rede: Ich habe euch hier versammelt, damit ihr mich anhört und mir den gewünschten Rat gebt. Ich habe diese Flotte ausgerüstet und wohl bewaffnet, wie ihr seht. Aber ich habe noch keinen Admiral über sie gesetzt. Ich weiß nicht, wer dessen würdig ist. Er müßte sehr tüchtig sein, edel und tapfer, und seine Pläne müßten hohen Sinn verraten. Sprechet, gebt mir einen Rat, ihr vom Adel. Laßt alle Parteinahme und Verleumdung aus dem Spiel und wählt den besten in der Furcht des Herrn!

Die Vornehmen schwiegen, keiner sagte auch nur ein Wort; sie gaben nur aufeinander acht, diese Herren, hinterlistig und herausfordernd, füchsisch und bärisch. Und nochmals rief der Herold auf. Da fraßen sich die Adeligen mit gewundenen Worten gegenseitig auf. Als der Kaiser das sah, befragte er das Volk der Stadt. Da riefen alle wie aus einem Mund: Allherr, Kaiser, Herrscher aller Herrscher, Herr und Autokrator des Ostens und des Westens, Wächter der Römer, Ruhm der Christenheit! Zu allererst glauben wir an Gott den Dreieinigen. Alle vertrauen wir auf ihn; er wird uns den Sieg schenken und die Feinde zerschmettern und vernichten. Zum zweiten glauben wir an deine große Majestät. Zum dritten aber an Belisar, den du geblendet hast. Willst du, Kaiser, deine Feinde besiegen, dann mach' Belisar zum Admiral deiner Flotte und deiner ganzen Streitmacht. Du hast es ja selbst gesehen, Kaiser, wie dieser Mann gewaltige und herrliche Siege errang über die Perser und Sarazenen und Ismaeliten, und überall wurde er der beutebeladene Sieger. Er hat Glück, Glück über die Maßen, er ist treu und tüchtig und wagemutig und voll Spannkraft. Als der Kaiser sah, daß das Verlangen des Volkes nach Belisar ging und als er in Erfahrung brachte, daß dessen Absichten rein waren, daß nur der Neid ihn in den Turm gebracht, wo er einsam drei Jahre geblendet sitzen sollte, und daß er ganz unschuldig und ohne Hinterlist sei, da wurde er vor das versammelte Volk gebracht und dem Kaiser gegenübergestellt, die Augen mit dem goldenen Tuch verbunden.

Voll Freude sah ihn der Kaiser an und sagte: Belisar, danke dem Volk! Du hast deine verleumderischen Feinde besiegt! Ich setze dich wieder in deine früheren Ehren ein. Viermal so groß wie ehedem soll dein Einfluß bei mir sein und du sollst der Admiral meiner ganzen Flotte werden. Doch Belisar erwiderte: Herrscher aller Herrscher, gekrönter Herr, Führer der Römer im Osten und Westen, ich habe nie gegen deine Majestät gefehlt. Weil aber der Neid in Ewigkeit nicht stirbt, so will ich nicht ein zweites Mal damit zu tun haben, will nicht ein zweites Mal den Biß dieses wilden Tieres erdulden. Du hast genug ausgezeichnete und wackere Würdenträger. Gib nur Befehl und sie kommen und sind dir zu Diensten. Laß mich in meiner Blindheit bleiben, damit mich nicht noch anderes, unerwartetes Leid ereile. Der Kaiser aber entgegnete: Vollziehe meinen Befehl, tue meinen Willen und werde nicht ungehorsam! Da neigte Belisar sofort sein Haupt, fiel auf die Erde nieder und verehrte den großen Kaiser. Zuerst küßte er den Boden, dann die Stiefel des Kaisers. Dieser aber löste eigenhändig das versiegelte Tuch, mit dem er geblendet worden war, und sprach: Von jetzt ab erhebe ich dich zum obersten Befehlshaber über die ganze Flotte; du hast volle Gewalt, ich habe dich zum Herrn gemacht, handle, wie du es für gut findest! So ausgerüstet, zögerte Belisar nicht mit der Ausfahrt. Es war die schöne Jahreszeit und so zog er aus, nahm viele Burgen, eroberte manche Städte und gab sie den Römern zurück. Zur Insel aber, die das römische Joch abgeschüttelt hatte und die der König von England beherrschte, der den Zügel der Konstantinsstadt verschmäht, – auch dahin wandte sich die Flotte ohne Verzug. An der Küste Englands angekommen, landeten die Römer und verließen die Schiffe. Auch Belisar, der Großadmiral, ging an Land, doch betrat er den Boden Englands nicht mit glücklichem Fuß: er stolperte, fiel und schlug auf den Boden hin. Wie sie das sahen, beschlich viele Furcht, die Vornehmen erzitterten und schüttelten ihre Köpfe. Als Belisar diese Furcht merkte, da gab er den Befehl, alle Schlachtschiffe, die großen wie die kleinen, an Land zu ziehen, die ganze Ladung herauszuschaffen, alle

Ruder, die Segel und das Takelwerk, alles sollten sie herausnehmen und dann sollten sie sie verbrennen. Der Befehl wurde ausgeführt, die Schiffe wurden verbrannt. Nur drei blieben als Botenschiffe. Dann wandte sich der Admiral zur Menge: Ihr, meine Herren, groß und klein, wisset: ich hätte diese Schiffe nicht verbrennen lassen, wenn ihr eines Sinnes wäret. Aber ich sehe ja eure Zwiespältigkeit und daß ihr den Mut verloren habt, weil ich beim Aussteigen gestürzt bin. Deshalb habe ich beschlossen, die Schiffe in Brand zu setzen. So hat niemand mehr Gelegenheit zur Flucht. Das aber sage ich euch offen und eindeutig: Wenn jetzt noch einer Feigheit zeigt und fliehen will, den will ich hinrichten lassen und sollte er selbst ein Sohn des Kaisers sein. Ich habe das Vertrauen, daß wir England erobern und ruhmbedeckt in die Kaiserstadt zurückkehren werden. Da wandte einer von den Vornehmen, ein reicher Adeliger, einer von den weit Berühmten, im Vertrauen auf seine hohe Herkunft gegen Belisar ein: Das war keine gute Taktik, daß du die Schiffe verbrannt hast. Nur diesen einen Satz sagte er. Aber sowie Belisar ihn gehört hatte, ließ er den Mann sofort mitverbrennen, den hochberühmten und wundergroßen. Als sie dies Schauspiel sahen, bekamen es alle mit der Angst zu tun, es erzitterten die Vornehmen und die Würdenträger, und in dieser Stimmung kämpften sie gegen die Engländer, sie kämpften und schlugen sie ohne Pause bei Tag und bei Nacht. Es fielen auch viele vornehme Römer, aber das größere Unglück traf doch die Engländer, ein gewaltiges Morden zog sich über ihr ganzes Land. Die Konstantinopolitaner siegten, sie eroberten feste Plätze, nahmen das ganze Volk und das ganze Land, unermeßliche Reichtümer, Kinder, Männer und Frauen: all dies eroberte sich das Schwert der Römer. Die Hauptfeste aber, in der sich der König verschanzt hatte, konnten sie nicht nehmen, trotz tausenderlei Kämpfe. Was bemühten sie sich nicht darum bei Tag und bei Nacht! Da machten sie sich eine hölzerne Sturmleiter und drangen damit unversehens über die Mauern in die Burg ein. Schlag auf Schlag erfolgte, und das Blut floß in Strömen. Wer könnte all den Schrecken schildern! Wie viele tapfere Helden sanken entseelt zu Boden! Aber schließlich setzten sich die Römer in den Besitz der Burg. Die ersten, die in die Burg eindrangen und dort des Kaisers Feldzeichen hißten, das waren keine aus der Familie der Asanen, kein Palaiologe oder Batazes und kein Laskaride. Es waren zwei Brüder von niedriger Geburt, aber beliebt beim Volk, Alexios hieß der eine, Achilleus der zweite, und Petraliphas alle beide. Wie nun der Admiral die Lateiner niedergerungen und die ganze englische Insel unterjocht hatte und auch der unbotmäßige König wider Willen seinen Nacken hatte beugen müssen, da befahl er den beiden genannten Brüdern vorzutreten. Er wollte sie auf besondere Weise ehren. Er ließ sie auf zwei wunderschöne Pferde setzen mit goldenem Sattelzeug und goldenen Sporen. Jeden ließ er mit einem goldenen Schwert umgürten und machte sie zu Rittern und Herren. Goldene Gürtel und Byssus-Gewänder sollten sie tragen und das Haupt mit einem Goldreif umwinden. Auserwählte, hervorragende Knappen gab er ihnen, die ihnen zu Diensten sein sollten, wie es ihrer Würde entsprach. Er ließ ihren Ruhm im ganzen Volk verkünden und gab ihnen unermeßlich viel Geld. Als sie wieder nach Konstantinopel kamen, ehrte sie auch der Kaiser, kleidete sie von Kopf bis Fuß in goldbestickte, mit Perlen übersäte Gewänder und verlieh ihnen hohe Würden.

Mit schwerer Beute beladen, kehrte Belisar mit seiner Armee auf hundert Schiffen, die er in kürzester Zeit hatte erbauen lassen, nach Konstantinopel zurück. Bei Nacht fuhren sie unbemerkt im Hafen ein. Als aber die Sonne aufging, da ließen sie alle Trompeten, Pauken und Zymbeln schmettern. Die Waffen und die Schilde glänzten wie die Sonne, ja wie die Göttin Aphrodite selbst. Alles war unermeßliche Freude und rauschender Jubel. Als der Kaiser von den Heldentaten seines Admirals erfuhr, wie er ganz England unterjocht und den König in Ketten mitgebracht, da freute sich seine Seele: Er ließ ihm den Weg zum Palast mit Teppichen und Matten auslegen. Dort erwartete er ihn. Belisar schritt inmitten von dreitausend Offizieren mit großem Gefolge im Glanz seines Ruhmes einher. Er trat in den Palast, fiel vor dem Kaiser nieder, verehrte ihn und küßte sein Knie. Der Kaiser aber begrüßte ihn mitsamt dem ganzen Senat. Als er sah, was Belisar alles an Gold und Perlen und Reichtümern, an Gewändern und anderen Kostbarkeiten mitgebracht hatte, da geriet er in größtes Staunen und freute sich maßlos. Er aß mit Belisar zusammen, vergnügte sich mit ihm und keine Stunde verging, da man sie nicht beieinander sah. Nur die Nachtruhe konnte sie trennen.

Doch was erhob sich da für ein neues Unheil zwischen beiden? Der Neid war es, das wilde Tier, das wiederum sein Haupt erhob und sich gegen Belisar aufrichtete. Wiederum waren es jene Adeligen, die ihn beneideten und dem Kaiser Unkraut ins Ohr säten. Man verschrie ihn als Volksaufwiegler und Revolutionär; sie konnten seine Macht nicht mitansehen. Wiederum gingen sie zum Kaiser, diese verleumderischen Großen, die Asanes und Laskaris, Kantakuzenos, Dukas, Astras und Kananos und wie sie alle heißen. Siehst du diesen Mann, sagten sie, Herr der Römer? Siehst du diesen Belisar, deinen obersten Heerführer? Binnen kurzem will er dir die Krone rauben, keine drei Tage wird es mehr dauern. Die ganze Volksmenge ist von ihm eingenommen, auf ihn schwört groß und klein, ihn wollen sie zum Kaiser haben. Wie ein Magnet zieht er das Volk hinter sich her. Wenn du ihn nicht beseitigen läßt, wirst du selbst beseitigt werden.

Als der Kaiser das hörte, fraß sich der Haß gegen Belisar in seinem Herzen fest; er wollte ihn nicht mehr sehen und ordnete seine Blendung an. Die Hände auf dem Rücken gebunden, wurde er dem Kaiser vorgeführt und ganz insgeheim und ohne Richterspruch wurde der Held geblendet, damit das Volk nichts erfahre und nicht etwa die Untat verhindere. Die Sonne selbst beweint ihn, es beweint ihn der Mond und die leblose Natur klagt mit ihm. Die Menge, das Volk von Konstantinopel, erfuhr davon. Und groß und klein rottete sich zusammen, um den Blinden zu sehen. Als sie den Helden sahen, da vergossen die einen Tränen, die anderen aber gerieten in Zorn und zogen ihr Schwert. Belisar aber saß verlassen am Goldenen Tor und beweinte sein Schicksal. Und alle trauerten und weinten mit ihm.

In der ganzen Welt, überall sprach es sich herum, Belisar, der glänzende Sieger, voll Tapferkeit, Besonnenheit und Tatkraft, der Ruhm des römischen Volkes, sei von seinem Kaiser geblendet worden. Ist so etwas glaublich? Um sich zu vergewissern, schickten alle Mächte Gesandte an den Kaiserhof mit reichen Geschenken; hervorragende weise Männer schickten sie als ihre Botschafter. Sie sollten Justinian ihre Verehrung erweisen und zugleich danach trachten, Belisar zu Gesicht zu bekommen, um zu sehen, ob er denn wirklich geblendet worden sei. So kamen sie nach Konstantinopel und begaben sich zum Kaiserpalast, um den Kaiser zu begrüßen. Der Kaiser trat hervor, empfing sie mit Gepränge, mit Ehren und Auszeichnungen, wie sie ihrem Rang zukamen. Alle Vornehmen mußten sich in Festgewändern im Palast einfinden, ihre Plätze einnehmen und dem Empfang beiwohnen, um den Botschaftern Rede und Antwort zu stehen. Den ganzen Palast ließ der Kaiser ausschmücken, die Wände mit goldenen Tüchern behängen, den Boden mit dicken Teppichen belegen. Und wer vermöchte die Pracht des Thrones zu schildern? Er war fein ziseliert, reich geschmückt und mit Gold überzogen. Erhaben thronte der Kaiser darauf; rechts und links davon hatten zwei Kaisersöhne, etwa zwanzig Jahre waren sie alt, ihre Plätze in goldenen Gewändern und mit goldenen Diademen. Einheimische Adelige geleiteten die Gesandten. Prächtige Geschenke für den Kaiser in großen Mengen und aller Art wurden herbeigebracht. Der Kaiser befahl, den Gesandten Sitze auf hohen Schemeln anzuweisen.

Schließlich kam die Rede auch auf Belisar, und die Gesandten fragten: Wo ist denn Belisar, auf welchem Hochsitz ist er denn? Zeig ihn uns doch, wir möchten ihn gerne sehen, den großen, weitbekannten, den Ruhm der Römer. Da verließ Belisar den Winkel, wo er in ärmlicher Kleidung gestanden und begab sich unter Klagen und Seufzen mitten unter die Herren. In der einen Hand hielt er einen hölzernen Stecken, in der anderen eine Bettelschale. Er streckte den Herren rundherum die Schale hin und sagte unter Tränen und mit zu Herzen gehender Stimme: Werft doch dem Belisar einen Obolus in die Schale, ihm, den das Glück erhöht und den der Neid geblendet hat. Schaut ihn euch an, diesen Belisar, ihr vornehmen Herren, schaut ihn euch nur an! Gebt ihm einen Obolus, erbarmt euch seiner, den das Glück auf einen hohen Stuhl gesetzt und der Neid wieder herabgestürzt und des Augenlichts beraubt hat. Die fremden Herren sahen sich dies an und bemerkten, ihm sei mit der Blendung großes Unrecht geschehen. Nochmals macht Belisar die Runde und bittet um ein Almosen: Gebt mir nochmals einen Obolus, sagte er unter Tränen, gebt mir ein Almosen, damit es euch wohlergehe und ihr euer Augenlicht behalten und die Neider ausmachen könnt, damit es euch nicht geht wie mir.

Da packte einen der römischen Herren die Wut und scheltend sagte er zu Belisar: Höre doch auf und bettle nicht wie ein Habenichts. Du bist ja gar nicht arm wie irgendein Fremder; du hast Liegenschaften, Reichtümer und Paläste. Schämst du dich nicht, so herumzugehen und zu betteln, wie ein Gemeindearmer? Du machst uns Schande und noch mehr dir selbst mitten unter uns mit deinen Schmähreden. Da, nimm diesen Dukaten und mach dich aus dem Staub! So sprach der Rädelsführer aller Schlechtigkeit, jener, der die anderen angestiftet hatte, falsches Zeugnis wider Belisar abzulegen. Aber Belisar blieb ihm die Antwort nicht schuldig: Du sprichst die Wahrheit, Rhalles, mein Bruder und Herr, ich habe Haus und Reichtum und zu essen und trinken. Aber des süßen Lichtes der Welt beraubt, was nützen mir da meine Goldstücke, was meine Reichtümer, wenn ich doch nichts auf der Welt sehen kann, nichts von all dem Schönen, das sich auf ihr findet? Du siehst, ich schäme mich nicht, Schlechtes von euch zu sagen: euer Neid hat mich ins Leid und Unglück gestürzt, hat mich so weit gebracht, daß ich das Licht meiner Augen verlor. Hätte ich doch meine Augen, dann wäre ich gern ein armseliger Bettler. So bin ich ein Blinder, und du bist jetzt der Bannerträger. Aber behalte nur deinen Dukaten, stecke ihn wieder in deinen Beutel und verschnüre diesen gut! Was gehen dich meine Klagen an? Euch wird Gott schon strafen, euch und eure Kinder; er wird euch heimzahlen, was ihr mir angetan habt.

So sprach er unter Tränen und machte nochmals die Runde bei den fremden Gesandten. Da wurden auch deren Augen trüb, und ihr Weinen und Klagen vermischte sich mit dem Belisars. Sie machten dem großen Kaiser Vorwürfe und sprachen: Wie brachtest du es fertig, einen solchen Helden ins Verderben zu stürzen, den so viele Könige und Fürsten fürchteten? Gelimer und Wittigis brachte er als Gefangene in die Stadt, die beiden Könige, wie Sklaven mit Ketten beladen; du, großer Kaiser und Herr, du Freund Belisars, den du so sehr geliebt und so hoch erhoben und auf einen Thron gesetzt und zum obersten Feldherrn im Osten und Westen gemacht; Belisar, der dir Waffe und Wehr war, der Schrecken aller, der deine Stadt mit unermeßlicher Beute angefüllt und deine Majestät immer hoch in Ehren gehalten hat. Seinen Namen hast du auf deine Münzen prägen lassen; auf der einen Seite stand dein Bild und auf der anderen Seite das Belisars mit der Umschrift: Belisar, der Ruhm der

Römer. Was hast du da Schlimmes angerichtet! Den Helden hast du geblendet und damit Konstantinopel die Augen ausgestochen. Seit der Zeit liegt die Stadt in Schmach darnieder.

Der Kaiser aber erwiderte: Ihr habt es selbst gesagt, wie ich Belisar geehrt und erhöht und zum Oberbefehlshaber gemacht habe, wie ich sein Bild auf meine Münzen prägen ließ und ihn als meinesgleichen erklärte. Wie könnt ihr mir nun den Vorwurf machen, ich hätte ihn geblendet? Nicht ich war es; Rhalles hat es getan und seine Gesinnungsgenossen, und mit ihnen im Bund war der schlimmste Übeltäter, der Neid. Macht doch mir keinen Vorwurf, ihr Herren. Sprach's und schwieg, und es schwiegen auch alle anderen. Dann wurde es Zeit. Die Gesandten erhoben sich, um Abschied zu nehmen. Der große Kaiser Justinian erwies ihnen ausgesuchte Ehren. Sie kehrten in ihre Heimat zurück und verkündeten alles: daß sie den Kaiser gesehen und wie er sie aufgenommen, seine Reichtümer, seine Macht und alles übrige; auch daß sie Belisar gesehen, den blinden Bettler mit der Schale und dem Bettelstab, den, vor dem ehemals alle erzitterten, alle Könige und Herrscher Asiens und Europas, die Perser und Meder, die Araber und Syrer, jeder Stamm, den das Schwert der Römer unterjochte.

Und jetzt ist alles ins Gegenteil verkehrt. Das Rad des Glücks hat sich gedreht, die Kaiser der Römer hat es zu Boden geworfen, die gottlosen Türken dagegen erhöht. Ich weiß nicht, was ich sagen soll, ich weiß nicht, was ich schreiben soll. Mein Hirn versagt, Zunge und Hand tun ihren Dienst nicht mehr. Wie lange, Herr Christ, darf das Türkenschwert getaufte Christen niederschlagen und die Römer zu Sklaven machen? Aber wer hat es denn fertig gebracht, daß die Türken Herren wurden und die Römer unter ihr Joch beugten? Niemand anders als unsere Sünden: Eifersucht und Neid und Streit, Hurerei und Unzucht. Gottes Rute ist es, die uns in Zucht nimmt.

Über den moralischen Charakter der Dichtung ist in der Einleitung (S. 171) das Nötigste gesagt. Der Bau der Mauern Konstantinopels gehört keinesfalls zu den Verdiensten Belisars, noch wurde er geblendet und in den Turm gesperrt. Die erste Legende von der Blendung findet sich in einem Fremdenführer aus der mittelbyzantinischen Zeit. Die Erwähnung der Brüder Petraliphas aus Didymoteichos führt uns in das 12. Jahrhundert, als die Byzantiner nicht gegen England, wohl aber gegen das von den Normannen besetzte Korfu zogen. Hier die Übersetzung der Vers-Version des Georgillas aus dem 15. Jahrhundert.

W. Wagner, Carmina graeca medii aevi, Leipzig 1874, S. 322–347.

VI.

Leichte Lektüre

Bei allem Sinn und aller Leidenschaft für die Pflege klassischer antiker
Literatur wollten doch auch die Byzantiner auf sogenannte leichte Lektüre nicht verzichten. Derartiges gab es natürlich auch unter den Klassikern, aber wenn hier von leichter Literatur die Rede sein soll, dann nicht,
insofern eine solche Literatur meist amüsant ist und keine großen geistigen Anforderungen stellt, sondern vor allem insofern sie sich um die
hohen Stil- und Sprachprinzipien der Philologen und Schulmeister wenig
kümmert. Natürlich hat auch das Altertum eine solche Literatur gekannt; ihre Überlieferung freilich bis in unsere Zeit – in Bruchstücken
wenigstens – verdankt sie eher Zufälligkeiten als der Sorgfalt klassisch
gebildeter Kopisten. Schon der Hellenismus hatte eine nicht unbedeutende Novellistik geschaffen. Wie angedeutet, ging vieles davon gegen Ende
der Antike im griechischen Sprachraum verloren; aber manches hatte
inzwischen eine neue Heimat in östlichen Kulturen gefunden. Von hier
aus, aus dem persischen, syrischen und arabischen Bereich drang es teilweise wieder in den mittelalterlichen griechischen Raum vor, wurde zurückübersetzt und eroberte nicht selten die ganze abendländische Welt.
Beispiel dafür ist das Buch des Philosophen Syntipas, eine ursprünglich
hellenistische Rahmenerzählung, ganz dazu geschaffen, eine Menge von
Einzelerzählungen einzuschieben, die locker durch ein übergeordnetes
Motiv verbunden sind.

Zur leichten Lektüre gehört wohl auch manches, was im Kleide der
Heiligenlegende auftritt. Der ungeheure Raum, den die Hagiographie in
Byzanz einnimmt, mußte dazu verlocken, Heilige zu erfinden und ihr
Leben und Treiben unterhaltlich darzustellen. Es mag auch vorgekom-
men sein – auch wenn es sich schwer beweisen läßt – daß vorhandene
„drollige Geschichten", die sich um irgendeine beliebte Harlekin-Figur
rankten, dazu führten, diesen Harlekin zu „taufen", als „Narren in Christo" erscheinen zu lassen und so vor dem Verbot der Kirche zu retten,
was durchaus nicht ausschließt, daß der Typ des Heiligen Narren dann
auch als authentischer Heiliger in die Hagiographie einging.

In der byzantinischen Zeit wurden auch noch einige heidnische Liebesromane der Spätantike gelesen. Die geistig beweglich gewordenen neuen
Zeiten nach Abschluß der großen kriegerischen Jahrhunderte verlangten
nachdrücklich nach dem Liebesroman. Aber das Thema war immer noch

so stark tabuisiert, daß sich das zwölfte Jahrhundert noch damit begnügte, solche Romane in einer äußerst unzugänglichen, nur eingeweihten Philologen verständlichen Sprache zu schreiben. Erst im 14. Jahrhundert entstanden Liebesromane, die, in einer einfachen Sprache geschrieben, einen weiten Leserkreis erreichen konnten. Das Märchenhafte spielt in diesen abenteuerlichen Geschichten eine bedeutsame Rolle, ebenso der Ritter auf der Suche nach seiner Geliebten, der Ritt zur Burg des Liebesgottes, Entführungen und Heimkehr. Später drangen auch Stoffe ein, die man aus dem Westen bezog und die vermutlich von „Nachdichtern" griechischer Zunge, die in den von Franken beherrschten und besetzten griechischen Landstrichen wohnten, ins Griechische übersetzt wurden.

Mit dem täglichen Leben in Byzanz hatten diese Romane wenig bis nichts zu tun. Gerade ihre Märchenhaftigkeit läßt eher vermuten, daß es sich um Fluchtpunkte vor der unerfreulichen Gegenwart, um Fluchtmöglichkeiten in eine Traumwelt handelte, ausgestattet mit Gärten, Palästen und Bädern – Zeugen vergangener Herrlichkeit. Über allem freilich König Eros, nicht als zierliche Putte, sondern als mächtiger, unbezwinglicher, ja nicht selten schrecklicher Lenker des menschlichen Herzens.

Geschäftsfreunde

Es waren einmal drei Männer, drei Geschäftsfreunde. Einmal gingen sie auf Reisen und kamen in ein Dorf, wo sie bei einer alten Frau einkehrten. Sie beschlossen, zunächst ins Bad zu gehen, und sagten zur Frau: „Richte uns die nötigen Gerätschaften und Tücher her!" Sie richtete alles her, vergaß aber auf den Kamm. Jetzt holten die Männer alles Geld heraus, das sie in ihren Taschen hatten, insgesamt drei Säckel voll Gold, ihre gemeinsame Einlage, und übergaben es der Frau mit dem Auftrag, es für sie aufzubewahren: „Gib niemand etwas davon, bevor wir drei nicht zusammen wieder bei dir eingetroffen sind!" Dies trugen sie der Frau auf und machten sich dann auf den Weg ins Bad. Dabei merkten sie, daß sie keinen Kamm bei sich hatten. Da schickten sie einen zur Frau zurück, um den Kamm zu holen. Dieser sagte zur Frau: „Meine Freunde, Frau, lassen dir ausrichten, du sollst mir das deponierte Geld geben." Sie aber entgegnete: „Nein, daraus wird nichts, bevor ihr nicht alle drei da seid." Darauf der Mann: „Meine Freunde sind noch gar nicht weit gekommen, wie du merkst, und sie werden dir zurufen, du sollst mir das Geld geben." Darauf rief er ihnen zu, als handele es sich um den Kamm: „Die Frau rückt nichts heraus, wenn ihr es nicht erlaubt." Da riefen sie zurück: „Gib es ihm, Frau!" Da rückte sie das Geld heraus, das sie in Verwahrung hatte. Der Mann nahm es und machte sich sofort aus dem Staub. Die anderen beiden warteten geraume Zeit auf ihn und riefen schließlich

der Frau zu: „Wo bleibt denn unser Freund? Ist er denn verschwunden?"
Die Frau sagte zu den Männern: „Er hat euer Geld von mir verlangt, und
weil ihr mir zugerufen habt, habe ich es ihm gegeben. Er nahm es und
verließ das Haus." Sie aber widersprachen der Frau: „Aber nein! Wir
haben ihn nur geschickt, daß er den Kamm hole." Die Frau: „Aber er hat
euer Gold von mir verlangt und berief sich auf euren Auftrag. Und dann
habt ihr es mir erlaubt, es ihm zu geben, als ihr mir zurieft. Und so, wie
ihr gesagt habt, habe ich es herausgeholt und ihm übergeben." Das war
für die zwei Kaufleute eine böse Überraschung und eine bittere Enttäuschung. Sie packten die Frau und schleppten sie vor den Bürgermeister
und erzählten unter leidenschaftlichen Klagen die ganze Geschichte. Der
Bürgermeister forderte die alte Frau auf: „Gib ihnen das Geld zurück,
das sie bei dir hinterlegt haben!" Die Frau dagegen: „Mein Herr, ich
habe ihnen doch ihren Schatz zurückgegeben." Die Kaufleute aber sprachen dagegen: „Wir, Herr Richter, sind drei Geschäftsfreunde. Wir haben unser Geld bei dieser Frau hinterlegt und ihr dabei streng aufgetragen: ‚Frau, dieses Depositum darfst du nicht aus den Händen geben,
wenn nicht wir alle drei es von dir zurückverlangen.'" Da sagte der
Bürgermeister nochmals zur Frau: „Gib den Kaufleuten ihr Geld zurück!
Laß dir dies nachdrücklich gesagt sein!" Da ging die Frau vom Bürgermeister weg unter bitteren Klagen und Wehrufen. Auf dem Weg begegnete ihr ein kleiner Knabe von fünf Jahren. Wie sie so jammerte, bekam er
Mitleid mit ihr und fragte: „Warum jammerst du denn so?" Sie sagte
nur: „Kind, überlaß es mir, mein Unglück zu beweinen!" Er aber drängte
weiter und wollte wissen warum. Er ließ nicht nach, bis ihm die Frau
alles erzählt hatte. Da sagte er zu ihr: „Ich will dir aus der Patsche helfen.
Aber wenn du willst, daß ich dies tue, dann gib mir zuerst ein paar
Groschen. Ich möchte mir nämlich Nüsse kaufen." Die Frau sagte:
„Wenn du mir tatsächlich aus meinem Mißgeschick heraushilfst, dann
werde ich dir die Groschen geben." Da sagte das Kind zu ihr: „Geh
nochmals zum Richter und sage ihm folgendes: Ich möchte feststellen,
mein Herr, daß es drei Geschäftsfreunde waren, die mir ihr Geld anver-
trauten. Euer Ehren sind davon ja bereits unterrichtet. Diese drei zusammen haben mir eingeschärft: Gib keinem von uns das deponierte Geld,
wenn wir nicht alle drei bei dir sind. Nun, mein Herr, das Geld liegt bei
mir. Gib also den dreien den Befehl, zu mir zu kommen, wie es sich die
drei ja ausbedungen haben. Dann werde ich ihnen den gemeinsamen
Schatz, der bei mir liegt, aushändigen." Die Frau freute sich sehr über
diesen plausiblen Vorschlag des Kindes, ging eilends zum Richter und
erklärte ihm den Sachverhalt, wie es das Kind so vernünftig vorgeschlagen hatte.

Der Richter merkte, daß das, was die Frau vorschlug, Hand und Fuß
hatte. Er ließ also die zwei Kaufleute kommen und sagte zu ihnen: „Was

die Frau jetzt vorgebracht hat, ist richtig. Geht also zusammen mit eurem dritten Geschäftsfreund zusammen zur Frau, wie ihr selbst es euch ausbedungen habt; dann bekommt ihr drei das Geld zurück!" So erging der Spruch; und die zwei Männer bedrängten die Frau nicht weiter. Der Richter aber dachte sich, die angeklagte Frau müsse ihr Argument von dritter Seite bekommen haben. Er ließ sie also rufen und fragte sie, wer ihr den einleuchtenden Vorschlag gemacht habe. Sie antwortete: „Ich traf ein fünfjähriges Kind, das mich weinen sah und Mitleid mit mir bekam. Das Kind gab mir diesen Rat." Der Bürgermeister ließ sofort das Kind kommen: „Kind, hast du tatsächlich der alten Frau diesen Rat gegeben?" „Ja, mein Herr", antwortete das Kind. Da erstaunte der Bürgermeister über die Weisheit und den Scharfsinn des Kleinen und bestellte ihn sofort zum Lehren der Redner und Philosophen.

Diese und die folgenden zwei Geschichten entstammen dem „Syntipas", einer Novellensammlung, die als „Nachkomme der Vereinigung der Sieben Weisen am Hofe des Königs Kroisos" (Wilamowitz) anzusehen ist. Die vorliegende Fassung entstammt dem Persischen und wurde aus einer daraus hervorgegangenen syrischen Fassung um die Wende zum 12. Jahrhundert ins Griechische zurückübersetzt.
A. Eberhard, Fabulae romanenses conscriptae I, Leipzig 1872, S. 94–99.

Gerade noch

Es war einmal eine Frau und ein Mann; die lebten als Ehepaar zusammen. Eines Tages mußte der Mann eine Reise tun und das Haus verlassen. Da verlangte sie von ihm einen Treueschwur und er von ihr. Beide versprachen sich, ihre Ehe rein zu erhalten und vernünftig zu bleiben, bis der Mann heimkomme. Der Mann sagte ihr dann, wie viele Tage er wegbleiben werde: „Nach so und so vielen Tagen bin ich wieder daheim."
Als die Frist verstrichen war, ging die Frau auf die Straße hinaus, um zu sehen, ob ihr Mann komme. Sie sah ihn aber nicht. Dafür fiel der Blick eines jungen Mannes auf sie, der sofort in Liebe zu ihr entbrannte und sie darauf ansprach. Aber sie wollte von Liebe nichts wissen. Der junge Mann, vom Stachel des Begehrens getroffen, ging zu einer alten Frau, die in der Nähe wohnte, und sagte zu ihr: „Als ich deine Nachbarin sah, da habe ich mich ganz plötzlich in sie verliebt und wollte sie zum Beischlaf drängen. Aber sie mochte davon nichts hören, sondern nahm mir meine Worte sehr übel. Aber du, Mutter, wenn du sie dazu bringst, mir zu Willen zu sein, dann kannst du von mir haben, was du dir wünschst." Die alte Frau hörte sich das an und sagte dann: „Ich werde sie dir schon gefügig machen." Sofort stand sie auf und bereitete sich vor: sie nahm

Mehl und machte daraus einen Brotteig und gab viel Pfeffer dazu. Dann buk sie das Brot und nahm es mit sich samt ihrer Hündin, die hinter ihr herlief. Als sie ans Haus der jungen Frau kam, warf sie der Hündin ein Stück von dem Brot zu, das sie dabei hatte. Die Hündin fraß es und sofort füllten sich ihre Augen mit Tränen von dem vielen Pfeffer; heftig weinend lief sie hinter der Frau her. Als die Alte nun das Haus betrat, sah die junge Frau die weinende Hündin, wie ihr die Tränen aus den Augen flossen, und fragte die Alte: „Was ist denn mit deinem Hund?" Die Alte sagte zur liebeshungrigen Jungen unter Tränen: „Diese Hündin, die du siehst, das war einmal meine Tochter. Ein junger Mann verliebte sich in sie und wollte sie zum Beischlaf nötigen. Aber sie war ihm nicht zu Willen. Der Mann verlor den Mut und aus der Qual seines Herzens heraus verfluchte er sie. Da wurde sie in eine Hündin verwandelt. Immer, wenn ich mit ihr aus dem Hause gehen will, fängt sie zu weinen an und läuft hinter mir her."

So sprach die Kupplerin unter Tränen. Die junge Frau aber erschrak über das, was sie gehört und gesehen hatte, und Furcht bemächtigte sich ihrer. Sie sagte zur Alten: „Deine Erzählung macht mir richtig Angst. Als ich neulich aus dem Fenster schaute, da sah mich ein junger Mann und wurde vom Begehren nach mir erfaßt. Doch als er mich zum Beischlaf nötigen wollte, habe ich nicht eingewilligt. Ich fürchte, es könnte mir ergehen, wie deiner Tochter, wenn er mich verflucht. Steh doch auf und geh hinaus, und wenn du ihn findest, führe ihn zu mir; dann will ich ihm Liebe mit Liebe vergelten."

Die Alte erwiderte: „Ich will alles tun, was du wünschst; und wenn ich ihn finde, bringe ich ihn dir. Mach inzwischen Ordnung im Haus, wasch dich und parfümiere dich!" Die junge Frau machte sich daran, das Bett zu richten und bereitete ein vorzügliches Essen vor. Die Kupplerin aber machte sich auf die Suche nach dem jungen Mann, fand ihn aber nicht. Dafür fand sie einen anderen und sagte zu ihm: „Geh mit mir!" Dieser fragte: „Wohin willst du mich führen?" Die Alte sagte: „Ich bringe dich in ein schönes Haus, in dem eine sehr schöne Frau wohnt, duftend von Wohlgerüchen und gerade für dich passend." Der Mann ließ sich gewinnen: „Geh mir voran!" So kamen sie hintereinander zum Haus. Jetzt sah der Mann, daß es sein eigenes Haus war. Da erfaßte ihn Kummer und er sagte zu sich: „Es sieht ganz danach aus, daß meine Frau, seit ich fort bin, auf Abwege gekommen ist." Die Kupplerin führte ihn ins Haus und ließ ihn auf seinem gewohnten Sitz Platz nehmen. Als die junge Frau aber sah, daß es ihr eigener Mann war, legte sie sich rasch einen abgefeimten Plan zurecht. Sie stand auf und versetzte ihrem Mann eine Ohrfeige und rief unter Tränen aus: „Du verdorbener, zuchtloser Mensch! So sehen also die Treueide aus, die wir uns geschworen haben! Du hast mir versprochen, bis zu deiner Rückkehr enthaltsam zu bleiben. Warum hast du

dieses Versprechen in den Wind geschlagen und dich von dieser Kupplerin einfangen lassen?" Der Mann war sehr erstaunt über diese Art und
dieses plötzliche unverfrorene Auftreten seiner Frau. „Was ist mit dir
heute los?" fragte er. Sie sagte: „Als ich heute erfuhr, daß du am Stadttor
angekommen bist, da wollte ich deine Liebe zu mir und deine Treue zu
unseren Abmachungen auf die Probe stellen. Ich habe das Haus hergerichtet und mich geschmückt und dann zum Vorwand diese Alte zu dir
geschickt, um herauszufinden, wie es mit dir steht und ob du treu geblieben bist. Und jetzt sehe ich, wie schlecht deine Absichten waren und wie
du deinen Eid für nichts achtest. Ich werde nie mehr mit dir als deine
Frau zusammenleben; ich werde dir nie mehr richtige Liebe schenken!"
Der Mann, nicht sehr schlau, erwiderte ihr: „Ich meinerseits hatte dich
im Verdacht, und als ich dich so geschmückt sah, bereit zum Beischlaf,
da kam mir der Gedanke, daß du es mit anderen Männern treibst. Da du
mir aber dies angetan hast, um mich zu prüfen, so höre jetzt, was ich zu
sagen habe: Ich bin dieser alten Frau hierher gefolgt, um zu sehen, ob sie
mich etwa in unser eigenes Haus führt. Hätte sie mich in ein anderes
Haus, zu einer anderen Frau geführt, so wäre ganz sicher nichts daraus
geworden." Die Frau gab vor, daran nicht zu glauben; sie stellte sich
noch gramgebeugter, begann ihr Gesicht zu schlagen und ihre Kleider zu
zerreißen und schrie: „Ich glaube an kein eidliches Versprechen mehr; es
gibt keine Treue mehr!"

So stellte sie sich lange Zeit an und bestrafte ihren Mann, indem sie
überhaupt nicht mehr mit ihm sprach. Sie ließ sich nicht mehr mit ihm
ein, bis er sich in große Unkosten stürzte und ihr goldenen Schmuck und
Kleider schenkte.

A. Eberhard, a. a. O. 39–44.

Der Löwe auf fremdem Acker

Es war einmal ein König, der derart in die Weiber vernarrt war, wie sonst
überhaupt kein Mensch. Er war verrückt auf sie und der Meinung, es
gebe nichts Liebenswerteres oder Angenehmeres als sie. Dieser König
schaute eines schönen Tages aus dem Fenster seines Palastes. Da erblickte er eine außerordentlich schöne Frau. Sofort packte ihn das Verlangen,
und er hatte nichts anderes mehr als sie im Sinne. Um sein Begehren
erfüllen zu können, schickte er nach ihrem Mann und entsandte ihn in
königlicher Mission nach auswärts. Er selbst aber kam des Nachts ins
Haus der Frau und wollte sie zum Beischlaf reizen. Die Frau aber war
sehr besonnen und klug und sagte: „Ich bin die Dienerin deiner Majestät,
mein König, und bereit, jeden deiner Befehle auszuführen. Aber bitte:
erfülle mir zuerst einen Wunsch!" Und sie gab ihm ein Buch ihres Man-

nes, in dem ausführlich von der Besonnenheit und von der Vermeidung
schändlicher Begierden die Rede war. Sie sagte: „Lies es, bitte, mein
König! Daraus kannst du ersehen, wie ein König wie du seine Lüste
beherrschen kann. So müssen Könige sein, die diesen Namen verdienen."
Der König aber legte das Buch beiseite und machte sich an die Frau mit
unzüchtigen Berührungen heran. Aber er kam nicht zu seinem Genuß,
wie sehr er sich auch anstrengte. Da ließ er von der Frau ab und ging weg.

Während seiner Liebesversuche aber war dem König unversehens der
Ring vom Finger geglitten und unter das Bett gefallen. Die Frau hatte es
nicht bemerkt. Als nun ihr Mann nach Hause kam und sich wie gewohnt
zum Essen auf die Liege setzte, da bemerkte er den Ring darunter. Er
besah sich ihn genauer und überzeugte sich, daß es der Ring des Königs
sei. Da geriet er in Bestürzung und sagte sich: Der König muß sich an
meine Frau herangemacht haben; sie müssen es zusammen getrieben
haben. Er fürchtete sich jetzt vor dem König und weigerte sich, weiterhin
mit seiner Frau zu schlafen. Aber er verriet seiner Frau keinen Grund. So
ging das lange fort, ohne daß ein Wort darüber gesprochen wurde. Da
beschwerte sich die Frau bei ihrem Vater und ihren Brüdern über diese
Vernachlässigung durch ihren Mann. Der Vater und die Brüder begaben
sich zum König und beschwerten sich über den Mann mit folgenden
Worten: „O König, wir haben unseren Acker diesem Manne gegeben. Er
hat ihn lange bearbeitet, jetzt aber hat er damit aufgehört, und der Acker
liegt brach wie vorher. Wir bitten also deine Majestät und stellen den
Antrag, daß er den Acker wieder bearbeite wie früher oder aber ihn uns
zurückerstatte." Als der König diese Klage hörte, sagte er zu dem Mann:
„Was bringen diese da vor?" Der Mann antwortete dem König: „Was sie
deiner Majestät berichten, ist wahr. Ich habe den Acker, den sie mir
überlassen haben, nach Kräften bearbeitet und nicht vernachlässigt. Aber
eines schönen Tages entdeckte ich zufällig auf dem Acker die Spuren
eines Löwen. Von dieser Zeit ab wagte ich mich nicht mehr auf den
Acker." Als der König dies hörte, sagte er zu dem Manne: „Du hast
recht, Mann. Der Löwe ist auf den Acker gekommen, aber er hat auf dem
Acker nicht den geringsten Schaden angerichtet. Er hat auch nicht die
Absicht, sich dem Acker ein zweites Mal zu nähern. Bearbeite ihn also
wie früher. Du brauchst keine Angst mehr zu haben."

Eberhard, a. a. O. 11–14.

Der heilige Narr

Symeon spielte den Narren auf die verschiedenste Weise. Bald stellte er
sich lahm, bald tanzte er, bald rutschte er auf der Straße sitzend vor-

wärts, bald stellte er einem, der gelaufen kam, das Bein, so daß er auf die Nase fiel. Ein andermal, wenn der Mond aufging, wälzte er sich auf der Erde und stieß mit den Beinen nach dem Mond; dann wieder tat er, als rede er irre.

Er hatte es zu einer derartigen Höhe der Reinheit und Leidenschaftslosigkeit gebracht, daß er oft mitten unter allem Volk seine Possen trieb, sprang und tanzte und dabei in jedem Arm eine Tänzerin hielt. Und die frechen Weiber legten ihm oft den Arm um den Hals, streichelten ihn oder kitzelten ihn oder gaben ihm Ohrfeigen. Der Alte aber blieb von all dem unberührt wie lauteres Gold.

Einst lud ihn sein Freund, der Herr Johannes, zum Essen ein. Da hingen Speckseiten. Gleich fing Symeon an, darauf einzuhauen und den Speck roh, wie er war, hinunterzuschlingen. Aber der weise Johannes beugte sich zu seinem Ohr, da er es nicht laut aussprechen wollte, und sagte: „Keine Angst, du gibst mir kein Ärgernis, auch wenn du den Speck roh aus dem Kamin hinunterwürgst. Tu nur weiter, wie es dir Spaß macht!" Johannes kannte die Tugend des Narren, weil auch er ein geistlicher Mensch war.

Zuweilen, wenn der heilige Sonntag kam, nahm er einen Kranz Würstchen und hängte ihn sich wie eine Schärpe um. In der linken Hand hielt er den Senftopf, tunkte die Würstchen ein und schlang sie hinunter. Und dies schon am frühen Morgen! Und wenn die Leute kamen und mit ihm ihren Spaß hatten, dann schmierte er ihnen manchmal Senf in den Mund. So kam auch einmal ein Bauer, um an ihm seinen Witz auszulassen. Er hatte einen weißen Star auf beiden Augen. Dem schmierte Symeon den Senf in die Augen. Als sich der Bauer vor schrecklichen Schmerzen krümmte, rief er ihm zu: „Fort mit dir, wasch dich, du Narr, mit Essig und Knoblauch, dann bist du gleich wieder gesund." Der Bauer aber meinte, das Richtige zu tun, und lief sofort zu den Ärzten. Aber damit wurde er nur noch blinder. Schließlich lief er wie toll herum und schwur auf syrisch: „Beim Gott des Himmels, und wenn mir gleich beide Augen aus dem Kopf springen, ich tue, was mir der Narr gesagt hat." Und als er sich nach dessen Vorschrift gewaschen hatte, wurden beide Augen sofort gesund, als wären sie von Geburt an klar gewesen. Als ihm Symeon begegnete, rief er dem Bauern zu: „Also, du bist gesund, du Narr. Aber stiehl jetzt deinem Nachbarn keine Ziegen mehr!"

Einmal, an einem Sonntag, nahm er Nüsse und ging in die Kirche. Und als der Gottesdienst begann, warf er mit den Nüssen und blies die Kerzen aus. Und als sie kamen, um ihn hinauszujagen, da kletterte er auf die Kanzel und warf von dort mit den Nüssen nach den Frauen, die auf den Emporen saßen. Mit großer Mühe nur konnten sie ihn hinausschaffen. Dabei warf er die Tische der Kuchenbäcker vor der Kirche um, so daß sie ihn fast zu Tode prügelten. Als er sich so ganz zerschunden sah, sagte er zu sich selbst: Armer Symeon, wahrlich, unter den Händen solcher Leute wirst du keine Stunde zu leben haben.

Durch göttliche Fügung sah ihn da ein Budenbesitzer, der Limonade und Eßwaren in seiner kleinen Bude feilbot. Er wußte nicht, daß Symeon den Narren spielte und sagte zu ihm: „Hast du Lust, Herr Abbas, stillezuhalten und bei mir Bohnen zu verkaufen, statt dich herumzutreiben?" Symeon war es zufrieden, und als er einen Tag angestellt war, begann er, alles an die Leute zu verschenken und auch selbst ohne Maß in sich hineinzuschlingen; er hatte nämlich die ganze Woche noch nichts gegessen. Da sagte das Weib des Budenbesitzers zu ihrem Mann: „Woher hast du uns diesen Abbas gebracht? Wahrlich, wenn er weiter so in sich hineinißt, dann haben wir bald nichts mehr zu verkaufen; denn seit ich ihn beobachte, hat er schon mindestens ein Faß Bohnen aufgegessen." Sie wußte noch gar nicht, daß er alles, was in den anderen Fässern war, die harten Bohnen, Linsen und Mandeln, seinen Genossen und anderen Leuten geschenkt hatte, sondern meinte, er habe sie verkauft. Als sie nun die Büchse öffneten und keinen Heller darin fanden, verprügelten sie ihn, jagten ihn fort und rissen auch noch an seinem Bart.

Einst diente er als Aufwärter in einer Kneipe und bekam dafür sein Essen. Als eines Abends die Frau des Wirtes allein schlafen gegangen war und der Wirt noch Wein ausschenkte, da stieg Symeon zu ihr hinauf und tat, als wolle er sich ausziehen. Da schrie sie laut und als ihr Mann kam, sagte sie: „Wirf diesen dreimal verfluchten Kerl hinaus! Er hat mir Gewalt antun wollen." Da prügelte ihn der Wirt mit seinen Fäusten durch und warf ihn aus dem Laden aufs Eis. Es war nämlich kalter Winter und Glatteis. Seit der Zeit hielt ihn der Wirt nicht nur für verrückt, sondern, wenn er einen anderen sagen hörte, der Abbas stelle sich nur so, dann sagte er sofort: „Nein; er ist wirklich besessen; dieser Mensch täuscht mich nicht, denn meine Frau hat er vergewaltigen wollen; und das Fleisch schlingt er hinunter wie einer, der keinen Gott hat." Denn der Gerechte aß oft Fleisch, wenn er die ganze Woche hindurch nicht einmal ein Stück Brot gegessen hatte. Sein Fasten bemerkte niemand; das Fleisch aber verschlang er vor aller Augen, um sie zu täuschen.

Eines Tages saß der Narr mit Brüdern zusammen und wärmte sich am Ofen einer Glasbläserei. Der Glasbläser aber war ein Jude. Da sagte Symeon im Spaß zu den Leuten: „Wenn ihr wollt, verschaffe ich euch ein Vergnügen. Schaut: ich mache das Kreuzzeichen über diesen Becher da, den unser Meister fabriziert hat, und er geht in Scherben." So zerbrach er der Reihe nach mindestens sieben Stück. Da fingen die armseligen Kumpane zu lachen an und sagten: „Wie stellst du dies nur an?" Der Jude aber schlug mit dem glühenden Schürhaken nach ihm und jagte ihn hinaus. Im Gehen noch rief ihm Symeon zu: „Bei Gott, du Bastard, so lange du nicht das Kreuz auf deine Stirn zeichnest, zerbrechen dir auch noch alle übrigen." Tatsächlich gingen noch dreizehn Becher der Reihe nach in Stücke, bis es der Jude über sich brachte, das Kreuzzeichen auf die Stirn zu machen. Da zerbrach nichts mehr. Jetzt ging er hin und ließ sich taufen.

Es machte dem Heiligen auch Spaß, in die Häuser reicher Leute zu gehen und dort seinen Unfug zu treiben. Oft tat er, als küsse er die weiblichen Bediensteten ab. Einmal schwängerte ein Bürger die Sklavin eines vornehmen Mannes. Ihre Herrin fragte sie, wer sie schwanger gemacht habe. Sie wollte den Bürger nicht verraten und sagte: „Es war der Narr Symeon, der mich vergewaltigt hat." Als Symeon wieder einmal in dieses Haus kam, sagte die Herrin zu ihm: „Sehr schön, mein Abbas Symeon! Du hast ja meine Sklavin vergewaltigt und geschwängert!" Symeon lachte und sagte zum Mädchen: „Laß nur, laß nur, Ärmste, bald wirst du gebären und einen kleinen Symeon zur Welt bringen." Und bis zur Geburt blieb er bei ihr. Er verwöhnte sie mit Weißbrot, Fleisch und Fischen und sagte: „Iß nur, mein Weib!" Als aber die Zeit der Geburt kam, da lag sie drei Tage in den Wehen bis auf den Tod. Die Herrin sagte zum Narren: „Bete, Abbas Symeon, denn dein Weib kann nicht gebären." Symeon tanzte und sprang herum und sagte: „Wahrhaftig, bei Jesus, bei Jesus, die Arme! Das Kind wird nicht herauskommen, bevor sie nicht sagt, wer der Vater ist." Als das Mädchen dies hörte, sagte sie: „Ich habe gelogen! Vater ist ‚der und der'." Und sofort konnte sie gebären. Alle waren erstaunt und die einen bewunderten den Heiligen, die anderen aber sagten, er prophezeie mit Hilfe des Teufels; er sei wahrhaftig ein Besessener.

Eines schönen Tages sagte sein Gefährte Johannes zum Narren Symeon: „Wollen wir nicht baden gehen, Narr?" Dieser erwiderte: „Jawohl! Komm nur, komm!" Sprach's, zog sich sogleich nackt aus und band sich seinen Rock wie einen Turban um den Kopf. „Zieh dich doch an", sagte Johannes, „wenn du so nackt berumläufst, komme ich nicht mit!" Symeon darauf: „Geh mir doch mit deinem schlechten Geschmack! Ausziehen muß ich mich ja doch einmal." So ließ er ihn stehen und ging voraus. Es gab aber nebeneinander zwei Bäder, eines für Frauen und eines für Männer. Der Narr ging am Männerbad vorbei und betrat absichtlich das Frauenbad. Wieder rief ihm Johannes nach: „Wohin denn, Narr? Warte doch, das ist das Frauenbad!" Da wandte sich der Mann Gottes um und sagte: „Rede keinen Unsinn! Das Bad dort ist naß und warm, und das Bad hier ist naß und warm. Weiteres gibt es weder hier noch dort." Und stracks begab er sich mitten unter die Frauen. Die machten sich freilich über ihn her, verprügelten ihn und jagten ihn hinaus.

Der Bischof Leontios von Neapolis auf Kypros verfaßte um die Mitte des 7. Jahrhunderts in hagiographischer Form das Leben eines jener heiligen Narren um

Christi willen, also jener Asketen, welche willentlich den Narren spielten, um die
Verachtung, die ein solcher genoß, um Christi willen auf sich zu nehmen – ein
Typos, der bis Dostojevskij nachwirkt. Der Name des Heiligen ist Symeon. Er hat
angeblich im 6. Jahrhundert in Edessa gelebt. Ob in diese Vita Züge eines älteren
burlesken syrischen Volksbuches eingegangen sind, bleibt fraglich. Das Vergnüg-
liche wird jedenfalls durch die moralischen Anmerkungen kaum vermindert.

L. Rydén, Das Leben des heiligen Narren Symeon von Leontios von Neapolis,
Stockholm, 1963, passim; H. Lietzmann, Byzantinische Legenden, Jena 1911
(deutsch in Auswahl).

Kallimachos und Chrysorrhoe

Mutig klettert Kallimachos, der junge Mann, über die Mauern des Kastells und landet mitten im Schloßhof. Erstaunliches bietet sich hier seinem Auge, Wunder aller Art von Schönheit und Wonne. Wer könnte sie
alle aufzählen? Vor seinen Augen tut sich ein Garten auf, bestanden mit
vielen Bäumen, voll von Früchten und Blumen und grünem Laub. Leise
Lüfte bewegen die Blätter und das Auge kann sich nicht sattsehen. Doch
kein Gärtner war zu sehen, überhaupt kein menschliches Wesen. Im
Garten fand sich auch ein Badehaus. Statt mit marmorner Vertäfelung
waren die Wände mit Spiegelglas bedeckt, das auch der Wasserdampf
nicht zu trüben vermochte. Die Kuppel des Bades war aus Gold und mit
Perlen bedeckt, und zwar hatte der Künstler einen goldenen Baum gestal-
tet, von dem als Früchte Edelsteine herunterhingen. Das Becken war mit
Rosenwasser gefüllt, das sich leicht kräuselte und einen betäubenden
Duft verströmte. Wiederum war niemand zu erblicken. Irgend jemand,
so dachte Kallimachos, muß ja wohl zu diesem Bad gehören. Er suchte
herum und fand nicht einmal einen Heizer. Auch im Speisezimmer traf er
auf keinen Menschen.

Schließlich kam er in einen Raum, der ganz vergoldet war. Die Decke
stellte den Himmel dar und den Zug der Sterne; alles äußerst kunstvoll
ausgeführt. Dargestellt war der Gott Kronos im weißen Haar mit der
Himmelskugel in seinen Händen; sodann Zeus als der große König, Herr
aller Reiche und Herr aller Kronen. Man sah Aphrodite in ihrem Stern,
hell glänzend, aber auch Ares im Liebesspiel mit ihr. Auch Athene war zu
sehen auf ihrem Thron und um sie herum die Grazien.

Aber dieser Himmel war erfüllt mit Klage und Leid, mit Seufzern und
Martern. Mitten an der Decke hing verlassen ein junges Mädchen, aufgehängt an ihrem eigenen Haar. Die Worte fehlen mir: ein liebreizendes
Kind, an den eigenen Haaren aufgehängt! Kallimachos war wie erstarrt.
Unbewegt blickte er sie an, erstaunt über ihre außerordentliche Schönheit und bestürzt über ihr maßloses Leid. Er konnte nur noch seufzen. Da
fing das Mädchen zu sprechen an: „Mein Freund, wer bist du und woher

kommst du? Hat dich mein Mißgeschick zu mir geführt? Der Leib, den du siehst, ist ohnehin schon der Tortur überantwortet. Befreie mich also, erdrossle mich, töte mich! Wenn du mir aber helfen willst, was stehst du dann herum? Warum sagst du nichts? Dieses Haus ist das Eigentum eines Drachen, eines Menschenfressers. Da! Ich höre ihn kommen. Mach dich davon, versteck dich! Siehst du dort in der Ecke das silberne Becken? Dahinter kannst du dich verkriechen, wenn du dein Leben retten willst!" Rasch tat Kallimachos, wie ihm geheißen. Und dann kam der Drache, ein Wesen, unbeschreiblich schrecklich, ohne jedes Erbarmen. Er ergriff eine Rute und peitschte die schöne Aufgehängte lange Zeit aus, vom Kopf bis zu den Füßen. Nachdem er mit dieser Tortur fertig war, schob er einen goldenen Schemel unter ihre Füße; zur Not konnte sie sich darauf abstützen; aber er band sie nicht los. Jetzt gab er ihr ein kleines Stück Brot zu essen und aus einem kostbaren Kelch einen einzigen Schluck Wasser, sonst nichts. Er erhielt sie nur am Leben, um sie zu quälen. Hernach setzte er sich und fraß und soff sich voll. Dann legte er sich auf ein Bett und versank in einen tiefen Schlaf. Da flüsterte das Mädchen dem Kallimachos zu: „Mein Freund, lebst du noch? Wenn ja, dann komm hervor und hab keine Angst. Töte das Ungeheuer!" Zitternd kam Kallimachos aus seinem Versteck. Er nahm allen Mut zusammen und schlug mit seinem Schwert auf den Drachen ein. Aber das Ungeheuer wachte nicht einmal auf. Da sagte das Mädchen: „Laß dein Schwert sein, es taugt nichts. Unter dem Kopf des Drachen findest du einen Schlüssel. Damit kannst du den Wandschrank aufsperren und darin steckt das Schwert des Drachen mit seinem wunderbaren Knauf. Wenn du imstande bist, es herauszuziehen, und du keine Angst hast, dann schlag damit zu und erledige das Monstrum!" Kallimachos tat so und mit einem einzigen Hieb erledigte er den Drachen. Dann holte er das Mädchen von der Decke. Und wiederum fragte es ihn: „Wer bist du? Wie bist du hier hereingekommen?" Da erzählte er von seiner Familie, wie es zur Trennung von seinen Brüdern gekommen und wie er in das Schloß gekommen war. Sie aber sagte: „Du siehst hier meinen armen Leib, völlig nackt. Bring mir zunächst einige Kleidungsstücke, damit ich mich bedecken kann. Und schaffe mir den Drachen aus den Augen. Nicht einmal tot kann ich seinen Anblick ertragen. Dann will ich dir alles erzählen." Kallimachos schaffte den Drachen beiseite und verbrannte ihn. Dann brachte er eine kostbare Tunika für das Mädchen herbei. Sie zog sie an und begann dann mit ihrer Erzählung. „Ich stamme von einer adeligen, sehr reichen Familie mächtiger Herrscher ab. Der Drache verliebte sich in mich und begehrte mich zum Weib. Er übte die härteste Erpressung aus, um die Einwilligung meiner Eltern zu bekommen. Als erstes leitete er alle Wasserflüsse ab, die von den Bergen kamen und das Königreich bewässerten, das sonst keine Wasserquellen hatte. Da sagten sie ja, aber ich willigte nicht ein. Da machte er sich über alles Vieh im Lande her und schluckte es hinunter, wie man Wasser schluckt. Trotzdem gaben meine Eltern jetzt nicht nach und verlegten sich auf Jammern und Klagen. Jetzt wurde der Drache noch zorniger und wollte mich zwingen. Aber ich weigerte mich nach wie vor; nie wollte ich mit einem Drachen zusammenleben, auch nicht im Traum! Jetzt machte er sich über die Bevölkerung her; er verschlang alle menschlichen Wesen, Männer und Frauen, Alte und Junge. Und schließlich fraß er gar meine Eltern auf, ohne eine Spur von ihnen zurückzulassen. Jetzt war ich allein und ohne Hoffnung. Er raubte mich und wollte mich besitzen; aber ich weigerte mich immer noch. Und so kam es zu dieser Tortur."

Da sagte Kallimachos zu ihr: „Eros hat dich gerettet und dich heute in meine Arme gelegt." Aber sie: „Laß mich mein Schicksal allein beweinen. Du sollst wissen: ich bin für das Unglück bestimmt. Nimm dir nicht vor, es mit mir zu teilen. Laß mich meine Wunden beklagen. Ich könnte es nicht ertragen, im Lande des Drachen zu wohnen, auch wenn du ihn getötet hast."

Kallimachos tröstete sie: „Laß das Klagen sein und alles Seufzen; es entstellt dich. Wenn du dein Unglück beschwörst, so beschwöre ich mein Glück, das mir half, dich dem Drachen zu entreißen, das dich zur Herrin der Reichtümer des Drachen machte und mein Herz zu deinem Sklaven." Lange gingen die Reden hin und her, aber allmählich wurden sie süßer und zärtlicher. Und nach einigen Tagen überkam sie das Verlangen, ihre Herzen aneinander zu binden. Sie taten es mit unlöslichen Banden. König Eros selbst nahm ihre Eide entgegen.

Jetzt, nachdem die Quälereien des Drachen ein Ende hatten, erstrahlte die Schönheit des Mädchens immer heller. Nach tausend kosenden Worten, wie sie liebenden Herzen ganz natürlich kommen, gingen sie ins Bad. Nur der Mund Aphrodites könnte den Zauber und das Vergnügen dieses Bades beschreiben. Kallimachos liebkoste die Wunden des Mädchens; er betrachtete sie, und der Anblick allein bot die süßesten Früchte des Vergnügens. Nach dem Bade ließen sie sich auf einem Lager nieder, und kein Zeuge könnte ihr Glück beschreiben.

Wohl der älteste der spätbyzantinischen Liebesromane, die sich dem volkstümlichen Idiom annähern, ist die „Erotische Erzählung über die Schicksale des Kallimachos und der Chrysorrhoe", vielleicht verfaßt von einem kaiserlichen Prinzen in der ersten Hälfte des 14. Jahrhunderts. Die Märchenzüge, älteste Motive, sind unverkennbar, ebenso auch die nicht stillbare Lust der Byzantiner, prächtige Parks und Schlösser zu beschreiben, – eine Literatur, die sich unter der Bezeichnung „Ekphrasis" auch verselbständigt hat.

M. Pichard, Le roman de Callimaque et de Chrysorrhoé (griechisch-französisch), Paris 1956, S. 10–28.

VII.

Kirche

Der Weg der christlichen Kirche in die politische Gemeinschaft des römischen Staates – ein Weg, von dem ihre Zukunft abhing, wollte sie sich nicht als unbedeutende Sekte in der Geschichte verlieren – beginnt frühzeitig und längst vor Konstantin dem Großen. Die wirkliche Emanzipation freilich fällt erst in den Beginn des 4. Jahrhunderts. Entscheidend für den Übergang sind die Edikte des Kaisers Galerius und kurz darauf des Kaisers Konstantin – ein Toleranzedikt das erstere, mißmutig und verdrossen, ein Paritätsedikt das zweite, alle Möglichkeiten einschließend, und dies nur im Abstand von ein paar Jahren. Getreu seinem Edikt nahm sich Konstantin der Große der Kirche an und sah in ihr mit naiver Gläubigkeit in etwa den Garanten der Reichseinheit. Um so schlimmer war seine Enttäuschung, als sich die Kirche des Ostens auch durch kaiserliche Ratschläge nicht von ihren dogmatischen Zwistigkeiten abbringen ließ. Das große Mißverständnis begann frühzeitig.

Und dieses Mißverständnis verfestigte sich, je mehr die Kirche auf der einen Seite sich der Hilfe des Kaisers versichern wollte, wenn es um die richtige Lehre ging, und je mehr die Kaiser dafür von der Kirche eine Loyalität forderten, die ihrer eigenen Autokratie zu dienen hatte. So kam es, daß mancher Kaiser, vorab Justinian I., mit den aufsässigen Bischöfen wie mit bösen Jungen umsprang. Aber der Widerstand blieb nicht aus und erlahmte nie ganz. Gewisse Rechte des Kaisers in der Kirche und über die Kirche wurden wohl nie bestritten, aber immer wieder gab es einen erbitterten Kampf um Einzelheiten, so daß sich manche Kaiser schließlich ihre „Privilegien" in der Kirche von der Patriarchatssynode schriftlich ertrotzten. Ein kostbarer Beleg dafür aus dem 14. Jahrhundert ist uns erhalten geblieben; glücklicherweise aber auch ein Dokument aus der Patriarchatskanzlei, das die Einheit von Kaiser und Kirche als einen nicht unbedeutenden Faktor der Außenpolitik – hier Rußland gegenüber – erweist.

Die innere Geschichte der byzantinischen Kirche selbst ist auf Strecken nicht weniger fragwürdig als die der westlichen Kirche des Mittelalters. Die Synoden waren nicht selten alles andere als die erbauliche Zusammenkunft heiliger Hierarchen, und ein Mann wie Gregor von Nazianz will bald überhaupt nichts mehr davon wissen, nachdem man ihm seinen Bischofssitz Konstantinopel „synodal" verleidet hat.

Nicht wenige Patriarchen, vor allem Athanasios I. zu Beginn des 14. Jahrhunderts, gerieten in Streit mit ihren mächtigen Kathedral-Klerikern, und die Beamtenschaft erlaubte sich Eingriffe in die Rechte der Kirche, gegen welche diese nicht selten vergeblich protestierte.

Vor allem aber reißt die Kette der sogenannten Ketzereien nicht ab. Dabei handelt es sich nach der Bereinigung der dogmatischen Hauptfragen in der Spätantike bald weniger um gelehrte Sonderdeutungen des Dogmas oder um irgendwelche terminologischen Spitzfindigkeiten – obwohl es an solchen nie fehlte – als vielmehr um Irrlehren, die an den Grundfesten der Orthodoxie rüttelten, indem sie Hierarchie und Ritualismus, Herrschaftsordnung und Staatskirchenwesen angriffen. Besonders bezeichnend dafür die Lehre der Paulikianer, die im 9. Jahrhundert sogar zu einer militärischen Gefahr wurden, und die der Bogomilen, die das gesamte soziale Gefüge in Frage stellten. Einheitlich definieren lassen sich diese Lehren nicht, und manches, was die Patriarchen verurteilten, könnte man als Ausdruck religiöser und ritueller Ignoranz in der Provinz abtun.

Das wirklich perennierende Problem aber war das Verhältnis der Orthodoxie zur lateinischen Kirche und Lehre. Von den dogmatischen Auseinandersetzungen über die Lehre vom Ausgang des Heiligen Geistes kann hier abgesehen werden, – die Materie ist kein Lesebuchstoff. In Praxi war ohnedies die Frage nach der Anerkennung des päpstlichen Primats und der Dominanz des westlichen liturgischen Ritus mit allem Drum und Dran die Hauptsache. Intransigent waren beide Kirchen gleichermaßen und bis zum Überdruß. Ernsthafte Unionsgespräche kamen schließlich unter dem Druck der politischen Verhältnisse zustande, aber auch einzelne Konversionen wurden vollzogen, nachdem Byzanz mit der scholastisch-stringenten Theologie des Thomas von Aquin bekannt geworden war, die auf Grund der aristotelischen Herkunft der Argumentationsweise in Byzanz nur schwer abgelehnt werden konnte. Noch die Union von Florenz drohte zunächst an protokollarischen Empfindlichkeiten zu scheitern, – und als sie abgeschlossen wurde, war es ohnehin zu spät!

Das Toleranzedikt des Kaisers Galerius

Imperator Caesar Galerius Valerius Maximianus ... und Caesar Flavius Valerius Konstantinus und Imperator Caesar Valerius Licinius entbieten den Bewohnern ihrer Provinzen Gruß!

Unter den übrigen Verordnungen, die wir zum Wohle und Nutzen des Staates erlassen, haben wir seinerzeit den Willen bekundet, alle Verhältnisse entsprechend den alten Gesetzen und der römischen Staatsverfassung zu ordnen und dafür zu sorgen, daß auch die Christen, welche die Religion ihrer Vorfahren verlassen, wieder zu besserer Einsicht kämen. Aus irgendwelchem Grunde hatte sie solcher Eigenwille und solche Torheit befallen, daß sie nicht mehr den Bräuchen der Alten folgten, die vielleicht sogar ihre eigenen Ahnen dereinst eingeführt, sondern nach eigenem Gutdünken, so wie jeder wollte, sich selbst Gesetze machten und sich an diese hielten und da und dort zusammengewürfelte Menschenmengen versammelten. Als nun durch uns ein Erlaß erging, der sie zu den durch die Vorfahren festgesetzten Sitten zurückführen sollte, wurde sehr vielen der Prozeß gemacht, und sehr viele gerieten in Schwierigkeiten und erlitten auf die verschiedenste Weise den Tod. Da wir aber feststellen mußten, daß die meisten auf ihrer Torheit beharren und weder den himmlischen Göttern die nötige Ehrfurcht erweisen noch den Gott der Christen verehren, so haben wir geglaubt, bei unserer Menschenfreundlichkeit und entsprechend unseren Gewohnheiten, gemäß der wir allen Menschen Nachsicht zu schenken pflegen, auch auf diesen Fall bereitwilligst unsere Gnade ausdehnen zu sollen. Es soll also wieder Christen geben, und die Häuser, in denen sie sich versammelten, sollen wieder hergestellt werden, jedoch unter der Bedingung, daß sie in keiner Weise gegen die Staatsverfassung handeln. In einem weiteren Schreiben werden wir den Richtern Weisung geben, wie sie sich zu verhalten haben. Für diesen unseren Gnadenerlaß sollen sie daher zu ihrem Gott für unser Wohlergehen, für das des Volkes und ihr eigenes beten, damit der Staat in jeder Beziehung unversehrt bleibe und sie selbst ohne Sorge in ihren Wohnungen leben können.

Die Christenverfolgung Diokletians, fortgeführt im Osten von seinen Nachfolgern, war ein Mißerfolg. Kurz vor seinem Tod entschloß sich Kaiser Galerius im Jahre 311, die Verfolgung durch ein Toleranzedikt einzustellen. Das Edikt ist lateinisch und griechisch überliefert. Hier der Text, wie ihn der Kirchenhistoriker Eusebios von Kaisareia überliefert hat.

Eusebius, Kirchengeschichte, hrsg. v. E. Schwartz, Kleine Ausgabe, Leipzig 1914, S. 338–340; deutsch: Ph. Haeuser, Die Kirchengeschichte des Eusebius Pamphili, München 1938, S. 403–405.

Das Mailänder Edikt Konstantins des Großen

In der Erkenntnis, daß die Religionsfreiheit nicht verwehrt werden dürfe, daß es vielmehr einem jeden gemäß seiner Gesinnung und seinem Willen gestattet sein soll, nach eigener Wahl sich religiös zu betätigen, haben wir bereits früher Befehl erlassen, daß es auch den Christen unbenommen sei, den Glauben beizubehalten, den sie selbst erwählt und im Kulte bekun-

den. Da aber in jenem Reskript, worin ihnen diese Freiheit zugestanden
wurde, viele und verschiedenartige Bedingungen ausdrücklich angefügt
waren, so ließen sich vielleicht manche von ihnen schon nach kurzer Zeit
von der Beobachtung abdrängen. Da wir – ich, Konstantinus Augustus,
und ich, Licinius Augustus – durch glückliche Fügung nach Mailand
gekommen und all das, was dem Volke zu Nutz und Frommen gereicht,
erwogen, haben wir unter den übrigen Verfügungen, die dem Interesse
der Allgemeinheit dienen sollten, den Erlaß jener Verordnungen beschlossen, die sich auf die Achtung und Ehrung der Gottheit beziehen,
um den Christen und allen Menschen freie Wahl zu geben, derjenigen
Religion zu folgen, die ihrer Wahl entspricht. Es geschah dies in der
Absicht, daß jede Gottheit und jede himmlische Macht, die es je gibt, uns
und allen, die unter unserer Herrschaft leben, gnädig sein möge.

In gesunder und durchaus richtiger Erwägung haben wir also diesen
Beschluß gefaßt, daß keinem Menschen die Freiheit versagt werden solle,
Brauch und Kult der Christen zu befolgen und zu erwählen, daß vielmehr
jedem die Freiheit gegeben werde, sein Herz jener Religion zuzuwenden,
die er selbst für die ihm entsprechende hält, auf daß uns Gott in allem die
gewohnte Fürsorge und Huld schenken möge. Demzufolge geben wir in
einem Reskript als unseren Willen kund, daß die Bedingungen, welche
bezüglich der Christen in unserem früheren Schreiben an deine Ergebenheit beigefügt waren, völlig aufgehoben und alles beseitigt werde, was als
gänzlich verkehrt und unserer Milde widersprechend erschien, und daß
fortan ein jeglicher von denen, die eben diese Wahl getroffen, nämlich die
Religion der Christen zu bekennen, dies frei und ohne weiteres ohne
irgendwelche Belästigung üben solle. Und wir haben beschlossen, diese
Maßnahme deiner Sorgfalt in vollem Umfange kundzutun, damit du
wissest, daß wir eben den Christen ungehinderte und uneingeschränkte
Freiheit in Ausübung ihrer Religion verliehen. Da du nun siehst, daß
dieses Recht der Christen in uneingeschränktem Maße von uns eingeräumt wurde, so wird dies deine Sorgsamkeit dahin verstehen, daß damit
auch anderen die Erlaubnis gegeben ist, die religiösen Bräuche ihrer eigenen Wahl zu beobachten. Die entspricht offensichtlich der Ruhe in unserer Zeit: jeder soll die Freiheit haben, seinem eigenen Willen entsprechend eine Gottheit zu erwählen und sie zu verehren. Wir verfügen dies,
damit es nicht den Anschein habe, als werde irgendein Kult oder irgendeine Religion durch uns benachteiligt.

Bezüglich der Christen bestimmen wir weiterhin, daß jene Stätten, an
denen sie ehemals zusammenzukommen pflegten und über die früher in
einem vorausgegangenen Schreiben eine bestimmte Verfügung getroffen
war, von denen, die sie nachweislich von unserer Staatskasse oder von
anderer Seite käuflich erworben, unentgeltlich und ohne Rückforderung
des Kaufpreises ohne Zögern und Zaudern an die Christen zurück-

erstattet werden. Auch wer solche Stätten geschenkweise erhalten hat, soll sie so schnell wie möglich an die Christen zurückgeben. Jene aber, die von unserer Hochherzigkeit eine Vergütung dafür erbitten, sollen sich, ob sie nun durch Kauf oder durch Schenkung Eigentümer geworden sind, an den örtlichen Statthalter wenden, damit auch sie die Fürsorge unserer Milde erfahren. Insgesamt ist dementsprechend der Körperschaft der Christen von dir mit Eifer und ohne Zeitverlust Restitution zu gewährleisten. Da aber die Christen, wie bekannt, nicht nur jene Gebäude, wo sie ihre Zusammenkünfte abhielten, besaßen, sondern auch noch andere Stätten, die nicht einzelnen unter ihnen gehörten, sondern den Christen als Körperschaft, so hast du zu verfügen, daß auch diese alle ohne Widerspruch auf Grund des oben angeführten Gesetzes den Christen, d. h. ihrer Körperschaft und der einzelnen Gemeinde zurückerstattet werden, und zwar selbstverständlich unter Beachtung der erwähnten Bestimmungen, daß diejenigen, welche sie unentgeltlich zurückerstatten müssen, durch unsere Hochherzigkeit dafür auf Entschädigung Anspruch haben. In all dem mußt du der Körperschaft der Christen gegenüber Sorgfalt und Nachdruck beweisen, damit unser Befehl schleunigst durchgeführt und so durch unsere Milde auch in dieser Richtung für die allgemeine und öffentliche Ruhe gesorgt werde. Auf diese Weise möge uns das göttliche Wohlwollen, das wir schon bei vielen Gelegenheiten erfahren haben, für alle Zeit unerschütterlich erhalten bleiben. Damit aber der Inhalt dieses von uns in Hochherzigkeit erlassenen Gesetzes allen zur Kenntnis gelange, muß dieses Schreiben auf deine Anordnung hin überall angeschlagen und allen kundgetan werden.

Das sogenannte Mailänder Edikt Konstantins des Großen und seines Mitkaisers Licinius ist das Ergebnis von Beratungen beider Kaiser in Mailand im Jahre 313. Auch hier ist eine lateinische und eine griechische Fassung vorhanden. Die Fassung des Eusebios war offensichtlich für den Gouverneur von Palästina bestimmt.
Eusebius, Kirchengeschichte, a. a. O. 388–391; deutsch: Haeuser, a. a. O. 461–464.

Das große Mißverständnis

Gott ist mein Zeuge, er, offenkundiger Helfer bei meinem Werk, der Erlöser des Alls, daß ich bei allem, was ich notgedrungen zu unternehmen hatte, zwei Ziele verfolgte. Zum einen wollte ich die religiöse Einstellung aller Völker zu einer einheitlichen Haltung verschmelzen und zum zweiten den schwer angeschlagenen Körper unserer Ökumene wieder kräftigen und widerstandsfähig machen. Im Verlauf der Zeit wurde mir klar, daß es für die erste Aufgabe der Überlegung und des inneren

Beschlusses bedurfte, während ich die zweite im militärischen Einsatz zu lösen suchte. Ich war überzeugt: würde es mir gelingen, die Diener Gottes auf meinen Wunsch und mein Gebet hin zur Einheit zu bringen, würden sich auch die politischen Angelegenheiten im Einklang mit der Religiosität zum Besseren wenden. Da aber nun ein unausstehlicher Irrsinn ganz Afrika ergriff – Schuld daran hatten jene, die in sträflichem Leichtsinn den öffentlichen Gottesdienst in verschiedene Denominationen aufspalteten –, war es mein Entschluß, mit dieser Krankheit fertig zu werden, und ich konnte mir kein besseres Heilmittel ausdenken, als nach Niederwerfung des Weltfeindes, der seine gesetzlose Willkür gegen eure heiligen Gemeinden richtete, einige von euch abzuordnen, um die Spaltung beseitigen zu helfen. Sozusagen aus dem Herzen des Ostens kommt ja die Kraft des Lichtes, das Gesetz des heiligen Dienstes, dank der Gnade Gottes; und dieses Licht hat die ganze Ökumene mit seinem heiligen Strahl erhellt. Ich mußte glauben, daß ihr die Führer der Völker zum Heil sein würdet. Nach dem großen Sieg und dem vollständigen Triumph über den Feind war dies mein erstes Vorhaben.

Aber, du herrliche, göttliche Vorsehung, wie schmerzt es mein Ohr und noch mehr mein Herz, hören zu müssen, daß bei euch, von denen ich Heilung für die übrigen erhoffte, die Spaltung noch tiefer geht als in Afrika und die Dringlichkeit der Abhilfe noch größer ist. Als ich mir Anlaß und Gegenstand der Spaltung durch den Kopf gehen ließ, da stellte es sich heraus, daß der Vorwand unwichtig und eines solchen Streites nicht würdig ist. Das bewog mich zu diesem Brief: Ich appelliere an euren ausgeprägten Sinn für Gemeinsamkeit und rufe die Vorsehung zum Beistand in dieser Sache an. Mich selbst aber mache ich erbötig, den Frieden schiedsrichterlich wieder herzustellen. Könnte es schon bei einer wichtigeren Streitsache mit Gottes Hilfe nicht allzu schwer sein, im Vertrauen auf die Einsicht der Beteiligten zu erreichen, daß sich jeder zum Besseren kehrt, wie sollte es mir in dieser Sache, wo es sich um einen geringfügigen und allzu billigen Anlaß handelt, nicht noch leichter fallen, die Angelegenheit wieder in Ordnung zu bringen.

Der Konflikt, so wird berichtet, ist folgendermaßen entstanden: Du, Alexander, hast die Presbyter befragt, was jeder von ihnen über eine bestimmte Stelle in der Heiligen Schrift denke, besser gesagt, über ein unwichtiges Detail einer Frage. Du aber, Areios, hast etwas, was man von allem Anfang an gar nicht denken sollte, oder wenn gedacht, verschweigen sollte, unüberlegt dagegengehalten. So entstand der Zwist, die Gemeinsamkeiten wurden geleugnet, das heilige Volk in Parteien zerrissen und vom gemeinsamen, einigen Leib getrennt. Jeder von euch soll dem anderen verzeihen und den wohlüberlegten Rat eures Mitdieners annehmen. Was denn? Es wäre doch besser gewesen, von allem Anfang an keine solchen Fragen zu stellen und dem Frager keine Antwort zu geben. Solche Fragen schreibt kein Gesetz dringend vor, nur müßige Streitsucht macht sie ausfindig. Und stellt man solche Fragen der philosophischen Übung wegen, dann soll man sich privat damit beschäftigen und sie nicht in öffentliche Versammlungen tragen und bedenkenlos dem Volk zu Gehör bringen. Wer ist denn groß genug, daß er in der Lage wäre, das ganze Gewicht dieser erhabenen und außerordentlich schwierigen Dinge richtig zu erfassen und würdig darzustellen? Und selbst wenn sich einer fände, der dazu imstande wäre, wie viele im Volk würden es sein, die er damit überzeugen könnte?

So war denn die Frage unbedacht und die Antwort voreilig. Beide Teile sollten sich gegenseitig verzeihen. Es ging ja nicht um eine grundlegende Botschaft der Schrift in diesem Streit, es sollte auch keine neue Lehre über die Gottesverehrung eingeführt werden. Ihr seid ja doch ein und desselben Sinns, so daß ein Friedensschluß nicht unmöglich ist. Wenn ihr aber euch schon über Geringfügigkeiten streiten müßt, so muß doch wohl jeder von der Überzeugung ausgehen, daß es sich weder ziemt und erlaubt sein kann, das Volk Gottes, das zu lenken ihr bestimmt seid, mit in den Zwiespalt zu verstricken. Vielleicht darf ich mit einem Beispiel kurz nachhelfen: Ihr wißt doch, daß selbst die Philosophen, ein und derselben Schule verpflichtet, in dem einen oder anderen Punkt verschiedene Auffassungen vertreten. Aber wenn sie auch in der Einzelbeurteilung einer wissenschaftlichen Frage getrennte Wege gehen, im Grunddogma bleiben sie einer Meinung. Wenn dem so ist, um wieviel mehr gebührt es sich, daß ihr, die Diener des großen Gottes, die religiöse Einheit wahrt. Laßt uns doch gründlich darüber nachdenken und überlegen, ob es richtig ist, wenn wegen geringfügiger und nichtiger Fragen, die euch bewegen, Bruder gegen Bruder steht und durch euren kleinlichen und unnützen Streit die ehrwürdige Gemeinde schändlich auseinandergerissen wird. Das ist plebejisch und kindisch und ziemt sich nicht für verständige Männer, die Priester sind. Laßt uns aus freien Stücken dieser diabolischen Versuchung den Rücken kehren! Unser großer Gott, der Erlöser aller, hat über alle zusammen sein Licht ausgegossen.

Erlaubt es mir, seinem Diener, im Vertrauen auf seine Vorsehung, mein Bemühen zu krönen: Mit meiner Hilfe sollen Gottes Völker durch meine Mahnungen und Warnungen zu einer einheitlichen Gemeinschaft zusammenfinden. Ihr seid doch alle eines Glaubens und einig im Verständnis der Lehre, und die Botschaft der Heiligen Schrift setzt in all ihren Teilen die gleiche Geschlossenheit voraus. Das also, was bei euch einen unbedeutenden Streit auslöste, darf, da es sich um keine Grundwahrheit handelt, auch keine Spaltung und keinen Umsturz hervorrufen. Ich sage dies nicht, als wollte ich euch zwingen, in jedem Fall und in jeder Kleinigkeit – und darum handelt es sich hier – einer Meinung zu sein. Unsere ehrwürdige Gemeinschaft kann unverletzt bestehen bleiben, die

Einheit kann unverletzt bewahrt bleiben, auch wenn es da oder dort
verschiedene Anschauungen gibt. Nicht jeder von uns denkt immer so
wie der andere, Naturell und Einstellung sind verschieden. Aber was
Gottes Vorsehung angeht, habt ihr denselben Glauben, dasselbe Verständnis und ein und denselben Gottesbegriff. Was ihr aber im Detail
unter einander erörtert, das soll jeder bei sich behalten, auch wenn eine
Übereinkunft nicht erzielt werden kann.

Gebt mir ruhige Tage und Nächte ohne Sorge zurück, damit auch ich
in die Lage komme, mich des reinen Lichts und eines friedlichen Lebens
zu erfreuen. Damit ihr merkt, wie tief es mich getroffen hat: Nachdem
ich bis Nikomedeia gekommen war, hatte ich die Absicht, sofort in den
Osten weiterzureisen. Ich und meine Umgebung waren schon im Begriff,
weiterzureisen, als mich die schlechte Nachricht zurückhielt, damit ich
nicht gezwungen würde, mit eigenen Augen zu sehen, wo ich doch, als
ich davon hörte, meinen Ohren nicht trauen wollte. Öffnet mir also
durch erneute Eintracht den Weg nach Osten, den ihr mir durch eure
Zwietracht versperrt habt. Ermöglicht es euch und allen Völkern, zu
sehen, wie ich mich wieder freue, und den gebührenden Dank für die
volle Einmütigkeit und Freiheit dem Höchsten in gemeinsamem Lobpreis
auszusprechen.

Mitten in der Auseinandersetzung mit den „Donatisten" in Afrika, bei der es sich
für den Kaiser zunächst nur um die Feststellung handelte, welcher der zwei Bischöfe, die auf den Sitz von Karthago Anspruch erhoben, Anrecht auf die kaiserlichen Geldzuweisungen habe, erreichte ihn aus dem Osten, wo er das Paradies des
Christentums vermutete, die Nachricht von beginnenden dogmatischen Kämpfen
um die Frage nach der Gottheit Christi (Arianismus). In großer Sorge schrieb er
diesen Brief an den Bischof Alexandros von Alexandreia und dessen Gegner, den
berühmten Areios (Arius). Für Konstantin war die religiöse Einheit das höchste
Gut, dogmatische Fragen aber das Reservat gelehrter unverbindlicher Dispute.
Der Brief kam zu spät.
  Eusebius, Über das Leben des Kaisers Konstantin, hrsg. v. F. Winkelmann,
Berlin 1975, S. 74–79.

Bitterer Abschied

Gönnt mir den Lohn für meine Mühen, – einen Lohn, der mir Sicherheit
gewährt: Laßt mich ausruhen von meinen Plagen, nehmt Rücksicht auf
meine weißen Haare, erweist Ehre meiner langen Wanderschaft. Erhebt
eure Augen ringsum und betrachtet die Stadt und was aus ihr geworden
ist, bevor ihr ein Urteil über mich fällt. Und wenn ich einen Nachfolger
bekommen soll, dann wählt einen, der reine Hände hat, der sich für euch
abquält, der das Wort beherrscht und der sich um die Kirche wirklich

sorgt. Ein solcher Mann tut euch not; dann braucht ihr keinen feigen Alten mehr.

Ich bin es müde, daß man mir meine Umgänglichkeit zum Vorwurf macht, ich bin müde der ständigen Kämpfe nach außen und innen. Ich ertrage euren Zirkus und euer Theater nicht mehr länger, diese gegenseitige Eifersucht. Heute sitzen wir zusammen im Altarraum der Kirche und konzelebrieren, einig im Glauben, wenn es der Stand der Auseinandersetzungen gerade so fügt. Morgen aber setzen wir uns getrennt, wenn der Wind aus anderer Richtung weht, uneins im Glauben. Andere mögen daran ihr Vergnügen haben; ich nicht!

So leb denn wohl, Anastasia-Kirche, deren Namen unseren Glauben verkündet: Du hast in uns die wahre Glaubenslehre zur Auferstehung gebracht, während sie noch überall verleumdet wurde. Lebe wohl auch du, Große Kirche, die du deine Größe vom Logos hast. Lebt wohl, ihr anderen Kirchen, verstreut in der Stadt. Lebt wohl, ihr Naziräer, Psalmengesang und nächtliche Gottesdienste. Lebt wohl, ihr, die ihr mein Wort geliebt und euch an die Chorschranken gedrängt habt, um mich zu hören.

Lebt wohl, ihr Kaiser und Paläste; ihr Diener des Kaisers und seine Kammerherren. Ob ihr dem Kaiser die Treue haltet, weiß ich nicht; Gott gegenüber kennt ihr jedenfalls so gut wie keine Treue. Klatscht jetzt nur in die Hände, jubelt und preist unseren Rhetor. Die Stimme, die euch so unangenehm war, wird jetzt schweigen. Doch völlig wird sie nicht verstummen; sie wird weiterkämpfen mit Feder und Tinte.

Lebe wohl, große Stadt, von Christus geliebt. Lebt wohl, ihr Engel, Hüter dieser Stätte und meines Kommens und Gehens. Lebe wohl, heiligste Trinität, Gegenstand meiner Gedanken, mein ganzer Stolz. Behüte mein Volk! Es ist *mein* Volk, auch wenn es nun einen anderen Hirten bekommen soll.

Im Jahre 379 wurde der Kirchenvater Gregorios von Nazianz nach Konstantinopel berufen, um in der dortigen Kirche der arianischen Häresie ein Ende zu bereiten. Er hatte Erfolg und wurde zum Bischof der Stadt bestellt. 381 tagte in Konstantinopel dann eine allgemeine Synode; die hier auftretenden Intrigen verleideten Gregor sein Amt, und er resignierte, nicht ohne in einer großen Abschiedsrede sich zu rechtfertigen und die Mißlichkeiten der Synode zu verdammen. Auch die Höflinge werden nicht geschont. Ob der genannte „Rhetor" sein präsumptiver Nachfolger war, bleibt ungewiß. Die Anastasia ist eine kleine Kirche, in der Gregor nach seiner Ankunft in Konstantinopel seine ersten Katechesen hielt.

Migne, Patrologia graeca 36, Sp. 457–491.

Nur keine Synode mehr!

Wenn ich offen mit dir reden darf, dann steht es so mit mir: Ich gehe jeder Versammlung von Bischöfen aus dem Weg. Ich habe noch nie erlebt, daß dabei etwas Gutes herausgekommen ist und daß einem Übel ein Ende gesetzt worden wäre. Vielmehr wurde es jeweils nur vergrößert. Es gibt da immer nur Streit und Herrschsucht. Aber glaube nicht, ich wolle nur kritisieren. Man kann es kaum in Worte fassen: Wer einen zur Rede stellt, wird der Bosheit bezichtigt, statt daß es den anderen bessern würde. Deshalb bleibe ich für mich und halte fest an der Meinung, daß Ruhe die einzige Sicherheit für das Seelenheil ist. Im Augenblick kommt auch eine Krankheit meinem Entschluß zugute. Ich stehe ständig an der Schwelle des Todes, und mit mir ist nichts anzufangen. Deine Exzellenz verzeihe mir also. Und bitte, überzeuge den Kaiser, damit er mir nicht etwa Nachlässigkeit zum Vorwurf macht, sondern mir meine schlechte Gesundheit zugute hält. Dieser schlechten Gesundheit wegen, er weiß es, hat er mir ja auch erlaubt, mich zurückzuziehen, als ich ihn um diese Gunst bat.

Nach den oben erwähnten Ereignissen wurde Gregor durch einen kaiserlichen Beamten zu einer neuen Synode eingeladen. Er lehnte mit einer sehr bezeichnenden Begründung ab. Die Misere dieser Synoden ist also nicht erst eine Entdeckung der neueren Kirchengeschichte!
P. Gallay, S. Grégoire de Nazianze: Lettres II, Paris 1967, S. 19–20.

Bischof mit dogmatischen Vorbehalten

Es wäre nicht schön, wenn ich den Leuten von Ptolemais nicht dankbar wäre, daß sie mich einer so hohen Stellung für würdig erachten, deren ich mich selbst durchaus nicht für würdig halte. Wenn ich mich selbst betrachte, so finde ich gar nichts, was mich für das Bischofsamt geeignet machen würde. Ich habe bisher mein Leben zwei Dingen gewidmet, dem Studium und dem Spiel. Beim Studium, da bin ich ganz ich selbst, besonders wenn ich mich mit göttlichen Dingen befasse. Im Spiel gehöre ich auf besondere Weise der Gemeinschaft. Du weißt es ja: wenn ich meine Augen von den Büchern hebe, dann bin ich zu jedem Spiel geneigt. Die Beschäftigung mit öffentlichen Angelegenheiten aber, – dafür tauge ich nicht und das will ich auch nicht. Ein Bischof aber – aus dem muß Gott sprechen. Das Spiel muß ihm fremd sein. Tausend Augen sind auf ihn gerichtet.

Wie immer die Angelegenheit ausgehen wird: Vor Gott und den Menschen bin ich unschuldig und erst recht vor Vater Theophilos. Gott, das

Gesetz und die heilige Hand des Theophilos haben mir meine Frau gegeben. Ich sage es schon jetzt und schwöre es: Ich werde mich nie von ihr trennen, oder, wie ein Ehebrecher, nur noch insgeheim Umgang mit ihr haben. Das wäre absolut verwerflich. Das soll jeder wissen, der mit der Bestellung des Bischofs zu tun hat.

Es ist auch schwierig, wenn nicht unmöglich, über Dogmen zu wachen, die, wissenschaftlich bewiesen, in der Seele haften sollen. Du weißt es ja: Nicht wenigen dieser Dogmen, die in aller Munde sind, widerspricht die Philosophie. Ich werde mich nie zu dem Glauben herbeilassen, daß die Seele später ist als der Leib. Nie werde ich bekennen, daß die Welt und alles, was dazugehört, vergehen wird. Die vielgepriesene Auferstehung halte ich für ein Tabu und ein Geheimnis, aber es fehlt sehr viel, daß ich hier etwa die Meinung der Menge teilte. Ein philosophischer Geist, der das Wahre sieht, läßt freilich nach Bedarf auch die fromme Täuschung zu. Wie das Auge nicht ohne Schaden allzu viel Licht aufnimmt und dem Kranken eine gewisse Dunkelheit bekömmlicher ist, so nützt dem Volk auch meiner Meinung nach die fromme Täuschung. Die lautere Wahrheit könnte denen schaden, deren Geist nicht scharf genug ist, um hinter die Dinge zu sehen.

Wenn ich als Bischof bei einer solchen Einstellung bleiben kann, dann könnte ich mich auf diese Weise einlassen. Zu Hause würde ich philosophieren, draußen den Mythos pflegen. Ich würde zwar keine philosophischen Lehren vortragen, sie aber auch nicht verfälschen, sondern bei der Vermutung bleiben. Die Wahrheit über das Göttliche muß geheim bleiben; das Volk braucht anderes, um sich daran zu halten.

Synesios (siehe S. 137), der philosophierende libysche Landedelmann, politischer Vertreter seiner Vaterstadt am Kaiserhof, sollte Bischof werden, eben weil das Volk damals in erster Linie im Bischof seinen Advokaten gegenüber der weltlichen Gewalt sah. Synesios stellte Bedingungen. Er wurde trotzdem gewählt; wir wissen allerdings nicht, wie man „höheren Orts" seine Bedingungen behandelte. Diese entscheidende Stelle war der genannte Vater Theophilos, also der alexandrinische Patriarch gleichen Namens (385–412). Den vorliegenden Brief hat Synesios an seinen Bruder adressiert, aber als „offenen Brief" beabsichtigt.

Migne, Patrologia graeca 65, Sp. 1481–1488.

Kaiser Justinians Willkür

Euren Brief haben wir erhalten. Bei seiner Lektüre mußten wir uns sehr darüber wundern, daß ihr keineswegs auf das Wort des Herrn achtet: „Lernet von mir, denn ich bin sanftmütig und demütigen Herzens." Ihr glaubt, derart erhaben zu sein, daß nach eurem Urteil die übrigen Bischöfe der Kirche Gottes nichts unternehmen dürften, während ihr, im Gegensatz zu allen anderen, nur das Rechte tut. Ihr gleicht dem Pharisäer, der deswegen des Heils verlustig ging, weil er den Zöllner zu Unrecht verdammte. Wir hatten das Vertrauen, daß euer Glaube sich nicht von dem der übrigen Bischöfe unterscheide. Doch wider Erwarten mußten wir feststellen, daß ihr euch an Dogmen haltet, die Gott und dem richtigen Glauben entgegenstehen, und daß ihr diese Gottlosigkeit auch noch mit allen Mitteln verteidigen wollt. Ihr bedient euch dabei der Begründung, daß ihr den Aposteln gleichgestellt seid; also könne es nicht rechtens sein, wenn euch irgend jemand Unkenntnis und Unbildung vorwerfe, da Gott doch auch ungebildeten und bäuerischen Menschen die Predigt des Evangeliums anvertraut habe. Aber wenn wir euch bäuerisch genannt haben, dann deshalb, weil ihr euch über die kirchlichen Regeln und Überlieferungen hinwegsetzt, den rechten orthodoxen Glauben nicht kennt und eure Gottlosigkeit verbreitet. Die Apostel, die sich Gott auserwählte und die ihr bäuerisch zu nennen beliebt, hat er mit seinem Geist und seiner Weisheit erfüllt und so vorbereitet hinausgesandt, um den Heiden, die Gott nicht kennen, Führer zu sein auf dem Weg zur Wahrheit. Einzig und allein zu den Aposteln ist gesagt worden: „Ihr seid das Licht der Welt!" Eure Erleuchtung aber besteht, wie der Apostel sagt, darin, daß ihr weder versteht, wovon ihr sprecht noch, was ihr behauptet. Ihr habt es gewagt, euch mit den Aposteln zu vergleichen, und ihr scheut euch nicht, alle Bischöfe ungerechtfertigt herauszufordern. Die kirchlichen Satzungen werden von euch verachtet in einem Grad, daß ihr waghalsig darauf ausgeht, was zu keiner Zeit der christlichen Geschichte irgend jemand gewagt hat. Während die seligen Patriarchen die Tradition der Kirche einvernehmlich zu jeder Zeit unverletzt bewahrten, hat niemand je die Kirche schismatisch gespalten, es sei denn einer, der offen dem Irrsinn der Häresie verfallen war. Euch aber ist dies in unseren Tagen gelungen!

Aber ich habe die brennende Absicht, diese Untaten, die ihr auszuführen schon begonnen habt, abzustellen. Schriftlich und durch die Tat will ich erreichen, daß ihr zur Besinnung kommt.

Kaiser Justinianos I. (527–565) ist mit Abstand der Kaiser, der sich am wollüstigsten in das Dogma der Kirche einmischte und dabei mehr als willkürlich verfuhr, wenn die Bischöfe ihm nicht sofort Folge leisten wollten. In diesem Falle kanzelt er Bischöfe ab, die nicht bereit waren, die Verurteilung von Theologen hinzunehmen, die das ökumenische Konzil von Chalkedon (451) teilweise rehabilitiert hatte.

E. Schwartz, Drei dogmatische Schriften Justinians, München 1939, S. 47.

Absage an das kaiserliche Kirchenregiment

Es ist nicht Sache des Kaisers, der Kirche Gesetze zu geben. Achte auf das Wort des heiligen Apostels: „Einige hat Gott in der Kirche eingesetzt: erstlich zu Aposteln, zweitens zu Propheten, drittens zu Lehrmeistern zur Vervollkommnung der Kirche." Er sagte nichts von Kaisern. Und dann: „Gehorchet euren Vorstehern und seid ihnen untertan, denn sie wachen über eure Seelen als solche, die Rechenschaft geben werden", und weiter: „Gedenkt eurer Vorsteher, welche euch das Wort verkündet haben; seht auf deren Wandel und folgt eifrig ihrem Glauben!" Die Kaiser aber haben uns das Wort nicht verkündet; es waren die Apostel und Propheten, die Hirten und die Lehrer. Als David den Auftrag bekam, es solle für Gott ein Tempel gebaut werden, da sprach Gott zu ihm: „Nicht du sollst mir einen Tempel erbauen, denn du bist ein Mann des Blutes." Der Apostel Paulus rief aus: „Erweist jedem, was ihm gebührt, Ehre wem Ehre, Furcht wem Furcht, Steuer wem Steuer." Den Kaisern obliegt die politische Ordnung; die kirchliche Ordnung aber den Hirten und Lehrern. Anders wäre es ein räuberischer Eingriff. Saul zerriß das Kleid des Samuel, und was widerfuhr ihm dafür? Gott zerriß sein Königtum und gab es David, dem Milden. Jezabel verfolgte den Propheten Elias, und Hunde badeten in ihrem Blut. Herodes ermordete den Johannes, und die Würmer fraßen an ihm, bis er starb. Jetzt wurde der selige Germanos, leuchtend in Leben und Wort, getroffen und mußte in die Verbannung und viele andere Bischöfe und Väter mit ihm, deren Namen wir nicht kennen. Ist das nicht räuberisch? Als sich die Schriftgelehrten und Pharisäer versucherisch Christus näherten, um ihn mit einem Wort in ihren Schlingen zu fangen, und ihn fragten, ob es erlaubt sei, dem Kaiser Steuern zu zahlen, da sagte der Herr: „Bringt mir die Steuermünze." Als sie sie brachten, fragte er: „Wessen ist das Bild?" Sie antworteten: „Des Kaisers." Da sagte er: „Gebt also dem Kaiser, was des Kaisers ist, und Gott, was Gottes ist!" Wir sind deine Untertanen, Kaiser, in allem, was das äußere Leben betrifft, Steuern, Zölle, Abgaben. Was all dies anbelangt, sind wir in deiner Hand. In der kirchlichen Organisation aber haben wir unsere Hirten, die uns das Wort verkündet und die kirchliche Rechtsordnung geschaffen haben. Wir heben alte Grenzen nicht auf, die unsere Väter gesetzt haben, sondern halten die Überlieferung ein, wie wir sie empfangen haben. Würden wir auch nur leicht am Bau der Kirche rühren, würde bald alles zusammenstürzen.

Als die syrischen Kaiser seit 725 mit dem Kampf gegen die übertriebene Bilderverehrung begannen, erhob sich nicht allzu großer Widerstand, wenigstens zunächst nicht. Der Patriarch von Konstantinopel, Germanos, resignierte zwar, aber es geschah ihm weiter nichts. Grundsätzlicher Widerstand kam von außerhalb des Reiches, aus dem Kloster Mar Saba bei Jerusalem, wo Joannes von Damaskos, der größte Theologe der Zeit, lebte und für den Bilderkult in mehreren Schriften eintrat.

Die Schriften des Johannes von Damaskos III: Contra imaginum calumniatores, hrsg. v. B. Kotter, Berlin 1975, S. 102–104.

Verbriefte Rechte

Artikel, verabschiedet durch die auf kaiserlichen Befehl im ehrwürdigen Studiu-Kloster versammelte Synode unter der Regierung unseres verstorbenen seligen Herrn und Kaisers, des heiligen Herrn Joannes Palaiologos des Älteren, unter dem Patriarchat des verstorbenen heiligen Patriarchen, des Herrn Neilos; sie wurden als dem kanonischen und weltlichen Recht entsprechend bestätigt, niedergeschrieben und unterzeichnet durch den genannten Patriarchen und die heiligsten Bischöfe und dem Kaiser ausgehändigt als seine Privilegien.

1. Wenn für eine Metropole von den Bischöfen nach Gewohnheit drei Kandidaten gewählt worden sind, erhält der Patriarch von ihnen ihre Namen mitgeteilt, damit er einen davon konsekriere. Der Patriarch hat dann dem Kaiser diese Namen anzuzeigen. Hat der Kaiser gegen einen der drei aus Gründen, die er darlegen wird, etwas einzuwenden, soll er dies dem Patriarchen anzeigen. Dieser Kandidat wird dann gestrichen, und der Patriarch kann nach seinem Belieben einen der zwei verbliebenen weihen.

2. Bischöfliche Translationen, Beförderungen, Ränge und Sitzordnungen sowie die Vergabe von Kirchen an einen auswärtigen Bischof sollen Sache des Kaisers sein, und ohne seine Zustimmung darf hier nichts geschehen. Es handelt sich um ein altes kaiserliches Privileg.

3. Gleicherweise darf keines der ersten und großen Ämter der Kirche ohne kaiserliche Zustimmung besetzt werden. Auch hier handelt es sich um ein kaiserliches Vorrecht.

4. Jeder Bischof soll unangefochten im Besitz seines Bistums bleiben; ebenso im Besitz dessen, was er vom Kaiser gnadenweise irgendwie dazu erhalten hat. Sollte ihm etwas davon entzogen worden sein, so muß es ihm zurückerstattet werden. Dies gilt, solange der Bischof lebt und auch nach seinem Ableben, damit sich während der Zeit, in der das Bistum verwaist ist, niemand herausnehme, von diesen Gerechtsamen etwas an sich zu reißen, und der künftige Bischof die Metropole samt diesen Gerechtsamen übernehmen kann.

5. Der Patriarch soll keine Exkommunikation aussprechen, die sich auf den kaiserlichen Dienst und des Kaisers Verwaltung und Einkünfte

auswirkt; aber auch nicht gegen einen Senator, gegen die unmittelbare Umgebung des Kaisers oder gegen diejenigen, die in kaiserlichen Diensten stehen. Handelt einer aus diesem Personenkreis gegen die Kanones, so soll ihn der Patriarch zurechtweisen. Bessert er sich, dann ist es gut. Wenn nicht, dann mache der Patriarch dem Kaiser davon Mitteilung, und der Kaiser wird seine Besserung in die Hand nehmen. Der Kaiser ist ja der katholische „Defensor" der Kirche und der Kanones.

6. Kein Bischof, der sich in Konstantinopel aufhält, weil der Kaiser wegen dringender Geschäfte es so will, darf vom Patriarchen gezwungen werden, in sein Bistum zurückzukehren. Wenn umgekehrt der Kaiser wünscht, daß ein Bischof zu seiner Kirche zurückkehre, weil es sich um Geschäfte handelt, die für sein Bistum von Nutzen sind, darf er vom Patriarchen nicht daran gehindert werden.

7. Jeder Bischof, der geweiht wird, soll bei der Ablegung des Glaubensbekenntnisses auch das Versprechen ablegen, ein aufrichtiger und treuer Freund des Kaisers zu bleiben und jederzeit auf den Nutzen des Kaisertums und des Reiches bedacht zu sein.

8. Alle Synodalakten sollen auch von den Bischöfen verabschiedet und unterschrieben werden.

9. Alle Bischöfe sollen darauf bedacht sein, alles, was in diesen Artikeln enthalten ist, zu beobachten. Sie sollen dafür Sorge tragen, daß ihnen nichts entgeht und sie nicht etwa jemand für eine Wahl vorschlagen, der kein Freund des Kaisers ist.

Das Dokument, zu dem Kaiser Joannes V. Palaiologos die Synode des Patriarchen zwang, gehört in die Jahre 1380/82.

V. Laurent, Les droits de l'empereur en matière ecclésiastique, Revue des Etudes byzantines 13 (1955) 5–20.

Das aufsässige Rußland

Durchlauchtigster Großfürst von Moskau und ganz Rußland, im Herrn geliebter Sohn meiner Wenigkeit, Herr Vasilij: Gnade, Friede, Erbarmen, Gesundheit an Leib und Seele, Segen und alles Gute und Gedeihliche von Gott dem Allmächtigen wünscht dir meine Wenigkeit.

Deine Durchlaucht weiß, welches Chaos und welche Verwirrung vor einigen Jahren in der Kirche Rußlands herrschten. Ihr habt dadurch euch selbst geschadet, und auch wir haben schwer an diesen Mißständen getragen. Seitdem meine Wenigkeit infolge des unerforschlichen Ratschlusses Gottes auf den hohen Patriarchenthron kam, habe ich es mir sehr angelegen sein lassen und manche Mühe darauf verwandt, dieser Kirche wieder den Frieden zu bringen, sie wieder zu ihrem früheren Zustand zurückzuführen. Und mit Gottes Hilfe, der allen seinen Frieden spendet, gelang es auch. Inzwischen sind neue Unruhen in der russischen Kirche ausgebrochen.

Jetzt hat sich meine Wenigkeit mit dem mächtigen und heiligen Kaiser, dem Vorkämpfer und Verteidiger der Kirche, beraten, und wir haben zur Befriedung dieser Kirche ein Schreiben abgefaßt, das deine Durchlaucht sehen wird; denn meine Wenigkeit betrachtet dich als ihren leiblichen Sohn und Freund und nimmt sich um alles an, was deiner Seele, deiner Ehre und deiner Herrschaft zuträglich ist; und was deine Durchlaucht von uns Vernünftiges, Gerechtes und dem Kirchenrecht Entsprechendes verlangt, das müssen wir tun und tun es auch. Wir sind ja die Wahrer des göttlichen Gesetzes und der Kanones und sind dies der ganzen Christenheit schuldig, vor allem den großen Männern, den Herrschern über ganze Länder und Völker, wie deine Durchlaucht einer ist. Und daß dabei ganz kanonisch und dem Gesetze entsprechend verfahren wird, wird deine Durchlaucht aus unserem Schreiben ersehen.

Da ich aber der allgemeine Lehrer der gesamten Christenheit bin, bin ich verpflichtet, wenn ich etwas höre, was deine Durchlaucht getan hat, was aber der Seele Schaden bringen könnte, dich wie dein Vater schriftlich zu tadeln und zu ermahnen, damit du dich besserst. Auch du hast es ja als Christ und Sohn der Kirche nötig, Buße zu tun. Warum also verachtest du mich, den Patriarchen, und zollst mir nicht die Ehre, die deine Ahnen mir gezollt haben, die Großfürsten? Mich verachtest du und die Legaten, die ich schicke. Sie erfahren keine Ehrerbietung und werden nicht entsprechend der Würde behandelt, die ihnen immer zukam. Weißt du nicht, daß der Patriarch der Stellvertreter Christi ist und auf des Herrn Thron selber sitzt? Du verachtest nicht einen Menschen, sondern Christus selbst, denn wer den Patriarchen ehrt, ehrt Christus. Und nur weil wir wegen unserer Sündhaftigkeit insgesamt unsere Städte und Länder verloren haben, darf man jetzt nicht auch schon die ganze Christenheit mißachten; denn wenn auch unser weltlicher Herrschaftsbereich zusammengeschrumpft ist, so wird doch das Christentum selbst noch überall verkündet, und es gebührt uns immer noch dieselbe Ehre wie den Aposteln und ihren Nachfolgern. Auch diese umgab ja kein irdischer Glanz, sie hatten kein irdisches Reich, wurden vielmehr von den Heiden verfolgt und verachtet und starben, wie der Apostel sagt, sozusagen täglich. Aber ihre Macht und Würde, die sie über die Christen ausübten, war erhabener als jede menschliche Ehrenstellung. Deshalb, mein Sohn, schreibe, rate und empfehle ich deiner Durchlaucht, so wie Christus auch den Patriarchen, seine Briefe und Ermahnungen und seine Abgesandten zu ehren.

Ich höre aber auch, daß deine Durchlaucht sich selbst gegen meinen mächtigen und heiligen Autokrator und Kaiser vernehmen ließ, und dies betrübt mich besonders. Du hältst ja, wie es heißt, den Metropoliten davon ab, des göttlichen Namens des Kaisers in der Liturgie zu gedenken, und zwar mit der Begründung: Wir haben zwar eine Kirche, Kaiser aber nehmen wir keinen an und lassen keinen gelten! Doch dies ist nicht in Ordnung! Der heilige Kaiser nimmt eine bedeutende Stellung in der Kirche ein. Es ist bei ihm nicht wie sonst bei Fürsten und Herrschern. Denn die Kaiser waren es, die von Anfang an auf der ganzen Welt die Frömmigkeit gestützt und gehalten haben. Sie waren es, welche die allgemeinen Synoden einberufen und, was in deren Kanones über das richtige Dogma und den richtigen Wandel der Christen enthalten ist, bestätigt und mit Gesetzeskraft ausgestattet haben. Sie haben viel gegen die Häresien gekämpft. Kaiserliche Verfügungen haben die bischöflichen Ranglisten, die Abgrenzung der Patriarchate und der Bistümer zusammen mit den Synoden festgelegt. Deshalb kommen ihnen in der Kirche hoher Rang und hohe Ehren zu. Mögen auch die Heiden durch Gottes Zulassung den kaiserlichen Machtbereich mitsamt der Kaiserstadt in der Zange haben, so bleibt dem Kaiser trotzdem und bis auf den heutigen Tag dieselbe kirchliche Weihe und derselbe Vorrang; ihm gelten dieselben Gebete, und er wird immer noch mit dem großen Myron gesalbt und zum Kaiser und Autokrator der Römer, und das heißt aller Christen, geweiht, und überall, von allen Patriarchen, Metropoliten und Bischöfen, wird der Name des Kaisers in der Liturgie kommemoriert. Und daher beziehen sie das Recht, sich Christen zu nennen!

Kein anderer Fürst oder Herrscher erhielt je eine solche Vorzugsstellung und erfreut sich so allgemeinen Ansehens. Selbst die Lateiner, die doch mit unserer Kirche keine Gemeinschaft halten, erweisen ihm dieselben Ehren und denselben Gehorsam wie in jenen alten Tagen, da sie mit uns noch einig waren. Um wieviel mehr müssen dies dann die orthodoxen Christen tun! Die Christen dürfen den Kaiser nicht etwa deshalb mißachten, weil sein Land von den Heiden eingekreist ist. Dies sollte ihnen vielmehr eine Lehre sein, und sie sollten sich sagen: Wenn schon der große Kaiser, der Herr und Herrscher des Erdkreises, der doch solche Macht besitzt, in derartige Schwierigkeiten geraten ist, wie wird es dann erst Teilfürsten und kleinen Potentaten ergehen?

Es ist also nicht recht, mein Sohn, wenn du sagst, wir haben zwar eine Kirche, aber keinen Kaiser. Die Christen sind engstens verbunden, und eine Trennung ist unmöglich. Nur häretische Kaiser wurden von den Christen verworfen, Kaiser also, welche die Kirche bekämpften und schädliche Glaubenssätze durchsetzten, die der Lehre der Apostel und der Väter fremd waren. Unser mächtigster und heiligster Kaiser ist dagegen ein Muster der Orthodoxie und Gläubigkeit, ein Vorkämpfer, Verteidiger und Rechtswahrer der Kirche. Es ist unmöglich, daß ein Bischof ihn nicht kommemoriert.

Höre doch den Apostelfürsten Petrus in seinem ersten katholischen Brief: „Fürchtet Gott und ehret den Kaiser!" Er sagt nicht, *die* Kaiser, damit nicht etwa jemand das Wort auf all die Kaiser verschiedener Nationen anwende, die sich diese Bezeichnung beilegen, sondern: *den* Kaiser; denn der universale Kaiser ist nur einer. Und von wem spricht der Apostel? Von einem gottlosen Christenverfolger! Aber als Heiliger und Apostel sah er voraus, daß der christliche Kaiser nur ein einziger sein würde, und er befahl deshalb, den gottlosen Kaiser zu ehren, damit sie daraus ersähen, wie der fromme und orthodoxe Kaiser zu ehren sei. Und wenn sich auch andere Christen den Kaisertitel angemaßt haben, so ist dies alles ein unnatürlicher und ungesetzlicher Zustand, das Ergebnis von Anmaßung und Gewalttätigkeit. Welche Väter, welche Synoden, welche Kanones sprechen denn von ihnen? Aber vom wirklichen Kaiser ist allenthalben bei ihnen die Rede, seine Gesetze, seine Anordnungen und Verfügungen werden auf der ganzen Welt anerkannt, und seiner allein gedenken die Christen überall und keines anderen!

Die beschworene Einheit von Orthodoxie und Kaisertum hatte es in den orthodoxen Nachbarstaaten von Byzanz je länger um so schwerer. So verbot Großfürst Vasilij I. von Moskau das liturgische Gedenken des byzantinischen Kaisers in seinem Reich. Der Tadel kam vom Patriarchen Antonios im Jahre 1393.

F. Miklosich-J. Müller, Acta et diplomata graeca medii aevi, II, Wien 1862, S. 188–192.

Mißstände in Konstantinopel

I.

Meiner Meinung nach halten sogar die Heiden ihre Kultgegenstände und die Priester, die sich um sie kümmern, in Ehren. Bei uns, die wir doch der Wahrheit und der Erleuchtung gewürdigt worden sind, kümmert sich aber niemand darum, so wenig wie um die anderen Güter, deren wir teilhaft geworden sind. Wir ziehen die „Blindheit des Herzens" vor und verschließen unsere Augen; dann brauchen wir uns auch nicht zu bekehren, um das Heil zu erlangen. Will jemand ein Beispiel dafür, so brauchen wir es gar nicht von weither zu holen. Es geht um hier und heute!

Vor gar nicht langer Zeit konnte man eine unserer berühmten Kirchen in einem Zustand völliger Vernachlässigung, sogar ohne Dach sehen. Zu dieser Kirche gehört eine verehrungswürdige Ikone des Heilands und viele andere Heiligenbilder. Ein Mann aus dem Staatsdienst bekam den Befehl, hinauszusteigen, das Christusbild herauszuholen und zu zerstören – oh göttliche Langmut! Die Leute unten schrieen auf und verfluchten den Frevler. Und die Strafe ließ nicht lange auf sich warten. Er stieß irgendwo an, stürzte ab und gab seinen unseligen Geist auf.

Und solchen Leuten vertraut man öffentliche Ämter an! Wenn sie schon mit Gott so umgehen, wie werden sie mit den einfachen Leuten umspringen! Wenn es Deiner kaiserlichen Güte und Deiner Ehrfurcht vor allem, was heilig ist, nicht gelingen will, das Wüten solcher Leute in Zaum zu halten, dann werden sie selbstbewußt in Heiden und Bestien ausarten. Bestraft man sie nicht, machen wir uns zu Mitschuldigen.

Wenn also die Kirche auf Grund meiner Sünden und infolge des Ansturms der Barbaren all ihren Reichtum verloren hat und sozusagen nur noch eine Handvoll übrig geblieben ist, so stelle ich den Antrag, daß jemand zum Schutz dieses Restbestandes aufgestellt wird, damit die Beamten des Fiskus sich nicht weiter meinetwegen ohne jede Rücksicht am Vermögen der Kirche vergreifen können. Sie grollen mir ja wegen der Vorwürfe, die ich gegen sie erhoben habe. Mir genügen meine eigenen Angelegenheiten. Warum soll ich da noch zum Ruin für andere werden. Man achtet die Kirche nicht mehr wie früher, wie jeder Beobachter feststellen kann; man bringt mir beileibe nicht mehr jenen Respekt entgegen, den meine Vorgänger und ihre Stellvertreter genossen. Das gilt auch vom Vermögen der Kirche. Heute kann jeder Beamte, dem es gerade einfällt, daherkommen, rauben und verleumden, und es gibt niemand, der ihn daran hindern würde. Entschließe ich mich, den Kaiser anzugehen, so liege ich ihm doch ohne Erfolg in den Ohren. Was habe ich denn ausgerichtet, als ich bei Dir nachdrücklich vorstellig wurde wegen des Mannes, der 1800 Scheffel Getreide an sich gerissen hatte? Wenn ich schon in den Angelegenheiten der Kirche und in meinen persönlichen so ohne Gewicht bin, wie soll ich dann den anderen zu Hilfe kommen, in der Nähe und in der Ferne, die unter Unrecht leiden?

II.

Als Rapsakes, der General Senacherims, des Königs der Assyrer, es wagte, Schmähworte gegen den Herrn des Alls auszustoßen, da zerriß der fromme König Ezechias im Eifer für den Herrn nicht nur seine Kleider, er legte auch seinen königlichen Ornat ab und hüllte sich in ein Bußgewand. So erbarmte sich der Herr der Heerscharen und vernichtete 185000 Assyrer. Aber wie soll, heiligster Kaiser, uns Gott Sabaoth helfen, wenn wir es gestatten, daß sich mitten unter den orthodoxen Christen gottesmörderische Gemeinden niederlassen, die sich über unsere Riten lustig machen, über unseren Kult und unseren Glauben an den Herrn Jesus Christus, unsere fromme Verehrung der Bilder und all die vielen Mysterien unseres heiligen, unbefleckten christlichen Glaubens, und wenn obendrein Kokalas sich hat bestechen lassen und ihnen große Vollmachten eingeräumt hat. Wagt es ein eifriger Christ zu protestieren, wer soll ihn dann vor dem Gefängnis bewahren?

Über das Benehmen der Armenier gegenüber ihren benachbarten orthodoxen Christen zu sprechen, schäme ich mich; Gott weiß es! Ich will nur so viel sagen: Man verbietet es ihnen nicht, eine Kirche für ihre Gottesdienste zu haben. Wenn ein Orthodoxer es da wagt, Widerspruch anzumelden, dann genügt es für die Armenier, einige Taler aufzuwenden, und sie kommen damit sehr weit. Dabei weiß jedermann, daß die Ismaeliten, die infolge meiner Sünden über christliche Städte herrschen, den Christen dort nicht einmal erlauben, das Gebetsholz zu schlagen. Wir aber, die wir dank der Gnade unseres Gottes Christus uns eines christlichen Reiches rühmen, wir tun nicht einmal, was diese Sendboten der Ismaeliten tun – sie taugen so wenig wie ihre Herrscher! – und lassen es zu, daß sie ganz offen in die Höhe steigen, wie es bei ihnen zu Hause Sitte ist, und ihre widerlichen Glaubenslehren laut hinausrufen. Diejenigen, die dies erleben, schweigen darüber und berichten nicht ungeschminkt an Deine Majestät, damit Du Deinen gottgegebenen Eifer beweisen könntest.

Wie kann da Gott unser Gebet erhören, sofern wir überhaupt noch beten. Wie wird er, wenn Du redest, antworten: Hier bin ich? Wie soll er Frieden für sein Volk verkünden? Um mich Deiner eigenen Worte zu bedienen: Ich bitte, ich bitte nochmals und ein drittes Mal Deine Majestät: Erhebe Dich!

Besonders wenn die Kirche Schwierigkeiten mit Laien, mit Gläubigen anderer Bekenntnisse oder mit hohen Beamten hatte, sah sie im Kaiser den Vogt der Kirche. Viele Kaiser haben sich dieser Aufgabe angenommen, aber es gab auch indolente unter ihnen, welche sich von den Patriarchen immer und immer wieder drängen lassen mußten. Bestes Beispiel Kaiser Andronikos II. (1282–1328) und sein Patriarch Athanasios (1289–1293 und 1303–1309); in unzähligen Briefen hielt der Patriarch dem Kaiser immer wieder die Mißstände und die soziale Not der Gemeinde von Konstantinopel vor, zumeist ohne Erfolg. Hier zwei Briefe dieser Art, die für sich selbst sprechen.

A.-M. Maffry Talbot, The correspondence of Athanasius I Patriarch of Constantinople, Washington 1975, S. 230–232 und 82–85.

Ein Domkapitel verzweifelt

Die hohen Kleriker der Hagia Sophia waren dem Patriarchen Athanasios besonders verdächtig, und er zeigte ihnen seine unverhohlene Verachtung. Wer von ihnen eine Pfründe hatte, dem wurde sie abgenommen; er nahm ihnen auch ihre Ämter – was nützt freilich ein Amt, wenn man ganz beiseite geschoben wird! – und ihr Gehalt unter dem beleidigenden Vorwand, sie vernachlässigten ihre Pflichten. Dafür ordnete er an, sie sollten beim Gottesdienst jeweils im großen Ornat teilnehmen. Unterhalt aber konnten sie von ihm auch nicht im Traum erwarten. In dieser Lage wandten sie sich an den Kaiser (Andronikos II.), besonders in der Frage der Entlohnung. Der Kaiser, anscheinend von tiefem Mitgefühl erfaßt, ließ den Patriarchen kommen, und sie berieten miteinander. Der Patriarch redete sich auf die schlechten Zeiten hinaus; schließlich ließ er sich zur Zusage herbei, den einen sechs, anderen acht Nomismata zu zahlen. Da wendete der Kaiser ein: „Das ist gleich null! Das reicht ja kaum für den nötigsten Lebensunterhalt!" Trotzdem bekam nach dieser Unterredung keiner etwas. Dafür wurden sie aufgefordert, von Mitternacht an sich in der Kirche zu versammeln und während der endlosen Psalmodie kein Wörtchen miteinander zu wechseln. Sie sollten auch weder nach rechts noch nach links sich bewegen, sondern ohne sich zu rühren gerade stehen, wie es angeblich die heiligen Kanones einschärften. Dies führte nur dazu, daß man sich in der Folge um diese Anordnung überhaupt nicht mehr kümmerte, sich nur noch selten in der Kirche einfand und sozusagen dem Patriarchen die kirchliche Gemeinschaft aufsagte.

Der Patriarch schickte ihnen einen Mahnbrief und drohte sogar damit, diesen Brief in der Synode der Äbte – es waren ja die Äbte, mit denen er nun die Synode abhielt – zur Verlesung zu bringen, da er durchaus im Recht sei. In dieser Zwangslage antworteten die hohen Kleriker dem Patriarchen wie folgt:

„In früheren Zeiten, Eure Heiligkeit, hat die Kirche Gottes die Regeln und die Ordnung eingehalten, wie sie von alters her herkömmlich waren. Und dies bis auf Deine Zeit. Die damaligen Patriarchen und jeder Kleriker der heiligen Großen Kirche Gottes nahmen nach Leistung und Alter ihre entsprechenden Ränge ein. Sollen wir uns nun den Vorwurf der Kleinlichkeit gefallen lassen und die Beschimpfung, wir seien Dickköpfe, weil uns angeblich nicht mehr das Höhere am Herzen liege, sondern Kleinlichkeiten, die der Seele keinen Nutzen bringen? Aber wir suchen nicht das Unsrige, sondern was Gott und der Kirche gebührt . . .

Gewiß kann man von schweren Zeiten sprechen; Eure Heiligkeit tut es oft genug. Aber auch wir sind Bürger des Reiches, und es braucht uns nicht schlechter zu gehen als anderen. Im Elend aber leben nur wir! Dabei ist die Kirche gar nicht arm, sondern wohlhabend – wir wissen es. Und wenn wir uns, eingeladen, an den Sonn- und Feiertagen im Ornat in die Kirche begeben und an jedem dieser Tage uns auch noch freie Zeit ausbedingen, so ist dies doch kein Vergehen. Trotzdem wollen wir uns auch in diesem Punkte verteidigen. Wir wissen sehr wohl, daß die großen Männer vor uns, in deren Stellen wir nachgerückt sind, Hauskapellen hatten und Priester, die ihren Dienst verrichteten. Sie nahmen sich aber auch Zeit für die Große Kirche, je nach Möglichkeit und freier Entscheidung. Ihre Dienstleistungen waren ihre Tätigkeiten in den verschiedenen

Ämtern, z.B. des Oekonomen, des Sakkelarios, der Chartophylax, des Skeuophylax usw. Es ist befremdlich, daß man uns diese Dienstleistungen genommen hat und dafür sachfremde Leistungen verlangt ...

Wir haben uns also an den Kaiser gewandt, unseren gemeinsamen Gönner. Wie es dann kam, daß die von seiner Seite zugesagte Hilfe nicht eintraf, das weiß Gott. Du jedenfalls beschlossest, uns nur die Hälfte unserer Bezüge auszahlen zu lassen. Der Kaiser meinte, dies sei zu wenig. Aber selbst so kann damit unsere Stelle und unsere Würde nicht aufgebessert werden. Gott ist unser Zeuge und diejenigen, die Mitleid mit uns haben, wie schlecht es uns geht. Dafür bekommen wir den Vorwurf, wir hätten nichts anderes mehr im Kopf, als auf den Zahltag zu warten. Und das für die vielgerühmten sechs oder acht Goldstücke! Bei Gott! Was denkt sich Eure Heiligkeit dabei? Ist es an der Zeit, uns zu bezahlen, dann hast Du gerade Wichtigeres zu tun, die schlechte Finanzlage wird angeführt. Es soll uns eben schlecht gehen, wir sollen im Elend verbleiben! Dies sei ja aller gemeinsames Geschick. Brauchst Du aber unsere Dienste, dann stellst Du Forderungen an uns, als hätte jeder von uns Pfründen im Überfluß. Und kommen wir in die Kirche, dann treffen wir zu allererst auf Deine zuwidere Miene und Dein unnahbares Gehabe ...

Wir haben Dir nichts weiter zu sagen, als daß wir in der Kirche Gottes geboren und erzogen wurden, daß wir darin alt geworden sind und daß wir in dieser Kirche bleiben werden, ihr dienend nach unseren Kräften. Deine Heiligkeit weiß ja wohl, was sie tut? Wenn uns die Feinde noch etwas von unseren Pfründen übrig gelassen haben, so kommt stracks Dein Verwalter und zieht es für Dich ein. Und dies soll in Ordnung sein? Wir haben nur noch eine Bitte: Wenn Du anordnest, daß Dein Brief in der Synode zur Verlesung kommt und unsere Brüder, die Äbte, dem zustimmen, was Dir da eingefallen ist, dann soll auch unser Brief zur Verlesung kommen, und dann sollen sie darüber richten, wie es Christen ziemt.

Etwas anderes liegt uns noch am Herzen: Seit Jahren ist keiner von uns mehr befördert worden. Wo aber steht der kirchliche Kanon, wo die Praxis der Kirchenväter und wo die Rechtfertigung dafür, daß wir statt dessen der Einkünfte aus unseren Ämtern beraubt wurden und Hungers sterben müssen? Um nicht zu Selbstmördern zu werden, müssen wir wohl an den Türen der Christgläubigen klopfen und betteln gehen? Wir, die Elenden, Zöglinge der Kirche, werden uns an den Türen der Gläubigen etwas zum Essen holen, lauthals unser Schicksal beklagend. Bitte, laß uns unseren Frieden und belästige uns nicht weiter mit Deinen Briefen. Inzwischen wollen wir, unserem Vermögen entsprechend, Dienst tun und hoffen, wenn Gott will, unseres Lohnes nicht verlustig zu gehen, auch wenn Du Deinerseits durchaus nicht zögerst, ein geknicktes Rohr noch ganz zu zerbrechen.

Dies alles sagen wir unter Druck, aber als Reichsbürger und als Freie in Christo, nicht als Sklaven. Und wenn die Verfügungen der heidnischen Kaiser Severus und Antonin in Ordnung sind und auch für die Christen noch gelten, so dürfen selbst Sklaven nicht ungebührlich unter Druck gesetzt werden. Die angeführten göttlichen Vorschriften, wonach wir in der Kirche vor Gott unbeweglich wie Säulen zu stehen haben, daß wir miteinander kaum sprechen dürfen, auch wenn es noch so dringlich sein sollte – gelten diese Vorschriften auch für uns? Wenn wir schon Gottesdienst halten sollen, wie die Mönche in ihren Klöstern, dann mußt Du uns bei Tagesanbruch aber auch wieder entlassen und darfst keine Weltleute in die Kirche lassen. Jetzt aber stehen wir da von Mitternacht bis Mittag, Leute sind da, eine ganze Menge, und geklingelt wird und geschellt. Bei den Mönchen aber ist nicht alles nur Gebet. Da wird gesungen und vorgelesen, man kann sich setzen, und es gibt Pausen, wo man sich entspannen kann und der eine und andere sagen und tun kann, was eben notwendig ist. Wir anderen aber haben im Gegensatz zu ihnen niemand, der sich um unseren Haushalt kümmert, so daß wir uns nach der Liturgie ohne weiteres an den gedeckten Tisch setzen könnten. Wir haben nur in seltenen Abständen die Möglichkeit, uns um das Nötigste zu kümmern ...

Dies alles wollen wir dem Kaiser auseinandersetzen. Und wenn Seine Majestät entscheiden sollte, daß wir weiter so im Elend verbleiben sollen, nun gut, dann nehmen wir dies widerwillig hin. Für Leute wie uns, die weder Leben noch Achtung verdienen, macht ja auch der Tod nicht mehr viel aus. Sollte uns aber Gnade widerfahren, dann danken wir Gott und dem Kaiser.

Das ist es, was wir zu sagen haben. Du aber, wenn Du auch nur eine Spur von Achtung für uns hast, die wir Mitglieder des Klerus sind, sorge dafür, daß wir auch in Zukunft unseren geistlichen Dienst versehen können, aber eben nach Maßgabe unserer Kräfte und nicht unter Druck und mit schweren Auflagen. Die Lasten, die uns erwarten, sind ja auf jeden Fall drückender als das Entgelt, das wir dafür bekommen. Sind wir aber im Dienste schon verbraucht und nichts mehr wert, dann gib uns ein Schreiben, das uns in den Ruhestand versetzt. Und willst Du uns darüber hinaus noch etwas zum Lebensunterhalt zukommen lassen, dann darf dies nicht als Gehalt angesehen werden, sonst begründest Du damit nur neue Forderungen nach Leistungen, die nach unserer Meinung nicht nötig sind, sondern nur dazu dienen, uns neuen Belastungen auszusetzen. Es müßte eine Belohnung sein für frühere Leistungen und die Mühen der vergangenen Jahre. Auch ein alter Soldat, der für seinen Dienst nicht mehr tauglich ist, ist ja dank seiner früheren Leistungen ehrenwert."

Der eben genannte Patriarch Athanasios hatte seine besondere Not mit dem hohen Klerus der Hagia Sophia. Es scheint, daß ihn die finanzielle Bedrängnis des

Patriarchats bewog, ihre Gehälter zu kürzen, – dies nach Ansicht der Kleriker in einem Ausmaß, das nicht gerechtfertigt war. Der Patriarch argumentierte mit ihrer seltenen Anwesenheit bei den Gottesdiensten, die Kleriker erwiderten, sie hätten ja über die liturgischen Verpflichtungen hinaus ihre Amtsgeschäfte im Dienste des Patriarchen. Sie wandten sich hilfesuchend an den Kaiser, der wiederum nur mit halben Maßnahmen eingriff.

Georgius Pachymeres, De Michaele et Andronico Palaeologis, II, ed. I. Bekker, Bonn 1935, S. 642–650.

Die Paulikianer

Das erste, woran man die Paulikianer erkennt, ist, daß sie zwei Urprinzipien annehmen, einen schlechten Gott und einen guten Gott. Der eine sei der Schöpfer dieser Welt und ihr Herr, der andere der Herr der zukünftigen Welt. Sich selber nennen diese Hinterhältigen, diese Ungläubigen und Undankbaren, Christen, uns aber, denen in Wahrheit die Bezeichnung Christen gebührt, nennen sie einfach Römer, d.h. sie versuchen, mit dem Namen der Nation die eigentlich gebührende Bezeichnung auszulöschen. Nach ihrer Behauptung besteht der Unterschied zwischen ihnen und uns darin, daß sie sagen, der Gott, der die Welt geschaffen, sei ein anderer als derjenige, den sie den himmlischen Vater nennen, der aber über diese Welt keine Gewalt hat, sondern erst über die kommende. Ihr, so sagen sie, glaubt an den Schöpfer der Welt, wir aber an denjenigen, von dem der Herr im Evangelium sagt: Weder hat einer seine Stimme gehört noch seine Gestalt gesehen! – Purer Unsinn!

Zum zweiten: Der reinen, allzeit jungfräulichen Gottesmutter räumen sie kaum einen Platz in der Reihe der Guten ein. Der Herr sei nicht aus ihr geboren, habe vielmehr seinen Leib vom Himmel mitgebracht. Nach der Geburt habe sie von Joseph noch andere Söhne gehabt.

Zum dritten: Sie lehnen die Eucharistie ab, indem sie sagen: Es war nicht Brot und Wein, was der Herr den Jüngern beim Abendmahl reichte, vielmehr gab er ihnen symbolisch Brot und Wein mit seinem Wort.

Viertens: Sie lehnen jede Darstellung des Kreuzes ab und leugnen seine Wirksamkeit und Kraft. Sie verhöhnen es auf alle Weise.

Fünftens: Sie anerkennen keines der Bücher des Alten Testaments. Die Propheten nennen sie Verführer und Räuber. Gelten lassen sie nur die vier Evangelien, die vierzehn Briefe des Apostels Paulus, den Brief des Jakobus, drei Johannesbriefe und die Apostelgeschichte, in derselben Textgestalt, die auch bei uns gilt. Sie haben aber auch noch Briefe ihres Meisters Sergios.

Sechstens: Sie wollen mit den Priestern der Kirche nichts zu tun haben. Sie behaupten, die Priester hätten sich gegen den Herrn verschworen, und deshalb sollte man sie auch nicht Priester nennen. Schon das Wort ist ihnen höchst verhaßt.

Und nun ist es Zeit, auf ihre Geschichte einzugehen:

Einige Schüler des Mani kamen nach Samosata in Armenien und streuten dort das Unkraut des Teufels aus. Viele Armenier dort ließen sich täuschen, und das Unkraut wuchs und griff um sich. Der tödlichen Früchte wurden es immer mehr und sie erreichten Phanaroia. Es kam nämlich eine Frau aus Samosata namens Kallinike; sie hatte zwei Söhne, Paulus und Johannes – diese zwei Schlangen zog ihre Mutter, eine Natter, groß, lehrte sie die schmutzige Irrlehre und sandte sie als Prediger der Lüge von Samosata aus. So kamen sie in den Bezirk Phanaroia, in ein Dorf. Da die Bewohner dieses Dorfes ungebildet waren und nicht fest im Glauben, gelang es ihnen, das Gift ihrer Schlechtigkeit und das Unkraut des Teufels auszusäen. Darum heißt das Dorf bis heute Episparis, die Stätte der Saat. Die Irrlehre selbst wurde nach ihren Predigern benannt; statt von Manichäern sprach man jetzt von Paulikianern. Das schreckliche Gift dieser infamen Paulikianer blieb lange Zeit im Verborgenen, und fast niemand wußte davon. Jetzt aber liegt alles offen.

In den Tagen des Kaisers Konstantin, des Enkels des Kaisers Herakleios, lebte im armenischen Samosata ein Armenier namens Konstantin im Dorfe Mananalis, wo noch heute Manichaeer leben. Dieser bewirtete einmal einen Diakon, der aus der Kriegsgefangenschaft aus Syrien in seine Heimat zurückkehrte, einige Tage in seinem Haus. Der Diakon brachte zwei Bücher mit, ein Evangeliar und einen Apostolos; diese schenkte er Konstantin als Entgelt für seine Gastfreundschaft. Dieser nahm die beiden Bücher, und da er wußte, daß seine Irrlehre allgemein abgelehnt wurde, wollte er eine Reform durchführen. Unter dem Einfluß des Teufels ordnete er an, daß keine anderen Bücher mehr gelesen werden dürften als diese beiden, um damit die Schlechtigkeit seiner Lehre zu verbergen, d. h. er gab Gift zu trinken, das er mit Honig vermischte. Aus den manichaeischen Büchern borgte er die Prinzipien seiner Blasphemie und interpretierte Evangelium und Apostel mit diesen Prinzipien. So konnte er die manichaeischen Bücher entbehren.

Dieser Konstantin verließ Mananalis und ließ sich im Kastron von Kibossa bei Koloneia nieder. Dort stellte er sich als jenen Silvanus vor, der in den Apostelbriefen erwähnt wird und den Paulus als seinen vertrauten Schüler nach Makedonien entsandt hatte. Er zeigte seinen Schülern die Apostelbriefe, die er von dem gefangenen Diakon bekommen hatte und sagte: „Ihr seid die Makedonier, und ich bin Silvanus, den der Apostel zu euch geschickt hat."

Nachdem er dort siebenundzwanzig Jahre gelebt und viele verführt hatte, nahm er ein Ende, würdig seiner Lehre. Der Kaiser, der von den Vorgängen um diese Person erfahren hatte, entsandte nämlich einen Beamten namens Symeon mit dem Auftrag, diesen Übeltäter steinigen zu lassen, seine Schüler aber, die sich aus Unwissenheit hätten täuschen lassen, seien den Kirchen zur Bekehrung und Besserung zu übergeben. (Sie ließen sich allerdings keineswegs bessern!) So geschah es denn: Symeon kam in Begleitung eines lokalen Magnaten namens Tryphon, ließ alle ergreifen und brachte sie alle an einen Ort, der südlich von Koloneia gelegen war. Dort hieß er den Führer sich aufrecht hinstellen und seine Schüler ihm gegenüber. Dann befahl er den Schülern, ihn zu steinigen. Diese hoben die Steine zwar vom Boden auf, warfen sie aber nach rückwärts und schonten ihren Meister, der doch ein Gottgesandter sei. Nun hatte aber Silvanus vor Jahren einen gewissen Justus adoptiert und in seine Häresie eingeführt. Jetzt erhielt er von ihm den entsprechenden Lohn dafür. Auf Befehl des kaiserlichen Emissärs hob Justus einen Stein auf und tötete damit Silvanus wie einst David den Riesen Goliath getötet hatte.

Wie der Kaiser befohlen hatte, übergab Symeon die Schüler des Silvanus der Kirche, damit sie bekehrt würden. Aber sie blieben bei ihrem Irrtum. Sie wollten lieber in ihrer Bosheit sterben, als durch ihre Bekehrung Gott versöhnen und des Heils teilhaft werden. Nun wurde Gericht über sie gehalten, und bei dieser Gelegenheit lernte Symeon, der von Theologie nichts verstand und auch sonst schwachen Geistes war, diese verderbliche Häresie näher kennen. Als er zum Kaiser zurückgekehrt war, zog er sich für drei Jahre in sein Haus in Konstantinopel zurück; dann rüttelte ihn der Teufel vollends auf: er verließ alles und ging nach Kibossa, sammelte die Schüler des Konstantin-Silvanus und wurde dessen Nachfolger in der Schlechtigkeit. Er nannte sich nach dem Paulus-Schüler Titus. Nach drei Jahren entstand ein schwerer Disput zwischen dem schon erwähnten Justus und Symeon über das Apostelwort im Korintherbrief: „In ihm wurde alles geschaffen, was im Himmel und auf Erden ist, das Sichtbare und Unsichtbare. Alles ist durch ihn und auf ihn hin geschaffen. Er ist vor allem, und alles hat in ihm seinen Bestand." Justus stellte die Frage: „Täuschen wir denn die Menschen nicht und verderben wir nicht in unserem Unverstand ihre Seelen, wenn wir das Gegenteil von dem lehren, was der Apostel hier sagt?" Symeon aber ließ sich nicht abbringen und fuhr in seiner Gewohnheit fort, die Deutung dieser Stelle nach allen Seiten zu verzerren. Der Streit wurde immer heftiger. Da begab sich Justus zum Bischof von Koloneia, um von ihm die Bedeutung des Apostelwortes gesagt zu bekommen. Er legte ihm seine ganzen Verhältnisse dar sowie die der Leute, wo er wohnte und was es über ihre Lehre zu sagen gab. Ohne zu zögern, berichtete der Bischof an Kaiser Justinian II. Als der Kaiser davon erfuhr, ordnete er an, daß alle zusammen gerichtlich vernommen werden sollten und daß diejenigen, die von ihrer Lehre nicht lassen wollten, zu verbrennen seien. Das geschah auch: Man zündete einen mächtigen Scheiterhaufen an und verbrannte alle zusammen.

Einer aus der Gruppe aber, ein Armenier, Paulus, und seine beiden Söhne, Gegnesios und Theodoros, entkamen und begaben sich nach Episparis. Hier ernannte Paulus seinen Sohn Gegnesios zum Haupt dieser Schule der Gottlosigkeit und legte ihm den Namen Timotheos bei. Da entstand Streit zwischen Gegnesios und Theodoros. Jeder behauptete, er habe die Gnade des Heiligen Geistes empfangen. Und sie blieben verfeindet bis an ihr Lebensende.

Der Kaiser – jetzt war es Leon der Isaurier – erhielt davon Nachricht. Er ließ Gegnesios zitieren und übergab ihn dem Patriarchen von Konstantinopel. Als dieser ihn sah, fragte er ihn: „Warum verleumdest du den orthodoxen Glauben?" Darauf erwiderte Gegnesios: „Im Banne sei, wer den orthodoxen Glauben verleumdet." Er verstand ja unter Orthodoxie seinen eigenen Glauben. Weiter fragte der Patriarch: „Und warum glaubst du nicht an das verehrungswürdige Kreuz? Warum erweist du ihm keine Ehrerbietung?" Gegnesios: „Im Banne sei, wer das lebenspendende Kreuz nicht verehrt." Unter dem Kreuz verstand er Christus mit ausgebreiteten Armen. Der Patriarch: „Warum verehrst du die heilige Gottesmutter nicht?" Gegnesios: „Im Banne sei, wer die heilige Gottesmutter nicht verehrt." Die Gottesmutter, das war für ihn das himmlische Jerusalem, in das Christus uns vorausgeeilt ist. Und so ging es weiter. Gegnesios verdrehte alles und sprach einen Bannfluch nach dem anderen aus, so daß man ihn schließlich für unschuldig befinden mußte. Er erhielt darüber sogar eine kaiserliche Urkunde und konnte nach Episparis zurückkehren. Hier versammelte er alle seine Schüler und floh mit ihnen nach Mananalis. Er blieb dort eine Reihe von Jahren, erreichte den Gipfel des Unsinns, wurde aber schließlich von Gott mit der Pest geschlagen und starb, nachdem er dreißig Jahre lang Meister der Gottlosigkeit gewesen war.

Gegnesios hatte einen Sohn namens Zacharias und im Hause außerdem einen Ziegenhirten, den er als kleines Kind einmal am Weg in seinen Windeln gefunden hatte. Er stammte nämlich aus einem sündhaften Verhältnis. Huren verstehen sich ja darauf, die Frucht ihres Leibes am Wegrand liegen zu lassen, um den Folgen zu entgehen. Als nun Gegnesios gestorben war, spalteten sich seine Schüler. Die einen hielten zu Zacharias, die anderen zu diesem Bankert, der Joseph hieß. Es entstand ein großes Durcheinander, weil jeder beanspruchte, die Gnade des Geistes empfangen zu haben. Schließlich fürchtete Zacharias, des väterlichen Erbes verlustig zu gehen. Da warf er mit Steinen auf Joseph, und um ein Haar hätte er ihn umgebracht. Schließlich nahmen beide ihre Anhänger zu sich, um insgeheim den Ort zu verlassen. Eine Strecke vom Dorf entfernt kamen sie in Sichtweite der Sarazenen. Diese vermuteten, sie könnten sich zu den Byzantinern absetzen, und ritten ihnen nach. Als Zacharias sie kommen sah, verließ er seine Schar und floh allein. Die Schüler aber wurden von den Sarazenen niedergemacht. Joseph erfuhr davon, ließ seine Wagen kehrtmachen und schlug die Richtung nach Syrien ein. Als die Sarazenen ihn einholten, sagte er, er sei ausgezogen nach Weidegründen für seine Milchwirtschaft. Die Sarazenen glaubten ihm und ließen ihn ruhig ziehen. Als dann ein günstiger Augenblick gekommen war, floh er mit seinen Schülern nach Episparis und wurde von allen Bewohnern herzlich aufgenommen. Alle zündeten Lichter an und begrüßten die Schar wie Jünger Christi. Als dies ein frommer Mann, einer der Vornehmen der Gegend namens Krikoraches, erfuhr, ließ er das Haus, in dem Joseph wohnte, durch eine Anzahl von Soldaten umzingeln. Zwar gelang es ihm, seiner Schüler habhaft zu werden; der Meister aber entkam nach Phrygien und ließ sich später im pisidischen Antiocheia nieder. Dreißig Jahre lang übte er sich in aller Bosheit und ließ sich nach dem Paulus-Schüler Epaphroditos nennen. Er starb in Chortokopeion.

Noch zu seinen Lebzeiten bekam eine Frau seiner Anhängerschaft in Armenien aus einem Ehebruch mit einem der Gemeinde einen Sohn, wie man sagt hebräischer Herkunft, den üblen Baanes. Dieser Baanes übernahm die Nachfolge des Epaphroditos und führte nicht wenige Anhänger der Sekte ins äußerste Verderben, Lehrer der Torheit, der er war.

Bald aber erhob sich ein weiterer Feind der Wahrheit im Dorf Annia in der Region der Stadt Tabia. Dort wohnte ein gewisser Dryinos. Dieser hatte einen Sohn namens Sergios – Sergios, der Vorkämpfer des Teufels, der viele aus Schafen zu Wölfen machte und damit die Herde Christi durcheinanderbrachte. Sergios nannte sich selbst den Beistand, den Paraklet, und führte den Namen Tychikos. Er wurde von seinen Schülern verehrt wie der Heilige Geist selbst. Dieser Sergios hatte noch in seiner Jugend Umgang mit einer manichaeischen Frau, die ihn umgarnte und zum Vorläufer des Antichrist machte. Offenbar müssen alle Meister dieser Ketzerei entweder von den Sarazenen abstammen oder aus dem Sklavenstand hervorgehen oder aus der Unzucht oder doch wenigstens von einer Frau in den Irrtum eingeweiht werden. Diese Frau war übel beleumundet, gerissen und hinterlistig. Sie sagte eines Tages zu ihm: „Man sagt von dir, Herr Sergios, du seiest in Bildung und Wissenschaft bewandert und auch sonst ein vorzüglicher Mensch. Nun sag mir: Warum liest du nicht die heiligen Evangelien?" Sergios antwortete verlegen: „Es ist uns Weltleuten nicht erlaubt, sie zu lesen, sondern allein den Priestern." Sie entgegnete: „Dies ist nicht richtig, was du da unterstellst. Bei Gott gibt es keinen Unterschied zwischen den Personen. Er will, daß alle gerettet werden und zur Erkenntnis der Wahrheit gelangen. Aber da die Priester mit Gottes Wort ihre Geschäfte machen und die Geheimnisse des

Evangeliums verborgen halten, lesen sie auch nicht alles vor, was dort geschrieben steht, sondern hier ein Stück, das andere Stück wieder nicht, nur damit ihr nicht zur Erkenntnis der Wahrheit kommt."

Sergios, dieser dumme Mensch, geriet immer mehr in Verlegenheit und schwieg. Da ging sie mit ihm die Evangelien durch, verdrehte jeden Satz, paßte sich seinen geistigen Fähigkeiten an und brachte ihn in kurzer Zeit so weit, daß er zum Werkzeug des Teufels wurde. Seine Vorgänger verhielten sich bei all ihrer Verworfenheit so, daß es nicht schwer fiel, ihren Schlichen auf die Spur zu kommen, sie zu fliehen und zu verachten. Sergios aber wies die Ungereimtheiten und Extratouren dieser Leute weit von sich, verstand es, seinen Irrtum als das heilbringende Dogma darzustellen, heuchelte Tugend und Frömmigkeit und spielte den Wolf im Schafspelz. So glaubten die einfachen Gemüter, in ihm den vorzüglichsten Führer zum Heil gefunden zu haben.

Und Sergios, voll des satanischen Eifers, wurde der neue Herold des Irrtums. Er nannte sich nach einem weiteren Paulus-Schüler Tychikos, eilte ohne Unterlaß durch Städte und Länder, da wo achthundert Jahre vorher der Apostel Paulus selbst das Wort der Wahrheit verkündet hatte. Vierunddreißig Jahre lang war er der oberste Meister dieser Häretiker, von den Zeiten der Kaiserin Eirene bis auf die des Kaisers Theophilos. Seine Schüler beteten in seinem Namen: „Das Gebet des Heiligen Geistes erbarme sich unser!"

Der fromme Kaiser Michael I. und Leon V., sein Nachfolger, erfuhren, daß ein bedeutsamer Teil der Christenheit in diese Häresie verstrickt war. Da ließen sie an das ganze römische Reich den Befehl ergehen, den Häretikern nachzuspüren und sie zu töten. Der Kaisererlaß gelangte auch in die Provinz der Armeniaken, zu Thomas, dem Bischof von Neo-Kaisareia, und zu Parakondakes, dem Gouverneur. Dem Befehl entsprechend, ließen sie die aufgespürten Häretiker hinrichten. Bald darauf aber gelang es einigen Anhängern des Sergios, durch Verrat und List des Gouverneurs habhaft zu werden, und sie ermordeten ihn. Ebenso erging es Thomas, dem Metropoliten. Dann floh die eine Gruppe nach Melitene. Der Emir dieser Stadt hieß Monocherares. Als Wohnsitz erhielten sie von ihm Argaun. Von hier aus setzten sie zu ihren räuberischen Überfällen auf das römische Reich an.

Damals tauchte Karbeas auf, setzte sich an die Spitze der Häretiker und vermehrte deren Zahl derart, daß in Argaun nicht mehr genügend Platz war. So zogen sie weg und gründeten Tephrike und ließen sich dort nieder. Dort entzogen sie sich auch den Gewaltsamkeiten der Sarazenen in Melitene. Sie wollten auch dem römischen Reich und Armenien näher sein. Wer sich Karbeas unterwarf, wurde sein Vasall, und er erwarb sich damit Hilfstruppen, um Gefangene zu machen. Wer ihm Widerstand leistete, sollte an die Sarazenen ausgeliefert werden. Um die römischen

Grenzen in Richtung Pontos zu brandschatzen, war der Platz besonders geeignet. Er bot auch eine sichere Zuflucht für alle, denen im römischen Reich wegen der Häresie der Tod drohte.

Als Karbeas starb, folgte ihm sein Neffe und Schwiegersohn Chrysocheir in der Herrschaft. Es war zu dieser Zeit, daß ich in Tephrike eintraf als Abgesandter des Kaisers, um wegen des Austausches vornehmer Gefangener zu verhandeln. Es war im zweiten Jahr der Herrschaft unseres Kaisers Basileios (869). Ich blieb dort neun Monate und studierte all das genau und aus der Nähe, was ich hier berichtet habe.

Über die Geschichte dieser militanten Sekte gibt es verschiedene Darstellungen aus orthodoxer Feder. Über die Ursprünge liegen nur Legenden vor. Beginnend mit dem 9. Jahrhundert aber werden die Nachrichten zuverlässiger und erzählen einläßlich über die Abfolge ihrer Führer und über ihre besonderen Lehren. Hier der Bericht eines Petros von Sizilien aus der zweiten Häfte des 9. Jahrhunderts.

Ch. Astruc u. a. Les sources grecques pour l'histoire des Pauliciens d'Asie Mineure, Travaux et Mémoires 4 (1970) 6–67.

Ketzergericht

Freitag, 1. Oktober, 7. Indiktion. Vorsitz: unser heiliger Herr, der ökumenische Patriarch, Herr Michael, in der Thomaites. Richter, zusammen mit seiner Heiligkeit, auf Befehl des Kaisers der Großdrungar, der Bischof von Bulgarien und der Protasekretis Herr Leontios Hikanatos. Beisitzer die Bischöfe von Ankyra, Kyzikos ... und die Großen Diakone des Patriarchats.

Voll des klugen Eifers konnte der heiligste Metropolit von Tyana, Basileios, nicht hinnehmen, was, wie er hörte, in seinem Bezirk Gewagtes angestellt wurde seitens der sogenannten Kollegen im Bischofsamt, nämlich des Mönches Leontios und des Mönches Klemens, die wir schon nach vorausgegangener Untersuchung des Bischofsamtes entkleidet haben. Er hat uns auch dargelegt, in wie vielen Punkten sie in ihrem Unverstand von der Orthodoxie abgewichen sind. Weder als Ankläger noch als Verfasser der Anklageschrift hat er dies getan; er wollte vielmehr verhindern, daß sie wie Wölfe im Schafspelz hinterlistig die Herde Christi verderben. So hat er jetzt seinen frommen Kleriker Leon aus seiner Kirchenprovinz hierher gesandt. Dieser ist nach eigener Aussage von Leontios geweiht worden, weiß also sehr wohl Bescheid, um was es geht, und versteht sich besser auf ihre Widerlegung als viele andere.

Mit ihm erschienen vor der Synode auch die Angeklagten, nämlich die Mönche Klemens und Leontios. Der Kanonikos von Tyana legte ein Schriftstück vor, das über die verschiedenen Aktionen der Angeklagten Auskunft gab, – äußerst anstößige Handlungen, aus denen sich klar entnehmen ließ, daß die Angeklagten nicht auf dem richtigen Wege sind, sondern wirklich am Bogomilismus kranken. Das Dokument wurde verfaßt – so bezeugen es die Unterschriften – durch die Kleriker, die Vornehmen und die Bürger von Tyana. Einige dieser Anklagepunkte haben folgendes zum Inhalt:

Die Angeklagten weisen die verheirateten Männer an, sich des Umgangs mit ihren legitimen Frauen zu enthalten, ebenso des Fleisches, der Milch und der Fische und des Weines, und zwar auf die Dauer von drei Jahren. Hernach könnten sie ohne Nachteil von all dem Gebrauch machen.

Sie lehren außerdem, kein Weltmensch könne gerettet werden, auch wenn er noch so tugendhaft lebe, es sei denn, er werde Mönch.

Sie verbieten den Neuvermählten den ehelichen Umgang für sieben Tage.

Sie lassen es zu, daß verheiratete Männer ohne Zustimmung ihrer Frauen sie verlassen und Mönche werden und daß Frauen Nonnen werden gegen den Willen ihrer Männer.

Sie verweigern gewissen Christen das Begräbnis und die Totenliturgie und lassen sie auch zu Lebzeiten nicht zur Buße zu.

Sie haben christliche Leichen, die außerhalb oder innerhalb der Kirchen begraben waren, wieder ausgraben lassen. Es handle sich, so sagten sie, um Sünder, und in ihren Leichnamen hausten die Dämonen.

Sie gestatten die Verehrung keines Kreuzes, es sei denn, es trage die Inschrift: Jesus Christus, der Sohn Gottes.

Sie haben christliche Kinder ein zweites Mal getauft und behauptet, diejenigen, die sie das erste Mal getauft haben, seien Sünder gewesen.

Sie haben Frauen zu Diakonissen geweiht und ihnen erlaubt, die liturgischen Ektenien (Fürbittgebete) vorzutragen, das Evangelium zu verlesen und mit Klemens zu konzelebrieren.

Sie haben die heiligen Ikonen zerstört.

Vom Kreuz des „Großen Erzengels", das zahllose Wunder wirkt, behaupten sie, es handle sich dabei um ein Wirken der Dämonen.

Sie verfluchen den Gott, an den der Bischof Akakios geglaubt hat, ein Mann, den die Verfasser des Schriftstückes als wahren Christen anerkennen.

Außerdem übergeben sie unter dem Vorwand vollbrachten Ehebruches christliche Frauen in die Hände der Ungläubigen.

Die Angeklagten wurden aufgefordert, sich wenigstens zu einigen dieser Punkte zu äußern. Auf Drängen des Anklägers gab Leontios zu, eine Wiedertaufe vorgenommen zu haben, denn der Ersttäufer sei ein wegen öffentlicher Anstöße abgesetzter Priester gewesen und habe die Taufe erst nach der Absetzung vorgenommen. Leontios wurde aufgefordert nachzuweisen, daß diese Taufe ungültig war. Dies konnte er nicht – es wäre ja auch allzu schwierig gewesen. So wurde festgestellt, daß es sich um ein unorthodoxes Verhalten des Leontios handle und er eine Wiedertaufe entsprechend der üblen Lehre der Bogomilen vorgenommen habe. Das Gegenargument des Leontios, der Priester sei ja abgesetzt worden, entschuldige das Vorgehen nicht.

Leontios gab auch zu, er habe gelegentlich Begräbnis und Totenliturgie verweigert. Es habe sich aber um Sünder gehandelt, die sich seinem Zureden, sich zu bessern, verweigert hätten. Weiter gab er zu, er habe eine Christin an den Stellvertreter des Gouverneurs in der Stadt ausgeliefert. Sie habe Ehebruch mit dem Bruder ihres Mannes getrieben. Er habe kein anderes Mittel gefunden, um dem üblen Zustand ein Ende zu machen.

Er gab auch zu, eine Kirche in Brand gesteckt zu haben. Er habe den Mann, der in dieser Kirche sein Heu speicherte, immer wieder zugeredet, dies zu unterlassen, aber der Mann wollte nichts davon hören. Jetzt habe er das Heu angezündet, und wider sein Erwarten sei die ganze Kirche in Brand geraten.

So viel gab Leontios zu. Der Mönch Klemens räumte ein, daß er Diakonissen geweiht habe. Sie weigerten sich aber, die übrigen Anklagepunkte zuzugeben. Da führte derjenige, der die Schrift mit den Anklagepunkten gebracht hatte, weitere Zeugen an, unter anderen den Priester und Deutereuon der Metropole von Tyana, Georgios, den Hieromnemon Michael, die Priester Eustathios und Sisinnios, einen Konstantinos, der ein früherer Schüler des Klemens war, dann den Metropoliten aufgesucht hatte und die Lehren seines Meisters verflucht hatte, dann Basileios, den Sohn des Monogrothos aus der Provinz Mokissos, Nikephoros, den Sohn des Palatinos, und andere. Diese beschränkten sich nicht darauf, die Anklagepunkte, denen die Angeklagten widersprachen, zu erhärten, sondern belasteten sie noch viel schwerer und bewiesen klar, daß ihnen der Sinn für die orthodoxe Lehre und Frömmigkeit fehlte.

Wir kamen zur Überzeugung, daß schon die Wiederholung der Taufe und die Verwerfung der Sünder, die so weit ging, daß sie ihnen nicht einmal nach ihrem Tod Verzeihung gewährten, genügten, um sie des Bogomilismus zu überführen. Also muß es unsere Sorge sein, daß sie in Zukunft abgesondert gehalten werden, um zu vermeiden, daß ihre Verderbnis ansteckend wirkt, zugleich aber darauf achtzugeben, ob sie geneigt sind, sich zu bessern.

Unter dem Etikett Bogomilismus ging bald alles, was sich an Extravaganzen auf dem Boden des orthodoxen Reiches blicken ließ. Hier das Protokoll einer Synodalsitzung mit der Verurteilung von zwei Bischöfen Kleinasiens im Jahre 1143 unter Patriarch Michael II. (1143–1146).

J. Gouillard, Quatre procès de mystiques, Revue des Études Byzantines 36 (1978) 68–81.

Gegen die Franken

Der Papst in Rom und die Christenheit im Westen – abgesehen von den Christen am Jonischen Meerbusen – die Italiener also, die Langobarden, Franken oder Germanen, Amalfitaner, Venezianer und die übrigen, ausgenommen die Kalabresen und die Alamannen – letztere unterscheiden sich nämlich überhaupt nicht von den Heiden, weder in ihrem Kult noch in der Unzucht; die Kalabresen aber sind orthodoxe Christen seit je und erzogen in der apostolischen Tradition unserer Kirche – diese Völker also alle und der Papst stehen seit langen Jahren außerhalb der katholischen Kirche und haben sich den evangelischen, apostolischen und patristischen Überlieferungen entfremdet infolge ihrer unerlaubten, barbarischen Bräuche, deren schlimmste und schwerwiegende folgende sind:

1. Während das heilige, aus evangelischen Texten bestehende Glaubensbekenntnis sich ganz eindeutig über den Heiligen Geist folgendermaßen äußert: „Und an den Heiligen Geist, den Herrn und Lebensspender, der vom Vater ausgeht", haben sie hinzugesetzt „und vom Sohne" – ein schlimmer und falscher Zusatz. Meiner Meinung nach kamen sie infolge ihrer schlechten Sprachkenntnisse auf den Glauben, der Ausgang des Heiligen Geistes vom Vater sei dasselbe wie seine Aussendung durch den Sohn zu uns. In ihrer barbarischen Unbildung glauben sie, es gebe keinen Unterschied zwischen Sendung und Ausgang.

2. Statt gesäuerten Brotes gebrauchen sie beim Meßopfer ungesäuertes und verleumden damit den Apostel Petrus und die heiligen Väter, indem sie vorgeben, sie hätten von diesen eine solche Tradition übernommen.

3. Ihre Bischöfe ziehen in den Krieg und kämpfen mit anderen.

4. Sie fasten an den Samstagen, und selbst wenn Weihnachten oder Dreikönig auf einen Samstag fällt, brechen sie das Fasten nicht.

5. In der großen vierzigtägigen Fastenzeit fangen sie erst am Mittwoch der ersten Woche zu fasten an.

6. In der Woche der Tyrophagie enthalten sie sich weder des Fleisches noch anerkennen sie überhaupt die Tyrophagie.

7. Sie fasten nicht an jedem Tag der Fastenzeit, sondern essen am heiligen und großen Donnerstag (Gründonnerstag) Eier, Käse und Milch und lassen die Kinder jeden Sonntag der Fastenzeit Eier und Milch essen.

8. Sie haben in ihren Kirchen keine Bilder von Heiligen, sondern nur das Kreuz; aber auch die Kreuzigung stellen sie nicht im Gemälde dar, sondern in Plastik.

9. Wenn sie eine Kirche betreten, werfen sie sich auf den Boden auf ihr Angesicht; sie flüstern etwas, küssen den Boden mit den Fingern und stehen wieder auf. So machen sie es auch, wenn sie mit ihrem Gebet zu Ende sind.

10. Die Mutter unseres Herrn Jesus Christus nennen sie nicht Gottesmutter, sondern einfach heilige Maria.

11. Das Presbyterium der Kirche kann bei ihnen betreten, wer will, auch während die Liturgie gefeiert wird, gleich welchen Geschlechtes, Alters oder Standes er sei; auch Frauen, wenn sie wollen. Sie können sich auch auf die Priesterbank setzen. So sieht bei ihnen der Unterschied zwischen Heilig und Profan aus!

12. Sie essen Ersticktes, wilde Tiere, Aas und Blut, Bären-, Hunde- und Wolfsfleisch und noch Unreineres und Verwerflicheres.

13. Ihre Priester und Bischöfe tragen Ornate nicht aus Wolle, sondern aus Seide und in bunten Farben. Sie tragen Ringe und Handschuhe. Auf dem rechten ist eine Hand abgebildet, die aus der Wolke kommt; auf dem linken das Lamm Gottes.

14. Diese Priester taufen nur mit Wasser, legen dem Täufling Salz in den Mund, spucken in die linke Hand, verreiben den Speichel mit der rechten und bestreichen damit den Täufling. Sind die Täuflinge herangewachsen und haben sie gesündigt, dann werden sie mit Öl gesalbt zum Nachlaß der Sünden, also offenbar ein zweites Mal getauft.

15. Dieselben Priester vollziehen auch sonst tagtäglich verschiedene Reinigungszeremonien und Besprengungen zur Abwehr dessen, was sie fürchten – sie unterwerfen sich damit jüdischen Sitten.

16. Sie machen das Kreuzzeichen irgendwie quer mit den fünf Fingern und machen mit dem Daumen das Zeichen dann aufs Gesicht.

17. Vom Mittwoch in der ersten Fastenwoche an bis Ostern singen sie kein Alleluja.

18. Wer zum Diakon, Priester oder Bischof geweiht wird, entläßt seine Frau. In ihrem ganzen Herrschaftsgebiet ist es als Gesetz verkündet, daß der Priester seine Frau entlassen muß. Die Priester aber befolgen diesen Befehl nicht; vielmehr nehmen sie nach dem Tod der ersten Frau eine zweite, ja manche sogar eine dritte, und feiern doch ohne Scheu die Liturgie.

19. Sie behaupten, Gott dürfe in keiner anderen Sprache gepriesen werden als in den drei: Hebräisch, Griechisch und Lateinisch.

20. Wenn ihre Bischöfe sterben, lassen sie sie acht Tage unbeerdigt und bringen in dieser Zeit je nach Vermögen Opfergaben. Erst dann werden sie bestattet. Dabei legen sie ihnen die Hände nicht kreuzweise zusammen wie bei uns, sondern ausgestreckt neben die Schenkel. Die Sinnesorgane gießen sie ihnen mit Wachs aus. So verfahren sie auch mit den Laien.

21. Ihre Priester halten drei- und viermal in derselben Kirche Gottesdienst ab, oder wo es sich gerade trifft. Sie unterscheiden nicht zwischen Sakral und Profan.

22. Jeder von ihnen, der einem seine Tochter zur Frau gegeben hat,

nimmt vom Schwiegervater die Tochter für seinen Sohn oder Bruder oder sonst einen Verwandten.

23. Wird bei ihnen ein Mönch Bischof, so kann er nach Belieben Fleisch essen. Ja, auch ihre Mönche selbst essen Fleisch, auch wenn sie nur geringfügig krank sind. Und alle ohne Ausnahme gebrauchen Schweinefett, auch wenn sie gesund sind.

24. In der Fastenzeit fasten die verschiedenen Länder und die angrenzenden Völkerschaften nicht gleich lang. Polen z. B. fastet neun Wochen, die übrigen etwa acht, die Italiener nur sechs Wochen.

25. Das Kreuz unseres Herrn haben sie alle Tage in der Kirche und verehren es und lassen es sehen. In der Fastenzeit aber verehren sie es nicht und lassen es auch nicht sehen, sondern verhüllen es und verbergen es in einem Winkel samt dem Alleluja. Am Karsamstag aber holen sie es aus dem Winkel hervor und zeigen es, als sei es vom Grabe auferstanden, dem Volk. Und sofort wird von allen lauthals das Alleluja gesungen und stundenlang geht das so dahin, so wie wir an Ostern singen: Christ ist erstanden!

26. Während die Priester die Messe feiern, selbst beim Evangelium und bei der Wandlung, bleiben die Anwesenden sitzen, wie es ihnen gerade paßt, und ohne Scham plaudern sie miteinander.

27. Die Kommunion spenden sie nicht wie wir. Es heißt vielmehr, daß der zelebrierende Priester den, der kommunizieren will, nur umarmt, und statt des Abendmahls bekommt er einen Kuß.

28. Die Weihe von Klerikern oder Bischöfen nehmen ihre Bischöfe nicht jederzeit vor, sondern nur viermal im Jahr an ganz bestimmten Tagen. Das Jahr zerfällt in vier Zeiten und von diesen vier Zeiten – Frühling, Sommer, Herbst und Winter – halten sie die ersten Monate ein, den März, Juni, September und Dezember, wenn die Jahreszeiten wechseln. In der ersten Woche des März und Juni und so fort weihen sie an den ersten vier Tagen Priester, Diakone und die übrigen Kleriker, am Samstag aber nur Bischöfe. Das beruht auf einer üblen und falschen Überlegung. Offenbar glauben sie, die Herabkunft des Heiligen Geistes sei auf diese Tage beschränkt. Sie vertrauen offenbar nicht darauf, daß die Tugenden des Weihekandidaten und des Weihespenders das Kommen des Heiligen Geistes verursachen. Deshalb weihen sie nur an diesen Tagen.

„Franke" war die Bezeichnung für alle Bewohner des Westens, vorweg aber für die Lateiner und ihre abweichenden Riten und Glaubenssätze. Das Pamphlet, etwa aus dem Ende des 11. Jahrhunderts und fälschlich früher dem Patriarchen Photios zugeschrieben, zeigt deutlich, wie mit allen möglichen unbedeutenden Gewohnheiten und Riten eine Mauer zwischen Ost und West aufgerichtet wurde.

J. Hergenröther, Monumenta graeca ad Photium eiusque historiam pertinentia, Regensburg 1869, S. 62–71.

Orthodoxe unter fränkischer Bedrohung

Athanasios und seine Begleitung kamen nach Euboia und mieteten sich
in einer Herberge ein. Der Patriarch verweilte dort längere Zeit, vermied
jedoch jeden Umgang mit den Bewohnern der Insel. Das erregte Verdacht, vor allem bei den Franziskanern, die ganz besonders für ihren
lateinischen Ritus eiferten. Sie nahmen also einige Herren der Insel mit
sich, suchten den Patriarchen auf und fragten ihn, warum er nach Euboia
gekommen sei. Sie erfuhren nichts weiter, als daß er auf der Durchreise
hier vorübergehend Station mache und bei nächster sich bietender Gelegenheit wieder abfahren werde. Jetzt begannen sie, ihn über seinen Glauben zu befragen: wie er es denn mit der lateinischen Kirche halte und ob
er mit dem Gebrauch ungesäuerter Brote bei der Messefeier einverstanden sei. Sie drangen nachdrücklich auf eine Antwort. Doch Athanasios
war nicht zu einer Antwort zu bewegen. Sie hielten ihm entgegen, für
einen Patriarchen gezieme es sich doch, seine Meinung darüber auszusprechen. Und sie drängten immer weiter. Würde er auf seiner Weigerung, eine Antwort zu geben, bestehen, müsse er notwendig in schweren
Verdacht geraten. So trieben sie es über Tage, ohne etwas auszurichten.
Schließlich glaubten sie sich berechtigt, ihn vor die Wahl zu stellen:
Entweder sie bekämen aus seinem Munde ein befriedigendes Bekenntnis
zu den gestellten Fragen oder sie würden ihn samt Begleitung als Ketzer
verbrennen. Schon setzte man einen Tag fest, und schon lief das Volk
zusammen. Jetzt wurde er mit großem Zeremoniell neuerdings befragt.
Aber Athanasios blieb bei seiner bisherigen Aussage: Er sei auf der
Durchreise, und außerhalb einer Synode bestehe kein Bedarf, Auskünfte
zu erteilen. Da schickten sie sich an, ihn auf den Scheiterhaufen zu
schleppen. Wahrscheinlich wäre ihr Vorhaben zur Ausführung gekommen, hätte sie nicht einer von den Zuschauern davon abgebracht: Aus
einer solchen Tat könne sich für die Euboier nichts Gutes ergeben. Der
Patriarch stamme sicherlich aus einer angesehenen alexandrinischen Familie mit großer Verwandtschaft. Man würde sicher für seine Ermordung Rechenschaft fordern, und zwar von den Euboiern, den Landsleuten also, die in Alexandreia mit ihren Schiffen vor Anker gingen, um in
Ägypten Handel zu treiben.

Dies leuchtete ein, und der ganze Plan löste sich auf wie ein Spinnenge-
webe. Man gab dem Patriarchen also eine Frist von ein paar Tagen für
die Abreise, sonst würde es ihm schlecht ergehen. Da er keine Verpflich-
tung eingehen wollte und auch keine Sicherheiten geben konnte, blieben
sie noch volle zehn Tage und reisten dann ab. Sie irrten umher und
kamen schließlich nach Theben, und zwar vom Regen in die Traufe. Der
Herrscher von Theben, der sich Großherr nennen ließ, erfuhr von ihrer

Ankunft und sperrte sie sofort ein und verlangte zweitausend Goldstücke Lösegeld. Erst als der Fürst erkrankte und der Patriarch ihm auf irgendeine Weise helfen konnte, erlangten sie wieder ihre Freiheit.

Patriarch Athanasios von Alexandreia, der viel in Konstantinopel weilte, legte sich mit dem gleichnamigen Amtskollegen von Konstantinopel an; was den Kaiser Andronikos II. (1282–1328) schließlich veranlaßte, den Patriarchen aus der Stadt zu verweisen und nach Alexandreia zurückzuschicken. Die Insel Euboia, wo er Station machte, war in den Händen der Venezianer. Auch Theben, die zweite Station, unterstand kirchlich dem Papst.

Georgius Pachymeres, De Michaele et Andronico Palaeologis, II. ed. I. Bekker, Bonn 1835, S. 579 und 593–595.

Unionsgespräche

1. Als der Palaiologen-Kaiser, Joannes V., von Ungarn kam, traf er sich in Sozopolis mit dem Grafen von Savoyen und dem Herrn Paul, früher Metropolit von Theben, jetzt vom Papst zum Patriarchen von Konstantinopel ernannt. Hier stellten beide, der Graf sowohl wie Paul, die Frage nach der Union der Kirchen. Der Kaiser erwiderte ihnen: „Ich allein kann darüber nichts sagen, bevor wir nach Konstantinopel gekommen sind. Dort befindet sich der Kaiser, mein Vater, und dort können auch der Patriarch, seine Synode und die übrigen miteinbezogen werden und dementsprechend antworten."

2. So kamen sie nach Konstantinopel. Paul wollte den Patriarchen besuchen und mit ihm über die kirchlichen Angelegenheiten verhandeln. Aber der Patriarch weigerte sich und erklärte: „Wie kann ich diesen Mann zusammen mit meiner Synode empfangen und Kirchliches mit ihm besprechen, da er doch kein Beglaubigungsschreiben des Papstes mit sich führt? Will er aber rein freundschaftlich und privat unter vier Augen mit mir reden, dann bin ich einverstanden und bereit, ihn zu empfangen." Dies schien dem Grafen sowohl wie Paul unannehmbar und einer Mißachtung gleichzukommen. Letzterer bemühte sich darüber nur um so mehr, eine Antwort auf sein Anliegen zu bekommen. Schließlich kamen der Palaiologen-Kaiser, der Patriarch und die Bischöfe überein, den Kantakuzenen-Kaiser Joannes VI. aufzufordern, mit Paul zusammenzutreffen und zu sprechen. Der Kantakuzene war einverstanden. Am festgesetzten Tage also trafen mit dem Kantakuzenen im Blachernenpalast zusammen der Palaiologe, sein Sohn, und die Kaiserin Helena, seine Tochter, sodann der Kaiser, Herr Andronikos, und der Despotes, Herr Manuel, seine (des Palaiologen) Söhne, sowie einige der Großen des Reiches, aber auch sein geistlicher Vater, der Herr Markos, sowie die drei Erzbischöfe von Ephesos, Herakleia und Adrianupolis und weitere

geistliche Würdenträger. Dann kam Paul und nahm nach der protokollarischen Begrüßung Platz.

3. Nachdem er sich gesetzt hatte, fragte ihn der Kantakuzenen-Kaiser: „Was sind deine Absichten, was ist dein Wunsch?" Paul erwiderte: „Die Union der Kirchen." Darauf der Kaiser: „Dein Wunsch ist gut und gottgefällig. Doch wie soll er erfüllt werden? Mit Gewalt und Tyrannei oder durch die Überzeugungskraft der Wahrheit und den kirchlichen Gepflogenheiten entsprechend?" Darauf Paul: „Durch die Überzeugungskraft der Wahrheit und nach kirchlichem Brauch und Protokoll."

4. Der Kaiser dankte Gott und dem Bischof für diese Antwort und hielt dann folgende Rede . . .

6. „. . . Wer die Kirche spalten will, zerreißt den Leib Christi, kreuzigt den Herrn und durchbohrt mit der Lanze seine Seite. Wüßte ich von diesem großen Übelstand nichts, dann könnte meine Bestrafung durch Gott glimpflich ausfallen. Da ich aber genau weiß, wieviel Gutes eine Union bedeutet und wieviel Schlimmes ein Schisma, und da es in unserer Macht steht, die Union herbeizuführen und sie doch nicht herbeigeführt wird, weiß ich nicht, wie ich eine gerechte Strafe dafür aushalten soll. Ich sehe das und rufe Gott zum Zeugen an und seine auserwählten Engel: Brächte es Erfolg, wenn ich mich im Interesse der Union lebendig verbrennen ließe, ich würde selbst das Holz zusammentragen, das Feuer anzünden und mich in die Flammen stürzen!

7. Wenn ich nun wünsche, daß die Kirche Roms zu uns kommt, darfst du mir nicht vorwerfen, ich rede ins Blaue. Ich bin ja überzeugt, daß unsere Kirche im rechten Glauben steht, so wie ihn Christus gelehrt hat und seine Schüler und Apostel. Das ist ganz offensichtlich und kein bloßes Gerede, und gerade darum bin ich bereit, tausendfach dafür zu sterben. Ihr selbst bezeugt es ja, daß unser Bekenntnis richtig ist; ihr sagt freilich, auch das eure sei richtig und stehe nicht im Gegensatz zu dem, was wir denken und bekennen. Deshalb bin ich ja auch bereit, mich verbrennen zu lassen, damit vor Gott und den Menschen die reine Wahrheit zutage trete, d.h. ob es der Wahrheit entspricht, was ihr behauptet. Ich kann es nicht glauben.

8. So verhält es sich mit der Frage nach der Wahrheit. Und es gibt in unserer Kirche und in der Kirche Roms niemand, der behaupten könnte, ihm liege die Einheit der Kirche mehr am Herzen als mir. Von frühester Jugend an war es mein Wunsch, diese Einheit verwirklicht zu sehen. Und ich denke, daß diese Einheit deshalb nicht zustande gekommen ist, weil seit der Zeit, da sich das Schisma ausbreitete, bis heute von eurer Seite die Frage nie brüderlich und freundschaftlich untersucht wurde, sondern immer lehrmeisterlich, aus einem Machtbewußtsein heraus und gleichsam despotisch. Ihr sagt: Wir und überhaupt kein Mensch hätten das Recht, dem zu widersprechen, was der Papst sagt oder irgendwann sagen

wird, da er der Nachfolger Petri sei und damit zugleich der Nachfolger Christi. Wir haben Kopf und Herz zu beugen und hinzunehmen, was er sagt, wie wenn es aus Christi Mund käme.

9. Sei überzeugt, Bischof: Solange bei euch diese Meinung vorherrscht, gibt es keine Union der Kirchen. Willst du aber das, was für alle das Beste ist, dann folge meinem Rat und sage nicht verächtlich, ich sei überheblich und eingebildet. Um meine Gedanken klarer zu machen, möchte ich mich eines Vergleichs aus dem Militärwesen bedienen: Wenn wir Generale ausziehen wollen, um ein fremdes Land zu schlagen, dann verlassen wir uns nicht ausschließlich auf unsere eigenen Ansichten von der Lage, sondern bedienen uns des Rates der Militärs, die an der Grenze stationiert sind. Und selbst wenn unsere Ansichten verschieden sind, nehmen wir ihren Rat entgegen, denn sie wissen Bescheid und haben Erfahrung über die Verhältnisse an der Grenze. So nennen wir sie denn auch das Auge der Armee. Da ich nun mehr weiß über die Lage hierzulande, so nimm auch du meinen Rat an. Es ist folgender:

10. Es ist eine allgemeine, ökumenische Synode zu veranstalten. Hier in Konstantinopel sollen zusammenkommen die Bischöfe aus dem Sprengel des ökumenischen Patriarchen, und zwar von nah und fern, das heißt auch der von Rußland mit einigen seiner Bischöfe, der von Trapezunt, der von Alanien und von Zikchien; dann aber auch die übrigen Patriarchen – Antiocheia, Alexandreia und Jerusalem –, der Katholikos von Iberien, der Patriarch von Tirnovo und der Erzbischof von Serbien. Auch der Papst soll Stellvertreter entsenden, wie es die alte Gewohnheit und Ordnung vorsieht. Und dies alles soll geschehen in der Liebe des Heiligen Geistes und in Brüderlichkeit. So sollen dann die ärgerlichen Differenzen zwischen uns und euch untersucht werden. Wird so verfahren, so vertraue ich auf Gott, daß er uns seinen heiligen Willen und die Wahrheit offenbaren wird.

11. Geht man aber nicht so vor, wie ich es hier vorschlage, sondern wie du es im Augenblick allem Anschein nach haben willst, dann gibt es nicht nur keine Union, sondern es wird eine Uneinigkeit entstehen, die noch schlimmer sein wird als vorher. Die Trennung der Kirchen geht ja schon so weit in ihren widersinnigen Folgen, daß einige von euch Mitglieder unserer Kirche nochmals taufen wollen! Der König von Ungarn tut dies ohne die geringste Scham. Er hat schon viele einer Wiedertaufe unterzogen, unter anderen auch den Sohn des bulgarischen Zaren Alexander, so als ob unsere Taufe ohne Nutzen wäre. Aber warum nenne ich da irgendein Beispiel? Als mein Sohn, der Kaiser, in Ungarn war und sich um die Hilfe des dortigen Königs gegen die Ungläubigen bemühte, da muteten ihm der König, seine Mutter und seine Großen zu, sich und seine Gefolgschaft nochmals taufen zu lassen. Er könnte ihm keine Hilfe gewähren, bevor dies nicht geschehen sei!

12. Überlege doch selbst, wie absurd dies ist. Wer sich von uns wiedertaufen ließe, würde der ersten Taufe abschwören und sie verwerfen. Eine
zweite Taufe aber gibt es nicht. Die Taufe der Christen ist eine, und nur
einmal kann man getauft werden. Wer sich also wiedertaufen ließe, würde zum Gottlosen, denn wer an der Taufe nicht festhält, hält auch an
Gott nicht fest. Du siehst ja, was ich schon vorher gesagt habe: statt
Freunde zu sein und Brüder und ein einziger geistlicher Leib Christi sind
diejenigen, die so verfahren, Feinde geworden, nicht nur, was unser Leben und unseren Besitz anlangt, sondern auch in Hinsicht auf das Heil
unserer Seelen. Dies aber ist das Merkmal der Gottlosen.

13. Verfährt man also, wie ich vorgeschlagen habe, dann gut. Wenn
aber nicht so, sondern mit Gewalt, dann werden nicht nur die Leute
draußen, sondern auch diejenigen, die in Konstantinopel wohnen, sich
gegeneinander erheben. Die einen werden die Flucht in fremde Länder
ergreifen, andere werden sich unserem Willen beugen, wieder andere uns
bis in den Tod offenen Widerstand entgegensetzen und glauben, Martyrer zu sein. So geschehen unter meinem kaiserlichen Großvater, dem
Herrn Michael, dem ersten Palaiologen. Es wurde nicht vorgegangen,
wie ich es jetzt hier anrate, sondern wie du es dir für den Augenblick
vorstellst. Was dabei herauskam, das waren Gewalttätigkeiten und
schwere Verfolgungen. Der Nutzen war gleich null; denn diese Union
war nicht von Dauer; man kehrte vielmehr bald zum früheren Zustand
zurück. Damit sich die Dinge nicht wiederholen, sage ich dir: Folge
meinen Worten und meinem Rat."

14. Als Paul diese Worte des Kaisers vernahm, sagte er: „Was brauchen wir denn eine Versammlung mit vielen Leuten? Mir geht es nur um
dich. Könnte ich dich gewinnen, hätte ich alles gewonnen. Du bist ja eine
Art Bratspieß, an dem alle anderen wie Fleischstücke hängen. Und wie du
dich drehst, drehen sie sich mit."

15. Dagegen der Kaiser: „So ist es durchaus nicht, Bischof. Zunächst
was mich betrifft: Wäre ich so, daß ich durch deine Worte leicht umge-
stimmt werden könnte, dann könntest du auf mein Wort nicht bauen,
wenn ich auf solch einfache Weise meine Überzeugung gewonnen hätte.
So leicht, wie ich dein Wort angenommen, so leicht könnte ich wieder
anderen Sinnes werden. Nein! Es ist vielmehr mein aufrichtiges Begehren, und daran halte ich fest, daß die Zerwürfnisse ordnungsgemäß untersucht werden müssen. Stellt sich dabei heraus, daß das, was ihr zu
sagen habt, vernünftig und in Ordnung ist und unseren Dogmen nicht
widerspricht, dann bin ich der erste, der es annimmt und sich daran hält.
Kommt es aber zu keinem solchen Ergebnis, dann kannst du nicht hoffen, daß ich tun werde, was du verlangst.

16. Und was du da von einem Bratspieß gesagt hast, an dem alle
hängen – so einfach sind die Sachen nicht! Gewiß, man nimmt mein

Wort an und fügt sich ihm, wenn es Gottes Wahrheit ist und dem richtigen Dogma entspricht; dann folgt man mir. Sonst aber nicht! Es ist noch gar nicht so lange her, da entstand eine Diskussion über Glaubensfragen. Man stellte eine Untersuchung an, nicht nur einmal, sondern ein zweites und ein drittes Mal, und es erfolgte schließlich eine kirchliche Lehrentscheidung. Trotzdem ließen sich einige nicht überzeugen und erklärten, sie würden sich in allen materiellen Angelegenheiten meinen Anordnungen fügen und sie gern hinnehmen, da ich ihr Kaiser sei, nicht aber in Angelegenheiten, die ihnen seelisch zum Schaden zu gereichen schienen. Hier könnten sie mir nicht Folge leisten. Und noch heute beharren sie auf ihrem Standpunkt, obwohl ich in der Lage gewesen wäre, als ihr Herr mit Gewalt nach Belieben gegen sie vorzugehen, mit der Konfiskation ihrer Güter, mit Verbannung oder einem Todesurteil. Aber dies entspräche nicht unserem Kirchenwesen: Glaube soll nicht erzwungen werden. Wenn nun diese Leute, obwohl gering an Zahl, sich weder durch eine kirchliche noch durch meine kaiserliche Entscheidung überzeugen ließen, dann kann man dies erst recht nicht von der großen Mehrheit und über ein weites Gebiet hinweg erwarten."

17. Paul: „Es gibt keinen wahren Glauben außerhalb der päpstlichen Jurisdiktion. Es hat sich ja klar herausgestellt: seitdem ihr die Gemeinschaft mit dem Papst aufgegeben habt, haben die Ungläubigen über euch gesiegt und euer Land erobert." Der Kaiser entgegnete ihm: „Was du da sagst, ist keine zwingende Argumentation. Antiocheia z. B., eine große und berühmte Stadt, aber auch eine ganze Reihe kleinerer Städte in jenen Teilen wurden schon vor dem Schisma erobert. Doch nicht nur dies! Auch Landstriche in eurem Gebiet sind schon früher die Beute der Ungläubigen geworden; Afrika zum Beispiel und Karthago, sowie die Regionen, die an Spanien grenzen. Also ist das, was ihr sagt, nicht stichhaltig, daß wegen des Schismas unser Land in die Hand der Ungläubigen geraten sei. Den Grund geben vielmehr unsere vielen Sünden auf anderen Gebieten ab, die wir nicht bereut haben.

18. Was jedoch unseren Glauben angeht, so sage ich folgendes: Bis heute halten nicht nur wir unseren Glauben, den wir von Christus, den Aposteln und deren Nachfolgern übernommen haben, für sicher; dies bezeugt vielmehr auch ihr, ja du selbst hast zugegeben, daß unser Bekenntnis dem eurigen nicht widerspricht. Willst du aber die Behauptung wagen, daß unser Glaube und unser Bekenntnis nicht wahr, nicht korrekt und nicht rechtmäßig seien, dann soll man ein Feuer anzünden und wir wollen uns beide hineinstürzen."

Als Paul wegen dieser Feuerprobe nachfragte, wann sie denn vollzogen werden solle, da sagte der Kaiser: „Ich stehe nicht von diesem Stuhl auf, bevor das Feuer angezündet ist." Eine Zeitlang hatte Paul annehmen können, der Kaiser habe es nicht ernst gemeint, und so hatte er gewisser-

maßen sein Einverständnis ausgedrückt. Nachdem es ihm jetzt klar wurde, daß es sich nicht um bloße Worte gehandelt habe, sondern um eine
feste Absicht, da lenkte er ein und sagte: „Ich möchte lieber leben und
nicht sterben!" Darauf der Kaiser: „Genau das will auch ich. Aber da ich
im Vertrauen auf Gottes Schutz für die Orthodoxie überzeugt bin, nicht
zu verbrennen, ja vielmehr euch von Nutzen zu sein, wage ich mich ins
Feuer. Du aber scheinst dir deines Glaubens gar nicht so sicher zu sein;
sonst würdest du den Tod nicht fürchten."

19. Paul verfiel in Schweigen. Schließlich stellte ihm der Kaiser die
Frage: „Was hältst du von dem, was ich gesagt habe?" Da antwortete
Paul: „Ich spreche die Wahrheit und lüge nicht: Es ist wahr und es ist
richtig. Es bleibt nur noch übrig, daß du zum Papst reist. Eine solche
Reise wird sehr gute Folgen zeitigen." Darauf der Kaiser: „Ich halte den
für einen Toren, der einen Fluß überqueren will, ohne vorher Umschau
gehalten zu haben, wie er aus dem Wasser wieder herauskommt, sondern
ganz einfach hineinwatet. Ich beziehe diesen Vergleich auf deine Rede:
Das, was du jetzt hier sagst und versicherst, ist ja das, was auch der Papst
sagt. Wenn du dich also an mein Wort hältst und meinem Rat folgst,
dann ist das Problem schon gelöst. Wenn aber nicht, dann würde ich den
Bescheid, wie du ihn hier aussprichst, bei meinem Besuch auch vom
Papst gesagt bekommen, und ich selbst würde ihm genau das sagen, was
ich hier dir gesagt habe. Meine Reise hätte also keinen Sinn."

20. Paul: „Ihr Kaiser, hoch auf eurem Thron, wollt von einem Besuch
beim Papst nichts wissen. Deshalb hast auch du nicht die Absicht, zu ihm
zu reisen." Darauf der Kaiser: „Die früheren Kaiser, meine Vorgänger,
sind, wie ich mir sicher bin, zurecht und aus guten Gründen nicht zum
Papst gefahren. Ich will darauf hier nicht näher eingehen, um nicht
abzuschweifen. Ich aber würde im Interesse der Kircheneinheit zu Pferd,
zu Schiff, ja zu Fuß zu ihm gehen, selbst wenn er am Ende der Welt
hausen sollte. Wer immer zu ihm kommt, küßt ihm den Fuß, was ich für
recht sonderbar halte. Aber im Interesse der Einheit der Kirche würde ich
nicht nur seinen Fuß küssen, sondern sogar den seines Pferdes und den
Erdboden, auf dem er steht."

21. Paul: „Wenn du meinen Vorschlag annimmst und dich zum Papst
begibst und seinen Wunsch erfüllst – er ist ja berechtigt und gut – dann
wird dir der Papst nicht nur mit Truppen und anderen Mitteln helfen, er
wird sogar den Ring, den er trägt, nicht für sich behalten. Wenn aber
nicht, dann mußt du wissen, daß eine gewaltige Macht im Anmarsch ist
und über euch herfallen wird und ihr Schreckliches auszustehen haben
werdet."

22. Da lächelte der Kaiser und sagte: „Anderwärts verbindet man bei
einem Bündnis mit dem Ring noch Besseres. Möglicherweise bekommen
wir vom Papst zum Ring hinzu auch noch seinen Mantel – und weiter

nichts. Dein Versprechen hätte sich dann zwar bewahrheitet, aber von einem Vorteil für uns könnte nicht die Rede sein. Dies zum Spaß! Doch im Ernst: Wenn das, was der Papst sagt und was du sagst, richtige und wahre Lehre ist, dann nehmen wir es aus eigenem Antrieb und nur so an, ohne Hilfe und ohne Geschenk. Wenn aber nicht, dann kann uns weder Schwert noch Messer noch Feuer von der wahren und richtigen Lehre abbringen. Wir haben ja das Wort des Herrn: Fürchtet nicht diejenigen, die zwar euren Leib töten, eurer Seele aber keinen Schaden zufügen können. Und das andere: Niemand kann meine Schafe der Hand meines Vaters entreißen. Der Schafe in der Hand Christi wird sich somit niemand bemächtigen können, auch wenn er tausendmal den leiblichen Tod verfügen kann."

23. Als Paul dagegen einwandte: „Ich halte die Christen, die unter den Ungläubigen leben, für nichts anderes als selbst für Ungläubige, denn Tag für Tag nehmen sie es hin, daß der Name Christi geschmäht wird", da hielt ihm der Kaiser entgegen: „Für mich sind sie nicht nur keine Ungläubigen, wie du meinst, sondern ich glaube, daß viele von ihnen besser und frömmer sind als eine große Anzahl derer, die hier bei uns leben. Wenn diese Leute, die in Gefangenschaft geraten sind und sich infolge Gottes unergründlicher Ratschlüsse in Feindeshand befinden, auch nicht wegkönnen, so bewahren sie doch aufs sorgfältigste ihre Frömmigkeit und ihren Glauben. Dafür gibt es hier Leute, die freiwillig nach dorthin überlaufen; andere, die dies nicht so ohne weiteres tun können, bleiben zwar hier, aber gegen ihren Willen. Deshalb sage ich, daß ich die dortigen für orthodoxe Christen halte, die letzteren aber für Ungläubige. Was es mit ihnen schließlich auf sich haben wird, das weiß allein der göttliche Richter. Daß aber die Christen in der Gefangenschaft, die vernehmen müssen, wie Gottes Name gelästert wird, keinen Schaden nehmen müssen, ergibt sich daraus, daß die sieghaften heiligen Martyrer, die, obwohl sie Christen waren, mitten unter den heidnischen Götzendienern lebten und hören mußten, wie Gott geschmäht wurde, davon doch keinen Schaden erlitten. Die einen starben eines natürlichen Todes und legten Gott Rechenschaft über ihr Tun ab ohne Martyrium. Andere ließen sich, wenn die Zeit es erforderte, freiwillig zu Tode martern und errangen ewige und unverwelkliche Kränze."

24. Mit diesen Worten endete die Unterredung. Man gönnte sich eine Pause. Dann stellte der Kaiser die Fragen anders herum: „Was glaubst du, Bischof? Wenn es unrichtig ist, was ich gesagt habe, dann beweise die Unrichtigkeit. Wenn aber wahr und recht, dann folge meinem Rat und meinem Wort!" Da sagte Paul: „Christus und die Wahrheit seien meine Zeugen: ich wiederhole, was ich schon vorher gesagt habe: heilig, gut und wahr ist, was du gesagt hast. Deshalb bin auch ich jetzt von Herzen mit einem Konzil, das abzuhalten ist, einverstanden."

25. Darauf der Kaiser: „Das Verfahren und mein Plan sollen deutlich und offen sein, so daß sie weiter keiner Erläuterung in der Folgezeit bedürfen. Wenn du also willst, daß es mit der Synode und ihren Begleitumständen so sein soll wie früher bei den ökumenischen Synoden, dann ist es gut, und es gibt keine Zweideutigkeit. Wollt ihr aber kommen, um uns die Wahrheit zu lehren, nehmen wir euch als Lehrmeister nicht an, erst recht nicht, wenn ihr als Richter kommen wollt. Es kann nicht ein und derselbe Richter und Gesprächspartner zugleich sein. Kommt ihr aber in freundschaftlicher und brüderlicher Gesinnung, um in Aufrichtigkeit die Wahrheit, den Frieden und die Einmütigkeit zu suchen, ohne Streit und ohne Überheblichkeit, dann ist dies Gott wohlgefällig und findet unseren, seiner Diener, Beifall. Wenn wir also zusammenkommen, alles Gesagte prüfen und alle zusammen einig werden, dann Lob dem heiligen Gott! Sollte es aber Gott in seiner alles lenkenden Unerforschlichkeit zulassen, daß es bei der Uneinigkeit und Spaltung zwischen uns und euch bleibt, dann möge es doch nicht zum Haß gegen uns kommen und zu einer noch gründlicheren Trennung, als es bisher der Fall war, sondern jede Kirche soll da bleiben, wo sie steht, und alle sollen aus tiefstem Herzen den Friedensherren, Gott, bitten, uns seinen heiligen Frieden und die Einheit zu senden, auf die Weise, wie er sie kennt."

26. So sprach der Kaiser, so wurde beschlossen, und Paul stimmte zu. Man hielt fest, daß mit dem Beginn des Monats Juni der 5. Indiktion des Jahres 6875 (1367) bis Ende Mai der siebten Indiktion die genannte Synode in Konstantinopel abgehalten und zu Ende geführt werden sollte.

Im 14. Jahrhundert, als die Türken immer näher heranrückten, war die Union nach Ansicht nicht weniger Byzantiner eine politische Notwendigkeit. Kaiser Joannes V. Palaiologos (1341–1391) überließ die Verhandlungen nicht ungern seinem Vorgänger Joannes VI. Kantakuzenos (1347-1354), der sich nach seiner erzwungenen Abdankung auf Theologie geworfen hatte. So kam 1367 ein Religions- und Unionsgespräch zwischen ihm und dem zum lateinischen Erzbischof von Konstantinopel ernannten Paulus zustande, mit dem Ziel der Vorbereitung einer allgemeinen Synode zwischen Ost und West, die man für die Zeit zwischen 1367 und 1369 plante. Sie kam nicht zustande, Kaiser Joannes V. entschloß sich vielmehr zu einem Alleingang, reiste nach Rom und konvertierte dort zum lateinischen Glauben.

J. Meyendorff, Projets de concile oecuménique en 1367, Dumbarton Oaks Papers 14 (1960) 149–177.

Geschichte einer Konversion

Meine Eltern waren Christen, gute Menschen, die ihr Leben nach ihrem Glauben einrichteten. Sie ließen mich nicht etwa ein kleines, banausisches Handwerk lernen, um meinen Lebensunterhalt zu sichern, sondern vertrauten mich ausschließlich gelehrten und weisen Männern an, offenbar überzeugt, daß es für mein künftiges Wohlergehen auf Verstand und Geist ankomme. Meine Eltern waren reich genug, um ihre Kinder ausbilden zu lassen und Freundschaften und alles sonst Nötige zu pflegen, und sie gaben sich der Hoffnung hin, ich würde, wenn gut erzogen und ausgebildet, auch einmal von ihrem Geld einen guten Gebrauch machen. Als ich mit der Grundschule fertig war, begann ich mich den Wissenschaften und all dem, wozu Verstand und Geist nötig ist, zu widmen. Ich brachte offensichtlich die für die tieferen Wissenschaften nötigen Geistesgaben mit; und wenn man die jungen Leute aufzählte, auf die in der Wissenschaft zu rechnen sei, nannte man mich überall an erster Stelle. Aber wie ich so glücklich wie eine Pflanze in die Höhe schoß und schon nach kurzem schöne Früchte des Wissens zu zeitigen versprach, da gebot mir der Tod meines Vaters Einhalt, und aus der Sorge um die Wissenschaft wurde die Sorge um die Familie; denn schon hatte ich die dazu nötige Reife, und ich wurde somit bei meiner Mutter und den jüngeren Geschwistern zum Stellvertreter des Vaters. Das machte meinen wissenschaftlichen Studien ein Ende, nachdem man sich hierin von mir ganz allgemein einen glänzenden Ruf erwartet hatte.

Schluß also mit den Büchern. Ich begab mich an den Hof zum Kaiser, der selbst hochgebildet und ein Liebhaber der Wissenschaften war, und es schien, als leite ein gutes Geschick meine Wege. Ich gewann seine Freundschaft, und er setzte mich in Würden ein, die man sonst keinem jungen Mann verleiht, der eben noch die Schulbank gedrückt hat und kaum dem Schulzimmer entronnen ist, wie sie vielmehr höchstens ein in Ehren und Wissen ergrauter alter Mann begehren darf. Ich rückte sofort unter die hohen Beamten ein, und nachdem wir uns gegenseitig erprobt, wurde ich bald nichts weniger als einer der vertrautesten Freunde des Kaisers. Die hohe Stellung aber, die er mir sofort an seinem Hof zu übertragen geruhte, brachte es mit sich, daß kraft kaiserlicher Verfügung jeder, der als Bittsteller etwas beim Kaiser erreichen wollte, sich zuerst mit mir darüber besprechen mußte. Und dies, obwohl die Würdenträger und diejenigen, die sich schon gleich ihr Vorurteil gebildet hatten, sich äußerten, es sei gefährlich und nicht in der Ordnung, einem Grünschnabel solche Machtbefugnisse zu übertragen, wie sie kaum Leuten im reiferen Alter und solchen, die schon auf bedeutende Leistungen hinweisen können, als eine Art Ehrengabe für ertragene Mühen zustünden. Aber der Kaiser setzte sein Vorhaben in die Tat um und kümmerte sich wenig um die langen Gesichter, die es dabei gab.

Die Zahl derer, die mit Gesuchen zum Kaiser wollten, Einheimische wie Ausländer, war beträchtlich, und sie alle mußten sich infolge der kaiserlichen Anordnung immer an mich wenden. Es gab unter den Bittstellern auch viele aus dem Westen, Gesandte sowohl wie Kaufleute und die sattsam bekannten Söldner; aber auch zahlreiche sogenannte Adelige waren darunter, „Wandelsterne" von der Sorte jener, die alles gesehen haben müssen, was es auf der Welt Sehenswertes gibt. Die römischen Kaiser erweisen diesen Leuten immer viele Ehren und sonstiges Wohlwollen, denn unter ihnen finden sich gelegentlich auch Herren großer Länder und Völker, die es aber, wie sie angeben, vorziehen, studienhalber incognito kreuz und quer umherzureisen, wie weiland Odysseus, der Irrfahrer. Ich hatte vom Kaiser den Auftrag, mich um ihre Bedürfnisse zu kümmern, damit ja nicht der Anschein entstehe, als verachte man solche Fremdlinge. Ohne Dolmetscher konnte ich mich aber nur schwer mit ihnen verständigen, und so gab es mancherlei Verdrießlichkeiten, weil entweder keiner zur Verfügung stand oder er die Sprache nicht genügend beherrschte oder einfach die Feinheiten des Gesagten nicht erfaßte. Unter diesen Ausländern war ja so mancher philosophische Kopf, der sich auf tieferes Denken verstand und in Rede und Gegenrede seinen Mann zu stellen wußte. So war ich genötigt, meiner Unzufriedenheit mit den Dolmetschern Ausdruck zu geben, weil sie nicht richtig übersetzten und schuld daran waren, wenn ich meine Besucher mißverstand. Es war mir ärgerlich, wenn ich aus diesem Grunde mit verschiedenen meiner Besucher nicht wohl zurechtkam, und ich fand nur ein Mittel, um diesem Ärger ein Ende zu machen, mich nämlich nicht auf das sprachliche Können anderer zu verlassen, sondern ausschließlich auf mich selbst, und zu diesem Zweck Latein zu lernen. So könnte ich, sagte ich mir, ohne Mittelsperson mit diesen Leuten verkehren, könnte ihre Meinung erfahren und hätte nicht mehr die Mühe, mehr auf ihre Gebärden als auf ihre Worte zu achten und nach dem zu haschen, was sie mit diesen dunklen Gesten andeuten wollten.

Mit diesem Vorsatz machte ich mich auf die Suche nach einem Lehrer und kaufte mir Bücher, wie sich eben auch sonst ein Junge anstellt, der sich ans Studium macht. Als Lehrer fand ich einen Mann, der mehr als nur eine notdürftige Eignung dazu besaß. Sein Wissen ging weit über meine augenblicklichen geschäftlichen Bedürfnisse hinaus; er war auch in der Lage, bis in die letzten Geheimnisse der Philosophie einzuführen, wenn man ihm zu folgen wußte. Seinem Wissen entsprach seine Lebensweise: seines Standes war er nämlich ein Gottgeweihter, einer von jenen, welche Gottes wegen alle weltlichen Sorgen von sich geworfen und den guten Teil erwählt haben. Er hatte mich schon früher liebgewonnen und war mir zugetan. Als er von meinem Entschluß erfuhr, lobte er meinen Eifer und war bereit, mir in allem zu helfen. Er verließ deshalb sogar für einige Zeit die Brüderschaft, zu der er gehörte und in der er Gott diente, um ganz mit mir bei der Arbeit zu sein und mir bei diesem, wie er mich zu überzeugen wußte, löblichen Studium zu helfen. Ich dankte ihm für seine Bereitwilligkeit und rüstete mich freudig zum Kampf. Alles war bereit, nur die Zeit galt es noch herauszuschlagen, und es war mir gar nicht leicht, sie zu finden, da ich den lieben langen Tag und ein gutes Stück der Nacht im Dienst des Kaisers verbringen mußte. Ich beschloß also, die Zeit, die ich brauchte, der notwendigen Ruhe zu entziehen und Arbeit auf Arbeit folgen zu lassen, auf die unnütze die nützliche. Anders wäre ich wohl mit meinem Vorhaben nicht vom Fleck gekommen. So stand es also.

Da erfuhr einer mein Vorhaben, dann ein zweiter, ein dritter, und durch den Palast ging die Schauermär: da ist einer verrückt geworden und wagt sich an Unmögliches. Ich sei zu alt dazu, sagten die einen, nicht mehr fähig, wie ein Kind Neues aufzunehmen; auch der Kaiser werde es nicht gestatten, daß ich meine Arbeitskraft in den Dienst einer anderen Sache stelle als der staatlichen, für die ich beamtet sei. Auch viele Freunde wurden ärgerlich, weil sie mich jetzt, wo ich anderweitig beschäftigt war, nicht mehr so leicht beim Kaiser vorschieben konnten. Mich aber dünkte es eine lächerliche Annahme, man sollte nicht alle Zeit auf die Erlernung des Besten verwenden dürfen; und ich lobte mir Sokrates, der noch auf seine alten Tage zum Musiklehrer ging. Ich hielt an meinem Entschluß fest in der Überzeugung, daß ich das Recht habe, vor allem mir selbst etwas Gutes zu tun. Und Gott ließ meine Mühe nicht vergebens sein. Schon nach kurzem ließ er mich viele und schöne Früchte meiner Arbeit genießen: nicht nur daß ich fehlerfrei lesen konnte, ich verstand auch den Inhalt, und weder von den Wörtern noch vom Sinn entging mir etwas, außer bei ganz wenigen Ausdrücken, die sich selbst bei den schwierigsten Dichtern und Rednern nur selten finden. Und wenn sich ein Gespräch ergab, so stellte es sich heraus, daß ich das Lateinische nicht schlechter verstand, als das Griechische. Dieses Zeugnis stellten mir Leute aus, welche das Lateinische, wie man wußte, als ihre Muttersprache bis in die letzten Feinheiten beherrschten. Was sie aber besonders lobten, war, daß ich ihre Sprache nicht wie irgendein „Zugereister" und Sprachvergewaltiger handhabe, sondern daß es fast schien, als sei Latein auch meine Muttersprache. Da freute sich mein ausgezeichneter Lehrer und buchte den Erfolg des Schülers auch für sich selbst.

Da sein Streben aber danach ging, mich auch in Wissen und Einsicht zu fördern, gab er mir ein kleines Buch; an ihm sollte ich mich nach Möglichkeit üben. Es war die Schrift eines Mannes, der in der Theologie alle in den Schatten gestellt hat, die sich zu seiner Zeit mit dieser Wissenschaft befaßten. Es gibt ja nun wirklich niemand mehr, der Thomas nicht kennte, ihn, der durch die Menge seiner Schriften, durch die Höhe seines Gedankenfluges und durch die zwingende Logik seiner Schlußfolgerungen, mit der er alles in Angriff nimmt, bis über die Säulen des Herakles hinaus bekannt geworden ist. Das Büchlein war das letzte, das er geschrieben, gleichsam die Kreuzblüte der Weisheit dieses Mannes. Das also gab mir mein Lehrer zu lesen, nur mit dem Wunsch, mich sprachlich damit vertraut zu machen – so wie die Schulmeister den Kindern oft das Schönste aus Homer und Hesiod zu lesen geben –, ohne dabei zu erwarten, daß ich auch für den Sinn und die Schönheit des Inhalts Verständnis aufbringen würde. Ich aber nahm die Lektüre vor wie etwas ganz mich Betreffendes und ließ mir nichts davon entgehen. An Wörtern begegnete nur das Gewohnte, aber auch die Schärfe der Schlußfolgerungen erfaßte ich verhältnismäßig leicht, da sie besonders sorgfältig und überzeugend waren. So kommt es ja auch, daß viele dieses Werk zu den Wunderdingen, die nur durch Gottes besondere Gnade zustande kommen, zählen zu müssen glaubten.

Ich aber hatte schon so viel Selbstvertrauen gewonnen, daß ich in der Folge beschloß, meine Kraft an dieser Sache zu erproben. Immer wenn ich etwas fertiggestellt hatte, beschloß ich, es den Ungläubigen und deshalb Spottsüchtigen unter meinen Freunden zu zeigen. Ich wollte, meiner Gewohnheit auch hierin getreu, meinen Freunden mitteilen, was ich meiner Meinung nach Schönes entdeckt hatte, und so übertrug ich zahlreiche Kapitel des Buches ins Griechische, und wenn ich einmal einen freien Augenblick hatte, ließ ich es den Kaiser sehen. Dieser, aufmerksam wie er war, freute sich jeweils über die Gabe, lobte mich wegen dieser Arbeiten und riet mir, nicht oberflächlich zu sein, sondern mir die Mühe zu machen, das ganze Buch vollständig zu übersetzen. Er versprach sich von einer solchen Arbeit viel Gewinn für die ganze griechische Sache. Ich gehorchte und unterzog mich gern der Mühe, um ihm und jenen, von welchen er gesprochen, eine Freude zu machen. Anschließend also an die ganz bescheidenen Anfangsversuche übersetzte ich das ganze Werk. Die Arbeit fand solche Anerkennung, daß der Kaiser sogleich eine Abschrift nehmen ließ, ebenso viele vornehme Männer, welche sich die Mühe machen wollten, etwas Nützliches kennenzulernen. Jetzt ist die Summa contra Gentiles des Thomas in vieler Hände, zum Preis ihres Verfassers und zum nicht geringen Nutzen ihrer Leser.

Ich aber hatte vom Lotos gegessen und konnte nicht mehr zurück. Ich sog mich voll mit der Sprache Latiums; und wo irgend jemand ein in lateinischer Sprache abgefaßtes Schriftwerk besaß, brachte er es mir bereitwillig, nicht nur meine Landsleute, sondern sogar Lateiner. Für letztere wurde meine Wohnung zum täglich überfüllten Stelldichein, besonders für die Ordensgenossen des Thomas, und da wiederum besonders für jene, die wie er Magister der Theologie waren. Denn schon buchten sie den Ruhm der Übersetzung seiner Schriften für sich selbst: so würde es ja offenbar werden, daß sie wissenschaftlich den Griechen nicht nachstünden; es würde nicht mehr ungefährlich sein, wollten einige nur noch auf unser eigenes Schaffen achten, denn es würde sich herausstellen, daß es auch bei ihnen Leute gebe, die sich aufs Wortgefecht verstünden, was früher durchaus nicht bekannt war. Denn nach denen, die man hierzulande sah, beurteilte man das ganze Volk; und wenn einer von Lateinern sprach, dann war damit eindeutig nichts anderes gemeint als Segel und Ruder und was sonst das feste Land der Seefahrt verdankt. Das stachelte sie an, und sie brachten immer mehr von ihren Büchern, um damit ihre Wissenschaftlichkeit zu beweisen.

Ich selbst aber glaubte, an sprachlicher Gewandtheit hinzuzugewinnen, ich freute mich an der Folgerichtigkeit des Inhalts, die ich in allen diesen Büchern entdeckte, steigerte täglich mein Bemühen und machte viele lateinische Größen, die bis dato unbekannt geblieben waren, bei den Unsrigen bekannt. Damit gab ich den Gelehrten Gelegenheit, noch gelehrter zu werden, und machte jene, welche aus purem Neid mäkelten, zuschanden, indem ich zeigte, wie bedeutend das war, was sie so schamlos durchhechelten. Aber auch den Schreibkundigen, deren Arbeit das Kopieren war, verschaffte ich bedeutende Verdienstmöglichkeiten, denn der Kaiser war ein großer Bücherfreund und ließ sich solche Kopierarbeit viel Geld kosten. Und wenn er diese Werke in seiner Schatzkammer hinterstellen ließ, tat er es in der Überzeugung, damit etwas aufzuspeichern, was kostbarer war, als die Cimelien, die sich dort befanden.

Doch mit der Sprache hatte ich auch den Inhalt für die Leser zugänglich gemacht, und mein damaliges wissenschaftliches Bemühen hatte gleichsam ganz die Art des gelehrten Vortrags, denn die dort aufgeworfenen Probleme bedurften täglich langer Erörterungen; die Zahl der ins Griechische übersetzten Schriften war ja beträchtlich. Es wäre wohl noch mehr bekannt geworden, wenn mir nicht der Dienst am Hof und der Strom der Besucher, die mich kaum zu mir selbst kommen ließen, die Zeit geraubt hätten. Viele waren überhaupt verwundert, daß ein Mann mitten im Trubel der Geschäfte fertigbrachte, was kaum ein anderer, in voller Muße lebend und allein mit dieser einen Aufgabe beschäftigt, zu bewältigen vermöchte.

Diese ganze Tätigkeit fand bei den einen Lob und dankbare Anerkennung ob des daraus entspringenden Nutzens, andere aber fühlten sich bemüßigt, sie zu bekritteln und zu erklären, diese Arbeit verfolge geradewegs das Ziel, die Griechen herabzusetzen. „Die Werke der Lateiner den unsrigen entgegensetzen", so hieß es, „und die jungen Leute und wer sonst sein Wissen bereichern will auf sie hinweisen, ja darüber hinaus in langen Gesprächen das Neue auch noch eigens anpreisen, das deutet auf einen, der um jeden Preis das Alte als faul in Verruf bringen will. Und von da ist es nur noch ein Schritt zur Erklärung, das Heimische sei schal und verächtlich und man müsse sich ans Fremde halten, wenn man wissenschaftlich ernst genommen werden wolle." Solche Schmähreden hörte man nicht nur in privaten Kreisen, sie machten auch öffentlich die Runde. Man wußte ein langes und breites darüber, ich kämpfe hinterlistig gegen die Staatsreligion an und bereite eine Revolution vor. „Bei der freien Beschäftigung mit den Lateinern", hieß es, „und ihrem scheinbar größeren Nutzen für den Leser holt man sich mit aller Leichtigkeit wie eine Pest auch ihren verderbten Glauben und es kommt zu Spaltung und Schisma, und zwar unseres Erachtens nicht etwa, weil man der Wahrheit den Vorzug gibt, sondern aus einem Hochmut heraus, der zu Unzeit Lorbeern pflücken will und diejenigen ablehnt, welche uns zur Wahrheit führen wollen."

So ging die Rede, – und vielleicht traf sie nicht einmal gänzlich an den Tatsachen vorbei, nur daß sie von Absicht sprach, wo ich nicht einmal daran dachte! Aber wie die Dinge nun einmal lagen, mußte es notwendig so kommen. Denn bislang hatten meine Landsleute an der alten Unterscheidung festgehalten und die gesamte Menschheit in zwei Gruppen geteilt: in Griechen und Barbaren, und dabei ihre törichte und unvernünftige Ansicht festgehalten, wonach die letzteren nicht besser seien als Esel und Rinder. Zu diesen Barbaren zählten sie auch die Lateiner, denen sie nichts Menschenwürdiges zutrauten. Für sich selbst beanspruchten sie Platon und seinen Schüler Aristoteles und die ganze griechische Weisheit; den Lateinern aber überließen sie zur Not das Waffenhandwerk und einige zweifelhafte Handelsgeschäfte und Schankbetriebe. Es gab früher niemand unter uns, der unseren Landsleuten gezeigt hätte, daß auch bei den Lateinern etwas an Geist zu holen sei und daß sie außer ihren gewöhnlichen und banausischen Geschäften auch sonst noch etwas zu bieten hätten. Die lange Trennung der beiden Völker hat eine tiefe Entfremdung zwischen ihnen hervorgerufen. Da erschienen nun meine Übersetzungen; und wer etwas Schönes lesen wollte, den schlugen sie in ihren Bann und hielten ihn zu seinem eigenen Vergnügen fest; denn die Schlüssigkeit und Lückenlosigkeit ihrer Beweise waren für die Leser einfach wie zauberische Musik der Sirenen. Wer aber Dummheit und Neid zu seinen Lebensgefährten hatte, der ärgerte sich, daß die anderen in einen so guten Ruf kamen und etwas Vernünftiges darüber zu sagen hatten, worüber er nur dumm daherreden konnte. Da sie sich um unsere eigene Philosophie nicht kümmerten, hielten sie das schlüssige Beweisverfahren für eine Erfindung der Lateiner, und angeblicher Eifer für heimische Art diente als Feigenblatt für ihren Neid. In Wirklichkeit aber war es, wenn jemand genau zusehen wollte und imstande war, den eigentlichen Sinn hinter den ungewohnten Worten zu finden, die Leistung von Männern, die sich im

Schweiße ihres Angesichts um die Labyrinthe eines Platon und Aristoteles bemüht hatten, um die sich die Unsrigen nie kümmerten. Deshalb waren sie, wenn sie die Beweise dieser Männer hörten, des Glaubens, sie brächten Selbsterfundenes vor, und wußten nichts von den Quellen, aus denen jene die Ströme ihrer Beweise geschöpft hatten, mit denen sie ihre Gegner überfluteten. Dies war der eine Grund, warum sie mich tadelten – und dies ohne Berechtigung, wie ich überzeugt bin. Denn mit welchem Recht schilt man einen, der auf einwandfreiem Wege zu seinem Entschluß und dafür zu Lob gekommen ist? Wenn wir es von den Kaufleuten hinnehmen, daß sie uns aus weiten Fernen und in mühevollem Transport aus dem Ausland den Markt reichlich mit ihren Waren beschicken, mit wieviel mehr Recht hätte man es dann loben müssen, wenn jemand in der Fremde Reichtümer sammelt und damit unsere Stadt mit Weisheit bereichert?

Aber es kam von meiner Seite ein weiterer Grund hinzu, der die Mißgunst gewaltig steigerte. Es war dies der Grund, daß ich mich nicht mit der Herausgabe meiner Übersetzungen begnügte, sondern daß ich mich bereit fand, wenn einer ratlos weiteren Aufschluß wollte, aber auch, dann, wenn einer mit zänkischen Reden um mich herumstrich, für alle voll zur Verfügung zu stehen, den einen auf seine Bitten hin zu belehren, dem hohlen Tadler aber seine Trugschlüsse aufzudecken, kurz, es allen klar zu machen, daß sich in besagten Schriften nichts finde, was nicht notwendig, und zwar unbedingt notwendig so lauten müsse.

Da gingen sie blaß vor Ärger hinweg und warfen mir schändlichen Verrat vor. Man mag es nennen, wie man will: ich nenne es Verlangen nach Wahrheit, jenes Verlangen, das uns der einpflanzte, der von Anfang an das Menschengeschlecht auch mit Vernunft ausstatten wollte. Wer sich von ihr nicht leiten läßt und sie nicht allem anderen vorzieht, der verdient nicht den Namen Mensch.

Da ich wußte, daß die Völker seit langem eine Streitfrage in der Gotteslehre bedrücke, die nur gelöst werden könne, wenn man die Meinung der Lehrer beider Gruppen eindeutig klarlege, so widmete ich mich ganz besonders dieser Frage, indem ich unsere Lehren mit denen jener verglich, und hielt mich an die alten Kirchenlehrer in der Überzeugung, daß das die Wahrheit sein müsse, was beide Gruppen gemeinsam lehrten. Wie ich so jene mit den unsrigen verglich, fand ich eine meiner Überzeugung nach wunderbare Harmonie zwischen beiden. Ich freute mich, festen Boden unter den Füßen zu haben. Aber es gab Leute, die zwar für unsere Kirchenlehrer Achtung verlangten und den Rat gaben, allein ihnen in theologischen Fragen Glauben zu schenken, die Kirchenväter der Lateiner dagegen offen tadelten und ihnen irgend etwas anhängten, womit behaftet sie aus der Gemeinschaft der alten Kirchenväter ausgeschlossen seien. Dabei mußten sie doch wissen, daß besagte Väter von unserer Kirche in der Liturgie gefeiert werden. Aber sie schämten sich nicht. Als Grund genügte, daß diese Männer aus den Lateinern hervorgegangen waren und dieselbe Sprache schrieben wie die Lateiner. Wer aber diese Sprache spricht, ist eben vogelfrei.

Jetzt beschloß ich, mich mit jenen ins Benehmen zu setzen, die bei uns besonderes Ansehen genossen. Ich nahte mich ihnen voll Ehrfurcht und fragte sie nach den Gründen für ihre Verachtung der Lateiner. Da brachte denn der eine dies, der andere jenes vor. Der eine sprach mit Begeisterung vom Mauergürtel Konstantinopels und erklärte ihn für wesentlich besser als den des alten Rom, er schwärmte von der Zahl und Schönheit der byzantinischen Kirchen und erklärte den Hafen der Stadt für den sichersten der Welt. Konstantinopel gegenüber müsse Alt-Rom in allem zurückstehen, es verdiene nicht einmal mehr den Namen Rom. Konstantinopel aber stehe auf dem Höhepunkt seiner Entwicklung, sei die Lehrmeisterin in der Theologie, bestätigt durch den in ihr residierenden Kaiser und die vier Patriarchen. Es gelte, sich an das Bestehende zu halten und nicht mit Worten zu erschüttern versuchen, was nicht erschüttert werden dürfe. Ich aber erwiderte ihnen: „Freunde, es ist nicht mehr als recht, daß euch Stadt und Ahnen dankbar sind für eure Reden, denn ihr habt ihnen aufrichtiges Lob gespendet. Der eigentliche Zweck unserer Unterredung aber ist damit nicht gefördert. Wenn wir schon der Meinung sind, daß Großstädte mehr Vernunft aufbringen als kleine, dann müßten wir auch Bethlehem verachten, von dem der Prophet sagt, es sei ‚nicht die geringste unter den Städten Judas‘. Neurom täte gut daran, Altrom zu gehorchen, wie eine Kolonie auf ihre Mutterstadt hört. Und mag unter der Botmäßigkeit des hiesigen Bischofs ein großer Teil Asiens stehen, so hat der Bischof von Rom, hat man einmal die Peloponnes umsegelt, den Primat über alle Völker und Städte bis zu den Säulen des Herakles; sein Herrschaftsbereich umfaßt Frankreich und Spanien und die germanischen Völker im Norden, die, wie es heißt, an Zahl die ganze übrige Christenheit zusammen übertreffen. Rom schickt Missionare des wahren Glaubens bis an die Grenzen der Erde, indem es sich auch jetzt noch die Apostel zum Vorbild nimmt. Bei uns aber kümmert sich der Patriarch herzlich wenig um seine Herde. Seine ganze Sorge zielt darauf, wie er es anstellen muß, um dem Kaiser zu gefallen; er weiß ja, daß er dessen Entschluß die Gnade verdankt, die Kirche führen zu dürfen, und daß er, zürnt der Kaiser, sofort stürzt."

Aber meine Vaterstadt ist stolz und erträgt es nicht, wenn einer ihrer Bürger ihren Ansichten zu widersprechen wagt. Aber ich bin keineswegs gewillt, aus Liebe zu ihr Gott zu beleidigen oder die Lüge Wahrheit zu nennen oder meine Seele ohne Bedenken in die Hölle zu stürzen.

Die Auseinandersetzung zwischen Orthodoxie und lateinischer Theologie trat in ein neues akutes Stadium mit dem Bekanntwerden von Werken des Thomas von

Aquin in griechischer Sprache. Der wichtigste Übersetzer war Demetrios Kydones, Vertrauter des Kaisers Joannes VI. und später Staatskanzler des Kaisers Joannes V. Kydones selbst neigte sich immer mehr dem römischen Glauben zu und wurde schließlich Katholik. Die vielen Angriffe, die ihm dies einbrachte, veranlaßten ihn zu einer apologetischen Selbstbiographie, die besonders nachdrücklich die geistigen und emotionalen Positionen, welche das Zeitalter bestimmten, deutlich macht.

G. Mercati, Notizie di Procoro e Demetrio Cidone, Manuele Caleca e Teodoro Meliteniota ed altri appunti, Vatikan 1931, S. 359–403; deutsch: H.-G. Beck, Die „Apologia pro vita sua" des Demetrios Kydones, Ostkirchliche Studien 1 (1952) 208–225, 264–282.

Papst und Patriarch – und das Protokoll

Der Patriarch war ungehalten darüber, daß der Kaiser dem Papst als erster einen Besuch abgestattet hatte. Er sagte: Entweder hätten Patriarch und Kaiser zusammen hingehen sollen, oder aber die Kirche hätte den Vortritt haben und nicht hinterdrein kommen sollen. Vier Tage später reiste auch der Patriarch (von Venedig) ab und wir mit ihm. Wir durchquerten die Lagune, fuhren an Chioggia vorbei und dann den Po aufwärts. Als wir an die Landesgrenze des Marchese (von Ferrara) kamen, lag das Schiff des Marchese für den Patriarchen schon bereit. Da es Abend wurde, blieb der Patriarch auf dem Schiff. Am Morgen rief er die Bischöfe und uns zu sich, und wir saßen bei ihm. Das Schiff aber mit dem Gepäck des Patriarchen und mit den Mönchen war irgendwo im Fluß stecken geblieben. Da ordnete der Patriarch an, wir sollten alle warten, bis auch dieses Schiff ankomme. Da aber darüber der ganze Tag verging, sagte Christophoros zum Patriarchen: „Gib doch bitte den Befehl zum Aufbruch; wir können ja langsam fahren, dann wird das andere Schiff schon nachkommen. Es besteht keine Gefahr, und man hat nichts zu fürchten." Der Patriarch aber erwiderte: „Mein Gepäck ist das halbe Venedig wert. Wie kann ich abfahren und es zurücklassen? Wir müssen warten, bis es kommt!" So verbrachten wir wieder einen ganzen Tag; die Leute wurden ärgerlich und begannen die Vorbereitungen, um das Schiff flußaufwärts zu ziehen. Da sagte der Patriarch: „Ich sehe, daß man sich um mein Wort nicht kümmert. Sagt ihnen also, sie sollen uns aussteigen lassen; dann können sie fahren, wohin sie wollen." Als man dies hörte, blieben alle unmutig an Ort und Stelle. Um Mittag traf das (andere) Schiff schließlich ein, und bis zum Abend fuhren wir eine kurze Strecke weiter. Dann übernachteten wir. In aller Frühe fuhren wir weiter und die erste Tagesstunde war noch nicht vergangen, da sahen wir Karystos zu Pferd zu uns heran galoppieren. Der Kaiser hatte uns ihn geschickt und er sagte zum Patriarchen: „Der Papst erwartet, daß Deine Heiligkeit sich

vor ihm auf die Knie niederläßt und seinen Fuß küßt. Der Kaiser ist
dagegen und wehrt sich schon drei Tage lang. Er läßt Deine Heiligkeit
dies wissen, damit Du Dir dein Verhalten einrichten kannst."

Diese Neuigkeit erschien dem Patriarchen ungeheuerlich. Er hatte ja
fest gehofft, einen anderen, großen Empfang und eine andere Einstellung
offener Art beim Papst zu erleben. So hatte er noch in Venedig zu einem
Vertrauten des Papstes gesagt: „Ich habe mir folgendes vorgenommen:
wenn der Papst älter ist als ich, werde ich ihn ansehen und behandeln wie
einen Vater; sind wir gleichaltrig, dann wie meinen Bruder und wenn er
jünger ist, wie meinen Sohn. Und wenn es ein Haus gibt in der Nähe des
seinen mit einer Verbindungsbrücke zwischen beiden über der Straße,
dann soll er es mir überlassen, dann können wir uns privat gegenseitig
besuchen, und ich werde ihm die nötigen Ratschläge geben. Das wird
ihm eine große Hilfe sein, denn ich weiß, daß bei ihm keine guten Berater
sind." Das war die Hoffnung und Überzeugung, die er hegte, und er
vertraute darauf, mit Hilfe des Papstes die Kirche von der Knechtschaft
befreien zu können, die ihr der Kaiser auferlegt habe mittels der Privilegien, die ihm zugestanden werden mußten. Und noch in Konstantinopel
hatte er erklärt: „Da drüben werde ich ein ganz anderer sein. Und ich
werde mich auf die Autorität berufen, die mir zusteht."

Als er nun hörte, er solle dem Papst die Füße küssen, war er perplex.
Trotzdem fuhren wir weiter und mitten zur Marktzeit langten wir in
Ferrara an. Noch vor Mittag kamen sechs Bischöfe, um ihn vom Papst zu
grüßen. Auch sie sagten ihm, daß er dem Papst huldigen müsse, wie alle
anderen auch. Der Patriarch erwiderte: „Ich schulde ihm diese Huldi-
gung nicht; da wir vielmehr Brüder sind, sollten wir uns brüderlich um-
armen. Zu anderem bin ich nicht bereit."

Der Patriarch rief seine Bischöfe und uns zusammen und sagte: „Ihr
habt gehört, was mir der Papst sagen ließ. Er will, daß wir ihm die Füße
küssen!" Da bemerkte der Bischof von Trapezunt: „Jetzt sagst du uns
das! Und was sagtest du in Konstantinopel? Alles sei in Italien gut vorbereitet; wir würden gut aufgenommen. Der Papst und die Lateiner würden
sich um unsere Bequemlichkeit sorgen!" Darauf der Patriarch: „Aber wie
hätte ich an so etwas auch nur denken können?" Darauf der Bischof von
Trapezunt: „Zu Hause hätten wir daran und an vieles andere denken
müssen! Wir haben dich gefragt, unter welchen Umständen und welchen
Bedingungen die Reise zu den Lateinern vor sich gehe; du aber hast nur
gesagt: Bereitet euch einfach auf die Abreise vor; drüben wird dank
unserer Vorsorge alles gut vorbereitet sein. Da waren wir natürlich der
Überzeugung, daß nichts von Wichtigkeit außer acht gelassen worden
sei."

Inzwischen schickte der Kaiser ein zweites Mal zum Patriarchen: er
kämpfe immer noch zu seinen Gunsten, und er, der Patriarch, müsse

seinerseits Widerstand leisten. Spät am Abend kamen bischöfliche Abgesandte des Papstes und forderten wiederum den Fußkuß. Aber der Patriarch antwortete mit der angemessenen Festigkeit: „Woher hat der Papst ein Recht darauf und welche Synode hat ihm dieses Vorrecht denn verliehen? Zeigt mit, woher es stammt und wo es niedergeschrieben ist. Der Papst sagt allerdings, er sei der Nachfolger des heiligen Petrus. Wenn er der Nachfolger Petri ist, dann sind wir die Nachfolger der übrigen Apostel. Haben die Apostel die Füße Petri geküßt? Wer hat davon je gehört?" Die Bischöfe entgegneten, es handle sich um einen alten Brauch dem Papst gegenüber, und alle hielten sich daran, Bischöfe, Könige, der deutsche Kaiser und die Kardinäle, die über dem Kaiser stünden. Aber der Patriarch sagte, es handle sich da um eine Neuerung und er würde es nicht tun. Es gab ein langes Hin und Her und schließlich erklärte der Patriarch, wenn der Papst nicht nachgebe, würde er das Schiff nicht verlassen. Nach langer Zeit kamen die Bischöfe des Papstes wieder zurück und erklärten: „Seine Heiligkeit der Papst verzichtet um des Friedens willen und um das Einigungswerk nicht zu gefährden auf sein Recht. Er bittet also deine Heiligkeit zu kommen. Es ist sein Wunsch gewesen, dir einen feierlichen Empfang in aller Öffentlichkeit zu bereiten mit allem prächtigen Aufwand. Jetzt aber wird er nicht so handeln, denn es geht um eine Einbuße der ihm gebührenden Ehre, und er will dies nicht öffentlich bekannt werden lassen. Er wird dich also privat in seinen Gemächern empfangen nur in Gegenwart der Kardinäle. Komme also mit sechs deiner Bischöfe, die du dir aussuchen kannst. Wenn diese sechs den Papst begrüßt haben, können weitere sechs eintreten und ihn begrüßen usw."

Schließlich kam der Marchese und bat den Patriarchen, das Schiff zu verlassen und sich zum Papst zu begeben. Wir bestiegen die Pferde, die der Marchese zur Verfügung stellte. Begleitet von ihm, einem Kardinal, einem Neffen des Papstes Martin und anderen Bischöfen und Herren kamen wir in den Ehrenhof des Papstes. Wir stiegen von den Pferden und gingen zu Fuß durch den Hof; der Patriarch jedoch blieb auf dem Pferd bis zur Treppe. Hier stieg auch er ab. Er nahm dann sechs Bischöfe mit sich, betrat die Gemächer des Papstes, umarmte diesen, wie es ausgemacht war. Dann unterhielten sie sich eine kurze Weile.

Am nächsten Morgen fragte man den Patriarchen, wie der Papst sich ihm gegenüber benommen habe, und wie der Patriarch glaube, daß der Papst in der Kirchenfrage eingestellt sei. Er antwortete: „Gut. Er tadelte nur die Knechtschaft unserer Kirche der Staatsgewalt gegenüber."

Im Jahre 1438/39 tagte zunächst in Ferrara und dann in Florenz die große Synode, welche zur Union zwischen den beiden Kirchen führte. Der hier wiedergegebene Bericht eines griechischen Teilnehmers und hohen Patriarchatsbeamten über die erste Begegnung des byzantinischen Patriarchen Joseph II. (1416–1439) mit Papst Eugen IV. (1431–1447) zeigt, wie noch im letzten Augenblick protokollarische Schwierigkeiten das Werk bedrohen konnten.

V. Laurent, Les „Mémoires" du grand ecclesiarque de l'église de Constantinople Sylvestre Syropulos sur le concile de Florence, Paris 1971, S. 228–240.

VIII.

Theologie und geistliches Leben

Die Theologie der Byzantiner scheint sich weitgehend in Polemik gegen Häretiker und Nonkonformisten aller Art zu erschöpfen. Wes Geistes Kind diese Polemik nicht selten ist, zeigt z. B. das Verzeichnis von Irrtümern und Mißbräuchen, die man seit dem 11. Jahrhundert den „Franken", d. h. der lateinischen Kirche zum Vorwurf machte (s. S. 245), wobei allerdings zu bemerken ist, daß die „Franken" ihrerseits bald nachzogen und ihre Vorwürfe gegen die Griechen nicht weniger ausführlich und geistvoll zu Papier brachten. Auf diese Art von Literatur hier näher einzugehen, erübrigt sich, da hier einmal Gesagtes tausendmal wiederholt wird, und dies in einer Sprache, die mit einem theologisch überlegten „Reden von Gott" wenig zu tun hat.

Es gibt in Byzanz aber auch Theologen, die aus unfruchtbaren und zu leeren Formeln erstarrten Sätzen herausfinden und in ihrer Rede von Gott dessen letzte Unerkennbarkeit unangetastet lassen, was sie freilich zu einer Sprache zwingt – Dionysios, der sogenannte Areopagite, legt dafür Zeugnis ab – die mit einer Mischung aus Negation und Hyperbel zu arbeiten gezwungen ist, damit Zeugnis ablegend vom sprachlichen Scheitern jeder Theologie. Und es gibt den Theologen – Maximos den Bekenner zum Beispiel –, der in der Lehre von der Menschwerdung Gottes den Schlüssel findet zu einem Weltverständnis umfassender Natur, das eine gewaltige Synthese von Geist und Materie, Natur und Übernatur, Mann und Frau darstellt.

Ins Gebet übersetzt wird diese Theologie vor allem im Gottesdienst, in der Liturgie, und hier in erster Linie im liturgischen Hymnus. Aus einfachen Liedern von ergreifender Innigkeit entwickelt sich allmählich die große Form des Hymnus im sogenannten Kontakion, das unter Romanos im 6. Jahrhundert seinen Höhepunkt erreicht – eine Art versifizierter Predigt, welche die dogmatische Antithese virtuos in die sprachlich-rhetorische Antithese umsetzt.

Die Lehre vom geistlichen Leben und vom mystischen Aufstieg ist in Byzanz fast ausschließlich Sache mönchischer Theoretiker. Der älteste und wichtigste unter ihnen ist Euagrios Pontikos, der im Anschluß an den großen Kirchenvater Origenes das klassische Aufstiegsschema des Mystikers entworfen hat: von der asketischen „Praxis" über eine spiritualistische Naturbetrachtung („physische Theorie") zur mystischen

Vereinigung mit Gott, der Theoria oder Theologia schlechthin. Bei aller Treue zu Euagrios – der übrigens im Jahre 553 dem kirchlichen Anathem verfiel – erweitert der Bekenner Maximos dieses System, indem er es an die dogmatische Lehre von der Menschwerdung Gottes anschließt, die bei Euagrios keine entscheidende Rolle spielt.

Es scheint, daß im Laufe der Zeit das Streben immer stärker wurde, die Zwischenstufe einer geistlichen Naturbetrachtung möglichst rasch zu transzendieren, und gewissen visionären Elementen eine erhöhte Bedeutung einzuräumen. Diese Richtung wird besonders deutlich bei Symeon, dem neuen Theologen. Die ungenaue Inbrunst seiner enthusiastischen Hymnen läßt die Deutung seiner geistlichen Erlebnisse allzu offen. Zu Ende der byzantinischen Epoche schließlich wird das alte Ideal der mönchischen „Ruhe in Gott", der sogenannten „Hesychia", immer stärker in den Vordergrund geschoben und zum Teil mechanisiert. Es werden psycho-somatische Methoden, vor allem eine Atemtechnik, entwickelt, von denen man sich in Verbindung mit feststehenden Gebetsformeln – dem sogenannten „Jesus-Gebet" oder „Monologion" – einen raschen Zugang zu dieser Ruhe und schließlich auch zu Visionen erwartet, die sich als eine authentische Gottesschau im engsten Sinne des Wortes schon hier auf Erden erklären lassen. Der Streit um diese Methoden erschüttert die ausgehende byzantinische Theologie in ihren Grundfesten, da diese erwartete Gottesschau mit körperlichem Auge die ganze Problematik der Einfachheit Gottes und seiner absoluten Transzendenz neu zur Diskussion stellt.

Dunkel und Schweigen

Dreieinigkeit, über alles Wesenhafte hinaus, mehr als göttlich und mehr als gut: du, die du über alle christliche Gottesweisheit wachest, führe uns nicht nur jenseits von Licht und Dunkel, sondern auch über das Unerkennbare hinaus bis nahe an die höchsten Gipfel des mystisch deutenden Wortes, bis dorthin, wo die einfachen, absoluten und unversehrbaren Mysterien des Gotteswissens offenbar werden und wo die Dunkelheit des Schweigens über alles Licht hinaus die Wahrheit erhellt: denn – tatsächlich! – in diesem Schweigen enthüllen sich die Geheimnisse des Dunkels.

O Dunkel des Schweigens! Es wäre nicht genug, von dir zu sagen, daß du vor lauter Finsternis in strahlendstem Licht aufglänzest, nicht genug, von dir zu glauben, daß dein Glanz sich immer gleich bleibe, unstörbar und unzerstörbar, nie zu sehen und nie zu erreichen. Es wäre auch nicht genug, von dir zu sagen, daß du, Dunkelheit des Urgrundes, jenen vollkommenen Geist, der die Augen des Daseins und die Augen des Seins zu schließen vermöchte, mit der Leuchtkraft deiner Fülle bis zum Bersten blendest und schöner bist, als die Schönheit selbst.

Dies ist mein Gebet. Du aber, mein geliebter Timotheus, lasse nicht davon ab, dich in mystischer Schau zu üben, entsage den Künsten des Verstandes, tue ab von dir, was immer noch den Sinnen oder der Klugheit verhaftet ist, befreie dich vollkommen von allem Sein oder Nichtsein und erhebe dich, wenn du es kannst, bis zur Höhe des Nicht-mehr-Unterscheidens, über das All hinaus, bis dicht an die Schwelle des Verschmelzens mit dem, der über jedem Wesen und über jedes Wissen ist.

Dann erst, wenn du dich von allem entäußert hast, vornehmlich aber von dir selbst, unaufhaltsam und absolut und ohne jeden Rest leer bist, dann erst wirst du dich in reinster Ekstase bis zu jenem dunkelsten Strahl erheben können, der aus der Urgottheit vor aller Erschaffung kam, jenseits von aller Welt und jenseits von allem Sein, entblößt auch noch von dem, was jedes und dich selbst erst zum Wesen macht.

Doch gib acht, daß niemand dich von denen höre, die nicht eingeweiht sind. Ich will sagen: von jenen Ahnungslosen, die noch irgendwo im Sein haften oder gar im Dasein und die sich nicht vorstellen können, daß es über alle Wesen hinaus ein Nichtsmehr-Nichtsein geben muß, ein erst Wesenschaffendes, ein Überhaupt, und die sich einbilden, auf den Wegen des Erkennens dem nahen zu können, der sich die Dunkelheit als Heimat und Quelle seines Lichts gewählt hat.

Möchten wir doch – auch wir! – in jenes Dunkel eindringen können, das heller ist als alles Licht, möchte es auch uns gelingen, auf jedes Wissen und auf jedes Erkennen zu verzichten, möchten wir doch wenigstens erkennen, daß niemand den kennen kann, der jenseits von aller Sicht und von aller Erkenntnis bleibt. Denn dies allein ist eine wahrhafte Sicht und eine echte Erkenntnis: Nur durch die Tatsache selbst, daß man auf alles verzichtet, was ist oder nicht ist, und sich außerhalb des Geschaffenen stellt, feiert man würdig und wahr das unerschaffene Licht, das erschaffend stets im Unerschaffenen bleibt.

Wohl im 6. Jahrhundert verfaßte ein Theologe, der sich als jener Areopagite Dionysios ausgab, den der Apostel Paulus in Athen zum Christentum bekehrt hatte, eine Reihe von Schriften, die in einem erheblichen Gegensatz zur landläufigen, alles besser wissenden Theologie seiner Zeit standen. Für ihn bleibt Gott das große, Schaudern erregende Geheimnis, das sich so gut wie ausschließlich in der Negation oder in der Hyperbel offenbart. Diese Grundanschauung schlägt natürlich auf die Sprache des Autors durch, bildet aber über Jahrhunderte, auch noch in der lateinischen Scholastik, das Gegengewicht zu einem allzu selbstbewußten theologischen Positivismus. Verfasser ist wahrscheinlich Petrus der „Walker" (Fullo), zeitweise Patriarch von Antiocheia (†428).

Migne, Patrologia graeca 3, Sp. 997–1001; deutsch: W. Tritsch, Dionysios Areopagita, Mystische Theologie und andere Schriften, München 1956, S. 161–169.

Die große Synthese

Die Heiligen, welche die göttlichen Mysterien durch eine von Geschlecht zu Geschlecht weitergereichte Überlieferung von den Schülern und Jüngern des Wortes Gottes empfangen haben, die selbst durch unmittelbare Einweihung die wahre Erkenntnis und die rechte Einsicht in das Wesen der Dinge erlangt haben – diese Heiligen sagen, daß das All des geschaffenen Seins nach fünf Unterscheidungen gegliedert sei:

Die erste ist die, die das Geschaffene und Gewordene in seiner Gesamtheit der ungeschaffenen Wesenheit Gottes gegenüberstellt. Der zweite Unterschied ist der, der alles von Gott Geschaffene in Denkbares und sinnlich Wahrnehmbares scheidet; der dritte, der die sinnlich wahrnehmbare Schöpfung in Himmel und Erde trennt; der vierte, der die Erde in das Paradies und die von Menschen bewohnte Erde teilt; und der fünfte, nach dem der Mensch, der wie eine das All in sich umfassende Werkstatt und wie ein alle Extreme in sich verknüpfendes Bindeglied durch Gottes Güte in die Welt trat und zum Sein kam, als Mann und Weib geschaffen wurde. Da er aber in Hinsicht auf alles Extreme sich jeweils in der Mitte befindet, insofern er mit seinen eigenen Wesensteilen jeweils zu den beiden Extremen in Wesensverwandtschaft steht, hat er das Vermögen, in sich alles zu vereinigen. Denn wenn erst einmal seine Seinsweise vollendet sein wird, gemäß der Absicht Gottes, die ihn so in der Verschiedenheit von Mann und Weib geschaffen hat, dann wird an ihm und durch ihn das große Mysterium des göttlichen Schöpfungsplans offenbar werden; wenn er, vom Nahen zum Fernen ausgreifend und vom Geringeren zum Höheren emporsteigend, alle Extreme der Schöpfung miteinander sich vereinigen und in die gemeinsame Einigung in Gott münden lassen wird. Deshalb tritt ja der Mensch als letzter in die Seinswelt der Schöpfung ein, wie ein natürliches Bindeglied zwischen allen Wesen vermittelnd, weil er die Gegensätze, die zwischen den Extremen des Alls bestehen, in seinen eigenen Wesensteilen zur Einheit faßt und in sich selbst vereinigt, was in der Natur durch große Seinsabstände getrennt ist, damit er mit der Einigung, die das All zu Gott, seinem Ursprung, wieder zurückführen soll, zuvörderst bei seiner eigenen Getrenntheit und Zwiespältigkeit beginne und dann, in rechter Ordnung und Folge von Mittelglied zu Mittelglied emporsteigend, bei Gott den alle Wesen einigenden Aufstieg beende, wo es keine Unterscheidung und keine Trennung mehr gibt.

Zunächst soll er die Gegensätzlichkeit von Mann und Weib, die keineswegs im Schöpfungsratschluß Gottes enthalten ist, so wie er anfänglich das Menschenwesen geplant hat, durch die sittliche Kraft und die Überwindung der Leidenschaften von seiner Natur abschütteln und, der

Schöpfungsabsicht Gottes gemäß, den *einen* Menschen in sich zum Vorschein kommen und entstehen lassen, der nicht durch die Unterscheidung von Mann und Weib geschieden ist, sondern ungeteilt von den Gegensätzen, die ihn heute spalten, den *einen* Wesensbegriff verwirklicht, nach dem er ursprünglich entstanden ist; und dies wird er tun können, wenn er diese seine eigentliche Wesenheit als den Grund seines Daseins erkannt hat. Dann soll er durch seinen heiligmäßigen Wandel die irdische Welt und das Paradies zu *einem* Lande machen, in dem es keine Trennung und Scheidung des Besseren und Schlechteren mehr gibt. Dann soll er die Erde und den Himmel dadurch miteinander verbinden, daß er sein Leben, so weit dies dem Menschen möglich ist, auf jegliche Weise der Vollkommenheit der Engel angleicht, so daß die ganze wahrnehmbare Schöpfung in sich eins wird und ihm in ihr nichts mehr fern und fremd ist, die irdische Schwere des Körpers von der Leichtigkeit des Geistes überwunden wird und die Schranken fallen, die ihn vom Anstieg zu Gott zurückhalten, weil der Geist alles Sichtbare und Wahrnehmbare hinter sich lassend, nur mehr zu Gott hinstrebt und sich alles dessen, was über ihm ist, als einer Stufe zum weiteren Aufstieg bedient. Dann soll er, das sinnlich Wahrnehmbare und das rein Geistige miteinander dadurch verbindend, daß er die Erkenntnisweise der Engel erlangt hat, die ganze Schöpfung zu einer Einheit zusammenfassen, in der es keinen Unterschied von Wissen und Nichtwissen mehr gibt, weil er dasselbe Wissen von der Wahrheit der Dinge besitzt, wie es die Engel haben, aus dem dann denen, die dessen gewürdigt werden, das klare, unmittelbare Wissen von Gott, als ein unbegreifliches und unaussprechliches Innewerden, wie die eine unerschöpflich quellende Spende wahrer Weisheit zuteil wird.

Schließlich soll er zuletzt nach all dem das geschaffene Sein mit dem ungeschaffenen liebend vereinen – o wunderbare Güte Gottes, die dem Menschen solches gestattet! – und beide, Geschöpf und Schöpfer, als – der Gnade nach – Eines erweisen, ganz in Gott eingehend und alles werdend, was Gott ist, mit alleiniger Ausnahme der Identität des Wesens, und er soll Gott ganz in sein Wesen aufnehmen und ihn an die Stelle seines eigenen Ich setzen, so daß er gleichsam als Siegespreis für seinen Aufstieg zu Gott nichts anderes erhält als Gott selbst, der das Ende aller Bewegung, der feste und unerschütterliche Standort alles zu ihm hin Bewegten, das Ende und die Begrenzung aller Grenze und Satzung, aller Wesensbestimmung, aller Natur und alles Denkens ist – er, der selbst Unendliche und Unumgrenzbare.

Weil nun der Mensch nicht, wie es seine Natur erfordert hätte, in der er ursprünglich geschaffen worden war, auf das Unbewegliche als auf seinen Ursprung hin (ich meine auf Gott) sich zubewegte, sondern sich unsinnigerweise und wider seine Natur auf das hin zubewegt hat, was

unter ihm war und worüber er nach Gottes Geheiß hätte herrschen sollen, wobei er die natürliche Kraft, das Getrennte zu vereinen, die ihm bei
seiner Erschaffung verliehen worden war, vielmehr dazu mißbraucht hat,
das Geeinte zu zerreißen, und dadurch beinahe in Gefahr kam, wieder
elendiglich in das Nichtsein zu versinken – so wurden deshalb die Natu-
ren erneuert, und in unbegreiflicher und übernatürlicher Weise bewegte
sich das seiner Natur nach Unbewegliche – ohne doch, möchte ich sagen,
in sich selbst bewegt zu werden – auf das wesenhaft Bewegte zu, und
Gott wurde Mensch, um den verlorenen Menschen zu retten. Er hat
dadurch die zerfallenen Bruchstücke der einen Allnatur in sich zusammengefaßt und die Wesensformen der einzelnen und vereinzelten Dinge
in ihrer Allgemeinheit, die sie zu höherer Einheit zusammenführt, an sich
zur Darstellung gebracht und so den großen Ratschluß des Vaters erfüllt,
indem er alles, was im Himmel und auf Erden ist, in sich als dem Haupte
zusammenfaßte und vereinte, in dem ja auch alles das geschaffen worden
war.

Text des Maximos des Bekenners (gest. 662) aus einem Kommentar zu ausge-
wählten Stellen des Kirchenvaters Gregorios von Nazianz (gest. nach 390).
    Migne, Patrologia graeca 91, Sp. 1304–1313; deutsch: E. von Ivánka, Maxi-
mos der Bekenner, All-eins in Christus, Einsiedeln 1961, S. 45–56.

Positive und negative Theologie

„Gott hat niemand jemals gesehen. Der eingeborene Sohn, der im Schoße
des Vaters ist, hat ihn kundgemacht." Unaussprechlich also ist das göttliche Wesen und unbegreiflich. Denn niemand kennt den Vater, außer der
Sohn, und niemand den Sohn, außer der Vater. Aber auch der Heilige
Geist weiß, was Gottes ist, so wie der Geist des Menschen weiß, was in
ihm ist. Nach dieser ersten, seligen Natur aber hat niemand Gott je
erkannt, außer der, dem er sich persönlich geoffenbart hat, nicht bloß
kein Mensch, sondern auch keine überirdische Macht, ja, ich behaupte:
selbst kein Cherub und kein Seraph.
    Gleichwohl hat uns Gott nicht in völliger Unkenntnis gelassen. Denn
die Erkenntnis seines Daseins ist von ihm allen von Natur aus einge-
pflanzt. Aber auch die Schöpfung selbst, deren Erhaltung und Lenkung
verkündet die Majestät der göttlichen Natur. Ferner hat sich Gott zuerst
durch Gesetz und Propheten, dann aber auch durch seinen eingeborenen
Sohn, unsern Herrn, Gott und Heiland Jesus Christus entsprechend unserem Fassungsvermögen erkennbar gemacht. Daher nehmen wir alles
an, was uns durch Gesetz und Propheten, Apostel und Evangelisten überliefert ist, studieren und verehren es und suchen nichts darüber hinaus.

Gott ist gut; darum ist er der Geber alles Guten; er unterliegt nicht Neid oder Leidenschaft. Ja, fern von der göttlichen Natur, die leidenschaftslos und nur gut ist, ist der Neid. Da er alles weiß und eines jeden Interesse im Auge hat, so hat er gerade das geoffenbart, dessen Kenntnis in unserem Interesse lag. Was wir jedoch nicht ertragen können, hat er verschwiegen. Damit wollen wir uns zufrieden geben, dabei wollen wir bleiben. Wir wollen nicht die ewigen Grenzen verrücken und über die göttliche Überlieferung hinausgehen.

Wer von Gott reden oder hören will, muß sich klar sein, daß in der Gotteslehre, wie in der Heilsveranstaltung weder alles unaussprechbar, noch alles aussprechbar, weder alles unerkennbar, noch alles erkennbar ist. Etwas anderes ist das Erkennbare und etwas anderes das Aussprechbare, wie etwas anderes das Reden und etwas anderes das Erkennen ist. Darum kann man vieles von dem, was sich von Gott schwer erkennen läßt, nicht in den rechten sprachlichen Ausdruck bringen. Vielmehr sehen wir uns genötigt, das, was über uns hinausliegt, nach unserer menschlichen Art auszudrücken. So z.B. reden wir bei Gott von Schlaf, Zorn, Sorglosigkeit, Händen und Füßen und dergleichen.

Daß Gott ohne Anfang und Ende ist, ewig und immerwährend, ungeschaffen, unwandelbar, unveränderlich, einfach, nicht zusammengesetzt, unkörperlich, unsichtbar, ungreifbar, unbegrenzt, unendlich, unbegreiflich, uneingeschränkt, unfaßbar, gut, gerecht, Bildner aller Geschöpfe, allmächtig, allherrschend, allsehend, allsorgend, Machthaber und Richter – das erkennen und bekennen wir. Und daß nur *ein* Gott ist, d.h. nur eine Wesenheit; daß er in drei Personen erkannt wird und ist, nämlich im Vater, Sohn und Heiligen Geist; daß der Vater, der Sohn und der Heilige Geist in allem eins sind, ausgenommen das Ungezeugtsein, das Gezeugtsein und das Hervorgehen – dafür sind Zeugen die Heilige Schrift und der ganze Chor der Heiligen Väter.

Was aber das Wesen Gottes ist, oder wie er in allem ist, das erkennen wir nicht und können es nicht sagen. Es ist also abgesehen von dem, was uns von Gott durch die göttlichen Aussprüche des Alten und Neuen Testaments verkündet oder mitgeteilt und geoffenbart worden ist, nicht möglich, etwas von Gott zu sagen oder überhaupt zu denken.

Die Gottheit ist unbegreifbar; darum ist sie sicher auch ohne Namen. Da wir also ihr Wesen nicht erkennen, wollen wir auch nicht nach dem Namen ihres Wesens fragen. Die Namen bezeichnen die Sachen. Wohl ist Gott gütig; er hat, um seine Güte mitzuteilen, uns aus dem Nichtsein ins Sein gerufen und uns mit Erkenntnis ausgestattet; allein die Erkenntnis seines Wesens hat er uns nicht mitgeteilt, so wenig wie sein Wesen selbst. Denn unmöglich kann eine Natur die Übernatur vollkommen erkennen. Man mag zwar das Seiende erkennen, doch wie soll man das Überseiende erkennen? In seiner unaussprechlichen Güte aber gefiel es Gott, sich nach dem nennen zu lassen, was uns entspricht, so daß wir seiner Erkenntnis nicht völlig bar sind und ein, wenn auch dunkles, Verständnis von ihm haben. Insofern er also unbegreiflich ist, ist er auch unbenennbar. Da er aber die Ursache aller Dinge ist und die Begriffe und die Ursachen von allem Seienden in sich umfaßt, wird er auch nach allem Seienden, selbst nach dem Entgegengesetzten, benannt, wie z. B. nach Licht und Finsternis, Wasser und Feuer. Wir sollen dadurch erkennen, daß er dieses nicht dem Wesen nach ist. Denn er ist überwesentlich und unbenennbar. Als Ursache alles Seienden wird er jedoch nach allem Verursachten benannt.

Deshalb werden von den Namen Gottes die einen verneinend ausgesagt, sofern sie das Überwesentliche bezeichnen, wie wesenlos, zeitlos, anfangslos, unsichtbar – nicht als ob er geringer wäre als etwas oder als ob ihm etwas fehlte – sein ist ja alles und aus ihm und durch ihn ist es geworden und in ihm hat es seinen Bestand –, sondern weil er überschwänglich erhaben über alle Wesen ist. Die anderen aber werden bejahend ausgesagt; sie werden von ihm gebraucht, insofern er die Ursache von allem ist. Als die Ursache alles Seienden und jeglicher Wesenheit, heißt er selbst Seiender und Wesenheit.

Das nun sind die Verneinungen und Bejahungen. Besonders angemessen ist die Verbindung beider, wie z. B. die überwesentliche Wesenheit, die übergöttliche Gottheit, der überanfängliche Anfang und dergleichen. Es gibt ferner gewisse bejahende Aussagen von Gott, die die Bedeutung einer überschwänglichen Verneinung haben, wie z. B. Finsternis. Nicht als ob Gott Finsternis wäre, sondern weil er nicht Licht ist, vielmehr erhaben über das Licht.

Eine Art Handbuch der byzantinischen Dogmatik stellt „Die genaue Darlegung des orthodoxen Glaubens" des Mönches Joannes von Damaskus dar, der im Kloster Mar Saba bei Jerusalem lebte und dort um 750 starb. Das Buch wurde auch in verschiedene westliche Sprachen übersetzt, vor allem ins Lateinische, und war den Scholastikern wohl bekannt.

Die Schriften des Johannes von Damaskus II, ed. B. Kotter, Berlin 1973, S. 7–13; deutsch: D. Stiefenhofer, Des hl. Johannes von Damaskus genaue Darlegung des orthodoxen Glaubens, München 1923, S. 1–4.

Die unfehlbare Ikone

Alles ist ehrwürdig und heilig, was in der Kirche Gottes Überlieferung ist, sei sie nun graphisch niedergelegt oder nicht; es heiligt Seele und Leib, und für die Gläubigen gibt es darüber keinen Zweifel. Will einer genau und im einzelnen darüber handeln, so wird er etwa folgendes ausführen: Das was im Evangelium schriftlich niedergelegt ist, beruht auf der mündlichen Übergabe an jene, die Augenzeugen und Diener des Wortes waren, jener göttlichen und übernatürlichen Taten und Wunder, zu deren Vollbringung und Lehre nur das fleischgewordene Wort Gottes fähig war. Die Gläubigen aber nehmen sie gläubig an, nicht einfach wie ein bloßes Wort, das in den Wind gesprochen wird und obenhin am Ohr erklingt, sondern wie Teilnehmer an einem gegenwärtigen Geschehen; und dafür werden sie selig gepriesen. Die bildliche Darstellung dieser Vorgänge hängt von diesem schriftlichen Bericht ab, aber beide haben denselben Ursprung. Das Bild ist Nachahmung der Geschehnisse und macht sie für das Auge deutlich und stellt die Unanfechtbarkeit der Schrift deutlich heraus.

Auch was in Worte gefaßt ist, ist nichts anderes als ein Bild von Tatbeständen: die Worte erfließen aus den Fakten wie aus ihrer Ursache. Zunächst dringen sie ins Gehör. Der Klang der Worte stößt ja zuerst auf das Ohr des Zuhörers. Erst in einem zweiten Schritt, durch Überlegung nämlich, kommt der Hörer zum Verständnis der Tatsachen, die man ihm mit dem Wort vermitteln will. Die bildliche Darstellung aber führt auf Anhieb und unvermittelt den Geist des Betrachters auf die Tatsachen als auf präsente Tatsachen hin. Es gewährt schon bei der ersten Schau und der ersten Begegnung eine deutliche und klare Erkenntnis davon. Um ein Väterwort anzuführen: „Was das Wort von einem Tatbestand erzählt, das zeigt das Bild ohne Wort durch die Nachbildung." So wie sich die Tat vom Wort unterscheidet, so unterscheidet sich, wenn es um die Darlegung eines Faktums geht, die Nachahmung der Tat im Abbild vom Klang der Worte. Ja, das Wort wird oft erst durch das entsprechende Bild klarer und deutlicher. Im Gefolge des Wortes gibt es doch immer wieder Unsicherheit und Zweifel, und der Geist mag sich dies oder jenes dabei denken; das kann nicht überraschen. Nicht wenige werden darob mit sich selbst und mit anderen uneins; sie kämpfen mit Worten im Zweifel über den Sinn des Gesagten. Der Glaube aber und die Beglaubigung durch das, was gesehen wird, ist nach allen Seiten hin gegen Zweifel abgesichert. Im übrigen aber besteht zwischen beiden – dem Wort und dem Bild – eine innige Gemeinsamkeit, so daß in ein und demselben Buch, wie man schon in den ältesten Codices überall feststellen kann, derselbe Sachverhalt Seite an Seite dargestellt wird: auf der einen Seite der Text, auf der andren Seite das Bild, das dasselbe erzählt wie der Text. Und wie der Text des Evangeliums aus sich heraus bei den Christen Verehrung genießt und keines anderen Buches oder Wortes bedarf, das ihn bestätigen und für ihn Zeugnis ablegen müßte, um ihn als ehrwürdig und verbindlich gelten zu lassen, so erzeugt auch das heilige Bild, das mit dem Evangelientext identisch ist, von sich aus Glauben und bedarf keiner Stütze von außen, die beweisen müßte, daß es dasselbe bedeutet wie das Evangelium und damit dieselbe Hochachtung und Verehrung verdient.

Bedürfte es einer Bestätigung von außen, was ließe sich dann anderes anführen als eben das Wort des Evangeliums?

Wenn also das Evangelium, das ins Gehör der Gläubigen dringt, solcher Ehren wert ist – unser Glaube kommt ja vom Hören –, dann hat das, was dem Auge entgegentritt und durch die sinnliche Wahrnehmung dieselbe Lehre vermittelt, sogar einen Vorzug infolge der schnellen Unmittelbarkeit der Unterrichtung, weil der Gesichtssinn besser als das Gehör zu beglaubigen vermag. Jedenfalls darf er nicht als zweitrangig abgetan werden. Es ist also Evangelium!

Der gewaltige Streit innerhalb der orthodoxen Kirche um die Erlaubtheit der Ikonenverehrung rief Theologen auf den Plan, die eine ganz besondere, auf der antiken Theorie von der Hierarchie der menschlichen Sinne basierende Vorstellung vom theologischen Rang der Ikone entwickelten. Musterbeispiel der Patriarch Nikephoros in der zweiten Phase des Bilderstreites – er war Patriarch vor dem Ausbruch dieses Streites 806–815.

Migne, Patrologia graeca 100, Sp. 381–384.

Das Lied der Kirche

1.

Heiteres Licht, heiliger Abglanz
des unsterblichen Vaters: Jesus Christus!
Wir gehen der sinkenden Sonne zu,
wir schauen das Abendlicht,
wir preisen Vater und Sohn
und Gott, den Heiligen Geist.
Würdig bist du, zu jeder Zeit
gepriesen zu werden mit heiliger Stimme,
Sohn Gottes, Spender des Lebens;
die Welt preist dich dafür.

2.

Ein heiliges Ostern ist uns heute erschienen;
Ostern, ein neues, ein reines,
Ostern, geheimnisvoll und ehrwürdig, Ostern: Christus der Erlöser;
Ostern, unbefleckt und groß,
Ostern der Gläubigen;
Ostern, das uns die Pforten des Paradieses geöffnet;
Ostern, das alle Gläubigen heiligt.

3.

Eingeborener Sohn, Gottes Wort, Unsterblicher,
zu unserem Heil wolltest du Fleisch werden
aus der heiligen Gottesmutter,
der immerwährenden Jungfrau Maria.
Ohne Wandel Mensch geworden
und ans Kreuz geschlagen, Christus unser Gott,
hast du durch deinen Tod den Tod zertreten.
Du, einer aus der heiligen Trinität,
verherrlicht zusammen mit dem Vater und dem Geist,
sei unsere Rettung!

4.

Geheimnisvoll sind wir der Cherubim Abbild
und singen der lebenspendenden Dreiheit
den Hymnus des Dreimal-Heilig.
Alle Sorgen um das irdische Leben legen wir ab,
den König des Alls zu empfangen,
den unsichtbar geleiten die Scharen der Engel.

5.

Deines Mahles, des geheimnisvollen, Sohn Gottes,
laß mich heute teilhaft werden.
Ich will dein Mysterium nicht den Feinden verraten.
Ich will dir keinen Kuß geben, wie einst der Verräter Judas.
Nur wie der Schächer will ich zu dir rufen:
Gedenke meiner, Herr, in deinem Reich!

1. „Heiteres Licht" – ist eines der ältesten Lieder dieser Art. Es gehört zum „Lucernar" (Lychnikon), dem abendlichen Lichtergottesdienst, in seiner ursprünglichen Form, bezeugt schon im 4. Jahrhundert.
2. „Ein heiliges Ostern" – ein „Tropar", d. h. ein einfaches rhythmisiertes liturgisches Lied, das zu den am häufigsten gebrauchten der Osterzeit geworden ist.
3. „Eingeborener Sohn" – das berühmte „Ho monogenes Hyios" der Chrysostomos-Liturgie, d. h. des bekanntesten Meßformulars der Orthodoxie, angeblich von Kaiser Justinian I. gedichtet. Es wird heute in der Vormesse vor dem sog. „kleinen Eingang" gesungen.
4. „Geheimnisvoll" – ein Tropar, das auf ganz besondere Weise charakteristisch ist für die Sinndeutung des liturgischen Vollzuges. Es hat in der Chrysostomos-Liturgie seinen Platz vor dem „großen Eingang", d. h. der Prozession mit den Opfergaben; es wird als „Cherubikon" bezeichnet.
5. „Deines Mahles" – Lied zum Empfang der Eucharistie. Angeblich durch Kaiser Justin II. in die Liturgie eingeführt.

Osterpredigt

Wer fromm ist und Gott liebt, genieße dieses schöne und leuchtende
    Fest.
Wer ein treuer Diener, gehe freudig ein in die Freude seines Herrn.
Wer sich mit Fasten geplagt, empfange nun seinen Lohn.
Wer von der ersten Stunde an gearbeitet hat, hole sich heute sein
    gerechtes Entgelt.
Wer nach der dritten Stunde gekommen ist, feiere dankbar mit.
Wer nach der sechsten gekommen ist, zögere nicht. Er hat
    keinen Nachteil.
Wer bis zur neunten Stunde gezögert hat, komme trotzdem und
    ohne Bedenken.
Wer erst zur elften Stunde kam, fürchte sich nicht ob seiner
    Verspätung.
Denn der Herr ist großmütig:
er nimmt den letzten auf wie den ersten;
er erquickt den der elften Stunde wie den Arbeiter der ersten.
Dem letzten gilt sein Mitleid, dem ersten seine Pflege;
jenem schenkt er, diesem spendet er.
Das Werk nimmt er an, den guten Willen ehrt er;
die Leistung kennt er an, die Absicht lobt er.
Tretet also alle ein in die Freude unseres Herrn.
Die ersten und die zweiten werden ihren Lohn bekommen;
die Armen und die Reichen sollen miteinander feiern;
die Enthaltsamen und die Nachlässigen sollen den Tag ehren;
die Faster und die Nicht-Faster sollen sich am Heute freuen.
Der Tisch ist gedeckt, tut euch alle gütlich!
Das Kalb ist geschlachtet, niemand soll hungern.
Alle sollt ihr das Mahl des Glaubens genießen;
alle sollt ihr den Reichtum der Güte erfahren.
Niemand beklage seine Armut: erschienen ist ja
    das gemeinsame Reich;
niemand beweine seine Sünden: auferstanden aus dem Grab
    ist die Gnade;
niemand fürchte den Tod: erlöst hat uns der Tod des Erlösers.
Den Hades hat er entwaffnet, obwohl von ihm festgehalten;
den Hades entmachtet, indem er zu ihm hinabstieg.
Er hat ihn bitter enttäuscht, nachdem sich dieser an seinem Fleisch
    vergangen hatte. Dies hat schon Jesaiah vorausverkündet: „Der
    Hades wurde bitter enttäuscht, so sagt er, als er dir in der Unter-
    welt begegnete."

Er wurde verbittert, denn er wurde zu nichts;
er wurde verbittert, denn er wurde verlacht;
er wurde verbittert, denn er erhielt den tödlichen Stoß;
er wurde verbittert, denn er wurde entmachtet;
er wurde verbittert, denn er wurde gefesselt.

Er machte sich an einen menschlichen Leib heran und traf auf Gott;
er holte sich Erde und begegnete dem Himmel;
er holte sich, was er sah, und stürzte, wo er nichts mehr sah.

Wo, Tod, ist dein Stachel?
Wo, Hades, dein Sieg?

Christ ist erstanden, und du bist gestürzt;
Christ ist erstanden, und die Dämonen sind gefallen;
Christ ist erstanden, es freuen sich die Engel;
Christ ist erstanden, das Leben wieder im Gang;
Christ ist erstanden, kein Toter bleibt mehr im Grab.

Christus, auferstanden von den Toten, ist zum Erstling der Entschla-
fenen geworden. Ihm sei Ehre und Macht in alle Ewigkeit. Amen.

Diese kurze Predigt, die sich in den liturgischen Büchern findet, wird fälschlich
dem Kirchenvater Joannes Chrysostomos (gest. 407) zugeschrieben. Der Text
wird hier im Druck so wiedergegeben, daß er einiges von der kunstvollen rhetorischen Struktur verrät.

Dies irae

Wenn du kommst in deinem Glanz
auf die Welt, uns zu richten,
wenn alles erzittert,
wenn ein feuriger Strom
zum Throne sich hinwälzt;
wenn die Bücher sich öffnen
und Geheimes ans Licht kommt:
Dann erbarme dich
und stelle mich zur Rechten!
Dann errette mich
vom unauslöschlichen Feuer,
gerechtester Richter!

Wenn ich dein schrecklich Gericht
im Herzen bedenke,

o du gütigster Herrgott,
jenen Tag deines Urteils:
Schaudern erfaßt mich,
denn mein Herz klagt mich an,
es bekennt sich schuldig.
Wenn du dich niederläßt
auf deinem Thron,
Untersuchung zu halten,
was soll es dann helfen
die Sünden zu leugnen?
Nicht einer vermag es!
Die Wahrheit ist Zeuge,
und die Furcht hält im Bann.
Wild wird dann prasseln
das höllische Feuer,
und es knirschen die Sünder.
So hab denn Erbarmen,
solange noch Zeit, und verschone,
gerechtester Richter!

Als einst zum ersten Male
der Herr erschien
und den Menschen sich zeigte,
ohne vom Vater sich zu trennen,
da blieb es den Engeln,
den himmlischen Geistern,
den Mächten und Kräften verborgen.
Er wurde zum Menschen
aus eigenem Willen,
er, der Schöpfer des Menschen.
Stieg dann wieder hinauf
zum himmlischen Vater,
den er niemals verlassen:
Dein unsagbares Geheimnis,
du unser Erlöser!
Nie hast du den Vater
gänzlich verlassen;
bist vom Vater gekommen
und bei ihm geblieben
das All erfüllend,
gerechtester Richter.

Von himmlischen Scharen geleitet
kehrte der Herr dann

im Glanze zurück
vor den Augen der Jünger.
Und so wird er kommen
im Geleite der Engel,
allen sichtbar, wie geschrieben.
Was dann im Himmel,
was auf dieser Erde,
wird Lobpreis ihm singen,
wird niederfallen
vor dem gekreuzigten Christ;
wird laut bekennen,
daß er Schöpfer und Herr.
Da werden die Juden
unter Klagen gewahr,
wen einst sie durchbohrt.
Die Gerechten erglänzen
und rufen: Ehre sei dir,
gerechtester Richter.

Alle Gräber geraten ins Wanken
und tun sich auf
beim Klang der Trompete.
Und die Toten stehen auf;
hingerafft wird,
wer immer noch lebt,
es erfüllt sich alles.
Des Bräutigams Schönheit
– unsäglich für alle –
schauen die Sünder,
und alle erzittern.
Die Gerechten erzittern
genauso wie sie.
Denn in Wahrheit erschreckend
ist die Wiederkunft Christi.
Des Himmels Gewölbe
wird plötzlich zerkrachen,
die Erde vergeht,
und alle die Völker
werden dich preisen,
gerechtester Richter.

Der Sänger und Dichter (beides zusammen = Melodos) Romanos im 6. Jahrhundert, wohl jüdisch-syrischer Herkunft, brachte mit dem sogenannten „Kontakion" die erste Großform des kunstvoll aufgebauten liturgischen Hymnus zur

Vollendung. Es handelt sich bei den Kontakien um strophisch aufgebaute, mit Refrain versehene durchrhythmisierte Predigten.

P. Maas-C. A. Trypanis, Sancti Romani Melodi cantica. Cantica genuina, Oxford 1963, S. 266–275.

Der geistliche Anfänger

Das Christentum ist das Dogma unseres Erlösers Christus, bestehend aus Praxis, Physik und Theologie.

Das Himmelreich besteht in der Leidenschaftslosigkeit der Seele, verbunden mit der wahren Erkenntnis des Seienden.

Das Reich Gottes besteht in der Erkenntnis der heiligen Dreieinigkeit, entsprechend der Substanz des Intellektes und noch hinausgehend über seine Immaterialität.

Was man liebt, danach strebt man auch notwendig; und was man erstrebt, darum kämpft man auch, um es zu erreichen. Am Anfang aller Lust aber steht die Begierde, und die Begierde kommt aus den Sinnen. Was frei ist von den Sinnen, ist auch frei von Leidenschaft.

Gegen die Anachoreten treten die Dämonen unverhüllt zum Kampfe an. Gegen diejenigen, die in Klöstern und Gemeinschaften um die Tugend ringen, bewaffnen sie diejenigen der Mitbrüder, die keinen Eifer haben. Der zweite Kampf ist um vieles leichter als der erste; denn auf Erden findet sich kein Mensch, der böswilliger sein könnte als ein Dämon oder fähig wäre, die ganze Schlechtigkeit eines solchen zu übernehmen.

Acht sind die Gedanken, die das schlechte Denken im ganzen ausmachen: erstens die Gefräßigkeit, dann die Unzucht, drittens der Geiz, viertens die Traurigkeit, fünftens der Zorn, sechstens Mißmut, siebtens Ruhmsucht und achtens Stolz. Ob solche Gedanken unsere Seele beunruhigen oder nicht, dies hängt nicht von uns ab. Aber von uns hängt es ab, ob sie verweilen können oder nicht und ob sie uns leidenschaftlich erregen können oder nicht.

Der Gedanke der Gefräßigkeit suggeriert dem Mönch, mit der Askese ein Ende zu machen. Sie spiegelt ihm seinen Magen, seine Leber, seine Milz vor, Wassersucht und eine lange Krankheit, Mangel an allem Nötigen und das Fehlen eines Arztes. Sie erinnert ihn oft an Brüder, denen solches widerfahren ist. Manchmal bewegt sie auch solche Kranke, sich zu denen zu begeben, die in der Enthaltsamkeit leben und ihnen von ihrem Unglück zu erzählen, so als ob dies alles Folge der Askese sei.

Der Dämon der Unzucht stachelt dazu an, sich nach allen möglichen Körpern zu sehnen. Besonders macht er sich an die Asketen heran, damit sie davon ablassen, in der Überzeugung, doch nicht durchhalten zu können. Dieser Dämon besudelt die Seelen und treibt sie zu dergleichen Handlungen an. Er läßt sie Worte gebrauchen und hören, gleich als ob alles Wirklichkeit wäre.

Der Geiz läßt an ein langes Alter denken, an die Unfähigkeit zu arbeiten, an künftigen Hunger und kommende Krankheiten und die Bitterkeit der Armut und wie es doch beschämend sei, sich von anderen das Nötige geben lassen zu müssen.

Die Traurigkeit überkommt manchmal, wenn ein Wunsch nicht in Erfüllung gegangen ist, manchmal ist sie die Folge des Zornes. Handelt es sich um nicht erfüllte Wünsche, dann geht es so: Gewisse Gedanken drängen sich in den Vordergrund, sie erinnern die Seele an zu Hause, an die Eltern und an das Leben von früher. Merken diese Gedanken, daß die Seele, weit davon entfernt, Widerstand zu leisten, sich ihnen hingibt und sich im Gedanken ergötzt, dann packt sie sie und taucht sie in Traurigkeit ein darüber, daß dies alles nicht mehr so ist und bei der jetzigen Lebensführung auch nicht mehr so sein kann. Und je mehr sich die arme Seele zuerst in froher Erinnerung ergangen hat, um so niedergeschlagener und gedemütigter wird sie jetzt durch die nachfolgenden Gedanken.

Der Zorn ist eine sehr wilde Leidenschaft. Es heißt, er sei eine Art Aufkochen des Temperaments und eine frontale Wendung gegen den, der ein Unrecht getan hat oder auch nur eines getan zu haben scheint. Er erbittert die Seele den ganzen Tag lang und bemächtigt sich vor allem während des Gebetes des Geistes, indem er die Gestalt dessen, der ihm Unrecht getan hat, vor die Augen hält. Manchmal dauert der Zorn an und wird dann zum Groll. Dieser Groll stört die Ruhe der Nacht, der Körper erschlafft und wird fahl, und giftige Tiere greifen ihn an. Diese vier Merkmale des Grolles finden sich auch als Begleiterscheinungen bei anderen schlechten Gedanken.

Der Dämon des Mißmutes, auch Dämon des Mittags genannt, ist der bedrückendste aller Dämonen. Er greift den Mönch um die vierte Stunde an und belagert seine Seele bis zur achten Stunde. Da sieht es so aus, als ob die Sonne sich kaum oder überhaupt nicht mehr bewege und als ob der Tag fünfzig Stunden habe. Sodann zwingt ihn der Dämon ständig durchs Fenster zu schauen und seine Zelle zu verlassen, um zu sehen, ob die Sonne noch weit bis zur neunten Stunde hat, und nach rechts und nach links Ausschau zu halten, ob nicht einer der Brüder in Sicht kommt. Er flößt ihm eine Abneigung gegen den Ort ein, an dem er sich befindet, ja gegen sein ganzes Leben und seiner Hände Arbeit; bei den Brüdern gebe es keine Liebe mehr und niemand sei da, der ihn tröste. Und wenn um diese Zeit jemand den Mönch betrübt hat, dann kann der Dämon die Abneigung noch steigern. Er läßt den Wunsch nach einem anderen Ort aufkommen, wo man leichter findet, was man nötig hat, und ein Handwerk ausüben kann, das leichter ist und mehr einbringt. Und er fügt hinzu, daß es nicht vom Ort abhängt, ob man gottgefällig ist, wo doch Gott überall angebetet werden kann. Dazu fügt er die Erinnerung an Freunde und Verwandte und an das frühere Leben; er zeigt ihm, wie lang das Leben ist und wie schwer die Askese. Er läßt alle Geschütze auffahren, nur damit der Mönch seine Zelle verlasse und der Arena den Abschied gebe. Auf diesen Dämon folgt sogleich kein anderer. Wer ihn bekämpft hat, erfährt Frieden und unbegreifliche Freude.

Der Gedanke der Ruhmsucht ist ein äußerst subtiler Gedanke. Er schleicht sich bei den Asketen ein, so daß sie ihre Kämpfe bekanntmachen wollen und nach Ruhm bei den Menschen jagen: Da stellen sie sich Dämonen vor, die aufschreien, Frauen, die geheilt werden, die Menge, die ihre Kleider berühren will. Er gaukelt ihnen vor, daß man sie zu Priestern weihen will, daß die Leute schon vor der Tür stehen, um sie zu holen und sie, da sie widerstreben, gebunden fortführen. So hebt er sie in die Wolken leerer Hoffnungen, um sie dann zu verlassen und den Versuchungen des Dämons des Stolzes oder der Traurigkeit zu überantworten, die ihn auf Gedanken bringen, die seinen Hoffnungen ganz entgegengesetzt sind. Manchmal liefert er sie sogar dem Dämon der Unzucht aus, sie, die kurz vorher heilige Priester waren, die man gebunden wegführen mußte.

Der Dämon des Stolzes ist der Führer der Seele zum schwersten Fall, den sie tun kann. Er treibt die Seele an, Gott nicht mehr als ihren Helfer anzuerkennen, sondern zu glauben, sie selbst sei die Ursache ihrer Leistungen, und auf die Brüder herabzusehen wie auf dumme Leute, da sie alle dies nicht anerkennen wollen. Die Folgen sind der Zorn und die Trauer und, schlimmer als alles andere: Verirrung des Geistes, Verrücktheit und die Vision einer Menge von Dämonen in der Luft.

Beginnt der Geist, ohne Zerstreutheit zu beten, dann richtet sich der ganze Kampf, bei Tag und bei Nacht, gegen den irasciblen Teil der Seele.

Zeichen der Gelassenheit (Apatheia) ist es, wenn der Geist beginnt, seinen eigenen Glanz wahrzunehmen, den Traumbildern ohne Unruhe gegenübersteht und alle Dinge in Ruhe betrachtet.

Der Geist ist im Vollbesitz seiner Kraft, wenn er sich während des Gebetes kein Phantasiebild irgendeines der Dinge der Welt mehr gestattet.

Der Geist, der mit Gottes Hilfe die „Praxis" hinter sich gebracht hat und sich der „Gnosis" nähert, spürt nur noch wenig oder überhaupt nichts mehr vom ungeistigen Teil seiner Seele, denn die „Gnosis" reißt ihn nach oben und trennt ihn von der Welt der Sinne.

Die Seele, die im Besitz der Gelassenheit ist, ist nicht jene, die keine Leidenschaft mehr den Dingen gegenüber spürt, sondern jene, die nicht einmal mehr durch die Erinnerung an sie in Bewegung gerät.

Es ist eine große Sache, dem inneren Gebet ohne Zerstreutheit zu obliegen; größer noch ist es, ohne Zerstreutheit zu psalmodieren.

Einer, der die Tugenden in sich befestigt hat und ganz in und mit ihnen lebt, erinnert sich weder des Gesetzes noch der Gebote noch der Strafe; er sagt und tut nur, was ihm dieser beste aller Zustände vorschreibt.

Die Erfüllung der Gebote genügt nicht, um die Kräfte der Seele vollständig zu heilen, wenn diese Erfüllung nicht begleitet wird von der Kontemplation des Geistes.

Die Liebe ist die Tochter der Gelassenheit, die Gelassenheit ist die Blüte der Askese, die Askese beruht auf der Beobachtung der Gebote; diese hinwiederum hat die Furcht Gottes zu ihrem Schutz, die aus dem rechten Glauben entspringt. Der Glaube aber ist ein angeborenes Gut, von Natur eigen auch jenen, die noch nicht an Gott glauben.

Die Regeln für die asketische Vorstufe des mystischen Aufstiegs der Mönche, die sogenannte „Praxis", hat Euagrios Pontikos (gest. 399) in einer Folge von Aphorismen („Centurien") in seinem „praktischen Traktat" niedergelegt. Das Ziel der Praxis ist die vielgerühmte und vielgeschmähte „Apatheia", zu übersetzen etwa mit Gelassenheit, Leidenschaftslosigkeit, verbunden mit der „Agape" (Liebe). Der Weg zu diesem Ziel ist Askese in jeder Form, in erster Linie aber der Kampf gegen die sogenannten acht Hauptsünden, von Euagrios auch die acht schlechten Gedanken genannt, die alle übrigen Schwächen und Sünden zur Folge haben.
A. et C. Guillaumont, Evagre le Pontique, Traité pratique II, Paris 1971, S. 498–711 (franz.-griechisch).

Der göttliche Eros

Die Liebe ist jene gute Verfassung der Seele, die sie kein Seiendes der Erkenntnis Gottes vorziehen läßt. Unmöglich aber ist es, zu dieser Dauerhaltung der Liebe zu gelangen, solange man einem irdischen Ding verfallen ist.

Die Liebe wird erzeugt von der inneren Freiheit (Apatheia), diese von der Hoffnung auf Gott, diese von Beharrlichkeit und Großmut, diese beiden von wachsamer Selbstzucht, diese von der Furcht Gottes und diese vom Glauben an Christus den Herrn.

Wenn die erleuchtende Einsicht das Leben des Geistes ist, diese Erleuchtung aber durch die Liebe zu Gott erzeugt wird, dann heißt es mit Recht: Nichts ist erhabener als die Gottesliebe.

Wenn hingerissen von der Liebe der Geist aus sich auswandert zu Gott, dann hat er weder für sich selber noch für die Dinge irgendein Gespür mehr. Vom unbegrenzten Licht Gottes durchstrahlt, verliert er das Gefühl für alles, was unter Gott ist, wie das sinnliche Auge die Sterne nicht mehr sieht, wenn die Sonne aufgeht.

Alle Tugenden helfen dem Geist zum göttlichen Eros hin, mehr als alle aber das lautere Gebet. Auf den Schwingen desselben zu Gott hin entfliehend, gelangt er aus allem Geschöpflichen heraus.

Selig der Geist, der über alle Wesen hinaus gelangt ist und an der göttlichen Schönheit sich unaufhörlich erlabt.

Wer Gott liebt, der liebt durchaus auch den Nächsten. Er kann seine Besitztümer nicht für sich behalten, sondern verschwendet sie, so wie Gott es tut, indem er jedem Bedürftigen beisteht.

Wer in Nachahmung Gottes Almosen gibt, kennt nicht den Unterschied zwischen Bösen und Guten, Gerechten und Ungerechten, wenn einer in leiblicher Not ist; er gibt allen gleichermaßen je nach Bedürftigkeit.

Freiheit von Verfallensein (Apatheia) ist eine ruhevolle Zuständlichkeit der Seele, in welcher sie nur schwer zum Bösen bewegt wird.

Wer die göttliche Einsicht, die durch die Liebe wirkt, noch nicht gewann, der bildet sich vieles ein auf die Dinge, die gottgemäß in ihm gewirkt werden. Wurde er aber ihrer gewürdigt, dann spricht er mit Überzeugung die Worte des Patriarchen Abraham anläßlich der göttlichen Erscheinung: „Ich bin Erde und Asche."

Von den Dingen, die uns beeindruckt haben, behalten wir leidenschaftlich gefärbte Bilder in uns. Wer mit diesen Bildern fertig wird, der hat sich auch über die Dinge, die sie vorstellen, erhoben. Denn beschwerlicher ist der Kampf gegen die Erinnerungen als gegen die Dinge selbst, wie ja Gedankensünde sich leichter begeht als Tatsünde.

Ist der Geist frei von allen Leidenschaften, so strebt er unverwandt auf dem Wege der Beschauung der wirklichen Dinge voran, der Erkenntnis der heiligen Trinität entgegen.

Durch die Erfüllung der Gebote entledigt sich der Geist der Leidenschaften; durch die geistliche Betrachtung der sichtbaren Dinge übersteigt er die leidenschaftlichen Vorstellungen der Dinge; durch die Einsicht ins Unsichtbare schließlich übersteigt er die Betrachtung der sichtbaren, und auch jene übersteigt er schließlich in der Sicht der heiligen Trinität.

Wer auf dem aktiven Weg ausschreitet, gelangt zur Klugheit; wer auf dem kontemplativen, zur Erkenntnis. Sache der ersten ist es, den Schreitenden zur Unterscheidungskraft von Gut und Böse zu führen; Sache der zweiten, den Teilnehmenden zur Wesenserfassung der geistigen und körperlichen Dinge zu bringen. Um der Gnade der Theologie gewürdigt zu werden, muß man alles Vorgenannte mit den Flügeln der Liebe überfliegen, in Gott selbst sein, um so durch Gottes eigenen Geist, soweit ein Menschengeist es vermag, die göttlichen Eigenschaften tief zu begreifen.

Willst du dich um Gotteserkenntnis bemühen, dann suche dir nicht einen Begriff von Gott selber zu verschaffen; kein Menschengeist erkennt sein Wesen, überhaupt niemand als Gott selbst. Bemühe dich vielmehr, so weit es geht, seine Eigenschaften zu verstehen. Ein solcher verdient vor allen Menschen den Titel des Theologen, der den Sinn dieser Eigenschaften, wenn auch nur ein wenig, zu entdecken vermag.

Machtvoll der Mann, der mit dem Tätigen das Beschauliche zu verbinden weiß. Durch jenes bannt er die Begierde und sänftigt den Zorn, durch dieses beflügelt er den Geist und wandert zu Gott aus.

Als höchsten Geisteszustand schildert man den, bei welchem der Geist aus Fleisch und Welt hinausgerät und beim Beten von allem Verhaftetsein in Stoff und Form frei wird. Wer einen solchen Zustand unveränderlich festzuhalten vermag, der ist es, der in Wahrheit „betet ohne Unterlaß".

Auch Maximos der Bekenner (gestorben 662) hat sich immer wieder in Hunderter-Reihen (Centurien) geistlicher Aphorismen zum Thema Mystik geäußert. Eine der einfachsten Centurien dieser Art sind wohl die „Kapitel von der Liebe", denen der Text hier entnommen ist.
Migne, Patrologia graeca 90, Sp. 959–1080; deutsch: H. Urs von Balthasar, Kosmische Liturgie, 2. Aufl. Einsiedeln 1961, S. 415–481.

Licht

Wieder leuchtet mir das Licht,
wieder schau ich klar das Licht.
Wieder schließt es mir den Himmel auf

und die Nacht verscheucht es mir.
Wieder deckts mir alles auf
und bringt mir alles an den Tag.
Wieder schaue ich das Licht allein.
Wieder hebt es mich über alle Sichtbarkeit empor,
und gleichermaßen trennt es mich
von allen Sinnendingen.
Wieder weilt, der über allen Himmeln ist,
den keiner von den Menschen je gesehn, in mir.
Nicht entriegelt er die Himmelstür,
nicht bricht er Bahn sich durch die Nacht,
nicht scheidet er das Luftgebilde,
und er versehrt das Dach des Hauses nicht,
nein, ohne auch nur etwas zu durchstoßen,
weilt er bei mir, dem Armen,
mitten in meiner Zelle
und inmitten meines Geistes
und mitten in meinem Herzen, –
o verehrungswürdiges Geheimnis –
fällt das Licht mir
und es verharrt alles, wie es ist,
und dieses Licht erhebt mich über alles.
Und ich, der ich inmitten aller Dinge bin,
bin allen Dingen nun entrückt.
Hier bin ich gänzlich jetzt in Wahrheit ich,
wo nur noch Licht um mich,
ja nur noch Licht!
Da ich es schaue,
werde ich von selber einfach, ohne Falten.
Das sind, o Christus, deiner Wunder staunenswerte Taten,
die Werke deiner Macht und Güte,
die du in uns vollführst
und die wir nicht verdienen.

Symeon der Jüngere, der Theologe, auch Symeon der Neue Theologe genannt
(gest. 1022), ein eigenwilliger Mönch und Abt, der aus dem berühmten Studiu-
Kloster in Konstantinopel hervorging, sich aber bald selbständig machte, schrieb
neben zahlreichen Katechesen und Reden 58 Hymnen über die Gottesliebe, in
denen er immer wieder seine Lichtvisionen preist. Er gehört zu den Wegbereitern
der hesychastischen Mystik im engeren Sinne des Wortes.

   A. Kambylis, Symeon Neos Theologos, Hymnen, Berlin 1976, S. 330–333;
deutsch: K. Kirchhoff, Licht vom Licht, München 1951, S. 164–169.

Hesychastisches Beten

Es gibt drei Arten des Betens und der Aufmerksamkeit, kraft deren die Seele sich entweder erhebt oder abstürzt. Sie erhebt sich, wenn sie zur rechten Zeit und in der rechten Weise davon Gebrauch macht. Zur unrechten Zeit und ohne Überlegung stürzt sie ab. Nüchternheit und Gebet stehen in einer Beziehung wie Leib und Seele. Ohne die eine kann das andere nicht bestehen. Die Verbindung beider erfolgt auf zwei Weisen: Zunächst leistet die Nüchternheit Widerstand gegen die Sünde, so wie ausgesandte Späher und eine Vorhut. Oft vernichtet dann das Gebet in der Folge die schlechten Gedanken und läßt sie verschwinden, nachdem sie durch die wachsame Vorhut schon behindert worden sind. Aufmerksamkeit allein allerdings brächte dies nicht zustande.

Diese sind das Tor zum Leben: Aufmerksamkeit und Gebet. Reinigen wir das Beten durch Nüchternheit, dann bessern wir uns. Geben wir aber nicht acht, dann verunreinigen wir das Beten, und wir selbst werden schlecht.

Nachdem wir nun von drei Arten des Gebetes und der Aufmerksamkeit gesprochen haben, müssen wir sie samt ihren Besonderheiten verdeutlichen, damit, wer des Lebens teilhaftig werden will und sich dazu ans Werk macht, sich aus den dreien die beste Art auswählt, um nicht aus Unwissenheit auf die schlechtere zu verfallen und damit des Besseren verlustig zu gehen.

Über die erste Art des Betens

Die Eigenheiten der ersten Art zu beten sind folgende. Ein Mensch schickt sich an zum Gebet. Er erhebt Augen und Hände und Geist zum Himmel. Sein Geist formt religiöse Begriffe, er stellt sich die Schönheit des Himmels vor, die Ordnung der Engel, die Zelte der Seligen und eben alles, was er aus der Bibel vernommen hat. Er sammelt dies alles zur Zeit des Betens in seinem Geist, erweckt damit seine Seele zur Liebe zu Gott, indem er seinen Blick fest auf den Himmel richtet. Es kann vorkommen, daß er sogar Tränen vergießt. Langsam entflammt sich sein Herz und erhebt sich, und er glaubt, es sei göttliche Tröstung, was er da erfährt. Sein Wunsch geht schließlich dahin, ständig bei dieser Beschäftigung zu verweilen. Aber dies alles sind nur Anzeichen dafür, daß er sich verirrt hat. Das Gute ist nicht gut, wenn es nicht auf gute Weise zustande kommt.

Wenn sich ein solcher Mensch der mönchischen Einsamkeit und Ruhe verschreibt, ohne jede Beziehung zur Außenwelt, dann wird er bald verrückt. Und wenn nicht dies, so gelangt er jedenfalls unmöglich in den

Besitz der Tugend und der Gelassenheit. Diese Aufmerksamkeit, die hier geübt wird, bringt es mit sich, daß sie, da sie schon im Irrtum sind, mit bloßem Auge Lichter sehen, Wohlgerüche wahrnehmen, Stimmen vernehmen und vieles andere dergleichen. Die einen sind völlig von den Dämonen besessen, sie bewegen sich von Ort zu Ort und von Land zu Land. Die anderen vermögen den Teufel nicht zu erkennen, der sich in einen Engel des Lichtes verwandelt hat: sie glauben an ihn und lassen sich bis zum Ende nicht bekehren, weil sie sich von Menschen nichts mehr sagen lassen. Es gibt da welche, die haben Hand an sich gelegt und sich umgebracht, dazu von ihrem Verführer angestiftet. Die einen haben sich in Abgründe gestürzt, andere sich erhängt. Wer kann schon alle Täuschungsmanöver des Satans aufzählen!

Aus dem Gesagten kann jeder vernünftige Mensch entnehmen, wie der Gewinn aussieht, der sich aus dieser Art von Aufmerksamkeit beim Beten erzielen läßt. Und sollte jemand diesen Gefahren nicht erliegen, weil er noch den Umgang mit anderen Menschen pflegt: er bleibt doch sein ganzes Leben lang stecken, ohne Fortschritte zu machen.

Über die zweite Art des Betens

Das zweite Beten sieht folgendermaßen aus: Wenn der Geist sich von den phantasievollen Vorstellungen zurückzieht und sich vor sinnlichen Einflüssen von außen abschirmt, dann sammelt er sich ganz in der Welt der Gedanken. Manchmal prüft er diese Gedanken, da und dort achtet er besonders auf die Gebete, die sein Mund formt und an Gott richtet. Dann wieder jagt er den Gedanken nach, die zu entschwinden drohen und führt sie wie Gefangene zurück; dann wieder wütet er leidenschaftlich gegen sich selbst.

Wer so kämpft, wird nie den Frieden finden und nie den Kranz des Sieges empfangen. Er gleicht einem Kämpfer bei Nacht: er hört die Stimmen seiner Feinde, er spürt, wie sie ihn treffen, aber wer sie sind, woher sie kommen, wie und warum sie kämpfen, das kann er nicht erkennen. Die Finsternis in seinem Geist ist Schuld an dieser Behinderung. Wer so kämpft, dem gelingt es nicht, dem anhaltenden Druck seiner geistigen Feinde zu entgehen. Er erträgt die Mühsal, wird aber um den Gewinn geprellt. Von seinem Ehrgeiz umnebelt, kommt er sich sehr aufmerksam vor; aber von eben diesem Ehrgeiz beherrscht und zum Besten gehalten, beginnt er sogar, die anderen zu tadeln, weil sie nicht sind wie er. Er fühlt sich erhaben über sie und wirft sich zum Hirten der Schafe auf, dem Blinden gleich, der Blinde führen will.

Dies sind die Weisen des zweiten Gebetes. Ein strebsames Gemüt kann dem entnehmen, wie viel Schaden hier vorgegeben ist. Diese zweite Art des Betens ist besser als die erste, so wie eine Nacht bei Vollmond heller ist, als eine Nacht ohne Sterne und Licht.

Über die dritte Art des Betens

Nun wollen wir über die dritte Art zu beten sprechen. Es handelt sich um eine eigenartige und schwer zu erklärende Sache. Wer nicht Bescheid weiß, durchschaut sie nur schwer, ja sie scheint ihm fast unglaubwürdig zu sein. Man begegnet ihr nur bei wenigen. Es scheint, als sei dieses Gut auf der Flucht zusammen mit dem Gehorsam. Der Gehorsam entzieht ja seinen Adepten der schlechten Welt von hier und heute; er macht ihn sorgenfrei und unabhängig von den Leidenschaften; er bewirkt, daß er beharrlich wird und nicht abläßt, auf dem einmal eingeschlagenen Weg zu bleiben, sobald er nur einen sicheren Führer gefunden hat. Welche vergänglichen Dinge könnten schon einen Geist verführen, der kraft seines Gehorsams für jegliche Anhänglichkeit an Welt und Leib tot ist? Von welchen Sorgen könnte abgelenkt werden, wer die Sorge für seine Seele und seinen Leib Gott und seinem geistlichen Vater überläßt und nicht mehr für sich selbst lebt oder menschliches Glück sucht? Auf diese Weise brechen die „logischen" Manöver seitens der Mächte des Abfalles in sich zusammen, die wie mit Schlingen den Geist in tausend Irrwege des Denkens ablenken wollen. Er wird frei, er kämpft souverän, durchschaut die geistigen Schliche der Feinde und verfolgt sie mit allem Geschick, und reinen Herzens sendet er sein Gebet zu Gott empor. Dies ist der Anfang eines mönchischen Lebens. Wer aber nicht so beginnt, der ist bald besiegt und unfruchtbar.

Das dritte Gebet beginnt nicht damit, daß man nach oben blickt, die Hände ausbreitet und Vorstellungen sammelt und dazu den Himmel um Hilfe bittet. Dies gehört, wie gesagt, zum Irrtum der ersten Art. Es beginnt aber auch nicht auf die zweite Art, wo man sich der äußeren Sinneswelt entzieht und darüber den Feind im eigenen Inneren vergißt. Wir haben es ja gesagt: da wird man getroffen und trifft selber nicht, man wird verwundet und weiß nicht wie, man wird gefangen und kann sich des Angreifers nicht erwehren. Auf seinem Rücken oder besser vor seinem Angesicht werken die Sünder und machen aus ihm einen eitlen, eingebildeten Menschen.

Du aber, wenn du beginnen willst mit diesem Unternehmen, das Licht und Seligkeit verspricht, schaffe folgende Grundlage: Auf dem Fundament peinlichen Gehorsams, den ich schon geschildert habe, hast du alles ganz gewissenhaft zu vollziehen. Ohne Gehorsam gibt es kein reines Gewissen. Du mußt dieses reine Gewissen dir erhalten, einmal Gott gegenüber, dann gegenüber deinem geistlichen Vater und schließlich gegenüber allen Menschen und der Materie. Gott gegenüber, indem du nichts tust, was seinem Dienst widerspricht; deinem geistlichen Vater gegenüber, indem du alles tust, was er sagt, so wie es seine Absicht ist, ohne ein Mehr oder Weniger. Gegenüber den Menschen, indem du keinem etwas antust, was du nicht selbst erfahren möchtest; der Materie gegenüber, indem du jeden Mißbrauch in Speise und Trank und Kleidung vermeidest, kurz: alles sozusagen im Angesicht Gottes tust, so daß dein Gewissen dich nicht tadeln kann.

Damit ist der Weg zur wahren Aufmerksamkeit geebnet und vorbereitet. Jetzt soll über die Besonderheiten kurz und eindeutig gehandelt werden. Die wahre und irrtumsfreie Aufmerksamkeit und Gebetsweise besteht darin, daß der Geist beim Beten auf das Herz achtet, sich im Herzen bewegt und aus dieser Tiefe sein Gebet zum Herrn emporschickt. Nur hier wird der Geist gewahr, daß „der Herr gut ist". Der Geist behält dort immer alles im Auge und verjagt daraus nachdrücklich die Gedanken und Ideen, die der Feind hier aussäen möchte.

Diejenigen, die nicht Bescheid wissen, halten eine solche Lebensweise für allzu rauh und hart. Die Sache ist tatsächlich nicht nur für die Uneingeweihten mit Mühe und Plage verbunden, sondern auch für diejenigen, die schon einige Erfahrung gesammelt haben, denen aber die Wonnen in der Tiefe des Herzens noch nicht zuteil geworden sind. Diejenigen, welche diese Wonnen schon erfahren haben und bei denen diese Seligkeit schon bis zum Hals des Herzens emporgestiegen ist, können mit Paulus ausrufen: „Wer soll uns von der Liebe Christi noch trennen?" Unsere heiligen Väter, die auf den Herrn gehört haben, der gesagt hat: „Aus dem Herzen kommen die schlechten Gedanken heraus, Mord, Ehebruch, Diebstahl und Lüge, und dies ist es, was den Menschen gemein macht" ... die ferner gehört haben, daß es gilt, das Innere des Kelches zu säubern, damit er auch außen rein werde – diese Väter haben alles andere Tugendstreben hintangesetzt und sich ausschließlich um diese Wache über das Herz bemüht, überzeugt, daß sie damit unschwer auch jeder anderen Tugend teilhaft würden, ohne sie aber es keine Tugend gäbe. Dies ist es, was einige Väter „Ruhe des Herzens" genannt haben, andere einfach „Aufmerksamkeit", andere „Bewachung des Herzens", andere „Nüchternheit und Widerspruch", andere „Kontrolle der Gedanken" oder „Bewahrung des Geistes". Alle haben sie jedenfalls den Boden ihres Herzens beackert und sind dafür mit dem göttlichen Manna gespeist worden. Dazu das Wort des Ekklesiastes: „Freue dich, junger Mann, deiner Jugend, wandle auf den Wegen deines Herzens ohne Tadel und befreie dein Herz von allem, was Erbitterung bringt"; und „Wenn der Geist des Herrn dieser Welt sich gegen dich erhebt, dann bleib auf deinem Platz!" Unter Platz versteht er hier das Herz, entsprechend dem Wort des Herrn: „Aus dem Herzen entweichen die schlechten Gedanken" und wiederum: „Erhebt euch nicht von eurem Platz!" oder „Eng ist die Pforte und schmal der Weg, der zum Leben führt", und „Selig die Armen im Geiste", d.h. diejenigen, die sich in nichts um die gegenwärtige Welt mehr kümmern. Der Apostel Petrus seinerseits: „Seid nüchtern und wachsam, denn euer Feind, der Teufel, schleicht umher wie ein brüllender Löwe, suchend, wen er verschlingen könnte." Der Apostel Paulus meint ganz offensichtlich diese Bewachung des Herzens, wenn er an die Epheser schreibt: „Unser Kampf geht nicht gegen Fleisch und Blut, sondern gegen Herrscher und Mächte und die Beherrscher der Welt in dieser Finsternis." Wie einläßlich die heiligen Väter sich in ihren Schriften mit dieser Bewachung des Herzens befaßt haben, wissen jene, denen es nicht zu viel war, danach zu suchen.

Vor allem mußt du dich um drei Dinge bemühen und dich so auf den Weg nach dem begehrten Ziel machen: Völlige Sorglosigkeit gegenüber allen Dingen, wertvollen wie wertlosen, d.h. tot sein für alle Dinge, dann ein reines Gewissen, das dich nicht verurteilen kann; schließlich Freiheit von allen Leidenschaften, die dich an die Welt oder deinen Leib binden könnten.

Dann aber setze dich in eine Zelle, allein in eine Ecke, und tue, was ich dir sage. Schließ die Tür ab und erhebe deinen Geist über alles Nutzlose und Zeitgebundene. Stütze dann den Bart auf die Brust und bewege dein Auge samt dem Geist rund um deinen Bauch, beziehungsweise deinen Nabel. Und jetzt kontrolliere die Atemluft, die durch die Nase eindringt, so daß das Atmen nicht zu leicht vonstatten geht. Erforsche dann mit deinem Geist das Innere der Eingeweide, um den „Ort des Herzens" zu finden, wo alle Kräfte der Seele beheimatet sind. Zunächst wirst du nur auf Dunkel stoßen und auf kompakten Widerstand. Bleibst du aber tags- und nachtsüber bei diesem Werk, dann wirst du – o Wunder! – ein Glück ohne Grenzen finden. In dem Augenblick, in dem der Geist den Ort des Herzens gefunden hat, versteht er, was er bisher nie erfahren hat. Er erblickt die Luft mitten im Herzen und sich selbst, ganz in Licht getaucht und voll Unterscheidungskraft. Und wenn dann eine Überlegung auftauchen will, vergaß er sie, bevor sie Form und Gestalt annehmen kann, durch die Anrufung Jesu Christi. Und sofort verschwindet sie. Von diesem Augenblick an, bildet sich im Geist, dem Feind der Dämonen, ein natürlicher Zorn heraus, mit dem er alle geistigen Feinde in die Flucht schlägt. Alles übrige wirst du mit Gottes Hilfe lernen, wenn du den Geist bewahrst und Jesus im Herzen festhältst. Setze dich also in deiner Zelle nieder, und die Zelle wird dich alles lehren.

Wie schon in der Einleitung zu diesem Abschnitt erwähnt, wird in der spätbyzantinischen Epoche das mönchische Ideal der Ruhe, der „Hesychia", das ausgesprochene Ziel einer Methode der Atembeherrschung, verbunden mit der ständigen Rezitation des „Monologions", des sogenannten Jesus-Gebetes, das in seiner klassischen Form lautet: Herr Jesus Christus, Sohn Gottes, erbarme dich meiner. Manche dieser Hesychasten auf dem Berge Athos erwarteten sich davon eine Schau des göttlichen Lichtes, identisch mit dem Licht, das Christus bei der Verklärung auf dem Berg Athos umfloß. Der Erzbischof von Thessalonike, Gregorios Palamas (gest. 1359) lieferte die theologische Begründung für diese gläubige Annahme. Methodische Anleitungen zu diesem Gebet gibt es aus byzantinischer Zeit mehrere. Die hier gebotene wurde fälschlicherweise Symeon dem Neuen Theologen zugeschrieben. Sie ist im 12. Jahrhundert nachweisbar.

I. Hausherr, La méthode d'oraison hésychaste, Rom 1927, S. 54–69.

IX.

Das Wunder ist des Glaubens
liebstes Kind

Die Lebensbeschreibungen und Wunderberichte von Martyrern und anderen Heiligen füllen ungezählte Bände griechischer Handschriften. Diese Texte waren zumeist für die Vorlesung in der Kirche bestimmt und erreichten damit einen breiten Hörerkreis. Und wenn sich auch nicht sagen läßt, daß diese Hagiographie die alltägliche Lektüre der Byzantiner, auch der ungebildeten unter ihnen gewesen sei, ganz einfach weil zu wenige Byzantiner lesen konnten, so läßt sich doch wenigstens behaupten, daß sie auf dem Weg über den Gottesdienst zur wichtigsten geistigen Nahrung dieser Menschen geworden ist. Dem Gang der Kirchengeschichte entsprechend fand diese Hagiographie bald den Weg vom Bericht über den Martyrer und seine Passion zur Lebensbeschreibung des Bekenners, d. h. des Heiligen, der kein Martyrium mehr erlitten hatte. An die Stelle des Martyriums als Beweis der heroischen Gottesliebe tritt das Wunder, in dem Gott die Tugend des Heiligen bestätigt. Das Wunder aber steht seinerseits zumeist im Dienste ganz konkreten menschlichen Bedarfs; es stellt Nöte ab, es heilt, es errettet aus Gefahr und Angst. So werden diese Wunderberichte zu kostbaren Dokumenten, die uns von den Alltagssorgen der Byzantiner erzählen. Und darüber hinaus befriedigen diese Berichte auf merkwürdige Weise ein theologisches Defizit: das Wunder bringt und vollbringt an Gnade, wozu sich die amtliche Orthodoxie, festgelegt auf starre Regeln, kaum noch imstande sieht.

Die Hagiographie und ihr Wunderbericht decken auf eine gewisse Weise auch den Bedarf, der ansonsten mit „leichter Lektüre" abgedeckt wird. Das Wunderbare und „Erschröckliche" läßt sich ja nicht auf religiöse Bezirke einengen. Und die Sünde und das Laster lassen sich in der Hagiographie um so genüßlicher schildern, als Gnade und Absolution einander ganz nahe stehen. Der Roman ist der Hagiographie nicht fremd, denn auf die geschichtliche Existenz des Heiligen kommt es im Grunde gar nicht an. Die Hagiographie ist eine der wichtigsten Fundgruben, will man sich ein Bild von der „Alltagshaltung" des Byzantiners machen.

Der Pfarrer im Schlaf

Im Bistum des großen Basileios lebte einst ein Pfarrer, rein und tüchtig. Der boshafte Teufel aber, der die Diener Gottes immer mit Eifersucht verfolgt, was tut er? Zur selben Zeit lebte in der Nähe dieses Priesters ein ehebrecherisches Weib, das sich, vom Satan getroffen, in den Pfarrer verliebte. Und wie? Der Teufel trieb sie an, schändlich nach dem Diener Gottes zu begehren, und sie versuchte ihn lange Zeit. Der Pfarrer aber merkte, daß sie ganz unter teuflischem Einfluß stand, er fürchtete Gott und hütete sich sogar, mit ihr zu reden. Der Teufel aber sah das Beharrungsvermögen des Pfarrers. Was tat er da?

Es wurde Weihnachten, und ein Christ lud den Pfarrer zu Tisch ein. Der Pfarrer trank unachtsam den Wein in sich hinein und wurde betrunken. Es war schon tiefe Nacht, als er nach Hause ging. Und zu Hause angekommen, klopfte er an die Tür, aber niemand machte ihm auf, weil seine Frau, die Pfarrerin, in tiefem Schlafe lag. Die schlechte und ehebrecherische Frau aber beobachtete dies alles und hatte ihre große Freude. Betäubt von seinem Rausch, fiel der Pfarrer vor seiner Haustür zu Boden und schlief ein. Da eilte dieses schurkische Weib herbei und legte sich auf ihn. Schwer betrunken, wie er war, glaubte er, es sei seine Pfarrerin und vollbrachte, o weh! dieses schlimme Werk der Sünde.

Nachher vergaß er den schweren Fall vollständig und nach einigen Tagen ging er hin, um die Messe zu feiern. Als er im Altarraum stand – o Wunder – da sah ihn die Pfarrerin schwarz wie einen Aethiopier, während sie ihn bisher, wenn er zelebrierte, leuchten gesehen hatte wie die Sonne. Als sie dieser geheimnisvollen Erscheinung gewahr wurde, seufzte sie: Ach Gott, was ist mir Armen widerfahren? Wer hat meinen Mann betrogen, so daß er im Heiligtum nichts mehr gilt? Sie schwieg, bis der Gottesdienst vorbei war. Nachher aber sagte sie zu ihm unter Tränen: „Wehe, wehe, was warst du doch früher für einer, und was ist jetzt aus dir geworden! Wehe, für mich warst du früher ein Engel, jetzt bist du zum Teufel geworden." Da sagte der Pfarrer zu ihr: „Was redest du da, Unselige? Wie willst du wissen, daß ich früher ein Engel war und jetzt ein Teufel bin?" Da sagte die Pfarrerin: „Wenn du früher die Messe gelesen hast, warst du im Besitz der Gnade und dein Gesicht leuchtete heller als die Sonne. Jetzt aber hast du zelebriert und dabei standest du im Altarraum wie ein Aethiopier."

Da dachte der Pfarrer nach und erinnerte sich schließlich, daß er gegen seinen Willen gesündigt hatte. Das schlechte Weib posaunte es ja auch hinaus. Da nahm der Pfarrer die Pfarrerin mit sich, und sie gingen zum großen Basileios und beichteten. Der Heilige wollte ihnen helfen: er bestimmte, daß sie ein Jahr fasten und jeden Abend tausendmal das Knie beugen sollten. Dann sagte er zu ihnen: „Geht, meine Kinder, und nach einem Jahr kommt ihr wieder, und dann bekommst du die Erlaubnis, wieder zu zelebrieren." Das Jahr verstrich, und der Pfarrer und seine Frau begaben sich wieder zum großen Basileios. Wiederum ermahnte sie dieser gute Vater und Lehrer und redete ihnen zu, sich an die gleiche Bußregel noch ein Jahr zu halten. Das wiederholte sich, und schließlich waren drei Jahre um, und sie gingen wieder zum Heiligen.

Da starb an eben diesem Tag durch Gottes Fügung ein Christ in der Nähe der Bischofsstadt. Es war ein großer Herr, und so lud man auch Basileios und seinen Klerus zum Begräbnis ein. Der Heilige ließ den Pfarrer kommen, der sich unwürdig gemacht hatte und sagte: „Komm, mein Bruder, nimm auch deine Stola und komm zum Begräbnis." Er nahm also seine Stola, wie der Heilige gesagt hatte, und kam. Da war der übrige Klerus schon dabei, über die Leiche die Psalmen zu singen. Zuerst sprach der Bischof sein Gebet über ihn, dann die übrigen Priester. Unser Pfarrer aber, obwohl ganz unbedeutend, voller Furcht wegen seiner begangenen Sünde und aus einem kleinen Nest stammend, warf nun auch alle Angst ab, ging an die Bahre, nahm Weihrauch und begann, sein Gebet zu sprechen. Und, o Wunder! als er zu den Worten kam: Du bist die Auferstehung usw. – da erhob sich der Tote unvermittelt und setzte sich auf. Da riefen alle: „Kyrie eleis!" und priesen den, der den Menschen solche Macht gegeben: ein Mann also, der das Mal der Sünde noch an sich trägt, kann einen Toten auferwecken. Ehre der Güte und dem Erbarmen Gottes! Als der Tote sich nun aufgesetzt hatte, sagte er ganz offen und laut zum Pfarrer: „Was ist nun, Pfarrer? Obwohl du mich von den Toten auferweckt hast, darfst du noch nicht zelebrieren und das Allerheiligste in die Hände nehmen? Aber nachdem du viel Plage und Mühe auf dich genommen hast mit Beten, Fasten und Wachen drei Jahre hindurch, hat der Himmel deine Bitte erhört."

Da ging der arme Pfarrer freudig nach Hause und pries Gott.

Die handschriftliche Überlieferung dieses Wunders ist verhältnismäßig jung. Es verrät aber immer noch genug von der Bewunderung, die Basileios, der Erzbischof des kappadokischen Kaisareia (gest. 379), nicht nur als Mönchsvater, sondern vor allem auch als Experte für Bußbestimmungen die ganze byzantinische Zeit über genoß.

J. Wortley, An unpublished legend of an unworthy priest and saint Basil the Great. Analecta Bollandiana 97 (1979) 363–371.

Die verrückte Nonne

Im Kloster Tabennai war auch eine Jungfrau, die sich den Anschein gab, als sei sie verrückt und besessen. Darum hegte man allgemein vor ihr

Abscheu, und keine wollte mit ihr essen. Sie aber hatte dies aus freien Stücken auf sich genommen. Sie war immer in der Küche beschäftigt, verrichtete jede Arbeit und war sozusagen der Putzlumpen des Klosters. So erfüllte sie, was geschrieben steht: Dünkt sich jemand weise zu sein unter euch, dann werde er ein Tor, auf daß er weise werde! Um den Kopf hatte sie sich einen Lumpen gewickelt, während die anderen Kapuzen auf ihren geschorenen Köpfen trugen. So war sie bekleidet und arbeitete wie eine Magd. Keine der vierhundert Nonnen sah sie während der ganzen Jahre essen; sie setzte sich niemals zu Tisch, aß kein Stück Brot und begnügte sich mit dem, was sie beim Spülen des Geschirrs vorfand. Sie beleidigte nie jemand, beklagte sich nie und sagte weder zu viel noch zu wenig, auch wenn man sie schimpfte und schlug, sie verwünschte und schlecht behandelte.

In jenen Tagen lebte am Porphyrgebirge der heilige Piterum, wohl bewährt in einem tugendhaften Wandel. Dem erschien ein Engel und sagte: Warum bist du stolz auf deine Frömmigkeit und auf dein Einsiedlerleben? Willst du eine Frau sehen, die frömmer ist als du, dann geh zum Frauenkloster von Tabennai. Dort wirst du eine finden mit einem Fetzen um den Kopf. Die ist besser als du. Alle tun ihr Übles an, aber ihr Herz bleibt bei Gott. Du dagegen sitzt zwar hier, aber deine Gedanken schweifen in den Städten herum.

Piterum hatte zwar nie seine Zelle verlassen; jetzt aber machte er sich auf den Weg in das erwähnte Kloster und bat um Einlaß. Da er einen ausgezeichneten Ruf genoß und schon sehr alt war, trug man kein Bedenken, ihm den Eintritt zu gestatten. Er ging also hinein und bat, alle sehen zu dürfen. Doch jene war nicht dabei. Da sagte er: Ich möchte gern alle sehen; da fehlt noch eine. Da sagten sie: Da ist noch eine in der Küche draußen, aber die ist verrückt. Da sagte er: Laßt sie herein, ich möchte sie trotzdem sehen. Sie gingen hinaus und sagten es ihr. Sie aber wollte nicht, weil sie fürchtete, ihr Geheimnis könnte aufkommen. Jetzt zogen die anderen sie mit Gewalt aus der Küche und sagten: Der heilige Piterum will dich sehen. Seinen Namen kannte man ja überall. Kaum sah er sie eintreten, Lumpen um den Kopf, da fiel er ihr zu Füßen und sagte: Segne mich! Jetzt fiel auch sie ihm zu Füßen und sagte ebenfalls: Segne mich! Da erstaunten alle und sagten zu ihm: Vater, laß dich nicht zum besten halten. Sie ist doch verrückt! Piterum aber sagte zu allen: Verrückt seid ihr! Sie aber ist meine und eure Mutter! (So benennt man jene, die ein geistliches Leben führen). Ich wollte, ich würde ihrer würdig befunden am Tage des Gerichts. Als die anderen das hörten, fielen auch sie ihr zu Füßen, und die eine bekannte dies, die andere jenes: die eine, sie habe ihr Spülwasser ins Gesicht geschüttet, die andere, sie habe sie geschlagen, bis sie blaue Flecken bekam, eine dritte, sie habe ihr die Nase mit Senf bestrichen. Jede hatte an ihr ihren Übermut ausgelassen. Jetzt betete

Piterum für alle und ging. Sie aber wollte bei den Schwestern weiter nichts gelten und fand die wiederholten Abbitten, die sie leisteten, lästig. So verließ sie nach wenigen Tagen das Kloster. Wohin sie gegangen ist, wo sie sich versteckte und wo sie gestorben ist, weiß niemand.

Unter den Sammlungen der Beschreibungen des ägyptischen Mönchtums steht die sogenannte „Historia Lausiaca" an hervorragender Stelle. Sie ist das Werk des vor 431 gestorbenen ehemaligen Mönches und nachmaligen Bischofs Palladios, eines Freundes des Joannes Chrysostomos, und wurde von ihm, daher der Name, einem kaiserlichen Kammerherrn namens Lausos gewidmet. Tabennai in der Nähe des ägyptischen Theben war berühmt als Kloster des hl. Pachomios; es besaß aber auch einen Frauenkonvent. Piterum gehört zu den „klassischen" Vätern des ägyptischen Mönchtums.

C. Butler, The Lausiac History of Palladius, II. Cambridge 1904, S. 98–110; deutsch: St. Krottenthaler, Des Palladius von Helenopolis Leben der heiligen Väter, Kempten-München 1912, S. 71–73.

Die reuige Hure

In einem Kloster Palästinas lebte ein Mann, der von Kindheit an im mönchischen Dasein erzogen worden war, namens Zosimas. Er erzählte von sich, er habe dreiundfünfzig Jahre im Kloster gelebt. Da kamen ihm gewisse schlimme Gedanken: er sei doch jetzt in allem vollkommen und brauche von anderer Seite keine Unterweisung mehr. Da traf er auf jemand, der ihm sagte: „Zosimas, du hast einen guten asketischen Kampf gekämpft. Aber es gibt unter den Menschen niemand, der vollkommen ist. Verlasse also dein Land und deine klösterliche Umgebung und komme in das Kloster, das am Jordan liegt." Zosimas begab sich in dieses Kloster und fand Aufnahme. Hier erlebte er Mönche, die ganz hervorragend in ihrer Askese und ihrer Kontemplation waren.

Einmal in der Fastenzeit begab er sich, wie es in diesem Kloster üblich war, allein in die Wüste, um dort zu beten. Da sah er rechts von sich einen Schatten wie von einem menschlichen Körper. Zuerst erschrak er, da er glaubte, es handle sich um einen dämonischen Spuk. Dann aber bemerkte er, daß sich tatsächlich jemand gegen Süden bewegte: es war eine nackte Gestalt, schwarz gebrannt von der Sonne, einige wenige weiße Haare auf dem Kopf; sie fielen nicht viel weiter als bis zum Genick herab. Da wollte Zosimas wissen, wer es sei und woher die Gestalt komme. Als die Gestalt merkte, wie sich ihr Zosimas näherte, da begann sie in Richtung auf die innere Wüste zu laufen. Jetzt lief ihr Zosimas nach und er war schneller. Schließlich kamen sie beide gleichzeitig an eine Rinne, die aussah, als habe sie ein Bach geschaffen. Die flüchtige Gestalt stieg sofort auf der anderen Seite hoch, Zosimas aber war ermüdet und bat sie, doch einzuhalten. Da sprach die Gestalt: „Vater Zosimas, verzeihe mir um Gottes willen. Ich kann mich nicht umdrehen und vor dich hintreten, denn ich bin eine Frau und, wie du siehst, nackt, und meine Scham ist unbedeckt. Aber wenn du einer Sündigen ein Gebet zukommen lassen willst, dann wirf mir deinen Umhang zu, und ich werde mich darein hüllen und dann kann ich mich dir zuwenden und deinen Segen empfangen."

Er tat, worum sie gebeten hatte; sie empfing seinen Segen und erzählte ihm dann ihre Geschichte:

„Mein Bruder, ich bin in Ägypten zu Hause. Ich war erst zwölf Jahre alt und meine Eltern lebten noch, da verzichtete ich auf ihre Liebe und begab mich nach Alexandreia. Wie ich dort meine Jungfernschaft preisgab und unersättlich nach geschlechtlichem Umgang gierte, darüber mehr zu erzählen, verbietet mir die Scham. Nur eines will ich sagen, damit du eine Vorstellung von meiner Leidenschaft und meiner Lasterhaftigkeit bekommst: Ich habe siebzehn Jahre und mehr, verzeih mir, in aller Öffentlichkeit der Unzucht gefrönt, nicht um des Geldes willen, bei Gott! Ich nahm nichts dafür, auch wenn man mir es anbot. Ich wollte nur möglichst viele Männer umgarnen und mich ihnen unentgeltlich hingeben. Du sollst nicht meinen, ich sei reich gewesen und hätte deshalb keine Bezahlung nötig gehabt. Nein! Ich ging vielmehr betteln und oft setzte ich mich ans Spinnrad. Aber mein Verlangen war nicht zu sättigen, und ich hatte die unbändige Lust, mich im Schmutz zu wälzen.

Dies war mein Leben. Da sah ich einmal zur Sommerszeit eine große Zahl von Ägyptern und Libyern ans Meer eilen. Ich fragte den ersten besten, warum sie es so eilig hätten. Er sagte: „Sie wollen nach Jerusalem fahren zum Feste Kreuzerhöhung, das dort, wie gewohnt, in einigen Tagen gefeiert wird." Ich fragte: „Werden sie mich wohl mitfahren lassen?" Er darauf: „Wenn du die Passage bezahlen und dich selbst versorgen kannst, dann wird dich bestimmt niemand hindern." Da erwiderte ich: „Allerdings, mein Bruder, die Überfahrt kann ich nicht bezahlen und Verpflegung habe ich auch keine. Aber ich will trotzdem mit. Ich werde auf eines der gecharterten Schiffe gehen, und sie werden mich dann trotzdem verpflegen. Ich setze meinen Körper als Preis für die Passage ein." Ich wollte einfach die Möglichkeit haben, möglichst viele Liebhaber auf einmal zu bekommen. Der junge Mann hörte meine schandbare Rede, lachte und ging weiter. Ich aber warf die Spindel fort, die ich bei mir trug, und eilte ans Meer, wo ich die Männer sah, die an mir vorbeigelaufen waren. Ich erblickte einige junge Leute, zwölf oder mehr, frisch und wohlgebaut, die mir für meine Zwecke geeignet schienen. Es sah aus, als warteten sie auf weitere Kameraden; diejenigen, die zuerst gekommen waren, befanden sich schon auf ihrem Schiff. Ich ging ohne Scham auf sie

zu und sagte: „Nehmt mich mit auf eure Fahrt. Es wird euer Vorteil sein"
und noch weitere Schamlosigkeiten. Damit brachte ich sie alle zum Lachen. Und da sie merkten, daß ich zu jeder Unzucht bereit war, nahmen
sie mich mit auf ihr Schiff. Dann fuhren wir ab.

Was dann geschah, wer könnte dies anhören? Es gibt keine Art von
Ausschweifung und nichts so Unerhörtes, was ich Unglückliche nicht die
jungen Leute gelehrt hätte. Ich frage mich, wie das Meer meine Schamlo-
sigkeit ertragen konnte, und warum die Erde sich nicht öffnete, um mich
zu verschlingen. So kamen wir schließlich nach Jerusalem; die Tage vor
dem Fest vergingen mit gleichen und noch schlimmeren Taten. Ich gab
mich mit den jungen Leuten vom Schiff nicht zufrieden; ich suchte vielmehr meine Opfer auch unter den Bewohnern der Stadt und den Pilgern.

Als nun das Fest der Kreuzerhöhung anbrach, da jagte ich wie gewohnt nach den Seelen der Jungen. Aber am frühen Morgen bemerkte
ich, daß alle zur Kirche strömten, und da schloß ich mich ihnen an. So
kam ich in den Vorhof. Als dann die Stunde der Kreuzerhöhung schlug,
da drängte ich mit und versuchte mit allen Kräften, ebenfalls durch das
Tor zu kommen. Ich gelangte bis an die Schwelle, wo alle ungehindert
durchkamen. Mich aber hinderte jetzt eine göttliche Kraft am Eintreten.
Ich drängte und drängte, aber schließlich fand ich mich wieder im Vorhof allein. Ich glaubte, meine geringe weibliche Kraft trage die Schuld,
und versuchte es wiederum mit beiden Ellbogen. Aber alles war vergebens. Ich versuchte es ein drittes und viertes Mal. Dann aber wurde ich
müde und ging weg. Ich stand in einer Ecke des Hofes, und da ging es mir
auf, warum ich nicht hineindurfte. Ich begann zu weinen und an meine
Brust zu schlagen. Über mir sah ich das Bild der Gottesmutter hängen,
und ich flehte sie an: Hilf mir Armen und Hilflosen. Laß auch mich in die
Kirche hinein und beraube mich nicht des Anblickes jenes Holzes, auf
dem dein göttlicher Sohn gekreuzigt wurde. Ich werde meinen Leib nie
wieder der Unzucht preisgeben wie bisher, sondern sobald ich das Kreuz
deines Sohnes gesehen habe, der Welt den Abschied geben. Darauf
mischte ich mich wieder unter diejenigen, welche die Kirche betraten,
und ich kam unbehindert hinein. Ich sah das Kreuz Christi, warf mich
auf den Boden und betete.

Als ich aus der Kirche kam, da sah mich einer und schenkte mir drei
Kreuzer. Ich kaufte mir dafür drei Brote und fragte den Bäcker, wo es
zum Jordan gehe. Er sagte es mir, und ich ging den ganzen Tag diese
Straße. Gegen Abend kam ich an die Kirche des Johannes des Täufers am
Jordan. Hier betete ich und stieg dann in den Jordan und benetzte mir
Gesicht und Hände mit seinem heiligen Wasser. Dann empfing ich in der
Kirche des Täufers die Eucharistie, aß ein halbes Brot, trank aus dem
Jordan und legte mich auf die Erde zum Schlafen. Am nächsten Morgen
entdeckte ich ein kleines Boot und setzte auf das andere Ufer über. So

kam ich in die Wüste, und hier hause ich bis zum heutigen Tag. Ich weine und warte auf meinen Gott.“

Auf die Frage des Zosimas, wie lange sie schon hier lebe, erwiderte sie: „Siebenundvierzig Jahre glaube ich. Die zweieinhalb Brote, die ich noch hatte, wurden hart, und ich habe sie allmählich aufgegessen. Die nächsten siebzehn Jahre nährte ich mich von Kräutern und was sonst sich in der Wüste findet; mein Gewand fiel dazwischen in Fetzen von mir ab, und ich hatte viel unter Hitze und Kälte zu leiden. Jetzt nährt mich Gottes Wort, das über allem steht. Ich beschwöre dich: erzähle keinem Menschen, was du gehört hast, bevor mich der Herr von dieser Erde nimmt. Und jetzt geh in Frieden!“

Die berühmte Maria Aegyptiaca ist der Prototyp der reuigen Sünderin in der byzantinischen Hagiographie. Ihre Vita wird fälschlich dem Sophronios zugeschrieben, der als Patriarch von Jerusalem im Jahre 638 starb.

Migne, Patrologia graeca 87, 3, Sp. 3697–3725.

Doktor der Medizin

Jetzt kommt Gesios an die Reihe, der Professor der Heilkunde. Nicht wie er die Verschreibungen unserer Heiligen analysiert, nicht wie er kühn behauptet, die Heiligen holten sich ihre Methoden aus den Lehrbüchern der medizinischen Schule, sondern nun selber erkrankt und schwer leidend und nach Gottes Hilfe verlangend. Wenn er sie erlangt hat, wird er den Märtyrern das Zeugnis ausstellen, daß ihre Heilkunst die beste ist, daß sie von Gott kommt und daß das Selbstlob der Ärzte, an dieser Kraft gemessen, nichts wert ist. Ich will also von seiner Krankheit berichten, von den Ursachen seines Leidens und von der amüsanten Kur, auch wenn er selbst sich ihrer noch schämen sollte und nicht wünscht, daß sie aufgezeichnet werde. Gesios war ein sehr gelehrter Professor; nicht etwa daß er als profunder Kenner der Redekunst die Robe trug, sondern als Chefarzt, als tiefgründiger Lehrer der Medizin, damals weltbekannt. Dieser weise Mann, den man pries und der als der beste unter den Ärzten gerühmt wurde, dieser Unglückliche war nicht frei vom heidnischen Irrglauben, wie diejenigen erzählen, die ihn gut kannten. Er erzählte, er habe sich nur widerwillig taufen lassen und sei nur durch kaiserlichen Druck dazu gebracht worden. Als er aus dem Taufbecken stieg, soll er frevelhaft Homer zitiert haben:

„Aiax starb, als er salziges Wasser getrunken.“

Nach der Taufe verbarg er zwar seine Gottlosigkeit, machte sich aber immer über die Christen lustig, als würden sie Christus völlig unsinnig verehren, seine Gebote zu ernst nehmen und anderes mehr. „Aus seinem schlechten Herzen kamen schlechte Worte hervor", denn wes das Herz voll ist, des geht der Mund über. Er machte sich auch über Kyros und Johannes lustig: Sie kurierten die Menschen mit rein medizinischen Mitteln und nicht etwa durch Wunderkraft. Er ließ sich von ihren Verschreibungen berichten, so wie wir sie hier im einzelnen beschrieben haben, und behauptete, hier handle es sich um rein medizinische Erkenntnisse; das eine Mittel stamme von Hippokrates aus dem und dem seiner Werke, das nächste könne man bei Galen nachlesen, das nächste sei ein Umschlag, den Demokrit beschreibe – und er zitierte die entsprechende Stelle. Und wenn er von einem weiteren Medikament hörte, so war es, wie er prahlerisch behauptete, die Kur eines anderen Arztes. Alles, was von den Heiligen erzählt werde, sei Flickwerk aus der Schulmedizin. Er erörterte die Krankheiten und die Qualität der Verschreibungen alle nach rein natürlichen Gesichtspunkten und vertrat die Ansicht, daß alles, auch die Heilungen, sich nach den Regeln der Medizin vollziehe.

Den Gegenbeweis traten die Heiligen mit Gesios selbst an. Er wurde dementsprechend schlagend! Gesios bekam es mit seinem Rücken zu tun, seine Schultern und sein Hals trockneten aus, und er konnte sie nicht mehr bewegen. Gott fügte es so. Alles war wie dürres Holz, ohne Saft, und die Schmerzen waren entsprechend. Die Ursache kannte er nicht, und er, der Arzt aller anderen, suchte sich jetzt selbst zu heilen. Er arbeitete mit verschiedenen Salben, Spülungen und diversen Diät-Maßnahmen; er aß sehr heiß, da er der Ansicht war, es handle sich um Verkühlung und Hitze zugleich, und er glaubte, damit die Ursache seines Leidens verdunsten zu lassen.

Nachdem er alles, was seine Kunst ihn lehrte, ausprobiert hatte – Galen, Hippokrates und die anderen Ärzte waren seine Autoritäten –, die Krankheit aber nicht nachließ und er seine Glieder nach wie vor nicht bewegen konnte, da ließ er die bekanntesten Ärzte zu sich kommen, schilderte ihnen seine Leiden und bat sie um ein Mittel dagegen. Jeder wußte eine Meinung vorzubringen, aber am Ende mußte er ihnen sagen, daß er dies alles schon versucht habe. Als sie das hörten, hatten sie keinen Rat mehr: da könne nur noch Gott helfen, der ja immer noch mehr ausrichte als ein Mensch und zustande bringe, was kein Mensch vermöge. Sie schlugen ihm vor, zu Kyros und Joannes zu gehen und sich dort heilen zu lassen, denn diese besäßen die göttliche Gnade und heilten kraft göttlicher Wundermacht. Darauf wußte Gesios sofort zu erwidern, auch diese Heiligen heilten nur mit natürlichen Mitteln. Alles finde sich schon bei den alten Größen der Medizin. Aber die Kollegen widersprachen mit Nachdruck, sie führten zahlreiche Heilungen auf und sprachen von zahlreichen Verordnungen und den damit kurierten Krankheiten. Der Kranke solle dies doch zur Kenntnis nehmen. Gesios wußte nichts mehr zu sagen, und was er noch sagte, widerlegten die Ärzte sofort. Da ließ er sich schließlich herbei, ihren Rat zu befolgen, nicht so sehr, weil er überzeugt gewesen wäre, als vielmehr von seinen Schmerzen dazu gezwungen.

So kam er also, bat flehentlich um Heilung und betete zu ihnen, so weit er ein Gebet zustande brachte. Da erschienen sie ihm in der Nacht und gaben ihm eine Verordnung, die zugleich eine gerechte Strafe bedeutete. Er, der sich wer weiß was dünkte, wurde damit am Ende zum Tölpel. Sie sagten ihm: „Besorge dir einen Esel-Sattel und lege ihn dir auf die Schultern um Hals und Rücken, wo du die Schmerzen hast. Geh dann um die Mittagszeit ganz um die Kirche herum und rufe laut aus: „Ich bin ein Dummkopf und verstehe von nichts etwas!" Folgst du unserer Anordnung, wirst du sofort gesund!" So sprachen die Heiligen und entschwanden. Gesios drehte sich auf die andere Seite, sah in dem Ganzen einen puren Traum und glaubte nicht, daß es sich um eine Weisung der Heiligen handeln könnte. Er setzte sich darüber hinweg und unternahm nichts dergleichen. Als er aber weiter zu den Heiligen betete, da bekam er nur die gleiche Anweisung, jetzt allerdings mit einem Zusatz. Sie erschienen ihm wiederum im Schlaf und befahlen ihm, sich außer dem Sattel auch noch eine Glocke um den Hals zu hängen, damit um die Kirche zu gehen und laut auszurufen: „Ich bin ein Dummkopf!" Aber auch diese Empfehlung schlug er in den Wind und glaubte wiederum, es handle sich um ein Hirngespinst; denn — so dachte er sich — ein Sattel und eine Glocke sind doch nicht dazu angetan, mich zu kurieren. So betete er weiter zum Herrn, er möge ihn doch heilen und nicht mehr mit solchen Träumereien zum Narren halten. Da erschienen ihm die heiligen und menschenfreundlichen Martyrer ein drittes Mal, wiederholten die beiden ersten Befehle und fügten hinzu, er solle auch einen Halfter tragen wie ein Esel und sich daran von einem Sklaven herumführen lassen, im Schmuck von Sattel und Glocke, und möglichst oft ausrufen: „Ich bin ein Dummkopf!" Gesios wachte auf und hatte jetzt doch Bedenken, die Erscheinung nochmals als bloßen Traum abzutun, da es nun schon das dritte Mal war. Er sah sich also genötigt, den Befehl auszuführen, um endlich gesund zu werden und die Heiligen nicht ganz gegen sich aufzubringen. So legte er sich einen Sattel auf Schulter und Rücken, trug eine Glocke um den Hals und zog sich Zaumzeug über den Kopf und nahm es in den Mund. So ging er hinter dem Sklaven her, der ihn um die Kirche führte. Er machte, wie diejenigen berichten, die mitgezählt haben, zehn Runden und rief immer wieder: „Ich bin ein Dummkopf." Nachdem er so die Weisung der Heiligen befolgt hatte, legte er samt Sattel, Zaum und Glocke auch seine Krankheit im Rücken ab und erhielt seine Gesundheit wieder dank der Anordnung der Heiligen und seinem Gehorsam.

Als die Nacht allmählich dem Tage wich, erschienen die Heiligen dem Gesios noch einmal, erinnerten ihn nicht unfreundlich an die Sünden, die er gegen sie begangen: „Wenn du schon der Ansicht bist, daß alle unsere

Kuren schon bei den alten Ärzten zu finden sind, die längst zu Staub zerfallen sind, dann sage uns doch, wo bei Hippokrates oder Galen, die du so bewunderst, etwas von der Kur deines Leidens steht. Wo spricht Demokritos darüber oder einer deiner vielgerühmten Ärzte? Wenn du darüber etwas bei ihnen finden kannst, dann beruht auch auf Richtigkeit, was du sonst über uns gesagt hast. Wenn aber nicht, dann ist alles Lüge." Gesios wußte nichts zu erwidern. Und als er aufwachte, staunte er über die gründliche Widerlegung, die er erfahren hatte.

In der Nähe der ägyptischen Hauptstadt, in Abukir (Abu-Vater Kyros), gab es ein Asklepiosheiligtum, in dem der seit alters bekannte heilsame Tempelschlaf gepflegt wurde. Patriarch Kyrillos von Alexandreia (gest. 444) war dieser heidnische Usus ein Dorn im Auge, und er verwandelte den Tempel in eine Kirche und weihte sie den von ihm gefundenen Martyrern Kyros und Joannes, ohne den Heilschlaf abzustellen, der nun unter christlichem Vorzeichen weiter gepflegt wurde. Die zahlreichen Heilungswunder wurden frühzeitig gesammelt – man merkt an den Texten, daß es mit dem Heidentum noch keinesfalls zu Ende ist. Die verbliebene Sammlung solcher Wunderberichte wird Sophronios von Jerusalem (gest. 638) zugeschrieben.

Migne, Patrologia graeca 87, 3, Sp. 3379–3676 (unser Text Sp. 3513–3524).

Der betrügerische Kaufmann

Ein Kauffahrer hatte einmal große Verlustgeschäfte gemacht. Da begab er sich zu unserem Heiligen und bat ihn unter Tränen, er möge Mitleid mit ihm haben, so wie er auch anderen Gutes tue, so auch ihm gegenüber. Johannes gewährte ihm fünf Pfund Gold. Der Kauffahrer nahm das Geld, ging hin, schloß einen Vertrag und kaufte sich eine Schiffsladung und verfrachtete sie. Aber kaum hatte er den Leuchtturm hinter sich gebracht, so erlitt er Schiffbruch, auch wenn das Schiff nicht verloren ging. Voll Vertrauen auf die Gutmütigkeit des Heiligen ging er wieder zu ihm und sagte: „Erbarme dich meiner, so wie sich Gott der Welt erbarmt." Da sagte der Patriarch: „Glaube mir, Bruder, hättest du nicht das Geld der Kirche in einen Topf geworfen mit dem Geld, das dir verblieben war, dann hättest du nicht Schiffbruch erlitten. Dein Geld entstammte ja üblen Geschäften und so ging es zugrunde samt dem aus guter Quelle." Trotzdem ließ er ihm zehn Pfund Gold aushändigen, befahl ihm aber, diese Summe nicht zusammen mit anderen Geldern anzulegen. Der Mann aber kaufte sich wieder eine Schiffsladung wie vorher und ging auf Fahrt. Den ganzen Tag war die See sehr stürmisch, so daß er wieder ans Land geschleudert wurde. Jetzt ging auch das Schiff in Brüche, und er verlor alles. Nur die Leute konnten gerettet werden.

Da schämte er sich seines Elends so sehr, daß er gewillt war, sich umzubringen. Gott aber, der immer für das Heil der Menschen Vorsorge trifft, bereitete den seligen Patriarchen darauf vor. Als er nun von dem Unglück hörte, ließ er dem Kauffahrer sagen, er möge unverzüglich zu ihm kommen. Da streute sich der Mann Staub über, zerriß seine Kleider, bis sie nach nichts mehr aussahen und begab sich zum Patriarchen. Als er dem Patriarchen in diesem Aufzug gegenübertrat, schalt ihn dieser aus. Dann sagte er: „Der Herr sei dir gnädig, Gott sei gepriesen! Ich habe von ihm die Versicherung, daß du von heute ab nie mehr Schiffbruch erleiden wirst bis an dein Ende. Es ist dir passiert, weil dein Schiff aus unrecht Gut gebaut war." Dann befahl er, dem Mann ein Schiff aus der Zahl der besten seiner Kirche zu übergeben samt einer Ladung von 20000 Scheffel Getreide. Der Mann verließ damit Alexandreia. Und er selbst versichert: Zwanzig Tage und Nächte lang sind wir im Sturm gesegelt, und es war uns darüber unmöglich, die Richtung festzustellen, weder mit Hilfe der Gestirne noch von irgendeinem Punkt der Erde aus. Aber der Steuermann merkte, wie der Patriarch mit ihm zusammen das Steuerruder hielt, und er hörte ihn sagen: Fürchte dich nicht, du steuerst nämlich ganz richtig.

Nach zwanzig Tagen kamen wir nach England. Wir näherten uns der Küste und fanden einen großen Hafen. Als wir dem Vorsteher der Stadt sagen ließen, wir hätten eine volle Getreideladung, da ließ er uns ausrichten: Gott hat euch zum richtigen Zeitpunkt eintreffen lassen. Ihr habt die Wahl: entweder für jeden Scheffel ein Goldstück oder für die Rückfahrt eine Ladung Zinn. Wir teilten, nahmen also zur Hälfte Geld und zur Hälfte Zinn.

Hier muß nun etwas berichtet werden, was diejenigen, denen Gottes unermeßliche Gnade nicht vertraut ist, nur schwer oder überhaupt nicht glauben werden, diejenigen aber, welche Erfahrung mit seinen Wunderwerken haben, ohne weiteres annehmen werden. Wir segelten also wieder ab, machten uns auf die Rückfahrt nach Alexandreia und landeten an der Küste von Ptolemais. Der Kauffahrer lud von dem Zinn aus, um es zu verkaufen; er hatte einen Geschäftsfreund dort, der ihn darum gebeten hatte. Er händigte ihm also eine Kiste mit circa einem halben Zentner aus, weil der Geschäftsfreund die Qualität prüfen wollte. Er öffnete die Kiste und fand darin statt Zinn pures Silber. Da glaubte er, der Kapitän wolle ihn auf die Probe stellen. Er brachte die Kiste zurück und sagte: „Gott verzeihe dir. Habe ich dich jemals beschwindelt, daß du mich nun auf die Probe stellen mußt und mir Silber statt Zinn gibst?" Erstaunt über diese Rede, sagte der Kapitän: „Glaube mir, ich habe die Ladung als Zinn übernommen. Wenn aber derjenige, der Wasser in Wein verwandelt hat, dank den Gebeten des Patriarchen aus Zinn Silber werden ließ, dann kann man darüber kaum überrascht sein. Aber überzeuge dich selbst. Komm mit aufs Schiff und wir wollen uns den Rest der Ladung ansehen, von der ich dir abgegeben habe." Sie gingen aufs Schiff und stellten fest, daß auch das übrige Zinn pures Silber geworden war.

Der Bischof Leontios von Neapolis auf Kypros hinterließ uns eine kulturgeschichtlich besonders interessante Biographie des Patriarchen Joannes von Alexandreia mit dem Beinamen der Almosengeber. Der hier gebotene Auszug ist eine der wichtigsten Quellen für die Handelsbeziehungen zwischen England und Ägypten im Ausgang der Antike. Joannes starb 619.

H. Gelzer, Leontios' von Neapolis Leben des heiligen Johannes des Barmherzigen, Freiburg 1893, S. 18–20.

Eheanbahnung

Ein vornehmer Mann erzählte mir folgendes: Er sei krank in der Kirche der heiligen Kosmas und Damian gelegen. Ihm zur Rechten lag eine adelige Dame, die auf Grund von Mutlosigkeit und Trübsal die Sprache verloren hatte und kein Wort mehr sprechen konnte. Ihm zur Linken ein Gelähmter. Nachdem alle drei geraume Zeit in der Kirche lagen, erschienen die Diener Christi dem Gelähmten und sagten zu ihm: „Wenn du gesund werden willst, dann schlafe mit der stummen Frau nebenan." Darunter soll sich nun ja niemand etwas Unanständiges vorstellen, vielmehr auf die Absicht der Heiligen achten. Sie schrieben ihm ja nicht vor, wie man annehmen könnte, sie sollten miteinander Verkehr haben, wollten vielmehr nur beiden die Möglichkeit zur Heilung geben. Der Mann wachte auf und glaubte, die Erscheinung, die er gehabt, sei rein seiner Phantasie entsprungen; er nahm sie weiter nicht ernst. Da erschienen ihm die Heiligen ein zweites Mal und erteilten ihm dieselbe Weisung. Aber er kümmerte sich auch dieses Mal nicht darum, in der Meinung, so etwas passe nicht zu den Heiligen. Beim dritten Mal veranlaßten sie ihn unter Drohungen, den Auftrag auszuführen. Jetzt wartete der Gelähmte Mitternacht ab. Dann kroch er ganz leise und auf allen Vieren zur Frau. Als er sich am Bett der Frau festhielt, da wachte sie auf und gewann ihre Sprache wieder: Sie schrie ein um das andere Mal auf, die Leute sollten den Missetäter beiseiteschaffen. Der Mann wollte natürlich entkommen; er sah ja schon, wie die Leute herbeistürmten. Er sprang auf die Füße und nahm Zuflucht bei dem Manne, der diese Geschichte erzählt hat und fiel vor ihm auf die Knie nieder. Wie gut war doch der Ratschlag der Diener Christi! Der Gelähmte brachte der Stummen das Sprechen bei, und die Stumme lehrte den Gelähmten den Dauerlauf. Und wie ich von dem Mann, der zwischen beiden gelegen hatte, erfuhr, fanden sich in der Folge die beiden Betroffenen und machten Hochzeit.

Wie bei Kyros und Joannes, so gab es auch bei den heiligen Ärzten Kosmas und Damian, den sogenannten Anargyroi, d.h. Ärzten, die kein Honorar nahmen, den Heilschlaf. Wozu er dienen konnte, über das Heilungswunder hinaus, erzählt ergötzlich unsere Geschichte.

L. Deubner, Kosmas und Damian, Leipzig 1907, S. 162–164.

St. Georg und die Sarazenen

Einmal unternahmen die Sarazenen einen Feldzug und machten alle Bewohner einer Stadt in Palästina zu Kriegsgefangenen. Sie schlugen in der Stadt ihr Lager auf und vertrieben sich die Zeit mit Fressen und Saufen. In ihrer Frechheit gingen sie so weit, daß sie in der herrlichen Kirche, in welcher der siegreiche Leib des Martyrers Georgios ruht, ein Gelage veranstalteten, sich betranken, schliefen und Würfel spielten. Dann spannten sie ihre Bogen, um nach oben auf die Bilder der Heiligen zu schießen. Einer der Gefangenen nahm es sich heraus und sagte, sie könnten sich ein solches Verbrechen gegen die Heiligen nicht erlauben. „Denn“, so sagte er, „der Martyrer, dessen sich diese Kirche rühmt, war ein Soldat, der nie besiegt wurde. Er versteht sich darauf, seine Feinde für ihre Untaten zu bestrafen.“ Die Sarazenen brachen in Gelächter aus und sagten: „Welcher soll es denn sein, sage es uns!“ Dieser aber zeigte mit dem Finger nach oben auf das Bild des Martyrers, ein herrliches Mosaik, wo er gepanzert, mit Beinschienen und einem Kriegsspeer in der Hand zu sehen war, furchteinflößend für den Beschauer.

Da spannte einer der Sarazenen sofort seinen Bogen und schoß auf das ehrwürdige Bild. Das Geschoß aber verließ seine gerade Bahn, kehrte um und traf den Schützen mitten ins Herz und kam durch den Rücken wieder hervor. Der Schütze fiel sofort zu Boden und starb. Die anderen Sarazenen sahen, wie der Heilige auf dem Bild die Hand ausstreckte. Bei diesem Anblick erschraken sie furchtbar und flohen; wie vom Schwert getroffen, schrien sie auf und durcheinander, andere trampelten sich gegenseitig tot und gingen so zugrunde. Anderen gelang die Flucht, und sie konnten sich retten. Sie kehrten in ihre Heimat zurück und verkündeten die Macht des Heiligen. Seit dieser Zeit wagt kein Feind mehr, sich übermütig diesem Heiligtum zu nähern. Müssen sie daran vorbei, tun sie es mit Zittern und Zagen und preisen die Macht des Heiligen, der dort wohnt.

Zu den Heiligen, über deren Wunder eigene Sammlungen berichten, gehört auch der legendäre Soldatenheilige Georgios, der Drachentöter. Besonders den einfallenden Sarazenen gegenüber verehrte man ihn als tapferen Helfer.

J. B. Aufhauser, Miracula s. Georgii, Leipzig 1913, S. 8–12.

St. Georgs Pizza

In der Provinz Paphlagonien gibt es eine berühmte Kirche des heiligen Großmartyrers Georgios, die bei den Einheimischen Phatrynon heißt. Ursprünglich war es eine vom Einsturz bedrohte Kapelle. Für die Restauration oder besser den Wiederaufbau waren keine Mittel aufzutreiben. Dort trafen sich gelegentlich die Kinder zum Spielen. Eines dieser Kinder verlor fast immer und mußte es sich gefallen lassen, daß die anderen es verspotteten. Da richtete es seine Augen auf die Georgs-Kirche und sagte: „Heiliger Georgios, laß mich gewinnen, dann bringe ich dir in deine Kirche eine schöne Pizza." Und das nächste Mal siegte er, kaum daß das Spiel begonnen hatte, in einem fort. Da ging er zu seiner Mutter und bat sie um das versprochene Geschenk für den Heiligen. Die Mutter liebte ihr Kind und noch mehr den Heiligen. Sie machte sich also sofort daran, die Bitte zu erfüllen. Der Junge bekam seine Pizza, brachte sie in die Kirche, stellte sie auf den Altar und ging wieder heim.

Kurz darauf kamen vier Kaufleute vorbei. Sie betraten die Kirche, um zu beten. Als sie die noch dampfende, wohlriechende Pizza sahen, sagten sie zueinander: Was soll der Heilige damit? Wir essen sie und brennen zum Entgelt etwas Weihrauch ab. Und so taten sie. Aber da war es ihnen unmöglich, wieder aus der Kirche hinauszukommen. Da nahm jeder eine Kupfermünze und legte sie vor dem Heiligen nieder. Aber auch dies half nichts. Jetzt opferten sie zusammen ein Goldstück und baten den Heiligen, sie wieder hinauszulassen. Aber von Blindheit geschlagen, fanden sie wiederum den Ausgang nicht. Schließlich legte jeder einzelne von ihnen eine Goldmünze nieder; sie flehten den Heiligen nochmals an und jetzt konnten sie ungehindert die Kirche verlassen. Draußen sagten sie: „O heiliger Georgios, du verkaufst deine Pizza zu Wucherpreisen. Dir kaufen wir nichts mehr ab. Doch nichts für ungut: Verzeihe uns!"

Aufhauser, a.a.O. S. 103–197.

Der Feldherr und sein Schutzengel

Was den seligen Petronas angeht, den Patrikios und Bruder der Kaiserin Theodora, so haben Leute, die mit der Sache vertraut sind, übereinstimmend darüber berichtet.

Petronas bekehrte sich zu Gott, nachdem er früher durchaus nicht den rechten Weg gegangen war, sich vielmehr wie ein Sklave dem Diktat des Vergnügens unterworfen hatte. Eines Tages fiel er in eine schwere Krankheit und glaubte sterben zu müssen. Da verließ er die Stadt und legte sich im berühmten Heiligtum der wundertätigen Ärzte Kosmas und Damian im Viertel des Paulinos nieder.

Hier bekam er Besuch vom Herrn Ephraim, der schon sein Freund geworden war, ehe er die Mönchskutte angezogen hatte. Er sah Petronas jämmerlich zu Bette liegen, die Augen hoch angeschwollen vor Schlaflosigkeit. Er sagte zu ihm: „Herr, es gibt einen Diener Gottes, einen großen Asketen, der nicht weit von hier abgeschlossen von der Welt lebt. Wenn er kommt und dich besucht, so wird es dir gut bekommen, hier und in der anderen Welt." Der Kranke hörte dies und sagte: „So wie du mich siehst, habe ich nun schon drei Tage kein Auge zutun können. Es geht mir so schlecht, wie es nur gehen kann. Hast du denn kein Erbarmen mit mir, daß du dir so viel Zeit läßt, bis du den Mann Gottes zu mir bringst?" Da eilte Bruder Ephraim zum heiligen Mann Antonios und bat ihn, sich doch zu einem Besuch beim Patrikios herbeizulassen. Aber Antonios entgegnete: „Weltleute halten sich an kein Gelöbnis. Deshalb will ich nicht hingehen." Aber da Ephraim unaufhörlich auf ihn einredete, stand er schließlich auf und ging mit ihm zu dem Kranken. Als dieser den Heiligen sah, sagte er klagend: „Ich muß sterben, heiliger Vater." Doch Antonios erwiderte: „Ein Christenmensch stirbt nicht." Petronas dazu: „Ich bekenne zwar, ein Christ zu sein; ich habe mich aber mein Leben lang um Christenpflicht nicht gekümmert. Deshalb kommt auch jede Nacht ein übler Äthiopier mit einem unverschämten Gesicht an mein Bett und behauptet: Du gehörst mir!" Da sagte der Heilige: „Dieser Äthiopier wird heute Nacht dank Gottes Erbarmen nicht zu dir kommen. Du wirst gut schlafen vom Abend bis zum Morgen."

Da erhob sich Petronas von seinem Bett; auf den Heiligen und auf einen Stab gestützt, ging er mit Antonios in eine Ecke der Kirche, legte vor ihm sein ganzes Inneres bloß und bat ihn, er möge ihn zum Mönch scheren.

Aber Antonios meinte: „Ich glaube nicht, daß dies in deinem Falle angemessen wäre, nachdem du dich erst jetzt so plötzlich für den besseren Weg entschieden hast. Es geht um einen hohen Beruf, dessen Pflichten nicht leicht zu erfüllen sind. Bemühe dich lieber, als Mensch in der Welt nach Möglichkeit gottgefällig zu handeln. Möge der Herr in seiner Gnade dir dabei helfen." Nachdem er so gesprochen, gab ihm Petronas Kerzen und Öl, damit er zusammen mit Bruder Ephraim einen Nachtgottesdienst für ihn abhalte. Und während die beiden für ihn beteten, wachte der Erlöser über ihm: Er schlief gut, wie Antonios es vorausgesagt hatte, und der Schwarze wagte sich nicht an sein Bett. Am Morgen besuchten ihn Leute aus der Umgebung des Antonios und fanden ihn wohlgemut und auf dem Weg der Besserung. In Bälde ging die Krankheit völlig vorbei, und er war wieder wohlauf.

Antonios stellte fest, daß Petronas auf dem Weg zu Gott Fortschritte machte, auf Gottes Wort achtete und Christi Wohlgefallen erlangte. Da betete er vor der Ikone der Gottesmutter: „Gütige Herrin, die du den Sohn Gottes auf deinen Armen trägst, nimm meine Bitte entgegen und gib sie weiter an deinen Sohn und Gott: Schenke mir die Seele deines treuen Dieners Petronas, damit ich mich des überfließenden Reichtums deines Erbarmens rühmen kann." Das war sein ständiges Beten. Eines Nachts aber, wie er so mit ausgestreckten Armen vor der Ikone stand, da neigte sich das Bild der Gottesmutter und berührte seine Hände, kehrte aber sogleich wieder in die alte Stellung zurück. Da erkannt Antonios, daß die Gottesmutter seine Bitte für Petronas angenommen hatte. Er machte sich jetzt um sein Seelenheil keine Sorgen mehr und pries ohne Unterlaß den Herrn.

Damals war Petronas Oberstkommandierender im Militärbezirk Thrakesion. Es begab sich, daß zu dieser Zeit zwei Heere der gottlosen Sarazenen gegen uns ausrückten. Als Kaiser Michael III. davon hörte, verfaßte er ein feierliches Schreiben an den Kommandeur des Thrakesion des Inhalts, er solle mit aller Sorgfalt seine Truppen in Stellung bringen, jedoch nur um die heidnischen Vorscharmützel abzuwehren, damit nicht ganze Landstriche durch einen großen Krieg weithin verwüstet würden. Der Feind aber dürfe von diesem Plan nichts erfahren.

Als unser heiliger Vater Antonios von den Kriegsvorbereitungen hörte, da nahm er eine Pilgerreise zum Apostel und Theologen Johannes in Ephesos zum Vorwand und machte sich auf zu einem Besuch bei seinem geistlichen Sohn. Als Petronas den Heiligen sah, rief er aus: „Was machst du da, mein Vater? Du verläßt die Stadt, jetzt, wo wir gegen den Feind marschieren müssen? Vielleicht sollten wir zur Festung Plateia Petra fahren. Da kannst du dich sicher wissen und für uns beten."

Sie begaben sich also in die genannte Festung, und dort zeigte Petronas ihm das kaiserliche Schreiben. Als der Heilige nichts sagte, fragte ihn Petronas: „Was befiehlst du deinem Sohn, Vater, in dieser Angelegenheit?" Der Heilige sagte: „Wenn ich es dir sage, wirst du dann tun, was ich wünsche?" Als Petronas bejahte, sagte Antonios aus tiefster Überzeugung: „Der Sieg des Petronas steht unmittelbar bevor. Der sarazenische Emir Amr wird Syrien nicht wiedersehen. Ziehe also aus im Namen unseres Herrgottes. Singe den vierten Kanon des heiligen Nikolaos ‚Stelle dich am Morgen gegen den Feind, und du wirst den Sieg davontragen'!"

Petronas nahm die Weisung hin, als käme sie aus Gottes Mund. Er zog aus voll Mut und Gottvertrauen zum Marsch gegen die Sarazenen. Er machte es, wie der Heilige ihm aufgetragen hatte: er ließ den Kanon singen. Als der Tag anbrach, hörte er deutlich die Stimme des Vaters: „Ich habe es dir gesagt: Gott hat dir den Sieg schon geschenkt. Greife so schnell wie möglich an und schlage die Barbaren nieder!" Als der Kommandeur diese Stimme hörte, da stürzte er sich voll Mut und Freude auf die Barbaren. Die einen wurden mit Schwert oder Speer niedergemacht, andere wurden gefangengenommen, andere in die Flucht gejagt. Ihren Fürsten, den vielgerühmten Amr, tötete er mit dem Schwert. Seinen verhaßten Kopf samt reicher Beute nahm er mit, als er siegreich und von Jubel begleitet nach Konstantinopel zurückkehrte. Hier wurde er triumphal vom Kaiser und dem gesamten Senat empfangen, hoch gepriesen und mit allen Ehren bedacht.

Nachdem der Umgang mit Antonios dem erlauchten Patrikios so viel Glück beschert hatte, wollte dieser keinen einzigen Tag mehr getrennt von ihm verbringen. So brachte er ihn als Gast in seinem eigenen Hause unter, diente ihm wie die Sunamitin des Alten Testaments dem Propheten Elisaeus, wobei er selbst für seine eigene Seele den größeren Vorteil hatte.

Als Antonios achtzig wurde, da sagte er zu seinen Gefährten: „Dieser Tage, meine Brüder, werde ich mich von euch trennen müssen und ins jenseitige Leben eingehen." Nach einigen Tagen wurde er krank. Da begab er sich ins Kloster des Diakons Leon und legte sich dort zu Bett. Als die Krankheit mit jedem Tag schlimmer wurde und die Auflösung bevorstand, hörte der Jünger Christi Petronas davon und machte sich auf den Weg zu ihm und klagte: „Wehe mir, jetzt werde ich wieder zum Weltmenschen Petronas, wenn er sich nicht mehr väterlich um mich sorgt. Durch sein Gebet hat er mich und meinen Sohn vor den Pforten der Hölle bewahrt, mit tausend Gaben hat er mich beglückt, mich aus den Banden der Sünde befreit und zu einem besseren Lebenswandel gebracht." Als er bei Antonios eintraf, rief er aus: „Laß mich nicht allein, Vater! Laß mich nicht im Stich, nachdem du mich von der Unzahl meiner Sünden weggebracht hast. Bitte doch den Herrn für mich, damit mir auch noch diese Wohltat widerfahre, sonst sind ja deine Mühen umsonst gewesen, wenn ich von dir getrennt zu meinem alten Auswurf zurückkehre." Antonios aber sagte: „Gott, der durch meine Wenigkeit für dein Heil gesorgt hat, wird dir einen anderen geistlichen Vater statt meiner schicken, und deine Seele wird durch ihn behütet werden, weil er sich liebevoll deiner annehmen wird." Aber Petronas wollte von einem solchen Trost nichts wissen und bedrängte Antonios immer wieder mit der gleichen Bitte. Da nun dieser merkte, wie er darauf bestand und daß er nichts mehr wissen wollte von einem Leben hier auf Erden in schalen und kurzfristigen Vergnügungen, da sagte er: „Friede sei mit dir, mein Bruder! Geh deinen Weg, so wie es dir ums Herz ist, und der Wille des Herrn wird sich an dir erfüllen."

Mit diesem Gebet des Vaters kehrte der erlauchte Petronas in sein eigenes Haus zurück. Und spät am Abend fing er zu fiebern an. Am nächsten Tag stieg das Fieber, da schickte er am Nachmittag jemand aus, um zu erfahren, wie es dem Vater Antonios gehe. Aber auch der selige Antonios schickte jemand auf den Weg mit derselben Frage nach dem

Befinden des Petronas. Die Boten begegneten sich auf halber Strecke und erzählten sich, warum sie gekommen seien. Dann ging jeder weiter. Aber keiner fand noch einen Lebenden vor, weder der eine den Antonios noch der andere den seligen Petronas. So wurde es offenbar, daß beide zur selben Stunde gestorben und zu Gott gegangen waren. Einer aber wurde gewürdigt, dies alles schon eher zu sehen. „Ich schaute", so erzählte er, „wie sie auf feurigen Rossen sitzend, beide mit gleicher Geschwindigkeit hoch zum Himmel hinaufritten, der ehrwürdige Vater Antonios sowohl wie auch der selige, gottbehütete Petronas, bis sie meinen Augen entschwanden."

Ein Beispiel „historischer" Hagiographie. Petronas war ein Onkel des Kaisers Michael III. (842–867). Er ist der Sieger in der Schlacht von 863, der es den Byzantinern ermöglichte, aus der Defensive in die Offensive gegen die Araber überzugehen. Der hl. Antonios selbst war, bevor er Mönch wurde, ein tapferer Provinzgouverneur, der sich besonders mit den arabischen Piraten anlegte. Interessant ist seine Vita auch deshalb, weil hier, in der Gestalt des Petronas, einer der nicht allzu häufigen Fälle eines „Heiligen in der Welt" auftritt.

F. Halkin, Saint Antoine le Jeune et Pétronas, Analecta Bollandiana 62 (1944) 187–225.

X.

Vom Leben der Mönche

Von der Bedeutung der Mönche für das Gesamt der byzantinischen Kultur und jener Gesellschaft, die sie trug, ist vieles geschrieben worden, und wohl nicht weniges mit schwer erträglichen Übertreibungen. Daß das Mönchtum eine bedeutende Rolle spielte, läßt sich freilich auf keinen Fall leugnen. Doch jene beherzten Schätzungen, wonach schon im 7. Jahrhundert ein Drittel des gesamten Reichsbodens in der Hand von Kirchen und Klöstern gewesen sei, ebenso wie die Behauptung, daß die Vermehrung der Mönche die Schuld an den demographischen Krisen des Reiches getragen habe, müssen bisher mangels Beweis im Abseits bleiben. Das Mönchtum in Byzanz spielte seine große Bedeutung aus, nicht insofern es dem Alltag des Byzantiners seine Lebensformen aufgedrängt oder die „Weltlichkeit" in den letzten verbotenen Winkel verbannt hätte, sondern wohl eher als ein Signal, das es immer wieder in Erinnerung brachte, daß man gegen Ende des Lebens am besten noch selbst Mönch werde, um das Heil zu sichern; und neben dieser Signalwirkung auch insofern, als es sich anbot, auf charismatische und damit wirklich glaubhafte Weise den Menschen in der Welt immer wieder mit seinem Gott zu versöhnen, was dieser weltliche Byzantiner seinen Pfarrern, die offensichtlich zu sehr in eben diesem Weltleben standen, wohl gar nicht mehr zutraute. Der Mönch ist der wahre Philosoph, der Deuter des göttlichen Willens und der Seelenführer, der „geistliche Vater" schlechthin. Freilich ist er auch manipulierbar. Vor allem machtbewußte Hierarchen bedienen sich seiner, lassen ihn in Massen auftreten und machen mit diesen Massen Politik. Was wunder, daß gegen Ende des Reiches die Mönche zur Überzeugung kamen, daß sie diese Politik auch selbst, ohne Patriarch und Bischof, machen konnten: sie begannen sich auch gegen die Hierarchie als die wahren Interpreten des rechten Glaubens aufzuspielen und damit den Boden zu verlassen, dem sie ihren Ursprung und ihre Wirkung verdankten.

Denn begonnen hatte die mönchische Bewegung als Protest nicht gegen irrige Glaubenssätze – um diese kümmerte sich das alte Mönchtum wenig – sondern als Protest gegen den Verrat an den asketischen Idealen der frühen Kirche. Daß man sich mit diesem Protest, d.h. mit dem Gang in die Wüste, auch den Nötigungen durch einen gottlosen Staat oder gottlose Kaiser eines christlich gewordenen Staates entziehen konnte, gab der Anachorese noch eine zusätzliche Würze. Was immer die einfachen Kopten in der ägyptischen Wüste sich ausgedacht haben mochten, sie entwickelten bald eine Weisheit eigener Art, die ihren Niederschlag in den „Sprüchen der Väter" fand. Erfrischend in ihrer robusten Naivität hob sie sich vom Gesäusel der gleichzeitigen Salonphilosophie ab und übte auf die vielen spätantiken Menschen, die vom Kulturpessimismus der Epoche angesteckt waren, eine ungeheure Anziehungskraft aus. Und weil trotz aller Verweltlichung wohl etablierter klösterlicher Institute immer wieder irgendwo ein Idealist aufbrach und zu den alten Idealen der Wüste zurückfand, behielt das byzantinische Mönchtum etwas von dieser Anziehungskraft über ein ganzes Jahrtausend weg. Der „Starez" ließ auf den geldgierigen Ökonomen seiner Abtei vergessen, und der Anachoret, der sich an die äußersten Ränder des Klosterbezirkes zurückzog und dort die armen Seelen der Umgebung empfing und tröstete, bot das erfreuliche Gegengewicht gegen eine Serie geschäftstüchtiger Äbte. Je massierter ein Stand in einer Gesellschaft auftritt, der Anspruch auf ein religiöses Tabu erhebt, desto ungehemmter machen sich Satire und Spott über ihn her – das mußte auch das byzantinische Mönchtum erfahren –, desto offenherziger aber und bereitwilliger wird derjenige aufgesucht und zum Seelenfreund gemacht, der innerhalb dieser anonymen und mittelmäßigen Masse das alte Ideal verkörpert.

Sprüche der Väter

Ein Bruder bat den Abba Matoes: „Sag mir ein Wort!". „Geh", sagte er, „bitte Gott, er möge dir Trauer und Demut ins Herz pflanzen. Denke immer an deine Sünden, urteile nicht über andere, ordne dich allen unter. Hab keine Freundschaft mit einem Jungen, keine Bekanntschaft mit einer Frau und keinen Umgang mit einem Häretiker. Sei nicht überheblich, halte deine Zunge in Zaum und ebenso deinen Bauch. Trinke keinen Wein, auch keinen Tropfen. Wenn jemand über etwas spricht, dann laß dich auf keinen Streit ein. Spricht er gut, dann sag ja; spricht er schlecht, dann sag: ‚Du mußt wissen, was du sprichst.' Argumentiere nicht mit ihm. Dies ist die Demut."

Vater Antonios sagte: Wer in der Wüste sitzt, um in Ruhe mit Gott zu leben, ist frei von drei Kämpfen: nämlich vom Hören, vom Sprechen und vom Sehen. Es bleibt nur ein Kampf, der des Herzens.

Der selige Erzbischof Theophilos begab sich einmal in Begleitung eines Beamten zum Vater Arsenios, um von ihm ein Wort zu hören. Nach einigem Schweigen sagte dieser: „Und wenn ich es euch sage, werdet ihr euch daran halten?" Sie versprachen es. Da sagte der Alte: „Wenn ihr wißt, wo Arsenios weilt, dann haltet euch fern." Einmal wollte der Erzbischof wiederum zu Arsenios, aber ließ zuerst anfragen, ob er ihm öffnen werde. Arsenios gab zur Antwort: „Wenn du kommst, will ich dir öffnen. Aber wenn ich dir öffne, werde ich allen öffnen, und dann bleibe ich nicht an diesem Ort." Darauf der Erzbischof: „Wenn ich dich mit meinem Kommen verjage, dann komme ich nicht mehr."

Einmal, als Arsenios in Kanopos weilte, kam eine Jungfrau aus einer Senatorenfamilie aus Rom, sehr reich und gottesfürchtig, um ihn zu besuchen. Theophilos nahm sie in Empfang, und sie bat ihn, den Alten dazu zu bringen, daß er sie empfange. Theophilos begab sich zu ihm und sagte: „Da ist von Rom die und die gekommen, aus senatorialer Familie, und sie will dich sehen." Aber der Alte weigerte sich, sie zu empfangen. Als sie dies erfuhr, befahl sie, die Reittiere zu satteln. „Bei Gott", sagte sie, „ich werde ihn sehen! Ich bin nicht gekommen, einen Mann zu sehen – deren gibt es in der Stadt genug – sondern einen Propheten." Als sie an die Zelle des Alten kam, befand sich dieser dank Gottes Fügung gerade vor der Zelle. Als sie ihn erblickte, warf sie sich ihm zu Füßen. Doch er hieß sie zornig aufzustehen, faßte sie ins Auge und sagte: „Willst du mir ins Gesicht sehen? Bitte, hier ist es!" Doch sie schämte sich und blickte ihn nicht an. Da sagte der Alte: „Hast du nichts von meinem Leben gehört? Mußt du es jetzt auch noch sehen? Wie konntest du es wagen, diese Reise zu unternehmen? Weißt du nicht, daß du ein Weib bist? Du solltest nicht einfach deinem Vergnügen nachgehen. Aber vielleicht willst du nach Rom zurückkehren und dort den Frauen sagen, daß du Arsenios gesehen hast. Und dann wird das Meer zur Fähre der Frauen, die zu mir wollen." Sie sagte: „Wenn der Herr es will, dann werde ich es nicht erlauben, daß auch nur eine zu dir kommt. Aber bete du für mich und gedenke immer meiner." Doch er: „Ich bete zu Gott, daß er die Erinnerung an dich aus meinem Herzen tilge."

Als sie dies hörte, kehrte sie verstört um. In der Stadt angelangt, bekam sie vor Schmerzen Fieber. Sie ließ den seligen Theophilos wissen, daß sie erkrankt sei. Dieser besuchte sie und fragte, was ihr denn fehle. Sie sagte ihm: „Wäre ich doch nie gekommen. Ich habe den Alten gebeten, meiner zu gedenken, und er hat mir erwidert, er bitte Gott, die Erinnerung an mich aus seinem Herzen zu tilgen. Ich sterbe vor Schmerz!" Da sagte der Erzbischof: „Weißt du denn nicht, daß du eine Frau bist und daß der böse Feind sich der Frauen bedient, um gegen den Heiligen zu kämpfen? Dies ist der Grund, warum der Alte so zu dir gesprochen hat. Aber für deine Seele wird er ständig beten." So wurde sie wieder gesund und kehrte froh nach Hause zurück.

Ein Alter sah einen lachen. Da sagte er zu ihm: „Wir müssen Rechenschaft ablegen vor dem Himmel und der Erde für unser ganzes Leben. Und du lachst!"

Ein Mönch begegnete auf der Straße Nonnen und bog von der Straße ab. Da sagte die Oberin: „Wärest du ein vollkommener Mönch, dann hättest du nicht einmal bemerkt, daß wir Frauen sind!"

Ein Bruder bat den Vater Serapion: „Sag mir ein Wort!" „Was soll ich dir sagen?" antwortete der Alte – „du hast den Witwen und Waisen weggenommen, was ihnen gehörte, und es in deine Zelle gestellt!" Tatsächlich war die Zelle voll von Büchern.

Ein Alter war ununterbrochen krank und schwach. Da kam ein Jahr, in dem er nicht erkrankte. Jetzt war er sehr betrübt und klagte: „Gott hat mich verlassen und sucht mich nicht mehr heim!"

Ein Priester verwies einen Bruder aus der Kirche, weil er gesündigt hatte. Da erhob sich Vater Bessarion und ging mit ihm hinaus. Er sagte: „Auch ich bin ein Sünder!"

Zum Vater Zenon kamen Brüder und fragten ihn: „Was bedeutet der Satz im Buche Job ‚Der Himmel ist nicht rein vor ihm‘?" Der Alte sagte: „Jetzt haben die Brüder ihre Sünden vergessen und suchen den Himmel!"

Vater Poimen fragte den Vater Ammonios: „Wenn man mit jemand sprechen muß, soll es dann mit den Worten der Heiligen Schrift oder mit den Worten der Väter sein?" Ammonios sagte: „Wenn du schon nicht schweigen kannst, dann sprich mit den Worten der Väter und nicht mit denen der Schrift. In der Schrift steckt keine geringe Gefahr!"

Ein Einsiedler bat einen Bruder: „Sei so gut und führe mich zum Vater Poimen." Poimen nahm ihn freudig auf, sie grüßten sich und nahmen Platz. Da begann der Fremde von der Heiligen Schrift und von geistlichen und himmlischen Dingen zu sprechen. Da wandte Poimen sein Gesicht ab und gab keine Antwort. Da ging der andere traurig weg und sagte zum Bruder: „Meine ganze Reise war umsonst. Ich habe den Alten besucht, und er spricht nicht einmal mit mir." Da ging der Bruder zum Vater Poimen und sagte: „Warum hast du nicht mit ihm gesprochen?" Da sagte der Alte: „Er spricht von himmlischen Dingen. Ich aber lebe hier auf der Erde und spreche von irdischen Dingen. Hätte er mit mir von den Leidenschaften der Seele gesprochen, hätte ich ihm geantwortet. Von geistlichen Dingen weiß ich nichts."

Es kam ein Alter zu einem anderen. Der befahl seinem Schüler: „Mach uns ein kleines Linsengericht!" Der tat es und brockte Brot hinein. Sie aber redeten von geistlichen Dingen bis zum anderen Tag um die sechste Stunde. Wieder sagte der Alte zu seinem Schüler: „Mach uns ein kleines Linsengericht, mein Sohn!" Der antwortete: „Ich habe es schon gestern gemacht." Also standen sie auf und aßen.

Einst sprach Vater Moses zum Bruder Zacharias: „Sage mir, was ich tun soll!" Wie Zacharias das hörte, warf er sich zu Boden und sprach: „Du fragst mich, Vater?" Da sagte der Greis zu ihm: „Mein Kind Zacharias, ich sah den Heiligen Geist auf dich kommen und daher werde ich gezwungen, dich zu fragen."

Vater Theodor befand sich einmal bei Brüdern in der Sketis. Beim Essen nahmen sie wohlerzogen die Becher in die Hand und tranken, aber brachen das Schweigen nicht. Da sagte Theodor: „Die Mönche haben ihre guten Manieren verloren. Sie sagen nicht einmal mehr ‚Mit Verlaub'."

Die Alten sagten: „Wenn du einen jungen Mönch siehst, der aus eigenem Willen zum Himmel fährt, dann pack ihn bei den Füßen und ziehe ihn auf die Erde. Das tut ihm gut."

Ein Alter sagte: „Die Propheten haben die Bücher geschrieben; dann kamen unsere Väter und haben den Inhalt verwirklicht. Die nach ihnen haben sie auswendig gelernt. Die jetzige Generation schreibt sie ab und stellt sie dann in die Fensternische."

In Oberägypten lebte ein Alter, der, unwissend wie er war, daran festhielt, daß Melchisedek der Sohn Gottes sei. Man schickte zum Erzbischof Kyrillos von Alexandreia und unterrichtete ihn davon. Dieser wußte, daß der Alte ein Wundertäter war und daß ihm Gott fast alles offenbare, worum er ihn bitte. Seine Ansicht über Melchisedek konnte nur das Ergebnis seiner Unwissenheit sein. Er bediente sich also folgenden Kunstgriffes: Er ließ ihm sagen: „Vater, bitte, mir kommt der Gedanke, Melchisedek könnte der Sohn Gottes sein; und dann wieder denke ich, er müsse ein Mensch sein, der Hohe Priester Gottes. Ich bin mir nicht im klaren; bitte Gott, er möge dich darüber erleuchten." Der Alte, vertrauend auf seine Erfahrungen, sagte mit Überzeugung: „Laß mir drei Tage, und ich will den Herrn bitten und dann werde ich dir sagen, wer er ist." Der Bote ging, und er betete zu Gott um die Lösung der Frage. Nach drei Tagen ging er zu Kyrillos und sagte: „Melchisedek ist ein Mensch." Der Erzbischof fragte: „Wie hast du dies erfahren, mein Vater?" Er sagte:

„Ich habe von Gott folgende Offenbarung bekommen: Alle Patriarchen sind einer nach dem anderen an mir vorübergezogen, von Adam bis Melchisedek. Und ein Engel des Herrn sagte mir: Dieser ist Melchisedek. Du kannst überzeugt sein: es stimmt." Und Kyrillos war sehr zufrieden.

Die Väter Anub und Poimen und ihre Brüder waren Söhne ein und derselben Mutter. Sie wurden Mönche in der Sketis. Infolge eines Angriffes der Maziken, die den Ort verwüsteten, gingen sie weg und kamen nach Terenuthis. Hier glaubten sie leben zu können. Sie blieben einige Tage im antiken Tempel. Vater Anub sagte zu Vater Poimen: „Tut mir den Gefallen, du und die Brüder: Jeder verharre im Schweigen, und wir wollen uns diese ganze Woche nicht treffen." Vater Poimen sagte: „Wir wollen es machen, wie du willst." Und so taten sie. Im Tempel stand eine steinerne Statue. Wenn sich Vater Anub am Morgen erhob, warf er dieser Statue Steine ins Gesicht und am Abend sprach er sie an und sagte: „Verzeih mir." Er machte dies die ganze Woche über, bis zum Samstag. Da trafen sie sich wieder, und Poimen sagte: „Entschuldige, Vater, ich habe die ganze Woche über beobachtet, wie du Steine gegen die Statue warfst und dich dann verneigtest. Darf denn ein Christ dies tun?" Der Alte antwortete: „Auch dies habe ich für euch getan. Wenn ihr saht, daß ich Steine dagegen warf, hat die Statue da etwas gesagt oder ist sie zornig geworden?" „Nein", sagte Vater Poimen. „Und wenn ich mich verneigte, war sie da vielleicht aufgebracht und hat sie gesagt: Ich verzeihe dir nicht?" „Nein", sagte Vater Poimen. Da sagte der Alte: „Und so ist es mit uns sieben Brüdern. Wenn ihr wollt, daß wir beieinander bleiben, dann müssen wir werden, wie diese Statue, die sich nicht regt, wenn sie beleidigt wird, noch wenn man sie preist. Wenn ihr nicht bereit seid, ebenso zu werden, bitte: Der Tempel hat vier Türen, jeder kann weggehen, wohin er will." Sie warfen sich ihm zu Füßen und sagten zu ihm: „Wir wollen tun, was du befiehlst, Vater, und wir werden auf alles hören, was du sagst." Und Vater Poimen erzählte: „Wir lebten zusammen unser ganzes Leben lang."

Die Sprüche der ägyptischen Wüstenväter, Apophthegmata Patrum genannt, wurden spätestens im 5. Jahrhundert gesammelt, als das ägyptische Mönchtum schon ernsthafte Krisen hinter sich hatte, und man die schlichte Weisheit der ältesten Mönche ins Gedächtnis zurückrufen wollte. Die Sammlungen variieren außerordentlich.
Eine umfangreiche Sammlung in Migne, Patrologia Graeca 65, 71–440.

Traum und Wirklichkeit

Basileios an Gregorios

Obschon mein Bruder Gregor mir schrieb, er wolle schon längst mit dir zusammenkommen, und beifügte, daß auch du den gleichen Plan hättest, so konnte ich doch nicht warten. Denn einerseits sah ich mich schon oft getäuscht und bin deshalb mißtrauisch geworden; anderseits nehmen mich die Geschäfte zu sehr in Anspruch. Ich mußte jetzt in den Pontus abreisen, wo ich vielleicht einmal, so Gott will, das Ende meiner Irrfahrt erleben werde. Denn da ich endlich einmal die leeren Hoffnungen aufgegeben habe, die ich einst auf dich setzte, beziehungsweise die Träume, um mich richtiger auszudrücken, so begab ich mich nach dem Pontus, um dort eine Bleibe zu suchen. Dort hat mich Gott einen Ort finden lassen, der genau zu meinem Leben paßt. So sehe ich in Wirklichkeit einen Ort vor mir, wie wir ihn uns bei Muße und Unernst vorzumalen pflegten.

Ein hoher Berg ist da mit dichtem Wald bedeckt, gegen Norden von kaltem und klarem Wasser benetzt. Unten am Fuße des Berges breitet sich eine Ebene aus, immer fruchtbar infolge der Feuchtigkeit des Berges. Der sie umgebende Urwald mit Bäumen aller Art dient ihr fast als Zaun, so daß im Vergleich zu ihr selbst die Insel der Kalypso, die Homer wegen ihrer Schönheit mehr als alle anderen Inseln bewunderte, unansehnlich erscheint.

Ja, fast könnte man sagen, die Ebene sei eine Insel, weil sie auf allen Seiten mit Schutzwehren umgeben ist. Tiefe Schluchten schneiden die Einöde auf zwei Seiten von der Umgebung ab. Auf der anderen Seite bildet der Fluß, wo er schäumend vom Berge herabstürzt, ebenfalls eine durchlaufende und schwer zu ersteigende Mauer. Ein Bergrücken, der mit seinen sichelförmigen Einsenkungen an die Schluchten sich anschließt, sperrt den Pfad am Fuße des Berges. Es gibt nur einen Zugang, über den wir Herr sind. Unsere Hütte steht auf einem anderen Bergsattel mit einem etwas erhabenen Plateau davor, so daß man die erwähnte Ebene unten vor seinen Augen liegen hat und von oben herab auch den Fluß ringsum überschauen kann. Dieser bietet meines Erachtens nicht weniger Genuß als der Strymon, von Amphipolis aus betrachtet. Denn dieser erweitert sich bei seinem zu langsamen Laufe beinahe zu einem See; ja bei seiner Trägheit ist er fast kein Fluß mehr zu nennen. Der Fluß meiner Einöde aber, reißender als irgendeiner, den ich kenne, bricht sich an der vorspringenden Felswand und wälzt sich schäumend in den Abgrund. Einen wundervollen Anblick gewährt er mir und jedem, der ihn sieht, und überreichen Nutzen den Anwohnern, da er in seinen Wirbeln eine unsagbar große Menge Fische nährt. Was soll ich reden von den Ausdünstungen des Bodens oder den kühlen Lüften, die vom Wasserspiegel aufsteigen? Die Menge der Blumen oder der Singvögel mag ein anderer bewundern; ich habe nicht die Zeit, darauf zu achten. Als höchsten Vorzug aber haben wir der Gegend nachzurühmen, daß sie dank ihrer günstigen Lage nicht nur alle möglichen Früchte hervorbringt, sondern die mir von allen Früchten süßeste erzeugt: Ruhe. Denn nicht nur dem Lärm der Städte ist sie fern, sondern sie schickt uns auch keinen Wanderer zu, außer denen, die auf der Jagd zu uns stoßen. Zu alledem ist unsere Wildnis reich an Wild, nicht an Bären und Wölfen, wie sie bei euch hausen – entfernt nicht! – sondern sie nährt Herden von Hirschen und wilden Ziegen, Hasen und dergleichen.

Merkst du nun nicht, welch große Gefahr ich Tor lief, da ich eine solche Gegend mit der Tiberina, der Kloake des Erdkreises, vertauschen wollte?

Gregorios an Basileios

Meinetwegen machst du dich über meine Heimat lustig, mag es nun im Spaß sein oder im Ernst – es macht nichts! Lache ruhig, übe dich im Witz und nütze meine Freundschaft aus. Alles was von dir kommt, was immer es sei und wie es sei, finde ich gut. Ich glaube ja, daß du dich spöttisch über meine Heimat äußerst nicht um des Witzes willen, sondern um mich zu veranlassen, zu dir zu kommen; so muß ich es wohl verstehen. Du machst es wie die Leute, die einen Damm durch einen Wasserlauf ziehen, um ihm eine andere Richtung zu geben. Und so machst du es mit mir immer.

Ja, ich will deinen Pontus bewundern, und dein pontisches Loch bleibe für einen Flüchtling; dann die Berge über deinem Kopf und die wilden Tiere, die deine Zuversicht auf eine harte Probe stellen, und die Wüste zu euren Füßen, das Rattenloch, dem ihr den erhabenen Namen Kloster und Schule gebt, den Wildwuchs eurer Wälder und den Kranz eurer zerklüfteten Berge, die euch gar nicht bekränzen, sondern nur einsperren, die Luft, die ihr gerade noch bekommt, und die Sonne, nach der ihr euch sehnt und die ihr doch nur wie durch einen Rauchfang zu sehen bekommt – ihr pontischen Kimerer ohne Sonne, verdammt nicht nur zu sechs Monaten Nacht, wie es von manchen gesagt wird, sondern darüber hinaus nie ohne Schatten; das ganze Leben ist Nacht, und ihr sitzt im Todesschatten, um die Schrift zu zitieren.

Natürlich lobe ich den „engen und schmalen Pfad" – ich weiß nicht, ob er zum Himmel oder zur Hölle führt; dir zuliebe soll er zum Himmel führen! – und inmitten von all dem – wie soll ich nur sagen? Soll ich lügen und sagen der Garten Eden, das Land, wo die vier Ströme entsprin-

gen, die die Erde tränken? Oder die dürre, wasserlose Wüste, aus der nur
der Stab eines Moses aus dem Felsen Wasser sprudeln lassen könnte, um
sie bewohnbar zu machen? Was nicht Fels ist, ist Sturzbach, was nicht
Sturzbach ist, Dornengestrüpp und über dem Dornengestrüpp der über-
hängende Berg; und der Weg da oben führt zwischen Abgründen und
Klüften hindurch, und wer ihn geht, muß Angst haben, wenn er darüber
turnt.

Der Fluß unten dröhnt, während er für dich der Strymon bei Amphipolis ist. Was er mit sich führt, sind mehr Steine als Fische; er ergießt sich
auch nicht in einen See, sondern stürzt in den Abgrund – du Großspre-
cher mit deinen neuen Wortbildungen! Dieser Fluß ist wild und fürchter-
lich; er übertönt euren Psalmengesang an seinem Ufer. Es ist wie an den
Katarakten des Nil: er grollt bei Tag und bei Nacht. Nicht einmal eine
Brücke gibt es, auf der man hinüberkäme; trüb ist er außerdem, und sein
Wasser kann man nicht trinken. Es ist schon viel, daß er eure Behausung
nicht mit sich reißt, wenn Regengüsse und Stürme ihn aufwühlen.

Dies ist mein Eindruck von dieser Insel der Seligen. Du scheinst die
mondsichelförmigen Bögen am Fuß eueres Berges zu bewundern; doch
sie erdrosseln euch eher, als daß sie euch beschützen, und du bewunderst
den Felsgrat, der sich über euch erhebt, – und doch zwingt er euch, in
Ängsten zu leben wie weiland Tantalus. Und die Lüfte, die vorüberzie-
hen; und die Düfte des Bodens, die euch aufrichten müssen, wenn ihr am
Verzagen seid, bewunderst du und den Gesang der Vögel, der doch nur
vom Hunger singen kann, und den Flug über euch hinweg – der Flug
über eine Wüstenei. Niemand besucht euch, sagst du, außer ein zufälliger
Jäger; du solltest sagen: er kommt zur Totenschau!

Dies ist alles für einen Brief zu lang, aber immer noch zu kurz für die
ganze Komödie. Du tätest gut daran, meinen ironischen Ton mit Gleich-
mut zu tragen. Wenn nicht, dann kann ich dir mit noch mehr dienen!

Gregorios an Basileios

Mein letzter Brief an dich über den Aufenthalt im Pontus, war nicht
ernst. Was ich dir jetzt schreibe, ist dafür um so ernster. „Wer wird mich
in die längst vergangenen Monde von einst zurückversetzen?" – wo es
mir eine Freude war, mit dir alle Mühen zu teilen. Mühen, die man
freiwillig auf sich nimmt, sind ja mehr wert als jedes unfreiwillige Vergnügen. Wer bringt mir jenen Psalmengesang zurück, jene Nachtwachen,
jene Reisen zu Gott auf dem Weg des Gebetes, jenes fast immaterielle
Leben von damals, fern der Welt der Körper? Wer das Zusammensein
mit den Brüdern, eines Herzens, die unter deiner Leitung nach Gott
streben und sich zu ihm erheben? Wer jenen Wettstreit um die Tugend,
für den wir schriftlich feste Regeln verfaßt haben? Wer jenen Eifer für

das Wort Gottes, und für das Licht, das man darin findet, sofern der Geist uns führt?

Oder, um von Geringfügigerem zu sprechen: Wer bringt mir wieder den täglich eingeteilten Dienst und die Arbeit der Hände, das Holztragen und Steineklopfen, die Pflanzen, die der Pflege bedurften und gegossen werden mußten? Jene Platane – golden und kostbarer als die des Xerxes, unter der kein verweichlichter Großkönig, sondern ein büßender Mönch saß? Ich selbst habe sie gepflanzt, Apollos, d. h. du, Ehrwürdiger, hast sie gegossen und Gott ließ sie wachsen, mir zu Ehren, damit bei euch ein Andenken an mein Tun verbleibe, so wie in der Bundeslade der blühende Zweig Aarons lag, wie es in der Schrift steht und wie wir glauben.

Dies alles sich zurückwünschen ist leicht, aber schwer ist es, es wieder zu bekommen. Hilf mir wenigstens, teile mein Gefühl und sei Beistand meiner Tugend. Halte den Fortschritt, den ich dort gemacht, durch dein Gebet fest. Sonst löst sich alles von mir auf, wie ein Schatten, wenn der Tag zu Ende geht. Ich lebe, aber nur in dem Maße, in dem ich mit dir bin, in deiner Gegenwart, oder doch in der Erinnerung, wenn du fern bist.

In Athen, wo beide studierten, träumten Gregor von Nazianz (gest. um 390) und Basileios der Große, Erzbischof von Kaisareia (gest. 379), von einem gemeinsamen klösterlichen Leben, das sich Basileios sehr asketisch, Gregorios mehr musisch-beschaulich dachte. In die Heimat zurückgekehrt, lud Basileios seinen Freund in die pontische Einöde auf einen Familienbesitz ein, wo er eine Art klösterlicher Siedlung geschaffen hatte. Die Einladung ist für Basileios äußerst poetisch. Gregorios folgte der Einladung und war zutiefst enttäuscht. Er kehrte bald wieder in seine Heimat zurück. Die drei Briefe schildern die Episode äußerst lebhaft. Der von Basileios gepriesene Fluß ist wohl der Iris; Tiberina ist die Bezeichnung für die Gegend von Nazianz, dem kleinen kappadokischen Städtchen, aus dem Gregor stammte.

Brief des Basileios: Y. Courtonne, S. Basile, Lettres I, Paris 1957, S. 23; deutsch: A. Stegmann, Ausgewählte Schriften des hl. Basilius I, München 1925, S. 40.

Briefe des Gregorios: P. Sallay, S. Grégoire de Nazianze, Lettres Paris 1967, S. 3–5, 7–8.

Auf Umwegen nach Patmos

Da ich nur ein Mensch bin, der unter Gottes gütiger Führung das Greisenalter erreicht hat, erwarte ich nach dem Wort Gregors des Theologen nichts anderes mehr als „hinüberzugehen". So halte ich es für nötig, meiner ehrwürdigen Gemeinde schriftlich zu hinterlassen und in einer Regel mitzuteilen, was mir für den vollkommenen, heilbringenden und gottgefälligen Wandel für meine Brüder und Söhne richtig erscheint, damit sie sich dieser Regel als Richtschnur bedienen und ihren Vorschriften entsprechend wandeln, einmütig, guten Gewissens und in Frieden leben, beschützt durch die Gnade der lebenspendenden und allerheiligsten Dreieinigkeit.

Dabei scheint es mir richtig und notwendig, euch zunächst über mein eigenes Leben, so weit wie möglich, zu unterrichten, und über die Beweggründe und Notwendigkeiten, die es bestimmten.

Ich stamme aus dem Osten, und während ich meine Gedanken hierhin und dorthin wandte, kam ich noch in meinen jungen Jahren zu dem Entschluß, sozusagen noch ein Kind, von zu Hause auszubrechen, Eltern und Familie zu verlassen und meine Zuflucht bei Christus, dem wahren Gott und Erlöser, zu suchen. So tat ich, schloß mich einer mönchischen Gemeinde an und stellte mich unter die Unterweisung und Führung des Abtes dieser Gemeinde. Gott aber hat mich in seiner unaussprechlichen Güte rasch vorangeführt, obwohl ich nach Jahren noch allzu jung und ungefestigt und mein Geist noch schwach war. Dies aber entspricht seinen Großtaten; er hat sich ja auch schon früher „aus dem Munde von Kindern und Säuglingen sein Lob bereitet". Und „die Offenbarung seiner Worte erleuchtet und kräftigt Kinder", wie David, der gottvolle Prophet, singt.

Dann aber erfaßte mich die Liebe zu einer vollkommeneren Heimatlosigkeit und drängte mich zu einem Ortswechsel. So ging ich nach Palästina. Ich wollte als Pilger den Spuren unseres Herrn folgen und „wie der Vogel Strauß wegziehen", wie die Alten sagten, und in der Einöde nächtigen. Nachdem ich mich, wie es sich gehört, der Verehrung der heiligen Orte mit Eifer hingegeben und einsame Zwiegespräche mit den dortigen Leuchten und Vätern geführt hatte – ich zögere zu sagen, daß ich Gewinn aus ihrer Lebensweise zog –, schlug ich für geraume Zeit mein Zelt in einer der einsamsten Gegenden Palästinas auf. Da aber der Schwarm der Sarazenen, der über Palästina wie ein Hagel von Raubvögeln niederging und sich ausbreitete, die ganze Christenheit verdarb und vernichtete, ich aber nicht stur an meinen Plänen festhalten wollte – wäre dies nicht der Grund gewesen, ich hätte kaum um mein Leben gefürchtet –, zog ich von dort, von den Barbaren verfolgt und vertrieben, weg und gelangte auf einen ruhigen Berg, in einem schönen Teil der Provinz Asia gelegen, der dort Latros heißt; von jeher berühmt, hat er auch mich angezogen. Es geht ja die Kunde, daß die seligen Väter, die früher in Rhaithu auf der Sinaihalbinsel gewohnt hatten, dorthin gezogen seien, wenn auch nicht alle, aber doch die Mehrzahl, und dies wegen der ständigen Einfälle der wilden Blemmyer. Natürlich waren die nicht dabei, die vorher den Martyrertod gefunden hatten.

Die Liebe zu den heiligen Männern dort und die Anziehungskraft dieses Berges brachten mich dazu, hier zu bleiben. Hier wollte ich, mein Ziel vor Augen, den Kampf aufnehmen und ich brachte es, wenigstens nach menschlichem Urteil, zu einer gewissen geistigen Festigkeit. Und Gottes Hand, die mit uns war, vollbrachte es, daß unser Wandel auf diesem Berg einen guten Ruf bekam. Wir lebten unser asketisches Leben dort in Gemeinschaft, und zwar so, daß hier nur „zwei oder drei im Namen des Herrn" nach dem Wort der Schrift zusammenlebten, anderswo wiederum die koinobitische Lebensform bevorzugt wurde, anderswo eine große Schar zerstreut und zugleich vereint auftrat, also eine sogenannte Laura bildete. Nach Überlieferung der alten Väter trafen sie sich jeden Sonntag und feierten zusammen die Liturgie und führten erbauliche Gespräche miteinander, kehrten dann wieder in ihre Behausungen zurück und widmeten sich die Woche über der Ruhe in Psalmodie und Handarbeit. Immer eiferten wir einander zur Übung der reinen Tugend an. Die Strenge des koinobitischen Lebens erwies sich für diejenigen, die sich seiner befleißigten, von großem Nutzen; nichts wurde aufgeweicht, nichts mißdeutet. Wie sollte ich ohne Tränen die Erinnerung daran ertragen können! Man hörte in meiner Gemeinde auf dem Latros kein unpassendes Wort, man erlebte keine ungehörigen Zusammenkünfte, es gab weder Streit noch Haß noch Verleumdung. Bei denen, die im Gemeinschaftskloster lebten, gab es kein Privateigentum und keine Habe weltlicher Art, sondern überall, dort und bei allen, einen Wandel in Anstand, frei von Sorgen weltlicher Art, in Armut, Güte und Heiligkeit und, die Krone alles Tugendlebens, in Demut.

Doch wehe über mein Mißgeschick! Auch in die Provinz Asia und nach ganz Ionien drang alsbald „das Schwert des Herrn, das zuschlägt und nicht zur Ruhe kommt und keine Pause kennt und nicht in die Scheide zurückkehrt." Auch gegen diese Länder wird das „Feuerschwert" losgelassen und der gespannte Bogen mit den tödlichen Pfeilen, Geschossen, getränkt mit dem Blut der Verwundeten und Gefangenen. Die Hand der Perser meine ich und die türkische Wildheit, die im ganzen Osten verwüsteten und mordeten und dem Volk Gottes, den Bewohnern von Stadt und Land, Verderben brachten. Und da die Zahl unserer Sünden täglich größer wurde, ließen sie auch uns auf dem Berge nicht mehr in Ruhe, die wir vor den Sarazenen gefunden hatten. Keine Schlucht blieb den Gottlosen verborgen, und vor Angst floh ich ein zweites Mal, nicht achtend meiner Weihe zum Hirten, die ich nicht freiwillig – wer würde dies wagen? – sondern gegen meinen Willen über mich hatte ergehen lassen und auf meine Schulter genommen hatte, damit als Vorsteher in die Pflicht genommen. Dieser Berg Latros war mir von seiner Heiligkeit, dem Patriarchen, anvertraut worden. Ich hatte hier die erste Stelle, und nach allen kanonischen Regeln hätte ich hier sterben sollen. Aber die menschliche Schwäche, die sich immer auf die Güte des Herrn verläßt und auf sie vertraut, hat mich glauben lassen, kein Unrecht zu tun, und ich zog mich unter dem Druck der erwähnten Feinde zurück.

So kam ich nach Strobelos, einer Stadt an der Küste, um den Barbaren auszuweichen. Mit mir kamen einige der Brüder, die mit mir in die Fremde ziehen wollten und besten Willens waren. Doch Gott würdigte uns noch keiner Ruhe; auch hier blieben wir nicht von der Angst verschont, die unser Begleiter war. Da trafen wir auf einen frommen und angesehenen Mann, der aus der Gegend stammte und zu den Vornehmen gehörte; er war überall angesehen, gottesfürchtig, mild, hochgemut, von Ansehen und charakterfest. Er war Mönch geworden und hieß Arsenios mit dem Beinamen Skenurios. Dieser widmete sich ganz unserem Wohlergehen, obwohl wir ihn früher gar nicht gekannt hatten. Jetzt ging er ganz in geistlicher Liebe zu uns auf. Zuerst bot er mir das Kloster an, das ihm in Strobelos gehörte. Aber er konnte mich dort nicht festhalten, denn ein für allemal war ich diesen anatolischen Orten abgeneigt, aus ständiger Furcht, neuerdings vor den Barbaren abwandern zu müssen. Man war allgemein der Meinung, es würde nicht mehr lange dauern, bis die Perser auch nach Strobelos kämen. Also bot er mir an, ich solle auf die Insel Kos übersetzen, dort seine Güter in Augenschein nehmen und, wo immer ich wolle, ein Kloster errichten und diesem würde er seinen ganzen dortigen Besitz überschreiben. Ich folgte ihm und fuhr bald nach Kos; ich schaute mich bei den Gütern des Skenurios um. Dabei stieß ich auf einen großen unbewohnten Berg, der, wie ich feststellen konnte, umgeben war von Klüften und natürlichen Höhlen, eingefaßt wie eine Festung. Die Luft war gut und das Wasser gesund, alles wohl temperiert. Die Insulaner nannten den Berg Pelion. Ich fand sofort Gefallen an der Lage und entschloß mich, dort ein Kloster zu bauen. Ich gedachte, hier zu bleiben und mit dem Umherirren ein Ende zu machen und bis zu meinem Tod hier der Ruhe zu pflegen, sowie meinen Leib aus Lehm mit diesem Lehmberg zu einem gemeinsamen Geschick zu verbinden. Doch Gott versagte, wie es scheint, seinen Segen.

Auch auf Kos verfehlte ich schließlich mein Ziel, obwohl ich auf dem Pelion viele und unsagbare Mühen auf mich genommen habe. Dem Höchsten gefiel es, daß ich nach meinem Tod auf Patmos bestattet werden sollte. Ermutigt durch die Ratschläge und Bitten des erwähnten Bruders, des Herrn Arsenios – um mich ein wenig bei den Verhältnissen auf dem Pelion aufzuhalten –, widmete ich mich dem Häuserbau; ich half ihm und legte nachdrücklich mit Hand an. Zuerst ging alles, wie erhofft; nach einiger Zeit aber, als wir noch ganz am Anfang standen, dachte er plötzlich an Flucht; eines Nachts verschwand er, segelte nach Jerusalem und ward nicht mehr gesehen. Ich hatte alle Mühen und Schweiß auf mich zu nehmen und mich schwer abzuarbeiten; es waren schwierige Zeiten, und es gebrach an allem Nötigen. Aber mit Gottes Hilfe erbauten wir von Grund auf eine Kirche und brachten sie auch fertig; sie wurde sehr schön und prächtig. Ich weihte sie der reinen Gottesmutter. Auch eine Umfriedung baute ich und Zellen und was sonst zu einem richtigen und vollständigen Kloster gehört. Die frommen Bewohner der Insel bewunderten uneingeschränkt die Schönheit des Klosters und waren der aufrichtigen Überzeugung, eine Werkstätte der Tugend vor sich zu haben. So viel sie konnten und wollten, brachten sie Opfergaben, nicht nur Vieh, sondern auch Immobilien. Ich besorgte mir für alles, d. h. für die kleinen Güter des Skenurios und für diese Opfergaben, ein Chrysobull des damaligen römischen Kaisers, des Herrn Nikephoros Botaneiates, damit unser Besitz rechtens und fest in unserer Hand verbleibe.

Jetzt glaubten wir, für einige Zeit Ruhe zu haben. Aber da wir unter den Bewohnern der Insel lebten und an ihre Besitzungen grenzten, gab es für meine Klosterbrüder Geschäfte zu erledigen, und es kam zu Auseinandersetzungen mit den Nachbarn, und damit ergab sich ein Unruheherd, wie man ihn auch in einer Stadt nicht anders hätte haben können. Ich mußte befürchten, meine Brüder würden sich im Chaos weltlicher Geschäfte verrennen und sich schließlich gern unter die Weltleute mischen, in einem Hin und Her von Geben und Nehmen, und damit, was die Regel ist, in die Schlingen des Bösen geraten und sich darin gefangen geben. Diese böse Ahnung, diese Furcht ergriff mein Herz und drückte mir die Knochen zusammen, und immer wieder sagte ich mir: Brich wieder auf, du Unglücklicher, wie der Vogel Strauß, und zwar nach einer Gegend, wo niemand wohnt und du ganz allein auf dich gestellt bist. Es ist in der Tat nicht möglich, ein einsames Leben zu führen, bis man einen Platz gefunden hat, wo es überhaupt nicht mehr möglich ist, mit Weltmenschen zu verkehren, einen Platz, der dich und die Deinen in Ruhe ihre Zelte aufschlagen läßt, eine Behausung, wie keine andere geeignet für die Arbeit an unserem Heil.

Dahin gingen meine Überlegungen, und ich fand Brüder, die meine Ansicht teilten. Wir besprachen uns, und sie schlugen eine Insel vor, östlich im Ikarischen Meer gelegen, vom Festland und den bekannteren Inseln weit entfernt – Patmos ist ihr Name –, sie sei so gut wie menschenleer, eine Bleibe ohne Belästigung, mit einem Hafen für leichte Schiffe. Als ich dies vernahm, ging mein ganzes Sehnen nach dieser kleinen Insel. Mein Verlangen danach stieg noch, da dort der Lieblingsjünger Johannes, der jungfräuliche Evangelist, gern verweilte und dort seine Visionen und seligen Ekstasen hatte, dort auch seine hohe Theologie und himmlische Mystagogie empfangen hatte und sein Evangelium, die Gottesbotschaft des Donnersohnes, verfaßte. Damit ist Patmos in allem dem Berge Sinai vergleichbar, ja ihm noch überlegen, so wie die Gnade der schattenhaften Andeutung, die Wahrheit und der Geist dem Buchstaben und das Evangelium dem Gesetz auf den steinernen Tafeln überlegen sind. Jedenfalls begab ich mich unter Anrufung von Gottes Hilfe zum großen Kaiser Alexios. Ich wurde vorgelassen und freundlich empfangen; ich sprach von meinen Plänen und Absichten und bat um die Insel Patmos als ein mit allen Immunitäten ausgestattetes kaiserliches Geschenk. Der Kaiser war sehr gütig, aber er bat meine Wenigkeit geradezu und neigte dazu sein gekröntes Haupt, ich möchte doch meine Absichten nicht auf Patmos verwirklichen, sondern die Leitung eines Berges mit den Namen Kellia und Zagora übernehmen, einen alten klösterlichen Besitz. Das hochgemute Drängen des Kaisers hätte mich fast überredet, hätte ich nicht feststellen müssen, daß die Mönche, die dort hausen, eine andere Lebensweise befolgen, als es meinen Wünschen und Überzeugungen entsprach, – ein einsiedlerisches, um nicht zu sagen unwürdiges Leben ohne Ordnung und Regel. Da sich schließlich auch der Kaiser klarmachen mußte, daß sich die Lebensweise dieser Mönche mit meinen Plänen nicht vertrug, bat ich seine umsichtige Majestät neuerdings und dringlich, er möge meinem Wunsch nach Patmos willfahren. Da sich auch die selige Kaiserin, die Mutter des Kaisers, dafür einsetzte und für mich sprach, erfüllte der Kaiser schließlich den Wunsch meiner Armseligkeit. Ich erhielt, um mich kurz zu fassen, die Befreiung vom Fiskus für alles, was ich von Skenurios und anderen Personen bekommen hatte, sowohl in Kos wie bei Strobelos. Für mich persönlich behielt ich nur die zwei Vorwerke auf der Insel Lernos, die ich von dem schon erwähnten Skenurios und von Kaballurios als persönliches Eigentum erhalten hatte. Ferner bekam ich durch kaiserliches Chrysobull als Geschenk die Insel Patmos als Ganzes, frei von allen Ansprüchen des Fiskus, ferner die benachbarten Inselchen Narkioi und Leipso sowie die zwei eben erwähnten Vorwerke auf Lernos, die mir schon vorher gehörten, nämlich Parthenion und Temenion.

Über all dies wurde ein Chrysobull ausgefertigt, das vollauf meinen Wünschen und der vorgetragenen Bitte entsprach; auch daß auf der Insel Weltleute mit Frauen und Kindern oder noch bartlosen Jugendlichen und Eunuchen kein Wohnrecht hätten. Ich wollte von Anfang an keiner satanischen Versuchung Vorschub leisten. Dies war also der Grund, warum ich den Kaiser bat, auch dieses in das Chrysobull aufzunehmen. Es wurde auch aufgenommen, obwohl der Kaiser zunächst Bedenken hatte: es würde sich bald für das Kloster als ungünstig erweisen, ohne beweibte Laien zu verbleiben, die den Boden des Klosters zu bestellen und die schwereren Arbeiten zu übernehmen hätten.

Nach meinem Abschied vom Kaiser fuhr ich in Begleitung eines Mannes des Kaisers, um meinen Immobilienbesitz in Strobelos und auf Kos nach fiskalischem Recht zu übertragen und das ganze Patmos samt den übrigen Schenkungen zu übernehmen. Ich freute mich und frohlockte über die einsame Insel Patmos, über die Ruhe und Abgeschiedenheit, ich hielt sie für eine ständige Quelle des Trostes. Meine Brüder aber, die sich auf meine Seite gestellt hatten und zunächst höchst zuversichtlich gewesen waren, waren plötzlich wie ein umgestürztes Tongefäß, d.h. sie änderten ihre Meinung; sie wurden mißmutig und betrübt und klagten angesichts der Annehmlichkeiten von Kos über die Enge und Strenge von Patmos; sie tadelten die getroffenen Vereinbarungen und wollten von meinen Plänen nichts mehr wissen. Was geschehen war, schien ihnen nicht gut, vielmehr gefährlich und verderblich: wir würden dafür zu büßen haben, daß wir Erz für Gold eingetauscht hätten. Offen sprachen sie diese Meinung aus und insgeheim murrten sie. Sie wollten mit dem Bau nicht beginnen, sie entzogen sich meinen Anordnungen, unter ihnen selbst gab es Unstimmigkeiten, ihre Gedanken setzten ihnen zu, und sie wußten nicht mehr, woran sie waren. Schließlich kam alles, wie es zu erwarten war: Sie trennten sich voneinander und spalteten sich in zwei Parteien. Die eine, die größere, hatte die Absicht, sich von mir zu trennen, und setzte dies auch in die Tat um, nicht ohne mich vorher um Verzeihung für ihren Kleinmut gebeten zu haben, die ich ihnen auch gewährte. Die kleinere Gruppe, aber die bessere, entschloß sich, alle Mühen mit mir auf sich zu nehmen und mit mir zu sterben; sie war bereit, mit mir das Werk, das mit Hilfe Gottes unserer Seele heilsam sein sollte, auszuführen. Ja, sie waren es, die mich wieder dazu brachten, mich an den Bau zu machen. Sie forderten mich dazu auf und sie machten mir Mut. Wir werden, so sagten sie, dir in allem dienstbar sein und deinen gotterfüllten Anordnungen Folge leisten.

Also faßte ich wieder Mut und, erfüllt von Liebe zu Patmos und dem Lieblingsjünger des Herrn, beschloß ich, zusammen mit den verbliebenen ehrwürdigen Brüdern mit unserer langen Irrfahrt nach menschlichem Ermessen endlich Schluß zu machen. Sofort begannen wir die Fundamente zu legen und zu bauen, immer fest das Ziel im Auge, die Mauern ringsum aufzuführen und sie wie eine Festung in die Höhe zu ziehen. Bald freilich mußte ich feststellen, daß es unmöglich war, meinen Plan, keine Männer mit Frauen und Kindern auf der Insel wohnen zu lassen, durchzuführen. Und ich erinnerte mich an das umsichtige und vorausschauende Urteil des Kaisers. Ich bekam keine unverheirateten Männer für die im Gang befindlichen Bauarbeiten und für die dauernden Dienstleistungen für das Kloster. Also gab ich notgedrungen die Erlaubnis, ihr wißt es ja, daß auch einige verheiratete Männer auf der Insel wohnen konnten, freilich nicht ohne Einschränkungen, nach Belieben und wo sie gerade wollten, sondern an einem begrenzten Platz der Insel, am Nordufer, wo sie sich, wie man sehen konnte, niedergelassen hatten. Wenn ich, wie es meine Absicht ist, vor meinem Tode noch einmal den Kaiser sehen werde, dann will ich ihn bitten, diese Änderung zu bestätigen. Ihren Frauen und Kindern aber soll es nicht gestattet sein, aus diesem Bezirk herauszukommen und das Innere der Insel zu betreten. Die Männer aber sollen zu den Arbeiten für das Kloster im Kloster selbst und anderwärts, wo der Abt oder der Ökonom es anordnet, kommen, und zwar für fünf Tage in der Woche. Am Freitag abend sollen sie zurückkehren. Sie haben selbst um diese Regelung gebeten, damit sie baden und sich erholen und das häusliche Zusammensein genießen können. Am Montag morgen sollen sie wieder antreten.

Das berühmte Kloster des Evangelisten Joannes, des „Theologen", ist eine Gründung des Kleinasiaten Christodulos (gest. 1101). Er hinterließ seinen Mönchen eine Regel (ein Typikon), dem er einen selbstbiographischen Abriß vorausschickte. Diese Autobiographie ist bezeichnend für den Wandertrieb der byzantinischen Mönche, auch wenn dieser Trieb gelegentlich, wie hier, durch Barbareneinfälle gefördert wird. Immerhin blieb der Berg Latros bei Milet auch nach dem Weggang des Christodulos weiterhin von zahlreichen Mönchen besiedelt, obwohl die sarazenische, bzw. türkische Gefahr nicht geringer wurde.

F. Miklosich-J. Müller, Acta et diplomata graeca medii aevi VI, Wien S. 21 ff.

Arm und Reich im Kloster

Wenn ich an das verhaßte Paar der beiden Äbte denke,
– denn zwei regieren dort, o Herr, ganz wider alle Satzung
und des Basilios's Gebot, des frommen Klosterstifters –:
Ein Vater mit dem Sohne, o Gerechtigkeit des Himmels!
Wenn ich dran denke, wie die beiden mich gefoltert haben,
dann fahr ich aus der Haut noch heut und möchte rasend werden!

Geh ich für einen Augenblick nur aus der Klosterkirche
und fehl ich bei der Mette, um ein wenig zu verschnaufen,
dann ist ihr Keifen und ihr Toben nicht mehr auszuhalten:
„Beim Weihrauchopfer war er fort? Er büße auf den Knien!
Beim Kathisma, wo warst du da? Das Brot wird ihm entzogen!
Beim Psalmgesang, wo warst du da? Der Wein wird ihm entzogen!
Und bei der Vesper hat er auch gefehlt? Hinaus für immer!
Doch halt, bleib da, und sing aus vollem Halse! Lauter singen!
Was soll denn das Gebrumm? Reiß nicht den Mund auf nur zum
    Scheine!
Was zuckst du so? Was juckt dich denn? Was soll das viele Kratzen?

Du sollst nicht dauernd baden gehn; du bist in einem Kloster!
Und sag einmal: was willst du denn mit deinen spitzen Schuhen?
Und trag den Gürtel nicht zu tief und laß das viele Kämmen!
Und stülpe nicht die Ärmel auf und schließe deinen Kragen
und treib dich nicht da draußen rum vor unserer Klosterpforte!
Und Schluß jetzt ein für alle Mal mit dicken Eierkuchen!

Was jener Herr dort ißt, das geht dich gar nichts an, verstanden?
Du spar dir jegliche Kritik und sei dem Herrn nicht lästig!
Er ist der erste Priester hier, und du bist Küsterbursche;
er leitet unsern Kirchenchor als Meister seines Faches,
und du singst falsch und hast vom Singen keine Ahnung;
er führt das Kassenbuch, und du sorgst höchstens für das Wasser;
er hütet unsern Klosterschatz, du allenfalls die Zwiebeln.
Der Herr da hat studiert und weiß erbaulich vorzulesen,
du aber kannst ja nicht einmal das Alphabet aufsagen.
Seit fünfzehn Jahren schon weilt er bei uns in diesem Kloster,
bei dir ists kaum ein halbes Jahr, daß du hierher gekommen.
Und in die Stadt gehst du zu Fuß auf deinen eignen Beinen;
doch ihn wirst du nie anders je als hoch zu Rosse sehen,
gestiefelt und gespornt nach Art der besten Reitersitten.
Schon manche reiche Stiftung hat er eingebracht dem Kloster.
Du taugst als Schafhirt eben noch und kannst nach Krähen jagen.
Er war schon oft zur Audienz im Schloß der Majestäten;
du bist und bleibst ein Gassenstrolch und gaffst nach jedem Wagen;
er zählt sein Geld, und seine Schrift ist schön wie die Kanzleischrift,
du zählst die Bohnen in den Topf und schreibst nur Läuseeier.
Er kleidet sich in Ziegenhaar und du in grobes Leinen,
er hat vier Decken für sein Bett, dazu die allerschönsten,
du aber liegst des Nachts auf Stroh und fütterst deine Läuse.
Ins Bad zu gehen kann er sich jede Woche leisten,
Von Osterfest zu Osterfest kannst du dies höchstens einmal.
Er kauft die besten Fische ein, die Barben und die Barsche,
du hast ja nicht einmal das Geld, dir Rogen einzukaufen.
Er hat allein an barem Gold an zwanzig Pfund Vermögen,
doch du hast für dein Seelenheil noch keinen roten Heller,
um eine Kerze dir zum Fest der Klosterschur zu leisten.
Sieh ihn dir an! Ein Bild hat er dem Kloster schon gestiftet
und vierzig Ellen Purpurstoff, dazu zwei Kandelaber.
Doch du kamst barfuß zu uns her und ohne Hemd und Kittel;
der Dreck an deiner Hose war von weitem schon zu sehen.
Und deshalb bist du hier der Knecht und hast uns zu bedienen!
Du kommst ja nicht aus großem Haus, vom Gardekommandanten;
du bist ein Krämerssohn, das Kind von Fischern und Proleten.
Iß Thunfisch doch, so lang du lebst, Makrelen und Sardinen;
schiel nicht so lüstern nach dem Stör, nach Scholle oder Barbe.
Sonst läuft das Wasser dir im Mund zusammen: schnell!
   Schlucks runter!
denn das ist nichts für dich, um dir das Leckermaul zu füllen!

Marsch in das Refektorium! Dort hilf dem Kellermeister!
Hack Holz und bringe Wasser her und fülle alle Kessel!

Was für ein Riesenstück, du Strolch, hast du da abgesäbelt!
Damit kriegst du drei Teller voll; dann noch drei Scheiben
    Thunfisch!
Iß lieber etwas weniger und kau' es dafür länger!

Los, auf, beeile dich, du mußt jetzt hin zur Mühle
und frage im Vorbeigehn rasch noch die Venezianer,
wie teuer jetzt der Käse ist, und was der Zentner kostet!

Unter dem Ptochoprodromika (siehe S. 161) findet sich auch die Klage eines Novi-
zen über das Willkürregiment von zwei Äbten in einem der hauptstädtischen
Klöster, denen man einen gewissen „weltlichen Zuschnitt" ohne weiteres unterstellen darf.
     D. C. Hessling-H. Pernot, Poèmes prodromiques en grec vulgaire, Amsterdam
1910, S. 50ff; deutsch: G. Soyter, Griechischer Humor von Homers Zeiten bis
heute, Berlin 1959, S. 99–101.

Auf dem heiligen Berge Athos

Die ehrwürdigen Mönche des berühmten Berges Athos, nämlich Athanasios, der ehrwürdige Mönch und Protos des Berges, und der ehrwürdige
Mönch Paulos kamen in die gottbehütete Stadt und traten vor unseren,
das Gute liebenden Kaiser und berichteten von gewissen Übelständen
und Streitigkeiten, die seit Jahren zwischen ihnen und Athanasios, dem
ehrwürdigen Mönch und Abt der kaiserlichen Laura mit dem Namen
Melana, ausgebrochen seien. Gewisse Leute würden von ihm behindert
und benachteiligt, und es gäbe kein Mittel, um hier Abhilfe zu schaffen
und für alle den Frieden sicherzustellen.
     Unser gottgekrönter und mächtiger Kaiser, der unter Gottes Gesetz
und dank seiner Rechtschaffenheit in Sicherheit lebt, ließ es sich sehr
angelegen sein, daß die Mönche in Frieden ein ruhiges Leben in der
Einsamkeit führen könnten. Er wollte aber nicht, daß einer von ihnen
gegen seinen Willen vor ein weltliches Gericht gezogen oder daß von
weltlichen Behörden ihre Angelegenheiten geprüft würden, womit ihre
Vorwürfe gegeneinander aller Welt bekannt werden könnten. Abgesehen
davon seien die Weltleute mit der Materie der Mönche auch nicht genügend vertraut. So beschloß er, meine Wenigkeit solle sich auf den Athos
verfügen und nach Prüfung der Lebensweise der Mönche, ihrer Zwistigkeiten und gegenseitigen Vorwürfe, aber auch der Klagen der Weltleute
gegen sie, die beiden Parteien wieder versöhnen, ihre Klagen anhören

und die erforderlichen Verbesserungen entsprechend den göttlichen Kanones durchführen.

Als wir also an Ort und Stelle angekommen waren und uns zusammensetzten mit den streitenden Parteien und allen Äbten des Berges und der ganzen Brüderschaft, da wurde die ganze Angelegenheit genau untersucht, eine ganze Woche lang, und es stellte sich heraus, daß beiden Teilen nichts vorzuwerfen war. Es mag unglaublich erscheinen: Wer aber mit vertieftem geistigen Verständnis an die Sache heranging, brachte heraus, daß die vorausgegangenen Uneinigkeiten nichts anderes waren als das Ergebnis der Tätigkeit des Teufels.

So ließen sich mit Gottes Hilfe und Gnade alle Streitfragen lösen, und tiefer, einmütiger Friede stellte sich ein. Bei dieser Gelegenheit freilich stießen wir auch auf andere Sachverhalte, die der Korrektur bedurften, und wir haben sie kraft unseres Auftrages und entsprechend den heiligen Kanones genau geregelt. Und da sich herausstellte, daß auch noch andere Mönche Streit- und Rechtsfragen unter sich hatten, haben wir auch alle diese Fragen gelöst und den Frieden wiederhergestellt.

Dabei haben wir insbesondere herausgefunden, daß die großen, allgemeinen Zusammenkünfte des Athos, die Synaxeis, Anlaß bieten zu Streit und Mißständen. Da aber unseres Wissens diese Synaxeis zu einem gewissen Trost der Brüder und zu ihrem Nutzen von den Gründern beschlossen worden sind, dann aber das Gegenteil dabei herausgekommen ist, haben wir gemeinsam auf Bitten und auf Wunsch aller an der Zusammenkunft beteiligten ehrwürdigen Mönche und Äbte, deren Namen und Unterschriften am Schluß dieses Typikons stehen, beschlossen, die beiden bisherigen Synaxeis abzuschaffen, nämlich die an Weihnachten und Ostern, und dafür eine im Jahr am Feste der reinsten Gottesmutter einzuführen. Da sollen sie zusammenkommen und feiern. Auch die Mittelzuteilung soll auf diesen Tag verlegt werden.

Wir führen also ein, daß an diesem Fest der Protos mit nur drei Schülern kommen soll, der ehrwürdige Athanasios, der Abt der Großen Laura, mit zwei, der Mönch Paulos mit einem, alle übrigen Äbte aber, die Kellioten und Hesychasten ohne Diener kommen sollen. Wir haben nämlich herausgefunden, daß die Unordnung und der Streit zumeist von diesen Begleitpersonen ausgeht. Wir haben uns also, wie es scheint, nach Möglichkeit eine Art der Heilung ausgedacht dergestalt, daß für beide Gruppen der Mönche das Prinzip der Frömmigkeit und der alte Zustand gesichert sein können. Es soll keine Aufstände geben, keine feindlichen Gruppen und nichts, was bei den Weltleuten Anstoß erregen könnte, vor allem aber, daß an das erhabene Ohr unseres frommen und mächtigen Kaisers keine Klagen mehr dringen.

Wenn aber mit Gottes Hilfe und Gnade im Laufe der Zeit sich die Ordnung endgültig gefestigt hat und wenn alle zusammen eine zweite

Synaxis wünschen, dann freuen wir uns sehr darüber, bitten allerdings, daß uns dies schriftlich mitgeteilt werde, damit nicht ein Einbruch entsteht, der das Typikon außer Kraft setzt. Wir müssen also unterrichtet werden über die Ordnung, die jeweils gilt und zu Gottes Gefallen verabschiedet wird und die Zustimmung unseres Kaisers findet sowie dem asketischen Leben zugute kommt. Sie muß einen Beschluß der Äbte des Berges Athos darstellen.

Wir sind auch der folgenden Meinung: Gibt es etwas zu verbessern, entweder in der Gemeinschaft oder im Falle eines einzelnen Bruders, dann soll kein Abt ohne Vorwissen des Protos das Recht haben, ein Urteil zu fällen oder eine Maßnahme zu ergreifen oder gegen den Fehlenden eine Strafe auszusprechen. Aber auch der Protos soll kein Recht dazu haben, etwas ohne Rat und Meinungsäußerung der Äbte des Berges zu verfügen, was diesen nicht gefällt, auch wenn es zum Nutzen der Gemeinschaft oder einer Einzelperson noch so dienlich erscheint.

Wer in einem anderen Kloster die Tonsur erhalten und dieses Kloster verlassen hat und auf diesen heiligen Berg kommt und um Aufnahme bittet, der soll nach unserem Ermessen und Wunsch nicht das Recht haben, hier Ackerland zu kaufen oder sich auf eigene Faust in den Besitz herrenlosen Landes zu setzen, noch die Leitung eines Kellion zu übernehmen ohne die Prüfung und Erlaubnis des Protos und der Äbte.

Alle diejenigen, die zu euch kommen und den Wunsch äußern, zu Mönchen geschoren zu werden, sollen bei allen Äbten Aufnahme finden. Man soll sie aber nicht sofort scheren, bevor sie nicht laut kanonischem Recht ein Jahr das Mönchsein gelernt und ihre feste Absicht bewiesen haben. Erst dann soll der Abt entscheiden und sie mit der Mönchskutte bekleiden. Kommt aber einer aus einer Notlage oder sonst aus einem Grund ohne die Möglichkeit, ein Probejahr abzuwarten, sondern mit der Bitte, sofort das Gelübde ablegen zu dürfen, so überlassen wir ihn dem Urteil des Abtes. Das gilt auch für jene, welche wegen einer Krankheit sofort geschoren und eingekleidet werden wollen. Auch hier geben wir die Erlaubnis, damit nicht der Tod zuvorkommt.

Wenn ein Weltmensch zu einem Abt kommt und sechs Monate oder ein Jahr bleibt, aber aus irgendeinem Grund nicht mit ihm zurecht kommt, so daß er keinen Nutzen davon hat, so soll er an einen anderen geistlichen Abt übergeben werden, den er sich selbst wählen kann und von dem andere bezeugen, daß er tadellos ist und fähig, Seelen zu fördern. Er darf aber nicht weggehen ohne Wissen und Erlaubnis des ersten Abtes. Sondern dieser muß willens sein, ihn freizugeben.

Wenn es einem Abt wünschenswert erscheint, noch zu seinen Lebzeiten sein Ackerland zu verkaufen oder zu verschenken oder einer Person seiner Wahl zu überlassen, oder wenn er ähnlich über sein Eigentum für den Fall seines Ablebens verfügt, so soll er das Recht haben, von seiner

Verfügungsgewalt so Gebrauch zu machen, und niemand darf ihn dabei behindern. Will er aber den Besitz eines solchen Landes seinem Schüler übertragen, so ist ihm auch dies gestattet, und niemand darf ihn daran hindern.

Wenn aber ein Abt des Berges bei seinem Tod seinen Landbesitz einem der Epitropen zur guten und gottgefälligen Verwaltung überlassen hat, so soll keiner dieser Epitropen das Recht haben, den Acker des Toten der Großen Laura oder einer anderen Laura oder fremdem oder eigenem Lande zuzuschlagen, sondern er soll ihn verkaufen oder einer würdigen und frommen Person überlassen, wenn diese offensichtlich keinen eigenen Landbesitz hat. Ebenso soll es fortan in dieser Weise mit allen Charistikia gehalten werden.

Mönche, die sich von ihren Äbten trennen und nicht willens sind, sich gehorsam einem Vater zu unterwerfen, wie es diese Regel vorschreibt, sondern auf eigene Faust und zuchtlos auf dem ganzen Berg herumschweifen und sich als Taglöhner verdingen, sollen einmal, zweimal und öfter vermahnt werden, und wenn sie nicht auf das hören wollen, was man ihnen zu ihrem Nutzen sagt, sollen sie auch gegen ihren Wunsch und Willen einem geistlichen Vater überantwortet werden.

Wir befehlen und raten im Guten, daß es laut alter Vorschrift der Heiligen Väter niemand erlaubt sei, Aufführungen oder Streitgespräche oder sonst welche Expektorationen zu veranstalten. Wird einer dabei ertappt, wer immer es sei, so soll er der kanonischen Buße unterliegen.

Wenn von den untergebenen Mönchen einige geistlich und große Asketen geworden sind dank ihrer Tugendübung und ihre Äbte der Meinung sind, daß sie für den Weg der „Ruhe" geeignet sind, dann geben auch wir die Erlaubnis und sind einverstanden, daß sie sich in die Einsamkeit zurückziehen und nach dem Urteil und Gefallen ihrer Äbte sich weiter in der Tugend üben.

Für fremde Priester, die ankommen, gilt: Sie haben kein Recht, ihr Priesteramt auszuüben; weder privat noch in der Öffentlichkeit dürfen sie es wagen, die heilige Liturgie zu feiern, außer sie haben ein Empfehlungsschreiben ihres Bischofs oder ein zuverlässiges Zeugnis bei sich.

Keinem der Brüder ist es gestattet, den Berg zu verlassen und mit Weltleuten Gevatterschaft oder Blutsbrüderschaft zu schließen; auch wenn sie früher derlei getan, sollen sie diese Häuser nicht mehr besuchen, um dort zu schmausen oder gar zu trinken.

Nachdem sich seit dem 10. Jahrhundert die Mönchssiedlungen auf dem Athos vermehrten und es zu manchen Zwistigkeiten kam, wurden auf Befehl des Kaisers Joannes I. Tzimiskes (969–976) durch den Abt des konstantinopolitanischen Studiu-Klosters Euthymios eine Reihe von Regeln für das Zusammenleben aufgestellt und vom Kaiser bestätigt. Das im Original erhaltene Dokument führt die

Bezeichnung „Tragos". Die genannte Große Laura ist die Gründung des Athanasios, eines der bedeutendsten Athosäbte (gest. um 1000); Melana ist ein Beiname
der Großen Laura, da der Ort, an dem sie gebaut wurde, so hieß. Der Protos des
Hl. Berges ist eine Art Generalabt, doch damals ohne eigenes Kloster, aber mit
einem Verwaltungssitz in Karyes, Protaton genannt. Kellia (der Bewohner: Kel-
liotes) sind kleinere Ansammlungen von Mönchszellen. Die eigentlichen Einsiedler (Hesychasten) wohnen allein für sich in später sogenannten Kalyben. Paulos
ist der Abt eines der ältesten Athosklöster: Xeropotamu. Die Epitropen sind eine
Art Visitatoren, die wirtschaftlich nach dem Rechten zu sehen hatte. Charistikia
sind Vergabungen, hier von Klostereigentum, an Außenstehende.

   Ph. Meyer, Die Haupturkunden für die Geschichte der Athosklöster, Leipzig
1894, S. 141–151.

XI.

Alltag

Was das Menschliche und Allzumenschliche angeht, verlief der Alltag in Byzanz wohl kaum anders als in vergleichbaren Kulturkreisen der mittelalterlichen Welt. Daß sich über diesen Alltag nicht weniges in der Hagiographie findet, wurde schon erwähnt. Einläßlicher jedoch findet er seine Schilderung – und dies ist kaum verwunderlich – in der Satire. Ehestreit, der Trinker, der Aufschneider, der Scharlatan: – sie alle werden von den Satirikern auf die spitze Feder genommen und – natürlich nicht ohne Übertreibung und Zerdehnung – geschildert. Als Quelle für diesen Alltag kommt aber auch der ansonsten viel geschmähte byzantinische Brief in Frage. Meist wird er als artifizielle Selbstbespiegelung abgetan, und dies mag hier und da berechtigt sein; gewiß enttäuscht er auch immer wieder durch seine Leere, die auch durch die gequälteste Wortwahl nicht verdeckt werden kann. Aber immer und immer wieder, und häufiger, als gemeinhin angenommen wird, können wir in diesen Briefen Szenen von umwerfender Situationskomik und Streiflichter entdecken, die dem Thema Alltäglichkeit neue Seiten abgewinnen.

Wenn in diesem Rahmen nochmals der ehemalige General Kekaumenos des 11. Jahrhunderts zu Worte kommt, so hat dies seinen besonderen Grund. Kekaumenos gibt seinen Söhnen Ratschläge für alle möglichen Lebenslagen und hat dabei ohne Zweifel die Alltäglichkeit als solche im Visier. Seine Söhne sind, wie er selbst, Edelleute und begütert, aber, mißtrauisch wie er von Grund auf ist, möchte er nicht, daß sie sich gesellschaftlich oder politisch exponieren, d. h. alle seine Ratschläge zielen auf eine Alltäglichkeit, die nirgendwo aneckt, nirgendwo ihre engen Grenzen außer acht läßt und immer „vernünftig" bleibt. Wo diese Ratschläge ins einzelne gehen, etwa im Gesundheitswesen oder in der häuslichen Wirtschaftsführung, fällt für unsere Kenntnis des täglichen Lebens mehr ab als bei zehn Historikern.

Schließlich sei auf das Sprichwort nicht vergessen. Es faßt die Weisheit des Volkes wie in einer Nußschale zusammen und hält sich streng an den Alltag. Es ist die Weisheit eines Volkes, das wenig zu lachen, dafür aber alles zu tun hatte, um einigermaßen heil die Tücken dieses Alltags zu überstehen.

Der ideale junge Mann

Freudigen Gruß entbiete ich meinem untadligen
Sohn Seleukos, einem Sproß aus edlem Stamm.
Freude wünsche ich auch selbst an deinem Leben zu haben;
denn von Bildung des Geistes und des Charakters habe ich
    eine hohe Meinung.

Erstlich nun hege Furcht und Verlangen
gegenüber Gott; denn Gott ist allen, die recht denken,
Anfang und Ende ihres ganzen Lebens.
Sodann aber übe deinen Charakter, mein Sohn,
sei sanft, demütig, enthaltsam, standhaft, freundlich,
sei kein Verleumder, sei gerecht, männlich und weise,
sei ernst, arbeitsam, beständig und beherrscht.
Eine Zierde ist es nämlich für jung und alt,
nicht so sehr an Geld als an eigenem Wesen
reich zu sein. Denn dies ist dein Besitz, während das Geld
krankhafte Geldgier täuscht und ihrer spottet:
bald dem einen, bald dem andern lacht es zu.
So gleicht sein Wesen dem der ungetreuen Dirne,
die viele Liebhaber mannigfach verspottet.
Es bleibt, es flieht, es heftet sich
an diesen und an jenen, doch für keinen ist Verlaß.
Denn Beständigkeit ist nicht die Natur des Reichtums;
er gleicht vielmehr den ungestümen Wellen der See,
die sich aufwölben und niederfallen in ruhelosem Zug.
Du also bist, mein Junge, durch deine Gesittung immer reich
und wirst so einen Schatz besitzen, der keinem Raub verfällt,
der nicht den Denunzianten offenliegt,
von dem auch Tyrannenhände nicht schöpfen können,
der durch die Waffen der Barbaren nicht geplündert wird,
einen Schatz, der drinnen bleibt im körperlosen Haus,
in Kammern der Seele sicher aufbewahrt.
Ihn verzehrt nicht die ungestüme Feuerskraft,
auch hüllt ihn nicht des Meeres Wogenschwall ein.
Er ist wirklich dein, dein echter Reichtum.
Wenn du ihn hüten willst, reinige ihn durch Bildung,
lies Dichtungen, geschichtliche Werke,
übe dich an der geläufigen Zungenfertigkeit der Redner
wie an den feinen Problemen der Philosophen.
All diesen Dingen aber nahe dich mit Überlegung,

indem du klug das Nützliche aus ihnen sammelst
und Schädliches bei jedem mit feiner Unterscheidung meidest.
Der klugen Biene Arbeit ahme nach,
die sich auf alle Blüten niederläßt,
jedoch bei jeder nur das Nützliche mit großer Klugheit erntet,
wobei sie die Natur selbst zur Lehrmeisterin hat.
Mit Überlegung pflücke reichlich von dem,
was zuträglich ist. Wenn aber etwas Schaden bringt,
erkenne das Böse und fliege rasch davon.
Denn schnelle Flügel hat der Menschen Geist.
Also: alle Lobgesänge auf die Tugend, die
sie geschrieben haben, worin sie Tugend preisen und hinwiederum
Schlechtigkeit tadeln, die lerne eifrig
und achte auf den Sinn wie auf die Schönheit der Darstellung.
Lobreden auf die Götter aber, dies flache Geschwätz,
unheilige Sagen, Lehrstoff der Dämonen,
Sagen, die Gelächter verdienen und Tränen,
sie sind wie Schlingen und Fallstricke, von ihnen wende dich ab.
Lerne beides kennen, die Götter und die Schriften,
die lächerlichen Götter und die liebenswerten Schriften,
und dann verachte die lüsternen Götter
und ehre die Schriften; sie sind wie Blüten;
doch meide die Dornen und pflücke die Rose!
Nun, für die weltliche Literatur befolge diese Regel;
sie ist die beste. Worauf man aber seinen ganzen Eifer verlegen muß,
werden wir erklären, aber erst etwas später.
Denn dies will ich dir zunächst noch sagen:
aufs äußerste meide schlechter Menschen Gesellschaft
und Vergnügungen mit ihnen; so gehört es sich
    für den jungen Mann!
Denn es gibt viele, die wie räudige und kranke Tiere
die schlichte Jugend in Versuchung führen:
Sie nähern sich mit List und Schurkerei und reiben sich an ihnen und
wollen sie so mit der Schlechtigkeit wie mit einer Krankheit
erfüllen, um durch die Teilnahme einer größeren Zahl
ihr eigenes böses Tun zu verdunkeln.
Vor denen hüte dich! Denn wie auch Paulus dünkt:
Gute Sitten verdirbt schlechter Umgang.
Auch Folgendes mußt du genau beachten:
Hasse die Schauspiele, Tierkämpfe und Pferderennen
mit ihrem unheiligen Gesang, eine haßerzeugende Schau
    des Schlechten,
des Lebens Nichtigkeiten, eine Hydra der Lüste,

unanständige Wissenschaft dreister Männer,
denen nichts schändlich ist als die Vernunft.

Denn manche von ihnen, Gehilfen der Schande,
haben den Beruf, auf Frevel stolz zu sein,
Possenspieler, an Ohrfeigen gewöhnt,
beschneiden sie mit ihren Messern die Scham schon in der Jugend,
ein zügelloses Gewerbe der Schändlichkeit.

Alles zu tun und mit sich tun zu lassen, was sich nicht geziemt,
und zwar vor aller Augen, gehört zu ihrem Beruf.

Andere aber, elender noch als die vorigen,
vertanzen das Ansehen der Männlichkeit,
zerstören durch Gliederverrenkungen die Natur,
als Männer Frauen, männlich mädchenhaft –
nein! weder Männer noch Frauen, um es genau zu sagen;
denn das eine bleiben sie nicht, das andere erreichen sie nicht:
was sie nämlich sind, währt nicht in ihrem Wesen,
was sie aber in ihrer Schlechtigkeit anstreben, sind sie nicht
        von Natur,
Rätsel der Ausschweifung und Fangnetz der Leidenschaften:
Männer den Frauen und Frauen den Männern.

Was soll man sagen von der Gefahr, die in gemeinen Liedern steckt,
von Weisen, die des Herzens Spannung erschlaffen lassen,
von den Flöten, von den Tänzen unzüchtiger Bakchosfeste,
wofür sie sogar Preise stiften, die Dreimalelenden!

Soll man das nun loben, anschauen, daran sich freuen,
oder ist es wert, darüber zu weinen und zu seufzen?

Gelächter triumphiert, Natur wird geschändet,
und bunt entbrennt der Leidenschaften Flamme.

Auch baut man noch Theater der Ehrlosigkeit,
daß ja die Pest nicht im Verborgenen wuchert,
sondern Preise für die gemeinen Fertigkeiten ausgesetzt sind!

Das verabscheue du! Das Augenlicht ist wie ein Mädchen;
        schände es nicht!

Meide alle Verderbnis der Augen,
damit du mir dein Augenlicht jungfräulich rein erhältst.

Mehr noch meide die mordbefleckten Vorführungen
der Fresser, deren Gott der Unterleib ist.

Denn als Knechte des Magens
gehorchen sie den gemeinen Befehlen eines schandbaren Lasters.

Wie ein gestrenger Herr der übrigen Glieder
sitzt drinnen er, verhökert wilden Tieren die Glieder
und verzehrt gierig den Erlös,
der heillose Magen, und wilden Tieren in den Magen

stößt er herrisch die anverwandten Glieder.
Uneinsichtig, fühllos für dieses Geschehen sitzen da
die Zuschauer. Und wenn ein Mensch den Tieren entkommt,
heulen sie, als ob sie selbst mehr als die Tiere
genarrt wären und vergeblich dagesessen hätten.
Wird aber ein Mann gepackt und brüllt erbärmlich,
schreit heiser auf und wühlt im Staub,
dann weicht vom Antlitz der Zuschauer jede Klage,
und lustvoller Beifall
braust auf, wenn sie Blut fließen sehen.
Denn Freude bereitet ihnen ein Anblick, der Tränen verdient,
und Tieren schenken sie ihr Wohlwollen.
Haben die Tiere dann zugepackt, feuern sie sie weiter an
und reizen ihre Wut, wie Übersättigte tun,
und essen gleichsam mit den Tieren das Fleisch der Menschen.
Die anderen machen böse Geschäfte mit den eigenen Gliedern,
der Nahrung Knechte und doch der wilden Tiere Nahrung;
und im Leben hassenswert und im Tode elend
finden sie ein solch bitteres Ende ihres Daseins.

Beflecke du dein Auge ja nicht mit dem Schmutz
der rohen Schauspiele, noch übe es im Anschauen
sterbender Menschen, vollgefressener Tiere.

Das nun, was vielen weit harmloser
erscheint, das Zuschauen beim Pferderennen,
auch das ist eine Pest und für die Seele ein Unheil.
Es zerreißt Städte, führt das Volk zur Zwietracht,
es lehrt den Kampf und schärft die Lästerzunge,
trennt Bürgerfreundschaft, bringt Familien gegeneinander auf,
beleidigt das Alter, entfesselt die Jugend,
entzündet Feindschaft unter Freunden und tritt Gesetze mit Füßen.
Mag dies schlimm sein – ein schmerzlicheres Übel wagt sich vor:
Zauberer, den rasenden Zuschauern Helfer
zum Sieg, treten auf. So nährt ein Unheil das andere.
Denn wenn diese zum hitzigen Streit entbrannt sind,
laufen sie gleich zu den Zauberern.
Die wiederum rufen die Bosheit der Dämonen an,
ihnen zu helfen bei Sturz, Zusammenstoß
und Mord. Denn am Unglück freut sich das Heer der Dämonen.

Statt dessen freue du dich an der Bildung,
durch die du nach Kräften deinen Charakter üben wirst.
Sobald du aber deinen Geist hinreichend an verschiedenen

Schriften wie in einer Kampfbahn geübt und vorbereitet hast,
verlege deine Mühe auf die von Gott geoffenbarten Schriften selbst,
die beiden Testamente, und sammle einen großen Schatz
aus dem Alten wie auch aus dem immer Neuen Testament;
denn das Neue ist als zweites aufgezeichnet
und wird nach sich kein drittes mehr haben.
Ihnen widme willig deinen ganzen Eifer.
Du wirst aus ihnen lernen, einen rechtschaffenen Charakter
    auszuprägen
und den wahren und alleinigen Gott zu verehren.

Denn er ist Einheit und Dreiheit ewig,
Vater mit Sohn und hochheiligem Geist,
als Dreiheit erkennbar in den Personen, Einheit vom Wesen.
Vermische also nicht die Erscheinungsformen in ihrer Zahl,
auch wiederum, wenn du Gott anbetest, zerschneide nicht
    sein Wesen.
Denn eine einzige Dreiheit ist er, ein einziger allmächtiger Gott:
Dies ist das zerbrechliche, feine, fromme Geheimnis.
Ja, eng ist wirklich der Weg der Wahrheit,
ein Pfad, abschüssig auf beiden Seiten und eingeengt;
wer auf ihm nach einer Seite ausglitt,
stürzte ab in einen tiefen Abgrund der Verirrung:
Sabellios, indem er sich nach den Juden richtete,
Areios, indem er es den Götzendienern gleichtat,
jener, indem er die Erscheinungsform der Personen vermischte,
dieser wiederum, indem er gottlos das Sein zerteilte.
Du aber halte ohne Wanken des Weges Mitte ein, indem du
unterscheidest, wie es nötig ist, und nach Gebühr verknüpfst.
Denn unvermischbar wird die Dreiheit verknüpft,
wie die Einheit unteilbar geschieden wird.
Sein Wesen nämlich ist unteilbar, aber seine Erscheinungsformen
bleiben immer völlig unvermischbar.
Ich wünschte, du bliebest ein Hüter dieser Lehrsätze,
ein echter Täter der Gebote,
weise durch alles, was ein Eingeweihter erschaut,
immer fortschreitend, niemals aufgeblasen.
Denn größer wird so die Gnade darüber erblühen.

Für das Studium der Schriften, die bei den Griechen gelesen werden,
sei wie ein Richter, der seine Stimme nach dem Gesetz abgibt:
Ordne an, es solle, wie es sich gehört,
dem Freimut der wahren Dogmen dienen
und der weisheitsvollen Betrachtung der Heiligen Schriften.

Denn gerechterweise muß die Weisheit des Geistes,
die von oben her ist und von Gott kommt,
Herrin über die untere Bildung sein,
wie über eine Magd, die sich nicht grundlos aufspielt,
sondern gewohnt ist, ordentlich zu dienen.
Denn der göttlichen diene die niedere Weisheit.
(Es folgt eine Aufzählung der kanonischen Bücher des Alten und
Neuen Testaments und eine Warnung vor den Apokryphen.)

Mögest du Christus folgen, dem weisen Worte Gottes.
Ja dreimal selig, ja dreimal glücklich bist du,
ein strahlendes Licht vielen Alten und Jungen;
denn heller als Sterne leuchtet ein frommes Leben.
Und der Propheten, der Märtyrer, der Apostel
Chor wird dich wie ein vertrautes Glied umringen
und bekränzen und Siegesbeifall ausstoßen.
Ruhm erntend, der kein Ende hat, wirst du dann dich freuen
und wirst bekränzt inmitten der Engel tanzen.

Die sogenannten „Iamben an Seleukos" sind das Werk des Bischofs Amphilochios von Ikonion (gest. nach 394), Lebensregeln für einen jungen Mann, der sich
in der Welt der Spätantike zurechtfinden soll.
   E. Oberg, Das Lehrgedicht des Amphilochios von Ikonion, Jahrbuch für Antike und Christentum 16 (1973) 67–97 (griech.-deutsch).

Frühes Byzanz im Epigramm

Bescheidener Hausstand

Ich hab' nicht eben viel, und doch ernähr auch ich
Weib, Kinder, einen Knecht nebst Hühnervolk und Hund.
Wieso? Weil kein Schmarotzer mir das Haus betritt!

Der schlechte Schauspieler

Paulos, dem Mimen, erschien im Traume Menandros und sagte:
„Tat ich dir je was zuleid? Warum spielst du so übel mir mit?"

Der Chirurg

Besser vor Hegemons Stuhl, der die Räuber zum Tode verurteilt,
als in Gennadios' Hand, der als Chirurg sich bekennt.
Denn der eine zerhackt in gerechter Entrüstung die Mörder,
dieser nimmt Zahlung dafür, daß er zum Hades dich schickt.

Hohe Verwaltungskunst

Viele sind glänzende Redner, doch kann auch ihr Ausdrucksver-
    mögen
das nicht deuten, was dir wechselnd die Seele durchzieht.
Was uns befremdet an dir als widerspruchsvoll und unglaublich,
ist: du stiehlst, und dabei bist du zu Tränen gerührt.
Chalkis sandte dich her, und mit Schalksinn beraubst du uns
    Bürger;
stiehlst, und während du stiehlst, weinst du und denkst an Profit.

Der dankbare Witwer

Rhodo, dein lieber Gemahl, gab dir einen prächtigen Steinsarg
und einen Hügel, er hat Armen Geschenke gemacht,
um deine Seele zu retten, aus Dankbarkeit, weil du so früh schon
hingeschieden und ihm wieder die Freiheit geschenkt.

Haus in Konstantinopel

Dahier, mitten in Neu-Rom, hat Maximin mich errichtet,
hat mich auf sicherem Boden am Rand des Gestades gegründet.
Endlos dehnt sich um mich ringsum die herrlichste Aussicht:
hüben und drüben und rückwärts die Stadt mit den Häusern,
    und vor mir
all die lachenden Fluren des schönen bithynischen Landes.
Doch dort unten am Fuß, an des Grundsteins kraftvollen Mauern
rollen die Wogen der See fortströmend zum göttlichen Meere,
rühren nur eben mich an, daß die Säume der Erde benetzt sind.
Oft, wenn so sich ein Mann aus meinem Fenster hinauslehnt,
jauchzt ihm trunken das Herz, rundum dies alles zu sehen:
Bäume und Häuser und Schiffe, See, Stadt und Lande und Himmel.

Die Götter geben sich geschlagen

Staunend sah ich am Kreuzweg das Erzbild des Sohnes Kronions,
einst von Gebeten bestürmt, heute zu Boden gestürzt.
Traurig sprach ich: „Drei Nächte erzeugten dich, Wehrer der Übel,
niemals Besiegter, und nun liegst du zu Boden gestreckt."
Nachts erschien mir jedoch der Gott und sagte mir lächelnd:
„Daß man den Zeiten sich fügt, hab ich als Gott noch gelernt."

Mieter

Gestern vermietete ich dem Brauergesellen ein Zimmer,
heut kam ein Boxer hervor, der mich in Schrecken versetzt.

„Sag, wer bist du", so sprach ich, „wie kommst du in meine
  Behausung?"
Doch in Boxpositur drang er im Nu auf mich ein.
Rasch war ich weg. Mir bangte vor solch einer Wildheit des
  Mannes;
stand doch der Brauergesell plötzlich als Boxer vor mir.
Hört mich doch, Kastor und Pollux, ihr Boxer, und auch du
  Kronion:
Werft mir den Boxer hinaus; er ist mir ein Greuel. Ich kann doch
nicht jeden Monatsbeginn noch einen Boxkampf bestehn.

Bockbier

Du willst Dionysos sein? Wahrhaftig, beim wirklichen Bakchos!
Fremd bist du mir; ich weiß allein vom Sohne des Zeus.
Der aber duftet nach Nektar und du nach dem Bock. Bei den Kelten,
wo es an Trauben gebricht, hat man aus Korn dich gebraut.

Bankette am Martyrergrab

Seid mir Zeugen, ihr Helden und Martyrer: Was euch geehrt hat,
kehrte dies schlemmende Volk nun in ein Ärgernis um.
Euch ist es doch nicht nach Köchen und nach einer duftenden Tafel;
sie aber bringen euch jetzt Speisen statt Frömmigkeit dar.

Am Anfang stehen einige, zumeist satirische Epigramme der byzantinischen Früh-
zeit, als diese Kunst noch in hoher Blüte stand. Sie sprechen für sich. Die Verfasser
sind Pallades, der größte Epigrammatiker Alexandreias (um 400), Kaiser Julian,
der als Caesar in Gallien Bekanntschaft mit dem Bier gemacht zu haben scheint,
Kyros, Stadtpräfekt von Konstantinopel, in der ersten Hälfte des 5. Jahrhunderts,
offenbar an Bauten besonders interessiert, ein Konsul Julian um 540 n. Chr. mit
einer besonders bösen Satire auf den Witwer und schließlich Gregor von Nazianz,
ein Bischof (gest. um 390), in dessen zahlreichen Epigrammen immer wieder die
Verunehrung von Gräbern verurteilt wird.
  Anthologia graeca, griechisch-deutsch ed. H. Beckby, München 1957–58.
Buch X, 86; Buch XI 675. 280. 283; Buch VII, 605; Buch IX, 808. 441; Buch XI,
351; Buch IX, 368 und Buch VIII, 169.

Volksbrauch und Kirchengesetz

11. Kein Priester und kein Laie darf von den ungesäuerten Broten der
Juden essen, noch mit ihnen Gemeinschaft pflegen, noch sie im Krank-
heitsfalle zu Rate ziehen und von ihnen eine Medizin annehmen, noch
mit ihnen eine Badeanstalt besuchen.

24. Keinem Priester oder Mönch ist es erlaubt, den Hippodrom oder Theatervorführungen zu besuchen. Wenn ein Kleriker zu einer Hochzeit eingeladen wird und dann die Spielleute und „Unterhalter" kommen, dann soll er aufstehen und sofort weggehen.

42. Es gibt sogenannte Eremiten, die schwarzgewandet und langhaarig sich in den Städten herumtreiben, mit Männern und Frauen Umgang haben und ihre Bestimmung in Verruf bringen. Lassen sie sich scheren und einkleiden wie die übrigen Mönche, dann sollen sie in ein Kloster aufgenommen werden; wenn nicht, so soll man sie aus der Stadt jagen und sie sollen in der Einsamkeit wohnen, nach der sie sich auch benennen lassen.

51. Die heilige Synode verbietet die sogenannten Mimen und ihre Vorführungen; ebenso Tierkämpfe und öffentliche Tänze auf der Bühne.

60. Der Apostel sagt: Wer dem Herrn anhängt, ist eines Geistes mit ihm. Daraus erhellt, daß auch jeder, der mit dem Widerpart Verbindung eingeht, eins mit ihm wird. Diejenigen also, die vorgeben, besessen zu sein und nach Dämonenart sich schamlos gebärden, sind unnachsichtig zu bestrafen. Man soll sie genauso hart behandeln, wie wahrhaft Besessene.

61. Diejenigen, die sich an Wahrsager oder sogenannte Centurionen oder dergleichen Leute wenden, um von ihnen Geheimnisse zu erfahren, verfallen für zehn Jahre der Kirchenbuße. Ebenso jene, die Bären und dergleichen Tiere herumführen, zum Spaß und Verderben der Einfältigen, indem sie ihnen vorgeblich die Zukunft, die Konstellation der Sterne und ähnlichen Unsinn voraussagen; ebenso die sogenannten „Nebeltreiber", die Verkäufer von Amuletten und die Zauberer.

62. Die sogenannten Kalenden und Vota, die sogenannten Brumalia und das Fest, das am 1. März gefeiert wird, sollen aus der Christenheit verschwinden. Dazu gehören alle öffentlichen Tänze von Frauen, die viel Unheil anrichten, ebenso die Tänze von Männern oder Frauen, die nach heidnischem, unchristlichen Gebrauch in Göttermasken gehen. Kein Mann darf Frauenkleider tragen und umgekehrt. Man darf keine komischen, satyrischen oder tragischen Masken tragen und nicht den verfluchten Namen des Dionysos anrufen, wenn man die Trauben in der Kelter tritt, noch zum Gelächter reizen, wenn der Wein in die Fässer gefüllt wird.

65. Die Feuer, die gewisse Leute am ersten Tag des Monats vor ihren Häusern oder Werkstätten anzünden und über die man dann nach altem Brauch in einem Satze springt, sollen von nun an abgeschafft werden.

88. Niemand darf irgendein Tier in die Kirche bringen, es sei denn ein Reisender in höchster Not, der nirgendwo eine Bleibe findet und in der Kirche Unterschlupf sucht. Denn nähme er das Tier nicht mit hinein, dann könnte es draußen zugrunde gehen, und er könnte ohne Lasttier

seine Reise nicht fortsetzen und wäre selbst dem Tod ausgesetzt. Der Sabbat ist ja für den Menschen gemacht, haben wir gelernt.

96. Wer durch die Taufe „Christus angezogen" hat, hat sich dazu bekannt, seinen Wandel im Fleische nachzuahmen. Männer also, die ihr Haupthaar zum geistlichen Schaden derer, die es zu sehen bekommen, absichtlich pflegen und in kunstvolle Zöpfe flechten und so den Seelen Fallen stellen, wollen wir geistlich heilen durch die kanonische Bestrafung.

Das sogenannte Konzil „in Trullo" (im Kuppelsaal des Kaiserpalastes) hat im Jahre 691 nicht weniger als 102 Vorschriften (Kanones) erlassen, von denen sich viele mit dem Brauchtum des einfachen Volkes befassen, d. h. es verbieten. Einen Erfolg hatte das Konzil verständlicherweise keineswegs. – Im Kanon 60 sind die sogenannten „Saloi" gemeint, jene Narren um Christi willen, die sich aus asketischen Gründen das grobe Spiel gefallen ließen, das man mit Narren und „Besessenen" trieb. Kanon 62 befaßt sich so gut wie mit allen „karnevalistischen" Festen, die das Heidentum überlebt haben. Die Brumalia gehören zur Wintersonnwende, die Kalenden und Vota zum Jahresbeginn verdrängten allmählich die alten Saturnal-Feste. Der 1. März ist der Jahresbeginn im byzantinischen Kalender. Was die Centurionen sind, läßt sich nicht ermitteln. Schon die Kanonisten des 12. Jahrhunderts wußten nicht mehr Bescheid. Die „Nebeltreiber" wußten entweder das Wetter zu beschwören, oder wahrsagten aus der Stellung der Wolken.

P. P. Joannou, Discipline générale antique, I, 1. Les canons des conciles oecuméniques, Grottaferrata 1962, S. 98–241.

Männliche Modetorheiten

Als die Väter das Zöpfchenflechten und die Haarpflege der Männer verurteilten, da dachten sie wohl genau an das, was man heutzutage treibt. Da gibt es die Haarfärber und Haarstylisten, die sich alle Mühe geben, die Haare lang wachsen zu lassen, so daß sie nach Weiberart womöglich in Locken bis zum Gürtel fallen. Dazu gehört nicht bloß, daß sie sich das Haar nicht mehr schneiden und keine Schere mehr über ihren Kopf kommen lassen. Sie wollen es wachsen lassen, wie es wächst, wenn es nur möglichst lang wird. Auch wickeln sie ihr Haar um Stücke von Schilfrohr, damit es lockig wird, und sie färben es auf blond und goldglänzend. Andere machen ihr Haar völlig naß und setzen es dann der größten Sonnenhitze aus, damit es gebleicht werde. Andere scheren ihre echten Haare und tragen falsche Flechten. So geschieht es heutzutage mit der Pflege des Kopfhaares. Mit dem Bart aber verfährt man genau gegenteilig. Kaum daß der erste Flaum sprießt, wird schon rasiert, damit nur ja keine Spur eines Bartes entstehe, und sie ein glattes Gesicht darbieten können, weichlich und wie Frauen. Wenn aber die Barthaare im Laufe

der Zeit immer dichter werden, dann wollen sie doch nicht, daß der
Schnurrbart über die Lippen hänge, aber sie rasieren sich nicht mehr,
sondern benützen ein Stück Ton, das an einem Kohlenfeuer erhitzt wurde, und versengen damit den ganzen Schnurrbart, bis nur so viel bleibt,
daß es aussieht wie jugendlicher Flaum und sie Halbwüchsigen gleichse-
hen. Dieser Mißstand ist weit verbreitet, ja zu einer Art Epidemie geworden. Die Väter der Synode haben diese Leute getadelt und sie von den
Sakramenten ausgeschlossen. Wenn diese Leute aber heute in die Kirche
kommen, werden sie von den Beichtvätern nicht getadelt, sondern bekommen den Segen und können an den Sakramenten teilnehmen, wie es
ihnen paßt. Niemand hindert sie, kein Patriarch, kein Bischof und kein
geistlicher Vater.

Wie wenig die Väter des Konzils „in Trullo" ausgerichtet haben, zeigt dieser Text
des Kanonisten Joannes Zonaras aus dem 12. Jahrhundert, mit dem er den Kanon
96 dieses Konzils kommentiert.
    G.A. Rhalles – M. Potles, Σύνταγμα τῶν θείων καὶ ἱερῶν κανόνων, Bd. II,
Athen 1852, S. 534–535.

Der Schwätzer

Liebster, verehrter Bruder!
Er ist zu mir gekommen, wie ein Ägyptenreisender, wie ein Äthiopien-, ja
wie ein Indienfahrer, als hätte er alle Städte, alle Länder, alle Nationen
bereist. Er kam, energiegeladen und gedankenschwer. Statt großen Ge-
päcks, statt vieler Fracht brachte er eine Zunge voll Wundermären. Da er
eben in Byrida draußen haltgemacht und dort einige Tage geblieben war,
wußte er alles zu schildern, was es dort und dort herum gibt: Weinberge,
Weizenfelder, Flüsse und Winde, Verbindungswege und Grenzscheiden,
Gehabe der Männer und Weiber, der Spinnerinnen, der Weberinnen ...
Kaum war es mir gelungen, seinen Redefluß ein wenig zu unterbrechen,
entschlüpfte er mir wieder und kam auf Herakleia zu sprechen. Und als
hätte er die herakleiotische Nilmündung gesehen, überschwemmte er
mich mit dem Strom seiner Rede, über den Bau des Städtchens, über
seine Bischofskirche, über seine wunderbaren Quellen, wie es dem Ze-
phir mehr als anderen Winden ausgesetzt ist und daß er es besonders
liebe.
    Ich konnte den Andrang seiner Geschwätzigkeit nicht mehr ertragen
und tat, als machte ich ein Nickerchen. Aber da schwoll seine Rede
sogleich zum Donner an, und jetzt blieb mir auch die Kunde von Rhaide-
stos nicht erspart. Wenn er auch dein Ohr mit seinen geistreichen Geschichten angefüllt hat, dann weißt du ja Bescheid. Mich hat er vollge-
pfropft mit jeglicher Mär. Nachdem er mich im ganzen Westen herumge-

jagt hatte, trug mich sein Wort noch über die Adria nach Italien über die campanische Ebene, über die doppelte Alpenkette, über den Apennin und das ligurische Meer, um mich endlich an den Säulen des Herakles und Dionysos sitzen zu lassen.

Dann schlug seine Rede den Bogen zu dir. Es war ein Gedonner wie das der Katadupen und der Katarakte des Nil. Nichts blieb unerwähnt; er ließ sich nicht bestechen. Nicht dein edler Charakter, deine Ehrliebe, dein edles Wollen. Dann ließ er sich weiter herab und beschrieb mir deine Tafel und ihre Genüsse, deine Art zu essen und zu lachen, deine Wasserkaraffe, deinen Trinkbecher, deinen Teller, deine Pfanne, deinen Kochlöffel, ja deine verschiedensten Gefäße, den Becher, den Elfenbeinpokal, die Trinkschale, das Trinkhorn, den Fingerbecher, den Krug, den Würfelbecher, den Epheukrug; wie du trinkst, wie du den Freunden zuprostest, wie du von den Weinsorten den Falerner verschmähst, weil er den Kopf schwer mache, aber dem Chios den Vorzug gibst, weil dieser Hochgenuß, schon an die Lippen geführt, befeuert; wie er dir beim Mischen den Becher reicht, ohne ihn fest zu umfassen, sondern nur so mit den Fingern.

So hat er die Mahlzeit bei dir bis ins kleinste beschrieben, und wahrscheinlich wollte er dann noch auf die Zeit danach zu sprechen kommen. Ich mußte einen neuen Schwarm von Geschwätz erwarten, heuchelte also tiefen Schlaf und brachte den Mann damit los. Aber der kommt wieder! Und noch oft! Und er hat noch mehr zu berichten.

Als Satiriker hohen Grades erweist sich immer wieder der Philosoph, Hofmann und Geschichtsschreiber Michael Psellos (11. Jahrhundert). Hier mokiert er sich über einen Besucher, dem der Gesprächsstoff keinen Augenblick ausgeht. Byrida ist ein Städtchen bei Konstantinopel. Unter Herakleia ist wohl die thrakische Stadt gemeint, was den Erzähler assoziativ wegen des Rede„flusses" auf die herakleiotische Nilmündung bringt.

Michaelis Pselli Scripta minora, vol. II. ed. E. Kurtz – F. Drexl, Milano 1941, S. 10–11.

Der sonderbare Asket

Als wir vom Hafen ausfuhren und die gebirgige Küste entlang segelten, hatten wir den großen Asketen Elias bei uns auf dem Schiff. Deshalb wohl auch lag das Meer glatt wie Öl unter dem Schiff, und alles war eitel Ruhe. Das Meer hatte seinetwegen auf jeden Sturm vergessen.

In seinem Innern aber gingen die Wogen hoch, sein Herz klopfte heftig und die Wellen der Leidenschaften stürmten auf seine Seele ein. Von allem Anfang an weilten seine Gedanken nicht beim Berge Karmel, noch bei sonst einer heiligen Einsiedelei, sondern bei der Zahl der Bordelle in

XI. Alltag

der Hauptstadt und bei der Zahl der Schenken; wie viele Dirnen es gebe, die sich auf ihre Kunst wirklich verständen, und wie viele, die weniger gewandt wären. Er machte sich Notizen, welche Schankwirtin auch ein Bordell betreibe, ob eine Hure auch verkupple oder eine Kupplerin auch selbst hure. Er fertigte sich eine Liste derer an, die ihre Geschäfte offen betreiben, sowie derer, die im Verborgenen „fechten" und sich verbergen. Damit war dieser Elias für die meisten ein recht wunderlicher Reisegefährte. Natürlich machten ihn die barbarischen Ruderknechte sofort zu ihrem Abgott, ebenso aber auch zahlreiche Passagiere, wenn er etwas ausführlicher die Namen seiner Dirnen durchging oder auch nur flüchtig aus der Liste vorlas.

Ich mußte mich sehr wundern, daß kein Sturm über das Meer hinwegfegte und die See nicht in Aufruhr geriet. Gegen den Propheten Jonas, der nur ein wenig an der Vorsehung zweifelte, wandte sich das Meer sofort, und ein Seeungeheuer verschlang ihn. Diesem aber, der in Gedanken und Wort der Ausschweifung frönte, widerfuhr nichts von einem solchen Schreck. Er selbst rückte meine Gedanken zurecht und löste mein Problem: Er hure nur in der Rede, halte sich aber von jeder Tat fern. Redet er die Wahrheit, so ist er nur zur Hälfte schlecht. Lügt er aber, nun, dann soll ihn doch kein Walfisch verschlingen; denn wahrscheinlich würde er ihn nicht mehr ausspeien.

Wiederum ist Psellos der Verfasser. Der Brief ist an einen Richter der Provinz Opsikion gerichtet (Kleinasien). Psellos nimmt diesen weithin unbekannten Elias nicht nur hier aufs Korn, sondern auch in anderen Briefen.
Michaelis Pselli Scripta minora, a.a.O. 125–126.

Der verlotterte Pfarrer

Mein Pfarrer? Was das für ein Pfarrer ist, dies nach den Regeln, die dem liturgischen Bereich angemessen wären, darzustellen, ist unmöglich. Er fällt ja aus jedem klerikalen Rahmen heraus. Er hält es nicht einmal für nötig, standesgemäß gekleidet daherzukommen. Sein Talar ist alles eher als in Ordnung. Unten ist ein Stück abgerissen, und dieses Stück bindet er sich als Kopfputz um die Stirn. Aber vielleicht hat er den priesterlichen Dienst aufgegeben und widmet sich nun einer anderen ehrlichen Beschäftigung? Beileibe nicht! Zwar läßt er sich mit allen möglichen schönen Titeln schmücken, Grammatiker etwa oder Notar, neben der Bezeichnung Papas. Aber das sind beschönigende Redeweisen, so wie der Dichter gelegentlich statt „Hund" der „Schnellfüßige" sagt, oder der Redner eine Hure hochtrabend „Hetäre" nennt. Genau so ist es mit seinem Notar und seinem Grammatiker bestellt. Gewiß, als er noch jung war, suchte er beide Berufe zu erlernen und besuchte dazu mehr als eine Schule. Aber er lernte nichts; er störte nur den Unterricht. Würde man ihn fragen, was Orthographie ist oder Metrum oder Syntax, dann würde er meinen, man spreche eine fremde Sprache und würde sagen, man solle doch griechisch mit ihm sprechen. Von all dem, was mit Versmaßen zu tun hat, besitzt er keinen Dunst.

Nun gut: er hat keine Bildung. Aber vielleicht ist seine übrige Lebensführung so, wie man sie von jemand erwartet, der nach Höherem strebt? Wiederum: nein! Er würfelt vielmehr den ganzen Tag. Es ist nicht das gewöhnliche Würfelspiel, wie es auch solche, die im übrigen ein anständiges Leben führen, gelegentlich zum Zeitvertreib spielen, sondern ein abseitiges, übel beleumundetes Spiel. Er besitzt ein ganzes Sortiment von Würfeln verdächtiger Art. Die einen bringen beim Wurf eine höhere Gesamtzahl zustande, die anderen eine niedrigere, die einen jeweils eine gerade, die anderen eine ungerade Zahl. So kann er für sich gewisse Zahlen als Ziel reservieren; die anderen überläßt er den Mitspielern, und damit hat er den sicheren Gewinn vor sich. Er feilscht um die feststehenden Spielregeln, und ob nun groß oder klein gespielt wird, jedenfalls zieht er alles in Zweifel. Auch magische Kräfte ruft er an, deren Vermögen und deren Namen angeblich nur er selbst kennt. Er kennt sich aus mit jedem üblen Trick und scheut sich nicht, sich seiner zu bedienen; und immer wieder erfindet er neue Teufelskünste. Tag und Nacht verbringt er mit diesen üblen Dingen, und das Spielbrett kommt nicht mehr von seinen Knien, so als hätte er eine Schreibtafel vor sich.

Findet er einmal niemand, der mit ihm spielt, dann spielt er gegen sich selbst wie in einer Spiegelfechterei.

Und wenn er doch einmal pausiert, ist es dann wie in Perioden des Fiebers, wo man sich ruhig verhält? Keineswegs! Auf das Würfelspiel folgen Trunk und Kneipen! Bald schlürft er die Blume ungemischten Weins, bald mischt er ihn, aber mit nur wenig lauem Wasser, um, wie er sagt, die Kraft des Weines nicht zu mindern. Er hat da eine ganze Philosophie! Oft packt er den irdenen Krug mit beiden Händen und führt ihn zum Mund und säuft wie die Rinder, bis er keinen Atem mehr hat. Die Kneipen der Stadt kennt er alle in- und auswendig. Am meisten schätzt er, wie ich von ihm selbst gehört habe, die des Sananos und Melitragos. Zu Gorgoplutos will er künftig nicht mehr gehen, weil der Junior das Geschäft nicht richtig zu führen weiß. Er weiß genau, wo man Naturweine ausschenkt und wo sie vorher verschnitten werden; wo es den dunkelsten Roten gibt und daß der beste jedenfalls der von Chios ist. Dies ist der stärkste, sagt er, besser als alle anderen; er hält Leib und Seele zusammen, und wenn man ihn hat, braucht man keinen anderen mehr.

So ist er, und da ist er allen überlegen, die sich auf diesem Gebiet einen Namen gemacht haben. Aber sonst, was Gehabe und Formen angeht?

Wer vermöchte es schon, alle Arten seiner Ausgelassenheit aufzuzählen? Was er da absichtlich zum besten gibt und an Unsinn treibt, das mag an und für sich ganz witzig sein, aber wie er es treibt, gereicht es ihm nicht zur Ehre. Ohne Not reißt er seine Lippen bald nach rechts, bald nach links und dies immer wieder und wieder. Er verdreht die Augen, er schnauft hochnäsig und verächtlich, er fährt mit dem Kopf hin und her und schüttelt die Schultern. Seine Hände kann er nicht in Ruhe lassen: bald kratzt er sich damit den Rücken, bald zerrt er am Bauch, bald massiert er sich die Schenkel, und was es sonst an Unarten gibt. Seine Füße hält er nie beieinander. Das eine Bein streckt er vor, das andere legt er darüber, und wenn sich jemand darüber aufhält, dann wechselt er eben die Beine, und es bleibt dabei. Lädt er zum Mittag- oder Abendessen ein, dann stellt er alle Tischsitten auf den Kopf und bringt seine Gäste durcheinander: Schüsseln und Tafelzeug, alles ist kunterbunt. Oft fährt er mit beiden Händen in den Topf, Pfannen und Platten zerbricht er, wenn er sie anfaßt, und er frißt in sich hinein wie ein Hund.

Aber ich entpuppe mich, da ich ihn zum Thema habe, als schlechter Redner, der da aufhört, wo er beginnen müßte – doch was tut dieser Mißgriff bei einer solchen Mißgeburt? So wie er, so waren und sind Vater, Mutter und Bruder. Über seinen Vater will ich hier nicht sprechen. Aber die Mutter, die habe ich vor Augen: Sie ist eine Hexe und Giftmischerin. Sie versteht es, die Menschen in ihren Bann zu ziehen und vom rechten Weg abzubringen; das ist ihr auch bei ihrem lieben Sohn gelungen! Der Bruder ist zwar noch nicht so weit, aber er gleicht ihm ansonsten aufs Haar.

Um es kurz zu machen: Dies also ist mein Pfarrer! Was kann ich ihm anderes wünschen als einen raschen Tod, damit seine üblen Ansätze nicht noch weiter wachsen und gedeihen.

Ein drittes Mal Psellos als Satiriker, hier nicht in Briefform, sondern in Form einer Tadelsrede (Psogos), wobei er nach allen Regeln der Kunst – wie er selbst bemerkt – bei den Eltern hätte anfangen sollen.
  Michaelis Pselli Scripta minora I, Milano 1936, S. 65–68.

Klage um ein Haustier

Die thrakischen Perlhühner sind blühweiß, die von den Inseln dagegen haben verschieden gefärbtes Gefieder, zwar nicht eben dunkel, aber doch auch nicht mehr weiß, sondern eher grau. Alle aber sind am Schnabel und an den Füßen rötlich. Das thrakische ist im übrigen der bessere Sänger und hat die lautere Stimme, das Inselhuhn läßt sich dafür um so öfter vernehmen. Der Farbe nach sind sie also verschieden, sonst aber sind sich diese Perlhühner alle gleich.

Doch was spreche ich von verschiedenen Arten? Was philosophiere ich überhaupt über Perlhühner? Mein eigenes, das schönste aller Perlhühner, ist ja dahin! Mein Sänger voll Wohllaut, süßer als die Lyra, klingender als die Harfe, erquicklicher als jede Muse, vergnüglicher als die Sirenen, von denen die Sage geht. Soll ich euch von seiner Schönheit erzählen? An Kopf und Hals und unten am Bauch war es schneeweiß, nur zwischen den Schultern hatte es einen blaßroten Fleck, wie um einen leichten Gegensatz zum übrigen Gefieder herzustellen. Die Flügel aber waren in verschiedenen Schattierungen dunkel gesprenkelt. Von den hochgezogenen Augenbögen in der Mitte weg bis zum Hals zog sich eine Linie – ganz wie bei aufgeputzten Frauen und in derselben Farbe. Die Augen lagen in scharlachroten Ringen.

Es war ein Perlhuhn, größer als das gewöhnliche Huhn, zutraulicher als ein Hund und treu ergeben. Besonders gut verstand es sich auf die Uhrzeit. War der Frühstückstisch gedeckt, so versäumte es nie diesen Zeitpunkt; wurde es Abend und ging im Westen die Sonne unter, dann nahm es wiederum bei Tisch Aufstellung, als wollte es die Dienstboten daran erinnern, es sei Zeit, für den Herrn aufzutragen.

Es gibt Philosophen, die den Tieren Vernunft zusprechen, andere sprechen sie ihnen ab. Persönlich neige ich der Meinung der letzteren zu, aber für mein Perlhuhn mache ich eine Ausnahme, da schließe ich mich der anderen Ansicht an. Was es tat, war immer überlegt: sein Kommen, sein Gehen, sein Sinn für Zeit und Pünktlichkeit bei allen Verrichtungen; jetzt war es an der Zeit, mit den Flügeln zu schlagen, jetzt traf Gesang, dann sprang es mir auf die Knie, wie um seine wohlerwogene Freundschaft zu zeigen. Fand sich zur Essenszeit ein anderes Haustier ein, dann packte es der Zorn und mit Schnabel und Krallen ging es darauf los und verjagte es; ich sollte meine Ruhe und Gemütlichkeit haben! Besonders verwunderlich: Nahte sich ein Fremder, dann gab es Laut, wie um den Besuch zu melden.

Dem Andenken an dieses gute Perlhuhn weihe ich diese Klage, ganz aus eigenen Stücken. Ich weiß nicht, warum es sterben mußte, und ich bin böse auf Galen und Hippokrates und alle jene Ärzte, die über die verschiedensten Wehwehchen geschrieben haben, nichts aber über die Pflege kranker Perlhühner. Das Tierlein wurde plötzlich starr, sein ganzer Körper geriet in Zuckungen. Aber selbst im Sterben vergaß es nicht auf seine Zutraulichkeit: es tappste zu mir her, wie um mich zart auf den harten Ablauf des Naturgeschehens aufmerksam zu machen. Ich nahm es sofort auf und trug es an ein sonniges Plätzchen; dies war die einzige Art von Pflege, die mir in den Sinn kam. Ich mußte so zusehen, wie es heftig mit dem Tode rang und schließlich den letzten Atemzug tat. Hätte ich nicht etwas gegen Gerührtheit, dann hätte ich wohl geweint und um mein Vögelchen viele Tränen vergossen. Auch da lasse ich das Wort

Salomons gelten: „Was ist der Mensch, verglichen mit dem Tier? Und
wer weiß, ob die Seele des Menschen nach oben steigt, die der Tiere aber
in die Schlupfwinkel der Erde?" Ich will Salomons Wort nicht mißdeu-
ten; aber ich bin eben ein Gewohnheitsmensch und möchte darum selbst
über den Tod eines Tieres, das mir Freund war, weinen dürfen. Süßer
sangst du als die Sirenen; überall in und außer Hause ließest du deine
Stimme ertönen. Welcher Rhythmus in den Bewegungen, welch wacher
Blick, der überall umhersuchte! Es schien, als fürchtetest du, es könnte
ein krummschnabliger Raubvogel dort oben seine Kreise ziehen. Aber
durch Beobachtung habe ich mich überzeugt: Du wolltest nur sehen,
wenn ich ausgegangen war, wann endlich ich wieder zurückkomme. Wie
sprangst du dann umher, wie schlugst du mit den Flügeln, wie flogst du
treppauf und treppab und wie echt war deine Zutraulichkeit! Will mich
einer darob einen Kindskopf schelten, dann hat er das Wort Davids
vergessen: „Der Gerechte erbarmt sich auch des Tieres." Des Tieres –
also auch des Perlhuhns. Und wenn ich dies Tierlein beklage, das mir
entflogen ist, während ich es doch noch in der Hand halte, erfülle ich
wiederum Davids Wort und weihe aus dem Überfluß an Worten ein
Wort auch dem Tier.

Verfasser ist vielleicht Michael Italikos, Redner und Professor der Philosophie im
12. Jahrhundert. Ich kann nicht glauben, daß es sich dabei nur um eine Vorlage
für eine rhetorische Schülerübung handeln sollte. Italikos beweist auch in anderen
Fällen ein besonderes Gespür für alles, was mit Natur zusammenhängt, und
verrät eine besondere Liebe dazu.
    K. Horna, Einige unedierte Stücke des Manasses und Italikos, Programm des
Sophiengymnasiums Wien, 1902, S. 9–10 und P. Gautier, Michel Italikos, Paris
1972, S. 102–104.

Fragwürdige Medizin

Liebster Freund, darf ich fragen, wie es deiner verehrten Schwester geht,
und ob jener Mann, der so merkwürdige Versprechungen gemacht hat,
auch wirklich etwas zustande gebracht, besser: wirklich Nutzen gestiftet
hat, d. h. ob er ein Mittel gegen diese kaum zu heilende Krankheit gefunden hat? Ein wildes Tier könnte man dieses Übel nennen. Hat er dagegen
mit seinen Künsten noch nicht begonnen, so wäre es mir am liebsten, er
würde damit erst gar nicht anfangen; denn mit christlicher Sitte verträgt
sich sein Tun nicht.
    Glaube mir, Bruderherz, auch ich verstehe allerhand davon, vielleicht
sogar mehr als irgendein Zeitgenosse. Ich habe die entsprechende Literatur in reicher Fülle gesammelt, Chaldäisches und Ägyptisches, die Werke
des Proklos über die hieratische Kunst, auch Magie genannt, ferner was

die beiden Juliane darüber geschrieben haben und Apollonios von Tyana und der grundgelehrte Afrikaner. Aber auch, was alte Weiber auf der Straße zusammenschwätzen und was sonst die uneingeweihte Masse alles alles gläubig hinnimmt – auch darauf habe ich mein wißbegieriges Interesse gerichtet. Doch Gott ist mein Zeuge! Ich habe keine unerlaubten Praktiken vorgenommen und habe es nie mitansehen können, wenn ein anderer sich dazu hergab. Auch Beschwörungsformeln, Besprechungen, Zauberworte vieldeutiger und vielversprechender Art für Unterleibsleiden und für die Linderung von Geschwulsten aller Art habe ich gesammelt; doch nichts davon geübt und nie daran geglaubt.

Aber bei deiner verehrten Schwester, das will ich dir sagen, würde ich selbst solche chaldäischen Wunderpossen, wenn auch mißbräuchlich, anwenden, wüßte ich nicht, daß sie allesamt und alle ihre Adepten verflucht sind und reif für die Hölle. Deshalb verschmähe ich ihre Hilfe. Aber bei einem alten Weisen habe ich ein Beruhigungsmittel für das „wilde Tier" gefunden. Ich will es dir persönlich mitteilen, wenn wir uns treffen. Es schriftlich machen, geht nicht, da die Anweisung sehr weitläufig ist.

Sollte aber der andere mir schon zuvorgekommen sein und bereits getan haben, was er versprach, so weißt du doch, daß ich dies schon von der Hand wies, als ihr es mir erzähltet. Aber weil es um Frauen ging, habe ich mich nicht so unumwunden ausgedrückt, damit es nicht gleich Weinen und Klagen gebe. Wissen möchte ich aber schließlich doch, ob aus der Fehltherapie des anderen nicht vielleicht etwas Gutes herausgekommen ist.

Der Brief stammt wiederum von Michael Italikos.
P. Gautier, Michel Italikos, Paris 1972, S. 201–203.

Der biedere Landedelmann

Bist du nicht im Amt und führst ein Privatleben, dann verrichte die Besorgungen, die nötig sind, um deinen Hausstand in Ordnung zu halten, und laß dir dabei keine Nachlässigkeit zuschulden kommen. Es gibt keine Einkommensquelle, die höher steht, als die Bearbeitung des Bodens. Schaffe dir Hausbetriebe an, z. B. Mühlen und Werkstätten, Gärten und was sonst Jahr für Jahr seinen Ertrag bringt. Pflanze Bäume aller Art und Buschwerk, das Einkünfte bringt, ohne daß es jedes Jahr eigener Bearbeitung bedarf; so hast du ein ruhiges Auskommen. Dein Viehbestand umfasse zum Beispiel Pflugrinder, Schweine, Schafe und anderes, das Jahr für Jahr wirft und wächst und sich vermehrt. Damit hast du einen reich besetzten Tisch und kannst alles genießen, den Reichtum an

Getreide, Wein und allem übrigen, an Saatgut, Tieren, sowohl Schlacht-
wie Zugtieren. Wenn du dein Leben so einrichtest, wirst du keinen Rück-
schlag erleiden. Kümmere dich um deinen Haushalt und du hast es gut.

Kümmerst du dich nicht darum, dann verzehrt die Dienerschaft deinen
ganzen Gewinn und eignet sich alles an. Und kommt dann ein schlechtes
Jahr und wirft der Boden nichts ab, dann stellt es sich heraus, daß du
kein Getreide und keine sonstigen Früchte zur Ernährung deiner Leute in
den Scheunen hast. Und willst du etwas einkaufen, dann findet sich bei
dir kein einziger Taler. Siehst du dir dann deine Dienerschaft an, dann
kommt die Sorge, wie du sie ernähren sollst. Du wirst tief aufseufzen und
dir vornehmen, zu irgend jemand zu gehen und dir zu borgen. Aber es
findet sich niemand, der dir etwas gibt. Bittest du einen, dann sagt er dir:
„Glaube mir, ich habe etwas gehabt, aber vor dir waren schon andere da
und haben mich gebeten, und ich habe ihnen geborgt. Ich habe nur noch,
was ich unbedingt selbst brauche." Schande und Trauer sind die Folgen.
Findest du aber einen Geldgeber, dann macht er es wie die meisten: er
verlangt Zinsen und deinen Besitz als Sicherheit; du stellst ihm bereitwillig die Urkunde darüber aus, noch dazu mit einer bestimmten Befristung.
Die Frist läuft ab, der Gläubiger verlangt Kapital und Zins, du aber
schiebst die Zahlung hinaus, weil du nichts hast. Er mahnt dich wieder
und wieder und begleitet seine Forderungen mit Drohungen. Und
schließlich mußt du dein Familiengut, oder was du dir selbst mit viel
Eifer und Mühe aufgebaut hast, verkaufen — unter dem Preis, versteht
sich — und ihn damit bezahlen.

Wende mir nicht ein: „Meine Leute sind treu, und ich brauche sie nicht
zu beargwöhnen." Solange du vor ihnen stehst, sind sie treu! Bist du
ihnen aus den Augen, arbeitet jeder auf eigene Rechnung. Der Mensch
hat ja von Natur aus die Anlage, sich zum eigenen Nutzen abzumühen
und Gewinn zu machen, sei es geistig, sei es materiell.

Hörst du mich sagen, du sollst dich bemühen und eifrig sein mit deinem Hausstand, dann will dies nicht sagen, du sollst dir alle möglichen
Sachen einfallen lassen, dir überflüssige Mühen machen und dabei deine
Seele verlieren, Gott verachten und die Gottesdienste der orthodoxen
Christenmenschen vergessen, wie z.B. die Morgenandacht, die vier Ho-
ren, sowie Vesper und Komplet. Das gehört ja zum Bestand unseres
Daseins, und dadurch, daß wir diese Andachten abhalten, erweisen wir
uns als Gottes Diener. Gott bekennen, das tun auch die Ungläubigen und
die Dämonen, und alle geben sie zu, daß es Gott gibt.

Du sollst dich aber nicht auf diese Gebetsstunden beschränken, sondern, wenn möglich, auch das Nachtoffizium beten, wenigstens einen
Psalm davon. Gerade in dieser Stunde kannst du ohne Ablenkung mit
Gott sprechend im Gebet Ruhe finden. Es ist ja keine Mühe, sondern
eher eine Wonne, ganz still für sich mit Gott zu reden.

Kein Dieb soll dein Freund sein. Leistest du ihm auch keine Hilfsdienste, so wird man dich trotzdem tadeln. Reise nicht mit deinem Feind; triffst du ihn wider Erwarten auf dem Weg, dann trenne dich wieder von ihm. Nimm es mit keinem Fluß auf und laß dich nicht nieder unter einem überhängenden Felsen oder am Fuß eines Berges. Kommt ein Felsblock ins Rollen und stürzt er auf deine Bleibe, so wird er dir und deiner Familie, bevor du es merkst, zum Grab. Kennst du den Weg nicht, dann reise nicht bei Nacht. Iß keine rohen Pilze; das hat schon manches Haus geleert. Wer über einen gefrorenen Fluß oder See geht, will offenbar noch in der gleichen Stunde dem Tod begegnen. Wer zu Pferd über eine Holzbrücke reitet, wünscht sich die Knochen zu brechen und dem Pferd obendrein.

Die Türen deines Hauses sollen nach Osten gerichtet sein, damit frische Luft herein kann. Dein Viehbestand soll gut genährt sein; du weißt ja nicht, was noch alles kommt. Halte dir keine faulen Knechte. Suche häufigen Umgang mit Mönchen, auch wenn es sich um ganz ungebildete Leute handelt. Die seligen Apostel waren ja auch geistig einfältig und haben doch die Welt erleuchtet.

Solange du noch in bescheidenen Verhältnissen lebst, laß dich auf keinen Bau ein, der dich nur in Schulden stürzt und nicht zu Ende gebracht werden kann, so daß du den Plan wieder aufgeben mußt. Pflanze lieber Weinberge und bearbeite die Erde. Erst wenn du an allem Überfluß hast, dann baue.

Bete zu Gott, daß du nicht in die Hände eines Arztes fällst, auch wenn er noch so gescheit ist. Das Unrichtige wird er dir auf jeden Fall verschreiben; und ist deine Krankheit geringfügig, so wird er sie vergrößern und behaupten, du brauchtest teure Heilpflanzen. Wenn du wirklich etwas Heilsames trinken willst, was deinem Magen hilft, dann trinke Absinth. Hast du es an der Leber, so trinke Rhabarber und sonst nichts. Andere Tränklein sind nämlich sehr schädlich, besonders für junge Leute. Laß dir dreimal im Jahr zur Ader, im Februar, Mai und September, ruhe dich dann aus, und damit soll es genug sein.

Deine Söhne und Töchter sollst du maßregeln, aber nicht mit dem Stock, sondern mit deinem Wort.

Aus den Ratschlägen des Kekaumenos an seine Söhne (siehe S. 116).
G. G. Litavrin, Sovety i rasskazy Kekavmena, Moskau 1972, S. 188 ff. deutsch: H.-G. Beck, Vademecum des byzantinischen Aristokraten, Graz 1956, S. 71 ff.

Der Alleskönner

Mein Wunsch geht dahin, daß du dich auch der Lektüre eigenartiger paradoxer Sachen nicht entziehst. Wisse also, daß das epimenideische

Mittel, den Hunger zu vertreiben, in einer Mischung besteht aus getrocknetem Asphodelos, Malvenwurzeln, gewaschenem Sesam, weißem Mohn und roher Meerzwiebel. Wer dies zu sich nimmt, vermag tagelang ohne die geringsten Beschwerden auf Nahrung zu verzichten. Das Analgeticum besteht aus Kapern, kretischem Portulak, Bilsenkraut und Mandragora. Wer davon ißt, hat ein schmerzstillendes Medikament, das ihn alle Übel vergessen läßt. Die Gedächtnisdroge ist eine Erfindung des Pythagoräers Zenarias und setzt sich zusammen aus einer Kamillenpflanze, weißem Pfeffer, Hundsbeere, Honig, Myrrhe, Safran und Cyperngras. Wer davon einnimmt, vergißt alles Schlechte und erinnert sich alles Guten.

Die Empfängnis ist ein Werk Gottes und der Natur; davon bin ich überzeugt. Der Afrikaner aber behauptet, daß es auch eine mechanische Zeugung gibt. Eine solche mechanische Zeugung erfolgt dann, wenn der Mann, der sich zum Coitus vorbereitet, sein Glied mit Hasenblut einreibt oder mit Gänsefett. Mit Hasenblut kommt es zu einem Knaben, mit Gänsefett zu einem Mädchen. Der gleiche Mann weiß auch, wie man auf mechanische Weise Milch aus der Brust der Frau holt. Und wenn die Brüste nach der Geburt aufgedunsen sind, trocknet er sie aus mit einer Salbe aus der Kypros-Blüte. Er kann eine Frau auch unfruchtbar machen, indem er ihr ein Präservativ verabreicht. Dieses besteht aus Froschhirn in ein Stück Linnen gewickelt. Und den Frauen, die schwer gebären können, gibt er in die linke Hand ein Stück Pechkohle, worauf sie schnell gebären. Er hat noch andere Mixturen zur Verfügung, die empfängnisfördernd sind, und verschiedene Mittel für Geburtshilfen. Er kennt ein blutstillendes Mittel, das aus Zweigen des Maulbeerbaumes angefertigt wird … Er versteht es auch, weiße Haare zu färben mit einem Mittel aus gestoßenem Blei-Monoxyd. Er versteht sich auf eine Droge für die Stimme, bestehend aus Iris und Bocksdorn. Er kann Gold zum Rosten bringen mit dem Speichel eines tollwütigen Hundes. Gegen den Biß von Tieren benützt er ein Doppelpflaster. Er zählt auch sonderbare Mittel gegen den Skorpion auf.

Er kennt auch ein Mittel zur Entlarvung von Dieben: Dazu schneidet er die Zungen von Kaulquappen heraus und konserviert sie. Wenn dann Bedarf ist, rührt er sie in Gerstengrütze ein und gibt sie dem Verdächtigen zu essen. Und ist er schuldig – so behauptet er –, dann verrät er sich von selbst, sozusagen in Trance. Dieses Mittel ist sein Lügendetektor. Schließlich fabriziert er auch verschiedene Weine, den einen aus indischer Narde, den anderen aus Mastix und andere aus weiteren Ingredienzien. Er bringt es fertig, mit Rinderdung und Urin, wann immer er will, einen Mann zum Kacken und eine Frau zum Urinieren zu bringen – daran hat er einen Heidenspaß. Es ist für ihn auch ein leichtes, eine Frau wieder zur Jungfrau zu machen, auch wenn sie noch so viele Männer gehabt hat. Dies und noch mehr Merkwürdiges erzählt er in seinen „Stickereien".

Es gibt Leute, die wollen Unglaubliches vollbringen, und sei es mit Magie und unerlaubten Künsten. Wenn du willst, kannst du es einfacher haben, ohne Frevel und doch recht vergnüglich. Wenn du z. B. Leinsamen mit Brot und Käse in einen Teil des Meeres wirfst, dann kannst du damit die kleinen Fische sammeln, die in der Nähe herumschwimmen. Und wenn du willst, daß ein Hahn im Wettkampf siegt, dann reibe Venushaar in sein gewohntes Fressen. Und du kannst tun, als hättest du einen Neger bei Tisch: gieße das Schwarze vom Tintenfisch auf den Docht der Lampe. Du kannst ein Ei purpurn färben, wenn du es in heißes Öl legst, das mit Kümmel und Essig vermischt ist. Willst du wissen, ob ein bestimmtes Mädchen noch Jungfrau ist, dann räuchere ringsum mit Pechkohle, und wenn der Rauch sich durch den Luftzug aus dem Mund des Mädchens nicht entzündet, hast du einen sicheren Beweis, daß sie noch Jungfrau ist. Soll eine Frau, die sich im Spiegel anschaut, darin eine Eselsfratze sehen, dann reibe den Spiegel mit den Tränen eines Esels ein.

Bei deiner Seele! Nicht aus dummer Neugierde habe ich diese Rezepte gesammelt, sondern aus Wißbegierde. Diese Wißbegierde ist bei mir unstillbar, und ich möchte nicht, daß mir etwas entgeht.

Ein wenig Mantik, ein wenig Zauber und vor allem Wunderchemie hat die Byzantiner immer sehr interessiert. Selbst der Philosoph Psellos bekennt in diesem seinen kurzen Traktat über derartige „Paradoxa" – so nannte man den Gesamtkomplex dieser wundersamen Dinge –, sich dafür zu ereifern. Seine Hauptquelle ist Sextus Julius Africanus, ein christlicher Chronist aus dem 3. Jahrhundert, der auch „Stickereien" (Kestoi) verfaßt hat, in denen er derartige Paradoxa sammelte. Das Werk ist nur in Fragmenten erhalten geblieben. Die Übersetzung beruht zum Teil auf reinen Konjekturen, da gerade griechische Pflanzennamen sich häufig nicht mehr genau identifizieren lassen.

O. Musso, Michele Psello, Nozioni paradossali, Napoli 1977, griechisch-italienisch.

Ehekrach

O Kaiser, ich ertrag nicht mehr die Bosheit dieses Weibes,
die täglichen Beschimpfungen, ihr Höhnen und ihr Spotten.
Beständig heißt's: „Mann, paß doch auf!" und „Mann, was soll
    dein Reden?"
„Was hast du, Mann, ins Haus gebracht? Was hast du beigesteuert?
Hast du mir einen Mantel nähn, ein Tüchlein weben lassen?
Hast du ein Kopftuch mir gebracht, zu Ostern eine Gabe?
Zwölf Jahre bin ich schon dein Weib, zwölf kalte, dunkle Jahre.
Nicht einen Riemen für den Schuh verschaffte mir dein Handwerk,
um meine Schulter warf ich nie von Seide einen Mantel,

und auch ein Ringlein sah ich nie an meinem Finger stecken,
kein Armband hast du mir gebracht, daß ich es tragen könnte.
Die Leute lachen mich schon aus mit Mutters alten Kleidern.
Ich muß zu Hause sitzen nackt und meine Not beklagen.
Stets, wenn ich ausgeh' in das Bad, dann kehr ich traurig wieder.
Äß ich an einem Tag mich satt, müßt ich zwei Tage fasten.
Ich seufze, klage, weine nur und raufe mir die Haare.
Den Kram, den du mir mitgebracht, den kannst du wieder haben:
das Purpur-, Atlas-, Baumwollzeug in alter Farb und Mode,
den roten Mantel mit dem Saum voll Sprüchen, Ornamenten,
verschenk, verkauf ihn oder gib ihn hin, wohin du Lust hast!"

„Was schaust du, Mensch, so frech mich an, durchbohrst mich
    mit den Blicken?
Ich war ein angesehnes Weib, *du* – Vagabund mit Knüppel.
Ich war aus adeligem Haus, du – aus dem Volk ein Armer!
Du bist der Bettelprodromos, ich nannte mich „*von* Knüppel!"
Du schliefst auf einem Strohsack nur, doch ich im Himmelbette!
Ich hatte Mitgift überreich, du lebtest nur vom Trinkgeld!
Ich hatte Silber und auch Gold, du hattest ein paar Fässer,
und einen Backtrog, einen Herd, wie ihn die Bauern haben.
In meinem Hause hockst du hier und zahlst mir keine Miete.
Verschwunden ist der Marmorschmuck, der Boden liegt in
    Trümmern,
das Dach des Hauses ist verfault, und lose sind die Ziegel,
die Wände fallen nächstens ein, der Garten ist verwildert.
Kein Zierat ist erhalten mehr, kein Stuckwerk und kein Spiegel,
kein Sims aus Marmor ist noch ganz, kein Mosaik in Ordnung.
Die Türen sind im ganzen Haus kaputt. Und die Geländer?
Von einem bis zum andern End' sind alle Nägel locker.
Die Mauern um den Garten her, die sind schon eingefallen.
Nichts hast du jemals repariert, nicht eine Tür, kein Brettchen.
Nie hast du einen Ziegelstein besorgt, die Wand zu flicken,
den Maurer hast du nie geholt, daß er die Schäden heile.
Nicht einen Nagel kauftest du, ihn in ein Brett zu schlagen.
Mein Hausgesinde sieht in dir den Hausherrn und verehrt dich;
sie fürchten dich, sie warten auf und tun dir alle Dienste.
Ich führe dir das ganze Haus und halte dir die Diener,
versorge deine Kinder treu als wie die beste Amme.
Ich sorg' für deinen Unterhalt, ich laufe, plag' mich, renne.
Aus Leinwand mach ich selber mir mein Mäntelchen und trag' es.
Ich bin nur deine Hauserin und Mädchen obendrein für alles:
als Flickerin für wollnes Zeug, als Hüterin der Truhen,

als Spinnerin für feines Garn, als Weberin für Leinen.
Du aber sitzest wie ein Huhn mit aufgesperrtem Schnabel
und wartest Tag für Tag darauf, daß ich dir etwas bringe.
Was ich mit dir soll, weiß ich nicht. Wozu bist du denn nütze?
Wenn dir der Mut zur Ehe fehlt, dann durftest du nicht freien.
Dann mußtest du einfach allein mit deinen Sorgen bleiben;
hättest den Aussatz dir gekratzt und mich in Ruh gelassen.
Doch wenn du nur mit Prahlerei ein Weib beschwindeln wolltest,
dann mußtest du ein Weib gleich dir, die Tochter eines Schankwirts,
armselig, ohne Hab und Gut, gefleckt und hinkend nehmen,
ein Weib von dem Gemüsemarkt im Vorstadtviertel draußen.
Warum hast du mich so getäuscht, mich arme Doppelwaise,
durch dein Scharwenzeln hin und her und deine Prahlereien?"

Anhören muß ich alles dies, o Herrscher auf dem Throne,
von meinem streitgewohnten Weib, von dieser dreimal Bösen,
als sie mich sah, wie ich zurück mit leeren Händen kehrte.
Wenn nun dein gutes Herz, o Herr, sich meiner nicht erbarmet
und du der Nimmersatten nicht mit Gaben füllst den Rachen,
dann muß ich zittern voller Furcht, daß sie mich nächstens umbringt
und du den Prodromos verlierst, den besten deiner Bettler.

Aus den Ptochoprodromika (siehe S. 161)
    D. C. Hesseling-H. Pernot, Poèmes prodromiques en grec vulgaire, Amsterdam
1910, S. 31–37: deutsch: G. Soyter, Griechischer Humor von Homers Zeiten bis
heute, Berlin 1959, S. 92–97.

Der Langhaarige

1. Brief an den Logotheten

Frangopulos – ich weiß nicht, wo er zu Hause ist, irgendwo in der
Ferne oder in der Nähe – der Schwätzer, du kennst ihn ja wohl: dieser
Witz von einem Mann, verrückt auf seine Haare, schamlos und unsauber! Er hat seine Frau durch den Tod verloren und seine ganze Habe an
bereitwillige Käufer veräußert und sich dafür zwei Pferde angeschafft
und wollene Kleider gekauft, rot gefärbt, glänzend und von erster Qualität, wie sie von italienischen Händlern angeboten werden und wir sie
ihnen für unseren Gebrauch abkaufen.
    So herausgeputzt, gefiel es ihm, in den Ruch des Ehebrechers und des
Verführers von Jungfrauen zu kommen – und es auch zu werden. Er gilt
nicht nur als solcher, sondern er ist es auch tatsächlich geworden, wenigstens was die Jungfrauen angeht. Bis vor kurzem noch ritt er auf seinem
stolzen, übermütigen Pferd durch unsere gesegnete Stadt. Das Haar flat

terte ihm um die Schultern und reichte vom Kopf bis zu den Hüften. Es
war kein gemäßigter Trab, vielmehr sauste er dahin wie im Waffentanz
und wie ein Korybant.

Gestern aber ging er in seiner Zuchtlosigkeit noch wesentlich weiter.
Es war in der Nacht vom Samstag auf Sonntag. Kaum nahte sich die
Dunkelheit, da führte dieser abgefeimte Schurke seinen Plan aus. Er holte
sich eine Reihe junger, zuchtloser Leute und schmauste mit ihnen so gut
wie nur denkbar, und dann wurde getrunken bis zum Morgengrauen. Als
sie richtig betrunken waren – es wurde schon Morgen und die Glocken
der Großen Kirche riefen zum Gottesdienst, auch wenn noch geraume
Zeit verstrich, bis es Tag wurde – da scheuchte er seine Mitsäufer auf,
bewaffnete sie und ließ sie das Haus unseres Alten – ich meine damit den
Sakkelarios der Großen Kirche – umstellen, der natürlich nichts ahnte
und tat, was er immer tat: er ging zum Frühgottesdienst. In der Kirche
machte er sich keine Sorgen ums Zuhause. Frangopulos in seinem Wahn-
sinn beschädigte eine der Mauern um das Haus, um mit seinen Kompli-
zen leichter in den Hof zu kommen. Dann kletterte er mit diesen „tapferen Kriegern" hinauf und gelangte in den Hof. Hier zogen sie alle das
Schwert, stürzten sich auf die Türen, brachen die Schlösser und Riegel
und drangen in das Schlafzimmer der Frauen ein. Der Sakkelarios hat
eine Ehefrau und drei Töchter, alle noch Jungfrauen. Seine eigene Frau
ist schon ziemlich alt. Kaum daß die Mädchen aus dem Schlaf erwachten
und merkten, daß etwas los war, rissen sie sich auseinander und versteckten sich, jede in einen anderen Winkel. Die dritte dem Alter nach, die als
die schönste und vorzüglichste der Schwestern gilt und bei ihrer Mutter
schlief, von ihr in den Armen gehalten aus übergroßer Liebe oder aus
Angst, ihre Schönheit möchte sie in Gefahr bringen – diese dritte rissen
sie mit Gewalt aus den Armen der Mutter, der sie die Gelenke ausrenk-
ten; sie hielten ihr den Mund zu, so daß sie kaum noch atmen oder nach
Hilfe rufen konnte und lieferten sie dem Frangopulos aus. Was dann
geschehen, darüber würde ein Barbar, hätte er es einem anderen Barbar
zu erzählen, erröten. Was da geschah: es ist eine Schande, davon zu
sprechen oder zu hören; eine Verhöhnung des römischen Staates und ein
Unglück für alle.

Vier dieser Schurken, samt ihrem Anführer Frangopulos, konnten gefaßt werden und sind jetzt in meinem Gewahrsam. Aber die anderen –
übrigens gar nicht wenige und aus dem Stamm der Tsakonen obendrein
– gelang die Flucht, nicht etwa weil sie mit ihren Waffen umgehen konnten und sich überlegen gewehrt hätten, sondern ganz einfach, weil sie
nicht mehr auffindbar waren. Der Kaiser muß davon erfahren! Es wird
ihn schmerzen, aber das ist in Ordnung, und er soll es nur hören. Er soll
den Befehl geben, die flüchtigen Schandbuben aufzuspüren und sie der
verdienten Strafe zuzuführen. Das Verbrechen darf nicht unbestraft blei-

ben, sonst müßten viele Eltern um ihr Liebstes zittern. Ich meinerseits werde diejenigen, die in meinem Gewahrsam sind, dem Gericht und der Verurteilung ausliefern.

2. Brief an einen Arzt

Was den Langhaarigen von gestern angeht, der jetzt mit Schimpf und Schande die Haare geschoren bekommen hat, der Tunichtgut, der stadtbekannte Frangopulos, der im Gefängnis sitzt – von dem heißt es, er sei gestorben oder doch dem Tode nah. Ich kann das nicht glauben, denn die das behaupten, sind seine eigenen Leute, und es ist nicht unwahrscheinlich, daß sie in ihrer Zuneigung zu ihm die Lebensgefahr erfunden haben. Wenn sie den Schurken totsagen, dann können sie ihn womöglich wieder lebendig und frei in ihre Sippschaft aufnehmen. Solltest aber auch du glauben, daß diejenigen, die das Gerücht verbreiten, die Wahrheit sagen – das Gerücht will nicht verschwinden und viele verbreiten es – dann nimm einen meiner Leute mit dir, geh zu Frangopulos und vergleiche das, was das Gerücht über ihn zu sagen weiß, mit den Symptomen, die deine ärztliche Kunst feststellt, ob die auf die Nähe des Todes schließen lassen. Daß einer bei so viel Bosheit rasch stirbt, widerspricht dem bekannten Sprichwort – ich jedenfalls halte das Gerücht für unglaubwürdig. Ist er aber dem Tode nah, dann berichte eilends dem Kaiser, damit er seiner Familie übergeben werden kann, damit es ihm gelinge, was ihm wahrscheinlich schon gelungen ist, nämlich der Lebensgefahr zu entkommen. Findest du aber heraus, daß es sich um ein listig ausgestreutes Gerücht handelt, dann sage meinem Mann, er soll zurückkommen, du aber geh zu denen, die dich wirklich brauchen und tue, was deine Pflicht ist. Den findigen Frangopulos aber laß im Gefängnis, wo er den Toten oder den Sterbenden mimen kann.

3. Brief an den Logotheten

Es ist schwer, sagt das Sprichwort, einen Hund zu finden, der es lernt, Leder zu fressen. Anders ist es beim haarigen Frangopulos, dem liebestollen! Im vergangenen Jahr hat er sich an eine Jungfrau herangemacht, und was er zu diesem Zweck angestellt hat, dessen erinnern sich alle Bewohner unserer großen und glücklichen Stadt. Nur wenige aber denken an das, was ihm dafür widerfuhr. Er verhielt sich ganz bescheiden und gesittet, solange er einen geschorenen Kopf hatte. Dies war ja ein Teil seiner Strafe. Aber als ein Jahr vergangen war und die Haare wieder wie vorher lang wurden und über den Rücken hingen, da vergaß er alles, und jetzt ist er wieder ganz der alte. Wieder kennt er kein Maß und wieder geht er auf Verführung aus. Das verrückteste dabei ist: Er macht sich genau wieder an jene heran, deretwegen er das erste Mal bestraft wurde. Man kann mit Recht uns dafür verantwortlich machen, uns, vor denen

Frangopulos noch vor kurzem zitterte. Jetzt aber will er sich von den Vorvätern im Alten Testament nicht mehr unterscheiden. Man könnte vermuten, daß sein Haar eine doppelte Wunderkraft hat, einmal die, Liebe zu erwecken, und dann die, erduldetes Leid vergessen zu machen.

Aber davon soll jetzt nicht die Rede sein; das war Spiel mit Worten. Und daß dem nicht so ist, dies auf Anfrage zu erklären, ist der Überbringer dieses Briefes bereit. Frage ihn also und nimm seine Antwort entgegen; stelle selber fest, daß dem Frangopulos eine Strafe gebührt, ja daß sie eine Wohltat für ihn ist. Und was verstehe ich darunter? Eben den Pranger, die Prügel und die öffentliche Bekanntmachung und was ihm alles seinerzeit widerfuhr und ihm offensichtlich mit gutem Recht Schmerz und Schande einbrachte. Soll der gleiche Mann jetzt wieder aus der Versenkung auftauchen und den alten Gang einschlagen?

Den Langhaarigen kennen wir aus den Briefen des Patriarchen Gregorios Kyprios (1283–1289) an den höchsten Beamten des Kaisers, den Großlogotheten.

S. Eustratiades, Briefe des Gregorios Kyprios, Ἐκκλησιαστικὸς Φάρος 4 (1909) 126–128; 5 (1910) 213–214 und 348.

Abenteuerliche Reise

Als wir Ende Juni aus der Stadt abreisten, ließen wir den Weg zur Linken liegen und schlugen den Weg zu unserer Rechten ein, der zur Küste führt, denn von ihm versicherten unsere Führer, die ihre Aufgabe schlecht erfüllten, er sei kürzer und vor allem auch sicherer als der andere. Und als die Sonne sich gegen Westen neigte, da rasteten wir zum ersten Male zur Nacht. Als wir uns dann bei Tagesanbruch aufgemacht hatten und ein kurzes Stück weitergezogen waren, wußten wir nicht mehr, wohin wir uns überhaupt bewegten. Denn unsere Führer, die das Gepäck beförderten, waren um die dritte Nachtwache aufgestanden, und zwar ganz gegen unseren Willen, und hatten beschlossen, die kurze Route einzuschlagen; denn das lag in ihrem Interesse und im Interesse ihrer Pferde, um unsere Sicherheit aber kümmerten sie sich dabei überhaupt nicht. So nun waren wir allein mit unseren Dienern zurückgeblieben und zogen, auf uns selbst gestellt, weiter, wobei wir an einen Berg gerieten; aber kurz danach schon hatten wir uns verirrt (denn der Weg war selten begangen und zeigte kaum die Spur eines Weges an), und indem wir uns noch ein Stück weit bei den Holzsammlern, die in dieser unwegsamen Gegend arbeiteten, erkundigten, merkten wir allmählich, daß wir vom richtigen Wege abgekommen waren. Als wir aber weiterzogen und nirgendwo jemand auftauchte, den wir hätten fragen können, überließen wir uns dem blinden Zufall, besser gesagt der Hilfe Gottes, wohin sie uns auch immer führen würde, und ergaben uns notgedrungen in unser Schicksal. Und als wir so immer verschiedene Pfade einschlugen, wie es den Umherirrenden zu gehen pflegt, gerieten wir plötzlich in eine tiefe Bergschlucht, wahrhaft einen Zufluchtsort für Räuber und Mörder. An ihrem oberen Ende schnitt einem, selbst wenn man hätte weitergehen wollen, eine alte und äußerst feste Mauer den Weg nach vorn ab, die in ferner Vergangenheit ich weiß nicht welcher Kaiser erbaut hatte, wie man erzählt, um den Raubzügen der Myser und Skythen gegen die Römer ein Bollwerk entgegenzusetzen. Da nun, als ich die Wildheit, die Unbewohntheit und völlige Menschenfeindlichkeit des Dickichts gewahrte, schrie ich auf vor Angst und rief laut: Wohin sind wir Unglücklichen geraten? Denn wir gehen zugrunde, wenn wir nicht umkehren! Und ich veranlaßte sogleich meinen Sohn, der den Wegführer machte, die Zügel zu wenden. Als wir nun von dort ein ganzes Stück zurückgegangen waren, trafen wir wider Erwarten, wie es schien, auf einen braven Reisenden. Denn wer weiß, ob nicht auch er einer von denen war, die sich aufs Räubern verlegen, und ob er sich nicht in dieser Gegend herumtrieb, weil er sich von der Bande getrennt hatte, um etwas auszukundschaften? Jedenfalls fanden wir in ihm jemanden, der uns den Weg, den wir nicht wußten, erklärte, und so gelangten wir nach einem zweifelhaften Anfang noch an ein gutes Ende, jedoch das nicht ohne Mühen und auch nicht so leichthin, sondern nach vielen Strapazen und nachdem wir sowohl bekannte als auch unbekannte Gegenden durchzogen hatten. Jedoch fanden wir, wie gesagt, eine sichere Herberge, als auch die Nacht schon allmählich über uns hereinbrach, und wir trafen dort auch unsere Führer wieder, die vor uns angekommen waren.

Es war aber ein Dorf von friedfertigen Männern, denen das Los eines Bauernlebens zugefallen war und die daher weder darauf aus noch in der Lage dazu waren, den Reisenden etwas Böses anzutun; jedoch wenn einer sich aufs Räuberhandwerk geworfen hatte und aus dem nahegelegenen Wald hier seine Zuflucht nahm, wie du im folgenden hören wirst, so brauchte er gar keine Angst zu haben, daß ihm hier etwas Schlimmes zustoßen würde, sondern er konnte sogar, wenn er wollte, Erkundigungen über die Reisenden von ihnen selbst einholen und auch von anderen, falls ihm danach der Sinn stand. Einer unserer Leute nämlich, der losgegangen war, um Wein zu kaufen, da wir keinen hatten, stieß beim Schankwirt auf einheimische Räuber und Mörder, die den ungemischten Wein in sich hineinschütteten und von blutigen Mordtaten erzählten. Er nun ging ohne ein Wort hinaus und erstattete über die Verbrecher Meldung; und zunächst versetzte er uns durch die Kunde von den Schreckenstaten in große Furcht, jedoch nicht so sehr, daß wir deswegen völlig verzagten und von der Fortsetzung der Reise Abstand genommen hätten; vielmehr sahen unsere Leute, die insgesamt neun an der Zahl

waren, dem Kampf mit den Mordgesellen mutig entgegen, falls sie uns
angreifen sollten.

Nachdem unsere Reisegruppe nun die ganze Nacht geschlafen hatte,
bewaffnete sie sich im Morgengrauen mit Bogen und Schwertern. Auch
die Treiber sattelten die Pferde (denn sie wagten es nicht, wie vorher,
allein loszuziehen) und waren gern bereit, mit uns zu ziehen, einmal
wegen der Schreckenskunde, die uns tags zuvor in Unruhe versetzt hatte,
und dann auch weil der vor uns liegende Landstrich für Raub und Überfälle berüchtigt war und weil es überhaupt für einen Einzelreisenden
unmöglich war, dieses verfluchte und verwünschte, in jeder Beziehung
sowohl mir als auch den anderen Menschen, wie ich später von fast allen
hörte, völlig feindliche Land zu bereisen. Und als wir uns nun schon sehr
weit von dem Punkt entfernt hatten, von dem wir in der Frühe aufgebro-
chen waren, so weit, daß wir bereits ganz in die Nähe des so verhaßten
Landstrichs, von dem wir sprachen, gekommen waren, da sahen wir
(und ich bemerkte es besser als alle anderen), daß die Führer leise miteinander flüsterten, und, was auch immer sie sagten, gleichsam zwischen
den Zähnen redeten. Da hielt ich sofort mein Pferd an, befahl allen, das
gleiche zu tun, und zwang sie, offen zu sagen, was sie redeten. Sie hatten
zwar Angst, es zu sagen, gaben aber dennoch gezwungenermaßen zu, sie
hätten von einem Einheimischen gehört, daß fünfzig Bulgaren in den
Wald eingedrungen seien und daß man auf der Hut sein müsse. Oh ihr
abscheulichen Menschen, rief ich da aus, warum habt ihr das nicht sofort
gemeldet, als wir noch nicht so weit von unserem Ausgangspunkt entfernt waren, sondern erst jetzt, wo die, die es hören, sich auf jeden Fall
über uns lustig machen können, ob wir nun umkehren oder unseren Weg
fortsetzen? Und da wir unschlüssig waren, was wir tun sollten, erschien
es denjenigen unter uns, die die Reise fortsetzen wollten, als das kleinere
Übel, weiter geradeaus zu marschieren; aber nicht alle stimmten dieser
Auffassung zu, es gab auch einige, die eher fürs Umkehren waren, das
waren diejenigen, die auch mit den Besonderheiten des Landes besser
vertraut waren.

Da mein Sohn aber heißblütiger als alle anderen dazu bereit ist, in
einer solchen Situation Schläge auszuteilen und hinzunehmen, brannte er
selber darauf, sich den Gefahren entgegenzuwerfen, und forderte auch
die anderen auf, nur ohne Furcht das Wagnis auf sich zu nehmen. So
zogen wir also in Kampfordnung weiter, da wir bereit waren, sofort den
Kampf mit den Feinden aufzunehmen, wenn sie sich anschickten, aus
dem Hinterhalt hervorzubrechen. Mein Sohn aber warf sich den Bogen
über die Schultern, schwang das blanke Schwert und führte so in großem
Abstand die anderen an, um beim Auftauchen der Gefahr ihr entgegenzutreten und sie den anderen anzuzeigen; er ließ jedenfalls keinen Zweifel darüber, daß er bereit war, zu töten und selber getötet zu werden,

wenn notwendig, beides; denn er sah in nicht allzu großer Entfernung seinen Vater die Nachhut bilden, der auf nichts anderes als auf Gott sein Vertrauen gesetzt hatte.

Als wir aber so weiterzogen und nun in das eigentliche Waldesdickicht gelangten, sahen wir rechts und links aus Steinen errichtete Grabhügel und auf den Grabhügeln aufgestellte Kreuze, dieses Zeichen unserer Religion, für die früher hier Erschlagenen. Da seufzte ich tief auf, und meine Augen füllten sich mit Tränen darüber, daß ein solcher Ort dazu bestimmt sei, auch mich zu beherbergen oder aber Zeuge zu sein für den gewaltsamen Tod meiner Gefolgschaft, dennoch aber hielt ich an mich, damit ich nicht ertappt würde und so die Marschordnung durch meine Ängstlichkeit zerstörte. Aber alle außer allein meinem Sohn wollten nicht nur lernen, Angst zu haben, sondern es anderen auch noch beibringen, wenn man auf sie blickte – und das vielleicht nicht ohne Grund angesichts der Tatsache, daß an dieser einen Stelle so viele unglückliche Ereignisse stattgefunden hatten –, und so verließen sie den Weg, indem sie, wie es gerade kam, nebeneinander gingen und sich im Unterholz versteckten, um einer drohenden Gefahr zu entgehen. Ich aber war allein zurückgeblieben mit ganz wenigen Dienern und meinem Sohn, der mutig ganz allein voranritt, wie ich schon sagte, nicht so sehr aufgrund von Tapferkeit als vielmehr aus Unerfahrenheit.

Nachdem wir in dieser Formation den Weg zurückgelegt hatten und kurz vor der Stelle angekommen waren, die der berüchtigste Hinterhalt der Räuber ist und wirklich der schlimmste der schlimmen, den man nicht ohne Gefahr durchqueren kann, selbst wenn man alles andere ohne Gefahr durchquert, wenn nicht eine göttliche Hand von oben ihre Hilfe gewährt, da kamen wir alle, die sich vorher zerstreut hatten, zusammen und faßten den beherzten Entschluß, Körper und Seelen zu vereinigen und den Feinden zum Kampf entgegenzutreten, wenn wir eine Chance haben wollten, der Gefahr zu entkommen. Denn es war nicht möglich zu fliehen, wenn man es gewollt hätte, wie es vorher möglich war. Dieser Hinterhalt nämlich ist wirklich eine Falle, da er nur einen einzigen Zugang in östlicher und westlicher Richtung bietet und jede Möglichkeit ausschließt, ihn auf irgendeine andere Weise zu durchqueren, wohin man sich auch wenden wollte. Es ist ein Fluß, der nicht mit dem Land auf einem Niveau fließt, sondern durch die reißende Strömung im Winter eine kleine Schlucht aufgerissen hat und nun mit wenig Wasser durch sie hindurchfließt. An seinen Rändern aber wachsen Wälder mit den verschiedenartigsten Bäumen, in denen sich die Räuber verbergen und den Wanderern auflauern; denn diese sehen sie, werden selber aber nicht gesehen. Sie führen dann ihre Streitmacht gegen die Reisenden hervor und stürmen entweder alle zusammen zu tödlichem Angriff gegen sie los oder aber sie ziehen sich aus Angst, ihnen könnte etwas Schlimmes widerfahren, zurück. Bei ihrem heimtückischen Vorhaben leisten ihnen aber auch die Flußufer einen Dienst, da sie wegen der Schlucht höher als gewöhnlich aufragen. Wenn die Reisenden dort hinabsteigen, dann umzingeln sie die Bösewichter, bis sie wieder auf dem anderen Ufer auftauchen, von beiden Seiten, und dann greifen sie den Pferden in die Zügel, ziehen die Reiter herab auf die Erde und rauben sie bis auf das letzte Hemd aus, wobei sie den Unglücklichen nur dadurch zeigen, daß sie von Natur aus ihre Brüder sind, daß sie sie bisweilen frei ziehen lassen, wohin sie wollen; diejenigen aber, die Widerstand leisten, töten sie, und auch die, die keinen Widerstand leisten, ermorden und verscharren sie gnadenlos, falls sie merken, daß diese die Absicht haben, das Verbrechen anzuzeigen. Das bezeugen sich gegenseitig die Gräber, die neuen den alten und wiederum die alten den neuen; von beiden gibt es viele, die zu einem Grabhügel aufgeschüttet sind, wie ich schon sagte, und die es nicht zulassen, daß irgend jemand an dieser Tatsache in seinen Gedanken zweifelt. Als wir dort zusammengekommen und untereinander völlig einig waren, sprachen wir meinem Sohn Mut zu, er solle als erster die Schlucht durchqueren und den Hinterhalt säubern. Er aber schwang sein Schwert empor, forderte die Feinde auf herauszukommen und sprengte mit großem Schwung und mit Kriegsgeschrei hinüber auf das andere Ufer; und nachdem er auf der Böschung haltgemacht und gleichsam das Kastell der Feinde eingenommen hatte, umkreiste er das übrige Gebiet, um es auszuspähen; uns aber, die wir noch auf dem anderen Ufer standen und uns Gedanken darüber machten, was wohl sein werde, forderte er auf, nur mutig herüberzukommen, denn wir brauchten uns nicht zu fürchten. Und so gingen wir denn hinüber, zugleich mit den Seelen auch die Bogen gespannt, jedenfalls diejenigen, die schießen konnten, und uns geschah nichts, und wir sahen auch nichts von dem, was wir aufgrund der Unwirtlichkeit der Gegend und aufgrund des kurz vorher vernommenen Gerüchts zu erleiden und zu sehen erwartet hatten. Auf jeden Fall hatte Gott das Unheil abgewendet, so daß die Mordgesellen vor uns zurückschauderten und Angst hatten.

Als wir nun auch diese Gefahr überwunden und unsere Hände zu Gott erhoben hatten, hatten wir in der Folge weder allzu großes Zutrauen zu der Gegend, die sich anschloß, noch fürchteten wir sie übermäßig, und so erreichten wir schließlich die Stadt, die von Byzas ihren Namen hat. Nachdem wir unseren Einzug gehalten, die Stadt besichtigt und ihr besonders deshalb unsere Verehrung erwiesen hatten, weil dort der Gottesmutter heilige und wundertätige Quellen entspringen, verließen wir sie wieder mit zweifachem Gewinn: Einmal hatten wir der Gottesmutter gegenüber unsere Schuldigkeit getan und zum anderen waren wir dem Vorwurf des Banausentums, beziehungsweise des bäurischen Benehmens entgangen, den uns die Menge hätte machen können. Am folgenden Tage aber zur Stunde, wo die Sonne im Zenit steht und die Körper keinen Schatten werfen, zogen wir in das an jeder Art von Gutem völlig ausgetrocknete Brysis ein, also in die Bischofsstadt, die uns durch eine Entscheidung, die so nicht hätte ausfallen dürfen, zugewiesen worden ist.

Welche Übel soll ich hier nun zuerst, würde der Dichter sagen, welche soll ich zuletzt aufzählen? Als wir Brysis nämlich zum erstenmal betraten, da glaubten wir, wir seien in einer Stadt angekommen, und zwar in einer Stadt, die gleichsam eine Mutter der Städte ist, wie es ja auch ihr Beiname will, der ihr durch die göttlichen Beschlüsse verliehen worden ist. In Wirklichkeit aber ist es ein ganz kleines Städtchen, wie es den Kaisern kaum als Residenzviertel ausreichen würde, und zwar nicht als Residenzviertel irgendeiner bedeutenden Stadt, wie du unsere Städte kennst, sondern einfach irgendeiner beliebigen Stadt; sie zählt nur wenige Herdstellen, und davon sind die meisten aus Gras. Von gleichem Zuschnitt sozusagen wie die Stadt sind auch Wandel und Charakter der Menschen: nämlich in jeder Beziehung schlecht und überhaupt nichts wert. Ihre Lebensweise ist teils die von Nomaden und Hirten, teils die von Bauern und Handwerkern; was sonst noch übrigbleibt, verteilt sich auf Schlächter und Schankwirte, die von morgens früh bis zum Abend den ungemischten Wein ausschenken; und wohl kaum jemals trifft man einen Mann an und spricht über irgendein Thema mit einem Mann, der nüchtern wäre, selbst dann nicht, wenn eine dringende Angelegenheit es erfordert oder eine Notlage es verlangt, und das gleich nach dem Frühstück. Denn durch ihre Trunksucht berauschen sie sich, tanzen Kordax und verwandeln sich in Bacchanten und Bacchantinnen; der einzige Dämon gleichsam, dessen Kommando sie unterstehen, ist Dionysos, und sie rufen nicht nur euoi, sondern erfinden dazu eine Menge anderer Gesänge der Ausschweifung und der Zügellosigkeit. Wer könnte einen solchen gotteslästerlichen Frevel ertragen von Menschen, die überhaupt nicht wissen, was Tugend bedeutet, was Schlechtigkeit, was Seele bedeutet, was Gericht und was Vergeltung der guten und bösen Taten? Oft haben wir versucht, sie durch ausdrücklichen Befehl in der Kirche Gottes zu versammeln, oft haben wir ihnen sogar gedroht, um ihnen die Worte Gottes auszuteilen, die uns von oben durch unser Amt anvertraut sind. Jedoch haben zwar wir unsere Pflicht mit großer Bereitwilligkeit erfüllt und werden auch nicht ablassen, sie in Zukunft weiter zu erfüllen; sie aber verhalten sich der Stimme des Lehrers und den Worten des Geistes gegenüber nicht nur gleichgültig, sondern sie beachten nicht einmal im geringsten die Drohungen und sie fürchten sich nicht davor, daß man ihnen Stumpfheit sowohl der inneren Sinnesorgane als auch der äußeren und körperlichen vorwirft; sie sind weit davon entfernt, sich über dergleichen Gedanken zu machen, sondern das ihnen eingeborene bäurische Wesen hält sie wie ein Dogma gefangen, und daher sehen sie es vielmehr

als ein Abweichen vom rechten Wege an, wenn sie den Charakter ihrer
Seele auf das Bessere hin ausrichten. So also bleiben sie bei ihrer Gesinnung, und auch wir bleiben bei der unsrigen, indem wir Gottes Wort, ob
nun viele oder wenige anwesend sind, in der Kirche verkündigen.

Matthaios, um 1329 zum Metropoliten von Ephesos bestellt, war zuvor Bischof
der kleinen Stadt Brysis in Thrakien. Hier beschreibt er seine Reise zu diesem
Bischofssitz, die ihn über die „nach Byzas" benannte Stadt Bizye führt, ebenfalls
in Thrakien, in der Nähe der Schwarzmeerküste gelegen.
    D. Reinsch, Die Briefe des Matthaios von Ephesos, Berlin 1974, griechisch-
deutsch, S. 369 ff.

Der Trunkenbold

Ihr Herren, daß ihr es nur wißt, ihr kleinen und ihr großen:
Der Trunkenbold ist aufgewacht und reibt sich seine Augen;
vor seinem Blicke schwimmt der Himmel gelb und voller Falter;
er streicht mit seinem Bart um sie und schnauft und muß
    erst gähnen.
Die Sonne sieht er dann vor sich, und da philosophiert er:
„Da nennen Sonne sie ein Weib, dem sie ihr Herz gegeben!
Wenn ich solch einen Unsinn hör, dann kommt mir das Erbrechen.
Der Hungrige sieht in der Sonn' mit gierem Mund ein Omlett;
der Müller sieht ein Mühlenrad, der Bauer einen Weinberg;
der Musikant ein Tamburin, ein Wagenrad der andre;
natürlich sieht der Hirt in ihr nur einen Käseballen
und der Zigeuner schließlich nichts als einen Reif am Kessel.
Mich könnt ihr steinigen zu Tod und mir den Kopf abschlagen:
ich will trotzdem vor jedermann der Wahrheit Zeugnis geben:
Kennt ihr das Faß nach kretischer Art, ein Lägel voll bis oben?
Dem scheint die süße Sonne mir am ehesten zu gleichen;
nur ist's ein Faß viel größer noch als unsere Erdenscheibe.
Mein Gott, warum steht dieses Faß nicht dort anstatt der Sonne?
Genau so tief, genau so weit und füllig so wie diese?
Mir wär's auch recht, würd' in ein Schiff der Himmel sich
    verwandeln;
als Segeltuch die Wolken drauf, der Mond am Steuerruder,
der Wind als Kapitän zur See, die Sterne als Matrosen.
Ein Sturmwind müßte dann mit Wucht die Luken all aufreißen,
wie Donner rollte dann der Most,
und ungemischter, reiner Wein müßte in Strömen fließen
und müßte sich in jähem Sturz in meinen Mund ergießen.
Und wär' ich endlich dann einmal des Weines voll bis oben,

würde, wie Wogen unterm Wind, mein armer Bauch dann
  schaukeln,
Dann könnten Tod und Teufel mir schon nicht mehr imponieren.

Das undankbare Judenvolk in ungezählten Scharen
hat Moses einstens weggeführt aus der Ägypter Lande;
die wollen nun um jeden Preis nur Wasser aus der Quelle.
Und Moses schlug mit seinem Stab das Wasser aus dem Felsen;
Gott sei's geklagt! Kein Tropfen Wein war in dem Quell zu finden;
nicht einer dachte weit genug, um Wein sich zu erbitten.
Mir bleibt bei so viel Unverstand das Wort im Halse stecken.
Sie meuterten dann schließlich auch: es kam, wie's kommen mußte!

Von so viel Reden ist mir jetzt der Mund ganz trocken worden.
Herr Christ, o weh, könnt' ich doch jetzt zum Abendmahle gehen
und wollten sie dabei den Krug gefüllt zum Trinken reichen,
so wie du einst beim Hochzeitsmahl zu Kana ihn gesegnet.
O Krüglein lieb, o Krüglein süß, o leuchtendes Gefunkel!
O Krüglein bunt, rundum geschmückt mit frohen Szenerien,
du Trost bei aller Bitterkeit, du Gipfel aller Freuden;
du bist ein fürstliches Gefäß, gastlich und edelmütig.
Ich hab dich teuer mir erkauft. Rot wie die Granatblüte
und purpurn wie ein Rosenstrauch stehst du vor meinem Auge,
und süßen Taues voll bist du vom Boden bis zum Rande.
Der einzige Verdruß, den mir die Rebe je bereitet,
ist, daß sie hinterm Ararat an Höhe doch zurückbleibt.
Ich möchte gern, das Haupt bekränzt mit deinem heiligen Laube,
mitten in einer frohen Schar zu deinem Preise singen,
hat doch der Herrgott selbst einmal die Trunkenheit gepriesen.
Doch bin ich solcher Psalmodie nur fähig, wenn ich trinke.
Der Honig macht den Magen weit, laxiert, wo's nötig worden,
die Milch schwillt dir die Därme auf und dreht sie dir im Leibe,
das süße Zeug aus Rosenöl ist purer Ärzteschwindel:
allein der ungemischte Wein nährt für ein ewiges Leben.
Das Weinfaß ist somit allein der König aller Fässer
und trägt den königlichen Reif seit wunderfernen Jahren,
gekrönt, wie weiland Salomon, der weiseste der Weisen.
Für mich ist selbst das Paradies, wenn ohne Wein, ein Greuel;
doch gab es einst im Paradies vier Ströme, groß, voll Wunder.
Die Ströme sind aus purem Wein, des bin ich mir ganz sicher;
der eine reicht für morgens aus, wenn wir nicht grad' zu zweit sind;
der zweite dient zum Mittagsmahl, der dritte für die Jause;
der vierte kann – wohl nur zur Not – das Abendbrot bestreiten.

Da loben sie, ich hör' es oft, nur immerzu den Ölbaum;
Für mich bleibt doch die Rebe stets die erste aller Pflanzen;
Der Weinmost spritzt und sprudelt ja voll Leben und unbändig,
das Öl jedoch liegt tot und stumm und jämmerlich daneben.
Bei uns stehn im Kalender drin heilige Ölausschwitzer:
Ein Weinausschwitzer möcht ich sein, das wär mir Gottes Gnade!
Und tränken dann im Himmel draus die Engel und Erzengel
und säßen wir in frohem Kreis beim lustigen Gelage,
ich wollte sie für hundert Tag und hundert Nächt' besaufen!
Doch hört die lautre Wahrheit jetzt: Ich fürcht' mich
        vor dem Weine!
Wäre der ganze Himmel dort ein großer Silberbecher
und füllte man ihn bis zum Rand mit ungemischtem Weine
und sagte man mir wiederholt: Trink nochmal, nochmal,
        kotz' nicht!
Ich sagte nur: Es reicht, es reicht, sonst werd' ich gar betrunken!
Einmal lag ich vor lauter Durst schwerkrank und schwach danieder;
als Arzt hatt' ich nur meinen Rock, als Medizin den Becher.
Ein Saufkumpan sammelte um mich die Schar der alten Freunde.
Die badeten mich schnell in Wein; da war ich wieder munter;
sie räucherten mit Trestern aus, packten mich in Korinthen.
Da hatt' ich dann am Ostertag ein seltsam Traumerlebnis:
Statt Kleider trug ich einen Schlauch, statt der Frisur ein Fäßchen;
ein Silberbecher war der Hut, die Strümpfe lange Krüge;
Die Traubenpresse diente als Bett, ein Trog vertrat das Laken,
das Kissen war ein Erbsenschlauch, Reliquiar ein Lägel;
mein österliches Schuhwerk war aus schönen Lederschläuchen.
Dann krachte laut ein Donnerschlag, der Himmel barst in Stücke,
in Katarakten stürzt herab ein Wein von gut drei Jahren.
Und weiter sprang die Erde auf und klaffte wie ein Abgrund
und schäumend sprang ein Most herfür, ganz rein und süß
        zu trinken.
Ich schöpfte da, ich schöpfte dort, wo immer Quellen sprangen;
der Mund war voller Himmelstau, die Hand schöpft' aus der Erde,
und alles war wie Honigseim, so süß und wohl bekömmlich."

Da wacht' das alte Weinfaß auf: – er kann vorerst nur lallen!

Der Titel spricht von einem „Weinvater" Petros mit dem Titel „Hypertimos", der
Klerikern vom Hofe gegeben wurde. Es dreht sich also wohl um einen klerikalen
Trinker.
    E. Legrand, Collection de monuments pour servir à l'étude de la langue néo-
hellénique, Neue Serie 1, Paris 1874, S. 2–11.

Mafia

Der Hahnrei Diplobatatzes – Vater Onodemos, Mutter Hekabe, Bezirk Tragonitis – nur auf Diebstahl und Bereicherung aus, ein Zerstörer der Gesellschaft und mürrischer Fresser, verkehrt mit allen seinen Freunden nicht aus wahrer Freundschaft, sondern wegen Gefälligkeiten und Vergnügungen, zwecks Trug und Täuschung. Vor allem aber geht er klar auf die Vernichtung des Pinkernes aus, indem er ihn einmal zwingt, sein Hab und Gut zu verkaufen, dann wieder, seine Äcker zu verpfänden. Zuletzt, wenn er sieht, daß nur mehr der Verwalter übrig geblieben ist – da jener schon sein ganzes Geld verbraucht hat und keinen Gegenstand mehr besitzt, den er verpfänden könnte –, macht er sich bei Nacht und Nebel plötzlich davon, um einen anderen heimzusuchen, der noch reich ist.

So beschlossen also „Senat und Volk" aller Tagediebe folgendes: Wenn der Pinkernes sich zu seinem Amt begibt, wenn man ihn im Freien sieht und daß er es sich gut gehen lassen will, greife man ihn wie einen Dieb, beraube ihn aller Kleider, binde ihm beide Arme auf den Rücken, schleppe ihn herum und übergebe ihn fünf bekannten Marktweibern, der Anna Chryse, der Manganina, Tochter des Eudokimos, der Milchfrau Eudokia und schließlich der Tamaroza und der Rhumpachlas. Wenn er von jeder von ihnen geprügelt, geohrfeigt, in den nackten Hintern gezwickt und mit Füßen getreten ist, dann soll er fürderhin von der Anklage frei sein und sein öffentliches Amt ausüben dürfen.

Den Beschluß verkündete der Nachtschwärmer und Obersaufbruder Markos, und alle Führer der Frevlerband stimmten zu: Asan, der älteste Neffe des Herrschers, aus Byzanz, nach Parfüm riechend, sein Bruder aus Bizye, der wachsame Verwalter der Häuser seiner Freunde, und deren Onkel, der aufgeblasene Asan aus Pherai; Sphrantzes aus Xantheia, von untadeliger Lebensführung und vor allem ein Feind des Weines und der Liebe; der „schwarze" Tzamplakon aus Drama, ein besonnener Mann, bescheiden, echt und still lebend – er trinkt den Wein ganz pur, um den Dienern außerhalb der Mahlzeit zur gegebenen Stunde die Arbeit des Wassertragens zu ersparen; der „rußige" Laskaris aus Pherai, der Schwiegervater des Weinbeißers, voll Stolz auf seine Korrektheit, ungerührt von jedem ausgelassenen Spaß, hält er es für abscheulich, vom Würfelspiel auch nur zu hören, teilt von seiner Habe denen mit, die etwas wollen, und stürzt sich in Unkosten bei der Hochzeit seiner Kinder, sofern er sich aus fremder Habe das Nötige verschaffen kann; Andronikos Diplobatatzes, woher weiß ich nicht, und Melik aus Berrhoia, von Kindheit auf ein sittenreines Leben führend und unerschütterlich in ihrer Treue gegenüber dem Kaiser; Georgios Kokalas aus Thessalonike, ein ruhiger Mann, nur der Gerechtigkeit lebend, den Lärm und den Neuerungen feind. Die nächtlichen Banditen haßt er so sehr, daß er sich verrückt stellt, wenn sie in ein reiches Haus einbrechen, sie hineingehen und die Beute heraustragen läßt, während er selbst an der Einbruchsstelle steht und einen potentiellen Eindringling abwehrt. Gegen das Ende der Plünderung, wenn er bemerkt, wie sie auf dem Boden kriechen und aus dem Loch entkommen wollen, zieht er das Schwert, packt sie beim Schopf und schneidet ihnen schonungslos den Hals ab.

Wegen seines Alters und seiner Trägheit hüpfte Onos als letzter zur Versammlung, schrie in der Früh wie ein Esel, erklärte fluchend, man möge auf dem Beschluß beharren und sich zur Tugend vollkommener Männer bekennen, die schon längst der Welt abgesagt hatten, und zwar erstens des „Brüllers" Tzamplakon, der es sich zum Grundsatz gemacht hatte, wie es bei den Mönchen Gesetz ist, in dem Kloster, wo er die Tonsur und die Mönchskleidung erhielt, für immer zu leben; zweitens des Hilarion, eines echten Mönches – alle Welt kennt die Vollkommenheit des Mannes, wie er jeden Ruhm verachtet, selbst nicht umherschaut und sich nicht sehen läßt, sondern sein ganzes Leben in Höhlen zubringt, allen Männern und Frauen ein Vorbild gibt, ihm zu folgen, oft aber auch zu den Muslim überläuft, als ob er auch dort etwas zu seiner Vollkommenheit hinzulernen könnte; und drittens des wunderbaren Therapon, der in aller Munde ist und denselben Weg beschreitet, wie der vorher Genannte. Weil sie alle von einem Abt ausgebildet wurden, sind sie auch imstande, in ihrer Meinung übereinzustimmen, und obwohl sie in Konstantinopel leben, ein jeder seine Herde innerhalb seines Bezirkes zu leiten.

Da der Beschluß in Kraft trat, mußte der Pinkernes unbedingt die einzelnen Bestimmungen anerkennen. Sollte er versuchen, irgendeine Bestimmung dieses Beschlusses zu umgehen, so wollen wir, die diese Beschlüsse gefaßt haben, ihn aufspießen und in das Chaos hinabstürzen, auf daß sein Haupt zerschmettert werde und seine Zunge, die Worte daherschwatzt wie Wellen des tosenden Meeres, durchstoßen werde, damit er lerne, die Beschlüsse des Konsortiums der Tagediebe einzuhalten.

Dieses merkwürdige Stück aus dem 14. Jahrhundert schildert die private Justiz in zwielichtigen Kumpaneien der Hauptstadt. Auch was über einzelne Beteiligte Lobenswertes gesagt ist, bleibt Ironie. Diese Kumpanei setzt sich durchaus auch aus Personen höherer Kreise zusammen; auch wenn die Namen teilweise verschlüsselt sind, kommen wir damit doch in die höfische Welt – Pinkernes ist der kaiserliche Mundschenk – und in die kaiserliche Familie selbst. Von den Umtrieben von Mitgliedern dieser Familie erzählen ja auch die historischen Quellen genug.

H. Hunger, Anonymes Pamphlet gegen eine byzantinische „Mafia". Revue des Etudes sud-est européennes 7 (1969) 96–107, griechisch-deutsch.

Sprichwörter

Ich floh vor dem Rauch und lief ins Feuer.

Wer sein Glück greifen soll, greift es auch im Winkel.

Gott verteilt nach den Kleidern auch die Kälte.

Zwei überreden ihn, drei zwingen ihn.

Wenn du Eile hast, dann setz dich!

Tapfer bist du nicht, Mann; dann rolle wenigstens die Augen!

Wir hatten einen Hund, und er half dem Wolf.

Kleiner Teufel, große Versuchung.

Die Armut führt die Mode ein, nur *ein* Kleid zu tragen.

Unter jedem Stein lauert ein Skorpion.

Wenn der Kaiser dich verfolgt, dann flieh! Wenn dich Gott verfolgt:
Setz dich!

Ich ging aus der Mette und geriet in ein Hochamt.

Den Pechvogel beißt auch ein Schaf.

Ich bat um einen Eimer Wasser; sie sagte: Wir haben keine Schaufel.

Kocht die Kasserolle, lebt die Freundschaft.

Wo viele Hähne sind, da wird es nicht Tag.

Der eine macht's ehrlich, der andere schriftlich.

Worte eines Redners, Taten eines Gockels.

Das Kamel sagte zu seiner Mutter: Ich will tanzen! Die antwortete:
Kind, auch dein Gang ist schön.

Wenn ich arbeiten muß, um zu hungern, dann will ich wenigstens
schlafen und hungern.

Die Leute mit den Leuten, mein Weib mit mir!

Ich bin ein Bauer und nenne die Hacke Hacke.

Du willst einem Löwen den Bart schaben.

Ich lud den Pfarrer ein, und er brachte den Diakon mit.

Lüge rund, damit es wenigstens rollt.

Ist der Wolf alt geworden, gibt er Gesetze.

Wer in den Himmel spuckt, spuckt in seinen eigenen Bart.

Hundert Komplimente sind nichts wert, aber am rechten Ort nützen
sie.

Stadt und Gesetz – Dorf und Brauch.

Eine Traube, die eine andere sieht, wird reif.

Die Welt stürzte zusammen, mein Weib drehte sich Locken.

In der Zeit der Not nennen wir auch die Hexe Mutter.

Mensch, dein Haus brennt! – Macht nichts, ich habe den Schlüssel.

Du bist dumm! Aber laß es niemand merken!

XII.

Liebesdichtung

Die Liebesdichtung erschöpft sich in der frühbyzantinischen Zeit fast ganz in einer pointierten Epigrammatik, die weit entfernt ist vom naiven lyrischen Erguß. An allen Stellen schimmert das Vorbild des klassischen antiken Epigramms durch. Man hat die Frage gestellt, ob überhaupt noch echtes Erleben und Empfinden gefeiert werden soll, oder ob es sich nur noch um eine artistisch-philologische Übung handelt, mit der man zeigt, wie gut man die antiken Formen beherrscht. Ich glaube nicht, daß wir ein Recht haben, diese Frage im Sinne der zweiten Alternative zu bejahen. Daß die Grundhaltung der Byzantiner immer auf das Jenseits ausgerichtet gewesen und deshalb für eine tändelnde Poesie kein Platz gewesen sei, ist reine und leicht widerlegbare Unterstellung. Tatsache freilich ist, daß die „Minne", wenn ich mich so ausdrücken darf – erst noch erfunden werden mußte.

Die mittelbyzantinische Zeit hat die profane Liebe weitgehend tabuisiert, jedenfalls in der uns erhaltenen Literatur; denn geliebt wurde in dieser Zeit in Byzanz so wild wie kaum zuvor. Das Liebesgedicht jedenfalls fehlt fast ganz. Und wo ein Epigrammatiker wie Joannes Geometres sich einmal an den Stoff wagt, sind seine Hemmungen mit Händen zu greifen.

Erst in der spätbyzantinischen Zeit bricht die Liebespoesie sich nach allen Richtungen Bahn. Die Sprache der Gelehrten, der Philologen und Rhetoren und damit zugleich der Prüderie macht weitgehend einem volkstümlichen Idiom Platz, das kein Versteckspiel pflegt. Werbung und Abweisung, Angriff und Verführung, Erwartung und Erfüllung, Sehnsucht und Enttäuschung: – all dies spricht sich in sehr natürlichen Versen aus. Im Hintergrund steht ein „Liebesleben", dem trotz aller verlockenden Töne jene gewisse „Schroffheit" nicht mangelt, die man immer wieder im Gefühlsleben der Byzantiner entdecken zu können glaubt.

Weinlese

Weinlese hält man jahraus und jahrein, doch keiner der Menschen
kehrt an die Rebe sich mehr, wenn er die Traube sich bricht.
Dich aber, rosige Maid, du Heiligtum meiner Gedanken,
hält wie ein rankendes Band zärtlich umschlossen mein Arm.
Weinlese hält meine Liebe. Kein anderer Sommer, kein Frühling

stört meine Träume, nur du bist voller Schönheit für mich.
Blühe so weiter für immer. Und findet dereinstens die Ranke
einer Runzel sich ein, liebend ertrag ich auch sie.

Epigramm des Konsuls Makedonios aus der Mitte des 6. Jahrhunderts.
Anthologia graeca, griechisch-deutsch ed. H. Beckby, Bd. I, München 1957,
Nr. 227.

Morgen

„Morgen will ich dich sehn." Ach, morgen – nie wird es zur
Wahrheit;
endlos, ich kenne es gut, zieht dies Verschieben sich hin.
Ist dies der Lohn meiner Liebe? Den anderen Männern gewährst du
andre Geschenke, bei mir stößt du die Treue zurück.
„Heute! Heut abend!" – Am Abend? Was ist denn der Abend
der Frauen?
Alt und voll Runzeln zu sein – dies ist der Abend der Frau.

Von demselben.
A. a. O. Nr. 233.

Diebstahl

Rhodope, laß sie uns stehlen, die Küsse. Laß es uns stehlen,
Kyprias köstliches Werk, das nur im Kampfe gelingt.
Wonnig, verborgen zu sein vor den spähenden Blicken der Wächter!
Süßer als offene ist heimlich gestohlene Lust.

Von Paulos Silentiarios (gest. ca. 575), der auch eine dichterische Beschreibung
der Hagia Sophia hinterlassen hat.
A. a. O. Nr. 219.

Liebespost

Mädchen, ich mag keinen Wein; doch möchtest du trunken mich
sehen,
nippe zuerst, dann bring's, und ich empfange es gern.
Rührt deine Lippe daran, dann kann ich nicht nüchtern
mehr bleiben,
Holde, dann kann ich mich nicht solchem Geschenke entziehn.
Denn dann bringt dieser Becher als Fracht deinen Kuß mir herüber
und erzählt von der Huld, die er empfangen von dir.

Von Agathias Scholastikos, einem Juristen und Historiker, gest. 582.
A. a. O. Nr. 261.

Zweierlei Liebe

Bitteres Wasser! Ich trinke, trinke ohne Maß.
Es bleibt mein Durst. Was ist das für ein Naß,
das wie Feuer zündet und das Herz entfacht?
O, der Liebe Brand! Was hab ich Tor gemacht!
Was nur tun? Laß mich von deinen Lippen doch,
Mädchen, trinken! Doch es brennt nur stärker noch.
Wie soll ich die Flamme löschen nah bei dir?
Nur ein Heilkraut dieses Durstes weiß ich mir:
Liebe durch Liebe gehemmt, die heißer brennt!
Liebe löscht die Liebe aus, die Höheres kennt:
Herr Christ, dir hang ich an; laß deine Wasser fließen
und lindernd sich in meinen Brand ergießen.

Ein typisches Stück gequälter Poesie aus der mittelbyzantinischen Zeit. Verfasser
ist Joannes Kyriotes Geometres (10. Jahrhundert), ein kaiserlicher Beamter.
J. A. Cramer, Anecdota graeca e codicibus Bibliothecae Parisiensis IV, Oxford
1841, S. 316–317.

„Rhodische" Liebeslieder

Es wünscht mein armes, schwaches Herz dir alles Liebe, Gute,
du allerliebster, schöner Mann, so schlank wie eine Rute.
Du hast mir's angetan und dein denk ich jetzt alle Stunden.
Die große Liebe hat an dich für immer mich gebunden;
sie hat in alle Falten sich des Herzens eingeschlichen,
hat tiefe Wurzeln dort gefaßt, ist niemals draus gewichen.
Die Nachbarn alle kamen her, zu raten und zu richten;
sie waren sämtlich eines Sinns: ich sollt' auf dich verzichten.
Da sprach auch ich und schalt sie aus und ließ mich so vernehmen:
„Euch wär' es recht und euch gefiel's, wollt ich mich euch
    bequemen.
Und deshalb gebt ihr mir den Rat: Sollst einen andren nehmen!
Doch sollen Dolche mich durchbohr'n und Sägen mich
    zerschneiden:
So lang ich leb', bleib ich ihm treu: ich will nicht von ihm scheiden.

Wie eine Gerte, wie ein Rohr, so schlank ist, die ich meine;
sie ist wie ein Zypressenzweig, die allerschönste Eine.

O weh, mein schlankes Mädchen du, du machst mich arm
    und krank;
verzehrst mein Herz und gießt in mich der Liebe Feuertrank.

Ich eil' herbei, um aufzuatmen, um einmal dich zu sehn.
Kaum hab ich dich erblickt, muß ich halb tot von hinnen gehn.

Ich hab mich heiß in dich verliebt, bin Sklave dir geworden.
Ich flehe deine Schönheit an: Willst du mich wirklich morden?

O schlankes Mädchen, bittre Qual muß ich um dich ertragen,
bis endlich deine Lippen mir als Gruß die Worte sagen:
„Komm, zahlen will ich meine Schuld; ich will es endlich wagen!"

Stets, liebe Herrin, liebt' ich dich und liebe jetzt dich mehr noch.
Wenn du's nicht glaubst, o schlanke Maid, wenn du's für wahr
    nicht achtest,
so frage die Eroten nur, die unser Herz entzünden,
die dich mir in das Herz geführt und dich dort eingepflanzet.
Ach, du zertrittst und brichst sie mir, die Blätter meines Herzens.
Herrin, du bist so wie ein Strom, der Gold und Honig mitführt,
du hast der Flechten gar so viel mit Schönheit und mit Zierde.
Wer nur vorbeigeht und dort trinkt, der kann fortan nicht dürsten.
Doch da ich dich, o Herrin, trank, bin ich nicht satt geworden,
noch dürst' ich stets und sehne mich, o Herrin, dich zu trinken.

Du bist die Säule aus Porphyr, die im Palaste stehet,
woran der große Kaiser sitzt und wo der Kanzler richtet;
du bist ein Muttergottes-Bild, ein Talisman des Kaisers,
du bist der fremden Fürsten Schmuck, des ganzen Adels Ehre.
Du bist der abendliche Tau, du bist der Reif des Winters,
du bist der abendliche Mond, du bist des Tages Sonne,
du bist der schönste Morgenstern, die Leuchte des Palastes;
du bist der schönste Himmelsstern, du bist des Feldes Blume;
du bist ein vielbegehrtes Land mit tausend Kostbarkeiten.
Du bist der Strahl, der aus dem Kranz der Sonnenstrahlen leuchtet;
Die echte Rippe, das bist du, die Gott dem Adam fortnahm;
du bist es, die das Herz so vieler läßt entbrennen.
Du singst, wie eine Nachtigall nur jemals hat gesungen.
Und leg ich mich zum Schlafen hin, so schau ich dich im Schlafe.

Mich quält der Liebesgott auch noch auf viele andre Weisen:
denn, Herrin, denke ich an dich und hab' dich im Gedanken,
dann bebt in mir mein ganzes Herz und zittert wie ein Blättchen;
dann seufze ich aus tiefstem Grund und kann es nicht ertragen,
dieweil sich deine Liebe mir ins Herz hat eingenistet
und wie ein doppelschneidig Schwert mein Inneres durchschneidet,
es zehrt mein ganzes Denken auf und alle meine Glieder.

Der eigentliche Titel lautet „Liebesspiele". Es handelt sich um Lieder aus einer Handschrift, in der älteres Gut gesammelt wurde, das aus verschiedenen selbständigen Teilen besteht. Der erste Herausgeber, W. Wagner, hat aus der Erwähnung von Rhodos und des Ordens der Hospitaliter auf rhodischen Ursprung geschlossen.

D. C. Hesseling-H. Pernot; Ἐρωτοπαίγνια, „Chansons d'amour", Paris – Athen 1913. Eine deutsche Übersetzung bei W. Wagner. Das ABC der Liebe, Leipzig 1879.

Das Auf und Ab in der Liebe

Winter ist's und kalt;
wie soll ich draußen stehn?
Öffne mir doch bald;
laß uns zu Bette gehn!

Laß uns spielen wach
der Liebe süßes Spiel!
Viele Jahre, ach,
wart' ich; es wird zuviel!
. . .

Weiß nicht mehr, wie sich's gestern traf:
Es zog mich nah zu dir;
du lagst ganz ruhig da im Schlaf.
Ich schaut' ein Wunder schier:

Dein Busen strahlte nackt herfür
wie Mond im Silberschein;
die Rosenlippen dünkten mir
der Sonne gleich zu sein.

Wie mußt' ich zittern, sah ich dich,
bebt' wie ein Blatt im Wind.
Seitdem ist es geschehn um mich:
O deck' dich zu geschwind!
. . .

Der Kerze gleich schmelze ich ab,
verbrenne in Begehr;
wie Regenwolke hängt herab
mein Auge tränenschwer.

Grollt mir das Schicksal immerdar,
daß ich dich ganz verlier':

So lang ich lebe, bleibt doch wahr:
Ich sehn' mich nur nach dir!
...

Erst hast du mich ganz entflammt,
dann mir ein Brieflein geschickt.
Das hat mich jäh entzückt.
Jetzt bin ich wieder verdammt.

Sollt' es nicht möglich sein,
daß wir in Einigkeit
unserer Lieb uns freun
nach so viel Wartezeit?

Mich faßt ein Schwindel an,
weiß nicht, wo mir mein Sinn.
Nur dir ich sagen kann,
wie ich voll Liebe bin.

Wollte so gerne dir
schreiben ein liebes Wort.
Doch weiß ich niemand hier,
den ich zu dir schickt' fort.
...

Ich möchte eine Schwalbe sein;
flög' hin zu deinem Bette fein;
an deinem Kissen ganz bei dir
baut' ich ein zierlich Nestlein mir.

Und jeden Morgen grüßte dich
mein muntres Zwitschern wach.
Du dächtest allererst an mich.
Die Liebe ließ' nicht nach.

Der Wunsch wird mir zwar nicht gewährt,
doch darfst du sicher sein:
Das was mein Herz für sich begehrt,
bist stets nur du allein.

Eine Wiener Handschrift wohl noch des 15. Jahrhunderts enthält drei bzw. vier
Sammlungen erotischer Dichtung. Zum Teil handelt es sich um größere zusam-
menhängende Stücke, so die „Verführung des Mädchens", zum Teil um alphabe-
tisch angeordnete Kurzzeiler, zum Teil um „Vermischtes."

   H. Pernot, Chansons populaires grecques des XVe et XVIe siècles, Paris 1931,
griechisch-französisch.

Zitatnachweis

Wir danken folgenden Verlagen für ihre freundliche Abdrucksgenehmigung:

Akademie-Verlag, Berlin:
G. *Soyter,* Griechischer Humor, 1959, S. 92–97 und 99–101; K. *Treu,* Synesios von Kyrene, Dion Chrysostomos, 1959, einzelne Auszüge.

Aschendorffsche Verlagsbuchhandlung, Münster:
E. *Oberg,* Das Lehrgedicht des Amphilochios, Jahrbuch für Antike und Christentum 16, 1973, S. 67–97.

© by O.W. Barth (im Scherz Verlag Bern und München):
W. *Tritsch,* Dionysios Areopagita, Mystische Theologie, 1956, S. 161–163.

Artemis Verlag, München (Tusculum-Bibl.):
Anthologia Graeca. 2. erweiterte Aufl. 1965, Hrsg. von H. *Beckby.* Auszüge aus 15 Epigrammen. Prokop, Werke, 5 Bände. Hrsg. von O. *Veh.* Band I: Anekdota, 1970. Auszüge aus den S. 11–13, 33–39, 59–67.

Johannes-Verlag Einsiedeln, Basel:
H. U. *von Balthasar,* Kosmische Liturgie, 2. Aufl. 1961, Auszüge aus den S. 415–481; E. *von Ivánka,* Maximos der Bekenner, All-Eins in Christus, 1961, Auszüge aus den S. 45–56.

Kösel-Verlag, München:
Eusebius von Cäsarea, Kirchengeschichte. Hrsg. und eingel. von H. *Kraft.* Übersetzt von P. *Haeuser.* 1967. S. 404–405 und 461–464; Symeon der Theologe, Licht vom Licht. Hymnen. Deutsch von K. *Kirchhoff.* 2. Aufl. 1951, 27. Hymne.

Mielke Verlag, Berlin:
D. *Reinsch,* Die Briefe des Matthaios von Ephesos, 1974, S. 376–383.

Österreichische Akademie der Wissenschaften, Wien:
H. *Hunger,* Prooimion, 1964, S. 235.

Verlag Styria, Graz:
H.-G. *Beck,* Vademecum des byzantinischen Aristokraten, 1956, verschiedene Auszüge; F. *Grabler,* Die Krone der Komnenen, 1958, verschiedene kleinere Auszüge; F. *Grabler,* Abenteurer auf dem Kaiserthron, 1958, Auszüge aus den S. 140–148; F. *Grabler,* Die Kreuzfahrer erobern Konstantinopel, 1958, S. 44–46 und 147–148.

Register

Aaron, Bruder des Moses: 83. 325

Abbas, Vater, Bezeichnung für ältere Mönche: 208. 209

Abukir, Stadt bei Alexandreia in Ägypten, etym. Abu Kyros, siehe Kyros und Joannes: 307

Achaia, griechische Landschaft: 45

Acheiropoieton, Heiligenbild „nicht von Menschenhand gemacht" und wunderkräftig: 25

Acharner, Komödie des Aristophanes: 134

Acheron, acherusischer See. Gewässer am Eingang zur Unterwelt: 153

Achilles: 161

Adria: 351

Adrianupolis, das heutige Edirne in der europ. Türkei: 43. 249

Aegaeis: 135

Aegypten, Aegypter, aegyptisch: 128. 136. 140. 141. 145. 167. 248. 302. 321. 350. 356. 373

Aeneas, Held der Troia-Sage: 121

Aesop – Fabeldichter: 63

Aethiopien, Aethiopier, aethiopisch: 171. 298. 312. 350

Africanus, Sextus Julius, Chronist des 3. Jh. n. Chr., Verfasser naturwissenschaftlicher Exzerpten („Kestoi"): 357. 360. 361

Afrika: 218. 253

Agamamnon, Held der Troia-Sage: 161

Agar, alttestam.: 95

Agarener, siehe Sarazenen

Agathias Scholastikos, † 582, Historiker u. Epigrammatiker: 380

Aiakos – einer der Totenrichter in der Unterwelt: 153. 156. 157

Aiax, Held der Troia-Sage: 304

Aimilianos, Patriarch von Antiocheia, in Konstantinopel residierend, † ca 1078: 81. 82

Akakios, kappadokischer Bischof viell. des 12. Jahrh.: 243

Akritas, der Mann der Grenze, Grenzkämpfer bes. an der byzantinischen Euphratfront, spez. Beiname des Digenis: 170. 180. 181. 183. 184

Akropolites, Georgios, † 1282, Staatsmann, Feldherr und Historiker, Leiter einer hohen Schule in Konstantinopel: 150. 152

Alamanikon, von Kaiser Heinrich VI. von den Byzantinern verlangte Tributleistung: 65

Alamannen, siehe Alemannen

Alanen, Volk an der Westküste des Kaspischen Meeres: 251

Albanesen: 128

Alemannen, Bezeichnung für die Deutschen: 48. 61. 62. 64. 65. 66. 245

Alexandreia: 137. 140. 248. 249. 251. 302. 307. 308. 309. 347

Alexander der Große: 43. 158

Alexander, Bischof von Alexandreia: 218. 220

Alexander von Pherai in Thessalien, Tyrann des 4. Jahrh. v. Chr.: 160

Alexander Ivan, Zar von Bulgarien 1331–1371: 251

Alexios I. Komnenos, Kaiser 1081–1118: 52–54. 81–82. 104. 329. 330

Alexios III. Angelos, Kaiser 1195–1203: 64. 87–88

Alexios IV. Angelos, Kaiser 1203–1204: 87–88

Alexios, Protostrator, 12. Jh.: 102

Alkinoos, König der Phaeaken: 101

schlecht, seit 1193 Herren von Kypros: 152

Lychnikon, abendlicher Lichtgottesdienst: 279

Magistros, Hofamt mit wechselvoller Geschichte, vom Magister officiorum, dem Ämterminister der Spätantike bis zum reinen Hoftitel: 19. 32–34. 73–75

Magnaura, Mehrzweckhalle in der Nähe des Kaiserpalastes: 36. 39. 40

Maikes, Armenier, angeblich Arsakide, in der Ahnengalerie des Kaisers Basileios I.: 43

Mailand: 215. 217

Maios, Protospatharios und Stratege, Verwandter des Kekaumenos: 119

Maipherkat, Martyrupolis, armenische Stadt: 183

Makedonien, Makedonen: 46. 92. 237

Makedonios, Konsul des 6. Jahrh.: 379–380

Madekonische Kaiser, 867–1056: 36. 48. 81

Malalas, Joannes, Chronist des 6. Jahrhunderts aus Antiocheia: 16–17

Malapetzes, Gouverneur von Otranto im 11. Jahrh.: 117. 120

al-Mamun, Kalif in Bagdad, 813–833: 36–40

Mananalis, dörfliche Siedlung der Paulikianer, vielleicht am Oberlauf des Euphrat: 237. 239

Manganina, Megäre, viell. aus dem konstantinopolitanischen Stadtviertel Mangana: 375

Mani, persischer Religionsstifter (Manichaeismus), von den Byzantinern Manes genannt, starb für seinen Glauben 277 n. Chr.: 237

Manichaeismus, Lehre Manis, stark dualistisch. Jesus, Begründer und Erwecker der Vernunft, Mani sein von ihm verheißener Paraklet: 237. 240

Manikaitaos, kaiserlicher Sekretär des 14./15. Jahrh.: 106

Manuel I. Komnenos, Kaiser 1143–1180: 54–60. 82–85. 102

Manuel II. Palaiologos, Kaiser 1391–1425: 67. 108. 109. 127. 130. 249

Maraptike, Geliebte des Kaisers Andronikos I.: 87

Mardonios, Sklave, Erzieher Kaiser Julians: 101

Maria Aegyptiaca, die Büßerin: 301–304

Maria von Antiocheia, Gattin Manuels I. Komnenos: 60

Maria, Tochter des Kaisers Theophilos: 27

Maritza, früher Hebrus, thrakischer Fluß: 53

Markos, Mönch, geistlicher Vater des Kaisers Joannes VI.: 249

Markos, Säufer: 375

Mar Saba, Kloster bei Jerusalem: 226. 276

Martin V. Papst 1417–1431: 267

Martyrer XL, Kirche der – in Konstantinopel: 33. 38

Martyrupolis, Stadt in Armenien: 183

Marzukas, Schimpfname für den Patriarchen Photios: 42

Massageten, kriegerischer Nomadenstamm, viell. Turkmenen: 23

Matoes, Wüstenvater: 317

Matthaios, Bischof von Ephesos, † vor 1360: 366–372

Maurikios, Kaiser 582–602: 26. 103. 104

Mauropus, Joannes, Bischof von Euchaita, Kollege und Freund des Psellos, 11. Jahrh.: 165

Maximin, Hausbesitzer des 6. Jahrh.: 346

Maximine-Kloster in Konstantinopel, nicht lokalisierbar: 40

Maximos der Bekenner, Vorkämpfer gegen den Monotheletimus, mysti-

Beck's Archäologische Bibliothek
Herausgegeben von Hans von Steuben

Peter C. Bol
Antike Bronzetechnik
Kunst und Handwerk antiker Erzbildner
1985. 212 Seiten, 136 Abbildungen
Broschiert

Olaf Höckmann
Antike Seefahrt
1985. 196 Seiten, 135 Abbildungen
Broschiert

Renate Tölle-Kastenbein
Antike Wasserkultur
1990. 231 Seiten, 122 Abbildungen und 6 Tabellen
Broschiert

Antje Krug
Heilkunst und Heilkult
Medizin in der Antike
1985. 244 Seiten, 96 Abbildungen
Broschiert

Ernst Künzl
Der römische Triumph
Siegesfeiern im antiken Rom
1988. 171 Seiten, 100 Abbildungen
Broschiert

Verlag C.H. Beck
München

Lust an der Geschichte

Leben im antiken Griechenland

Ein Lesebuch. Herausgegeben von Rolf Rilinger.
516 Seiten. Serie Piper 850

Von Geschichtsschreibern wie Herodot über Redner wie Demosthenes bis zu Philosophen und Dramatikern wie Euripides und Aristophanes werden Texte klassischer griechischer Autoren versammelt, die uns Heutigen zeigen, wie die griechische Antike gewesen ist – in Arbeit und Freizeit, in Kult und Krieg, in der großen Politik. So stellt dieses Lesebuch eine nicht nur für Humanisten spannende Einführung in die Welt des klassischen Griechenland dar.

Leben im Alten Rom

Ein Lesebuch. Herausgegeben von Rolf Rilinger.
410 Seiten. Serie Piper 1005

Wie lebten die »alten Römer«? Von der Wiege bis zur Bahre wird in diesem neuen Band der Reihe »Lust an der Geschichte« das Leben im antiken Rom durch Quellentexte beschrieben. Freundschaft, Spiele, Beruf, Erziehung, Liebe und Ehe – dies sind nur einige der Themen dieses informativen und anregenden Lesebuchs, in dem bekannte Autoren wie Livius oder Seneca ebenso zu Wort kommen wie unbekannte Zeitgenossen.

Leben im Mittelalter

Ein Lesebuch. Herausgegeben, eingeleitet und übersetzt von Ernst Pitz.
442 Seiten. Serie Piper 1166

Den Menschen des Mittelalters zuzuhören und aus erster Hand zu erfahren, wie das Leben im Mittelalter wirklich gewesen ist: das ist das Anliegen dieses Buches.

Die Französische Revolution 1789–99

Ein Lesebuch. Herausgegeben von Ulrich Friedrich Müller.
363 Seiten. Serie Piper 933

Prominente wie unbekannte Zeitzeugen berichten, was sich in den zehn Jahren bis zur Machtübernahme Bonapartes alles ereignet hat, in Paris wie auf dem Land, im Adel wie im Bürgertum.